이성의 한계 안에서의 종교

한국연구재단총서 505
Academic Library of NRF

한국어 칸트전집 10
The Korean Edition of
the works of Immanuel Kant

이성의 한계 안에서의 종교

Die Religion innerhalb der Grenzen der bloßen Vernunft

임마누엘 칸트 | 백종현 옮김

아카넷

Die Religion innerhalb der Grenzen der bloßen Vernunft
by Immanuel Kant

Published by Acanet, Korea, 2011

고트립 되블러(G. Doebler)가 그린 칸트 초상화.
유화, 1791년, 쾨니히스베르크 시립박물관 소장.

칼리닌그라드의 임마누엘 칸트 대학 정원에 있는 칸트 동상

칸트의 묘소(쾨니히스베르크 교회 후면)

칸트의 석곽묘(쾨니히스베르크 교회 특별 묘소 내부)

쾨니히스베르크〔칼리닌그라드〕 성곽 모서리에 있는 칸트의 기념 동판. "그에 대해서 자주 그리고 계속해서 숙고하면 할수록, 점점 더 큰 경탄과 외경으로 마음을 채우는 두 가지 것이 있다. 그것은 내 위의 별이 빛나는 하늘과 내 안의 도덕 법칙이다"라는 『실천이성비판』 맺음말의 첫 구절이 새겨져 있다.

《특별판 한국어 칸트선집》 간행에 부쳐

칸트(Immanuel Kant, 1724~1804)의 철학에 대한 한국인의 연구 효시를 이정직(李定稷, 1841~1910)의 「康氏哲學說大略」(1903~1910년경)으로 본다면, 한국에서의 칸트 연구는 칸트 사후 100년쯤부터 시작된 것인데, 그 시점은 대략 서양철학이 한국에 유입된 시점과 같다. 서양철학 사상 중에서도 칸트철학에 대한 한국인의 관심은 이렇게 시기적으로 가장 빨랐을 뿐만 아니라 가장 많은 연구 논저의 결실로도 나타났다. 그 일차적인 이유는 19세기 말에서 20세기 초의 동아시아 정치 상황에서 찾을 수 있겠지만, 사상 교류의 특성상 칸트철학의 한국인과의 친화성 또한 그 몫이 적지 않을 것이다.

칸트는 생전 57년(1746~1803)에 걸쳐 70편의 논저를 발표하였고, 그 외에 다대한 서간문, 조각글, 미출판 원고, 강의록을 남겨 그의 저작 모음은 독일 베를린 학술원판 전집 기준 현재까지 발간된 것만 해도 총 29권 37책이다. 《한국어 칸트전집》은 이 중에서 그가 생전에 발표한 전체 저술과 이 저술들을 발간하는 중에 지인들과 나눈 서간들, 그리고 미발간 원고 중 그의 말년 사상을 포괄적으로 담고 있는 유작(Opus postumum)을 포함한다. 칸트 논저들의 번역 대본은 칸트 생전 원본이고, 서간과 유작은 베를린 학술원판 전집 중 제10~12권과 제21~22권이다. (이

한국어 번역의 베를린 학술원판 대본에 관해서는 저작권자인 출판사 Walter de Gruyter에서 한국어번역판권을 취득하였다.)

한 철학적 저작은 저자가 일정한 문화 환경 안에서 그에게 다가온 문제를 보편적 시각으로 통찰한 결실을 담고 있되, 그가 사용하는 언어로 기술한 것이다. 이러한 저작을 번역한다는 것은 그것을 다른 언어로 옮긴다는 것이고, 언어가 한 문화의 응축인 한에서 번역은 두 문화를 소통시키는 일이다. 그래서 좋은 번역을 위해서는 번역자가 원저자의 사상 및 원저의 기저를 이루고 있는 문화 배경에 대해 충분한 이해를 가질 것과 아울러 원저의 언어와 번역 언어에 대한 상당한 구사력을 가질 것이 요구된다.

18세기 후반 독일에서 칸트는 독일어와 라틴어로 저술했거니와, 이러한 저작을 한국어로 옮김에 있어 그 전혀 다른 언어 구조로 인해서 그리고 칸트가 저술한 반세기 동안의 독일어의 어휘 변화와 칸트 자신의 사상과 용어 사용법의 변화로 인해서 여러 번역자가 나서서 제아무리 애를 쓴다 해도 한국어로의 일대일 대응 번역은 어렵다. 심지어 핵심적인 용어조차도 문맥에 따라서는 일관되게 옮기기가 쉽지 않다. 게다가 한 저자의 저술을 여러 번역자가 나누어 옮기는 경우에는 번역자마다 가질 수밖에 없는 관점과 이해 정도의 차이에 따라 동일한 원어가 다소간에 상이한 번역어를 얻게 되는 것은 불가피한 일이다. 이러한 제한과 유보 아래서 이《한국어 칸트전집》을 간행한다.

당초에 대우재단과 한국학술협의회가 지원하고 출판사 아카넷이 발간한 '대우고전총서'의 일환으로 2002년부터 칸트 주요 저작들의 한국어 역주서가 원고 완성 순서대로 다른 사상가의 저술들과 섞여서 출간되었던 바, 이것이 열 권에 이른 2014년에 이것들을 포함해서 전 24권의《한국어 칸트전집》을 새롭게 기획하여 속간하는 바이다. 이 전집 발간 초기에는 해당 각 권의 사사에서 표하고 있듯이 이 작업을 위해 대우재단/한국학술협의회, 한국연구재단, 서울대학교 인문대학, 서울대학교 인문학연

구원이 상당한 역주 연구비를 지원하였고, 대우재단/한국학술협의회는 출판비의 일부까지 지원하였다. 그러나 중반 이후 출판사 아카넷은 모든 과정을 독자적으로 수행하면서, 제책에 장인 정신과 미감 그리고 최고 학술서 발간의 자부심을 더해주었다. 권권에 배어 있는 여러 분들의 정성을 상기하면서, 여러 공익기관과 학술인들이 합심 협력하여 펴내는 이 《한국어 칸트전집》이 한국어를 사용하는 이들의 지성 형성에 지속적인 자양분이 될 것을 기대한다.

《한국어 칸트전집》편찬자 백 종 현

번역이란 어떤 저술 원문을 그대로 다른 언어로 옮겨내는 작업이다. 그러니까 번역이 제대로 이루어진 경우, 그 번역서를 다시 원언어로 누가 재번역하면 본래의 원전과 똑같게 될 것을 기대할 수 있어야 한다. 그러나 이런 의미로 어떤 외국어 철학 저술을 한국어로 번역한다는 것은 거의 불가능한 일이고, 특히 말의 계통이 다른 서양의 언어로 되어 있는 저술을 한국어로 상호 가역적으로 옮긴다는 것은 아예 불가능한 일이라고 해도 과언이 아니다. (그래서 "번역은 반역이다."라고까지 말하는 것이겠다.) 외국어 원전을 그대로 한국어로 번역하기 위해서는 원전에 대한 정확한 이해가 선행되어야 할 뿐만 아니라 해당 서양 언어와 한국어가 일대일로 대응해야만 하고, 번역자가 또한 해당 외국어와 한국어에 고루 정통해야 하는데, 이것들 모두 거의 바랄 수 없는 일이기 때문이다. 그러하기에 기껏해야 번역은 원전에 대한 역자의 이해와 언어 구사 능력의 범위 내에서 두 언어 사이에 엄존하는 구조적인 차이점에도 불구하고 어순을 바꾸어 다듬고 그나마 있을 수 있는 비근한 낱말을 찾아 엮어 대응시키는 작업이겠다.

그럼에도 철학 번역서는 원서의 철학적 뜻뿐만 아니라 원저자의 어휘, 어감, 문체까지도 최대한 살려내 담아야 할 의무를 지고 있다. 좋은 역서란 외국어 저술의 원저자가 만약 한국어로 저술했다면 그렇게 했을 모습 그대로를 (옮겨) 보여주는 것이기 때문이다. 그래서 가령 원서가 수수하고 건조하게 쓰여 있는데 이를 화려하고 유려한 문체로 옮겨놓는다거나 그 반대의 경우라면 이는 원서의 훼손이라 할 것이다. 그러니까 '번역'이란 기본적으로는 '직역(直譯)'을 말하는 것이다. 직역된 번역서는 문투가 어색하고 가독성이 떨어진다고 생각하는 이가 더러 있는데, 만약 본래의 원서는 그렇지 않은데 역서만이 그러한 느낌을 주는 경우가 있다면, 그것은 직역된 탓이 아니라 미숙하게 번역된 탓이라 해야 할 것이다.

번역은 여러 가지 제약에도 불구하고 원저를 다른 언어로 그대로 재현하는 것을 목표로 삼는다. 그래서 독자가 원래 독일어로 쓰인 칸트의 『순전한 이성의 한계들 안에서의 종교』(줄여서 『이성의 한계 안에서의 종교』) 한국어 번역본을 읽고도 "나는 칸트의 『이성의 한계 안에서의 종교』를 직접 읽었다."고 거리낌 없이 말할 수 있는 것이 번역의 이상이겠다. 실제에 있어서 이 책은 결코 이에 미치지 못하겠지만, 옮긴이는 그런 이상을 가지고 작업을 하였다.

이 책의 저자인 칸트(Immanuel Kant, 1724~1804)가 이 세상을 떠난 지 200년이 넘었지만 그는 여전히 인류 사상 문화 형성에 큰 영향을 미치고 있다. 세계적으로 그의 철학에 대한 연구는 해를 거듭할수록 오히려 증가하고 있으며, 한국 철학계에서도 이정직(李定稷, 1841~1910)이 1905년경에 「康氏〔칸트〕哲學說大略」을 찬술한 이래 칸트철학은 가장 오랫동안 가장 빈번한 연구 주제였다. 그것은 그의 철학사상이 여전히 인류 지혜의 샘이기 때문일 것이다.

칸트 사상의 최소한의 편린이라도 일실하지 않기 위해서, 독일 베를린 학술원판 『칸트전집(*Kant's gesammelte Schriften*)』(1900~현재)의 간행도 1세기 넘게 지속되고 있으며, 그 정신에 맞게 그의 저작들에 대한 비교문헌 연구와 해석 작업도 더 깊어지고 더 넓어지고 있다. 그리고 각 언어권별로 그간의 연구 성과를 반영한 새로운 번역들도 많이 나왔다. 영미권에서는 1990년대 후반에 The Cambridge Edition of the Works of IMMANUEL KANT 전15권이 출간되었고, 일본에서도 이와나미 서점(岩波書店)의 『칸트전집(カント全集)』이 전22권으로 기획되어 2000년부터 새롭게 번역 출간되고 있다. 이들이 이미 십수 종의 칸트 번역서를 가지고 있음에도 이러한 작업을 하는 것은 칸트가 여전히 우리 영혼에 새로운 양식을 제공하고 있다는 인식이 있기 때문일 것이다.

칸트의 『순전한 이성의 한계들 안에서의 종교(*Die Religion innerhalb der Grenzen der bloßen Vernunft*)』는 1793년에 초판[=A판: Königsberg, bey Friedrich Nicolovius. 1793. XX, (2), 296면]이 발행되고, 곧이어 1794년에 증보판[=B판: Zweyte vermehrte Auflage. Königsberg, bey Friedrich Nicolovius. 1794. XXVI, (4), 314면]이 출간되었는데, 이 저술은 칸트의 철학적 종교론을 대표하고 있으며, 칸트 비판철학의 한 축을 이루고 있는 매우 중요한 저작이다. 칸트는 이른바 3비판서에서 진(眞)·선(善)·미(美)의 가치 근원을 차례로 밝힌 후, 만년에 이 저술을 통해 '성(聖)'의 가치를 다룸으로써 인간이 의식하는 궁극의 가치에 대한 철학적 해명을 완성하고 있다. 이런 관점에서 볼 때 칸트의 이 철학적 종교론은 그의 비판철학의 귀착점을 보여주고 있다 하겠다.

우리는 이 칸트 원서의 훌륭한 한국어 역서(신옥희, 『理性의 限界 안에서의 宗教」, 이화여자대학교 출판부, 1984)를 이미 가지고 있다. 이제 새롭게 펴내는 이 역주서는 기존의 역서를 포함해 지난 한 세대의 세월과 함께 축적된 국내외 연구 성과를 바탕으로 하고, 역자가 이미 출간한 칸트의 주저 3비판서『순수이성비판』(아카넷, 2006), 『실천이성비판』(아카넷, 2002/ 개정판 2009),『판단력비판』(아카넷, 2009)과의 긴밀한 연관 아래서 작업된 것이다. 이『순전한 이성의 한계들 안에서의 종교』는 주제상 제4비판서의 자리에 있는 만큼 무엇보다 선행하는 비판서들과 번역어 통일이 필요했다. 그러나 작업에서는 기존의 한국어 번역본은 물론, 최근의 영어 번역본과 우리와 같은 한자 문화권에 있는 일본어 번역본도 참조하여 어휘를 선택했다.

  그런데『성서』인용 구절의 번역에 대해서는 이 자리를 빌려 특별히 독자의 양해를 먼저 구해야 할 것이 있다. 이『이성의 한계 안에서의 종교』에는 다량의『성서』인용문이 있는바, 칸트의 인용문은 당시의 '루터(Luther)' 독일어 성서와 '불가타(Vulgata)' 라틴어 성서에 기초한 것으로 대개는 문자적 인용이 아니라, 전체 논의의 문맥에 맞춰 의미만 살린 축약 인용이므로 이를 옮김에 있어서는 불가피하게 전체 문맥에 맞는 용어를 택할 수밖에 없었다는 점이다. 이와 관련하여 각주의『성서』인용문도 서로 어울리게 하다 보니 기존의 어떤 특정 종파나 성서학자의 한국어 번역문과도 같게 되지 않은 경우가 많이 생겼다. 특정 종파에 속해 있는 독자나 기존의 특정 성서의 번역문에 익숙해 있는 독자에게는 이 점이 크게 불편하게 느껴질 것 같아 간곡하게 양해를 청한다.

  그 밖에 번역과 각주의 문장 작성에서 어떤 독자에게는 불편을 남긴 점에 대해서도 양해를 구한다. 칸트 원문 중 그리스어나 라틴어 낱말은 상응하는 한자어가 있을 경우 각기 문화권의 고전어라는 유사성을 고려하여 한자어로 번역 표기했는데, 한자어를 전혀 사용하지 않는 독자에게는 무의미할 것이나, 독일어 독자 중 그리스어나 라틴어를 전혀 사용하지 않는 이에게는 칸트 원문 자체가 역시 그럴 것이므로, 그런 모양새를 유지해보려 한 것이다. 그리고 각주에서는 외국 인명, 지명, 저서명 등을 원문대로 쓴 것도 있는데, 관련 사항에 대한 각주를 필요로 하는 독자에게는 오히려 그렇게 하는 편이 번잡함을 피하고 좀 더 정확한 정보를 제공하는 방법으로 여겨져 그렇게 하였다.

본문 역주에서는 칸트가 출간한 원전 외에 다음과 같은 근래의 판본을 주로 대조 참고하였다.

I. Kant, *Die Religion innerhalb der Grenzen der bloßen Vernunft*, hrsg. von B. Stangneth, Felix Meiner Verlag / Hamburg 2003 〔PhB 545〕.

———, *Die Religion innerhalb der Grenzen der bloßen Vernunft*, in: *Werke in sechs Bänden*, hrsg. von W. Weischedel, Darmstadt ⁵1968, Bd. S. 645~879.

———, *Kant's gesammelte Schriften*〔AA〕, hrsg. v. der Kgl. Preußischen Akademie der Wissenschaft // v. der Deutschen Akademie der Wissenschaft zu Berlin // v. der Akademie der Wissenschaften zu Göttingen // v. der Berlin-Brandenburgischen Akademie der Wissenschaften, Bde. 1~29, Berlin 1900~2009.

또한 역주에서 참고한 국내외 역서는 아래와 같다.

신옥희 옮김, 『理性의 한계 안에서의 宗敎』, 이화여자대학교 출판부, 1984.

北岡武司 譯, 『たんなる理性の限界內の宗敎』, 수록: 《カント全集》 10, 東京 岩波書店, 2000.

A. Wood / G. Di Giovanni(transl. & ed.), *Religion within the Boundaries of Mere Reason*, Cambridge Univ. Press, 1998.

또 역주에서 참고한 『성서』의 판본들은 다음과 같다.

Die Bibel *oder Die Ganze Heilige Schrift des Alten und Neuen Testaments nach der Übersetzung Martin Luthers*, Revidierter Text 1975, Deutsche Bibelgesellschaft, Stuttgart 1978.

Biblia Sacra *iuxta vulgatam versionem*, Deutsche Bibelgesell-schaft, Stuttgart [4]1994.

Die Bibel, Einheitsübersetzung, Katholische Bibelanstalt GmbH, Stuttgart 1980.

Die Heilige Schrift, Einheitsübersetzung, Verlag Katholisches Bibelwerk, Stuttgart 2003.

Greek-Englisch New Testament, Deutsche Bibelgesellschaft, Stuttgart [8]1998.

『NIV 구약 원어대조성경』, 로고스, 1993.

『분해대조 로고스성경』, 장보웅 편저, 로고스, 1992.

『200주년 신약성서 주해』, 분도출판사, 2001.
『공동번역 성서』, 대한성서공회, 1977.
『성경』, 한국 천주교 주교회의 성서위원회, 2005.
『貫珠 聖經全書』, 대한성서공회, 2009〔개역개정판〕.

그리고 주해에서 힘입은 바가 큰 다음의 주석서는 특기하지 않을 수 없다.

Josef Bohatec, *Die Religionsphilosophie Kants in der "Religion innerhalb der Grenzen der bloßen Vernunft"*, Mit besonderer Berücksichtigung ihrer theologisch-dogmatischen Quellen. Hamburg 1938.

이상의 대본과 문헌들을 바탕으로 한 이 역주서는 엄밀한 학술 번역을 지향하여, 칸트 원문을 축자적으로 정밀하게 번역하고 주해하면서 칸트를 한국어로 재현해보고자 했으며, 칸트의 철학적 종교론의 요약 해제와 비교적 상세한 개념 찾아보기, 그리고 칸트 종교철학 관련 국내외의 주요 문헌 목록을 붙여, 독자들의 원전 접근을 용이하게 함과 아울러 뜻있는 이에게는 심화 연구 자료를 제공하고자 했다.

무슨 일에서나 그러하듯이 이 책을 내는 데도 많은 분들의 도움이 있었다. 평소에 역주자의 학문적인 모자람을 진정으로 일깨워주는 동학 강영안 교수께서는 이 역서의 완성도를 높이기 위한 격려의 말씀과 함께 주요 번역어에 대한 귀중한 조언을 아끼지 않으셨고, 한국연구재단은 번역연구비를 지원하였으며, 강은아, 이덕균 선생님은 번역 초고와 원전을 대조하면서 보완을 위한 많은 제안을 해주었고, 임상진 선생님은 전문가적 솜씨로 매우 상세한 찾아보기를 만들어주었으며, 성창기 선생님은 강은아 선생님과 함께 매우 성가신 교정 작업을 맡아주었다. 둔중한 문체와 허술한 표현을 조금이라도 더 개선하기 위해 김일수 팀장을 비롯한 아카넷 편집부는 큰 노고와 인내를 떠안았고, 책임교정을 맡은 정민선 선생님은 한결같은 세심함으로 글 다듬기에 정성을 다해주었다. 이러한 큰 도움에도 불구하고 책에 아직도 부족함이 많이 남아 있을 것임은 역주자의 천학비재 탓이다. 부끄러움 중에서 두루 감사의 마음을 표한다. 또한 칸트 3비판서 역주 작업의 계기를 마련해주었을 뿐만 아니라 이 『종교』의 마무리 작업 중에 쾨니히스베르크〔칼리닌그라드〕 탐방에 함께 나서주어 칸트에 대한 더욱 생생한 자료를 얻도록 도움을 준 박은진 교수께 이 자리를 빌려 심심한 사의를 표하지 않을 수 없다.

여태까지도 역주자는 면구스러움 중에서도 행운을 누렸다. 결함이 많은 책을 세상에 내놓아 부끄러움을 자초한 한편에서, 다행히 너그러운 독자들을 만나 그릇된 점에 대한 지적과 함께 개선책을 제안받아 결함을 고쳐나가고 깨우침 또한 받고 있기 때문이다. 이번에는 큰 흠결을 면했으면 하지만, 여전히 독자들의 너그러움과 함께 변함없는 지도편달을 감히 소망한다.

2011년 10월
정경재(靜敬齋)에서
백 종 현

차례

책을 펴내면서 | 005

제1부 『순전한 이성의 한계들 안에서의 종교』 해제 | 015

해제 | 017
  I. 책 출간의 우여곡절 | 017
  II. 책 제목의 함축 | 021
  III. 책의 구성 | 026
  IV. 칸트의 철학적 종교론 | 029
    0. 서론 | 029
    1. 인간 자연본성에서의 근본악 | 030
    2. 인간에 대한 지배를 둘러싼 선한 원리와 악한 원리의 투쟁 | 040
    3. 선한 원리의 승리 그리고 지상에 신의 나라 건설 | 045
    4. 종교와 승직제도 | 052
    00. 결어 | 060
  ※ 해제와 주해에서 우리말 제목을 사용한 칸트 원논저 제목[약호],
    이를 수록한 베를린 학술원판 전집[AA]권수(와 인용 역본) | 063

관련 주요 문헌 | 067
  I. 원전의 주요 판본 | 067
  II. 사전류 | 070
  III. 학술지 | 071
  IV. 서지(書誌) | 072
  V. 집류(集類) 및 대회보 | 075
  VI. 칸트 종교철학 형성과 관련 깊은 저술들 | 078

VII. 연구논저 | 081

    1. 『이성의 한계 안에서의 종교』 중심 연구논저 | 081

    2. 종교철학 일반 연구논저 | 085

    3. 종교철학 관련 주제별 연구논저 | 090

    4. 종합연구서 | 101

    5. 발간경위 및 영향사 연구논저 | 103

    6. 한국어 연구논저 | 105

제2부 『순전한 이성의 한계들 안에서의 종교』 역주 | 109

    ※ 역주의 원칙 | 111

    ※ 유사어 및 상관어 대응 번역어 표 | 115

    『순전한 이성의 한계들 안에서의 종교』 번역 및 주석 | 141

찾아보기 | 467

    일러두기 | 469

    인물 찾아보기 | 470

    개념 찾아보기 | 472

제1부

『순전한 이성의 한계들 안에서의 종교』해제

『이성의 한계 안에서의 종교』 해제

I. 책 출간의 우여곡절

『순전한 이성의 한계들 안에서의 종교(*Die Religion innerhalb der Grenzen der bloßen Vernunft*)』(줄여서 『이성의 한계 안에서의 종교』〔*RGV*〕) 라는 책의 제목은 일견 종교를 비판적 이성 안에 제한하는 것으로 보인다. 그것은 신앙은 그 근거(ratio)를 이성(ratio) 안에서 찾지 않으면 안 된다는 것을, 그러니까 정통적인 의미에서의 '종교(religio)'란 오히려 '거짓 종교' 내지 미신(Aberglauben)임을 선언하는 것으로 보인다. 그리고 책의 이러한 첫 인상은 당시의 프로이센 프로테스탄트 교회, 그리고 그 열렬한 보호자인 프리드리히 빌헬름 2세(Friedrich Wilhelm II, 재위 : 1786~1797) 와의 충돌을 낳았다.

칸트로 하여금 자신의 시대를 "계몽의 시대"(WA: AA VIII, 40[1])로 규정할 수 있게 한 프리드리히 대왕(Friedrich II, 재위: 1740~1786)의 치세가 끝나고 프리드리히 빌헬름 2세가 즉위한 초기만 해도 정부와 칸트의 관계는 여전히 우호적이었다. 칸트는 1786년에 대학 총장직에 올라 1788년에 연임하였고, 연봉도 갑절로 인상되었다. 그 사이에 『순수이성비판』제2판(1787)과 『실천이성비판』(1788)도 출판한 칸트는 학문 생활의 절정기에 이르러 있었다. 그러나 1788년 7월 9일 자로 법무장관 뵐너(Johann Christoph von Wöllner, 1732~1800)의 주도하에 작성된 이른바 '뵐너의 종교칙령(Wöllnersche Religionsedikt)'이 내려져 계몽주의적 서책에 대한 검열이 시작되었을 때 계몽주의 철학자 칸트와 당국의 충돌은 미구에 닥칠 일이 되었다.

칸트는 당초에는 《베를린 월보(*Berlinische Monatsschrift*)》에 4편의 논고를 연속적으로 게재하려고 했다.(C. F. Stäudlin에게 보낸 1793. 5. 4 자 편지: XI, 430 참조) 그러기 위해 그가 첫 번째 논고 「인간 자연본성에서의 근본악에 관하여」를 1792년 2월 편집책임자인 비스터(Johann Erich Biester)에게 제출했을 때 칙령에 따라 원고는 검열 당국에 넘겨졌고, '사려 깊고 분별력 있으며 학식 있는 독자들에게 제한적으로 읽힐 수 있다'는 단서와 함께 인쇄 허가를 얻었다. 그리고 이 논고는 《베를린 월보》 1792년 4월호(323~385면)에 실렸다. 그러나 같은 해 6월에 투고된 두 번째 논고 「선한 원리의 악한 원리와의 투쟁에 대하여」는 검열의 문턱을 넘지 못하고, 아

∴∵

1) 이하에서 칸트의 원저술 인용은 빈번하고 다량이므로, 인용 원서 제시는 모두 본문 중에서 약호로 하고, 칸트의 주요 저서는 원저 대표 판본의 면수와 함께 베를린 학술원판 전집〔AA〕의 권수(로마자), 면수를 병기하고, 기타 저술은 학술원판 전집의 권수(로마자), 면수만을 밝히며, 인용한 원저명과 약호 관련 사항은 해제 말미의 '※ 해제와 주해에서 우리말 제목을 사용한 칸트 원논저 제목〔약호〕, 이를 수록한 베를린 학술원판 전집〔AA〕 권수(와 인용 역본)'에서 일괄적으로 적시한다.

무런 설명 없이 출판이 불허되었다.(앞의 칸트 편지 참조)

칸트는 1792년 7월 말에 비스터로부터 제2논고의 원고를 되돌려 받고, 이것과 이미 발표된 제1논고에 두 편의 논고를 더하여 단행본을 출간할 계획을 세웠다. 그에 따라 칸트는 그의 저술 원고를 쾨니히스베르크 대학의 신학부에 제출하여 출판을 위한 권위 있는 판정을 얻고자 하였고, 이를 접수한 쾨니히스베르크 대학의 신학부는 당 학부와 함께 또 하나의 철학부의 판정도 받도록 관할 배정을 하였다. 이때 칸트는 쾨니히스베르크 대학의 철학부장으로 있는 자신의 제자(Christian Jacob Kraus)가 난처한 상황에 놓이는 것을 우려하여, 예나 대학의 철학부에 판정을 의뢰하였고, 마침내 인쇄 허가를 얻어『순전한 이성의 한계들 안에서의 종교』라는 단행본이 1793년 부활절장에 발행되었다.

그러나 그 사이 프리드리히 빌헬름 2세의 내정의 방향은 더욱 경직되었고, 게다가 프랑스 혁명의 소용돌이 속에서 루이 16세(Louis XVI: 1754. 8. 23~1793. 1. 21)가 처형되었다는 소식이 전해졌을 때 전 유럽에서, 특히 프로이센에서는 자코뱅당원, 계몽주의자, 과격분자, 교회 경시자는 동일한 낱말로 인식되었다.『순전한 이성의 한계들 안에서의 종교』의 제2판이 출간된 직후 1794년 3월에는 칸트의 종교철학 저술의 유포에 대한 경고와 함께 국외 추방의 소문까지 돌았고, 이때 칸트가 비스터에게 보낸 편지를 보면 그가 정치적 위험을 얼마나 크게 느꼈는지 알 수 있다.

"알려준 소식 감사합니다. 항상 양심적으로 그리고 합법적으로 행동했음을 확신하면서 나는 이 특별한 조치들의 결말을 조용히 기다릴 것입니다. 만약 새로운 법률들이 나의 원칙들과 반대되는 것을 지시명령한다면, 나는 그것도 역시 정확히 따를 것입니다. 〔……〕 생은 짧고, 특히 이미 70

년 넘게 보낸 생은 그렇습니다. 생을 걱정 없이 마치기 위해서는 그래도 은신처를 찾아볼 수밖에 없겠지요. 만약 당신이 비밀이 아닌데도 우리 지역에는 너무 늦게, 또는 불확실하게 알려지는 것 중 나와 이해관계가 있는 소식을 전해준다면, 그것은 나를 참 편안하게 해줄 것입니다."(Biester에게 보낸 1794. 5. 18 자 편지: XI, 501)

그리고 칸트가 불안해했던 소문은 이미 파다하게 퍼져 어떤 애호가는 은신처 제공 의사(1794. 6. 27 자 J. H. Campe의 편지: XI, 512~513 참조)를 밝히는 정도에까지 이르렀다. 마침내 칸트는 1794년 10월 1일에 '전하의 자비로운 특별 명령'에 따른 뵐너의 서신을 받았으니(XI, 525~526; *SF:* VII, 6 참조), 그로써 『순전한 이성의 한계들 안에서의 종교』는 판금 조치되었고, 그와 함께 쾨니히스베르크의 신학부와 철학부에서는 칸트의 종교이론이 교수 내용에 포함되는 것이 금지되었다. 이에 이미 노년에 든 칸트는 왕의 조처에 순종을 약속하고(XI, 527~530; *SF:* AXII~XXV=VII7~10 참조), 당국과의 싸움을 피했다.

"자신의 내적 확신을 철회하고 부인하는 것은 비열하지만, 지금과 같은 경우에 침묵하는 것은 신민의 의무이다. 사람들이 말하는 것은 모두 참이어야 하지만, 그렇다고 모든 진리를 공공연하게 말하는 것이 의무는 아니다."[2]

∴

2) Karl Vorländer, *Immanuel Kant—Der Mann und das Werk,* Hamburg ²1977, II, 205.

그러나 1797년 프리드리히 빌헬름 3세(Friedrich Wilhelm III, 재위: 1797~1840)의 즉위와 함께 정부가 개편되고 반계몽주의적 법률이 폐지되었을 때 칸트는 자신의 철학적 종교론을 다시금 공론에 부쳤고, 『학부들의 싸움』(1798)을 통해 그 요지를 다시금 천명하였다. 그리고 사후에는 칸트의 종교사상이야말로 오히려 프로테스탄트 기독교 정신의 정수라고 인정받았으니, 이는 우여곡절을 겪는 '역사적' 평가의 한 사례를 보여준다 하겠다.

II. 책 제목의 함축

책의 제목 『순전한 이성의 한계들 안에서의 종교(Die Religion innerhalb der Grenzen der bloßen Vernunft)』는 초판 인쇄가 절반이나 진척된 뒤에야, 그러니까 출간 직전에 붙여졌다는 것이 정설이다. 그러나 이 제목은 임시로 붙였던 책의 제목인 '철학적 종교론(philosophische Religionslehre)'이 지향한 바를 잘 보여주고 있다. 제목을 구성하고 있는 어휘들의 뜻을 새겨나가면 제목이 함축하는 바가 차츰 뚜렷하게 드러난다.

먼저 '순전한(bloß)'은 보통 '한낱(alleinig)', '오직(nur)', '오로지(lediglich)', '순정한/어떤 것도 섞이지 않은(unvermischt)', '이외의 것 없이(nichts weiter[anderes] als)', '단적으로(ausschließlich)' 등을 지시하는 말이다. 그러니까 칸트가 또한 자주 사용하는 '순수한(rein)'과 어떻게든 구별되게 새긴다면, '순수한'이 보통 '경험적(empirisch)'의 대립어로서 '어떠한 경험적 요소도 섞이지 않은'을 의미하는 데 반해, '순전한'은 좀 더 포괄적으로 '어떤 다른 요소도 섞이지 않은 오로지' 정도를 의미한다고 풀이할 수 있겠다.

'이성(Vernunft)'이란 그 장구한 개념의 역사와 함께 매우 다의적이지만, 칸트에서는 좁게는 인간 마음의 '법칙수립 능력 내지 법칙수립 원리'를 뜻하며, 조금 넓게 사용할 때는 '이론적 곧 인식 법칙과 아울러 실천적 곧 도덕법칙을 수립하고, 그에 따라 논리적, 사실[존재]적, 당위적 판단을 내리며, 때에 따라서는 실천적 요청을 수행하는 인간 마음의 능력'을 지시한다.

'한계들(Grenzen)'은 그것이 이성의 한계들을 말하는 한에서, '경우에 따라 기능하는 이성 능력들 각각의 역량의 범위들' 정도로 새길 수 있겠다.

그리고 칸트가 인간이 합당하게 논할 수 있다고 보는 '순전한 이성의 한계들 안에서의 종교'를 요약하면 '이성종교(Vernunftreligion)'라 할 것인데, 이성종교로서 '종교'란 칸트에서 "인간의 모든 의무를 신의 지시명령[계명]으로 인식함"(*RGV*, B229=VI153; *KpV*, A233=V129; *KU*, B477=V481)을 뜻한다. 그러한 한에서 종교는 "신에 대한 인식과 합치하고 신의 의지와 합치하는 하나의 도덕"('준비원고'[VARGV]: XXIII, 91)이라고 할 수도 있다.

그러나 칸트에서 '이성종교'는 "순전한 이성에 의한 종교"(VARGV: XXIII, 91), 즉 "온전히 선험적인, 다시 말해 일체의 계시에 의존함 없이 가능한 것"(VARGV: XXIII, 96)을 말하는 것이 아니다. 칸트 자신이 후에 『학부들의 싸움』(1798)에서 부연하여 말하고 있듯이 '순전한 이성의 한계들 안에서의 종교'는 단지 "(계시 없는) 순전한 이성으로부터의 종교"(*SF*, 머리말: VII, 6)를 뜻하는 것이 아닌 것이다. 왜냐하면 '순전한 이성의 한계들 안에서의 종교'는 "계시된 것으로 신앙되는 종교의 문헌, 즉 성경 안에서도 **이성을 통해** 인식될 수 있는 것"(*SF*: VII, 6)을 포함하기 때문이다.

일반적으로 "종교는 신의 지시명령으로서의 모든 인간 의무들에 대한 교리(그러므로 객관적 의미의 종교)뿐만 아니라, 동시에 섭리〔신〕가 (교회로서의) 종교를 건설하고 유지 보존하는 데 이용하는 수단에 대한 신앙(그러므로 주관적 의미에서의 종교)을 뜻한다. 전자는 후자의 외연의 단지 일부를 이룰 뿐이다. 순전한 이성의 한계들 안에서의 종교는 참으로 종교를 이루는 모든 것을 함유한다. 인간들 가운데 그러한 종교를 건설함에서의 신의 수단에 대한 신앙은 전자 외에도 더 많은 것을, 바꿔 말해 본래 종교를 이루는 것 내지 종교를 현실에서 현시할 수 있는 것을 함유한다."(VARGV: XXIII, 95)

그러니까 여기에서 '순전한' 이성은 '순수한' 이성, 곧 '감각적인 것이 섞이지 않은', '이성 이외의 어떠한 요소와 관련 없이', '이성 이외의 어떠한 요소도 고려함이 없이', '어떠한 신비적인 요소나 기적과 같은 요소, 어떠한 역사적–자료적 요소도 섞이지 않은, 그러니까 계시를 도외시하는' 이성이라기보다는 '오로지 순수한 법칙수립과 그에 따라 인식하고 행위하는 이성'을 지시한다.

그리고 이러한 이성 활동의 "한계들 안에서" 일어나는 일들을 알기 위해서는 "또한 신앙에서 감성적인 것과 경험적인 것의 한계들"(VARGV: XXIII, 91)을 파악해야 하기 때문에, 사실상 '순전한 이성의 한계들 안에서의 종교' 서술은 "신앙에서 감성적인 것과 경험적인 것의 한계들과 아울러 이성의 한계들을 규정하는 일"(VARGV: XXIII, 91)을 포함한다.

이러한 점에서 『이성의 한계 안에서의 종교』는 '제4비판서'의 성격을 지니고 있다 하겠다. 인간의 마음 능력인 순수한 사변이성, 실천이성, 미감적 판단력의 한계 규정을 통해 인간이 추구하는 최고의 가치 진(眞)·선(善)·미(美)의 의미를 밝힌 제1비판서(『순수이성비판』, 1781·1787), 제2비판서(『실천이성비판』, 1788), 제3비판서(『판단력비판』, 1790)는 각기 특유한 마음의 능력을 비판하였다. 곧 각 능력의 원천과 유효한 활동 범위를 밝혀냈다. 칸트가 궁극의 철학적 물음이라고 본 "인간은 무엇인가?"(KrV, A805=B833; Log:AA IX, 25 등 참조) 아래에 ① "나는 무엇을 알 수 있는가?"라는 인식론적 물음과 ② "나는 무엇을 행해야만 하는가?"라는 도덕론적 물음, 그리고 ③ "나는 무엇을 희망해도 좋은가?"라는 종교론적 물음을 열거하고서 지식(Wissen)과 행위(Tun)의 원리를, 그리고 어쩌면 또 하나의 물음 '나는 무엇에서 흡족함을 느낄 수밖에 없는가?'를 던지면서 두 원리의 매개자로서 감정(Fühlen)의 원리를 추궁할 때, 그는 각각의 선험적 원리인 '합법칙성', '궁극목적', '합목적성'의 주관적 근거로서 순수 지성과 이성 그리고 판단력을 고찰한다.(KU, BLVIII=V198 참조) 그런데 이 자리에서 칸트는 희망(Hoffnung)의 원리는 주제화하지도 않고, 또 그것의 주관적 근거도 명시적으로 말하고 있지 않다. 그렇기 때문에 '성(聖)'의 가치에 이르는 "나는 무엇을 희망해도 좋은가?"라는 물음의 탐구 과정에서 과연 칸트가 '이성비판'의 작업을 수행하고 있고, 만약 그런 작업을 수행한 것이라면 도대체 이성의 어떠한 능력 내지 기능을 비판하는 것인가에 대해 사람들이 묻고는 한다. 그리고 어떠한 특유한 이성 능력에 대한 비판 작업도 수행한 것이 아니라면, 칸트의 종교론은 '비판철학'의 범위 내에 있지 않으며, 그러니까 『이성의 한계 안에서의 종교』는 '제4비판서'일 수 없다고 보는 이들이 많다. 그러나 칸트에서 '순전한 이성의 한계들 안에서의 종교'란 '순수한 이론적 · 실천적 법칙수립과 그러한 법칙에 따른 논리적 · 사실〔존재〕적 · 당위적 판단 그리고 실천적 요청을 수행하는 이성 능력의' '범위 안에서' '인간의 모든 의무를 신의 지시명령으로 인식함'이다. 이러한 종교 규정은 사변이성과 실천이성 그리고 반성적 판단력

일반에 대한 총괄적 비판 작업을 통해 얻은 것이다. 그것은 '성'의 가치가 진·선·미 가치의 화합점에서 모습을 드러내고, '희망'이 지식과 실천 그리고 감정의 합일점에서 피어나는 이치에 상응하는 것이다. 그 희망의 선험적 원리는 '합리성(Vernünftigkeit)'이라 할 수 있고, 그래서 칸트의 희망의 철학은 하나의 이상주의 내지 일종의 합리적 낭만주의라고 할 수 있겠다.

이러한 칸트의 '순전한 이성의 한계들 안에서의 종교'는 한편으로는 경험적–역사적–현실적인 제정법(制定法)적 교회종교를 이성종교 안에서 해석 용해하는 일과 다른 한편으로는 종교를 도덕철학 안에 수렴하는 일을 과제로 갖는다.

18세기 후반 바움가르텐(A. G. Baumgarten, 1714~1762), 제믈러(J. S. Semler, 1725~1791), 미하엘리스(J. D. Michaelis, 1717~1791) 등이 대변한 독일 프로테스탄트 신학은 체버리경(Herbert of Cherbury, 1583~1648)이 『진리론(*De veritate*)』(1624)에서, 로크(J. Locke, 1632~1704)가 『기독교의 합리성(*The Reasonableness of Christianity*)』(1695)에서 피력한 자연종교론 내지 이신론(理神論)에 크게 영향을 받아, 종교의식의 중심에 도덕을 놓고, 계시의 진리를 자연적 이성의 기준으로 검토하고자 하였다. 칸트 역시 이러한 노선에 귀를 기울였다. 칸트는 도덕철학 강의에서 바움가르텐의 책을 교과서로 사용하였고, 자연종교의 장에서는 이신론적 성향을 보이기도 하였다.(XXVII, 168 이하 참조) 그렇지만 칸트는 이성종교를 한낱 '자연적' 이성 위에 정초하지 않고, 순수 실천이성의 논리적 사유 위에 정초하고 있다. 또한 도덕성에 대한 어떤 고유한 것을 덧붙이지 않고도 계시의 진리들이 이러한 기반과 합치하는 것으로 생각했다. 그래서 칸트에게는 은총의 작용들, 기적 그리고 여타의 신비들은 종교의 부대장식(附帶裝飾)들로 유효하다.(B63=VI52 참조) 나중의 칸트학도들은 차츰 계시를 군더더기로 치부했지만, 칸트 자신과 초기 칸트학도들은 계시를 이성종교 안에서 용해하고자 하였다. 그것은 칸트 자신도 더러 인용하고 있는 (B282=VI183 참조) 신학자 스퇴들린(C. F. Stäudlin, 1761~1826)에서도 잘 드러난다.[3] 교회신앙을 이성신앙에 포섭하려는 칸트와 그의 학도들의 이러한 지향은 결과적으로 한편으로는 이성의 자기정립적 도덕을 매개로 교회종교에 일정한 의미를 부여하고, 다른 한편으로는 교회를 매개로 초월적 도덕 개념을 사회적으로 현실화하는, 다시 말해 지상에 '윤리 국가'를 건설하고자 하는 것이라 하겠다.

III. 책의 구성

네 편의 논고로 구성되어 있는 『순전한 이성의 한계들 안에서의 종교』의 제1판(= A. 1793)은 머리말(목차 포함)이 22면, 네 편의 논고 본문이 296면으로 총 318면이고, 제2판(= B. 1794)은 '제2판을 위한 머리말'이 덧붙여져 머리말(목차 포함)이 모두 28면 그리고 본문이 314면, 이렇게 총 342면으로 되어 있는데, 약간의 자구 수정과 추가된 각주를 포함하여 24면 증보된 제2판이 표준판으로 통용되고 있다.

••

3) C. F. Stäudlin, *Geschichte des Rationalismus und Supernationalismus vornehmlich in Beziehung auf das Christentum*, Göttingen 1826, S. 138 이하 참조.

칸트는 간난신고(艱難辛苦) 끝에 출간된 이『순전한 이성의 한계들 안에서의 종교』에서 전통적인 이른바 정통 기독론과 계몽주의시대의 이성주의의 무신론적 경향, 그리고 경험론적인 절충주의 내지 회의주의적 경향을 상대로 그의 '철학적 종교론'을 펴면서, 실천 이성 비판에 기초한 그의 도덕론을 기독교 교리에 접합시킴으로써 종교신앙과 교회신앙을 화해시키고자 한다. 물론 그를 위해서는 기독교의 기본교리들이 재구성될 수밖에 없다. 그래서 칸트는 기존의 신학 체계와는 다른 길을 걷는다. 신의 개념에서 예수의 위격(Person)으로, 다시 복음서의 사가들이 증언하는 신의 은총의 체험으로 나아가는 대신에, 인간의 도덕적 성품에서 완성된 인간의 이상으로서의 예수로, 그리고 이로부터 신의 개념과 교회로 그리고 삼위일체 교리와 성서 및 기적에 대한 증언의 타당성 문제 등으로 나아가고 있는 것이다. 그 전개 과정의 요점을 정리하면 아래와 같다.

머리말: 도덕에서 종교로의 이행이 불가결한 이유와 역사적인 계시종교와 도덕적인 이성종교의 구별과 각각의 의의를 밝히면서, 계시종교도 도덕적인 이성종교의 성격을 가질 때만이 참종교일 수 있음을 우선 간략하게 언급한다.

제1논고: 「악한 원리가 선한 원리와 동거함에 대하여, 또는 인간 자연본성에서의 근본악에 관하여」(B1~B64)는 인간의 자연본성이 선한지 악한지를 다루면서 인간의 근본악에 대한 루터 교리를 해석하고 있다. 이것은 기독교 신학의 원죄론에 대한 칸트의 비판철학적 고찰이다.

제2논고: 「인간에 대한 지배를 둘러싼 선한 원리와 악한 원리의 투쟁에 대하여」(B65~B124)는 인간의 악한 의지 이론을 일면 수정하면서 초감성적인 법칙으로서의 선한 원리를 해석하고 있다. 기독교는 그러한 선한 원리의 대표로 예수라는 위격의 상징을 만들어냈다는 것이다. 여기서 구원이란 순정한 윤리적 원칙들을 그의 마음씨 안에 가장 진실하게 채용하는 데 있음을 역설한다. 이것은 기독교 전통 신학의 기독론과 구원론에 대한 칸트의 비판적 도덕철학적 해석이다.

제3논고 : 「악한 원리에 대한 선한 원리의 승리, 그리고 지상에 신의 나라 건설」(B125~B222)은 제2논고에서 명료화된 기독교 정신의 구체적 실현의 문제, 윤리 계명과 그것을 행위 준칙으로 채택하는 관계를 다룬다. 그 때문에 제3논고는 칸트의 다른 도덕철학의 저술과는 다른 특수한 새로운 내용을 포함하고 있다. 칸트 윤리학은 근본적으로 개인을 향해 있고, 정언 명령 안에 절대적으로 놓여 있는 개개 인간의 자유로운 결정을 과녁으로 삼고 있다. 그런데 제3논고는 불가시적 교회의 가시적 교회로의 연장 유비를 통해 도덕의 사회적 형태화를 논하면서 "윤리적-시민적 공동체"의 필연성을 제시한다. 이것은 기독교의 전통 신국론에 대한 칸트의 윤리형이상학적 대안이라 할 수 있다.

제4논고 : 「선한 원리의 지배 아래서의 봉사와 거짓봉사에 대하여, 또는 종교와 승직제도에 대하여」(B223~B314)는 앞선 세 논고에서 이론적으로 천착한 추상적 원리들을 현실적인 교회에 적용하여 교회조직과 교회신앙의 문제들을 고찰한다. 그 고찰의 중심에는 계몽주의자 칸트의 현실 교회에 대한 비판과 개혁을 위한 고언(苦言)이 놓여 있다.

이 네 편의 논고를 통해 칸트는 도덕과 종교, 철학과 (성서)신학의 관계를 밝히고 각각의 고유 영역의 의의를 훼손함 없이 화해하는 길을 제시함과 함께, 현실 기독교의 '참종교'로서의 역할을 기대하고 있다. 이 네 편의 논고는 그것들의 상위 제목처럼 칸트가 이미 오랫동안 그의 도덕철학과 역사철학 저술을 통해 부분적으로 피력했던[4] 그의 '철학적 종교론'의 중추를 이룬다.

IV. 칸트의 철학적 종교론

0. 서론

"도덕은 자유로운, 그러나 바로 그렇기 때문에 스스로 자신의 이성에 의해 자신을 무조건적인 법칙에 묶는 존재자인 인간의 개념에 기초하고 있다. 그런 한에서 도덕은, 인간의 의무를 인식하기 위해서 인간 위에 있는 어떤 다른 존재자의 이념〔관념〕을 필요로 하지 않으며, 그 의무를 지키기 위해 법칙 자체 이외의 어떤 다른 동기를 필요로 하지도 않는다. 만약 인간에게 그러한 것이 필요하다면, 적어도 그것은 그 자신의 탓〔잘못〕이다. 그러한 필요는 〔그 자신 외의〕 다른 무엇에 의해서도 채워질 수 없는 것이다. 왜냐하면 인간 자신과 그의 자유에서 생겨난 것이 아닌 어떤 것도 인간의 도덕성의 결핍을 메워줄 수는 없기 때문이다."(BIII=VI3)

칸트가 '실천 이성 비판'을 통해 밝혀낸 인간의 도덕성은 그 자체로는 어떤 초월자의 보충을 필요로 하지 않는다. 그러나 인간의 이성은 '도덕적 행위가 인간에게 무엇을 가져다주는가?'에 대해 도저히 무관심할 수가

••

4) 앞서 나온 3비판서 및 관련 소논저들과 『이성의 한계들 안에서의 종교』에 이르기까지의 칸트의 철학적 종교론에 관해서는 백종현, 『시대와의 대화: 칸트와 헤겔의 철학』(아카넷, 2010), 제1부 제6장 「칸트의 철학적 종교론」(371~393면) 참조.

없다. 더구나 충분히 도덕적인 행위의 결과가 행위자 자신이나 타인에게 엄청난 화를 불러일으키는 경우가 있을 때, 이성은 이를 한낱 자연 재해로 보아 넘길 수만은 없게 된다. 여기서 인간의 이성은 도덕법칙의 준수, 곧 '덕과 그에 상응하는 행복의 일치'라는 하나의 '객관의 이념', 이른바 이 세계에서의 '최고선의 이념'을 갖는다.(*KrV*, A810/811=B838/839; *KpV*, A226=V125 참조) 그래서 우리는 이 최고선을 가능하게 하는 "이것의 두 요소를 통합할 수 있는, 하나의 보다 높고 도덕적이고, 최고로 신성하며 전능한 존재자를 상정하지 않을 수 없다."(BVII=VI5) 이렇게 해서 "도덕은 불가피하게 종교에 이르고, 그로써 도덕은 인간 밖의 하나의 힘 있는 도덕적 법칙수립자〔입법자〕라는 이념에까지 확장"(BIX=VI6)되는 것이다.

"무릇 그러나 도덕법칙들의 가장 엄격한 준수가 (목적으로서) 최고선을 초래하는 원인으로 마땅히 생각되어야 한다고 할지라도, 인간의 능력은 이 세계에서의 행복이 행복을 누릴 품격과 일치하도록 하기에는 충분하지 못하기 때문에, 하나의 전능한 도덕적 존재자가 세계지배자로 상정되지〔받아들여지지〕 않을 수 없으며, 이 존재자의 배려 아래서 이런 일〔행복과 덕의 일치〕이 일어난다. 다시 말해 도덕은 불가불 종교에 이른다."(BXIII=VI7 이하)

1. 인간 자연본성에서의 근본악

칸트는 근원적인 신학적 문제인 '악'의 개념과 이 악이 신이 세운 세계질서 안에서 하는 기능을 종교론의 첫 번째 주제로 삼고 있다. 이 주제는 서양 근대 철학의 핵심을 이룬 것이기도 했다. 라이프니츠(G. W. Leibniz, 1646~1716)는 선·악을 동등한 권한을 갖는 두 개의 세계원리로 보는 베일(P. Bayle, 1647~1706)류의 이원론을 반박하기 위해 『신정론(神正論)』(1710)을 썼다. 라이프니츠에 의하면, 전지전능 전선한 신의 창조물로서 최선인 이 세계가 악의 원리 아래에 있을 수는 결코 없다. 그러니까 악이란 단지 선의 결여로서 "인간 자신이 그 악의 원천"[5]일 따름이다. 발흐(J. G. Walch, 1693~1775)의 『철학사전』(1726)은 13쪽[6]에 걸쳐 악에 대한 논쟁사를 정리해 싣고 있다. 그러나 악의 문제는 철저한 경험주의 신학이나 도덕론에서는 전혀 주제가 될 수 없는 것이고, 되지도 않았다. 왜냐하면 공리주의자의 논변에서 보듯 선·악은 쾌락과 고통으로 환원되는 것이기 때문이다. 또한 당시의 심미적 인간주의자들에게도 역시 악은 근본적인 문젯거리가 아니었다. 그래서 칸트는 소박한 정감주의와 낙관적 이성주의를 양편에 두고 악의 문제에 접근해 들어간다.

칸트의 중심 논제는 인간의 자기사랑에서 유래하는, 도덕법칙을 일부러 따르지 않으려는 마음에 뿌리를 두고 있는, 결코 근절시킬 수 없는 근원적인 인간의 악성(惡性)이다. 우리에게는 원죄까지는 아니라 해도 유혹에 빠지기 쉬운 나약한 의지로 인한 선천적인 죄과와 같은 악성이 있다. 볼프(Chr. Wolff, 1679~1754)는 "우리와 우리의 상태를 더 불완전하게 만드는 것은 악한 것이다."[7]라고 정의했다. 스콜라 형이상학은 악을 그 자체로 선한 존재자에서의 어떤 결여(malum transcendentale)로 해석했다.

칸트는 존재자가 그 자체로는 선하며, 악은 단지 선과 관계적이고 선을

∙∙

5) Leibniz, *Essais de theodicée. Sur la bonté de dieu, la liberté de l'homme et l'origine du mal*, §151.
6) Walch, *Philosophisches Lexicon*, Leipzig 1726, ²1733, Sp. 300~312.
7) Wolff, *Vernünftige Gedanken von Gott, der Welt und der Seele des Menschen, auch allen Dingen überhaupt*, Halle 1719, ³1725, §426.

돋보이게 하기 위해 있는 상대적인 존재라는 생각을 받아들이지 않는다. 그는 오히려 인간 안의 악은 의지를 전도시키고 신으로부터의 이탈로 나가는 인간의 자유의 결과라는 신학적 견해에 가까이 선다.

인간이 자유로운 존재자인 한에서 '인간이 본성적으로 선하다'(Th. Morus, Rousseau) 또는 '악하다'(Machiavelli, Hobbes)는 것은 있을 수 없다. 인간이 도덕적인 자연본성을 갖는다는 말은 인간이 본성상 도덕적으로-선하다 또는 도덕적으로-악하다라고 하기보다는 현실적인 "모든 행실에 선행하는" "자유 일반을 사용하는" "근거[기초]"가 인간 자신 안에 있다는 뜻이다.(B6=VI20 이하 참조) 도대체가 '인간이 선하다 또는 악하다'라는 도덕적 판정을 할 수 있는 것은 그 행위의 귀책성이 인간 자신에게 있을 경우뿐이다. 행위에 대한 책임은 그 행위의 근거에 돌려지는 것이니 말이다. 선 또는 악의 근거는 "의사가 자기의 자유 사용을 위해 스스로 정하는 규칙, 다시 말해 준칙에 놓여 있다."(B7=VI21) 그러므로 "인간이 본성적으로 선하다, 또는 인간이 본성적으로 악하다는 것은, 인간이 선한 준칙을 채택하는, 또는 악한 [······] 준칙을 채택하는 [······] 제일의 근거를 함유"(B8=VI21)하고 있다는 것을 의미한다. 그래서 선 또는 악이 "인간에게 선천적(angeboren)이다."(B8=VI21)는 말도 인간이 선한(도덕법칙에 맞는) 또는 악한(도덕법칙에 반하는) 준칙을 채택하는 **제일 근거**가 인간에 있고, "그것이 출생과 동시에 인간 안에 현전하는 것으로 표상된다는 **그러한 의미**일 뿐, 출생이 바로 선·악의 원인이라는 **그러한 의미**가 아니다." (B8=VI22)

그리고 이러한 의미에서 인간에게는 선으로의 소질과 함께 악으로의 소질도 있다. 이를 분명하게 말하기 위해 칸트는 당초 《베를린 월보》에 「인간 자연본성에서의 근본악에 관하여」라는 제목으로 발표했던 제1논고에 「악한 원리가 선한 원리와 동거함에 대하여」라는 제목을 덧붙여 앞세웠다.

인간 자연본성 안에 있는 선의 근원적 소질

"**생명**체로서의 인간의 **동물성**의 소질" 및 "생명체이면서 동시에 **이성적** 존재자로서의 **인간성**의 소질"과 함께 인간은 "이성적이면서 동시에 **귀책 능력이 있는** 존재자로서의 **인격성**의 소질"(B15=VI26)을 가지고 있다. "인간 안에 있는 이 소질들은 모두 (소극적으로) **선할**(즉 도덕법칙과 상충되지 않을) 뿐만 아니라, 〔적극적으로〕 **선의** 소질들이기도 하다(즉 그것들은 도덕법칙의 준수를 촉진한다)."(B19=VI28) '소질(Anlage)'이 어떤 존재자의 필수적 구성요소를 말하는 것이라 할 때, 이 세 가지 소질은 인간이라는 존재자의 가능성에 필연적으로 속하는 것이기 때문에 "**근원적**"(B19=VI28)인 것이다.

인간 자연본성 안에 있는 악으로의 성벽

'성벽(性癖: Hang)'이란 '그 가능성이 인간성 일반에 대해 우연적인, 그런 경향성을 가능하게 하는 주관적 근거'를 말한다. 이러한 성벽은 선천적인 것이라기보다는 획득된 것이거나 자신이 초래한 것으로 보아야 한다.(B21=VI29 참조)

이제 "도덕적–악은 준칙들을 도덕법칙에서 이탈 가능하게 하는 주관적 근거 안에 있는 것"이므로, "만약 이러한 성벽이 인간에게 (그러므로 인류의 성격에) 보편적으로 속하는 것으로 상정될 수 있는 것이라면, 인간의 악으로의 **자연본성적인** 성벽이라고 부를 수 있을 것이다."(B21=VI29) "인간에게는, 심지어 (행위들의 면에서) 가장 선한 인간에게조차도"(B23=VI30) 이미 세운 준칙을 지킬 수 없는 "인간 자연본성의 **허약성**", "비도덕적인 동기들과 도덕적 동기들을 뒤섞으려는" 심정의 "**불순성**", 그리고 오히려 "악한 준칙들을 채택하려는" 성벽, 곧 "심정의 **전도성**"을 어렵지 않게 발견할 수 있는바, 이로써 악으로의 성벽이 "인간의 자연본성에 섞여 짜여 있다"(B23=VI30)는 것은 확연하다.

인간은 자연본성적으로 악하다

'인간은 자연본성적으로 악하다.'라고 함은 인류의 관점에서 볼 때 "인간은 도덕법칙을 의식하고 있으되, 법칙으로부터의 (때때로의) 이탈을 자기의 준칙 안에 채용했다."는 것을 말하는 것이다.(B27=VI32 참조) 도덕법칙을 의식하고 있으면서도 그에 어긋나는 준칙을 채용하는 인간의 성벽, 사람들이 이러한 성벽을 모든 인간 안에서 "주관적으로 필연적인 것으로 전제"(B27=VI32)할 수 있는 한에서, 그것을 "인간의 자연본성 안에 있는 **근본적인**, 선천적인 (그럼에도 불구하고 우리 자신에 의해서 초래된) **악**이라고 부를 수 있다."(B27=VI32)

이러한 근본악의 근거는 "인간의 **감성** 및 이로부터 생긴 자연적 경향성들 **안에** 있는 것〔도〕 아니"(B31=VI34)고, 부패한 내지 "**사악한 이성**"(B32=VI35)에 놓여 있는 것도 아니다. "인간이(최선의 인간 또한) 악한 것은 오직 그가 동기들을 자기의 준칙 안에 채용할 때 동기들의 윤리적 질서를 전도시키는 것에 의해서뿐이다."(B34=VI36)

"이제 그러한 〔전도에의〕 성벽이 인간의 자연본성 안에 놓여 있다면, 인간 안에는 악으로의 자연본성적인 성벽이 있는 것이다. 그리고 이러한 성벽 자체가, 결국에는 자유로운 의사 안에서 찾아질 수밖에 없고, 그러니까 책임을 물을 수 있는 것이므로, 도덕적으로 악한 것이다. 이러한 악은 **근본적**이다. 왜냐하면 그것은 모든 준칙들의 근거를 부패시키기 때문이다. 또한 동시에 그것은 자연본성적 성벽으로서 인간의 힘으로는 **절멸할** 수 없다. 이것을 절멸시키는 일은 선한 준칙들에 의해서만 일어날 수 있을 터인데, 모든 준칙들의 최상의 주관적 근거가 부패한 것으로 전제된다면, 이러한 일은 일어날 수가 없기 때문이다. 그럼에도 불구하고 악으로의 성벽은 **극복** 가능한 것임에 틀림없다. 왜냐하면 이 성벽은 자유롭게 행위하는 자인 인간 안에서 마주치기 때문이다."(B35=VI37)

인간 자연본성의 '악의성(Bösartigkeit)'은 엄밀한 의미에서의 '**악성** (Bosheit)'이 아니라, '심정의 **전도성**' 내지 '악한 심정'으로서 그것은 "선한 의지와 양립할 수 있"(B36=VI37)는 것이다. 그럼에도 불구하고 "이러한 근본적 악은 (사람이 어떠한 인간이어야만 하는가에 관한 도덕적 판단력을 엇가게 하고, 내적으로나 외적으로나 귀책을 아주 불확실하게 만듦으로써) 인류의 불결한 얼룩〔썩은 오점〕을 형성한다. 그리고 이 얼룩은 우리가 빼내지 않는 한 선의 씨앗이 발육하는—그렇게 됐으면 이루어졌을지도 모르는—것을 방해한다."(B38=VI38)

인간 자연본성 안의 악의 근원

근원이란 '제일의 원인'을 말하는 것이니, 순전히 결과의 현존만을 염두에 둔다면 '이성근원'을, 결과의 발생을 염두에 둔다면 '시간근원'을 생각할 수 있겠다. 그런데 "결과가 도덕적 악의 경우에서처럼 그와 자유의 법칙들에 따라서 결합되어 있는 어떤 원인과 관계 맺어진다면, 그 결과를 만들어냄에서 의사의 규정은 시간상에 있는 그 규정근거가 아니라 한낱 이성표상 안에 있는 규정근거와 결합되어 있는 것으로 생각되며, 어떤 **선행하는** 상태로부터 도출될 수 없다."(B40=VI39) 그러니까 인간의 도덕적 성질에 대해서는 시간근원을 찾을 수는 없다. "왜냐하면 인간의 도덕적 성질은 자유 **사용**의 근거를 의미하고, 이 근거는 (자유의사 일반의 규정근거가 그러하듯이) 오로지 이성표상들 안에서만 찾아져야 하기 때문이다." (B40=VI40) 그래서 인간의 "악한 행위는 그 이성근원을 찾아보면 마치 인간이 무죄의 상태에서 직접 그에 빠진 것처럼 볼 수밖에 없다. 왜냐하면 그의 이전의 처신이 어떠하였든지 간에, 그리고 그에게 영향을 끼친 자연원인들이 어떤 종류의 것이든 간에", "어쨌든 그의 행위는 자유롭고, 이 원인들 중 어느 것에 의해서도 규정받지 않으며, 그러므로 언제나 그의 의사의 **근원적** 사용으로 판정될 수 있고 또 되어야 하기 때문이다." (B42=VI41)

이와 같은 악의 근원에 대한 생각을 『성서』는 역사적 설화로써 구상화하여 보여주고 있다. 성서의 설화에 따르면 "악은 기초〔근저〕에 놓여 있는 악으로의 성벽에서 시작하는 것이 아니라 — 그렇지 않다면 악의 시작이 자유에서 생기는 것은 아닐 것이니 말이다 —, 죄 — 죄란 **신의 계명〔지시명령〕**인 도덕법칙의 위반을 뜻한다 — 에서 시작한다. 그 반면에 악으로의 모든 성벽에 앞선 인간의 상태는 **무죄**의 상태를 일컫는다."(B44=VI41 이하) 그렇다면 본래 무죄의 상태에 있는 인간이 어떻게 해서 도덕법칙에 어긋나는 악한 준칙을 택하는가? 이것이 문제이지만, "악으로의 이러한 성벽의 이성근원은 우리가 탐구할 수 없는 것으로 남는다."(B46=VI43) "그러므로 우리에게는 그로부터 도덕적 악이 우리 안에 최초로 나타날 수 있었던 어떤 이해가능한 근거도 없다."(B47=VI43) 『성서』는 아담의 원죄 설화에서 그 근거를 '악령'에 두어, 인간이 단지 악령의 **"유혹에 의해** 악에 빠진 것으로" 묘사한다. 그러므로 인간은 **"근거에서**(즉 선으로의 최초의 소질까지에서)**부터** 부패해 있는 것이 아니라" "아직 개선 능력이 있는 것으로 표상된다. 그래서 부패한 심정에도 불구하고 언제나 아직도 선의지를 가지고 있는 인간에게는 그가 벗어나 있는 선으로의 복귀에 대한 희망이 남겨져 있다."(B48=VI44)

선의 근원적 소질의 능력 복원 가능성

칸트는 제1논고의 일반적 주해에서 "선의 근원적 소질의 능력 복원"의 가능성을 역설한다. 인간은 악으로의 성벽을 가지고 있음에도 불구하고, "모든 악의 원천"(B51=VI45)이 되는 '자기사랑'을 벗어나 "모든 준칙들의 최상의 근거인 도덕법칙의 **순수성**을 복구"(B52=VI46)함으로써, 일종의 "개심(Herzensänderung)"을 통해 "새로운 인간"(B54=VI47)이 될 수 있다는 것이다. 이 지점에서 칸트는 철학에서 종교로 넘어간다.

"도덕적 의미에서 인간이 무엇인지, 또는 무엇이 되어야 하는지, 선한지 또는 악한지, 이에 대해서는 인간이 자기 자신을 그렇게 만드는 것이 틀림없으며, 또는 그렇게 만든 것이 틀림없다. 양자가[어느 쪽이든] 인간의 자유의사의 작용결과인 것이 틀림없다. 왜냐하면 그렇지 않다면 그것이 그에게 귀책될 수 없을 터이고, 따라서 인간은 도덕적으로 선하다고도 악하다고도 할 수 없을 터이기 때문이다. 만약 인간이 '선하게 창조되었다'고 말한다면, 그것은, 인간은 **선으로** 향하도록 창작되었고, 인간 안의 근원적 소질은 선하다는 것을 의미할 수 있을 뿐이다. 인간은 이 소질만으로는 아직 선한 것이 아니고, 그가 이 소질이 함유하고 있는 동기들을 그의 준칙 안에 채용하느냐 않느냐 ─ 이 일은 그의 자유로운 선택에 전적으로 맡겨져 있음이 틀림없다 ─ 에 따라서 그는 그를 선하게도 악하게도 만드는 것이다. 선하게 또는 더 선하게 되기 위해서는 어떤 초자연적인 협력이 필수적이라고 가정한다면, 이 협력은 단지 방해를 감소시키는 데 있거나, 또는 적극적인 원조일 수도 있겠다. 그럼에도 인간은 먼저 그 협력을 수용할 품격〔자격〕을 갖추어야 하고, 이 보조를 **받아들여야** 하고 ─ 이것은 사소한 것이 아니다 ─ , 다시 말해 적극적인 힘의 증대를 자기의 준칙 안에 채용해야 한다."(B48 이하 = VI44)

이를 위한 "인간의 도덕적 도야"는 한낱 "점진적인 **개혁**을 통해서"가 아니라, "인간의 마음씨 안의 **혁명**(즉 마음씨의 신성성의 준칙으로의 이행)을 통해서"(B54=VI47), 한낱 "윤리〔도덕적 습관〕의 개선"으로부터가 아니라, 근본적으로 "사유방식〔성향〕을 전환하여 하나의 성격〔성품〕을 창립함에서 시작하지 않으면 안 된다."(B55=VI48) 그러나 선천적으로 부패해 있는 인간이 과연 자력으로 이와 같은 일을 할 수 있는가?

"우리의 영혼 속에는, 우리가 그것을 합당하게 주시한다면, 최고의 감탄을 가지고서 바라보지 않을 수 없는, 그리고 그에 대한 경탄이 정당하고, 동시에 또한 영혼을 고양시키는, 어떤 것이 있다. 다시 말하면, 그것은 우리 안에 있는 근원적 도덕적 소질 일반이다. ─ 우리 안의 (사람들이 자기 자신에게 물을 수 있는바) 그 무엇이 그토록 많은 필요욕구로 인해 끊임없이 자연에 의존하는 존재자인 우리를 또한 동시에 (우리 안의) 근원적 소질의 이념 안에서 이러한 자연을 넘어서서 그토록 높이 고양되도록 하여, 우리로 하여금 필요욕구들 모두를 아무것도 아닌 것으로 여기게 하고, 우리가, 우리의 이성이, 어떤 약속을 하거나 위협을 하지 않으면서도, 강력하게 지시명령하는 법칙을 어겨가면서, 생명에만 바람직한 필요욕구의 향유에 탐닉할 때, 우리 자신을 현존할 품격[자격]이 없는 것으로 여기게 하는 것일까? 의무의 이념 안에 놓여 있는 신성성에 대해서 앞서 배운 바 있으되 비로소 이 법칙으로부터 기인하는 자유의 개념의 탐구에까지는 이르지 못한, 아주 평범한 능력을 가진 사람은 누구나 이 물음의 무게를 마음속 깊이 느끼지 않을 수 없을 것이다. 그리고 신적인 유래를 알려주는 이러한 소질의 이해불가능성마저도 마음에 작용하여 감격하게 하고, 그리하여 그의 의무에 대한 존경이 그에게 부과할지도 모르는 희생을 위해 마음을 굳세게 만들 것임에 틀림없다. 그의 도덕적 사명의 숭고성에 대한 이러한 감정을 자주 약동시키는 일은 윤리적 마음씨를 일깨우는 수단으로서 특별히 장려되어야 한다. 왜냐하면 이러한 감정은, 취해야 할 모든 준칙들의 최고의 조건인 법칙에 대한 무조건적인 존경에서, 동기들 중 근원적인 윤리적 질서 및 그와 함께 인간의 심정 속에 있는 선으로의 소질을 그 순수성에서 복원하기 위해, 우리의 의사의 준칙들 안에서 동기들을 전도시키는 선천적인 성벽을 저지시키기 때문이다."(B57 이하 = VI49 이하)

"만약 도덕법칙이 우리가 지금 더 선한 인간이**어야만 한다**고 지시명령한다면, 우리는 또한 그것을 **할 수 있어야** 한다."(B60=VI50)는 것은 불가피하다. '인간이 선천적으로 악하다'는 명제가 도덕적 **수양론**에서 말하는 바는, "우리는 천부적인 선으로의 도덕적 소질을 윤리적으로 수련함에 있어서 우리에게 자연적인 순결무구함에서 시작할 수는 없고, 오히려 그 준칙들을 근원적인 윤리적 소질에 거슬러 채택하는 의사의 악의성을 전제하고 출발하지 않을 수 없으며, 악으로의 이 성벽은 근절시킬 수 없는 것이므로, 그에 대한 부단한 저항을 하지 않으면 안 된다는 것이다."(B60=VI51) 여기에서 도덕종교가 가르쳐주는 것은, 인간은 더욱 더 선한 인간이 되기 위해서는 최선을 다해야 한다는 것이다. 이때 "신이 인간의 정복〔淨福〕을 위하여 무엇을 행하는지, 또는 행하였는지를 아는 것은 본질적인 것이 아니며, 누구에게나 필요한 것도 아니다. 〔……〕 그러나 이러한 원조를 받을 만한 품격〔자격〕을 갖추기 위해 **그 자신이 무엇을 행하지 않으면 안 되는가**를 아는 것은 실로 본질적인 것이고 필요한 것이기도 하다."(B63=VI52)

2. 인간에 대한 지배를 둘러싼 선한 원리와 악한 원리의 투쟁

"도덕적으로 선한 인간이 되기 위해서는 우리 인류 안에 놓여 있는 선의 싹을 한낱 방해 없이 발전시키는 것만으로는 충분하지 않다. 오히려 우리 안에 있으면서 대립적으로 작용하는 악의 원인을 무찌르지 않으면 안 된다."(B67=VI57)

칸트는 제2논고에서 제1논고의 논지를 바로 이어 선·악의 원리를 주제화하면서, 육신 및 그와 결부되어 있는 자연적 경향성이 인간의 자유를 속박하는 악의 원천이라는 전통적인 인간학을 비판한다.

악은 신체적 속박이나 경향성에서가 아니라, 전도된 준칙에서 비롯하는 것이다. "본래적인 악"은 자연스러운 경향성에 있는 것이 아니라, "경향성들이 위반할 것을 유혹할 때, 사람들이 그에 저항하는 것을 **의욕하지 않는** 데에 있다."(B69=VI58) 인간이 선하게 되는 것을 방해하는 적은 그의 밖에 있다기보다는 안에 있는 것이다.

인간에 대한 지배를 위한 선한 원리의 권리주장

유일하게 이 세계를 "창조의 목적"으로 만들 수 있는 것은 '도덕적으로 완전한 인간'뿐이다. "이러한 유일하게 신에게 흡족한 인간"은 "신의 본질로부터 나온다. 그런 한에서 이러한 인간은 창조된 사물이 아니라, 신의 독생자인 아들이다."(B73=VI60) 『성서』가 역사적 사실로 기술하고 있는 '신의 아들' 예수 그리스도는 철학적으로는 "선한 원리의 인격화한 이념"(B73=VI60)이다. "이 이념은 실천적 관계 맺음에서 그 실재성을 완벽하게 그 자신 안에 갖는다."(B76=VI62) 이 이념은 도덕법칙을 수립하는 이성 자신 안에 있는 것이기 때문이다. '신에게 도덕적으로 흡족한 인간'의 "이념은 하나의 모범으로서 이미 우리 이성 안에 놓여"(B77=VI62) 있는 것이다. 그러니까 예수 그리스도는 우리 이성 안에 있는 완전한 인간성의 이념을 구현한 실재이자 완전한 인간의 원형이다.

"(그가 인간의 본성을 취했다고 표상되는 한에서) **이러한 신의 아들에 대한 실천적 신앙** 안에서 이제 인간은 신에게 흡족하게 될 것을 (그를 통해서 또한 정복〔淨福〕 받기를) 소망할 수 있다."(B76=VI62) 그러나 우리 안에 있는 신에게 흡족한 인간성의 성취가능성은 근본적으로 악의 성향을 가진 우리 자신에게 여러 가지 난문을 던진다. 법칙〔율법〕은 "하늘에 계신 너희 아버지가 거룩하듯이, 너희는 (너희 품행에서) 거룩하라."(「베드로 제1서」 1,

16 참조)고 이르지만, 그것이 어떻게 가능한가?

첫째 난문은 자기 안에 작동시켜야 할 선과 깊이 뿌리박혀 있는 악 사이의 거리가 무한하기까지 한 우리가 어떻게 도덕법칙과 합치하는 준칙을 항상 채용할 수 있는가에 관한 것이다. 그러나 그것은 만약 우리가 "회심(回心, Sinnesänderung)"(B85=VI66)하여 저 신성한 법칙과의 부합을 향해 무한히 전진한다면 이룰 수 있는 것으로, "그래서 인간은 그의 지속적인 결함에도 불구하고, 설령 어느 시점에 그의 현존재가 단절된다 할지라도, **일반적으로**〔대체로〕신에게 흡족하게 될 것을 기대할 수 있는 것이다."(B86=VI67)

둘째 난문은 선을 향해 부단히 노력하는 인간의 "도덕적 행복"(B86=VI67)에 관한 것이다. "도덕적 행복이란 **물리적 상태**에 대한 만족을 영속적으로 소유하는 보증〔⋯⋯〕, 즉 **물리적 행복**이 아니라, 선 안에서 언제나 진보하는〔⋯⋯〕마음씨의 현실성과 **고정불변성**의 보증을 뜻한다."(B86=VI67) 그런데 도덕적 행복을 보증해줄 마음씨의 고정불변성을 우리는 확신할 수가 없다. 우리는 마음씨를 행실의 결과에서 추정할 수 있을 뿐으로, 이에 대한 이성적 판정은 불가능하기 때문이다.

셋째의 난문은 인간이 개심(改心)한 후 고정불변적인 마음씨를 유지하여 더 이상 어떠한 죄과를 저지르지 않는다 해도, 그는 당초에 **악에서 출발한 것이고**, 이 죄책은 그에게서 결코 말소될 수가 없"(B94=VI72)기 때문에, 언제나 신의 정의 앞에서는 비난받을 수밖에 없다는 점에 있다. 그러니까 제아무리 회심하여 공덕을 쌓는다 해도 이미 저지른 이전의 죄과를 갚을 수는 없으므로, 인간이 죄과에서 온전히 벗어날 수 있는 것은 자신의 "소행의 공덕"보다는 넘치는 "**은총에 의해** 우리에게 돌려지는 공덕"(B101=VI75)이다. 그러므로 회심에 근거해서 우리가 모든 죄과의 책임에서 벗어난다면, 그것은 오로지 자애로운 "은총으로부터의 평결" (B101=VI76)이라 하겠다.

이 난문들의 해결책은 우리를 '종교'로 안내한다.

선·악 두 원리의 상호 투쟁의 결말

『성서』는 창조주 신에 의해 "지상의 모든 재화의 소유자"로 앉혀졌던 인간의 시조가 악령의 유혹에 넘어가 그로부터 '악의 나라'가 세워진 것을 서술하고 있다. 여기서 전지전능하고 전선한 신이 왜 당초부터 악령을 제압하지 않고 방치했는가 하는 물음이 제기됨 직하지만, 인간이 처한 이러한 상황은 "이성적 존재자들에 대한 최고 지혜의 지배와 통치는 이성적 존재자들의 자유의 원리에 따라서 이성적 존재자를 취급하는 것이며, 이들에게 일어나는 선과 악은 마땅히 그들 자신의 책임으로 돌려지지 않을 수 없다."(B107=VI79)로 해석될 수 있다.

이 세상에 인간으로 와서 고난을 겪고 죽음에 이른 예수 그리스도는 "(도덕적 이념 안에 있는) 선한 원리의 본보기를 통해, 윤리성을 해치는 지상적 삶에 속박하게 하는 모든 것에 대해 그와 똑같이 그렇게 죽고자 하는 모든 이들을 위해서 자유의 좁은 문을 연" 것이다. 그러나 그는 지상의 재화를 위해 "도덕적 노예 상태를 우선시하는 이들은 그대로 내버려둔다."(B113=VI82) 그러니까 그리스도가 우리에게 보여준 것은 "악한 원리의 **정복**"이 아니라, 사람들이 악한 원리의 지배를 벗어나고자 할 때 "그들이 그들의 도덕성의 방호를 구할 수 있는, 피난처로 또 다른 도덕적 지배를 그들에게 열어"(B114=VI83)준 것뿐이다.

이것이 의미하는 것은 "단적으로 인간에게 있어서 구원이란 순정한 윤리적 원칙들을 그의 마음씨 안에 가장 진실하게 채용하는 데 외에는 없다는 것, 즉 이러한 윤리적 원칙들의 채용을 저지하는 것은 흔히 비난받아왔던 감성이 아니라, 자기 자신에게 죄책이 있는 모종의 전도(顚倒)"(B115=VI83)라는 것이다. "그런데 모든 인간 안에 있는 이 부패성은 완전히 순수함을 가진 윤리적-선의 이념을 통해서밖에는 압도될 수가 없다."(B115=VI83) 이 "이념이 점차로 마음에 미치는 작용을 통하여 우리는, 두려워했던 악의 세력들이 그 이념에 반하여 아무것도 할 수 없으며, 〔······〕우리가 이러한 신뢰의 결여를 **미신적으로**, 어떠한 회심도 전제함이 없는 속죄에 의해서, 또는 **광신적으로** 소위 (한낱 수동적인) 내적 조명(照明)을 통하여 보충함으로써 자기활동에 기초하는 선으로부터 점점 더 멀어지는 일이 없도록 하기 위해서는, 우리가 이 윤리적-선의 근저에 선량한 품행의 징표 외에 어떤 다른 징표도 두어서는 안 된다는 것을 확신하게 되는 일이다."(B115=VI83)

도덕종교와 기적

도덕종교는 "모든 인간의 의무를 신의 계명으로" 인식하고 준수하는 데서 성립한다. 제의(祭儀)와 계율의 종교가 기적에 의존해 있었고, 참된 종교도 출발 당시에는 기적과 신비를 보조수단으로 활용한 바가 있었다 하더라도, 그러나 "참된 종교가 일단 현존하고, 현재에 그리고 앞으로도 계속하여 이성적 근거들을 통해 그 자신을 보존할 수 있다면,"(B117=VI84) 기적과 같은 것은 신앙과는 상관이 없다. 설령 기적이 이론적으로 가능하다고 하더라도, 이성적인 사람은 "**실제 업무에서는** 아무런 기적도 용인하지 않는다."(B118=VI85)

모종의 기적이 일어난다는 것, 다시 말해 "신이 자연으로 하여금 때때로 그리고 특수한 경우에 이러한 그것의 법칙들로부터 벗어나게 한다고 우리가 가정한다면, 우리는 신이 어떤 법칙에 따라 그러한 사건을 일으키는지 조금도 이해할 수 없으며, 그 법칙에 대해 이해할 것을 결코 기대[희망]할 수도 없다."(B120=VI86 이하) 기적을 받아들이는 순간 그것으로써 이성은 마비된다. 이성은 이미 알려져 있는 자연의 법칙으로써는 더 이상 자연을 이해할 수도 없고, 그렇다고 어떤 법칙도 넘어서는 기적을 통해 새롭게 자연을 이해하리라는 희망을 가질 수도 없으니 말이다.

3. 선한 원리의 승리 그리고 지상에 신의 나라 건설

"도덕적으로 좋은 마음씨를 가진 사람이 각기 선한 원리의 지휘 아래서 악한 원리의 시련들에 대항하여 이생에서 싸우지 않으면 안 되는 투쟁은, 그가 제아무리 애쓴다고 해도, 그에게 악한 원리의 **지배**로부터의 해방 이상의 더 큰 이득을 가져다주는 것은 아니다. '인간이 **자유롭다**'는 것, 인간이 '죄의 법칙 아래의 노예 상태에서 벗어나 정의로움을 위하여 산다.'는 것, 이것이야말로 그가 싸워서 얻을 수 있는 최고의 소득이다. 그렇기는 하지만 그는 여전히 언제나 악한 원리의 공격들에 내맡겨져 있고, 끊임없이 시련당하고 있는 그의 자유를 고수하기 위해서는 그는 계속해서 언제나 투쟁을 위한 무장을 하고 있지 않으면 안 된다."(B127=VI93)

개인으로서는 악의 지배를 벗어나기 위해 제아무리 애를 쓴다 해도 다시금 굴복할 위험이 크기 때문에, 인간이 진실로 "악의 방지와 선의 촉진"(B129=VI94)을 지향한다면, 함께 결집하여 싸울 수밖에 없다. 여기서 칸트는 "덕의 법칙들에 따라서 또 그를 목적으로 하는 사회의 건설과 확산/전파"(B129=VI94)가 불가피하다고 본다. "이러한 사회를 인간의 주위에 둘러치는 것은 이성에 의해 전 인류에게 부과된 과제이며 의무"(B129=VI94)라는 것이다. "왜냐하면 그렇게 해서만 악에 대한 선한 원리의 승리를 기대할 수 있"(B129=VI94)으니 말이다. 이러한 사회는 "윤리적 사회"로서 정치적 공동체 가운데서도 여느 법적-시민적 사회와 구별해서 "윤리적 공동체" 또는 "윤리적 국가" 내지 "덕의 나라"라고 일컬을 수 있겠다.(B130=VI94 이하 참조)

윤리적 공동체인 지상의 신의 나라, 곧 교회

윤리적 공동체는 법적-시민적 국가가 법적 자연상태와 대립해 있듯이 윤리적 자연상태와 구별된다. '자연상태'에서는 어떤 규정을 의무로서 일반적으로 시행하도록 하는 그런 어떤 **공적** 힘을 갖는 권위가 없다. 그리고 '윤리'란 근본적으로 자율에 기초하고 있는 것이므로, '윤리적 자연상태'는 그 성격상 자연스러운 것이다. 그러나 윤리적 자연상태는 공적인 윤리 규범이 없는 덕의 원리들의 반목의 장이기 때문에 실상은 윤리 부재의 상태이다.

"윤리적 선은 개개 인격이 그 자신의 도덕적 완전성을 위하여 노력하는 것만으로는 이루어지지 않고, 바로 그 같은 목적을 위하여 개개 인격들이 하나의 전체 안에서, 선량한 마음씨를 가진 인간들의 하나의 체계로 통합"(B136=VI97 이하)될 것을 요구한다. 이러한 윤리적 공동체의 법칙수립은 정치적 공동체와는 달리 국민 자신에 의한 것일 수는 없는데, 그럴 경우에는 내적 도덕성보다는 외적 적법성만을 겨냥하는 법칙들이 세워질 것이기 때문이다. 그렇다고 윤리적 법칙들이 한낱 어떤 상위자의 의지에 따라서만 세워진다면, 그것은 자율을 본질로 갖는 윤리적인 것일 수가 없다. 그래서 "윤리적 의무들이 **동시에** 그의 지시명령으로 표상되지 않으면 안 되는 그러한 존재자만이 윤리적 공동체의 최상의 법칙수립자로 생각될 수 있다. 그러므로 이러한 자는 각자의 마음씨들의 가장 내면까지도 꿰뚫어보고, 모든 공동체에서 그래야만 하는 바대로, 각자에게 그의 행실들에 합당하는 것을 귀속시킬 수 있기 위해, 마음을 알아보는 자이지 않으면 안 된다. 무릇 이것은 도덕적 세계지배자로서의 신의 개념이다. 그러므로 윤리적 공동체는 오직 신적 지시명령 아래에 있는 국민, 다시 말해 **신의 국민**〔하느님의 백성(「베드로 제1서」 2, 10)〕으로서만, 그것도 **덕법칙들에 따르는** 신의 국민으로서만 생각 가능한 것이다."(B138 이하=VI99)

그러나 신의 도덕적인 국민을 창설한다는 것은 신에 의해서나 기대될 수 있는 일이겠다. 그러니까 신의 나라는 신에 의해서만 건설될 수 있는 것이겠다. 그러나 그렇다고 해서 이런 일을 신에게만 의탁하고 인간 자신은 아무것도 하지 않을 수는 없는 것이다. "오히려 인간은 모든 것이 자기 자신에게 달려 있는 것처럼 행동하지 않으면 안 된다. 오로지 그러한 조건 아래에서만 인간은, 보다 높은 지혜가 그의 선의의 노력을 완성시켜 줄 것을 희망해도 좋은 것이다."(B141=VI100 이하)

"그러므로 모든 선량한 마음씨를 가진 이들의 소망은, '신의 나라가 오고, 그의 뜻이 지상에서 이루어지는 것'(「마태오복음」 6, 10 참조)이다." (B141=VI101) 이에 부응하는 "신적인 도덕적 법칙수립 아래에 있는 윤리적 공동체는 **교회**이다."(B142=VI101) 그러니까 신의 국민의 이념은 인간적 제도 아래에서는 교회의 형식 안에서 구상화될 수밖에 없다. 그러나 "도덕적인 세계통치 아래에 있는 모든 올바른 이들의 통합체"일 이 교회가 경험적인 대상일 수는 없으니, 말하자면 "불가시적 교회"(B142=VI101)라 하겠고, 그것은 지상에서 도덕적 이상을 실현하기 위해 애쓰는 사람들의 현실적인 통합체인 '가시적' 교회의 원형이 될 것이다. 결국 신의 나라가 가시적인 교회를 매체로 지상에 건설되기 위해서는 '참교회'로 구현되지 않으면 안 된다. 칸트는 이 참교회의 성격을 존재자의 네 범주, 곧 양·질·관계·양태에 따라 규정한다.

참된 교회는 수적인 단일성 즉 **"보편성"**을 가져야 하고, 도덕적 동기 외에는 어떠한 다른 동기 아래에 있지 않은 **"순정성"**을 지녀야 하며, 성원들 상호 간의 관계에서뿐만 아니라 교회의 정치권력과의 관계에서도 "자유의 원리 아래에서의 **관계"**를 유지해야 하고, 그 기본체제 안에 확실한 원칙을 함유함으로써 "불변성"을 가져야 한다.(B143 이하=VI101 이하 참조)

그러므로 윤리적 공동체로서 교회의 기본체제는 "(한 사람의 교황이나 대주교들 아래에 있는) **군주정치**도 아니고, (감독들과 고위성직자들 아래에 있는) 귀족정치도 아니며, (종파적 광명주의자들로서의) **민주정치**도 아니다. 이 기본체제는 한 사람의 공동의, 비록 불가시적이나, 도덕적인 아버지 아래에 있는, 가정조합(가족)에 비견하는 것이 가장 좋을 것이다."(B144=VI102)

교회신앙과 종교신앙

지상의 교회는 어디서나 역사적인 것에 바탕을 둔 교회신앙에서 출발한다. 그러나 " '주님! 주님!' 말하는 이들이 아니라, 신의 의지를〔뜻을〕 행하는 이들이,〔「마태오복음」 7, 21 참조〕 그러니까 모든 인간이 다 가질 수는 없는 계시된 개념들에 따라 신을 (또는 신의 혈통을 가진 한 존재자인 신이 보낸 자를) 높이 찬양함으로써가 아니라, 그와 관련하여 누구라도 그의 의지를〔뜻을〕아는 선한 품행을 통해서 신에게 흡족하게 되기를 구하는 이들만이 신에게 신이 바라는 참된 흠숭을 바치는 이들"(B148=Ⅵ104 이하)이다. 칸트는 전자의 신앙을 '교회신앙', 후자의 신앙은 순수한 '종교신앙'으로, 전자의 신앙에 기초한 것을 '제례적 종교' 또는 '제의종교', 후자에 기초한 것을 순수 '도덕종교'라고 구별하여 이름 붙인다. 교회신앙이 계시를 통해서 우리에게 알려진 법규에 의거하는 한에서 '역사적 신앙'이라 한다면, 종교신앙은 그 법칙들에 대한 인지가 순전히 우리의 이성에 의해서 가능한 순수한 도덕법칙에 의거하는 한에서 '이성신앙'이라 일컬을 수 있겠다.

사람들은 흔히 제정법적인 교회신앙을 종교로 이해한다. 십자군 원정도 교회신앙을 둘러싼 참상이었으며, 종교 탄압에 저항하는 사람들도 실상은 자신들의 교회신앙에 대한 공적 허용을 요구하는 것이다. 이단자에 대한 단죄, 이른바 정통주의와 개혁주의의 갈등도 교회신앙의 차이에서 비롯한다. 무릇 이러한 분쟁과 반목에 있어서 교회신앙은 언제나 순수한 종교신앙을 "최고의 해석자"(B157=Ⅵ109)로 갖지 않으면 안 된다. "도덕신앙만이 모든 교회신앙 안에서, 바로 거기에서 본래적으로 종교인 것을 형성하는 것이다."(B162=Ⅵ112)

'정복(淨福)을 주는 신앙'은 두 가지 희망을 함유하는데, 하나는 신앙인 자신이 할 수 없는 것이고, 다른 하나는 자신이 마땅히 해야 하고 그래서 할 수 있는 것이다. "첫째의 신앙은 속죄(자기의 죄과에 대한 보속, 구원, 신과의 화해)의 신앙이고, 둘째의 신앙은 앞으로 계속 해나가야 할 선한 품행 중에서 신을 흡족하게 할 수 있다는 신앙이다."(B169=Ⅵ116) **"선한 품행**은 은총의 최상의 조건으로서 무조건적인 **의무**이고, 그에 반해 보다 높은 속죄는 순전한 **은총의 사안**"(B174=VI118)일 따름이다. 교회신앙은 여러 가지 예식을 집행함으로써 첫째의 신앙방식을 우선시하지만, 그것이 둘째의 신앙에 종속하지 않는 한, '미신'일 뿐이다.

이제 사람들이 특정한 법규에 매여 있는 교회신앙으로부터 보편적 도덕법칙을 구상화하는 종교신앙으로 점차적으로 이행하는 것은 신의 나라가 점점 가까이 오고 있음을 말한다. 참된 교회의 첫째 징표는 보편성이다. 교회신앙이 여러 가지로 나타나는 역사적 신앙으로서 단지 국부적인 타당성을 가질 뿐이라면, 전적으로 이성에 기초하고 있는 순수한 종교신앙은 필연적인 것으로 보편성을 갖는다. 그래서 "만약 오로지 교회신앙으로부터 보편적 이성종교로, 그리하여 지상의 (신의) 윤리적 국가로의 점차적 이행의 원리가 보편적으로 그리고 어디서나 **공적으로** 뿌리를 내렸다면, 비록 그러한 국가의 현실적인 건립이 아직 우리와는 무한히 멀리 떨어져 있다 하더라도, 사람들이 '신의 나라가 우리에게 왔다.'[「마태오복음」 12, 28]고 말할 수 있는 근거가 있는 것이다. 왜냐하면 이 원리는 이러한 완전함으로의 연속적인 접근의 근거를 함유하고 있어서, 이 원리 안에는 스스로 발전하여 결과에서 다시금 씨를 맺는 싹처럼 (눈에 보이지 않게) 세상을 밝히고 지배할 전체가 놓여 있기 때문이다."(B181=VI122)

보편적 교회로서 기독교

"교회신앙이 종교신앙의 제약 조건들에 대한 그리고 종교신앙과의 필연적 합치에 대한 그 의존성을 인정하는 그 지점에서 **보편적 교회**는 그 자신을 신의 윤리적 국가로 구축하고, 모든 인간과 시대에 있어서 동일한, 확고한 원리에 따라서 이 국가의 완성을 향하여 전진하기 시작한다."

(B184=VI124) 이러한 보편교회의 역사를 우리는 기독교의 근원으로부터 서술하지 않을 수 없다. 기독교는 유대교에 뿌리를 두고 있음에도 "유대교를 온전히 떠나서 전혀 새로운 원리 위에 세워진 것으로서, 신앙교리에서 완전한 혁명을 일으켰다."(B189 이하=VI127)

그러나 기독교도 신앙상의 의견들로 말미암아 격렬한 당파들로 분열한 바 있다. 동방에서는 국가가 사제들의 신앙법규와 성직제도에까지 관여하였고, 서방에서는 자칭 신의 대리자가 위협적인 파문의 마술 지팡이를 가지고 왕들을 어린애들처럼 지배하고 훈육시켰으며, 기독교 안에서조차 다르게 생각하는 동료들에 대한 살기등등한 증오를 갖도록 하였다. 지금도 이러한 불화의 뿌리는 교회신앙의 원칙 속에 숨겨져 있다. 그러나 칸트는 계몽의 시대인 **"지금의 시대"**(B197=VI131)에 와서는 기독교계에 "신인(神人)의 실례"(B175=VI119)를 본받아 참된 종교신앙의 싹이 자라고 있어서, 모든 인간의 영원한 통합을 기대할 수 있고, 이로부터 "교회는 눈에 보이지 않는 신의 나라의 가시적인 표상(도식)을 지상 위에 이룩"(B198=VI131)할 것이라는 희망을 피력한다.

이제 비로소 이러한 기독교와 더불어 말할 수 있는 참된 종교는 "신이 우리가 정복(淨福)을 얻도록 무엇을 하며 또는 했는가에 대한 지식이나 고백에 있는 것이 아니라, 우리가 그럴 만한 품격[자격]을 갖추기 위하여 행하지 않으면 안 되는 것"(B199 이하=VI133)에 있다. 이것은 실천이성의 필요요구에 합치하는 것으로서, 그러므로 "보편적인 참된 종교신앙은 1)전능한 천지 창조자로서의, 다시 말해 도덕적으로 **신성한** 법칙수립자로서의 신에 대한 신앙이고, 2)인류의 유지자, 인류의 **자비로운** 통치자이며 도덕적 부양자(扶養者)로서의 신에 대한 신앙이며, 3)그 자신의 신성한 법칙의 관리자, 다시 말해 **공정한** 심판자로서의 신에 대한 신앙이다."

(B211=VI139) 그리고 이러한 신앙은 어떠한 신비, 어떠한 비밀도 함유하고 있지 않다.

　　"인간은 도덕법칙을 통하여 선한 품행으로 부름을 받았다는 것, 또한 도덕법칙에 대한, 그의 안에 있는 지울 수 없는 존경심을 통하여 이 선한 영에 대한 신뢰의 약속과 어떤 일이 있어도 이 선한 영을 만족시킬 수 있다는 희망의 약속을 자기 안에서 발견한다는 것, 끝으로, 인간은 후자의 기대를 전자의 엄격한 지시규정과 대조하면서, 심판자 앞에서 해명을 요구받은 자로서, 자기 자신을 끊임없이 검사하지 않으면 안 된다는 것, 이러한 사실들에 관하여 이성과 심정과 양심이 가르쳐주며, 또한 동시에 그리로 [우리를] 몰고 간다. 우리에게 더 이상의 것이 개시되기를 요구하는 것은 불손한 짓이다. 그리고 이런 일이 일어난다고 해도, 인간은 그것을 보편적으로 인간에게 필요한 것으로 여겨서는 안 될 것이다."(B219=VI144 이하)

4. 종교와 승직제도

종교 일반에서의 신에 대한 봉사

　　윤리적 공동체는 "**신의 나라**로서 오직 **종교**를 통해서만 인간들에 의해 기획될 수 있"으되, 종교가 교회라는 감성적 형식에서 실현될 수 있는 한에서, "그 설립은 인간의 임무"(B226=VI152)이다. 그러나 "**인간**이 신의 나라를 **설립**해야 한다고 하는 것은 또한 모순적인 표현이다. 신 자신이 그의 나라의 창시자이지 않으면 안 되는 것이다."(B227=VI152) 교회의 기본체제의 창시자가 신 자신이라면, 인간은 그 조직의 창안자이자 구성원이다. 조직상 "교회의 공적인 업무를 관장하는 자들은 교회의 봉사자〔官吏〕로서 그 조직의 **행정부**를 구성하고, 여타의 모든 사람들은 그들의 법칙에 복종하는 동지조합, **회중/교단**을 구성한다."(B227=VI152)

교회의 봉사자들은 종교신앙의 한낱 운반체인 교회신앙의 교리와 행실들을 순수한 이성신앙에 부단히 접근시켜나갈 때 참된 "봉사"를 하는 것이며, "교회신앙의 역사적이고 제정법적인 부분에 대한 의존을 유일하게 정복(淨福)을 주는 것이라고 설명하는 그러한 교회의 봉사자들은 당연히 교회 내지는 (이 교회를 통해 표상되는 것인) 선한 원리의 지배 아래에 있는 윤리적 공동체에 대한 **거짓봉사의 죄**"(B229=VI153)를 짓는 것이다.

"**종교**란 (주관적으로 고찰하면) 우리의 모든 의무들을 신의 지시명령〔계명〕들로 인식함이다."(B229=VI153) 어떤 것이 신의 지시명령임을 먼저 안 후에 그것을 나의 의무로 받아들이는 종교를 "**계시〔된〕** (또는 계시를 필요로 하는) 종교"(B231=VI154)라 한다면, "어떤 것을 신의 지시명령으로 인정할 수 있기 전에 그것이 의무라는 것을 내가 앞서 알지 않으면 안 되는 그런 종교는 **자연〔적〕 종교**"(B231=VI154)이다. 계시종교에서는 어떤 것이 신의 지시명령이기 때문에 우리의 의무로 인정되는 것이고, 자연종교에서는 어떤 것이 우리의 의무, 곧 의무를 규정하고 있는 도덕법칙이기 때문에 그것은 신의 지시명령으로 생각될 수밖에 없는 것이다. 그러니까 칸트의 '종교'는 자연종교라 하겠다. 그것도 물리신학적이라기보다는 도덕신학적 자연종교이다.(*KrV*, A631=B659 이하; A814=B842~A816=B844 참조) 칸트는 『순수이성비판』에서부터 신의 현존의 전제 아래서 윤리법칙을 끌어내는 "신학적 도덕"이 아니라, 윤리법칙들에 기초해서 신의 현존을 확신하는 "도덕신학"(*KrV*, A632=B660)을 주창했고, "우리는 행위들이 신의 지시명령〔계명〕이기 때문에 책무 있는 것으로 여기는 것이 아니라, 오히려 우리가 그에 대해 내적으로 책무가 있기 때문에, 그 행위들을 신의 지시명령으로 보는 것"(*KrV*, A819=B847)이라고 역설했다.

> "그래서 도덕[성]과 종교는 또한 가장 정확하게 결합되어 있으며, 단지 서로 구별되는 것은, 도덕[성]에서는 도덕적 의무들이 모든 이성적 존재자 각각의 원칙들로서 실행되어야 하고, 이성적 존재자 각자가 목적들의 하나의 보편적 체계의 성원으로서 행위해야 한다면, 종교에서는 도덕적 의무들이 최상의 신성한 의지의 지시명령[계명]으로 보인다는 점이다. 근본적으로 도덕[성]의 원칙들은 최고 완전성의 이념에 부합하는 유일한 것이니 말이다."(V-Phil-Th/Pölitz: XXVIII, 1102)

또한 종교는 일단 성립한 후 전달 방식의 유형에 따라 두 종류로 나누어볼 수 있는데, 누구나 자신의 이성을 통해 확신에 이를 수 있다면 "자연종교"(B232=VI155)이고, 학식을 매개로 해서만 확신에 이를 수 있게 된다면 "교학[教學]종교"(B233=VI155)라 하겠다. 그러나 계시된 종교라 해도 일면 자연종교의 성격을 가질 수 있을 뿐만 아니라, 동시에 교학종교의 성격을 갖기도 한다. 대표적인 계시종교인 기독교가 그 좋은 예이다.

기독교는 예수 그리스도가 당시에 일반적이었던 유대교에서 보는 바와 같은 노역봉사를 바탕으로 한 제정법적 신앙에 대하여 보편적 이성신앙이 종교의 불가결한 요소임을 설파함으로써 자연종교로서 출발한 것이다.

> "맨 먼저 그가 가르치고자 한 바는, 외적 시민적 또는 제정법적 교회의 무들의 준수가 아니라, 오히려 오직 순수한 도덕적인 진정한 마음씨만이 인간을 신에게 흡족하도록 만들 수 있다는 것(「마태오복음」 5, 20~48), 생

각 속의 죄는 신 앞에서는 행실과 똑같이 여겨진다는 것(「마태오복음」 5, 28), 그리고 도대체가 신성함이 그가 지향하여 애써야 할 목표라는 것(「마태오복음」 5, 48), 예컨대 마음속으로 미워함은 죽임과 같다는 것(「마태오복음」 5, 22), 이웃에게 저지른 부당한 짓은 제례적 행위에 의해서가 아니라, 그 자신에게 속죄함으로써만 보상될 수 있다는 것(「마태오복음」 5, 24), 그리고 진실성의 점에서는 시민적 공감수단인 서약은 진리 그 자체에 대한 존경을 손상한다는 것(「마태오복음」 5, 34~37),— 인간 마음의 자연적인 그러나 악한 성벽은 전적으로 전환되어야 하는 것이니, 복수의 달콤한 감정은 관용으로(「마태오복음」 5, 39~40), 자기의 적에 대한 증오는 자비로 바꾸지 않으면 안 된다는 것(「마태오복음」 5, 44)이다. 그래서 그는 어쨌거나 유대의 율법을 온전히 충족시킬 것이라 말한다.(「마태오복음」 5, 17) 그러나 여기서 분명한 것은 그 율법의 해석자는 성서학식이 아니라 순수한 이성종교여야 한다는 점이다. 왜냐하면 문자대로 취한다면, 유대의 율법은 이상에서 말한 것의 정반대를 허용하였으니 말이다.—그 위에 그는 좁은 문과 비좁은 길을 언급함으로써 인간이 그들의 참된 도덕적 의무를 지나쳐버리고, 교회의 의무 이행을 통해 그것을 배상하도록 허용한 율법의 잘못된 해석을 간과하지 않고 있다(「마태오복음」 7, 13). 그럼에도 불구하고 그는 이러한 순수한 마음씨에 대해서 그것이 행실에서도 증명되어야 한다고 요구하고(「마태오복음」 7, 16), 그에 반해서 그의 사자(使者)의 인격 안에서 최고 법칙수립자를 외쳐 부르거나 찬양함으로써 그 행실의 결함을 보충하거나 감언이설로 호의를 얻으려 생각하는 자들로부터 그들의 교활한 희망을 박탈한다.(「마태오복음」 7, 21) 이러한 소행들에 대해 그는, 이러한 소행들이 추종을 위한 본보기를 위해 또한 공공연하게 일어나야 한다는 것을, 그것도 노예적으로 압박된 행위들에서가 아니라, 기쁜 심정에서 생겨나서(「마태오복음」6, 16), 좋은 밭에 떨어진 한 알의 씨앗이나 선의 누룩과 같은, 그러한 마음씨의 전달과 확산의 작은 단초로부터 종교가 그 내적 힘에 의해 점차로 신의 나라로 증대되어갈 것을 의욕하고 있다(「마태오복음」13, 31~33).―끝으로 그는 모든 의무를 1)(인간의 내적 그리고 외적 도덕적 관계를 포괄하고 있는) 하나의 **보편적** 규칙, 곧 '너의 의무를 그 의무의 직접적 존중이라는 동기에서만 행하라', 다시 말해 '무엇보다도 (모든 의무의 법칙수립자인) 신을 사랑하라'와 2)하나의 **특수한** 규칙, 곧 보편적 의무로서 타인에 대한 외적 관계에 관한 규칙인 '누구든지 너 자신처럼 사랑하라', 다시 말해 '타인의 복을 이기적인 동기에서 파생되지 않은, 직접적인 호의로부터 촉진하라'로 총괄하고 있다."(B239 이하 = VI159 이하)

그런데 예수 그리스도는 인간이 행복과 관련해 그의 윤리적 처신에 따른 알맞은 몫에 대해 매우 자연스럽게 기대하는 것에 관해서는, 특히 윤리적 처신으로 인해 무릅쓰지 않으면 안 되는 행복의 그토록 많은 희생에 대해서는 내세의 보수를 약속한다.(「마태오복음」5, 11~12 참조)

"무릇 여기에 모든 사람들에게 그들 자신의 이성을 통해 파악가능하고 확신할 수 있는 것으로 제시될 수 있는 하나의 완벽한 종교가 있다. 이 종교는 더욱이 우리에게 (인간이 할 수 있는 한의) 추종의 원형이 될 가능성과 심지어는 그 필연성이 하나의 본보기에서 생생하게 구상화되었고, 그 가르침들의 진리성도 그 교사의 위엄과 존엄도 다른 어떤 공증―이를 위해서는 누구에게나 있는 일이 아닌 학식이나 기적이 요구되거니와―도 필요로 하지 않는다."(B245 이하=VI162)

그러나 기독 교리는 순전한 이성개념들 위에가 아니라, 역사적 사실들 위에 세워져 있기 때문에 "기독 신앙"(B248=VI164)은 불가불 "교학신앙" (B249=VI164)이다. 역사적인 사실, 문서(성경)를 해석하는 학식 있는 자들을 통해 계시론이 보존되고 보편적 인간이성에게 이해받으며, 무지한 자들에게도 전파될 수 있는 것이다. 그러나 이 교학 신앙은 어디까지나 종교신앙의 한갓된 수단으로서만 배양되어야 하는 것이다. "이것이 선한 원리의 지배 아래에 있는 교회의 참된 **봉사**이다."(B250=VI165)

제정법적 종교에서의 신에 대한 거짓봉사

참된 종교는 순수한 이성을 통해 계시된 것으로 인정할 수 있는 실천적 법칙들 외에는 함유하지 않는다. 만약 교회가 순수하고 도덕적인 판정에서는 자의적이고 우연적이며, 특정한 민족에게만 타당한 법규들 위에 세워져 있으면서 그것을 신이 흡족해하는 최상의 조건으로 삼는다면 그것은 "**종교망상**이며, 이를 따르는 것은 하나의 **거짓봉사**, 다시 말해 신 자신이 요구하는 참된 봉사와는 정반대의 것을 행하는, 신에 대한 그러한 참칭된 숭배이다."(B256=VI168)

종교망상에는 흔히 의인관[신인동형론]이 기초에 있는데, 그것은 스스로 신을 만들어놓고, 자기 내면의 도덕적 혁신의 괴로움을 감내하는 대신에 그에게 봉사하는 체하고 희생함(즉 참회, 고행, 순례 등등)으로써 그에게 흡족하게 되고자 하는 망상이다. 그러나 "선한 품행 이외에, 인간이 신에게 흡족하게 되기 위해서, 또 무엇인가를 행할 수 있다고 생각하는 모든 것은 순전한 종교망상이고 신에 대한 거짓봉사이다."(B260=VI170)

일반적으로 "덕의 원리의 힘으로 인간에 의해 행해질 수 있는 것을 **자**

연이라고 부르고", 이러한 "도덕적 능력의 결함을 보완하는 데 쓰이는 것"으로 "소망되거나 또는 희망되기도 하며, 간구될 수 있는 것을 **은총**이라고 부른다."(B266=VI174) 이러한 은총은 순전히 세계창시자의 소관사로서 과연 그러한 것이 있는지, 언제 어떤 조건 아래서 그가 그러한 것을 베푸는지에 관해서 인간은 전혀 아는 바가 없다. 그러한데도 누가 은총의 작용들을 자기 안에 산출할 수 있다고 하는 신조를 가지고 있다면 그것은 "**광신**"(B267=VI174)이다. "제의의 종교적 행위들로 신 앞에서의 의로움에 관해 무엇인가를 마련한다고 하는 망상은 종교적 **미신**이다. 또한 소위 신과 교제하려는 노력을 통해 이와 같은 것을 해보려고 하는 망상은 종교적 **광신**이다."(B267=VI174) "광신적 종교망상은 이성의 도덕적인 죽음이다. 모든 도덕성이 도대체가 그러하듯이, 원칙들에 기초하지 않으면 안 되는 것으로서 종교는 이성 없이는 전혀 생겨날 수가 없는 것이다."(B268 이하=VI175)

오로지 선한 품행을 통해 신을 흡족하게 하고자 한다면 그것은 "도덕적인 봉사(自由 奉仕)"(B272=VI177)라 하겠으나, 그 외의 행위들을 통해 신의 은총을 얻고자 한다면 그것은 "보수 받는 봉사(勞賃 奉仕)"(B272=VI177)라 하겠다. 그러니까 '노임 봉사'는 "그 자체로 신에게 흡족한 것(즉 도덕적인 것)을 아무것도 함유하고 있지 않은 행위들"을 통해 "신의 직접적인 흡족함"을 얻고자 하는, 다시 말해 "전적으로 자연적인 수단을 통해 초자연적인 작용결과"를 얻어내고자 하는, 이를테면 "**마술**"을 부리고자 하는 것이다. 그것은 다름 아닌 "**주물숭배**(呪物崇拜)"이다.(B273=VI177 참조) 그리고 교회 안에서 "**주물봉사**(呪物奉仕)"가 지배적이게 되면 "**승직제도**"가 그 기본체제를 형성하게 된다.(B276=VI179 참조) 승직제도는 교회 안에서 성직자들이 은총의 수단으로 여겨지는 교회의 여러 가지 예식들을 주관함으로써 사람들의 마음을 부당하게 지배하는 일종의 기만책이다.

갖가지 교회의식은 신의 뜻에 다가서려는 수단들이다. 그것들은 모두 윤리적으로-선한 것을 촉진하려는 의도에 기초하고 있는 것으로, 1)"개인의 기도"는 "**윤리적-선을 우리 자신 안에 확립**하고, 그에 대한 마음씨를 반복적으로 마음 안에 환기**하는 일**"이고, 2)"교회 다니기"는 종규에 따라 정해진 날에 "함께 모여 거기서 종교적 가르침과 소망들을 (그리고 이와 함께 그와 같은 마음씨를) 발표하고, 그렇게 하여 그것들을 널리 전달〔공유〕하는, 윤리적-선을 **외적으로 확산하는 일**"이며, 3)"세례"식은 "신입 구성원을 신앙 공동체 안에 받아들임으로써 의무로서 그들을 그 안에서 교육시켜 후세에게 그 윤리적 선을 **전파하는 일**"이고, 4)"성찬식"은 "이 구성원들을 하나의 윤리체로 통합하고, 그들 상호 간의 권리와 도덕적 선의 모든 과실들의 몫이 평등하다는 원리에 따라서 이 단체를 영속시키는, 반복되는 공적인 격식에 의한 **공동체의 보존유지**"의 수단이다.(B299 이하=VI193 참조) 그러나 이러한 수단들이 이것만으로써 "신에게 흡족하게 되는, 그러니까 신을 통해 우리의 모든 소망이 충족되는 수단으로 취한다면, **주물신앙**이다."(B300=VI193)

신의 나라에 속하는 시민들로서 "신자들이 하지 않으면 안 되는 신에 대한 참된 (도덕적) 봉사는 신의 나라 자체와 똑같이 불가시적인 것이다. 그것은 다시 말해 (영과 진리 안에서의) **심정의 봉사**이며, 오직 신을 위해서 정해진 행위들 안에가 아니라, 오직 모든 참된 의무들을 신의 지시명령으로서 준수하는 마음씨 안에 존립할 수 있는 것이다. 그러나 이 불가시적인 것이 인간에게는 가시적인(감성적인) 어떤 것을 통해 나타나는 것이 필요하다. 아니 그 이상으로, 그것은 이 가시적인 것을 통해 실천적인 것을 위해서 동반되고, 지성적인 것이기는 하지만, 말하자면 (모종의 유비에 의해) 구상화될 필요가 있다. 그러나 이 가시적인 것은 신에 대한 봉사에 있어서 우리의 의무를 표상해주는 수단으로서 불가결의 것이기는 하지만, 그럼에도 동시에 매우 크게 오해의 위험에 놓여 있는 것으로서, 우리를 슬며시 습격하는 **망상**에 의해 쉽사리 **신에 대한 봉사** 자체로 여겨지고, 또한 보통은 그렇게 칭해지는 것이다."(B299=VI192) 많은 사람들이 자기 의무의 준수를 위해 자신의 힘을 양성함, 곧 덕성 함양 대신에 흔히 신의 율법들에 대한 수동적 숭배, 즉 독실한 종교생활에 열성을 기울이지만, 그러나 "**독실함과 결합되어 있는** 덕만이 사람들이 **경건**(참된 종교적 마음씨)이라는 말로 뜻하는 이념을 형성하는 것이다."(B313=VI201) 오로지 덕을 통하여 은총으로 나아가는 길, 그것만이 참종교의 길이다.

00. 결어

『판단력비판』(1790)을 통해 새롭게 의식된 '나는 무엇에서 흡족함을 느낄 수밖에 없는가?'[8]라는 물음과 함께 종교적 물음에 대한 답변으로 그의 미학과 목적론 사상을 이미 펼쳐냈건만, 칸트는 『순전한 이성의 한계들 안에서의 종교』의 출간 즈음에도 이전(*KrV*, A805=B833; *Log*: IX, 25; V-MP: XXVIII, 533 이하 참조)에 표명했던 바와 마찬가지로 그의 "순수 철학 분야 작업의 오랜 계획"이 궁극적으로는 "인간은 무엇인가?"라는 철학적 인간학의 물음으로 귀착 "①나는 무엇을 알 수 있는가?"(형이상학/인식론), "②나는 무엇을 행해야만 하는가?"(도덕), 그리고 "③나는 무엇을 희망해도 좋은가?"(종교)라는 세 가지 물음을 해결하는 것이었다고 말하면

∵

8) 칸트 저, 백종현 옮김, 『판단력비판』(아카넷, 2009), 18면(「해제」) 참조.

서, 새 저술을 통해 마침내 "그의 계획의 셋째 부문을 완수하고자 시도했음"(C. F. Stäudlin에게 보낸 1793. 5. 4 자 편지: XI, 429)을 밝힌다. 그러니까 『판단력비판』의 후반부를 통하여 저 종교적 물음에 대한 상당한 답변이 이루어졌음에도 불구하고, 칸트 자신 '나는 무엇을 희망해도 좋은가?'라는 물음에 대한 완결적인 답은 비로소 『순전한 이성의 한계들 안에서의 종교』를 통해 얻은 것으로 보고 있다 하겠다.

내가 충분한 도덕적 품행을 통해 행복을 누릴 품격을 갖추었다면, '나는 무엇을 희망해도 좋은가?'에 대한 칸트적 이성의 답변은 '덕과 행복의 합치' 곧 최고선이다. 그러나 "자기의 전 현존에 부단히 수반하는 쾌적한 삶에 대한 의식"(*KpV*, A40=V22) 내지 "필요들과 경향성들의 전적인 충족"(*GMS*, B12=IV405)인 '행복'은 자연의 법칙이 도덕의 법칙에 부응해서 움직이지 않는 한 기대할 수 없는 일이다. 그래서 『실천이성비판』(1788)에서 칸트는 최고선, 즉 자연법칙과 도덕법칙의 조화를 "신의 나라"에서나 가능한 것으로 보았다.

"신의 나라에서는 자연과 윤리가 파생적인 최고선을 가능하게 하는 성스러운 창시자에 의해 양자 각각이 단독으로는 서로 몰랐던 조화에 이르는 것이다."(*KpV*, A232=V128)

그러나 이제 『순전한 이성의 한계들 안에서의 종교』(1793)의 통찰을 통해 칸트는 현실 기독교의 문제점을 지적함과 동시에 '참종교'로의 가능성을 짚어보면서, "지상에 신의 나라 건설"(제3논고)이 가능함을 말한다. 이로써 도덕적으로 합당한 모든 일을 다 한 "인간은, 보다 높은 지혜가 그의 선의의 노력을 완성시켜줄 것을 희망해도 좋"(B141=VI101)다는 것이다.

그래서 모든 선량한 이들의 소망은 보다 높은 지혜가 지상의 나라도 다스려 최고선이 바로 이 땅에서 실현되도록 하는 것이다. 그 소망인즉, "하늘에 계신 우리 아버지, 아버지의 이름이 거룩하게 되소서. 아버지의 나라가 오게 하소서. 아버지의 뜻이 하늘에서와 같이 땅에서도 이루어지게 하소서."[9]이다. 예수 그리스도가 모범을 보여주었듯이, 그러니까 "지상의 신의 나라, 이것이 인간의 최종의 사명이다."(Refl. 1396: XV,2, 608) 이 사명이 완수되는 곳에서 "그의 실존 전체에서 모든 일이 소망과 의지대로 진행되는 이 세상에서의 이성적 존재자의 상태"(*KpV*, A224=V124), 곧 행복은 성취될 터이다.

우리는 칸트의 이 철학적 종교론에서 그의 희망의 철학의 귀결점을 본다.

---

9) 『성서』 「마태오복음」 6, 9~10.

※ 해제와 주해에서 우리말 제목을 사용한 칸트 원논저 제목〔약호〕, 이를 수록한 베를린 학술원판 전집〔AA〕 권수(와 인용 역본)

Kant's gesammelte Schriften〔베를린 학술원판 전집: AA〕, hrsg. v. der Kgl. Preußischen Akademie der Wissenschaft // v. der Deutschen Akademie der Wissenschaft zu Berlin // v. der Akademie der Wissenschaften zu Göttingen // v. der Berlin-Brandenburgischen Akademie der Wissenschaften, Bde. 1~29, Berlin 1900~2009.

『(순전한) 이성의 한계(들) 안에서의 종교』: *Die Religion innerhalb der Grenzen der bloßen Vernunft*〔RGV〕, AA VI.

'(순전한 이성의 한계들 안에서의 종교) 준비원고': Vorarbeiten zur Religion innerhalb der Grenzen der bloßen Vernunft〔VARGV〕, AA XXIII.

『학부들의 다툼』: *Der Streit der Fakultäten*〔SF〕, AA VII(백종현 옮김, 아카넷, 2021).

「만물의 종말」: Das Ende aller Dinge〔EaD〕, AA VIII.

「종교론 강의」: Philosophische Religionslehre nach Pölitz〔V-Phil-Th/Pölitz〕, AA XXVIII.

『순수이성비판』: *Kritik der reinen Vernunft*〔KrV〕, AA III~IV(백종현 옮김, 아카넷, 2006).

『실천이성비판』: *Kritik der praktischen Vernunft*[*KpV*], AA V(백종현 옮김, 아카넷, 개정판 2009).

『윤리형이상학 정초』: *Grundlegung zur Metaphysik der Sitten*[*GMS*], AA IV(백종현 옮김, 아카넷, 2005).

『윤리형이상학』: *Die Metaphysik der Sitten*[*MS*], AA VI(백종현 역, 아카넷, 2012).

(Rechtslehre[*RL*]; Tugendlehre[*TL*]).

『형이상학 서설』: *Prolegomena zu einer jeden künftigen Metaphysik, die als Wissenschaft wird auftreten können*[*Prol*], AA IV(백종현 역, 아카넷, 2012).

「형이상학 강의」: [V-MP], AA XXVIII.

「도덕철학 강의」: [V-Mo], AA XXVII.

『교육학』: *Pädagogik*[*Päd*], AA IX(백종현 옮김, 아카넷, 2018).

『판단력비판』: *Kritik der Urteilskraft*[*KU*], AA V(백종현 옮김, 아카넷, 2009).

「판단력비판 제1서론」: Erste Einleitung in die Kritik der Urteilskraft [EEKU], AA XX(백종현 옮김, 아카넷, 2009).

『자연과학의 형이상학적 기초원리』: *Metaphysische Anfangsgründe der Naturwissenschaft*[*MAN*], AA IV.

『인간학』: *Anthropologie in pragmatischer Hinsicht*[*Anth*], AA VII(백종현 역, 아카넷, 2014).

「인간학 강의」: [V-Anth], AA XXV.

「조각글」: Reflexionen[Refl], AA XIV-XIX.

『미와 숭고의 감정에 관한 고찰』: *Beobachtungen über das Gefühl*

des Schönen und Erhabenen〔GSE〕, AA Ⅱ.

「목적론적 원리들의 사용」: Über den Gebrauch teleologischer Principien in der Philosophie〔ÜGTP〕, AA Ⅷ.

『논리학』: *Immanuel Kant's Logik. Ein Handbuch zu Vorlesungen* 〔Log〕, AA Ⅸ.

「논리학 강의」: 〔V-Log〕, AA ⅩⅩⅣ.

「감성세계와 예지세계의 형식과 원리들〔교수취임논문〕」: De mundi sensibilis atque intelligibilis forma et principiis〔MSI〕, AA Ⅱ.

「형이상학의 진보」: Welches sind die wirklichen Fortschritte, die die Metaphysik seit Leibnizens und Wolf's Zeiten in Deutschland gemacht hat?〔FM〕, AA ⅩⅩ.

「유일 가능한 신의 현존 증명근거」: Der einzig mögliche Beweisgrund zu einer Demonstration des Daseins Gottes〔BDG〕, AA Ⅱ.

「(형이상학적 인식의 제1원리에 대한) 신해명」: Principiorum primorum cognitionis metaphysicae nova dilucidatio〔PND〕, AA Ⅰ.

『시령자의 꿈』: *Träume eines Geistersehers, erläutert durch die Träume der Metaphysik*〔TG〕, AA Ⅱ.

「발견」: Über eine Entdeckung, nach der alle neue Kritik der reinen Vernunft durch eine ältere entbehrlich gemacht werden soll〔ÜE〕, AA Ⅷ.

「보편사의 이념」: Idee zu einer allgemeinen Geschichte in weltbürgerlicher Absicht〔IaG〕, AA Ⅷ.

「인간 역사」: Mutmaßlicher Anfang der Menschengeschichte〔MAM〕, AA Ⅷ.

「천체 일반 자연사와 이론」: Allgemeine Naturgeschichte und Theorie des Himmels[NTH], AA I.

「자연신학과 도덕」: Untersuchung über die Deutlichkeit der Grundsätze der natürlichen Theologie und der Moral[nThM], AA II.

「이론과 실천」: Über den Gemeinspruch: Das mag in der Theorie richtig sein, taugt aber nicht für die Praxis[TP], AA VIII.

「계몽이란 무엇인가」: "Beantwortung der Frage: Was ist Aufklärung? [WA]", AA VIII.

「사고에서의 정위란 무엇을 말하는가?」: Was heißt, sich im Denken orientiren? [WDO], AA VIII.

『영원한 평화』: *Zum ewigen Frieden*[*ZeF*], AA VIII(백종현 역, 아카넷, 2013).

『유작』: *Opus postumum*[*Op*], AA XXI-XXII(백종현 역, 아카넷, 2020~2022).

『순전한 이성의 한계들 안에서의 종교(*Die Religion innerhalb der Grenzen der bloßen Vernunft*)』 관련 주요 문헌

I. 원전의 주요 판본

1. "Über das radicale Böse in der menschlichen Natur". 수록: *Berlinische Monatsschrift*, April 1792, 323~385.
2. *Die Religion innerhalb der Grenzen der bloßen Vernunft.* Vorgestellt von Immanuel Kant. Königsberg, bey Friedrich Nicolovius. 1793. XX, (2), 296 S. (복간: Erlangen 1985) [=A판].
3. *Die Religion innerhalb der Grenzen der bloßen Vernunft.* Vorgestellt von Immanuel Kant. Zweyte vermehrte Auflage. Königsberg, bey Friedrich Nicolovius. 1794. XXVI, (4), 314 S. [=B판].
※ 같은 해에 BXXV의 한 낱말 "할 수 있기(können)"가 "알기 (kennen)"로 바뀐 복쇄판(=B2) 출간.
4. F. Grillo(Bearbeitung), *Aphoristische Darstellung der Religion innerhalb der Grenzen der bloßen Vernunft des Hrn. Im. Kant.* Rostock, Leipzig 1794.
5. Karl Rosenkranz(Hrsg.), 수록: Immanuel Kant's Sämmtliche Werke, Bd. 10. Hrsg. von Karl Rosenkranz u. Friedrich Wilhelm

Schubert, Leipzig 1838, 1~247.

6. G. Hartenstein(Hrsg.), 수록: Immanuel Kant's Werke, sorgfältig revidierte Gesamtausgabe in zehn Bänden, Bd. 6. Leipzig 1839, 159~389.

7. G. Hartenstein(Hrsg.), 수록: Immanuel Kant's Sämmtliche Werke, In chronologischer Reihenfolge, Bd. 6. Leipzig 1868, 95~301.

8. *Die Religion innerhalb der Grenzen der bloßen Vernunft.* Hrsg. u. erläutert von J. H. v. Kirchmann, Berlin(Heimann) 1869 (= Philosophische Bibliothek[PhB] Bd. 17), (²1875).

9. *Die Religion innerhalb der Grenzen der bloßen Vernunft.* Hrsg. v. Karl Kehrbach, Leipzig o. J. (= Ph. Reclams Universalbibliothek Bd. 1231/32)[A판에 따름].

10. *Die Religion innerhalb der Grenzen der bloßen Vernunft.* Hrsg. von. Karl Vorländer, Leipzig 1903 (= PhB 45), (⁴1919).

11. Georg Wobbermin / Ewald Frey(Hrsg.), 수록: *Kant's gesammelte Schriften.* Hrsg. von der Königlich Preußischen Akademie der Wissenschaften[Akademie-Ausgabe], Bd. 6. Berlin 1907 (²1914), 1~202; Anm. 497~516(복쇄: Berlin 1961 u. ö., Paperback: Berlin 1968 nach der Ausgabe von 1907).

12. Arthur Buchenau(Hrsg.), 수록: Immanuel Kants Werke. In Gemeinschaft mit H. Cohen / A. Buchenau / O. Buek / A. Görland / B. Kellermann hrsg. von Ernst Cassirer, Bd. 6. Berlin 1914. 139~353; Lesarten 520~530.

13. Felix Gross(Hrsg.), 수록: Immanuel Kant's sämtliche Werke in sechs Bänden, Großherzog−Wilhelm−Ernst−Ausgabe, Bd. 6. Leipzig 1921, 401~634.

14. Georg Deycke(Bearbeitung), *Die Religion innerhalb der Grenzen der bloßen Vernunft als Prüfung tätiger Vernunft in neues, reines Deutsch übertragen.* 수록: Immanuel Kant in neue Form gebracht, Bd. 3, Lübeck: Coleman 1922. 211 S.

15. Wilhelm Weischedel(Hrsg.), 수록: Immanuel Kant. Werke in sechs Bänden. Wiesbaden 1956 (Frankfurt/Main 1983), Bd. 4, 647~879. [Text− und Seitenidentisch mit Bd. 8 in: Immanuel Kant. Werke in zwölf Bänden. Frankfurt/Main (Suhrkamp) 1968 u. ö. und mit Bd. 7 in: Immanuel Kant. Werke in zehn Bänden. Darmstadt 1968 u. ö.]

16. *Die Religion innerhalb der Grenzen der bloßen Vernunft.* Mit Nachwort, Anhang und Sachregister hrsg. von Rudolf Malter, Stuttgart 1974 (= Reclams Universalbibliothek Nr.1231).

17. Die Religion innerhalb der Grenzen der bloßen Vernunft, in: *Immanuel Kant, Schriften zur Religion.* Hrsg. und eingeleitet von Martina Thom, Berlin (Union Verlag VOB) 1981, 91~267. [Akademieausgabe에 따름]

18. *Die Religion innerhalb der Grenzen der bloßen Vernunft,* Hrsg. v. Karl Vorländer. Mit einer Einleitung von Hermann Noack und einer Bibliographie von Heiner Klemme. Hamburg: Felix Meiner Verlag, 1990.

19. Kant im Kontext plus. Werke auf CD-ROM. (Hrsg. Karsten Worm), Berlin 1997. Überarbeitete und erweiterte Fassung: Kant im Kontext 2000. Werke, Nachlass und Briefwechsel auf CD-ROM (1. Teilfassung), CD-ROM für Windows ab 95. Verlag: Karsten Worm, Berlin (Infosoftware) 2001. [folgt weitgehend der Akademieausgabe, Abweichungen sind vorhanden, aber nicht ausgewiesen].

20. *Die Religion innerhalb der Grenzen der bloßen Vernunft.* Mit einer Einleitung und Anmerkungen herausgegeben von Bettina Stangneth, Hamburg: Felix Meiner Verlag, 2003 (= PhB 545).

II. 사전류

Caygill, Howard, *A Kant Dictionary.* Oxford 1995 (복쇄: 1999).

Eisler, Rudolf, *Kant-Lexikon.* Nachschlagewerk zu Kants sämtlichen Schriften, Briefen und handschriftlichem Nachlaß, Berlin 1930 (복쇄: Hildesheim 1969).

Heinicke, Samuel, *Wörterbuch zur Kritik der reinen Vernunft und zu den philosophischen Schriften von Herrn Kant.* Preßburg 1788.

Hinske, N. / W. Weischedel, *Kant-Seitenkonkordanz.* Darmstadt 1970.

Irrlitz, Gerd, *Kant-Handbuch. Leben und Werk.* Stuttgart · Weimar 2002.

Martin, G. 편, *Sachindex zu Kants Kritik der reinen Vernunft.* Berlin 1967.

Mellin, G. S. A., *Enzyklopädisches Wörterbuch der kritischen Philosophie.* 6 Bde., Züllichau/Leipzig 1797~1803 (복간: Aalen 1970~1971).

Roser, A. / Th. Mohrs, *Kant-Konkordanz in zehn Bänden.* Hildesheim · Zürich · New York 1992~1995.

Schmid, C. Ch. E., *Wörterbuch zum leichtern Gebrauch der Kantischen Schriften.* ⁴1798 (N. Hinske 신편, Darmstadt ²1980).

Stockhammer, Morris, *Kant Dictionary.* New York 1972.

Verneaux, Roger, *Le vacabulaire de Kant.* 2 Bde., Paris 1967 / 1973.

Wegner, G., *Kantlexikon, Ein Handbuch für Freunde der Kant'-schen Philosophie.* Berlin 1983.

III. 학술지

Kant-Studien〔*KS*〕, (Hans Vaihinger에 의해 1896년에 창간되어 Kant-Gesellschaft에서 연 4회 발간하는 정기 학술지). M. Baum / G. Funke / Th. M. Seebohm 편, Berlin · New York: Walter de Gruyter.

Kant-Forschungen, R. Brandt / W. Stark 편, Hamburg 1987ff.

Studi Kantiani, S. Marcucci 편, Pisa 1988ff.

North American Kant Society Studies in Philosophy, R. Aquila / M. Kuehn 편, Atascadero 1991ff.

『칸트연구』, 한국칸트학회 편, 서울 (또는 대구), 1995 이후.

Kantian Review, G. Bird / H. Williams 편, Cardiff 1997ff.

IV. 서지(書誌)

Adickes, Erich, *German Kantian Bibliography*, Boston 1895~1896 (복간 : Würzburg 1970).

Beck, Lewis White, "Doctoral Dissertations on Kant Accepted by Universities in the United States and Canada, 1879~1980", 수록 : *KS 73*, 1982, 96~113.

Gabel, Gernot U., *Immanuel Kant. Ein Verzeichnis der Dissertationen aus den deutschsprachigen Ländern 1900~1980*, Köln 1987.

――――, *Kant. An Index to Theses and Dissertations Accepted by Universities in Canada and the United States, 1879~1985*, Köln 1989.

Heismann, Günter, "Dissertationen zur Kantischen Philosophie 1954~1976", 수록 : *KS 70*, 1979, 356~381.

Lehmann, K. H. / H. Hermann, "Dissertationen zur Kantischen Philosophie [1885~1953]", 수록 : *KS 51*, 1959/60, 228~257.

Marassi, Massimo, "Bibliografia", 수록 : Massimo Marassi 편,
    Immanuel Kant: Critica del Giudizio, Milano 2004, 757~832.
Reicke, Rudolf, "Kant-Bibliographie für die Jahre 1890~1894", 수
    록: *Altpreussische Monatsschrift*, NF 32, 1895, 555~612.
Ruffing, Margit 편, *Kant-Bibliographie 1945~1990*, Frankfurt am
    Main 1999.
Warda, Arthur, *Die Druckschriften Immanuel Kants (bis zum Jahre
    1838)*, Wiesbaden 1919.
————, *Immanuel Kants Bücher*, Berlin 1922.

Lehmann, K. H. / Horst Hermann, *Dissertationen zur Kantischen
    Philosophie* [1885~1953]. 수록: *KS* 51, 1959/60, 228~257.
Malter, Rudolf, *Bibliographie der deutschsprachigen Kant-
    Literatur 1957~1967*. 수록: *KS* 60, 1969, 234~264 · 540~541.
————, Kant-Bibliographie 1968 [mit Ergänzungen]. 수록: *KS* 61,
    1970, 536~549.
————, Kant-Bibliographie 1969 [mit Ergänzungen]. 수록: *KS* 62,
    1971, 527~542.
————, Kant-Bibliographie 1970 [mit Ergänzungen]. 수록: *KS* 63,
    1972, 515~534.
————, Kant-Bibliographie 1971 [mit Ergänzungen]. 수록: *KS* 64,
    1973, 520~536.
————, Kant-Bibliographie 1972 [mit Ergänzungen]. 수록: *KS* 65,
    1974, 491~514.

——, Kant-Bibliographie 1973 [mit Ergänzungen]. 수록: *KS* 67, 1976, 120~140.

——, Kant-Bibliographie 1974. 수록: *KS* 68, 1977, 217~273.

——, Kant-Bibliographie 1975 [mit Ergänzungen]. 수록: *KS* 69, 1978, 472~515.

——, Kant-Bibliographie 1976~1978. 수록: *KS* 72, 1981, 207~255.

——, Kant-Bibliographie 1979~1980. 수록: *KS* 74, 1983, 97~131.

——, Kant-Bibliographie 1981. 수록: *KS* 76, 1985, 480~514.

——, Kant-Bibliographie 1982. 수록: *KS* 78, 1987, 231~258.

——, Kant-Bibliographie 1983~1984. 수록: *KS* 78, 1987, 340~ 381.

——, Kant-Bibliographie 1985. 수록: *KS* 78, 1987, 498~514.

——, Kant-Bibliographie 1986. 수록: *KS* 79, 1988, 499~517.

——, Kant-Bibliographie 1987. 수록: *KS* 80, 1989, 499~516.

——, Ergänzungen zur Kant-Bibliographie 1985~1987. 수록: *KS* 81, 1990, 117~125.

——, Kant-Bibliographie 1988. 수록: *KS* 81, 1990, 496~515.

——, Kant-Bibliographie 1989. 수록: *KS* 82, 1991, 491~513.

——, Kant-Bibliographie 1990. 수록: *KS* 83, 1992, 487~509.

——, Kant-Bibliographie 1991. 수록: *KS* 84, 1993, 481~510.

——, Kant-Bibliographie 1992. 수록: *KS* 85, 1994, 485~508.

Malter, R. / M. Ruffing, Kant-Bibliographie 1993. 수록: *KS* 86,

1995, 487~511.

Ruffing, Margit, Kant-Bibliographie 1994. 수록: *KS* 87, 1996, 484~511.

———, Kant-Bibliographie 1995. 수록: *KS* 88, 1997, 473~511.

———, Kant-Bibliographie 1996. 수록: *KS* 89, 1998, 465~496.

———, Kant-Bibliographie 1997. 수록: *KS* 90, 1999, 442~473.

———, Kant-Bibliographie 1998. 수록: *KS* 91, 2000, 460~494.

———, Kant-Bibliographie 1999. 수록: *KS* 92, 2001, 474~517.

———, Kant-Bibliographie 2000. 수록: *KS* 93, 2002, 491~536.

———, Kant-Bibliographie 2001. 수록: *KS* 94, 2003, 474~528.

———, Kant-Bibliographie 2002. 수록: *KS* 95, 2004, 505~538.

———, Kant-Bibliographie 2003. 수록: *KS* 96, 2005, 468~501.

———, Kant-Bibliographie 2004. 수록: *KS* 97, 2006, 483~547.

———, Kant-Bibliographie 2005. 수록: *KS* 98, 2007, 487~550.

———, Kant-Bibliographie 2006. 수록: *KS* 99, 2008, 477~524.

———, Kant-Bibliographie 2007. 수록: *KS* 100, 2009, 526~564.

———, Kant-Bibliographie 2008. 수록: *KS* 101, 2010, 487~538.

V. 집류(集類) 및 대회보

Hausius K. G., *Materialien zur Geschichte der critischen Philosophie in drey Sammlungen*, Leipzig 1793. Dritte Sammlung praktischen Inhalts.

Lotz SJ, J. B. (편), *Kant und die Scholastik heute,* Pullach bei München 1955.

Gram, M. S. (편), *Kant. Disputed Questions,* Chicago 1967(Atascadero ²1984).

Heimsoeth, H. / D. Henrich / G. Tonelli (편), *Studien zu Kants philosophischer Entwicklung,* Hildesheim 1967.

Wolff, R. P. (편), *Kant. A Collection of Critical Essays,* Garden City, New York 1967[London 1968].

Beck, L. W. (편), *Kant Studies Today,* La Salle 1969.

————, *Proceedings of the Third International Kant Congress. Held at the University of Rochester,* March 30~April 4, 1970. Dordrecht 1972.

Riedel, M. (편), *Rehabilitierung der praktischen Vernunft,* 전2권, Freiburg/Br. 1972 · 1974.

Prauss, G. (편), *Kant. Zur Deutung seiner Theorie von Erkennen und Handeln,* Köln 1973.

Akten des 4. Internationalen Kant-Kongresses Mainz. 6.~10. April 1974, Teil Ⅰ: Kant-Studien-Sonderheft. Symposien. G. Funke / J. Kopper. Berlin · New York 1974. Teil Ⅱ. 1, 2: Sektionen. G. Funke (편), Berlin · New York 1974. Teil Ⅲ: Vorträge. G. Funke (편), Berlin · New York 1975.

Beck, L. W. (편), *Proceedings of the Third International Kant Congress 1970,* Dordrecht 1972.

Bieri, R. / R. P. Horstmann / L. Krüger (편), *Transcendental*

Arguments and Science. Essays in Epistemology, Dordrecht 1979.

Akten des 5. Internationalen Kant-Kongresses Mainz 4.~8. April 1981, Teil I. 1, 2: Sektionen. G. Funke (편), Bonn 1981. Teil II: Vorträge. G. Funke (편), Bonn 1982.

Heintel, P. / C. Nagl (편), *Zur Kantforschung der Gegenwart*, Darmstadt 1981.

Lauener, H. (편), *Akten des IV. Internationalen Kolloquiums in Biel*, 수록 : Dialectica 35, No. 1 · 2, 1981.

Gram, M. S. (편), *Interpreting Kant*, Iowa City 1982.

Henrich, D. (편), *Kant oder Hegel? Über Formen der Begründung in der Philosophie*, Stuttgart 1983.

Schaper, E. / W. Vossenkuhl (편), *Bedingungen der Möglichkeit. "Transcendental Arguments" und transzendentales Denken*, Stuttgart 1984.

Wood, A. W. (편), *Self and Nature in Kant's Philosophy*, Ithaca 1984.

Ouden, B. den / M. Moen (편), *New Essays on Kant*, New York · Berlin · Frankfurt/M. Paris 1986.

Oberer, H. /G. Seel (편), *Kant. Analysen-Probleme-Kritik*, Würzburg 1988.

Funke, G. / Th. M. Seebohm (편), *Proceedings of the Sixth International Kant Congress*, Vol. II/1 und II/2, Washington 1989.

Schaper, E. / W. Vossenkuhl (편), *Reading Kant. New Perspectives on Transcendental Arguments and Critical Philosophy*, Oxford 1989.

Funke, Gerhard u. a. (편)., *Akten des 7. Internationalen Kant-Kongresses*, Bonn 1991.

Robinson, Hoke (편), *Proceedings of the Eighth International Kant Congress*, Milwaukee 1995.

Gerhard, Volker u. a. (편), *Kant und die Berliner Aufklärung: Akten des IX. Internationalen Kant-Kongresses*, Berlin · New York 2001.

Guyer, Paul, *The Cambridge Companion to Kant and Modern Philosophy*, Cambridge 2006.

Bernd Dörflinger / James J. Fehr / Rudolf Malter (편), *Königsberg 1724~1804*: Materialien zum politischen, sozialen und geistesgeschichtlichen Hintergrund von Leben und Werk Immanuel Kants, Hildesheim · Zürich · New York 2009.

VI. 칸트 종교철학 형성과 관련 깊은 저술들

Leibniz, G. W., *Essais de theodicée. Sur la bonté de dieu, la liberté de l'homme et l'origine du mal*, Amsterdam 1710.

Wolff, Ch., *Vernünftige Gedanken von Gott, der Welt und der Seele des Menschen, auch allen Dingen überhaupt*, Halle

1719, ³1725 (= Deutsche Metaphysik).

──────, *Vernünfftige Gedancken Von der Menschen Thun und Lassen, zu Beförderung ihrer Glückseeligkeit, den Liebhabern der Wahrheit mitgetheilt*, Franckfurt · Leipzig 1720, ³1728(= Deutsche Moral).

──────, *Philosophia Prima sive Ontologia*, Franckfurt · Leipzig 1728, ³1740.

──────, *Psychologia Empirica*, Franckfurt · Leipzig 1732 (복쇄: Hildesheim 1968).

──────, *Psychologia Rationalis*, Franckfurt · Leipzig 1734.

──────, *Theologia naturalis*, Franckfurt · Leipzig 1736.

──────, *Philosophia Practica Universalis*, 전2권, Franckfurt · Leipzig 1738/39.

Baumgarten, A., *Metaphysica*, Halle 1739, ⁴1757 (수록: *Kants gesammelten Schriften*, Bd. XVII). 독일어 번역본: G. F. Meier, Halle ²1783, besorgt von J. A. Eberhard.

──────, *Ethica Philosophica*, Halle 1740, ³1763 (수록: *Kants gesammelten Schriften*, Bd. XXVII).

──────, *Initia Philosophiae Practicae Primae*, Halle 1760 (수록: *Kants gesammelten Schriften*, Bd. XIX).

Crusius, Ch. A., *Anweisung vernünftig zu leben*, Leipzig 1744 (복간: Hildesheim 1969).

──────, *Weg zur Gewißheit und Zuverlässigkeit der menschlichen Erkenntnis*, Leipzig 1744 (복간: Hildesheim 1965).

————, *Entwurf der notwendigen Vernunftwahrheiten, wiefern sie den zufälligen entgegengestzet werden*, Leipzig 1745, ³1766 (복간: Hildesheim 1964).

Stapfer, Johann Fr., *Institutiones theologiae polemicae universae ordine scientifico dispositae*, 5 Bde., Zürich 1743~1747.

————, *Grundlegung zur wahren Religion*, 12 Bde., Zürich 1746 ~1753.

Heilmann, J. D., *Compendium theologiae dogmaticae*, Göttingen 1761,

Semler, J. S., *Zur Revision der kirchlichen Hermeneutik und Dogmatik*, Halle 1788.

Eberhard, J. A., *Vorbereitung zur natürlichen Theologie zum Gebrauch akademischer Vorlesungen*, Halle 1781.

Locke, J., *The Reasonableness of Christianity, as Delivered in the Scriptures*, London 1695.

Shaftesbury, A., *An Inquiry concerning Virtue*, London 1699.

————, *Characteristics of Men, Manners, Opinions and Times*, 전3권, London 1711. 독일어 부분 번역본: Teil III, Magdeburg 1738 (von Vensky); Teil V, Berlin 1745(von Spalding); Teil IV, Berlin 1747(von Spalding). 독일어 완역본: Leipzig 1768(von Wichmann).

Hutcheson, F., *Essay on the Nature and Conduct of the Passions and Affections*, London 1728, ⁴1756. 독일어 번역본: *Abhandlung über die Natur und die Beherrschung der Leidenschaften*, Leipzig 1760.

Hume, D., *Philosophical Essays concerning Human Understanding*, London 1748(익명), ²1751.

───, *An Enquiry concerning the Principles of Morals*, London 1751.

───, *Essays and Treatises on Several Subjects* in four volumes, London & Edinburgh 1753/54 (²1777). 독일어 번역본: *Vermischte Schriften*. Hamburg und Leipzig 1754(von Sulzer?). 합본: *Philosophische Versuche über die menschliche Erkenntnis* (= An *Enquiry concerning Human Understanding*) / *Sittenlehre der Gesellschaft* (= *An Enquiry concerning the Principlis of Morals*).

Rousseau, J–J., *Discours sur l'origine et les fondements de l'inégalité parmi les hommes*, Amsterdam 1755.

───, *Julie ou la nouvelle Héloise*, Amsterdam 1761.

───, *Emile ou sur l'éducation*, Amsterdam 1762.

VII. 연구논저

1. 『이성의 한계 안에서의 종교』 중심 연구논저

Storr, Gottlob Christian, *Annotationes quaedam theologicae ad philosophicam Kantii de religione doctrinam*, Tübingen 1793. 독일어 번역본: Fr. G. Süskind, *D. Gottlob Christian Storr's Bemerkungen über Kant's philosophische Religionslehre*,

Tübingen 1794.

Fittbogen, Gottfried, "Kants Lehre vom radikalen Bösen". 수록: *KS* 12, 1907, 303~360.

Schulze, Martin, *Kants Religion innerhalb der Grenzen der blossen Vernunft*, Königsberg 1927.

Messer, August, *Kommentar zu Kants ethischen und religionsphilosophischen Hauptschriften*, Leipzig 1929.

Bohatec, Josef, *Die Religionsphilosophie Kants in der "Religion innerhalb der Grenzen der bloßen Vernunft"*, Mit besonderer Berücksichtigung ihrer theologisch-dogmatischen Quellen. Hamburg 1938 (복쇄: Hildesheim 1965).

Jaspers, Karl, "Das radikal Böse bei Kant"(1935). 수록 단행본: *Rechenschaft und Ausblick. Reden und Aufsätze*, München 1951, 107~136 (재수록 단행본: *Über Bedingungen und Möglichkeiten eines neuen Humanismus. Drei Vorträge*, Stuttgart 1962, 53~81).

Antweiler, Anton, "Der Zweck in Religion und Moral. Zu Kants 'Religion innerhalb der Grenzen der bloßen Vernunft'". 수록: *Freiburger Zeitschrift für Philosophie und Theologie* 4, 1957, 273~316.

Silber, John T., "The Ethical Significance of Kant's *Religion*". 수록: *Kant, Religion within the Limits of Reason Alone*, ed. and transl. by Th. M. Green and H. H. Hudson, New York ²1960, lxxix~cxxxiv.

Greene, Theodore M., "The historical Context and Religious

Significance of Kant's *Religion*". 수록: *Kant, Religion within the Limits of Reason Alone*, ed. and transl. by Th. M. Green and H. H. Hudson, New York ²1960, ix~lxxviii.

Löwisch, Dieter-Jürgen, "Kants gereinigter Theismus". 수록: *KS* 56, 1966, 505~513.

Bruch, Jean-Louis, *La philosophie religieuse de Kant*, Paris 1968.

Zac, Sylvain, "Religion naturelle et religions révélées selon Kant". 수록: *Revue de Métaphysique et de Morale* 73, 1968, 105~126.

Kaiser, Otto, "Kants Anweisung zur Auslegung der Bibel. Ein Beitrag zur Geschichte der Hermeneutik". 수록: *Neue Zeitschrift für systematische Theologie und Religionsphilosophie* 11, 1969, 125~138.

Elschazli, A. E. Abd Elhamid, *Kants kritische Philosophie und Das Problem der Offenbarung*, Hamburg 1970(Diss. Hamburg).

Reboul, Olivier, "Kant et la religion". 수록: *Revue d'histoire et de philosophie religieuse* 50, 1970, 137~153.

Weil, Eric, *Problèmes Kantiens*, Paris ²1970.

Reboul, Olivier, *Kant et le probléme du mal*, Préface de Paul Ricoeur, Montréal 1971.

Zac, Sylvain, "Kant, les stoïciens et le christianisme". 수록: *Revue de Métaphysique et de Morale* 77, 1972, 137~165.

Despland, Michel, *Kant on History and Religion*, With a translation of Kant's >On the failure of all attempted philophical theodicies<, Montreal · London 1973.

Reboul, Olivier, "Le Mal dans la Philosophie Religieuse et Politique de Kant". 수록: *Canadian Journal of Philosophy* 3, 1973, 169~175.

Yovel, Yirmiahu, "Bible Interpretation as Philosophical Praxis: A Study of Spinoza and Kant". 수록: *Journal of the History of Philosophy* 11, 1973, 189~212.

Seigfried, Charlene Haddock, "The Radical Evil in Human Nature". 수록: *Akten des 4. Internationalen Kant-Kongresses*, Teil II.2, 1974, 605~613.

MacKinnon, D. M., "Kant's Philosophy of Religion". 수록: *Philosophy* 50, 1975, 131~144.

O'Farrell, Francis SJ, "Kant's Concern in Philosophy". 수록: *Gregorianum* 58, 1977, 471~522.

Plat, J., "Het radicale kwaad en de bekering bij Kant". 수록: *Tijdschrift voor Filosofie* 40, 1978, 379~417.

McCarthy, Vincent A., "Christus as Chrestus in Rousseau and Kant". 수록: *KS* 73, 1982, 191~207.

Kvist, Hans-Olof, "Das radikale Böse bei Immamuel Kant". 수록: *Göttinger Orientforschungen. 1.* Reihe: Syriaca. Bd. 24. 1983, 237~288.

Kern, Udo, "Kirche als 'Hausgenossenschaft' der Freien. Grundstrukturen der Ekklesiologie Immanuel Kants". 수록: *Theologische Literaturzeitung* 109, 1984, 705~716.

Picht, Georg, *Kants Religionsphilosophie*, Klett-cotta 1985.

Konhardt, Klaus, "Die Unbegreiflichkeit der Freiheit. Überlegungen zu Kants Lehre vom Bösen". 수록: *Zeitschrift für philosophische Forschung* 42, 1988, 397~416.

Hoping, Helmut, *Freiheit im Widerspruch. Eine Untersuchung zur Erbsündenlehre im Ausgang von Immanuel Kant*, Innsbruck · Wien 1990.

Habichler, Alfred, *Reich Gottes als Thema des Denkens bei Kant*, Tübinger Studien zur Theologie und Philosophie 2, Mainz 1991.

Heit, Alexander, *Versöhnte Vernunft: Eine Studie zur systematischen Bedeutung des Rechtfertigungsgedankens für Kants Religionsphilosophie*, Göttingen 2006.

Hanke, Thomas, *Die Offenbarung innerhalb der Grenzen der bloßen Vernunft: Eine Studie zu Kants philosophischem Begriff der Offenbarung*, Berlin · Münster · Wien · Zürich · London 2009.

Höffe, Otfried(편), *Immanuel Kant: Die Religion innerhalb der Grenzen der bloßen Vernunft*, Berlin 2011.

2. 종교철학 일반 연구논저

Schweitzer, Albert, *Die Religionsphilosophie Kant's von der Kritik der reinen Vernunft bis zur Religion innerhalb der Grenzen der blossen Vernunft*, Freiburg/Br. Leipzig · Tübingen 1899 (복

쇄 : Hildesheim · New York 1974).

Sanger, Ernst, *Der Glaubensbegriff Kants In Seinen Drei "Kritiken"*, Halle 1902(Diss.)

Troeltsch, Ernst, *Das Historische in Kants Religionsphilosophie. Zugleich ein Beitrag zu den Untersuchungen über Kants Philosophie der Geschichte*, Berlin 1904.

Messer, August, *Kants Ethik und Religionsphilosophie*, Stuttgart 1905.

Webb, Clement C. J., *Kant's Philosophy of Religion*, Oxford 1926 (복간 : New York 1970).

England, F. E., *Kant's Conception of God. A Critical Exposition of its Metaphysical Development. Together with a Translation of the "Nova Dilucidatio"*, London 1929 (복쇄: New York 1968).

Schmalenbach, Hermann, *Kants Religion*, Berlin 1929.

Blumenberg, Hans, "Kant und die Frage nach dem 'gnädigen Gott'". 수록: *Studium Genenrale* (Berlin) 7, 1954, 554~570.

Collins, James, *God in Modern Philosophy*, Chicago 1959.

Klausen, Sverre, *Das Problem der Erkennbarkeit der Existenz Gottes bei Kant*, Oslo 1959.

Schultz, Werner, *Kant als Philosoph des Protestantismus*, Hamburg 1960.

Walsh, W. H., "Kant's Moral Theology". 수록: *Proceedings of the British Academy* 49, 1963 (London 1964), 263~289.

Collins, James, *The Emergence of Philosophy of Religion*, New

Haven · London 1967.

Löwith, Karl, *Gott, Mensch und Welt in der Metaphysik von Descartes bis zu Nietzsche*, Göttingen 1967.

Zeldin, Mary-Barbara, "Principles of Reason, Degrees of Judgment, and Kant's Argument for the Existence of God". 수록: *Monist* 54, 1970, 285~301.

Moreau, Joseph, *Le Dieu des philosophes (Leibniz, Kant et nous)*, Paris 1969.

Wood, Allen W., *Kant's Moral Religion*, Ithaca · London 1970.

Laberge, Pierre, *La théologie Kantienne précritique*, Ottawa 1973.

Zeldin, Mary-Barbara, "Belief as a Requirement of Pure Reason: The Primacy of Kant's Moral Argument and Its Relation to the Theoretical Arguments". 수록: *International Studies in Philosophy* 6, 1974, 99~114.

Henrich, Dieter, "Die Deduktion des Sittengesetzes. Über die Gründe der Dunkelheit des letzten Abschnittes von Kants 'Grundlegung zur Metaphysik der Sitten'". 수록: A. Schwan (편), *Denken im Schatten des Nihilismus. Festschrift für Wilhelm Weischedel*, Darmstadt 1975, 55~112.

Wagner, Hans, "Moralität und Religion bei Kant". 수록: *Zeitschrift für philosophische Forschung* 29, 1975, 507~520.

Winter, Alois, "Theologische Hintergründe der Philosophie Kants". 수록: *Theologie und Philosophie* 51, 1976, 1~51.

Genova, A. C., "Kant's Transcendental Deduction of the Moral

Law". 수록: *KS* 69, 1978, 299~313.

Wood, Allen W., *Kant's Rational Theology*, Ithaca · London 1978.

Byrne, Peter, "Kant's Moral Proof of the Existence of God". 수록: *Scottish Journal of Theology* 32, 1979, 333~343.

Ameriks, Karl, "Kant's Deduction of Freedom and Morality". 수록: *Journal of the History of Philosophy* 19, 1981, 53~79.

Schroll-Fleischer, Niels Otto, *Der Gottesgedanke in der Philosophie Kants*, Odense 1981.

Ferreira, M. Jamie, "Kant's Postulate: The Possibility 'or' the Existence of God?" 수록: *KS* 74, 1983, 75~80.

Witschen, D., *Kant und die Idee einer christlichen Ethik*, Düsseldorf 1984.

Kuehn, Manfred, "Kant's Transcendental Deduction of God's Existence as a Postulate of Pure Practical Reason". 수록: *KS* 76, 1985, 152~169.

Milz, Bernhard, "Dialektik der Vernunft in ihrem praktischen Gebrauch und Religionsphilosophie bei Kant". 수록: *Theologie und Philosophie* 63, 1988, 481~518.

Reardon, Bernard M. G., *Kant as Philosophical Theologian*, Basingstoke 1988.

Sala, Giovanni B., *Kant und die Frage nach Gott. Gottesbeweise und Gottesbeweiskritik in den Schriften Kants*, Berlin · New York 1990 [= *KS* Erg.-H. 122].

Wimmer, Reiner, *Kants kritische Religionsphilosophie*, Berlin ·

New York 1990 [= *KS* Erg.-H. 124].

Peters, Curtis H., *Kant's Philosophy of Hope*, New York · Bern 1993.

Guyer, Paul, "In praktischer Absicht. Kants Begriff der Postulate der reinen praktischen Vernunft". 수록: *Philosophisches Jahrbuch* 104, 1997, 1~18.

Dierksmeier, Claus, *Das Noumenon Religion. Eine Untersuchung zur Stellung der Religion im System der praktischen Philosophie Kants*, Berlin 1998.

Michaelson, Gordon E. Jr., *Kant and the Problem of God*, Oxford 1999.

Winter, Aloysius, *Der andere Kant. Zur philosophischen Theologie Immanuel Kants*, Hildesheim · Zürich · New York 2001.

Essen, Georg / Magnus Striet, *Kant und die Theologie*, Wissenschaftliche Buchgesellschaft 2005.

Danz, Chr. / R. Langthaler(편), *Kritische und absolute Transzendenz: Religionsphilosophie und philosophische Theologie bei Kant und Schelling*, Freiburg/Br. · München 2006.

Brockmann, Hanno, *Wissen und Glauben: Kants Gotteslehre im Spannungsfeld zwischen theoretischer Beweisbarkeit und praktischer Notwendigkeit*, Marburg 2008.

Fischer, Norbert / Maximilian Forschner (편), *Die Gottesfrage in der Philosophie Immanuel Kants* (Forschungen zur europäischen Geistesgeschichte), Freiburg · Basel · Wien 2010.

3. 종교철학 관련 주제별 연구논저

1) 기독교 신학

Koppelmann, Wilh., *Immanuel Kant und die Grundlagen der christlichen Religion*, Gütersloh 1890.

Paulsen, Friedrich, "Kant, der Philosoph des Protestantismus" 수록: *KS* 4, 1900, 1~31.

Kaftan, Julius, *Kant, der Philosoph des Protestantismus*, Berlin 1904.

Bauch, Bruno, "Luther und Kant". 수록: *KS* 9, 1904, 351~491. (증보단행본: Berlin 1904).

Kügelgen, Const. von, *Die Bibel bei Kant – Ein Kompendium Kantischer Bibelkunde*, Leipzig 1904.

Rust, Hans, *Kant und das Erbe des Protestantismus*, Gotha 1928.

Katzer, Ernst, *Luther und Kant. Ein Beitrag zur inneren Entwicklungsgeschichte des deutschen Protestantismus*, Gießen 1910.

Ebbinghaus, Julius, "Luther und Kant". 수록: *Luther-Jahrbuch* 9, 1927, 119~155.

Jansen, Bernhard SJ, *Die Religionsphilosophie Kants. Geschichtlich dargestellt und kritisch-systematisch gewürdigt*, Berlin · Bonn 1929.

Barth, Karl, *Die protestantische Theologie im 19. Jahrhundert. Ihre*

Vorgeschichte und ihre Geschichte, Zürich 1947, ⁵1985.

Hirsch, Emmanuel, *Geschichte der neuern evangelischen Theologie im Zusammenhang mit den allegemeinen Bewegungen des europäischen Denkens*, Bd. 4, Gütersloh 1949, ⁵1975.

Kopper, Joachim, "Kants Gotteslehere". 수록: *KS* 47, 1955, 31~61.

Beck, Heinrich, "Kant und die Scholastik heute". 수록: *Zeitschrift für philosophische Forschung* 12, 1958, 547~533.

Schultz, Werner, *Kant als Philosoph des Protestantismus*, Hamburg 1960.

Kopper, Joachim, "Thomas von Aquins Lehre über das Wissen der erkennenden Seele von sich selbst und von Gott im Hinblick auf Kant". 수록: *Zeitschrift für philosophische Forschung* 15, 1961, 374~388.

Redmann, Horst–Günther, *Gott und Welt. Die Schöpfungstheologie der vorkritischen Periode Kants*, Göttingen 1962.

Rust, Hans, "Die Idee einer christlichen Philosophie (mit besonderer Rücksicht auf Kant als Philosophen des Protestantismus)". 수록: *Jahrbuch der Albertus–Universität Königsberg* 14, 1964, 21~50.

Holz, H., "Philosophische und theologische Antinomik bei Kant und Thomas von Aquin". 수록: *KS* 61, 1970, 66~82.

Harms, J., "Das kantische 'pro me' und das theologische 'pro nobis'". 수록: *Neue Zeitschrift für systematische Theologie und Religionsphilosophie* 13, 1971, 351~362.

Metz, Wulf, "Christologie bei Immanuel Kant?" 수록: *Theologische Zeitschrift* 27, 1971, 325~346.

Wand, Bernard, "Religious Concepts and Moral Theory: Luther and Kant". 수록: *Journal of the History of Philosophy* 9, 1971, 329~348.

Norburn, Greville, "Kant's Philosophy of Religion: A Preface to Christology?" 수록: *Scottish journal of Theology* 26, 1973, 431~448.

Lötzsch, Frieder, *Vernunft und Religion im Denken Kants. Lutherisches Erbe bei Immanuel Kant,* Köln · Wien 1976.

Schleiff, Hans, *Gottesgehorsam und Gottesreich. Eine theologische Auseinandersetzung mit der Religionsphilosophie* Ⅰ. *Kants,* (Diss. Halle) 1975.

Winter, Alois, "Kant zwischen den Konfessionen". 수록: *Theologie und Philosophie* 50, 1975, 1~37.

————, "Theologische Hintergründe der Philosophie Kants", 수록: *Theologie und Philosophie* 51, 1976, 1~51.

————, "Gebet und Gottesdienst bei Kant: nicht 'Gunster-werbung', sondern 'Form aller Handlungen'". 수록: *Theologie und Philosophie* 52, 1977, 341~377.

Crumbach, Karl—Heinz, *Theologie in kritischer Öffentlichkeit. Die Frage Kants an das kirchliche Christentum,* München · Mainz

1977.

Renz, Horst, *Geschichtsgedanke und Christusfrage. Zur Christu-sanschauung Kants und deren Fortbildung durch Hegel im Hinblick auf die allgemeine Funktion neuzeitlicher Theologie,* Göttingen 1977.

Striewe, Horst, *reditio subiecti in seipsum. Der Einfluß Hegels, Kants und Fichtes auf die Religionsphilosophie Karl Rahners,* (Diss. Freiburg) 1979.

Heubült, Wilhelm, *Die Gewissenslehre Kants in ihrer Endform von 1797. Eine Anthroponomie,* Bonn 1980. 요약 수록: *KS* 71, 1980, 445~454.

Huber, Herbert, "Die Gottesidee bei Immanuel Kant". 수록: *Theologie und Philosophie* 55, 1980, 1~43 / 230~249.

Rossi, Philip SJ., "Kant as a Christian Philosopher: Hope and the Symbols of Christian Faith". 수록: *Philosophy Today* 25, 1981, 24~33.

Sala, Giovanni B. SJ., "Kant und die Theologie der Hoffnung. Eine Auseinandersetzung mit R. Schaefflers Interpretation der kantischen Religionsphilosophie". 수록: *Theologie und Philosophie* 56, 1981, 92~110.

Hauser, Linus, *Religion als Prinzip und Faktum. Das Verhältnis von konkreter Subjektivität und Prinzipientheorie in Kants Religions- und Geschichtsphilosophie,* Frankfurt/M. 1983.

Bayer, Oswald, "Vernunftautorität und Bibelkritik in der Kontroverse zwischen Johann Georg Hamann und Immanuel Kant". 수록: *Neue Zeitschrift für systematische Theologie und Religionsphilosophie* 28, 1986, 179~197.

Gebler, Fred, *Die Gottesvorstellungen in der frühen Theologie Immanuel Kants*, Würzburg 1990.

2) 자유의 개념

Ulich, J. A. H., *Eleutheriologie oder über Freiheit und Notwendigkeit*, Jena 1788.

Jakob, L. H., "Über die Freiheit". 수록: J. G. K. Kiesewetter, *Über den ersten Grundsatz der Moralphilosophie, nebst einer Abhandlung über die Freiheit von Prof. Jakob*, Leipzig · Eisleben · Halle 1788.

Snell, Ch. W., *Über Determinismus und moralische Freiheit*, Offenbach 1789.

Abicht, J. H., "Über die Freiheit des Willens". 수록: J. H. Abicht / F. G. Born (편), *Neues philosophisches Magazin*, Bd. 1, Leipzig 1790 (복간: Brüssel 1968).

Schmid, C. Ch. E., *Versuch einer Moralphilosophie*, Jena 1790 (⁴1802) (복간: Brüssel 1968).

Reinhold, C. L., *Briefe über die Kantische Philosophie*, Bd. 2, Leipzig 1792.

Creuzer, C. L. A., *Skeptische Betrachtungen über die Freiheit des*

Willens, mit Rücksicht auf die neuesten Theorien über dieselbe, Gießen 1793.

Werdermann, J. G. K., *Versuch einer Geschichte der Meynungen über Schicksal und menschliche Freiheit*, Leipzig 1793.

Abicht, J. H., *Kritische Briefe über die Möglichkeit einer wahren wissenschaftlichen Moral, Theologie, Rechtslehre, empirischen Psychologie und Geschmackslehre, mit prüfender Hinsicht auf die Kantische Begründung dieser Lehre*, Nürnberg 1793.

Heydenreich, A. L. Ch., *Über die Freiheit und Determinismus und ihre Vereinigung*, Erlangen 1793.

Michaelis, Ch. F., *Über die Freiheit des menschlichen Willens*, Leipzig 1794.

Forberg, F. C., *Über die Gründe und Gesetze freier Handlungen*, Jena · Leipzig 1795.

Bardili, C. G., *Ursprung des Begriffs von der Willensfreiheit. Der dabei unvermeidliche Schein wird aufgedeckt und die Forbergsche Schrift über die Gründe und Gesetze freier Handlungen geprüft*, Stuttgart 1796.

Jacobi, F. H., "Über die Unzertrennlichkeit des Begriffs der Freiheit und Vorsehung von dem Begriffe der Vernunft", 1799. 수록: *F. H. Jacobis Werke*, Bd. 2, 1815.

Daub, C., *Darstellung und Beurteilung der Hypothese in Betreff der Willensfreiheit*, Altona 1834.

Callot, E., "Au coeur de la moralité: La liberté chez Kant". 수록:

Questions de doctrine et d'histoire de la philosophie, Annecy 1959.

Stockhammer, M., *Kants Zurechnungsidee und Freiheitsantinomie*, Köln 1961.

Bobbio, N., "Deux notions de la liberté dans la pensée politique de Kant". 수록: E. Weil (편), *La philosophie politique de Kant. Annales de philosophie politique IV*, Paris 1962.

Heimsoeth, H., "Freiheit und Charakter. Nach den Kant-Reflexionen Nr. 5611 bis 5620". 수록: W. Arnold / H. Zeltner (편), *Tradition und Kritik. Festschrift für Zocher*, Stuttgart-Bad Cannstatt 1967.

Körner, St., "Kant's Conception of Freedom". 수록: *Proceedings of the British Academy* 53, 1967 (London 1968), 193~217.

Marcuse, H., "Kant über Autorität und Freiheit". 수록: *Ideen zu einer kritischen Theorie der Gesellschaft*, Frankfurt/M. 1969.

Chin-Tai Kim, "Some Critical Reflections on Kant's Theory of Freedom". 수록: *The Philosophical Forum* 2, 1971.

Carnois, Bernard, *La cohérence de la doctrine kantienne de la liberté*, Paris 1973.

Allison, Henry E., *Kant's Theory of Freedom*, Cambridge 1990.

Ameriks, Karl, "Kant's Deduction of Freedom and Morality". 수록: *Joural of the Critical Philosophy*, Cambridge 2000.

Guyer, Paul, *Kant on Freedom, Law and Happiness*, Cambridge 2000.

Timmerman, Jens, *Sittengesetz und Freiheit: Untersuchungen zu Immanuel Kants Theorie des freien Willens*, Berlin · New York 2003.

3) 자유의 법칙 및 자율

Schleiermacher, F. E. D., "Über den Unterschied zwischen Naturgesetz und Sittengesetz", *Sämtliche Werke*, 3. Abt. Zur Philosophie. Bd. 2, Berlin 1838.

Schrader, G. A., "Autonomy, Heteronomy and the Moral Imperatives". 수록: *The Journal of Philosophy* 60, 1963.

Zwingelberg, H. S., *Kants Ethik und das Problem der Einheit von Freiheit und Gesetz*, Bonn 1969.

Forschner, Maximilian, *Gesetz und Freiheit. Zum Problem der Autonomie bei I. Kant*, München 1974.

Prauss, Gerold, *Kant über Freiheit als Autonomie*, Frankfurt/M. 1983.

Bitter, Rüdiger, *Moralisches Gebot oder Autonomie*, Freiburg · München 1983.

Watson, Stephen H., "Kant on Autonomy, the Ends of Humanity, and the Possibility of Morality". 수록: *KS* 77, 1986, 164~182.

Gunkel, Andreas, *Spotaneität und moralische Autonomie. Kants Philosophie der Freiheit*, Bern 1989.

Voeller, Carol, *The Metaphysics of the Moral Law: Kant's*

Deduction of Freedom, New York · London 2001.

4) 선 및 최고선

Arnold, E., *Über Kants Idee vom höchsten Gut*, Königsberg 1874.

Döring, A., "Kants Lehre vom höchsten Gut". 수록: *KS* 4, 1900.

Miller, Edmund Morris, *Moral Law and the Highest Good. A Study of Kant's Doctrine of the Highest Good*, Melbourne 1928.

Silber, John R, "Kant's Conception of the Highest Good as Immanent and Transcendent". 수록: *Philosophical Review* 68, 1959.

Brugger, Walter SJ, "Kant und das höchste Gut". 수록: *Zeitschrift für philosophische Forschung* 18, 1964, 50~61.

Murphy, J. G., "The Highest Good as Content for Kant's Ethical Formalism: Beck versus Silber". 수록: *KS* 56, 1965.

Silber, John R, "Die metaphysische Bedeutung des Höchsten Gutes als Kanon der reinen Vernunft in Kants Philosophie". 수록: *Zeitschrift für Philosophische Forschung* 23, 1969.

Düsing, K., "Das Problem des Höchsten Gutes in Kants praktischer Philsolphie". 수록: *KS* 62, 1971.

Zeldin, M., "The Summum Bonum, the Moral Law, and the Existence of God". 수록: *KS* 62, 1971.

Barnes, G. W., "In Defense of Kant's Doctrine of the Highest Good". 수록: *Philosophical Forum* 2, 1971.

Yovel, Yirmiahu, "The Highest Good and History in Kant's Thought". 수록: *Archiv für Geschichte der Philosophie* 54, 1972.

Auxter, Thomas, "The Unimportance of Kant's Highest Good". 수록: *Journal of the History of Philosophy* 17, 1979, 121~134.

Heidemann, Ingeborg, "Das Ideal des höchsten Guts. Eine Interpretation des Zweiten Abschnitts im 'Kanon der reinen Vernunft'". 수록: I. Heidemann / W. Ritzel (편), *Beiträge zur Kritik der reinen Vernunft 1781~1981*, Berlin · New York 1981, 233~305.

Friedmann, R. Z., "The Importance and Function of Kant's Highest Good". 수록: *Journal of the History of Philosophy* 22, 1984.

Smith, Steven G., "Worthiness to be Happy and Kant's Concept of the Highest Good". 수록: *KS* 75, 1984, 168~190.

Krämling, Gerhard, "Das höchste Gut als mögliche Welt. Zum Zusammenhang von Kulturphilosophie und systematischer Architektonik bei I. Kant". 수록: *KS* 77, 1986, 273~288.

Reath, Andrews, " Two Conceptions of the Highest Good in Kant". 수록: *Journal of the History of Philosophy* 26, 1988, 593~619.

Dieringer, Volker, "Was erkennt die praktische Vernunft? Zu Kants Begriff des Guten in der *Kritik der praktischen Vernunft*". 수록: *KS* 93, 2002, 137~157.

Keller, Daniel, *Der Begriff des höchsten Guts bei Immanuel Kant: Theologische Deutungen*, Paderborn 2008.

5) 덕과 행복

Snell, Ch. W., "Erinnerung gegen den Aufsatz: Über Herrn Kants Grund-legung zur Metaphysik der Sitten". 수록 : *Braunschweigisches Journal* 9, 1789.

Rapp, G. C., *Über die Untauglichkeit des Prinzips der allgemeinen und eigenen Glückseligkeit zum Grundgesetze der Sittlichkeit,* Jena 1791.

Gebhard, F. H., *Über die sittliche Güte aus uninteressiertem Wohlwollen,* Gotha 1792.

Bauch, B., *Glückseligkeit und Persönlichkeit in der Kritischen Ethik,* Stuttgart 1902.

Reiner, H., "Kants Beweis zur Widerlegung des Eudämonismus und das Apriori der Sittlichkeit". 수록 : *KS* 54, 1963.

Hirsch, E. C., *Höchstes Gut und Reich Gottes in Kants kritischen Hauptwerken als Beispiel für die Säkularisierung seiner Metaphysik* (Diss.), Heidelberg 1969.

Silber, John R., "The Moral Good and the Natural Good in Kant's Ethics". 수록: *Review of Metaphysics* 36, 1982, 307~437.

Fischer, Norbert, "Tugend und Glückseligkeit. Zu ihrem Verhältnis bei Aristoteles und Kant". 수록: *KS* 74, 1983, 1~21.

O'Neill, O., "Kant after Virtue". 수록: *Inquiry* 26, 1983, S. 387~405.

Pleines, J.-E., *Eudaimonia zwischen Kant und Aristoteles,*

Würzburg 1984.

Forschner, Maximilian, "Moralität und Glückseligkeit in Kants Reflexionen", 수록: *Zeitschrift für philosophische Forschung* 42, 1988, 351~370.

Himmelmann, Beatrix, *Kants Begriff des Glücks*, Berlin · New York 2003.

4. 종합연구서

Bauch, Bruno, *Immanuel Kant*, Berlin 1917, ³1923.

Cassirer, Ernst, *Kants Leben und Lehre*, Berlin 1918, ²1921 (복간: Darmstadt 1977).

Vorländer, Karl, *Immanuel Kant. Der Mann und das Werk*, Hamburg 1924, ²1977(R. Malter 신편).

Wundt, Max, *Kant als Metaphysiker*, Ein Beitrag zur Geschichte der deutschen Philosophie im 18. Jahrhundert, Stuttgart 1924 (복간 : Hildesheim · Zürich · New York 1984).

Boutroux, Ämile, *La Philosophie de Kant*, Paris 1926.

Fischer, Kuno, *Immanuel Kant und seine Lehre*, 2 Bde. Heidelberg ⁶1928.

Körner, Stephan, *Kant*, Harmondsworth 1955; Göttingen 1967, ²1980.

Heimsoeth, Heinz, *Studien zur Philosophie Kants* Bd. Ⅰ. Köln 1956, Bonn ²1971 [= *KS* Erg.-H. 71], Bd. Ⅱ. Bonn 1970 [= *KS*

Erg.-H. 100].

Jaspers, Karl, Kant. In: *Die großen Philosophen*, Bd. 1. München 1957, München · Zürich ⁴1988, 397~616.

Delekat, Friedrich, *Immanuel Kant, Historisch-kritische Inerpretation der Hauptschriften*, Heidelberg 1963, ³1969.

Beck, Lewis White, *Studies in the Philosophy of Kant*, New York 1965.

Schultz, Uwe, *Immanuel Kant, Mit Selbstzeugnissen und Bilddokumenten dargestellt*, Reinbek bei Hamburg 1965, 개정판 2003.

Kemp, John, *The Philosophy of Kant*, Oxford 1968.

Kaulbach, Friedrich, *Immanuel Kant*. Berlin 1969, ²1982 [= 백종현 옮김, 『칸트 비판철학의 형성과정과 체계』, 서광사, 1992].

Lehmann, Gerhard, *Beiträge zur Geschichte und Interpretation der Philosophie Kants*, Berlin 1969.

Walsh, William Henry, *Kant's Criticism of Metaphysics*, Edinbrugh 1975.

Broad, Charlie Dunbar, *Kant. An Introduction*, C. Lewy (편), Cambridge 1978.

Walker, Ralph C. S., *Kant*, London 1978.

Gerhardt, V. / F. Kaulbach, *Kant*, Darmstadt 1979.

Konhardt, Klaus, *Die Einheit der Vernunft. Zum Verhältnis von theoretischer und praktischer Vernunft in der Philosophie Immanuel Kants*, Königstein/Ts. 1979.

Marty, François, *La Naissance de la métaphysique chez Kant,* Une ätude de la notion kantienne d'ananlogie, Paris 1980.

Scruton, Roger, *Kant,* Oxford 1982.

Höffe, Otfried, *Immanuel Kant,* München 1983, ²1988.

Schmitz, Hermann, *Was wollte Kant?,* Bonn 1989.

Guyer, Paul, *Kant and the Experience of Freedom,* Cambridge 1993.

Bird, Graham, *The Revolutionary Kant,* Chicago 2006.

Guyer, Paul, *Kant,* London · New York 2006.

5. 발간경위 및 영향사 연구논저

Flügge, Christian Wilhelm, *Versuch einer historisch-kritischen Darstellung des bisherigen Einflusses der Kantischen Philosophie auf Zweige der wissenschaftlichen und praktischen Theologie,* 2 Bde. Hannover 1796~1798 (복쇄: Hildesheim · New York 1982)[2권 합본].

Punjer, Bernhard, *Geschichte der christlichen Religionsphilosophie seit der Reformation,* 2. Bd.: Von Kant auf die Gegenwart. Braunschweig 1883 (복쇄: Brüssel 1969).

Dilthey, Wilhelm, "Der Streit Kants mit der Censur über das Recht freier Religionsforschung", Drittes Stück der Beiträge aus den Rostocker Kanthandschriften, 수록: *Archiv für Geschichte der Philosophie* 3, 1890, 418~450.

Pfleiderer, Otto, *Die Entwicklung der protestantischen Theologie in Deutschland seit Kant und in Grossbritannien seit 1825*, Freiburg i. B. 1891.

Fromm, Emil, *Immanuel Kant und die preussische Zensur. Nebst kleineren Beiträgen zur Lebensgeschichte Kants*, Hamburg · Leipzig 1894.

Arnoldt, Emil, *Beiträge zu dem Material der Geschichte von Kants Leben und Schriftstellertätigkeit in bezug auf seine "Religionslehre" und seinen Konflikt mit der preussischen Regierung*, Berlin 1909 (=Gesammlte Schriften, Hrsg. von O. Schöndörffer, Bd. 6).

Hollmann, Georg, "Prolegomena zur Genesis der Religionsphilosophie Kants". 수록: *Altpreussische Monatsschrift. Neue Folge* 36, 1899, 1 ~73.

Vorländer, Karl, "Einleitung zu 'Die Religion innerhalb der Grenzen der bloßen Vernunft'", Leipzig 1903 (= 3. Aufl. in der Philosophischen Bibliothek Bd. 45) · 4. Abschn.: Wirkungen der Schrift, S. 49~74.

Vorländer, Karl, *Kant–Schiller–Goethe*, Leipzig ²1923 (복쇄: Aalen 1984).

Hinske, Norbert, "Kants Begriff der Antithetik und seine Herkunft aus der protestantischen Kontroverstheologie des 17. und 18. Jahrhunderts, Über eine unbemerkt gebliebene Quelle der Kantischen Antinomienlehre". 수록 : *Archiv für Begriffsgeschichte* 16, 1972, 48~59.

Malter, Rudolf, "Zeitgenössische Reaktionen auf Kants Religion-sphilosophie — Eine Skizze zur Wirkungsgeschichte des Kantischen und des reformatorischen Denkens". 수록 : A. J. Bucher / H. Drüe / Th. M. Seebohm(Hg.), *Bewußt sein. Gerhard Funke zu eigen*, Bonn 1975, 145~167.

Heizmann, Winfried, *Kants Kritik spekulativer Theologie und Begriff moralischen Vernunftglaubens im katholischen Denken der späten Aufklärung. Ein Religionsphilosophischer Vergleich*, Göttingen 1976.

Münk, Hans J., *Der Freiburger Moraltheologe Ferdinand Geminian Wanker(1758~1824) und Immanuel Kant. Historischvergleichende Studie unter Berücksichtigung weiteren Philosophisch-theologischen Gedankenguts der Spätaufklärung*, Düsseldorf 1985.

6. 한국어 연구논저

신옥희, 「칸트에 있어서 근본악과 신」, 수록 : 한국철학회(편), 『哲學』 제 18집, 1982 가을. 재수록 : 역서 『理性의 한계 안에서의 宗敎』, 이화 여자대학교 출판부, 1984.

김영태, 「칸트의 道德神學에 關한 研究」(박사학위논문), 전북대학교 1989.

강영안, 「칸트의 '근본악'과 자유」, 수록 : 〈한민족 철학자 대회 1991 대 회보 2〉, 한국철학회/서울대 철학사상연구소, 1991. 후에 단행본

『도덕은 무엇으로부터 오는가 · 칸트의 도덕 철학』(소나무, 2000)에 재서술 포함.

맹주만, 「칸트의 실천 철학에서의 최고선」(박사학위논문), 중앙대학교 1997.

윤종한, 「칸트의 이성 신앙과 그 역사적 실현에 관한 연구」(박사학위논문), 전남대학교, 1997.

김석수, 「칸트에 있어서 罪와 罰의 관계: Hobbes, Bentham, Hegel과의 비교를 통하여」, 수록 : 한국철학회(편), 『哲學』 제55집, 1998 여름.

김종국, 「악의 기원: 칸트와 요나스의 주장을 중심으로」, 수록 : 한국철학회(편), 『哲學』 제55집, 1998 여름.

문성학, 「칸트의 인간 본성론」, 수록: 한국철학회 (편), 『哲學』 제58집, 1999 봄.

김 진, 『칸트 · 이성의 한계 안에서의 종교』, 울산대학교 출판부, 1999.

강영안, 『도덕은 무엇으로부터 오는가 · 칸트의 도덕 철학』, 소나무, 2000.

박필배, 「칸트 최고선 이론의 현대적 논의」, 수록 : 한국칸트학회(편), 『칸트철학과 현대』〔칸트연구 10〕, 철학과현실사, 2002.

문성학, 「칸트의 실천 형이상학과 최고선」, 수록 : 대한철학회(편), 『哲學研究』 제87집, 2003.

서홍교, 「칸트 윤리와 기독교 윤리의 비교연구」(박사학위논문), 한국교원대학교, 2003. (→『칸트와 성경』, 한국학술정보, 2005.)

유재영, 「칸트 最高善에 관한 연구」(박사학위논문), 원광대학교, 2003.

김영태, 『도덕신학과 도덕신앙: 칸트 종교철학의 실제』, 전남대학교 출판부, 2006.

김수배, 「칸트 도덕철학과 역사철학의 긴장 관계」, 수록 : 한국칸트학회
    (편), 『칸트연구』 제21집, 2008.

백종현, 『시대와의 대화 : 칸트와 헤겔의 철학』, 아카넷, 2010.

─────, 『칸트 이성철학 9서 5제』, 아카넷, 2012.

─────, 「칸트에서 '가능한 세계의 최고선'」, 수록: 철학연구회(편), 『哲
    學研究』, 제96집, 2012.

─────, 「정의와 그 실현 원리」, 수록: 한국칸트학회(편), 『칸트연구』,
    제29집, 2012.

─────, 「유가의 '도(道)'와 스토아학파의 '로고스(λόγος)'」, 수록: 서
    울대학교 철학사상연구소(편), 『철학사상』, 제50호, 2013.

─────, 「칸트 '인간 존엄성의 원칙'에 비춰 본 자살의 문제」, 수록: 한
    국칸트학회(편), 『칸트연구』, 제32집, 2013.

─────, 「칸트에서 선의지와 자유의 문제」, 수록: 서울대학교 인문학연
    구원(편), 『人文論叢』, 제71권 제2호, 2014.

─────, 『한국 칸트사전』, 아카넷, 2019.

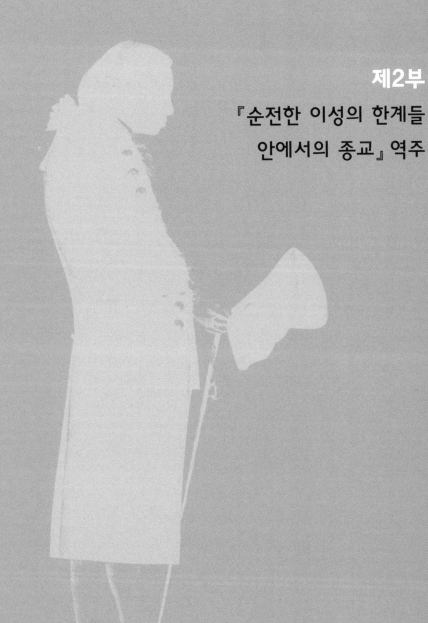

제2부

『순전한 이성의 한계들
안에서의 종교』 역주

1. 『(순전한) 이성의 한계(들) 안에서의 종교』 번역의 기본 대본은 칸트의 원본
   제2판(=B. 1794)으로 하되, 제1판(=A. 1793)과 서로 다른 대목은 수려체로
   써서 그 상위점을 밝히고, 베를린 학술원판 제6권(Berlin 1914,
   Akademie-Ausgabe Bd. VI, S. 1~202)과 W. Weischedel판 제4권
   (Darmstadt 1956, S. 645~879), 그리고 Bettina Stangneth판(Felix Meiner
   Verlag/Hamburg 2003〔PhB 545〕)을 대조 참고한다. 그러나 그 상위점이
   한국어로 옮겼을 때 무의미해지는 경우에는 군이 밝히지 않는다.

2. 원문과 번역문의 대조 편의를 위해 본서는 칸트의 원본 제2판을 'B'로, 베
   를린 학술원판 제6권을 'VI'으로 표시한 후 이어서 면수를 밝힌다. 다만,
   독일어와 한국어의 어순이 다른 경우가 많으므로 원문과 번역문의 면수에
   약간의 차이가 있음은 양해한다.

3. 번역은 학술적 엄밀성을 염두에 두어 직역을 원칙으로 삼고, 가능한 한 원
   문의 문체, 어투, 문단 나누기 등도 보존하여, 칸트의 글쓰기 스타일을 그
   대로 보이도록 한다. 현대적 글쓰기에 맞지 않은 부분이나 문단들이라도
   의미 전달이 아주 어렵지 않은 경우라면 그대로 둔다.

4. 독일어는 철저히 한글로 옮겨 쓰되, 필요한 경우에는 한글에 이어〔 〕안
   에 한자어를 병기한다. 그러나 원문이 라틴어나 그리스어일 경우에 그에
   상응하는 한자말이 있을 때는 한자를 노출시켜 쓴다.

5. 칸트의 다른 저작 또는 다른 구절을 우리말로 옮길 때를 고려하여, 다소 어

색함이 있다 하더라도, 칸트의 동일한 용어에는 되도록 동일한 우리말을 대응시킨다. 용어가 아닌 보통 낱말들에도 가능하면 하나의 번역어를 대응시키지만, 이런 낱말들의 경우에는 문맥에 따라 유사한 여러 번역어들을 적절히 바꿔 쓰고, 또한 풀어쓰기도 한다. (※ 아래 '유사어 및 상관어 대응 번역어 표' 참조.)

6. 유사한 또는 동일한 뜻을 가진 낱말이라 하더라도 칸트 자신이 번갈아가면서 쓰는 말은 가능한 한 우리말로도 번갈아 쓴다.(※ 아래 '유사어 및 상관어 대응 번역어 표' 참조.)

7. 번역 본문에서는 한글과 한자만을 쓰며, 굳이 서양말 원어를 밝힐 필요가 있을 때는 각주에 적는다. 그러나 각주 설명문에는 원어를 자유롭게 섞어 쓴다.

8. 대명사의 번역에 있어서는 지시하는 명사가 명백할 때는 우리말의 문맥상 필요할 경우에 본래의 명사를 반복하여 써주되, 이미 해석이 개입할 여지가 있을 때는 '그것', '이것', '저것' 등이라고 그대로 옮겨 쓰고, 역자의 해석은 각주에 밝힌다.

9. 직역이 어려워 불가피하게 원문에 없는 말을 끼워 넣어야 할 대목에서는 끼워 넣는 말은 〔 〕 안에 쓴다. 또한 하나의 번역어로는 의미 전달이 어렵거나 오해의 가능성이 있을 경우에도 그 대안이 되는 말을 〔 〕 안에 쓴다. 그러나 이중번역어 제시가 불가피한 곳에서는 두 역어를 기호 '/'를 사이에 두고 함께 쓴다.

10. 우리말 표현으로는 다소 생소하더라도 원문의 표현 방식과 다른 맥락에서의 표현의 일관성을 위하여 독일어 어법에 맞춰 번역하되, 오해될 우려가 클 때는 〔 〕에 자연스러운 우리말 표현을 병기한다.

11. 칸트가 인용하는 인물이나 사건이나 지명이 비교적 널리 알려져 있지 않

은 경우에는 그에 대해 각주를 붙여 해설한다.

12. 칸트의 다른 저술이나 철학 고전들과 연관시켜 이해해야 할 대목은 각주를 붙여 해설한다. 단 칸트 원저술들을 인용함에 있어서 『순수이성비판』은 초판=A와 재판=B에서, 몇몇 주요 저술은 칸트 원본 중 대표 판본에서, 그리고 여타의 것은 모두 학술원판에서 하되, 제목은 우리말 또는 약어로 쓰고 원저술명은 아래에 모아서 밝힌다.(※ 해제 말미에 붙인 '해제와 역주에서 우리말 제목을 사용한 칸트 원논저 제목〔약호〕, 이를 수록한 베를린 학술원판 전집〔AA〕 권수(와 인용 역본)' 참조.)

13. 칸트 원문에 문법적으로 문제가 있는 곳은 여러 편집자의 판본들과도 비교하여 각주에서 역자의 의견을 제시한다.

14. 원문의 격자〔隔字〕체 낱말은 진하게 쓰고, 원문의 진하게 쓰기 낱말은 중고딕체로, 인명이나 학파 명칭은 그래픽체로 구별하여 쓴다.

15. 본문 하단 '※(또는 ※+)'표시 주는 칸트 자신의 주석이고, 아라비아 숫자로 표시되어 있는 각주만이 역자의 주해이다.

16. 칸트가 본문 중에서 인용하고 있는 『성서』의 구절은 칸트 본문에 따라 번역하되, *DIE BIBEL oder die ganze Heilige Schrift des Alten und Neuen Testaments nach der Übersetzung Martin Luthers*(1964/1975, Deutsche Bibelgesellschaft, Stuttgart 1978), *Biblia Sacra VULGATA* (1969, Deutsche Bibelgesellschaft, Stuttgart 1994)를 일차 대조하고, *Die Heilige Schrift － Einheitsübersetzung*(1980, Katholische Bibelanstalt, Stuttgart, Verlag Katholisches Bibelwerk GmbH, Stuttgart 2003), *Greek－ Englisch New Testament*(1981, Deutsche Bibelgesellschaft. Stuttgart [2]1998), 『공동번역 성서』(대한성서공회, 1977), 『분해대조 로고스성경』(장보웅 편저, 로고스, 1992), 『NIV 구약 원어대조성경』(로고스, 1993), 『200

주년 신약성서 주해』(분도출판사, 2001), 『성경』(한국 천주교 주교회의, 서울 2005), 『貫珠 聖經全書』(대한성서공회, 2009〔개역개정판〕)를 참조한다. 각주에서 『성서』를 인용할 때는 구약과 신약의 경전 명칭과 장절을 밝히고 이상의 문헌을 참조하여 문맥에 맞춰 적절하게 옮겨 사용한다.

ableiten

  ableiten : 도출하다/끌어내다, Ableitung : 도출, Deduktion : 연역, abziehen : 추출하다

Absicht

  Absicht : 의도/관점, Vorsatz : 고의/결의, Entschluß : 결심/결정

absolut

  absolut : 절대적(으로), schlechthin/schlechterdings : 단적으로/절대로

abstrahieren

  abstrahieren : 추상하다/사상〔捨象〕하다, absehen : 도외시하다

Achtung

  Achtung : 존경, Hochachtung : 존경/경의, Ehrfurcht : 외경, Hochschätzung : 존중, Schätzung : 평가/존중, Ehre : 명예/영광/경의/숭배, Verehrung : 숭배/경배/흠숭, Ehrerbietung : 숭경, Anbetung : 경배

ähnlich

  ähnlich : 비슷한/유사한, analogisch : 유비적/유추적

Affinität

  Affinität : 근친성, Verwandtschaft : 친족성

affizieren

  affizieren : 촉발하다/영향을 끼치다, Affektion : 촉발/자극/애착, Affekt :

흥분/촉발/정서/격정, anreizen : 자극하다, Reiz : 자극/매력, stimulus :
刺戟, rühren : 건드리다/손대다, berühren : 건드리다, Rühren : 감동,
Rührung : 감동, Begeisterung : 감격

also

also : 그러므로, folglich : 따라서, mithin : 그러니까, demnach : 그 때문
에, daher : 그래서, daraus : 그로부터

anfangen

anfangen : 시작하다, Anfang : 시작/시초, anheben : 개시하다/출발하다

angemessen

angemessen : 알맞은/적절한/부합하는, füglich : 걸맞은/어울리는

angenehm

angenehm : 쾌적한/편안한, unangenehm : 불유쾌한/불편한, Annehm-
lichkeit : 쾌적함/편안함

anhängend

anhängend : 부수적, adhärierend : 부착적

Ankündigung

Ankündigung : 통고/선포, Kundmachung : 공포/알림

Anmut

Anmut : 우미〔優美〕, Eleganz : 우아

Apprehension

Apprehension(apprehensio) : 포착(捕捉)/점취(占取), Auffassung
(apprehensio) : 포착(捕捉 : 직관/상상력의 작용으로서)/파악(把握 : 지성의
작용으로서), Erfassen : 파악, Begreifen : (개념적) 파악/개념화/이해

a priori

a priori : 선험적, a posteriori : 후험적, angeboren(innatus) : 선천적(本有
的)/생득적/천성적/타고난, anerschaffen : 타고난/천부의

arrogantia

arrogantia : 自滿/自慢, Eigendünkel : 자만[自慢]

Ästhetik

Ästhetik : 감성학/미(감)학, ästhetisch : 감성(학)적/미감적/미학적

ausrotten

ausrotten : 근절하다, vertilgen : 말살하다/절멸하다, vernichten : 파기하
다/섬멸하다/없애다

Bedeutung

Bedeutung : 의미, Sinn : 의의

Bedingung

Bedingung : 조건, bedingt : 조건 지어진/조건적, das Bedingte : 조건 지
어진 것/조건적인 것, das Unbedingte : 무조건자[/무조건적인 것]

Begierde

Begierde : 욕구, Begehren : 욕구, Begier : 욕망, Bedürfnis : 필요/필요
욕구/요구, Verlangen : 요구/갈망/열망/바람, Konkupiszenz(concupi-
scentia) : 욕정(欲情), Gelüst(en) : 갈망/정욕

begreifen

begreifen : (개념적으로) 파악하다/개념화하다/포괄하다/(포괄적으로) 이
해하다/해득하다, Begriff : 개념/이해, [Un]begreiflichkeit : 이해[불]가능
성/해득[불]가능성, verstehen : 이해하다, fassen : 파악하다/이해하다,
Verstandesvermögen : 지성능력, Fassungskraft : 이해력

Beispiel

Beispiel : 예/실례/사례/본보기, zum Beispiel : 예를 들어, z. B. : 예컨대, beispielsweise : 예를 들어

Beistimmung

Beistimmung : 찬동/동의, ※Einstimmung : 일치/찬동, Stimme : 동의, Beifall : 찬동, Beitritt : 찬성/가입

beobachten

beobachten : 준수하다/지키다, Beobachtung : 관찰/준수, befolgen : 따르다/준수하다, Befolgung : 추종/준수

Bereich

Bereich : 영역, Gebiet : 구역, Sphäre : 권역, Kreis : 권역, Feld : 분야, Fach : 분과, Umfang : 범위, Region : 지역/지방/영역, territorium : 領土, ditio : 領域

Besitz

Besitz : 점유, Besitznehmung(appprehensio) : 점유취득(占取), ※Eigentum : 소유(물/권), ※Haben : 소유[가지다]/자산, Zueignung (appropriatio) : 전유(專有), Bemächtigung(occupatio) : 선점(先占)/점령 (占領)

besonder

besonder : 특수한, partikular : 특별한/개별적/국부적, spezifisch : 종적/종별적/특종의

Bestimmung

Bestimmung : 규정/사명/본분/본령, bestimmen : 규정하다/결정하다/확정하다, bestimmt : 규정된[/적]/일정한/확정된[/적]/명확한, unbestimmt : 무규정적/막연한

118

Bewegung

Bewegung : 운동/동요, Motion : 동작/운동

Bewegungsgrund

Bewegungsgrund/Beweggrund : 동인, Bewegursache : (운)동인

Beweis

Beweis : 증명, Demonstration : 입증/실연/시위

Bibel

Bibel : 성경, (Heilige) Schrift : 성서 ※Schrift : 저술, heiliges Buch : 성경책

Bild

Bild : 상/도상[圖像]/형태/그림/사진, Schema : 도식[圖式], Figur : 형상[形象]/도형, Gestalt : 형태, Urbild : 원형/원상, Vorbild : 전형/모범/원형

Boden

Boden : 지반/토대/기반/토지/지역/영토, Erde : 흙/땅/토양/지구/지상, Land : 땅/육지/토지/지방/나라, Horizont : 지평

böse

böse : 악한, das Böse : 악, malum : 惡/害惡/禍, Übel : 화/악/해악, boshaft : 사악한, bösartig : 악의적/음흉한, schlecht : 나쁜, arg : 못된/악질적인, tückisch : 간악한/간계의

Buch

Buch : 책/서/저서, Schrift : 저술, Werk : 저작/작품/소행, Abhandlung : 논고/논문

darstellen

darstellen : 현시하다/그려내다/서술하다, Darstellung(exhibitio) : 현시

(展示)/그려냄/서술, darlegen : 명시하다, dartun : 밝히다

Denken

Denken : 사고(작용), denken : (범주적으로) 사고하다/(일반적으로) 생각하다, Denkart : 사고방식/신념/견해, Gedanke : 사유(물)/사상〔思想〕/사고내용, Denkung : 사고/사유, Denkungsart : 사유방식〔성향〕, Sinnesart : 기질〔성향〕

Ding

Ding : 사물/일/것, Sache : 물건/사상〔事象〕/사안/실질내용/일

Ding an sich

Ding an sich : 사물 자체, Ding an sich selbst : 사물 그 자체

Dogma

Dogma : 교의/교조, dogmatisch : 교의적/교조(주의)적, Lehre : 교리/학설/이론/가르침, Doktrin : 교설, ※eigenmächtig : 독단적

Ehe

Ehe : 혼인, Heirat : 결혼

eigen

eigen : 자신의/고유한, eigentlich : 본래의/원래의, Eigenschaft : 속성/특성, Eigentum : 소유, eigentümlich : 특유의〔/한〕/고유의/소유의, Eigentümlichkeit : 특유성/고유성, eigenmächtig : 독단적, Beschafenheit : 성질, ※Attribut : (본질)속성/상징속성

Einleitung

Einleitung : 서론, Vorrede : 머리말, Prolegomenon/-mena : 서설, Prolog : 서언

Einwurf

Einwurf : 반론, Widerlegung : 반박

Einzelne(das)

das Einzelne : 개별자, Individuum : 개체/개인

entsprechen

entsprechen : 상응하다, korrespondieren : 대응하다

entstehen

entstehen : 발생하다, entspringen : 생기다, geschehen : 일어나다,
hervorgehen : 생겨나(오)다, stattfinden/statthaben : 있다/발생하다/행
해지다

Erörterung

Erörterung(expositio) : 해설(解說), Exposition : 해설, Aufklärung : 해명,
Erläuterung : 해명/설명, Erklärung : 설명/언명/공언/성명(서),
Explikation : 해석/석명[釋明], Deklaration : 선언/천명/(의사)표시,
Auslegung : 해석/주해, Ausdeutung : 설명/해석, Deutung : 해석/설명

Erscheinung

Erscheinung : 현상, Phaenomenon(phaenomenon) : 현상체(現象體),
Sinneswesen : 감성존재자, Sinnenwelt(mundus sensibilis) : 감성[각]세
계(感性[覺]世界)

erzeugen

zeugen : 낳다/출산하다, Zeugung : 낳기/생식/출산, erzeugen : 산출하
다/낳다/출산하다, Erzeugung : 산출/출산/출생/생산, hervorbringen :
만들어내다/산출하다/낳다/실현하다

Fall

Fall : 낙하/추락/경우, Abfall : 퇴락, Verfall : 타락

Feierlichkeit

Feierlichkeit : 장엄/엄숙/예식/의례〔儀禮〕, Gebräuche : 의식〔儀式〕/풍속
/관례, Förmlichkeit : 격식/의례〔儀禮〕

finden

finden : 발견하다, treffen : 만나다, antreffen : 마주치다, betreffen : 관련
되〔하〕다/마주치다, Zusammentreffen : 함께 만남

Folge

Folge : 잇따름/계기〔繼起〕/후속〔後續〕/결과/결론, folgen : 후속하다/뒤따
르다/뒤잇다/잇따르다/결론으로 나오다, sukzessiv : 순차적/점차적/연이
은, Sukzession : 연이음, Kontinuum : 연속체, Kontinuität : 연속성,
kontinuierlich : 연속적, Fortsetzung : 계속

Form

Form : 형식, Formel : 정식〔定式〕, (Zahlformel : 수식〔數式〕), Figur : 형상
〔形象〕/도형, Gestalt : 형태

Frage

Frage : 물음, Problem : 문제, Problematik : 문제성

Freude

Freude : 환희/유쾌/기쁨, freudig : 유쾌한, Frohsein : 기쁨, froh : 기쁜,
fröhlich : 유쾌한/쾌활한, erfreulich : 즐거운

Furcht

Furcht : 두려움/공포, Schrecken : 겁먹음/경악/전율, Grausen : 전율,
Schauer : 경외감

Gang

Gang : 보행, Schritt : 행보/(발)걸음

gefallen

gefallen : 적의[適意]하다/마음에 들다, Gefälligkeit : 호의, Mißfallen : 부적의[不適意]/불만, mißfallen : 적의하지 않다/부적의[不適意]하다/마음에 들지 않다, Wohlgefallen(complacentia) : 흡족(洽足)/적의함 (=Wohlgefälligkeit), ※Komplazenz : 흐뭇함

Gehorchen

Gehorchen : 순종, Gehorsam : 복종, Unterwerfung : 복속/굴종/정복

gehören

gehören : 속하다/의속[依屬]하다/요구된다, angehören : 소속되다, zukommen : 귀속되다

gemäß

gemäß : 맞춰서/(알)맞게/적합하게/의(거)해서/준거해서, nach : 따라서, vermittelst : 매개로/의해, vermöge : 덕분에/의해서

gemein

gemein : 보통의/평범한/공통의/공동의/상호적/일상의, gemeiniglich : 보통, gewöhnlich : 보통의/흔한/통상적으로, alltäglich : 일상적(으로)

Gemeinschaft

Gemeinschaft : 상호성/공통성/공동체/공동생활/공유, gemeines Wesen : 공동체, Gesellschaft : 사회, Gemeinde : 기초단체/교구/회중[會衆]/교단

Gemüt

Gemüt : 마음/심성, Gemütsart(indoles) : 성품(性品)/성정(性情), Gemütsanlage : 마음의 소질/기질, (Temperament : 기질/성미), Gemütsfassung : 마음자세, Gemütsstimmung : 심정, Gesinnung : 마음

씨, Herzensgesinnung : 진정한 마음씨, Herz : 심/진심/심정/마음/가슴, Seele : 영혼/마음/심성, Geist : 정신/정령/성령/영〔靈〕 ※ Sinnesänderung : 심성의 변화/회심〔回心〕, Herzensänderung : 개심〔改心〕

Genuß

Genuß : 향수〔享受〕/향유/향락, genießen : 즐기다/향유하다

Gerechtigkeit

Gerechtigkeit : 정의/정의로움, Rechtfertigung : 의〔로움〕/의롭게 됨〔의로워짐〕/정당화, gerecht(iustium) : 정의(正義)로운, ungerecht(iniustium) : 부정의(不正義)한

Geschäft

Geschäft : 과업/일/실제 업무, Beschäftigung : 일/용무, Angelegenheit : 업무/소관사/관심사/사안, Aufgabe : 과제

Gesetz

Gesetz : 법칙/법/법률/율법, Regel : 규칙, regulativ : 규제적, Maxime : 준칙, Konstitution : 헌법/기본체제/기본구성, Grundgesetz : 기본법/근본법칙, Verfassung : (기본)체제, Grundsatz : 원칙, Satz : 명제, Satzung : 종규〔宗規〕/율법, Statut : (제정)법규, statutarisch : 제정〔制定〕적/법규적/규약적, Verordnung : 법령, ※Recht : 법/권리/정당/옳음

gesetzgebend

gesetzgebend : 법칙수립적/입법적, legislativ : 입법적

Gewohnheit

Gewohnheit : 습관/관습/풍습, Angewohnheit(assuetudo) : 습관(習慣), Fertigkeit : 습성/숙련, habitus : 習性, habituell : 습성적

Gleichgültigkeit

Gleichgültigkeit : 무관심/아무래도 좋음, Indifferenz : 무차별, ohne Interesse : (이해)관심 없이, Interesse : 이해관심/관심/이해관계, adiaphora : 無關無見

Glückseligkeit

Glückseligkeit : 행복, Glück : 행(복)/행운, Seligkeit : 정복〔淨福〕

Gottseligkeit

Gottseligkeit : 경건, Frömmigkeit : 독실(함)/경건함

Grenze

Grenze : 한계, Schranke : 경계/제한, Einschränkung : 제한(하기)

Grund

Grund : 기초/근거, Grundlage : 토대, Grundlegung : 정초〔定礎〕, Basis : 기반/토대, Anfangsgründe : 기초원리, zum Grunde legen : 기초/근거에 놓다〔두다〕, unterlegen : 근저에 놓다〔두다〕, Fundament : 토대/기저 ※ Boden : 지반/토대/기반/지역/영토

gründen

gründen : 건설하다/(sich)기초하다, errichten : 건립하다/설치하다, stiften : 설립하다/창설하다/세우다

gut

gut : 선한/좋은, das Gute : 선/좋음, bonum : 善/福, gutartig : 선량한

Habe

Habe : 소유물/재산, Habe und Gut : 소유재산, Haben : 소유〔가지다〕/(총)자산/대변, Inhabung(detentio) : 소지(所持), ※Vermögen : 재산/재산력, vermögend : 재산력 있는/재산이 많은

Handlung

Handlung : 행위〔사람의 경우〕/작동〔사물의 경우〕/작용/행위작용/행사,

Tat : 행실/행동/업적/실적/사실, Tatsache : 사실, factum : 行實/事實,

Tun : 행함/행동/일/짓, Tun und Lassen : 행동거지, Tätigkeit : 활동,

Akt/Aktus : 작용/행동/행위/활동, Wirkung : 결과/작용결과/작용/효과,

Verhalten : 처신/태도, Benehmen : 행동거지, Lebenswandel : 품행,

Betragen : 거동, Konduite : 범절, ※Werk : 소행/작품/저작

Hilfe

Hilfe : 도움, Beihilfe : 보조/도움, Beistand : 원조/보좌, Mitwirkung : 협력/협조, Vorschub : 후원

immer

immer : 언제나, jederzeit : 항상, immerdar : 줄곧

Imperativ

Imperativ(imperativus) : 명령(命令), Gebot : 지시명령/계명, gebieten : 지시명령하다, dictamen : 命法, Geheiß : 분부/지시, befehlen : 명령하다, befehligen : 지휘하다, Observanz : 계율/준봉〔遵奉〕, ※Vorschrift : 지시규정/지정/규정〔規程〕/훈계

intellektuell

intellektuell : 지성적, intelligibel : 예지적, intelligent : 지적인, Intelligenz : 지적 존재자/예지자, Noumenon(noumenon) : 예지체(叡智體), Verstandeswesen : 지성존재자/오성존재자, Verstandeswelt(mundus intelligibilis) : 예지〔/오성〕세계(叡智〔/悟性〕世界), Gedankenwesen : 사유물

Irrtum

Irrtum : 착오, Täuschung : 착각/기만

Kanon

Kanon : 규준〔規準〕, Richtschnur : 먹줄/기준/표준, Richtmaß : 표준(척도), Maß : 도량/척도, Maßstab : 자〔準矩〕/척도, Norm(norma) : 규범(規範)

klar

klar : 명료한/명백한, deutlich : 분명한, dunkel : 애매한/불명료한/흐릿한, verworren : 모호한/혼란한, zweideutig : 다의적/이의〔二義〕적/애매한/애매모호한, doppelsinnig : 이의〔二義〕적/애매한/애매모호한, aequivocus : 曖昧한/多義的/二義的, evident : 명백한/자명한, offenbar : 분명히/명백히, augenscheinlich : 자명한/명백히, einleuchtend : 명료한, klärlich : 뚜렷이, apodiktisch : 명증적, bestimmt : 규정된/명확한

Körper

Körper : 물체/신체, Leib : 몸/육체, Fleisch : 육〔肉〕/살

Kraft

Kraft : 힘/력/능력/실현력, Vermögen : 능력/가능력/재산, Fähigkeit : (능)력/할 수 있음/유능(함)/성능/역량, Macht : 지배력/권력/권능/위력/세력/힘, Gewalt : 권력/강제력/통제력/지배력/지배권/통치력/폭력, Gewalttätigkeit : 폭력/폭행, Stärke : 강함/힘셈/장점, Befugnis : 권한/권능, potentia : 支配力/力量, potestas : 權力/能力

Krieg

Krieg : 전쟁, Kampf : 투쟁/전투/싸움, Streit : 항쟁/싸움/다툼/논쟁, Streitigkeit : 싸움거리/쟁론/분쟁, Zwist : 분쟁, Fehde : 반목, Befehdung : 반목/공격, Anfechtung : 시련/유혹/불복

Kultur

Kultur : 배양/개발/문화/교화/개화, kultivieren : 배양하다/개발하다/교화

하다/개화하다, gesittet : 개명된

Kunst

Kunst : 기예/예술/기술, künstlich : 기예적/예술적/기교적, kunstreich : 정교한, Technik : 기술, technisch : 기술적인, Technizism : 기교성/기교 주의

mannigfaltig

mannigfaltig : 잡다한/다양한, Mannigfaltigkeit : 잡다성/다양성, Varietät : 다양성/다종성, Einfalt : 간단/간결/소박함, einfach : 단순한, einerlei : 한가지로/일양적

Materie

Materie : 질료, Stoff : 재료/소재

Mechanismus

Mechanismus : 기계성/기제〔機制〕/기계조직, Mechanik : 역학/기계학/기계조직, mechanisch : 역학적/기계적, Maschinenwesen : 기계체제

Mensch

Mensch : 인간, man : 사람(들), Mann : 인사/남자/남편/어른

Merkmal

Merkmal(nota) : 징표(徵標), Merkzeichen : 표징, Zeichen : 표시/기호, Kennzeichen : 표지〔標識〕, Symbol : 상징, Attribut : (본질)속성/상징속성

Moral

Moral : 도덕/도덕학, moralisch : 도덕적, Moralität : 도덕(성), Sitte : 습속/관습, Sitten : 윤리/예의/예절/습속, sittlich : 윤리적, Sittlichkeit : 윤리(성), Ethik : 윤리학, ethisch : 윤리(학)적

Muster

Muster : 범형/범례/전형, musterhaft : 범형적/범례적/전형적, Typus : 범형, Typik : 범형론, exemplarisch : 본보기의/견본적, Probe : 견본/맛보기, schulgerecht : 모범적, ※Beispiel : 예/실례/사례/본보기

Natur

Natur : 자연/본성/자연본성, Welt : 세계/세상, physisch : 자연적/물리적

nämlich

nämlich : 곧, das ist : 다시 말하면, d. i. : 다시 말해, secundum quid : 卽

nehmen

nehmen : 취하다, annehmen : 상정하다/채택하다/받아들이다/납득하다, aufnehmen : 채용하다

Neigung

Neigung : 경향(성), Zuneigung : 애착, Hang(propensio) : 성벽(性癖), Prädisposition(praedispositio) : 성향(性向), ※ Sinnesart : 기질〔성향〕, ※ Denkungsart : 사유방식〔성향〕

nennen

nennen : 부르다, heißen : 일컫다, benennen : 명명하다, bezeichnen : 이름 붙이다/표시하다

notwendig

notwendig : 필연적, notwendigerweise : 반드시, nötig : 필수적/필요한, unausbleiblich : 불가불, unentbehrlich : 불가결한, unerläßlich : 필요불가결한, unvermeidlich : 불가피하게, unumgänglich : 불가피하게

nun

nun : 이제/그런데/무릇, jetzt : 지금/이제

nur

nur : 오직/다만/오로지/단지, bloß : 순전히/한낱/한갓, allein : 오로지, lediglich : 단지/단적으로

Objekt

Objekt : 객관[아주 드물게 객체], Gegenstand : 대상

Ordnung

Ordnung : 순서/질서, Anordnung : 정돈/정치[定置]/배치/서열/질서(규정)/조치/법령(체제), ※Verordnung : 법령/규정

Pathos

Pathos : 정념, pathologisch : 정념적, apatheia : 無情念, Leidenschaft : 열정/정열/욕정, ※ Affekt : 격정

Pflicht

Pflicht(officium) : 의무(義務), Verpflichtung : 의무를 짐/의무지움, Verbindlichkeit(obligatio) : 책무(責務)/구속성/구속력, Obliegenheit : 임무 Verantwortung : 책임, ※Schuld : 채무/탓/책임, ※Schuldigkeit : 책임/채무

Position

Position : 설정, Setzen : 정립

Prädikat

Prädikat : 술어, Prädikament : 주[主]술어, Prädikabilie : 준술어

Problem

Problem : 문제, Problematik : 문제성, problematisch : 미정[未定]적/문제(성) 있는/문제[問題]적, Frage : 물음/문제, Quästion : 질문, wahrscheinlich : 개연적, Wahrscheinlichkeit : 개연성/확률, probabel : 개연적[蓋然的], Probabilität : 개연성/확률, Probabilismus : 개연론/개연주의

Qualität

Qualität(qualitas): 질(質), Eigenschaft: 속성/특성, Beschaffenheit: 성질

Quantität

Quantität(quantitas): 양(量), Größe: 크기, Quantum(quantum): 양적 (量的)인 것, Menge: 분량/많음, Masse: 총량/다량

Ratschlag

Ratschlag: 충고, Ratgebung: 충언

Realität

Realität: 실재(성)/실질(성)/실질실재(성), Wirklichkeit: 현실(성), realisiern: 실재화하다, verwirklichen: 현실화하다/실현하다

Recht

Recht: 법/권리/정당함/옳음, recht(rectum): 올바른(正)/법적/정당한/옳은, unrecht(minus rectum): 그른(不正)/불법적/부당한

rein

rein: 순수한, bloß: 순전한, einfach: 단순한, lauter: 순정[純正]한/숫제, echt: 진정한/진짜의

Rezeptivität

Rezeptivität: 수용성, Empfänglichkeit: 감수성/수취(가능)성/수취력/수용성/얻을 수 있음/받을 수 있음, Affektibilität: 감응성

schaffen

schaffen: 창조하다, erschaffen: 조물하다/창작하다, schöpfen: 창조하다, Schaffer: 창조자, Schöpfer: 창조주, Erschaffer: 조물주, Urheber: 창시자

Schema

Schema : 도식〔圖式〕, Bild : 도상〔圖像〕/상〔像〕/형상〔形像〕/그림, Figur : 도형〔圖形〕/모양/모습/형상〔形象〕, Gestalt : 형태

Schöne(das)

Schöne(das) : 미적인 것/아름다운 것, Schönheit : 미/아름다움, ※ ästhetisch : 감성(학)적/미감적/미학적

Schuld

Schuld : 빚/채무/죄과/탓, Schuldigkeit(debitum) : 책임(責任)/채무(債務), Unschuld : 무죄/순결무구, Verschuldung(demeritum) : 부채(負債)/죄책(罪責), Verbrechen : 범죄, Übertretung : 위반/범법, Vergehen : 범행/위반/소멸, Strafe : 형벌/벌, reatus : 罪過/違反, culpa : 過失/欠缺, dolus : 犯罪, poena : 罰/刑罰/處罰/補贖

Sein

Sein : 존재/임〔함〕/있음, Dasein : 현존(재), Existenz : 실존(재)/생존, Wesen : 존재자/본질

Selbstliebe

Selbstliebe : 자기 사랑, philautia : 自愛, Eigenliebe : 사애〔私愛〕

selbstsüchtig

selbstsüchtig : 이기적, eigennützig : 사리〔私利〕적, uneigennützig : 공평무사한

sich

an sich : 자체(적으)로, an sich selbst : 그 자체(적으)로, für sich : 그것 자체(적으)로/독자적으로

sinnlich

sinnlich : 감성적/감각적, Sinnlichkeit : 감성, Sinn : 감(각기)관/감각기능/

감각, sensibel : 감수적/감성적/감각적, sensitiv : 감수적/감각적,
Empfindung : 감각/느낌, Gefühl : 감정

Sitz

Sitz(sedes) : 점거(占據)/점거지(占據地)/거점(據點)/자리/본거지/거처,
Niederlassung : 거주, Ansiedlung(incolatus) : 정주(定住), Lagerstätte :
거소/침소

sogenannt

sogenannt : 이른바, vermeintlich : 소위, angeblich : 세칭〔世稱〕/자칭,
vorgeblich : 소위/사칭적

Spiel

Spiel : 유희/작동/놀이/활동, Spielraum : 여지/활동공간

Spontaneität

Spontaneität : 자발성, Selbsttätigkeit : 자기활동성

streng

streng : 엄격한, strikt : 엄밀한

Substanz

Substanz(substantia) : 실체(實體), Subsistenz : 자존〔自存〕성/자존체,
bleiben : (불변)존속하다/머무르다, bleibend : (불변)존속적〔/하는〕,
bestehen : 상존하다, beständig : 항존적, Dauer : 지속, beharrlich : 고정
(불변)적, Beharrlichkeit : 고정(불변)성

Sünde

Sünde : 죄/죄악, ※peccatum : 罪/罪惡, Sündenschuld : 죄책, Sühne :
속죄/보속/보상/처벌, Entsündigung : 정죄〔淨罪〕, Genugtuung : 속죄,
Erlösung : 구원/구제, Versöhnung : 화해, Expiation : 속죄/보상/죄 갚

음, Büßung : 참회/속죄

Synthesis

Synthesis : 종합, Vereinigung : 합일/통합/통일, Assoziation : 연합,
Einheit : 통일(성)/단일(성)/하나

transzendental

transzendental : 초월적〔아주 드물게 초험적/초월론적〕, transzendent :
초험적, immanent : 내재적, überschwenglich : 초절적/과도한,
überfliegend : 비월적〔飛越的〕, Transzendenz : 초월

trennen

trennen : 분리하다, abtrennen : 분리시키다, absondern : 떼어내다/격리
하다/분류하다, isolieren : 격리하다/고립시키다

Trieb

Trieb : 추동〔推動〕/충동, Antrieb : 충동, Triebfeder : (내적) 동기, Motiv :
동기

Trug

Trug : 속임(수)/기만, Betrug : 사기, ※Täuschung : 착각/속임/기만/사기,
Blendwerk : 기만/환영〔幻影〕/현혹, Vorspiegelung : 현혹/꾸며 댐,
Erschleichung : 사취/슬쩍 손에 넣음/슬며시 끼어듦, Subreption : 절취,
Hirngespinst : 환영〔幻影〕

Tugend

Tugend : 덕/미덕, Laster : 패악/악덕, virtus : 德, vitium : 悖惡/缺陷,
peccatum : 罪/罪惡, Verdienst(meritum) : 공적(功德), ※malum : 惡/害
惡/禍

Übereinstimmung

Übereinstimmung: 합치, Einstimmung: 일치/찬동, Stimmung: 조율/정조〔情調〕/기분/분위기, Zusammenstimmung : 부합/합치/화합, Verstimmung: 부조화/엇나감, Übereinkommen: 일치, Angemessenheit: (알)맞음/적합/부합, Harmonie : 조화, Einhelligkeit : 일치/이구동성, Verträglichkeit : 화합/조화, Entsprechung : 상응/대응, Konformität : 합치/동일형식성, Kongruenz : 합동/합치, korrespondieren : 대응하다, adaequat : 일치하는/부합하는/대응하는/부응하는/충전한

Übergang

Übergang : 이행〔移行〕, Überschritt : 이월/넘어감, Überschreiten : 넘어감/위반, ※Transzendenz : 초월

überhaupt

überhaupt : 일반적으로/도대체, überall : 어디서나/도무지, denn : 대관절/무릇

Überzeugung

Überzeugung : 확신, Überredung : 신조/설득/권유, Bekenntnis : 신조/고백

Unterschied

Unterschied : 차이/차별/구별, Unterscheidung : 구별, Verschiedenheit : 상이(성)/서로 다름, unterscheiden : 구별하다/판별하다

Ursprung

Ursprung : 근원/기원, Quelle : 원천, Ursache : 원인/이유, Kausalität : 원인(성)/인과성, Grund : 기초/근거/이유

Urteil

Urteil : 판단/판결, Beurteilung : 판정/평가/비평/가치판단/판단,

richten : 바로잡다/재판하다/심판하다

Veränderung

Veränderung : 변화, Abänderung : 변이〔變移〕, Änderung : 변경, Wechsel : 바뀜/변전〔變轉〕, Wandeln : 변모/전변〔轉變〕, Umwandlung : 전환/변이, Verwandlung : 변환

Verbindung

Verbindung(conjunctio) : 결합(結合)/관련/구속/결사〔結社〕, Verknüpfung (nexus) : 연결(連結)/결부, Anknüpfung : 결부/연결/유대, Knüpfung : 결부/매듭짓기

verderben

verderben : 부패하다/타락하다/썩다, Verderbnis : 부패, Verderbheit (corruptio) : 부패성(腐敗性)

Verein

Verein : 연합, Verbund : 연맹, Koalition : 연립

Vereinigung

Vereinigung : 통합〔체〕/통일〔체〕/합일/조화/규합, Vereinbarung : 합의/협정/합일/화합

Vergnügen

Vergnügen : 즐거움/쾌락, Unterhaltung : 즐거움/오락, Wo〔h〕llust : 희열/환락/쾌락/음탕, Komplazenz : 흐뭇함, Ergötzlichkeit : 오락/기쁨을 누림, ergötzen : 기쁨을 누리다/흥겨워하다/즐거워하다, ergötzend : 흥겨운/즐겁게 하는

Verhältnis

Verhältnis : 관계, Beziehung : 관계(맺음), Relation : 관계

Verstand

Verstand : 지성[아주 드물게 오성], verständig : 지성적/오성적,
intellektuell : 지성적, intelligibel : 예지[叡智]적

vollkommen

vollkommen : 완전한, vollständig : 완벽한, völlig : 온전히, vollendet :
완결된/완성된, ganz/gänzlich : 전적으로

Vorschrift

Vorschrift : 지시규정/지정/규정[規程]/규율/훈계, vorschreiben : 지시규
정하다/지정하다

wahr

wahr : 참인[된]/진리의, Wahrheit : 진리/참임, wahrhaftig : 진실한,
Wahrhaftigkeit : 진실성

weil

weil : 왜냐하면(~ 때문이다), denn : 왜냐하면(~ 때문이다)/무릇(~ 말이다),
da : ~이므로/~이기 때문에

Wette

Wette : 내기/시합, Wetteifer : 겨루기/경쟁(심), Wettstreit : 경합,
Nebenbuhlerei : 경쟁심

Widerspruch

Widerspruch : 모순, Widerstreit : 상충

Wille

Wille : 의지, Wollen : 의욕(함), Willkür(arbitrium) : 의사(意思)/자의(恣
意), willkürlich : 자의적인/의사에 따른/의사대로, Willensmeinung : 의
향, beliebig : 임의적

Wirkung

Wirkung : 작용결과/결과, Folge : 결과, Erfolg : 성과, Ausgang : 결말

Wissen

Wissen : 앎/지〔知〕/지식, Wissenschaft : 학문/학〔學〕/지식, Erkenntnis : 인식, Kenntnis : 지식/인지/앎

Wohl

Wohl : 복/안녕/편안/건전, Wohlsein : 복됨/안녕함, Wohlbefinden : 안녕/평안, Wohlbehagen : 유쾌(함), Wohlergehen : 번영/편안, Wohlfahrt : 복지, Wohlstand : 유복, Wohlwollen : 호의/친절, Wohltun : 친절(함), Wohltat : 선행/자선, Wohltätigkeit : 선행/자선/자비/자애

Wunder

Wunder : 놀라움/기적, Bewunderung : 경탄, Verwunderung : 감탄, Erstauen : 경이, Ehrfurcht : 외경, Schauer : 경외

Würde

Würde : 존엄(성)/품위, Würdigkeit : 품격〔자격〕/품위, würdig : 품격 있는, Majestät : 위엄, Ansehen : 위신/위엄, Qualifikation : 자격, qualifiziert : 자격 있는

Zufriedenheit

Zufriedenheit : 만족, unzufrieden : 불만족한〔스러운〕, Befriedigung : 충족 ※Erfüllung : 충만/충족/이행〔履行〕

Zusammenfassung

Zusammenfassung(comprehensio) : 총괄(總括)/요약/개괄, Zusammennehmung : 통괄/총괄, Zusammensetzung(compositio) : 합

성(合成), Zusammengesetztes(compositum) : 합성된 것/합성체(合成 體), Zusammenhang : 연관(성)/맥락, Zusammenhalt : 결부/결속/응집, Zusammenkommen : 모임, Zusammenstellung : 모음/편성, Zusammenfügung : 접합

Zwang

Zwang : 강제, Nötigung : 강요

Zweck

Endzweck : 궁극목적, letzter Zweck : 최종 목적, Ziel : 목표, Ende : 종점/끝

Die
Religion
innerhalb der Grenzen
der bloßen Vernunft.

Vorgestellt

von

Immanuel Kant.

Königsberg,
bey Friedrich Nicolovius.
1793.

Die

Religion

innerhalb der Grenzen

der bloßen Vernunst.

Vorgestellt

von

Immanuel Kant.

Zweyte vermehrte Auflage.

Königsberg,
bey Friedrich Nicolovius,
1794.

차례

제1판 머리말 149

제2판 머리말 164

철학적 종교론 제1논고 173

　악한 원리가 선한 원리와 동거함에 대하여, 또는 인간 자연본성에서의 근본악

　에 관하여 175

　　I. 인간 자연본성 안에 있는 선의 근원적 소질에 대하여 188

　　II. 인간 자연본성 안에 있는 악으로의 성벽에 대하여 193

　　III. 인간은 자연본성적으로 악하다 199

　　IV. 인간 자연본성 안의 악의 근원에 대하여 212

　　일반적 주해 219

철학적 종교론 제2논고 237

　인간에 대한 지배를 둘러싼 선한 원리의 악한 원리와의 투쟁에 대하여 239

　　제1절 인간에 대한 지배를 위한 선한 원리의 권리주장에 대하여 244

　　　가) 선한 원리의 인격화한 이념 244

　　　나) 이 이념의 객관적 실재성 248

　　　다) 이 이념의 실재성에 대한 난문들과 그 해결 255

　　제2절 인간에 대한 지배를 위한 악한 원리의 권리주장과 선악 두 원리의 상

　　　　호 투쟁에 대하여 273

　　일반적 주해 283

철학적 종교론 제3논고 293

  악한 원리에 대한 선한 원리의 승리, 그리고 지상에 신의 나라 건설 295

    제1부 지상에 신의 나라를 건설함에서 선한 원리의 승리에 대한 철학적 표상 298

      I. 윤리적 자연상태에 대하여 298

      II. 윤리적 공동체의 성원이 되기 위해서 인간은 윤리적 자연상태로부터 벗어나야만 한다 301

      III. 윤리적 공동체 개념은 윤리적 법칙 아래의 신의 국민이라는 개념이다 303

      IV. 신의 국민의 이념은 (인간적 제도 아래에서는) 교회의 형식 안에서만 실현될 수 있다 307

      V. 모든 교회의 헌법은 언제나, 교회신앙이라 부를 수 있는 어떤 역사적인 (계시)신앙에서 출발하고, 이러한 신앙은 성서에 가장 잘 정초된다 310

      VI. 교회신앙은 순수 종교신앙을 최고의 해석자로 갖는다 321

      VII. 교회신앙이 순수 종교신앙의 단독지배로 점차 이행함은 신의 나라가 가까이 오는 것이다 330

    제2부 지상에 선한 원리의 지배를 점차 건설함에 대한 역사적 표상 346

  일반적 주해 366

철학적 종교론 제4논고 383

  선한 원리의 지배 아래서의 봉사와 거짓봉사에 대하여 또는 종교와 승직제도에 대하여 385

    제1편 종교 일반에서의 신에 대한 봉사에 대하여 389

제1절 자연종교로서의 기독종교 395

제2절 교학종교로서의 기독종교 404

제2편 제정법적 종교에서의 신에 대한 거짓봉사에 대하여 411

§1 종교망상의 보편적 주관적 근거에 대하여 413

§2 종교망상에 반대되는 종교의 도덕적 원리 416

§3 선한 원리의 거짓봉사에서 통치체인 승직제도에 대하여 423

§4 신앙의 사안들에서 양심의 실마리에 대하여 438

일반적 주해 447

순전한 이성의
한계들 안에서의
종교

임마누엘 칸트 저

증보 제2판

쾨니히스베르크,

프리드리히 니콜로비우스 사

1794[1]

1) 제1판(=A): 1793.

제1판¹⁾ 머리말

도덕은 자유로운, 그러나 바로 그렇기 때문에 스스로 자신의 이성에 의해 자신을 무조건적인 법칙에 묶는 존재자인 인간의 개념에 기초하고 있다. 그런 한에서 도덕은, 인간의 의무를 인식하기 위해서 인간 위에 있는 어떤 다른 존재자의 이념[관념]을 필요로 하지 않으며, 그 의무를 지키기 위해 법칙 자체 이외의 어떤 다른 동기를 필요로 하지도 않는다. 만약 인간에게 그러한 것이 필요하다면, 적어도 그것은 그 자신의 탓[잘못]이다. 그러한 필요는 [그 자신 외의] 다른 무엇에 의해서도 채워질 수 없는 것이다. 왜냐하면 인간 자신과 그의 자유에서 생겨난 것이 아닌 어떤 것도 인간의 도덕성의 결핍을 메워줄 수는 없기 때문이다. ─그러므로 도덕은 그 자신을 위해서 (객관적으로, 의욕[하고자]함과 관련해서나, 주관적으로 할 수 있음과 관련해서나) 결코 종교를 필요로 하지 않으며, 오히려 순수 실천이성의 힘에 의해[덕분에] 그 자신만으로 충분한 것이다. ─무릇 도덕의 법칙들은 그에 따라 취해질 수 있는─ 모든 목적들의 최상의 (심지어는 무조건적인) 조건으로서의─, 준칙들의 보편적 합법칙성의 순전한 형식에 의해 구속력을 가지므로, 도덕은 도대체가 자유로운 의사²⁾의 어떠한 질료

:.

1) 제2판(= B) 발간 때에 덧붙인 것임.

BV 〔실질〕적 규정근거도 전혀 필요가 없다.[*] 다시 말하면, 무엇이 의무인가

※ (법칙성이라는) 순전히 형식적인³⁾ 규정근거는 도대체가 의무의 개념에서 규정근
거로는 충분하지 않다고 보는 이들도, 이러한 규정근거가 자신의 **유쾌함**을 지향
하는 **자기사랑**에서는 마주칠 수 없다고 고백할 것이다. 그러고 나면 오직 두 가지
규정근거만이 남는다. 하나는 이성적인 것으로서 곧 자기의 **완전성**이고,⁴⁾ 다른
하나는 경험적인⁵⁾ 것으로서 남의 **행복**이다.⁶⁾ ─ 그런데 만약 그들이 전자를 유일
한 완전성인 도덕적 완전성(곧 법칙에 무조건적으로 복종하는 의지)으로 이미 이
VI4   해하지 않는다면 ─ 그러나 그럴 경우 그들은 순환〔논법〕적으로 설명하는 것이겠
는데 ─, 그들은 전자로서 인간의 자연완전성을 뜻할 수밖에 없을 터이다. 자연완
전성이라는 것이 고양될 수 있고, (기예와 학문들에서의 숙련성, 취미, 신체의 기
민성 등과 같은 것으로) 많이 있을 수 있는 한에서 말이다. 그러나 이런 것은 항상
조건적으로만 선한〔좋은〕 것이다. 다시 말하면, 그것들의 사용이 도덕법칙 ─ 이
것만이 무조건적으로 지시명령하거니와 ─ 과 상충하지 않는다는 조건 아래에서
만 선한〔좋은〕 것이다. 그러므로 목적으로 삼은 자연완전성은 의무개념들의 원리
일 수가 없다. 바로 똑같은 것이 다른 사람들의 행복을 지향하는 목적에도 타당하
BV   다. 왜냐하면 하나의 행위는 타인의 행복을 지향하기에 앞서, 먼저 그 자체로서
도덕법칙에 따라 가늠〔저울질〕되어야 하니 말이다. 그러므로 이러한 타인의 행복
에 대한 촉진은 오직 조건적으로만 의무이고, 도덕적 준칙들의 최상의 원리로는
쓰일 수 없다.

∴

2) 원어: Willkür. 칸트 일부 저술(특히 『순수이성비판』)에서는 'Willkür'가 '자의(恣意)'로, 그
리고 형용사 'willkürlich'가 '자의적/자의적으로'로 옮겨지는 편이 더 좋은 대목이 없지 않
으나, 더 많은 대목, 특히 이 『종교론』과 이어 나온 『윤리형이상학』(특히 법이론)에서는 '의
사(意思)'로 옮기는 것이 더 합당하고 관용에도 더 부합한다. 여기서처럼 'freie Willkür'는
상응하는 라틴어 'liberum arbitrium'과 함께 '자유의사(自由意思)'로 옮기는 것이 상례임은
두말할 것이 없다. 이와 상관되는 낱말들에 대해 선택된 번역어는 다음과 같다.
Wille(voluntas):의지(意志), Wollen:의욕(함), Willensmeinung:의향, Willkür(arbitrium):
의사(意思)/자의(恣意), willkürlich:자의적인/의사에 따른/의사대로, beliebig:임의적.
3) AA에 따름. 칸트 원문은 "외래의."
4) Ch. Wolff의 이성주의는 '완전성'을 최상선으로 본 나머지 타인의 완전성 증진까지를 인간
의 의무로 내세운다. 볼프에 따르면, "잡다한 것의 조화가 사물들의 완전성을 이룬다.
〔……〕 인간의 품행은 수많은 행위들로 이루어지는바, 이 수많은 행위들이 모두 서로 조화

를 인식하기 위해서나 의무가 이행되는 것을 촉구하기 위해서나 아무런 목적도 필요로 하지 않는다. 오히려 도덕은 의무가 문제될 때에는 일체의 목적들을 능히 도외시할 수 있고, 또한 그렇게 해야만 한다. 그래서 예를 들어, 내가 법정에서 증언을 할 때 진실하게 해야만 하는지, 또는 나에게 위탁된 타인의 재산에 대한 반환 청구가 있을 때 신의를 지켜야만 하는지 (또한 할 수 있는지) 어떤지를 알기 위해서는 내가 그 공언을 함으로써 성취하고자 하는 목적에 대해 물을 필요는 전혀 없는 것이다.[7] 왜냐하면 그 목적이 어떤 것이든지 간에 상관이 없는 것이기 때문이다. 오히려 그의 고백이 그에게 법적으로 요구되었을 즈음에 아직도 어떤 목적을 찾아볼 필요를 느끼는 자는 그 점에서 이미 비열한 자인 것이다.

∵

하여, 마침내 모두가 함께 하나의 보편적 의도에 정초되어 있게 된다면, 인간의 품행은 완전한 것이다. 〔……〕〔그러니까〕 곧 불완전성은 잡다한 것들이 서로 어긋나는 데에 있다." (Wolff, *Vernünftige Gedanken von Gott, der Welt und der Seele des Menschen, auch allen Dingen überhaupt*, Halle 1719, ³1725, §152). 이로부터 "우리는 우리의 지배력 아래에 있는 우리 행위들이 따라야 할 규칙을 갖는다. 곧 '너를 그리고 너와 타인의 상태를 보다 완전하게 할 것을 행하라. 그리고 그것을 보다 불완전하게 할 것은 그만두어라'."(Wolff, *Vernünfftige Gedancken Von der Menschen Thun und Lassen, zu Beförderung ihrer Glückseeligkeit, den Liebhabern der Wahrheit mitgetheilt*, Franckfurt · Leipzig 1720, ³1728, §12)라는 것이다. 이에 반해 칸트는 나 '자신의 완전성'은 나의 목적이고 그것의 증진이 나의 의무사항에 속하지만, 내가 '타인의 완전성'을 나의 목적으로 삼거나 그것의 증진에 의무를 진다는 것은 인간이 자유로운 존재자인 한에서 모순되는 일이라고 본다. 오히려 타인에 대한 나의 의무는 '타인의 행복을 촉진하라'는 것이다.(*MS, TL*, 서론 IV · V: A13 =VI385 이하 참조)

5) 곧 감각 경험적인.

6) 이하는 H. A. Pistorius의 『윤리형이상학 정초』(1785)에 대한 서평(수록: *Allgemeine Deutsche Bibliothek*, 66.2, 1786, S. 447~463)에 대한 칸트의 반론으로 보인다.

7) 칸트는 『실천이성비판』에서도 유사한 사례를 들어 도덕법칙의 형식적 보편성을 강조하고 있다.(*KpV*, §4; §8 참조)

그러나 비록 도덕은 그 자신을 위해서는 의지규정에 선행해야만 할 목

적표상을 필요로 하지 않지만, 그럼에도 도덕이 **그러한 목적과**, 곧 저것들[8]

에 따라 취해진 준칙들의 근거로서가 아니라, 필연적인 결과들로서의 목

적과 **어떤 필연적인 관계를 갖는다**[9]는 것은 능히 있을 수 있는 일이다. —

무릇 일체의 목적관계가 없다면 인간 안에서 전혀 아무런 의지규정도 생

길 수 없으니 말이다. 왜냐하면 의지규정은 어떠한 작용결과 없이는 있을

수 없고, 그러한 작용결과의 표상은, 비록 의사의 규정근거로서나 의도에

서 선행하는 목적으로서는 아니지만, 그래도 법칙을 통한 의사 규정의 결

과로서, 하나의 목적(結果에서 나타나는 目的[10])으로 받아들일 수 있지 않

으면 안 되기 때문이다. 그러한 목적이 없다면 의사는, 뜻한바 행위에 대

하여 객관적으로나 주관적으로나 규정된 아무런 대상도 생각지 못해—

의사는 이러한 대상을 가지고 있거나 〔마땅히〕 가지고 있어야만 하건만

—, **어떻게** 작용해야 하는가는 지정되어 있으되, **어느 쪽으로** 작용해야

하는가가 지정되어 있지 않기에, 스스로 만족할 수가 없다. 물론 도덕에

게는 올바른 행위를 위해서 아무런 목적도 필요 없고, 자유 사용 일반의

형식적 조건을 함유하는 법칙으로 충분하다. 그럼에도 도덕으로부터 하

나의 목적이 생겨 나온다. 왜냐하면 **도대체 이러한 우리의 올바른 행위로**

부터 무엇이 생겨나는가, 그리고 우리가 이것을 우리의 통제력 안에 온전

히 가지고 있지 않다고 해도, 적어도 그에 부합하기 위해서, 하나의 목적

인 무엇에 우리의 행동거지를 지향할 수 있겠는가라는 질문에 어떻게 대

..

8) AA는 "저것들"을 앞(BIV)의 "무릇 도덕의 법칙들은 ……"에서의 '도덕의 법칙들'을 지시하
는 것으로 읽자고 제안한다.(AA VI, 506 참조)

9) A판: "**그와 같은 것과 …… 필연적인 관계에 서 있다.**"

10) 원어: finis in consequentiam veniens.

답할 수 있는지에 대해 이성은 도저히 무관심할 수가 없기 때문이다.[11] 이제 그것은 단지 하나의 객관의 이념, 즉 우리가 〔마땅히〕 가져야만 하는 바와 같은, 모든 목적들의 형식적 조건(즉 의무)과 동시에 이에 부합하는, 우리가 가지고 있는 목적들의 모든 조건 지어진 것(즉 저 의무의 준수에 알맞은 행복)을 함께 통합하여 자기 안에 함유하고 있는 객관의 이념, 다시 말하면 이 세계에서의 최고선[12]의 이념일 뿐이기는 하다. 그리고 이 최고선의 가능성을 위해서는 우리는 유일하게 이것의 두 요소[13]를 통합할 수 있는, 하나의 보다 높고 도덕적이고, 최고로 신성하며 전능한 존재자를 상정하지〔받아들이지〕 않을 수 **없다**[14]. 그럼에도 이 이념은 (실천적으로 고찰하면) 공허한 것이 아니다. 왜냐하면 이 이념은 우리의 모든 행동거지에 대해 전체로 보아 이성에 의해 정당화될 수 있는 어떤 하나의 궁극목적을 생각하려는 우리의 자연적 필요욕구를 채워주기 때문이다. 그렇지 못하면 이 필요욕구는 도덕적 결단의 장애가 될 터이다. 그러나 여기서 가장 BVIII 중요한 것은, 이 이념이 도덕으로부터 생겨나는 것이지, 도덕의 토대가 아니라는 점이다. 목적이란, 그것[15]이 되기 위해서 이미 윤리적 원칙들을 전제하는 것이다. 그러므로 도덕에게는, 도덕이 만물의 궁극목적이라는 개념―이에 부합하는 것이 도덕의 의무들의 수를 증가시키는 것은 아니

⁙

11) "이성의 모든 관심"에 대해서는 『순수이성비판』, A804=B832 이하 참조. 특히 "최고선의 이상"에 관해서는 A810=B838 이하 참조.
12) 곧 "최고의 파생적 선(즉 최선의 세계)"(*KpV*, A226=V125). 이와 관련해 "최고의 근원적 선", 곧 "신"에 관해서도 같은 곳 참조.
13) 같은 맥락의 유사한 표현들 곧 "최고의 파생적 선의 두 요소"(*KrV*, A810/811=B838/839), "최고선의 종적으로 전혀 다른 두 요소들"(*KpV*, A203=V112) 참조.
14) A판: "없겠다."
15) 곧 목적.

지만, 그럼에도 그 의무들에게 모든 목적들을 통합하는 하나의 특수한 관계점을 마련해주는바—을 이루느냐 못 이루느냐는 것에 무관심할 수는 없는 일이다. 왜냐하면 이를 통해서만, 우리가 결코 없이 지낼 수 없는, 자유에서의 합목적성과 자연의 합목적성의 결합에 객관적으로 실천적인 실재성이 마련될 수 있기 때문이다. 도덕법칙을 존경하면서 (그가 피하기 어려운) 다음과 같은 생각이 떠오른 사람이 있다고 가정해보자. 즉 만약 그가 그러한 능력이 있고, 게다가 그 자신이 그 세계의 일원이라고 한다면, 그가 실천이성의 지도를 받아 과연 어떠한 세계를 **창작할** 것인가 하는 생각 말이다. 그때 만약 그에게 순전히 선택권이 주어져 있다면, 그는 최고선이라는

저 도덕적 이념을 동반하는 바로 그러한 세계를 선택할 뿐만 아니라, 또한 그는 그러한 세계가 일반적으로 실존하기를 의욕할 것이다. 왜냐하면 비록 그는 이 이념 자체에서 볼 때 그 개인에게는 행복이 매우 손상될 위험에 처해 있음을 봄에도 불구하고—왜냐하면 그는 어쩌면 이성을 조건으로 하는 행복의 요구에 부응하지 못할 수도 있겠기 때문이다—, 도덕법칙은 우리

에 의해 가능한 최고의 선이 실현되기를 의욕하기 때문이다. 그러니까 그는 이러한 **판단**[16]을 아주 불편부당하게, 마치 타인에 의해 내려진 것처럼 느끼는 동시에, 자기 자신의 것으로 인정하도록 이성에 의해 강요받은 것으로 느낄 것이다. 그리고 이로써 인간은 그 자신 안에서 도덕적으로 작용되는 필요욕구, 즉 그의 의무들에 더하여 그 의무들의 성과로서 하나의 궁극목적을 생각하려 하는 필요욕구가 있음을 증명하는 것이다.

그러므로 도덕은 불가피하게 종교에 이르고, 그로써 도덕은 인간 밖의 하나의 힘 있는 도덕적 법칙수립자〔입법자〕라는 이념에까지 확장되는데,※

••

16) B판 추가.

※ '신이 있다. 그러니까 이 세계에 최고선이 있다.'는 명제[17]는, 이 명제가 (신앙명제로서) 순전히 도덕에서 생겨 나오는 것이라면, 하나의 선험적 종합 명제이다. 이 명제는, 비록 그것이 단지 실천적인 관계에서 받아들여진 것이라 해도, 도덕이 함유하는 (그리고 의사의 질료가 아니라 의사의 한낱 형식적인 법칙들을 전제하는) 의무의 개념을 넘어서는 것이고, 그러므로 이 의무로부터 분석적으로 발전될 수 있는 것이 아니다. **그러나 어떻게 그러한 선험적 명제가 가능한가?** 모든 인간이 도덕적 법칙수립자의 순전한 이념과 부합함은 의무 일반의 도덕적 개념과 물론 동일한 것이고, 그런 한에서 이 부합을 지시명령하는 명제는 분석적이겠다. 그러나 그것의 현존재를 받아들임〔상정함〕은 그러한 대상의 한갓된 가능성 이상을 말하는 것이다. 이 과제 해결을 위한 열쇠를 나는 여기서 상술하지는 못하나, 그에 대해 내가 이해한다고 믿는 정도에서는 제시할 수 있다.[18]

BX

　　목적은 항상 **애착**의 대상, 다시 말하면 자기의 행위에 의해 물건을 점유하려는 직접적인 욕구의 대상이다.[19] (실천적으로 지시명령하는) **법칙**이 **존경**의 대상인 것처럼 말이다. 객관적[20]인 목적(다시 말해, 우리가 마땅히 가져야만 하는 목적)이란 순전한 이성에 의해 우리에게 목적으로 부과되는 목적이다. 여타의 모든 목적들의 **불가피한**[21] 그리고 동시에 충분한 조건을 함유하는 목적이 **궁극목적**이다. 자기 자신의 행복은 이성적 세계존재자들의 주관적인 궁극목적이다. (이러한 궁극목적은 이성적 세계존재자 각자가 감성적 대상들에 의존적인 그의 자연본성[22] 덕분에 **갖고 있는** 것으로, 이에 대해 "사람들은 마땅히 이러한 궁극목적을 **가져야**

BXI

•••

17) 칸트 윤리신학의 기조에 따르자면 이 명제는 '이 세계에 최고선이 있다, 그러니까 신이 있다.'와 같은 것이 되겠다.

18) 이하는 아마도 A. W. Rehberg가 『실천이성비판』(1788)에 대한 서평(수록: *Allgemeine Literatur-Zeitung*, Nr.188.a.b, 1788. 8. 6 자, S. 345~360)에서 법칙 자체가 행위의 원리일 수 있다는 칸트의 주장에 대해 반론을 편 것에 대한 재반박인 것으로 보인다.

19) 후에 『윤리형이상학』, 「덕이론」(1797)에서는 "목적이란 그것의 표상이 자유로운 의사로 하여금 (그를 통해 저것이 실현되는) 어떤 행위를 하도록 규정하는, 그 자유로운 의사의 대상이다."(*MS*, *TL*: A11=VI384)라고 규정하고 있다.

20) 곧 '보편적으로 타당한', 그러니까 '누구에게나 객관이 되는'. 이 '객관적임'은 '순전한 이성'에 의해서만 성취된다.

21) A판: "**불가불적인.**"

22) 원어: Natur. 'Natur'는 '자연' 또는 '본성'으로 옮기는 것이 관례이나, 문맥상 어느 한 낱말로 옮기는 것만으로 미흡할 경우에는 '자연본성'으로 옮긴다.

한다."고 말하는 것은 불합리하겠다.[23] 그리고 이러한 궁극목적[24]을 기초에 가지고 있는 모든 실천 명제들은 종합적이되 동시에 경험적이다. 그러나 '사람은 누구나 마땅히 이 세계에서 가능한 최고의 **선**을 **궁극목적**으로 삼아야 한다.'는 것은 하나의 종합적이고 선험적인 실천 명제이며, 그것도 객관적으로 실천적인, 순수 이성에 의해 부과된 명제이다. 왜냐하면 그것은 이 세계의 의무들의 개념을 넘어서, 도덕법칙들 안에 함유되어 있지 않고, 그러므로 그로부터 분석적으로 전개될 수 없는 의무들의 결과(효과)를 덧붙이는 명제이기 때문이다. 도덕법칙들은 곧 단적으로 지시명령한다. 그것들의 성과가 무엇이 됐든지 간에 말이다. 도덕법칙들은 심지어는 어떤 하나의 특수한 행위가 문제가 될 때 그 성과는 전적으로 도외시할 것을 강요하며, 그렇게 해서 우리에게 의무를 추천하고 의무를 이행하게 하는 동기가 될 법한 어떤 목적(그리고 궁극목적)을 제시하고 부과함이 없이, 의무를 위대한 존경의 대상으로 만든다. 모든 사람이 (마땅히 그렇게 해야 하는 바대로) 순전히 법칙 안에 있는 순수 이성의 지시규정만을 지킨다면 그것으로도 충분하다. 세계의 행정〔行程〕이 초래하게 될 그들의 도덕적 행동거지의 결말을 그들이 알 필요가 무엇에 있는가? 그들에게는 그들이 그들의 의무를 행하는 것으로 충분한

것이다. 아마도 이 지상 생활로 모든 것이 끝나버리고, 어쩌면 이승에서는 행복과 〔행복을 누릴〕 품격〔자격〕이 결코 함께 만나는 일이 없을지도 모른다. 무릇 그러나 모든 행위를 함에 있어서 그로부터의 성과를 돌아보는 것은 인간과 그의 (또한 어쩌면 다른 모든 세계존재자의) 실천 이성능력이 가지는 불가피한 제한〔한계〕들 중의 하나이다. 〔인간이 행위를 함에 있어서 그 성과를 돌아보는 것은〕 그 성과 가운데서 그에게 목적이 될 만하고 또한 그 의도의 순수성을 증명해줄 수 있는 무엇인가를 발견해내기 위한 것이다. 목적은 시행(作用 連結[25])에 있어서는 최종의 것이나 표상과 의도(目的 連結[26])에 있어서는 최초의 것이다. 무릇 인간은 이 목적에서, 비록 그것이 순전한 이성에 의해서 제시된다 할지라도, 그가 **사랑할 수**

---

23) "사람은 누구나 행복하도록 추구해야 한다는 지시명령은 어리석은 것이겠다."(*KpV*, A65=V37)

24) 곧 자기 자신의 행복.

25) 원어: nexus effectivus. 칸트의 인과 개념에 따르는 '작용인적 연결'. 아리스토텔레스의 '작용〔운동〕인: αἰτία ποιητική〔κινητική〕(causa efficiens)'적 연결에 상응한다고 볼 수 있다.

26) 원어: nexus finalis. 아리스토텔레스의 이른바 '목적인: αἰτία τελική(causa finalis)'적 연결로 이해할 수 있다. 그런데 아리스토텔레스에서 '목적 내지 목표(τέλος, οὖ ἕνεκα)'

있는 무엇인가를 추구한다. 그러므로 인간에게 순전히 **존경심**을 일으키는 법칙은, 저것[27]을 꼭 필요한 것으로 인정하지는 않는다 할지라도, 그것을 위하여 이성의 도덕적 궁극목적을 그의 규정근거들 가운데에 채용하는 데까지는 확장해간다. 다시 말하면, '세계에서 가능한 최고의 선을 너의 궁극목적으로 삼아라.'는 명제는 도덕법칙 자신에 의해 도입되는 선험적 종합 명제로서, 이를 통해서 그럼에도 실천이성은 도덕법칙을 넘어 자신을 확장한다. 그런데 이러한 일은 저 도덕법칙이 모든 행위에 대해서 법칙 외에도 또 하나의 목적을 생각하지 않을 수 없는 인간의 자연속성[28] ─인간의 이러한 속성이 인간을 경험의 대상으로 만들거니와─과 관련됨으로써 가능한 것이다. 그리고 이 명제는 (이론적이면서도 선험적인 종합 명제들과 똑같이) 오직 이 명제가 경험 일반에서 자유의사의 규정근거들을 인식하는 선험적 원리를 함유함으로써만 가능한 것이다. 그리고 이것은 도덕성의 작용결과들을 그 목적들에서 명시하는 이 경험이, 이 세계의 원인성으로서의 윤리성 개념에다 단지 실천적이기는 하지만 객관적인 실재성을 마련해주는 한에서 그러하다. ─무릇 그러나 도덕법칙들의 가장 엄격한 준수가 (목적으로서) 최고선을 초래하는 원인으로 마땅히 생각되어야 한다고 할지라도, 인간의 능력은 이 세계에서의 행복이 행복을 누릴 품격과 일치하도록 하기에는 충분하지 못하기 때문에, 하나의 전능한 도덕적 존재자가 세계지배자로 상정되지〔받아들여지지〕 않을 수 없으며, 이 존재자의 배려 아래서 이런 일[29]이 일어난다.[30] 다시 말해 도덕은 불가불 종교에 이른다.

BXIII

VI8

⁝

는 같은 것을 지시했다.

27) 곧 목적에서 인간이 추구하는 사랑할 수 있는 무엇인가.

28) 곧 자기 행복을 추구하는.

29) 곧 행복과 품격〔덕〕의 일치.

30) 같은 시기의 다른 글인 「만물의 종말(Das Ende aller Dinge〔EaD〕)」(1794)에서 칸트는 이런 일이 신의 지혜의 소관사임을 더욱 강조한다. "지혜는, 다시 말해 만물의 궁극목적, 즉 최고선에 온전히 상응하는 방책들과 부합하는 실천이성은 신에게만 있다. 이러한 이념에 단지 눈에 띄게 어긋나지 않게 행위한 일, 그것이 사람들이 어쩌면 인간의 지혜라고 부를 수 있을 그런 것이다."(EaD: VIII, 336)

BX 이 법칙수립자의 의지 안에 (세계창조의) 궁극목적이 있는바, 그것은 동시에 인간의 궁극목적일 수 있으며 또한 궁극목적이어야 하는 것이다.

☆ ☆ ☆

　　도덕이 가장 위대한 **존경**의 대상을 자기 법칙의 신성성에서 인식할 때,
BXI VI7 도덕은 종교의 단계에서 저 법칙들을 수행하는 최고의 원인에서 **경배**의 대상을 표상하고, 위엄 있게 나타난다. 그러나 모든 것은, 제아무리 숭고
BXII VI8 한 것일시라도, 인간들이 그 이념을 자기의 소용대로 쓸 때에는, 그들의 수중에서 작아지게 된다.[31] 그때에는 그에 대한 존경이 자유로운 한에서
BXIII 만 진정으로 존경받을 수 있는 것이 오직 강제법칙들에 의해서만 권위를 마련해줄 수 있는 그러한 형식들에 마지못해 따르도록 강요된다. 그리고 모든 사람 각자의 공적인 비판에 저절로 내맡겨질 것이 강제력을 가진 비판에, 다시 말해 검열에 종속되지 않으면 안 되게 된다.

　　그러나 '당국에 순종하라!'는 지시명령도 도덕적인 것이고, 그를 준수함은 모든 의무들의 준수와 마찬가지로 종교에까지 적용될 수 있으므로, 종교의 특정 개념을 다루는 논문이 이러한 순종의 실례를 스스로 보여주
BXIV 는 것은 마땅한 일이다. 그러나 이러한 순종은 국가의 어떤 단일한 질서

∴

31) 유사한 표현을 아래에서(B140 이하=VI100) 다시 한 번 볼 수 있는데, 칸트가 높이 평가했던 Rousseau, *Émile ou De l'éducation*(1762)의 첫 구절: "창조주의 손에서 나온 것은 모두 좋은데, 모든 것이 인간의 수중에서 타락한다."를 연상시킨다.

32) 프로이센의 Friedrich Wilhelm II의 「종교칙령」(1788. 7. 9 자. 통칭 Wöllners Relgionsedikt)을 빗대어 말하고 있음. 수록 : Bernd Dörflinger / James J. Fehr / Rudolf Malter(Hs.), *Königsberg 1724–1804: Materialien zum politischen, sozialen und geistesgeschichtlichen Hintergrund von Leben und Werk Immanuel Kants*, Hildesheim · Zürich · New York 2009, S. 404~410 참조.

규정의 법률[32)]에 대한 한갓된 주의나 다른 모든 질서규정에 대한 맹목적 주의를 통해서가 아니라, 모든 질서규정에 대한 통합적인 존경을 통해 통합적으로 증명될 수 있다. 무릇 도서를 심판하는 신학자는 순전히 영혼들의 평안을 돌보아야 하는 인사로서 임명되거나, 또는 동시에 학문들의 평안까지도 돌보아야 하는 인사로 임명되거나 할 수 있다. 전자의 심판관은 순전히 성직자로서 임명될 수 있고,[33)] 후자의 심판관은 동시에 학자인 인사가 임용될 수 있다. 모든 학문을 개발하고 그에 대한 침해들에 대해 보호할 업무를 맡는 (대학이라는 이름의) 공공기구의 구성원인 후자에게는 전자의 검열이 학문의 분야에서 어떠한 파괴도 일으키지 않는다는 조건에 그의 월권들을 제한할 임무가 있다. 그리고 두 심판관이 [모두] 성서신학자일 때에는, 신학의 강론을 위임받은 학부의 대학구성원인 후자에게 상급 검열권이 주어지는 것이 알맞다.[34)] 왜냐하면 첫 번째 업무(즉 영혼들의 구원)에 관해서는 두 심판관이 한가지의 과제를 가지나, 두 번째의 업무(즉 BXV 학문들의 구원)에 관련해서는 대학의 학자인 신학자가 또 하나의 특별한 기능을 관장하지 않으면 안 되기 때문이다. 이 같은 규칙을 벗어나면, 결국에는 일찍이 (예를 들어 갈릴레오 시대에) 있었던 것 같은 일에 봉착하고 말 것이다. 곧 성서신학자가 학문들의 자부심을 상하게 하고, 스스로 학문들과 씨름하는 수고를 덜기 위해, 천문학이나 또는 다른 학문들, 예컨 VI9 대 고대 지질학에 개입하려 들고, 우려스러운 공격에 대해 방어할 충분한

..

33) 실제로 당시의 '직접 조사 위원회(Immediats-Examinations-Kommission [IEK])'의 위원 대부분이 성직자였고, 대학 구성원은 전무하였다.

34) 1791년 9월 IEK에 의해 대학의 검열권이 박탈당한 사실을 빗대어 말하고 있다. 그때까지는 학문적 저술의 검열은 사실상 대학의 학부가 맡았으며, 상급심판소는 대학이 할 수 없는 경우에만 검열을 넘겨 받았다.

능력이나 진지함을 자신 안에서 찾지 못한 족속들이 그들의 주위에 있는 모든 것을 폐허로 만들어버리는 것처럼, 인간 지성의 모든 시도들을 억압하려 들 것이다.

그러나 학문의 분야에서는 성서신학의 맞은편에 철학적 신학이 있고, 이 학문은 다른 학부에 맡겨진 재산이다. 이 학문이 단지 순전한 이성의 한계 안에 머무르고, 그의 명제들을 확증하고 해명하기 위해 모든 민족들의 역사 · 언어 · 문헌들, 심지어는 성서까지 이용하되, 단지 독자적으로, 그 명제들을 성서신학에 끌어넣어 성직자가 우선적 권한을 가진 공적 교리들을 변경시키고자 하지 않는다면, 이 학문은 그 학문이 미치는 한 자기를 펼쳐나갈 완전한 자유를 가져야 한다. 물론, 만약 전자가 실제로 자기의 한계를 넘어서 성서신학에 개입했음이 확정이 되었을 때는 (순전히 성직자로 여겨지는) 신학자에게 검열권이 있다는 것은 논란거리가 될 수 없다. 그러나 이런 일이 아직 의문시되고, 그러므로 과연 이러한 일이 철학자의 저술이나 다른 어떤 공개강연을 통해 일어났는가 하는 물음이 제기될 때는 즉시 **그의 학부**[35]**의 구성원**인 성서신학자에게만 상급검열권이 귀속할 수 있다. 왜냐하면 이 심판관은 공동체의 두 번째 관심사, 곧 제 학문의 번영도 배려할 것을 위임받았고, 앞의 심판관과 똑같이 적법하게 임명받은 것이기 때문이다.

더욱이 그러한 경우에 제1의 검열권은 이 학부[36]에 귀속하는 것이지, 철학부에 귀속하는 것이 아니다. 왜냐하면 저 학부만이 일정한 교리들에 대해서 우선적 권한을 가지는데, 철학부는 그 교리들을 공개적으로 자유

BXVI

BXVII

..
35) 곧 신학부.
36) 곧 신학부.

160

롭게 다루고자 하므로, 단지 저 학부는 그들의 독점적 권리들이 침해당하고 있다고 불평을 할 수 있기 때문이다. 그러나 이러한 침해에 대한 의문은 양편의 학설〔교리〕들이 서로 근접해 있고, 철학적 신학 쪽에서 한계들을 넘어갈 우려가 있음에도, 이러한 불법행위[37]는 철학자가 성서신학에서 무엇인가를 **빌려와** 자기의 의도를 위해 이용하는 데서 일어나는 것이 아님을 상량하기만 한다면, 쉽게 방지될 수 있다. (무릇 성서신학 자신도 순전한 이성의 학설들에 공통적인 많은 것을 함유하고, 게다가 또한 역사학이나 언어학에 속하고 그래서 그들의 검열에 따라야 할 다수의 것을 함유하고 있음을 부인하려 하지 않을 것이니 말이다.) 철학자가 신학에서 차용한 것을 순전한 이성 VI10
에게는 알맞으나 아마도 신학에는 적의하지 않은 의미로 사용한다고 해도 이러한 불법행위는 일어나지 않는다. 〔이러한 불법행위는〕 오직 철학자가 성서신학에다가 무엇인가를 **집어넣고**, 그로써 이 성서신학을 그 체 BXVIII
제가 허용하는 이외의 다른 목적으로 돌리고자 할 때에만 일어난다. —그래서 예컨대, 자기의 철학적 법이론을 위해서 로마의 법전에서 많은 고전적 표현이나 정식〔定式〕들을 빌려 쓰는 자연법의 교사가 제아무리 자주 그것들을 로마법전의 해석가들이 취함직한 것과 똑같은 의미로 사용하지 않는다 해도, 그가 본래의 법률가나 법정이 그것들을 그와 같이 사용할 것을 의욕하지 않는 한에서는, 그가 로마의 법을 **침해**하고 있다고 말할 수는 없는 것이다. 무릇, 만약 이런 것이 그의 권한에 속하지 않는다면, 거꾸로 성서신학자들과 제정법〔制定法〕적 법학자들 역시 철학의 소유권을 무수히 침해한다고 비난받을 수 있을 터이다. 왜냐하면 이 양자는 이성이, 그리고 학문이 문제가 될 때는, 철학이 불가결하므로, 오로지 양자

••

37) 원어: Unfug.

자신의 편을 위해서이기는 하지만, 철학에서 매우 자주 차용하지 않으면 안 되기 때문이다. 그러나 만약 전자[38]가 종교적인 일에 있어서 가능한 한 이성과는 전혀 아무런 것도 관계하지 않기로 작정한다면, 어느 편에 손실

BXIX 이 날 것인지는 쉽게 알 수 있는 바이다. 왜냐하면 이성에 대해 주저하지 않고 선전포고하는 종교는 지속적으로 이성에 대항하여 견뎌내지는 못할 것이기 때문이다. —나는 감히 다음과 같은 제안을 하는 바이다. 즉 성서신학의 전문 교과 수료 후, 졸업 지원자가 갖추어야 할 필수적인 준비사항으로, 항상 이 책과 같은 것(또는 이와 같은 종류의 것 중에서 더 좋은 책이 있으면, 다른 책)을 입문서로 해서 (모든 것을—성서까지도—이용하는) 순수한 **철학적** 종교론에 관한 특별강좌를 하나 더 추가하는 게 좋지 않을까 제안하는 바이다. —왜냐하면 학문들은, 각기 우선 독자적으로 하나의 전체를 이룩하고, 그런 연후에만 비로소 그것들을 통합하여 고찰하는 시도를 해볼 수 있으므로, 오로지 분리분화에 의해서만 획득하는 바가 있기 때문이다. 무릇 성서신학자는 그가 철학자의 말에 귀를 기울일 때에만 철학자와 일치를 이루거나 철학자를 반박할 수밖에 없다고 생각할 수 있을 것이다. 왜냐하면 이렇게 해서만 성서신학자는 철학자가 그에게 제기함 직한 모든 난제들에 대항하여 미리 무장할 수 있을 것이기 때문이다. 그

BXX 러나 이러한 난제들을 은폐하거나, 심지어는 신에 대해 불경스러운 일이라고 비방하는 것은 설득력이 없는 궁색한 미봉책이다. 그러나 양자[39]를 뒤섞고 성서신학의 편에서 단지 간간이 지나가는 시선을 그것[40]에 던지

VII1 는 것은 철저성의 결여로서, 이런 경우에는 결국 어느 누구도 성서신학자

··

38) 곧 성서신학자.
39) 곧 성서신학과 철학.
40) 곧 철학.

162

가 종교론 전반에 관해서 어떤 입장을 가지고 있는지를 올바로 알 수가 없다.

이어지는 네 편의 논고[41]에서 나는 한편으로는 선한 소질을 다른 한편으로는 악한 소질을 가진 인간의 자연본성과 종교의 관계를 밝혀내기 위해서 선한 원리와 악한 원리의 관계를, 즉 똑같이 각자 독립적으로 인간에게 영향을 미치고 작용하는 두 원인들의 관계를 제시하고 있다. 이 중 첫 번째 논고는 이미 1792년 4월호《베를린 월보》에 발표했던 것이나, 지금 추가되는 세 논고들에서 그 소재가 온전히 상론되는 이 저술의 소재들의 엄밀한 연관성 때문에 여기서 뺄 수가 없었다.—[42]

---

41) 원어: vier Abhandlungen. 이 책을 구성하는 제1편(Erstes Stück)~제4편(Viertes Stück)의 논고를 역주서에서 "제1논고~제4논고"라고 칭하는 것은, 여기서의—보통 학술지에서는 '호'라고 일컫기도 하는— 'Stück'을 그냥 '편'이라고 칭할 경우 'Teil'과의 혼동이 있을 수 있고, 4편의 논고가 차라리 독립된 논문이라고 할 만큼 독자성이 강함을 표현하기 위한 것이다. 칸트의 독일어 저술 편제는 보통 '편(Teil)', '부(Abteilung)', '권(Buch)', '장(Hauptstück)', '절(Abschnitt)'로 되어 있으며—『순수이성비판』에서처럼 '편' 위에 상위 구분이 하나 더 있는 경우가 있기도 하지만—, 필요에 따라 '조항(§)'이, 또는 숫자나 알파벳 순으로 '항'과 '목'이 섞여 들어가 있는 방식이다. (물론 때로는 편제의 상하위 구분에 비약이 있기도 하고, 명칭이 바뀌기도 하며, 상하위가 뒤바뀌거나 겹치기도 한다.) 그러니까 이 『종교』론에서의 최상위 구분은 특수한 것이라 하겠다.

42) A판에는 이어지는 새로운 문단이 하나 더 있다: "**나의 것과 다른 전지〔全紙〕 첫 장의 정서법은 사본〔寫本〕 작업이 여러 사람에 의해 이루어지고 내가 교정 볼 시간이 짧았던 탓인 만큼 독자의 양해를 바란다.**"

제2판[1] 머리말

이 [제2]판에서는 오식과 몇 개의 표현을 약간 수정한 것 외에 바뀐 것은 없다. 새로 추가된 추기[推記]에는 본문 아래에 십자(+)[2] 표시를 해놓았다.

이 저작의 제목에 대해서는—왜냐하면 이 제목 아래 숨겨져 있는 의도와 관련해서도 의구심이 표명된 바 있기[3] 때문에—다음과 같은 주의를 해둔다.[4] 즉 **계시**는 순수한 **이성종교** 또한 적어도 자신 안에 포괄할 수 있으나,

거꾸로 이성종교는 전자[5]의 역사적인 면을 포괄할 수 없으므로, 나는 전자를 **보다 좁은 권역**인 후자[6]를 자신 안에 포섭하는 신앙의 **보다 넓은 권역**으

••

1) 이 제2판의 머리말 초안은 '준비원고'[VARGV]: AA XXIII, 89~97 참조.

2) 이 역서에서는 '※+'로 표시함. '※'는 칸트 원주를 표시하는 부호이고, '+'는 B판에 추가된 주를 표시하는 부호이니, '※+'는 'B판에 추가된 칸트 원주'를 지시하는 부호로 사용한다.

3) "순전한 이성의 한계들 안에서의 종교"라는 제목은 탈고 후 책의 인쇄 직전에 붙여진 것으로, 집필 중 원고 묶음에는 "철학적 종교론(Philosophische Religionslehre)"이라 표시되어 있었다. 그러나 이러한 제목이 붙여져 책이 출간된 후 칸트는 Friedrich Wilhelm II가 우려를 표명했다는 Woeller 명의의 편지(1794. 10. 1 자)를 받았다.(『학부들의 다툼(SF)』: AXI = VII6 참조)

4) 제2판의 머리말 초안에서도 칸트의 해명을 볼 수 있다.(VARGV: XXIII, 94 참조)

5) 곧 계시.

6) 곧 이성종교.

로(즉 두 개의 서로 밖에 있는 원들이 아니라 동심원들로) 볼 수 있을 것이고, 철학자는 (순전한 선험적 원리들에 의한) 순수한 이성의 교사[이론가]로서 이 후자 안에 자기를 제한해야 하며,[7] 그러므로 여기서 모든 경험을 도외시하지 않을 수 없는 것이다. 이러한 견지에서 나는 이제 또한 두 번째 시도, 곧 어떤 그렇다고 주장되는 계시에서 출발하는 일을 해볼 수 있고, 내가 (독자적으로 존립하는 체계를 이루는 한의) 순수한 이성종교를 도외시하고서, **역사적 체계**로서의 계시를 도덕적 개념들에 한낱 단편적으로만 의지시키면서, 과연 이 체계가 종교의 똑같은 순수 **이성체계**로 환원되지 않는지 살펴볼 수 있다. 종교의 순수한 이성체계는 이론적 관점에서는―이에는 또한 기술적-실천적[8] 관점인, 하나의 **기예론**[9]으로서 교수방법의 관점도 포함되어야만 하거니와―그렇지 않지만, 그럼에도 도덕적-실천적 관점에서는 자립적이고, 또 (모든 경험적인 것을 제거한 후에 남는) 선험적 이성개념으로서 BXXIII
오직 이러한 관계에서만 생기는 본래의 종교를 위해 충분한 것이다. 만약 이 시도가 적중한다면, 사람들은 이성과 성서[10] 사이에서 타협뿐만 아니라 VI13
일치를 만날 수 있다고 말할 수 있을 것이며, 그리하여 전자[11]를 (도덕적 개념들의 지도 아래서) 따르는 이는 후자[12]와도 반드시 상봉하게 될 것이다. 일이 이렇게 되지 않는다면, 사람들은 한 인격 안에서 두 개의 종교를 가지

••

7) 「마태오복음」, 7, 13/14: "여러분은 좁은 문으로 들어가십시오. 멸망으로 이끄는 문은 넓고 길은 널찍하여 그리로 들어서는 이들이 많습니다."; 「루카복음」, 13, 24 참조.
8) 그 원인성이 자연인 '기계적-실천적'과 자유인 '도덕적-실천적'인 것의 구별에 관해서는 『판단력비판』, BXIII=V172; B433=V455 참조.
9) 원어: Kunstlehre.
10) 원어: Schrift. 곧 여기서는 'biblische Schrift'.
11) 곧 이성.
12) 곧 성서.

거나 하나의 **종교**와 하나의 **제의**[祭儀][13]를 가지게 될 터이다. 그러나 전자의 경우는 불합리하고, 후자의 경우에 제의는 (종교처럼 그렇게) 목적 그 자체가 아니라, 오직 수단으로서만 가치를 가지므로, 양자가 흔히 함께 흔들어 섞여 필시 잠깐 동안은 결합될 수 있으나, 이내 기름과 물처럼 다시 서로 갈라서고, 순수 도덕적인 것(즉 이성종교)은 위에 떠다닐 수밖에 없을 터이다.

이러한 통합 내지 이러한 통합의 시도는 철학적인 종교연구가에게는 충분한 권리가 주어져 있는 과업이며, 성서신학자의 독점적 권리를 침해하는 일이 아님을 나는 제1판의 머리말에서[14] 표명하였다. 그 이후에 나는 두 분야에 모두 정통한 분인 고[故] 미하엘리스[15]의 『도덕학』(제1편, 5~11면)에서 이 같은 주장이 제기되고, 그의 전체 저작을 통해 실행되고 있으나, 상부학부[16]가 거기에서 그의 권리에 피해를 입는 어떠한 것도 만나지 않았다는

••

13) 원어: Kultus.

14) 위의 BXVII=VI9 이하 참조.

15) Johann David Michaelis(1717~1791): Göttingen의 철학 교수. 그의 『도덕학』 저술은 사후에 Carl Friedrich Stäudlin(편): *Johann David Michaelis Moral*(Göttingen 1792/93)로 출간되었다.
   칸트는 Michaelis를 여기서 신학을 함께 다루면서도 아무런 공격을 받지 않은 철학자의 예로 들고 있으며, 그는 또한 Friedrich Wilhelm II의 문책에 대한 해명서에서도 Michaelis를 끌어들이고 있다. "그의 철학적 도덕[론]에서 똑같이 태도를 취했던 고[故] 미하엘리스는 이미 이로써 그가 성서적인 어떤 것을 철학에 밀어 넣거나 철학적인 어떤 것을 성서로부터 끌어내려고 생각하지 않았고, 오히려 단지 그의 이성명제들을 다른 이들(아마도 시인과 웅변가)의 판단과의 참된 혹은 오산[誤算]한 일치를 통해 조명하고 확인하고 있음이 밝혀졌습니다."(*SF*, 머리말: AXVII =VII8) 그러나 칸트와는 달리 Michaelis는 본래 신학자였고, 단지 아우구스부르크 고백서(Confessio Augustana: 1530년 루터교파의 근본 신앙고백서)에 서명을 거부함으로써 신학부 정교수직을 얻지 못했을 뿐이었다.

16) 곧 신학부.

사실을 알게 되었다.

이 〔나의〕 저술에 대한 유명 무명의 존귀한 분들의 비평들을, (모든 외지의 문헌들과 마찬가지로) 이것들이 우리 지방에는 매우 늦게 도착해서, 이 제2판에서 내가 소망한 대로 다 고려할 수가 없었다. 특히 튀빙겐의 저명한 스토르 씨의 『약간(若干)의 신학적(神學的) 주해(註解)』[17]에 관해서는, 그가 예의 명민함과 동시에 또한 최대한으로 감사드려야 할 근면성과 공정성을 가지고서 〔나의 책을〕 검토해주었으므로, 그에 대해 답변하고 싶지만, 나이 탓에 특히 추상적인 관념들에 대해 작업하는 것이 힘들어 답변하겠다는 약속을 감히 할 수가 없다. ― 한 비평, 곧 그라이프스발드의 《신비평소 BXXV식》 제29호에 게재된 비평[18]에 대해서는 그 서평자가 〔나의〕 저술 자체에 대해 그렇게 한 것처럼 짧게 언급할 수 있겠다. 무릇, 서평자의 판단에 따르면 나의 저술은 나 자신이 나에게 제기한 물음, 즉 "어떻게 교의학의 교회적 체계가 그 개념들과 정리〔定理〕들에서 순수한 (이론적ㆍ실천적) 이성에 따라 가능한가"[19]에 대한 답변 이외의 것이 아니다. ― 〔그리고 서평자

17) Gottlob Christian Storr(1746~1805)는 Tübingen의 신학 교수로 이른바 초자연주의 사상을 대변했으며, 1793년에 *Annotationes quaedam theologicae ad philosophicam Kantii de religione doctrinam*(『칸트의 종교에 대한 철학적 교설에 관한 약간의 신학적 주해』)을 썼다. 또한 이의 독일어 번역본이 Fr. G. Süskind에 의해 D. Gottlob Christian Storr's Bemerkungen über Kant's philosophische Religionslehre(『칸트의 철학적 종교론에 관한 주해』)라는 제목으로 1794년(Tübingen)에 출간되었다. Storr의 대학에서의 활동과 영향력에 관해서는 테리 핀카드, 전대호ㆍ태경섭 옮김, 『헤겔, 영원한 철학의 거장』, 이제이북스, 2006, 56~59면 참조.

18) 곧 *Neueste critische Nachrichten*, St. 29, Greifswald 1793, S. 225~229에 게재된 비평문으로 AA XXIII, 520~523에 수록되어 있음. 이 중 인용 대목은 원래 글의 S. 226. *Neueste critische Nachrichten*은 연보(年報)로서 J. G. P. Möller(1729~1807)에 의해 1779~1807년에 발간되었다.

는 이렇게 말한다:] "이러한 시도는 그(칸트)의 체계를 거의 아는 바도 없고 이해하지도 못하며, 또 이를 할 수 있기를 원하지도 않는 이들에게는 도대체가 아무 상관이 없는 것이고, 그러므로 이들에게는 이런 체계는 실존하지 않는 것으로 여겨질 수밖에 없다."[20] — 이에 대해서 나는 다음과 같이 대답하는 바이다: 이 [나의] 저술을 그 본질적 내용의 면에서 이해하기 위해서는 단지 평범한 도덕이 필요할 뿐, 실천 이성 비판이나, 더욱이 이론 이성 비판에는 관여할 필요가 없다. 예컨대 덕이 (그 적법성의 면에서) 의무에 맞는 **행위들**에서의 습성일 때는 現象體 德[21]이라고 부르고, 그러나 동일한 덕이 (그 도덕성으로 인한) **의무로부터**의 그러한 행위들의 항속적인 **마음씨**일 때는 叡智體 德[22]이라고 부른다. 그러나 이러한 표현들은 단지 학술상 사용될 따름이며, 그 실질 내용 자체는 아주 대중적인 아동교육에서나 설교에서도 설령 다른 말로 나타난다 할지라도 포함되어 있고 또한 쉽게 이해될 수 있는 것이다. 만약 사람들이 단지 종교론에 속하는 것으로 헤아려지는 신적 본성의 신비들에 대해서만 후자[23]를 찬양할 수 있으면 좋으련만! 이러한 신비들은 마치 아주 대중적인 것인 양 교리문답서에서 사용되고 있는바, 그러한 신비들이 누구에게나 이해될 수 있는 것이려

VI14

BXXVI

••

19) AA XXIII, 520 참조.
20) AA XXIII, 521 참조.
21) 원어: virtus phaenomenon. 곧 "자기의 의무를 준수함에 있어 습성이 된 확고한 결의를 적법성의 면에서, 즉 **경험적인 성격**에서 덕(現象體 德)이라고도 일컫는다."(아래 B53=VI47)
22) 원어: virtus noumenon. 곧 "한낱 **법칙[률]적으로**뿐만 아니라, **도덕적으로 선한**[좋은](즉 신에게 흡족한) [……] 예지적 성격에서[의] 덕(叡智體 德)"(아래 B54=VI47)이라 한다.
23) 곧 예지체 덕.

면, 그러나 나중에는 무엇보다도 도덕적 개념들로 변환되지 않으면 안 된다.

쾨니히스베르크, 1794년 1월 26일.

목차

제1논고 악한 원리가 선[24]과 동거함에 대하여,
다시 말해 인간 자연본성에서의 근본악에 대하여 ······ S. 3

제2논고 인간에 대한 지배를 둘러싼, 선한 원리의 악한 원리와의 투쟁
에 대하여 ······ S. 65[25]

제3논고 악에[26] 대한 선한 원리의 승리 그리고 지상에서의 신의 나라   BXXVIII
의 건립에 대하여 ······ S. 125[27]

제4논고 선한 원리의 지배의[28] 봉사와 거짓봉사에 대하여, 또는 종교
와 승직제도에 대하여 ······ S. 223[29]

∶∶

24) AA: "선한 원리."
25) A판: "S. 61."
26) AA: "악한 원리에."
27) A판: "S. 117."
28) AA: "지배 아래에서의."
29) A판: "S. 209."

철학적 종교론
제1논고

제1논고
악한 원리가 선한 원리와 동거함에 대하여,
또는[1)]
인간 자연본성에서의 근본악에 관하여

이 세계가 사악한 상태에 놓여 있다[2)]는 탄식은 역사만큼이나 오래된 것이다. 아니 그보다도 더 오래된 문예만큼이나 오래된 것이고, 정말이지 모든 시가(詩歌)들 중에서도 가장 오래된 것인 사제종교의 시가만큼이나 오래된 것이다. 그럼에도 불구하고 모든 시가들은 세계를 선으로부터 시작한 것으로 그리고 있다. 황금시대로부터라든가, 낙원에서의 삶으로부터라든가 또는 천상의 존재자들과 함께하는 보다 더 행복한 삶으로부터 시작한 것으로 그리고 있는 것이다. 그러나 시가들은 이러한 행운은 한낱 꿈처럼 이내 사라져버리고, 악—물리적인 악이 언제나 짝을 이루는 도덕 적인 악—의 상태로 타락하여 더욱더 사악한 상태로 점점 더 빠르게 추락해가는 것으로 그린다.※ 그렇게 해서 우리는 지금—그러나 이 **지금**은

※ 先代보다 더 惡한 父母代는 더욱 害惡한 우리를 낳았고 / 우리는 未久에 더더욱 悖惡한 後孫을 내어놓을 자이다.[3)] (호라티우스)

∵

1) 제목의 여기까지는 단행본(A, B) 출간 시 덧붙인 것임. 그러니까 《베를린 월보(*Berlinische Monatsschrift*〔*Berl. M.*〕)》(1792년 4월호)에 발표한 최초 논고의 제목은 '인간 자연본성에서의 근본악에 관하여'임.
2) 『신약성서』, 「요한 제1서」 5, 19: "우리는 하느님에게서 났지만, 온 세상은 악한 자의 지배 아래 있다는 것을 우리는 압니다." 참조.
3) 원문: Aetas parentum, peior avis, tulit / Nos nequiores, mox daturos / Progeniem

역사만큼이나 오래된 것이다— 말세에 살고 있으며, 최후의 심판일과 세상의 몰락이 문 앞에 와 있고, 인도의 몇몇 지역에서는 세계의 심판자이자 파괴자인 (보통은 **시바**[4] 또는 **시봐**[5]라고도 불리는) **루트라**[6]가 이미 지금 지배력을 가진 신으로 숭배되고 있는데, 이는 세계 보존자인 **비시누**[7]가 세계 창조자인 **브라마**[8]로부터 물려받은 그 직무에 지쳐서 이미 수세기 전부터 그 직무를 유기했기 때문에 일어난 일이다.[9]

이보다 더 근래의, 그러나 훨씬 더 적게 유포된 것으로 정반대의 영웅적 사상[10]이 있는데, 그것은 아마도 철학자들 가운데서만, 그리고 우리의 VI20 시대에는 특히 교육학자들[11] 가운데서 발견되는 것이다. 즉 이 세계는 역방향으로, 곧 나쁜 것에서 더 좋은 것으로, 끊임없이 (비록 거의 눈에 띄는

∴

vitiosiorem.(Horatius, *Ode*, III, 6, 44~46) Vergilius와 더불어 로마 황금기의 대표적인 시인 Horatius(BC 65~8)의 송시의 이 대목은 자주 인용되었고 칸트 당대 역사철학적 논쟁의 주요 소재가 되었다. Johannes Nikolaus Tetens(1736~1807)의 *Iselins Geschichte der Menschheit*(1786), S. 376 이하에서도 인용되고 있는데, 칸트는 이것을 이용한 것으로 보인다.

4) 원어: Siba (=Ś:va).
5) 원어: Siwen (=Siwa). '시바'로 표기해도 될 것이나 위의 'Siba'와 구별하기 위해 이렇게 표기한다.
6) 원어: Ruttra (=Rutra =Rudra).
7) 원어: Wischnu (=Vishnu).
8) 원어: Brahma.
9) 다독가인 칸트는 여러 문헌을 통해 인도 종교에 대한 지식을 가지고 있었으며, 「만물의 종말」에서는 Pierre Sonnerat(1749~1814)를 읽어서 그에 대해 알고 있음을 밝히고 있다.(AA VIII, 329 참조) Sonnerat는 프랑스의 자연과학자이자 탐험가로서 그의 동인도 중국 여행기 *Reise nach Ostindien und China auf Befehl des Königs unternommen v Jahr 1774 bis 1781*은 독일어본이 1783년 Zürich에서 2권으로 출간되었다.(아래 B28=VI33 참조)
10) 「만물의 종말」[EaD]에서도 "영웅적 믿음[신앙]"에 대해서 얘기하고 있다.(AA VIII, 332 참조)
11) 예컨대 Johann Bernhard Basedow(1724~1790). 칸트는 Basedow와는 사적으로 알고 지내는 사이였다.

않지만) 전진하고 있으며, 적어도 그런 방향으로 나가려는 소질을 인간 자연본성 안에서 마주칠 수 있다는 것이다. 그러나 이러한 사상은, (문명화가 아니라) **도덕적**-선 또는 도덕적-악이 문젯거리일 경우, 확실히 경험으로부터 얻어낸 것이 아니다. 무릇 모든 시대의 역사는 그러한 사상에 대해 강력하게 반증하고 있으니, 아마도 그러한 사상은 **세네카**로부터 루소에 이르는 도덕주의자들이 우리 안에 놓여 있는 어쩌면 선의 싹인 것을—인간 안에서 선을 위한 자연적 토대를 기대할 수만 있다면 말이다—꾸준히 가꾸도록 독려하기 위해 세운 한낱 선량한 가설일 뿐이기 때문이다.[12] 이것에 또 덧붙여지는바, 사람들은 인간을 그 신체의 면에서 자연본성상 (다시 말해, 인간이 보통 태어나는 바대로) 건강하다고 상정할 수밖에 없으니, 그 영혼의 면에서도 건강하고 좋다[선하다]고 상정하지 못할 아무런 이유가 없다는 것이다. 그러므로 우리 안에 있는 선을 위한 이러한 윤리적 소질을 키워내도록 자연 자신이 우리를 장려한다는 것이다. "우리는 나을 수 있는 病을 앓고 있는 것이다. 그리고 **올바르도록 낳아진** 우리를 自然은, 만약 우리가 낫기를 원한다면, 돕는 것이다."[13]고 **세네카**는 말하고 있다.

그러나 이 그럴듯해 보이는 두 경험에서 사람들이 착오에 빠진 것일 수

12) 예컨대 J.-J. Rousseau(1712~1778)는 『인간불평등기원론(*Discours sur l'origine et les fondements de l'inégalité parmi les hommes*)』(1755)의 제1부에서 "자연적인 선"의 씨앗으로서 "동정심"을 들고 있다.

13) 칸트 원문: "Sanabilibus aegrotamus malis nosque in rectum genitos natura, si sanari velimus, adiuvat." Seneca의 원문(*De ira*, II, 13, 1): "sanabilibus aegrotamus malis ipsaque nos in rectum genitos natura, si emendari velimus, iuvat."(우리는 고칠 수 있는 병[허약함]을 앓고 있는 것이다. 그리고 올바르도록 낳아진 우리를 자연 자신이, 만약 우리가 개선되기를 원한다면, 돕는 것이다.)를 칸트는 그 뜻을 살려 적당히 인용하고 있다.

도 충분히 있다. 그래서 생기는 의문은, 혹시 그 중간의 경우가 적어도 가능한 것은 아닌가, 곧 인간은 그 유[類]에 있어서 선하지도 악하지도 않은 것일 수 있지 않은가, 또는 어쩌면 이렇기도 하고 저렇기도 하여, 부분적으로는 선하고 부분적으로는 악하기도 할 수 있지 않은가 하는 것이다.[14] ―그러나 사람들이 어떤 인간을 악하다고 부르는 것은, 그가 악한(즉 법칙에 반하는) 행위들을 하기 때문이 아니라, 그 행위들이 그의 안에 악한 준칙들이 있음을 추론하게 하는 그러한 성질의 것이기 때문이다. 무릇 사람들은 법칙에 반하는 행위들을 경험을 통해 인지할 수 있고, 또한 (적어도 그 자신에게 있어서는) 그 행위들이 의식적으로[고의적으로] 법칙에[을][위]반한 것임을 인지할 수도 있다. 그러나 사람들은 준칙들을 관찰할 수 없고, 자기 자신 안의 준칙마저도 언제나 관찰할 수 있지 않다. 그러니까 어떤 범행자가 악한 인간이라는 판단을 확실하게 경험에 기초해서 할 수는 없다. 그러므로 어떤 인간을 악하다고 부르려면, 몇몇의, 아니 단 하나의 의식적인 악한 행위로부터 그 행위의 기초에 놓여 있는 악한 준칙을 선험적으로 추론해내야만 한다. 그리고 이 준칙으로부터 그 [행위하는] 주관 안에 보편적으로 놓여 있는, 모든 특수한 도덕적으로-악한 준칙들의 근거―이 근거 자신이 다시금 준칙인바―를 선험적으로 추론해내야만 한다.

그러나 [**자연**]**본성**이라는 표현이 (보통 그러하듯이) **자유**로부터의 행위

B6

14) 이와 유사한 문제에 대한 논쟁의 사례는 이미 고대 중국 사상사에서도 이른바 맹자(孟子, BC ca. 372~289)의 성선설(性善說), 순자(荀子, BC ca. 298~238)의 성악설(性惡說), 고자(告子, 孟子와 동시대인)의 성무선무불선설(性無善無不善說: 善惡無記說), 세석(世碩, BC 5세기경), 공손니자(公孫尼子, BC 5세기경)의 성선성악설(性善性惡說: 善惡混在說)에서도 볼 수 있다.

178

들의 근거와 반대되는 것을 의미한다면, **'도덕적으로-선한'** 또는 '도덕 VI21
적으로-악한'이라는 술어들과 곧바로 모순이 되는바, 이러한 〔자연〕본성
이라는 표현에 부딪치지 않으려면, 여기서 인간의 〔자연〕본성이란 눈에
띄는 모든 행실에 선행하는, 단지 (객관적 도덕법칙들 아래에서) 자유 일반
을 사용하는 주관적 근거〔기초〕를 의미하는 것뿐임에 주의해야 한다. 무
릇 이러한 근거는 어디에든 있을 수 있다. 그러나 이러한 주관적 근거는
언제나 다시금 그 자신이 자유의 작용이지 않으면 안 된다. (왜냐하면 그렇
지 않으면, 윤리적 법칙에 관련한 인간의 의사의 사용 또는 오용이 인간에게 귀책
될 수 없겠고, 인간 안의 선 또는 악을 도덕적이라 일컬을 수 없을 것이기 때문이 B7
다.) 그러니까 악의 근거는 경향성에 의해 의사를 **규정하는** 객관 안에, 자
연적 추동 안에 있는 것이 아니라, 의사가 자기의 자유 사용을 위해 스스
로 정하는 규칙, 다시 말해 준칙에 놓여 있다. 그런데 이 준칙에 대해서
는, 그것을 채택하고, 오히려 그에 대립되는 준칙을 채택하지 않는 주관
적 근거가 인간 안의 무엇인지를 더 이상 물을 수 있어서는 안 된다. 왜냐
하면 이 근거가 최종적으로 그 자신 더 이상 준칙이 아니고, 순전한 자연
적 추동이라면, 자유의 사용은 전적으로 자연 원인들[15]에 의한 **규정들로**[16]
환원될 수 있을 터인데, 그러나 그런 일은 자유에 모순되기 때문이다. 인간
이 〔자연〕본성적으로 선하다, 또는 인간이 〔자연〕본성적으로 악하다는 것
은, 인간이 선한 준칙을 채택하는, 또는 악한(법칙에 반하는) 준칙을 채택하 B8
는 (우리에게는 탐구 불가능한) 제일의 근거※를 함유하고 있고, 그것도 인간

∴

15) A, B판에는 모두 '자연사상〔事象〕들(Natursachen)'로 되어 있으나, 원논고인 《베를린 월
   보》에 실린 대로 '자연 원인들(Naturursachen)'로 고쳐 읽고 있는 AA에 따름.
16) A판: "**규정으로.**"

으로서 보편적으로 함유하고 있으며, 그러니까 인간은 이것을 통해 동시에 그의 유〔類〕의 성격을 표현하고 있다는 것을 의미한다.

그러므로 우리는 (인간을 다른 가능한 이성적 존재자들과 구별해주는) 이러한 〔선·악의〕 성격들 중의 하나에 대해서, '그것은 인간에게 **선천적**〔생득적〕이다'라고 말할 것이나, 그럼에도 그때, (그 성격이 악할 경우) 그 성격들의 탓이 자연에 있다거나, (그 성격이 선할 경우) 그 공이 자연에 있다는 것이 아니라, 인간 자신이 그 성격의 창시자라고 분수를 지킬 것이다. 그러나 그 자신 언제나 다시금 자유의사 안에 놓여 있을 수밖에는 없는, 우리 준칙들의 채택의 **제일** 근거는 경험에서 주어질 수 있는 사실일 수가 없기 때문에, (도덕법칙과 관련해서 이 준칙 또는 저 준칙을 채택하는 주관적인 제일의 근거로서) 인간 안에 있는 선 또는 악이 선천적이라 함은 한낱, 그것이 경험 중에서 주어지는〔나타나는〕 모든 (출생 시까지 소급되는 유년기의) 자유 사용에 대해 기초로 놓인다는 것, 그리고 그것이 출생과 동시에 인간 안에 현전하는 것으로 표상된다는 **그러한 의미**일 뿐, 출생이 바로 선·악의 원인이라는 **그러한 의미**가 아니다.[17]

VI22

※ 도덕적 준칙들을 채택하는 제일의 주관적 근거를 탐구하기가 어렵다는 것은 다음과 같은 사실에서 벌써 미리 짐작할 수 있다. 즉 이러한 〔준칙의〕 채택은 자유로운 것이고, (왜 내가 예컨대 하나의 악한 준칙을 채택하고 오히려 선한 준칙을 채택하지 않았는가의) 그 채택 근거는 어떤 〔자연〕본성의 동기 안에서가 아니라, 언제나 다시금 하나의 준칙 안에서 찾아야만 한다. 그리고 이 준칙 또한 꼭 마찬가지로 그 근거를 가져야 하되, 준칙 바깥에서는 자유로운 의사의 어떠한 **규정근거**도 끌어와서는 안 되고, 끌어올 수도 없으므로, 사람들은 주관적 규정근거들의 계열을 무한히 점점 저 멀리 소급해서 올라가도 제일의 근거에는 이를 수가 없다.

∵

17) "과연 인간은 그런데 〔자연〕본성상 도덕적으로 선한가 악한가? 어느 쪽도 아니다. 왜냐하

180

주해

위에서 제시된 두 가설 간의 싸움의 기초에는 하나의 선언〔選言〕적 명
제, 즉 **인간은 (〔자연〕본성상) 윤리적으로 선하거나 윤리적으로 악하다**는   B9
명제가 놓여 있다. 그러나 누구에게나 쉽게 떠오를 수 있는 물음은, 과연
이러한 선언〔選言〕적 생각이 옳은 것인가, 그리고 과연 누군가 인간은
〔자연〕본성상 둘 중 어느 하나도 아니라고 주장할 수는 없는 것인가, 반대
로 다른 누군가는 인간은 동시에 양쪽 모두이기도 하다고, 곧 인간은 어
떤 점에서는 선하고 다른 점에서는 악하다고 주장할 수는 없는가 하는 것
이다. 경험은 양 극단 사이의 이러한 중간임을 확인해주는 것처럼 보이기
조차 한다.

　　그러나 윤리이론 일반에서는 행위에 있어서나 인간의 성격에 있어서나
가능한 한 도덕적 중간물(無關無見[18])을 허용하지 않는 것이 아주 중요하
다. 왜냐하면 그렇게 애매할 경우에는 모든 준칙들이 명확성과 견고성을
상실할 위험에 빠지기 때문이다. 사람들은 보통 이러한 엄정한 사유방식
의 편에 가까이 있는 이들을 (비난을 내포하고 있다고 하나 사실은 칭송이 되
는 명칭인) **엄격주의자**라고 부른다. 그리고 사람들은 그 반대편에 서 있는
이들을 **관용주의자**라고 부른다.[19] 그러므로 이들은 중립의 관용주의자이

．．

면 인간은 〔자연〕본성상으로는 전혀 도덕적 존재자가 아니기 때문이다. 인간은 오직, 그의
이성이 의무와 법칙의 개념들에까지 고양될 때에만 그러한 존재자가 되는 것이다."(Kant,
Päd: IX, 492) 참조.
18) 원어: adiaphora. 즉 아무래도 상관없음. 이 대목에서는 곧 선하지도 악하지도 않음.
19) '관용주의(Latitudinarismus)'는 영국의 명예혁명(1688) 직후 '권리장전'(1689)에서의 종
　　파 선택의 자유 규정과 Locke의 『관용서간(*Epistola de tolerantia*)』(1689)에서 보듯 17세
　　기 후반 영국의 신학에서 대세를 이루었다. '관용주의자'니 '무관심주의자'니 하는 용어는

거나 연립[20)의 관용주의자인데, 전자는 **무차별주의자**라고 해도 좋고, 후자는 **절충주의자**라고 부를 수 있다.※

B10

VI23

※ 선 = a가 있다면, 그것에 모순 대립적인 것은 불선[不善]이다. 그런데 이 불선은 선의 근거의 순전한 결여 = 0의 결과이거나 선의 대항[21) = −a의 적극적 근거의 결과이다. 후자의 경우에 불선은 적극적 악이라고 일컬을 수 있다.[22) (쾌락과 고통에는 그러한 중간이 있다. 쾌락 = a, 고통 = −a, 그리고 양자 중 어느 것과도 마주치지 않는 상태, 즉 무관심 = 0이 있는 것이다.) 그런데 우리 안의 도덕법칙이 의사의 동기가 아닐 터라면, 그러나 도덕적 신(즉 의사의 [도덕]법칙과의 부합) = a와 불선 = 0에서 이 불선은 도덕적 동기의 결여 = a × 0일 것이다. 그런데 우리 안에서는 법칙이 동기 = a이다. 따라서 의사의 법칙과의 합치의 결여(= 0)는 오직 의사의 實在的으로 대립하는 규정, 다시 말해 의사의 **반항** = −a의 결과로서만, 다시 말해 오직 악한 의사에 의해서만 가능하다. 그러므로 행위의 도덕성이 그에 따라서 판정될 수밖에 없는 악한 마음씨와 선한 마음씨(즉 준칙들의 내적 원리) 사이에 중간이란 없다.

　도덕적으로-무관심한[아무래도 좋은] 행위(道德的 無關無見)는 한낱 자연법칙으로부터 결과한 행위이겠고, 그러므로 그것은 자유의 법칙인 윤리적 법칙과는 전혀 아무런 관련이 없다. 왜냐하면 그러한 행위는 사실[이루어진 것. 행실]이 아니며, 그것에 관해서는 지시명령도 금지도 또한 허용(즉 법적 권한)도 발해질 수 없고, 또한 [그러한 것이] 필요하지도 않기 때문이다.[23)

J. F. Stapfer, *Institutiones theologiae polemicae universae ordine scientifico dispositae* (전5권, Zürich 1743~1747), II, 84와 IV, 599에서 등장하는데, 칸트는 『논리학』에서 엄정하게 규정해야 할 것을 "그렇게 하지 않는 이들을 영국인은 관용주의자라고 부른다."(AA IX, 55)고 말한다. 칸트는 이에 관한 논의 정보를 Shaftesbury나 Leibniz의 문헌을 통해서 얻었을 것으로 보인다.

20) 『실천이성비판』에서는 "**절충주의적인** [……] 우리 시대에서는 불성실과 천박함이 가득 찬, 서로 모순되는 원칙들의 일종의 **연립체제**가 고안되고 있다."(*KpV*, A44=V24)는 구절을 읽을 수 있다.

21) 원어: Widerspiel.

22) 『윤리형이상학』, 「덕이론」에는 "**덕** = +a 에는 **논리적 반대**(矛盾對當)로서 **소극적 부덕**(도덕적 약함) = 0이, 그러나 **대항**(反對對當 或 實在對當)으로서 패악 = −a 이 대립한다."(*MS*,

엄격주의의 결정방식^{※+}에 대한 위의 물음²⁴⁾에 대한 대답은 도덕에게

※ +실러 교수는 거장의 솜씨로 쓴 그의 논문, 도덕에서의 「우미와 존엄에 관하여」²⁵⁾ (『탈리아』²⁶⁾, 1793, 제3호)에서 이러한 책무의 표상방식을 사상누각과 같은 기분을 일으킨다고 비난하고 있다. 그러나 우리는 가장 중요한 원리들에서 일치하고 있으므로,²⁷⁾ 나는 이 점에서 어떠한 불일치도 수용할 수 없다. 우리가 단지 서로를 이해시킬 수만 있다면 말이다. ─ 기꺼이 고백하거니와, 나는 **의무 개념**에 바로 그 존엄 〔성〕 때문에 우미를 덧붙일 수가 없었다. 왜냐하면 의무 개념은 무조건적인 강요를 함유하는데, 우미는 이것과는 정면으로 모순되는 것이기 때문이다. (시나이 산정의 율법〔계명〕과 마찬가지로) 법칙의 위엄은 (뒷걸음치게 하는 공포도 아니고, 친밀하

∴

TL: A10=VI384)는 주해가 있다. 또한 「조각글」 7234: "도덕성과 관련해서 a는 선이고, −a는 악이며, 0은 무차별적 행위이다. 그러나 그 결과와 관련해서는 a는 공적이고, −a는 죄과이며, 0은 공정한 것이다."(XIX, 291) 참조. 칸트는 그의 초기(1763) 논고 "부정적 크기의 개념(Versuch den Begriff der negativen Größen in die Weltweisheit einzuführen)"에서부터 하나의 양(+1)에는 소극적 부정 양(0)과 적극적 부정 양(−1)이 대립하는바, 전자는 '논리적 대립(모순, 0)', 후자는 '실재적 대립(대항, −)'이라고 규정하고 있다.(AA II, 171 이하 참조)

23) "도덕적으로-무관심한 …… 않기 때문이다."는 구절은 B판 추가.

24) 곧 위의 주해 시작에서(B9=VI22) 떠오른 첫 번째 물음.

25) J. C. F. Schiller(1759~1805), "Über Anmut und Würde." B판에서 추가된 이 주해에서 Schiller가 언급된 것은 아마도 《베를린 월보》의 편집인 J. E. Biester의 권유에 따른 것으로 보인다.(Biester의 1793. 10. 5 자의 편지: XI, 456 참조. Biester의 편지에는 Schiller의 저 논고가 Thalia, 제2호에 게재되어 있고, 또한 별쇄 발간되어 있다고 적혀 있다.)

26) Thalia: 1784년 Schiller에 의해 창간된 잡지. 역사, 철학, 문학, 연극학 등에 관한 논고를 수록한 학술지로서 창간호(1785)의 명칭은 'Rheinische Thalia'였으나, 제2호부터 11호(1791)까지는 'Thalia'로, 일시 중단되었다가 1792년에 'Neue Thalia'라는 이름으로 속간되어 1793년까지 발간되었다. 그리스 신화에서 'Thalia(Θάλεια)'는 아홉 Musen 중의 하나이자, Grazien 세 자매 중 하나로서 희곡과 오락을 관장하는 여신이다.

27) Schiller도 기본적으로는 자기의 "주장들이 칸트의 원칙들에 의거하고" 있음을 "숨기지 않고"("Über die ästhetische Erziehung des Menschen"(1793~1794), 1. Brief: P.-A. André/A. Meier/W. Riedel(Hrsg.), Friedrich Schiller: Sämtliche Werke, München 2004, Bd. V, 570), "인간은 그의 물리〔학〕적 상태에서 자연의 힘을 겪고 견디며, 미〔학〕적

게 끌어들이는 매력도 아닌) 외경을 불러일으킨다. 외경은 신하가 그의 군주에게 갖는 **존경**[같은 것]이되, 이 경우에는 군주가 우리 자신 안에 있는 것이므로, 어떤 아름다운 것보다도 더 우리를 사로잡는, 우리 자신의 규정[사명]에 대한 **숭고의 감정**을 일깨운다. — 그러나 **덕**, 다시 말해 자기의 의무를 정확히 이행하는 확고하게 기초 다져진 마음씨는 그 결과에서도 **자애롭고**, 자연이나 기예가 이 세계에서 이룩할 수 있는 모든 것보다도 더욱 그러하다. 이 덕의 모습에서 보여주는 인간성[인류]의 훌륭한 상은 능히 그라치애[28]의 동반을 허락할 만하다. 그러나 오로지 의무만이 문제가 될 때는 그라치애는 정중하게 떨어져 거리를 취한다. 그러나 덕이 어떻게든 이 세계 안에 들어왔을 때 세계 안에 확산시킬 우미한 결과들을 고려한다면, 도더적으로-정향된 이성은 (상상력을 통하여) 감성을 함께 작동시킬 것이다. 괴물을 무찌른 후에야 헤리클레스는 무시게트[29]가 되는데, 이러한 일을 보고서 저 착한 [그라치애] 자매는 뒷걸음질 친다. 이 비너스 우라니아[30]의 동행자들이 의무를 규정하는 일에 끼어들어 그에 대한 동기를 부여하고자 하면, 즉시 비너스 디오네[31]를 수행하는 탕녀들

∵

상태에서 이 힘에서 벗어나 자유롭고, 도덕[학]적 상태에서 그것을 지배하게 된다."("Über die ästhetische Erziehung des Menschen", 24. Brief: P.-A. André/A. Meier/W. Riedel(Hrsg.), *Friedrich Schiller: Sämtliche Werke*, München 2004, Bd. V, 646)고 본다. 그럼에도 불구하고 Schiller의 눈에는 "칸트의 도덕철학에는 모든 우미의 여신들이 놀라서 뒷걸음치게 하는 강한 어세로 의무의 이념이 강론되고 있다."("Über Anmut und Würde": P.-A. André/A. Meier/W. Riedel(Hrsg.), *Friedrich Schiller: Sämtliche Werke*, München 2004, Bd. V, 465) "아름다운 영혼에서 감성과 지성, 의무와 경향성은 조화를 이루고"("Über Anmut und Würde": 같은 책, 468), 우미는 거기에서 표현된다. "우미는 자유의 영향 아래에 있는 형태의 미, 즉 인격이 규정하는 그러한 현상들의 미인 것이다."("Über Anmut und Würde": 같은 책, 446) 도덕법칙의 수행은 우미와 결합된다는 이러한 Schiller의 생각을 칸트는 그의 「윤리형이상학 강의」에서도 비판적으로 보았다.(Metaphysik der Sitten Vigilantius(1793/94): AA XXVII, 490・623 등 참조)

28) 원어: Grazien. 그리스 신화에 등장하는 우미의 여신 세 자매 카리테스(Χάριτες). 로마 신화에서는 그라티아이(Gratiae). 미의 여신 Venus(Ἀφροδίτη)와 동행하면서 활동한다.

29) 원어: Musaget. Musen의 안내자 Appolon. Apollon(Ἀπόλλων, Apollo, Apoll)은 빛, 봄, 윤리적 순수성, 절제, 예언과 예술, 특히 음악과 시가와 노래의 신이다.

30) 원어: Venus Urania. Uranos의 딸 Venus(Aphrodite Urania)로 천상의 정신적 사랑을 상징한다.

중요한 다음과 같은 소견에 기초한다. 즉 의사의 자유는 매우 특유한 성 B11
질의 것이어서, 그것은 **오직 인간이 자기의 준칙 안에 채용한** (즉 인간이 B12 VI24
그에 따라 처신하고자 스스로 보편적 규칙으로 삼는) **동기 이외의** 어떤 다른
동기에 의해서도 규정될 수 없으며, 그럴 경우에만 하나의 동기는 그것
이 어떤 것이든 간에 (자유) 의사의 절대적 자발성과 공존할 수 있는 것
이다. 그러나 도덕법칙은 그 자체만으로, 이성의 판단에서, 동기가 되
며, 도덕법칙을 자기의 준칙으로 삼는 이는 **도덕적으로** 선하다. 무릇 법
칙이 그 법칙과 관련되는 행위와 관련하여 누군가의 의사를 규정하고
있지 않다면, 법칙과 대립하는 어떤 동기가 그의[33] 의사에 영향을 미치
고 있는 것임이 틀림없다. 그리고 이런 일은 앞서의[34] 전제에 의하면 인

이 된다. — 이제 사람들이, **덕의 미감적 성질**, 말하자면 **기질**이 어떠한 종류의 것인 VI24
가, 그것은 용감하고, 그러니까 **유쾌한** 것인가, 아니면 불안에 사로잡혀 의기소침한
것인가를 묻는다면, 이는 거의 대답이 필요 없다. 후자의 노예적 심정은 법칙에 대
한 숨겨진 증오 없이는 결코 생길 수 없는 것이다. 그리고 (법칙을 존중[인정]할 때
의 기분 좋음이 아니라) 자기의 의무를 **준수**할 때의 유쾌한 마음은 유덕한 마음씨의 B12
순정함의 표시이다. 그것은 **독실함**에서조차도 그러하다. 독실함은 후회하는 죄인의
(매우 애매한, 보통은 단지 영리의 규칙을 위반한 것에 대한 내적 비난일 따름인) 자
책에 있는 것이 아니라, 앞으로는 보다 선해지려는 확고한 결의[기도]에 있는 것인
바, 이 결의는 선한 진보에 의해 점화되어 유쾌한 심정을 일으키지 않을 수 없는 것
이다. 이러한 유쾌한 심정이 없다면 사람들은 선을 또한 **좋아하게 되었음**을, 다시
말해 선을 자기의 준칙 안에 받아들였음을 결코 확신할 수가 없는 것이다.[32]

:·

31) 원어: Venus Dione. Zeus와 Dione 사이의 딸로 육체적 사랑을 상징한다.
32) 이 원주 전체 B판 추가.
33) B판 추가.
34) 곧 앞의 칸트 원주 B10=VI23.

간이 이러한 동기를 (그러니까 또한 도덕법칙에서 이탈함을) 자기의 준칙으로 채용함—이런 경우 이 자는 악한 인간이다—으로써만 일어날 수 있으므로, 인간의 마음씨는 도덕법칙에 관해서 결코 무차별적이지 않다. (즉 결코 양쪽 중 어느 것도 아닌 것, 즉 선하지도 않고 악하지도 않은 것일 수는 없다.)[35]

B13

그러나 또한 인간은 어떤 점들에서는 윤리적으로 선하고, 다른 점들에서는 동시에 악한 것일 수 없다. 왜냐하면 인간이 어떤 점에서 선하다 하면, 그는 도덕법칙을 자기의 준칙 안에 채용했다는 것이고, 그러므로 인간이 다른 어떤 점에서는 동시에 악하다고 한다면, 의무 일반 준수의 도덕법칙은 오직 유일한 법칙이고 보편적이기 때문에, 그 법칙과 관련된 준칙은 보편적이되, 그러나 동시에 단지 하나의 특수한 준칙일 터인데, 이것은 모순이기 때문이다.※

※ 덕에 관해 말할 수 있는 것은 거의 모두 남김없이 다루었던 고대의 도덕철학자들[36]은 위의 두 물음[37]도 그냥 지나치지 않았다. 그들은 첫 번째 물음을 다음과 같이 표현하였다. 즉 과연 덕은 학습되어야 하는 것인가(그러므로 인간은 자연본성적으로는[태어날 때는] 덕과 패악에 무차별적인가)? 두 번째 물음은, 과연 하나 이상의 덕이 있는가(그러니까 인간이 어떤 점들에서는 유덕하고, 다른 어떤 점들에서는 패악한 일이 있지 않은가) 하는 것이었다. 이 물음 둘 다 엄격주의적 성격을 가진 그들에 의해 부정적으로 답해졌는데, 그것은 당연한 일이었다. 왜냐하면 그

VI25

:

35) 이것은 엄격주의 도덕의 기본 원리로서, 칸트는 이를 J. D. Heilmann, *Compendium theologiae dogmaticae*, Göttingen 1761, §196에서 읽었을 것으로 보인다.
36) 예컨대 Cicero(특히 그의 *De officiis*), 그리고 칸트 자신 이미 위에서(B5=VI20) 언급한 Seneca 등.
37) 곧 위의 주해 시작에서(B9=VI22) 떠오른 두 번째 물음의 두 경우.

이러한 또는 저러한 마음씨를 선천적인 성질로 자연본성상 갖는다 함
은 이 경우, 그 마음씨가 그것을 품고 있는 인간에 의해 획득된 것이 전혀
아니라는 것, 다시 말해 그가 〔그 마음씨의〕 창시자가 아니라는 것을 의
미하는 것이 아니라, 그 마음씨가 단지 시간상에서 획득된 것이 아니라는
것(즉 인간은 **어려서부터 줄곧** 이러하거나 저러하다[39]는 것)을 의미한다.[40] 이
마음씨, 다시 말해 준칙들을 채택하는 제일의 주관적 근거는 오직 유일한
마음씨일 수 있으며, 자유의 전체 사용에 보편적으로 관여하는 것이다.
그러나 그 마음씨 자신 또한 자유로운 의사에 의해 채택된 것이어야만 한
다. 왜냐하면 그렇지 않으면 그 마음씨에 대해 책임을 물을 수가 없겠기

들은 덕 **자체**를 (인간이 마땅히 어떠해야만 하는가 하는) 이성의 이념에서 고찰했
기 때문이다. 그러나 사람들이 이 도덕적인 존재자, 즉 인간을 **그 현상에서**, 다시
말해 경험이 그를 우리에게 알려주는 바대로, 윤리적으로 판정하고자 할 때는, 앞
서 언급한 두 질문에 대해 긍정적으로 답할 수 있을 것이다. 왜냐하면 그 경우에 인
간은 순수 이성의 저울 위에서가 (즉 신의 법정 앞에서가) 아니라, 경험의 척도에
따라서 (인간적 심판관에 의해) 판정되기 때문이다. 이에 대해서는 아래에서[38]
더 다루게 될 것이다.

∵

38) 곧 아래 B52=VI46 이하. 여기서 구별하고 있는 '예지체 덕(virtus noumenon)'과 '현상체
덕(virtus phaenomenon)'에 대한 논의 참조.
39) 「창세기」 8, 21: "사람의 마음은 어려서부터 악한 뜻을 품기 마련" 참조.
40) 그러니까 이른바 '선한 마음씨'도 (생물학적 의미의) '선천적'이라기보다는 일종의 '근원적
으로 획득된 것'이라 하겠다. 칸트의 "비판은 절대로 천부의 혹은 선천적인 표상들을 허용
하지 않는다. 비판은 직관에 속하는 것이든 지성개념들에 속하는 것이든 표상들을 모조리
획득된 것으로 납득한다. 그런데 근원적 획득이라는 것도 〔……〕 있다. 따라서 앞서서는 전
혀 실존하지 않던, 그러니까 〔공간 · 시간 형식이나 종합적 통일과 같이〕 이러한 행위〔활
동〕에 앞선 어떤 사상〔事象〕에도 속하지 않던 것의 근원적 획득이 있는 것이다."(ÜE: VIII,
221)

때문이다. 이제 이러한 〔준칙의〕 채택에 대해서는 그 주관적 근거가, 또는 원인〔이유〕이 다시 인식될 수는 없다. (비록 그것에 관해 묻는 것이 불가피하다고 하더라도 말이다. 그렇지 않으면 이 마음씨를 채용하는 준칙이 다시금 제시되어야만 할 것이고, 마찬가지로 그 준칙은 다시금 그 근거를 가질 수밖에는 없기 때문이다.) 그러므로 우리가 이 마음씨를 또는 오히려 그 마음씨의 최상의 근거를 의사의 어떤 최초의 시간상의 작용으로부터 도출할 수는 없기 때문에, 우리는 그 마음씨를 의사에 자연본성적으로 속하는 의사의 성질 — 이것은 사실은 자유에 기초해 있는 것임에도 불구하고 — 이라고 부른다. 그러나 우리가 "인간은 자연본성상 선하다 또는 악하다."고 말할 때의 인간은 개별적인 인간으로가 아니라 — 그럴 경우에는 어떤 인간은 자연본성상 선하고, 다른 어떤 인간은 악하다고 받아들여질 수 있겠으니 말이다 —, 오히려 전 인류로 이해되는 것이 적격의 일이고, 이 점은

B15 오직 계속해서 인간학적 탐구를 통해, 우리로 하여금 인간에게 두 성격 중 하나를 선천적인 것으로 부여할 권리를 갖게끔 하는 근거들이, 그 성격으로부터 어떠한 인간도 제외할 근거가 없고, 그러므로 그 성격이 인류에 타당하다는 그러한 성질의 것임이 밝혀질 때에야 증명될 수 있을 것이다.

VI26

I.
인간 자연본성 안에 있는 선의 근원적 소질에 대하여

우리는 소질을 그 목적과 관련하여, 인간 규정의 요소들[41]로서, 적절하게 세 부류로 나눌 수 있다.

1) **생명체**로서의 인간의 **동물성**의 소질 ;

2) 생명체이면서 동시에 **이성적** 존재자로서의 **인간성**의 소질 ;

3) 이성적이면서 동시에 **귀책 능력이 있는** 존재자로서의 **인격성**의 소질.※

※ 이〔인격성의〕 소질을 그 앞의〔인간성의〕 소질 개념 안에 이미 함유되어 있는 것으로 볼 수는 없고, 오히려 반드시 하나의 특수한 소질로 보지 않으면 안 된다. 무릇 어떤 존재자가 이성을 가지고 있다는 사실로부터 이 이성이 의사를 무조건적으로, 보편적 법칙수립을 위한 그 준칙들의 자격에 대한 순전한 표상을 통해 규정하고, 그러므로 그 자신만으로 실천적일 수 있는 능력을 함유한다는 귀결이 나오지는 않기 때문이다.[42] 적어도 우리가 통찰할 수 있는 한에서는 그러하다. 최고로 이성적인 세계존재자라도 그의 의사를 규정하기 위해서는 경향성의 객관들로부터 나오는 모종의 동기들을 언제나 필요로 할 것이다. 그러나 그는 이 객관들에 대해서, 그 동기들의 최대의 총합과 그 동기들에 의해 규정된 목적을 달성하기 위한 수단들에 관하여 가장 이성적인 성찰을 할 것이다. 동기로서, 그것도 최고의 동기로서 자신을 알리는, 단적으로 지시명령하는 도덕법칙 같은 것의 가능성에 대해서는 아는 바 없이도 말이다. 만약 이러한 법칙이 우리 안에 주어져[43] 있지 않다면, 우리는 그것을 하나의 법칙으로 이성을 통해 교묘하게 생각해낸다거나 의사에 억지로 떠맡기지는 못할 터이다. 그러나 역시 이 법칙은 우리로 하여금 우리 의사가 여타 모든 동기들에 의한 규정으로부터 독립적임(즉 우리의 자유)을, 그리고 이와 함께 동시에 모든 행위들의 귀책능력이 있음을 의식하게 하는 유일한 것이다.

B16

∵

41) 이하의 칸트 견해는 '인간은 이성적 동물'이라는 전통적인 정의에 대한 해석으로 볼 수 있다. 인간이 '동물적'이면서 동시에 '이성적' 존재자라면, 이 이성성은 인간성과 인격성의 두 겹을 갖는다. 그러나 '인격성'을 신적 존재자에게 기대할 수 있는, 그러니까 인간에게서는 '꾸밈(person, 僞)'이라고 볼 때, '인간성'이야말로 '이성적 동물성'을 표상하는 것으로 볼 수 있다. 그래서 이를 '인간성'이라고 지칭하는 것은 충분히 적절하다.
42) 이는 '이론'이성과 '실천'이성, '경험적' 실천이성과 '순수한' 실천이성의 구별을 시사하는 것으로, 영리한 짐승들도 자기 행복을 얻기 위한 '셈하는' 이성을 가지고 있다고 말할 수 있을 것이나, 셈하는 능력을 가진 자들이 도덕법칙을 수립하는 순수 실천이성 또한 반드시 갖는다고 말할 수는 없을 것이다.
43) 곧 선험적으로 주어져.

1. 인간 안의 **동물성**의 소질은 물리적이고 순전히 **기계적인**[44] 자기사랑, 다시 말해 그를 위해서는 이성이 필요하지 않을 자기사랑이라는 일반적 명칭 아래에 넣을 수 있다. 이 소질은 삼중적이다. 즉 **첫째로**, 자기 자신의 보존의 소질 ; **둘째로**, 성충동에 의한 자기 종〔種〕의 번식의 소질, 그리고 성적 교접을 통해 낳은 것의 보존의 소질 ; **셋째로**, 다른 인간들과의 공동생활〔유대〕의 소질, 다시 말해 사회로의 충동이 그것이다. —이 소질

위에 온갖 패악이 접목될 수 있다. (그러나 이 패악들은 저 소질로부터, 이를 뿌리로 해서 저절로 발아하는 것은 아니다.) 이것들은 자연 **야성**의 패악이라고 일컬어질 수 있다. 그리고 그것들이 자연목적에서 최고로 이탈하면 **금수적**〔짐승 같은〕 **패악들**이라 불리는데, **폭음폭식**, **환락**〔음탕함〕, (타인과의 관계에서의) **야만적 무법성**이 그런 것이다.

2. **인간성**의 소질들은 물리적이기는 하지만, 그럼에도 **비교하는**—이에는 이성이 필요하다[45]—**자기사랑**[46]이라는 일반적 명칭 아래에 넣을 수 있다. 그것은 곧 타인과의 비교에서만 자신이 행복한지 불행한지를 판정하는 것이다. 이[47]로부터 **타인의 의견 중에서 하나의 가치를 얻으려 하는** 경향성이 생겨난다. 그 가치는 근원적으로 순전히 평등의 가치로서, 그것은 어느 누구에게도 자신의 위에 서는 우월성을 허락하지 않는 것이며, 타인들이 그러한 우월성을 얻으려 애쓸 것이라는 끊임없는 걱정과 결합

••

44) 칸트는 「보편사의 이념」〔IaG〕(1784)에서 이를 "동물적 현존의 기계적 질서"(IaG, 제3명제: VIII, 19)라고 말한다.

45) 비교는 곧 계산이기 때문에.

46) Rousseau는 "비교의 대상인 자기사랑은 결코 충족되지 않으며, 결코 충족될 수도 없다. 자신을 타인에 앞세우려는 이러한 감정은 타인에게 그들 자신보다도 우리를 앞세울 것을 요구하기 때문이다."(*Émile ou De l'éducation*, IV)고 말한 바 있다.

47) 곧 이러한 비교하는 자기사랑.

되어 있는 것이다. 이러한 걱정으로부터 점차 자기가 타인 위에 서는 우월성을 획득하려는 부당한 욕구가 생긴다. ─ 이 위에, 곧 **질투심**과 **경쟁심**에 우리가 남으로 간주하는 모든 이에 대한 숨겨진 그리고 공공연한 적대감이라는 최대의 패악들이 접목될 수 있다. 그럼에도 이러한 패악들은 본래 자연으로부터, 이를 뿌리로 해서, 저절로 발아하는 것이 아니라, 오히려 타인들이 걱정스럽게도 우리 위에 서는, 우리에게 혐오스러운 우월성을 얻으려 할 때에 [자기] 안전을 위해 예방책으로서 타인들 위에 서는 우월성을 마련하려는 경향성들이다. 자연은 그러한 겨루기─이것 자체는 교호적인 사랑을 배제하지 않는다─의 이념도 단지 문화로의 동기로 이용하고자 했을 것이니 말이다. 그래서 이러한 경향성에 접목된 패악들은 문화의 패악들이라고도 일컬어질 수 있고, 최고도로 악의적일 때에는 (그때 그 악의성은 한갓 인간성을 넘어서는 악의 최대한의 이념이기에), 예컨대 **시기, 배은망덕, 남의 불행을 기뻐함**[고소해함] 등에서 보는바 **악마적**[악마 같은] **패악들**이라고 불린다. B18

3. **인격성**의 소질은 도덕법칙에 대한 존경의 감수성, 즉 **의사**[의지]**의 그 자체만으로써 충분한 동기**의 감수성이다. 우리 안에 있는 도덕법칙에 대한 순전한 존경의 감수성은 도덕 감정이겠는데, 그것 자체만으로는 아직 자연소질의 목적을 이루는 것이 아니고, 오직 그것이 의사의 동기인 한에서만 그러하다. 그런데 이러한 일은 자유의사가 그것[48]을 자기의 준칙 안에 채용함으로써만 가능하므로, 그러한 의사의 성질은 선한 성격이다. 이러한 선한 성격은, 일반적으로 자유의사의 모든 성격이 그러하듯이, 오직 획득될 수 있는 어떤 것이다. 그러나 그런 일이 가능하기 위해서

⁘

48) '도덕 감정'으로 볼 수도 있겠으나, '도덕법칙'으로 보아야 할 것이다.

는 그 위에 절대로 어떠한 악도 접목될 수 없는 소질이 우리의 자연본성 안에 현재하지 않으면 안 된다. 〔그러나〕도덕법칙의 이념은, 이것과 분리될 수 없는 존경과 함께, 그것만으로는 **인격성**의 **소질**이라고 부르는 것이 적합하지 않다. 도덕법칙의 이념은 인격성 자체(즉 전적으로 지성적으로 고찰된 인간성 이념)인 것이다. 그러나 우리가 이 존경을 동기로서 우리 준칙 안에 채용하는 것, 이를 위한 주관적 근거는 인격성에 부가되어 있는 것으로 보인다. 그래서 그것은 인격성을 위한 소질이라는 이름을 얻을 만하다.

이상에서 언급한 세 소질들을 그 가능성의 조건들에 따라 고찰하면, 우리가 알게 되는 바는, **첫 번째** 소질은 이성을 그 뿌리로 갖지 않으며, **두 번째** 소질은 실천적이되, 단지 다른 동기들에 봉사하는 이성을 그 뿌리로 갖고, **세 번째** 소질만이 그 자체로 실천적인, 다시 말해 무조건적으로 법칙수립적인 이성을 그 뿌리로 갖는다는 사실이다. 인간 안에 있는 이 소질들은 모두 (소극적으로) **선할**(즉 도덕법칙과 상충되지 않을) 뿐만 아니라, 〔적극적으로〕**선의** 소질들이기도 하다(즉 그것들은 도덕법칙의 준수를 촉진한다). 이 소질들은 **근원적**인 것이다. 그것들은 인간 자연본성의 가능성에 속하기〔인간 자연본성을 가능하게 하는 것들이기〕때문이다. 인간이 앞의 두 소질들을 그 목적에 어긋나게 사용할 수는 있지만, 그렇다고 해도 그 것들 중 어느 하나라도 말살할 수는 없다. 어떤 존재자의 소질들이란 그 존재자에게 필요한 구성요소들을 뜻할 뿐만 아니라, 또한 그러한 존재자이기 위한 그 구성요소들의 결합의 형식들을 뜻한다. 소질들이 어떤 그러한 존재자의 가능성에 필연적으로 속한다면〔어떤 그러한 존재자를 가능하게 하는 데 필연적인 것이라면〕, 그것들은 **근원적**인 것이다. 그러나 만약 그 존재자가 그러한 소질 없이도 자체로 가능할 것이라면, 그 소질들은 **우연적**인 것이다. 한 가지 더 주의할 것은, 여기서는 다만 욕구능력과

의사의 사용에 직접적으로 관련한 소질들만이 논의거리라는 점이다.

II.
인간 자연본성 안에 있는 악으로의 성벽에 대하여

나는 **성벽**(性癖[49])을 그 가능성이 인간성 일반에 대해 우연적인, 그런 경향성(습성적 욕구, **欲情**[50])을 가능하게 하는 주관적 근거로 이해한다.※+ 성벽은 선천적인 것일 수 있으나, 그럼에도 그러한 것으로 생각되어서는 **안 되고**, 오히려 (그 성벽이 선한 것이라면) **획득된** 것으로, 또는 (그 성벽이

B21 VI29

※+[51] 성벽은 본래 단지 향락 욕구의 **성향**인바, 주관이 향락을 경험하고 나면 그 향락이 그에 대한 **경향성**을 만들어낸다. 그래서 모든 거친 인간들은 도취를 야기하는 사물들에 대한 성벽을 갖는다. 왜냐하면 그들 중의 다수는 도취에 대해서 전혀 알지 못하고, 그러므로 도취를 일으키는 사물들에 대한 욕구를 전혀 가지고 있지 않으면서도, 단 한 번이라도 그러한 사물들을 맛보게 하면 그들에게는 그것에 대한 거의 절멸할 수 없는 욕구가 만들어지기 때문이다. — 욕구의 객관을 잘 알고 있음을 전제하는 성벽과 경향성 사이에 또한 **본능**이 있다. 본능이란 사람들이 (동물들의 기술〔技術〕 충동이나 성적 충동처럼) 그에 대해 아직 아무런 개념을 가지고 있지 못한 어떤 것을 행하거나 향유하려는 감정적인 필요욕구이다. 끝으로 경향성 다음에 욕구능력의 또 하나의 단계가 있으니, 즉 **열정**이다. (열정은 정서가 아니다. 왜냐하면 정서는 쾌·불쾌의 감정에 속하는 것이니 말이다.) 열정은 자기 자신에 대한 지배를 배제하는 경향성이다.

VI29

∶∶

49) 원어: propensio.
50) 원어: concupiscentia. B판 추가.
51) 이 주해는 앞서 머리말 BXXV에서 언급한 *Neueste critische Nachrichten*, St. 29(Greifswald 1793)의 비평문에서(S. 225~229) 개념 정의를 요구받은 것에 대한 응답으로 보인다.

악한 것이라면) 인간 자신에 의해 **초래된** 것으로 생각될 수 있다는 점에서 소질과는 구별된다. 그러나 여기서의 논의거리는 본래적 악으로의, 다시 말해 도덕적-악으로의 성벽뿐이다. 도덕적-악은 단지 **자유로운** 의사의 규정으로서만 가능하되, 이 의사는 그것의 준칙을 통해서만 선 또는 악으로 판정될 수 있으므로, 도덕적-악은 준칙들을 도덕법칙에서 이탈 가능하게 하는 주관적 근거 안에 있는 것이 틀림없다. 그리고 만약 이러한 성벽이 인간에게 (그러므로 인류의 성격에) 보편적으로 속하는 것으로 상정될 수 있는 것이라면, 인간의 악으로의 **자연본성적인** 성벽이라고 부를 수 있을 것이다. ―덧붙여 말할 수 있는바, 이 자연본성적인 성벽에서 생기는, 도덕법칙을 자기의 준칙 안에 채용하거나 하지 않는 의사의 유능과 무능은 **선한 심정〔마음〕**[52] **또는 악한 심정〔마음〕**이라고 부를 수 있겠다.

사람들은 이것[53]의 상이한 세 단계를 생각할 수 있다. 즉 **첫째로**는, 취한 준칙 일반을 준수함에 있어서 인간 심정의 연약함, 또는 인간 자연본성의 **허약성** ; **둘째로**, (설령 좋은 의도에서, 그리고 선의 준칙 아래에서 일어나는 일이더라도) 비도덕적인 동기들과 도덕적 동기들을 뒤섞으려는 성벽, 다시 말해 **불순성** ; **셋째로**, 악한 준칙들을 채택하려는 성벽, 다시 말해 인간 자연본성의 또는 인간 심정의 **악의성**이 있다.

첫째로, 인간 자연본성의 허약성(虛弱性)은 한 사도[54]의 탄식 속에서조차 다음과 같이 표현된 바 있다: "나는 호의를 가지고 있으나, 완수가 없

••

52) 원어: Herz. 예컨대 Luther가 'Herz(cor)'를 죄악의 장소로 보았듯이, 많은 사람들은 당시에 '심정〔마음〕(Herz)'과 '이성(Vernunft)'을 대립시켰으나, 칸트는 순전한 이성 안에서의 '심정〔마음〕'을 거론하고 있다.
53) 곧 인간의 악으로의 자연본성적인 성벽.
54) 곧 사도 바울.

다."[55] 다시 말해, 나는 선(즉 법칙)을 나의 의사의 준칙 안에 채용하되, 객관적으로 이념 중에서는(命題上으로[56]는) 무적[無敵]의 동기인 이것이 주관적으로는(實際上으로[57]는), 즉 준칙이 준수되어야만 하는 때에는, (경향성에 비해) 더 허약한 동기인 것이다.

둘째로, 인간 심정의 **불순성**(不純性, 不良性)은 준칙이 그 객관의 면에 VI30 서는 (법칙의 의도적인 준수의 면에서는) 선하기도 하고 어쩌면 그 실행을 위해서 충분히 힘이 있기도 하나, 순수하게 도덕적이지는 않다는 점에 있다. 다시 말해 〔이 불순성은〕 마땅히 그러해야만 한 것처럼 법칙 **그것만을 충분한 동기로서** 그[58] 안에 채용한 것이 아니라, 의무가 요구하는 바로 의사를 규정하기 위해서 그 동기 외에 흔히(어쩌면 항상) 또 다른 동기들을 필요로 한다는 점에 있다. 바꿔 말하자면, 의무에 맞는 행위들이 순수하게 의무로부터〔의무이기 때문에〕 행해지는 것이 아니라는 점에 있다.

셋째로, 인간 심정의 **악의성**(邪惡性, 歪曲性), 또는 (만약 사람들이 차라리 B23 이렇게 부르고 싶다면) **부패성**(腐敗性)은 도덕법칙으로부터의 동기를 다른 (도덕적이지 않은) 동기들 뒤에 놓는 준칙들을 세우려는 의사의 성벽이다. 이것은 또한 인간 심정의 **전도성**(顚倒性)[59]이라고도 일컬을 수 있는데, 그것은 이것이 **자유로운** 의사의 동기들에 대하여 윤리적 순서를 거꾸로 뒤

⁝

55) 「로마서」 7, 18: "내 안에 원의가 있기는 하지만, 그 좋은 것을 하지는 못합니다." 또 「로마서」 7, 15: "나는 내가 바라는 것을 하지 않고 오히려 내가 싫어하는 것을 합니다." 참조.
56) 원어: in thesi. 직역하면 '定立에서.' 달리 표현하자면 '定言的으로.'
57) 원어: in hypothesi. 직역하면 '假定에서.' 달리 표현하자면 '假言的으로.'
58) 곧 준칙.
59) 원어: Verkehrtheit(perversitas). Luther는 「잠언」 17, 20: "qui perversi cordis est non inveniet bonum(심정이 전도된〔마음이 올바르지 않은〕 자는 행복을 얻을 수 없다.)"를 "Ein verkehrtes Herz findet nichts Gutes(전도된 심정〔마음〕은 아무런 선도 보지 못한다.)"라고 옮기고 있다.

집어놓는 것이기 때문이다. 설령 그와 함께 언제나 법칙적으로 선한 (적법한) 행위들이 존속한다고 하더라도, 그 사유방식[성향]은 그로써 그 뿌리에서 (도덕적 마음씨에 관해서 말하자면) 부패한 것이며, 그 때문에 그 인간은 악하다고 지칭되는 것이다.

여기서 인간에게는, 심지어 (행위들의 면에서) 가장 선한 인간에게조차도 악으로의 성벽이 배치되어 있다는 것을 사람들은 인지하게 되는데, 이러한 일은, 인간 가운데에 악으로의 성벽의 보편성이, 또는 이 경우 같은 말이지만, 이러한 성벽이 인간의 자연본성에 섞여 짜여 있음이 증명되어야 한다면, 일어날 수밖에 없는 것이다.

선한 윤리의(善한 禮儀의[60]) 사람과 윤리적으로 선한(道德的으로 善한[61]) 사람 사이에는, 그 행위들의 도덕법칙과의 합치에 관한 한, 아무런 차이가 없다.(적어도 아무런 차이가 없어도 된다.) 단지 차이가 있다면, 전자의 경우에는 그 행위들이 법칙을 유일한 최상의 동기로 삼는 일이 언제나 그런 것이 아니며, 어쩌면 **결코** 그런 일이 없으며, 반면에 후자의 경우에는 **항상** 그러하다는 점이다. 전자에 대해서 말할 수 있는 바는, 그는 법칙을 **문자**대로 (다시 말해, 법칙이 지시명령하는 행위에 관한 한) 따른다는 것이고, 반면에 후자에 대해서 말할 수 있는 바는, 그는 법칙을 **정신[영]**에 따라—도덕법칙의 정신이란 이 법칙이 그것만으로 동기로서 충분하다는 점에 있거니와—지킨다는 것이다.[62] **이 신앙으로부터 일어나지 않은 것, 그것**

∴

60) 원어: bene moratus. 바꿔 말해, '예의 바른.'

61) 원어: moraliter bonus.

62) 「코린트 제2서」 3, 6: "하느님께서 우리에게 새 계약의 일꾼[봉사자]이 되는 자격을 주셨습니다. 이 계약은 문자가 아니라 정신[성령]으로 된 것입니다. 문자는 사람을 죽이고, 정신[성령]은 사람을 살립니다." 또 「로마서」 7, 6: "그러나 이제 우리는 우리가 매여 있던 율법[법칙]에서 해방되었고, 율법에 대해서는 죽어, 더 이상 법전[문자]의 옛 방식이 아니라,

B24

은 (그 사유방식〔성향〕에서) **죄이다.**[63] 왜냐하면 만약 의사를 **합법칙적인** 행위들로 향하도록 규정하기 위해 법칙 자신 이외에 다른 동기들이 (예컨대, 명예욕, 자기사랑 일반, 동정심과 같은 선량한 본능이라도) 필요하다면, 행위들이 법칙과 합치하는 일은 한낱 우연적인 것이기 때문이다. 무릇 그 행위들은 법칙을 위반하는 데로 나갈 수도 있을 것이니 말이다. 그러므로 〔그럴 경우〕인격의 모든 도덕적 가치가 그것의 선함에 따라 평가되어야 하는 준칙은 반법칙적인 것이고, 인간은 순정하게 선한 행위들을 한다고 할지라도 악한 것이다.

VI31

이러한 성벽의 개념을 규정하기 위해서는 다음의 해명이 더 필요하다. 모든 성벽은 물리적인 것, 다시 말해 자연존재자로서의 인간의 의사에 속하는 것이거나, 또는 도덕적인 것, 다시 말해 도덕적 존재자로서의 인간의 의사에 속하는 것이다. 전자의 의미에서는 도덕적 악으로의 성벽 같은 것은 없다.[64] 왜냐하면 도덕적 악이란 자유에서 생기는 것이 틀림없는데, 선으로든 악으로든, 어떤 자유 사용으로의 (감성적 충동에 기초하고 있는) 물리적 성벽이란 모순이기 때문이다. 그러므로 악으로의 성벽은 오직 의사의 도덕적 능력에만 부착해 있을 수 있다. 무릇 그러나 우리 자신의 **행실**인 것 외에 윤리적-(다시 말해, 귀책 능력 있는-)악이란 없다. 이에 반해 사람들은 성벽이란 개념을 **모든 행실에 선행하는,** 그러니까 그 자신 아직 행실이 아닌, 의사의 주관적 규정근거라고 이해한다. 악으로의 순전한 성

B25

••

성령〔정신〕의 새로운 방식으로 섬긴다〔봉사한다〕." 참조.

[63] 「로마서」 14, 23: "믿음에서 우러나오지 않은 것은 모두 죄입니다." 참조.

[64] 칸트에서와 같은 '선' 가치의 동기주의에서는 마땅히 이러하겠다. 그러나 행위의 결과에서 '선' 가치를 판정해야 한다고 보는 결과주의자들의 관점에서는 다량의 악을 결과로 낳는 물리적 성벽(예컨대, 도벽)이 있다 하겠다.

벽이라는 개념에는, 만약 이 〔행실이라는〕 표현이 가령 두 가지 서로 다른 의미로, 그럼에도 양자가 자유의 개념과 합일될 수 있는 의미로 받아들여 질 수 없다면, 하나의 모순이 있기 때문이다. 그러나 행실이라는 표현 일 반은 최상의 준칙을 (법칙에 맞든 어긋나든) 의사 안에 채용하는 자유의 사 용에 대해서도 그리고 또한 행위들 자신을 (그것들의 질료〔실질내용〕의 면에 서, 다시 말해 의사의 객관〔대상〕들에 관하여) 저 준칙에 준거해서 행하는 때 의 자유의 사용에 대해서도 적용될 수 있다. 이제 악으로의 성벽은 첫째 의미에서의 행실(즉 原罪〔原本的 罪惡〕[65])로, 그리고 동시에 둘째 의미에 서의 모든 반법칙적인 행실의 형식적 근거로 이해된다. 이 반법칙적인 행 실은 그 질료〔실질내용〕의 면에서 법칙과 상충하는 것으로, 패악(즉 派生 的 罪惡[66])이라고 부른다. 그리고 (법칙 자신 안에 있는 것이 아닌 동기들에서 의) 두 번째 죄책은 다양하게 피할 수 있다 해도, 첫 번째 죄책은 그대로

B26 남는다. 첫째의 죄책은 예지적인 행실로서, 순전히 이성을 통해 일체의 시간조건을 떠나서도 인식 가능한 것이고, 둘째의 죄책은 감각적이고 경 험적인 것으로서, 시간상에 주어지는 것(現象體 行實/事實[67])이다. 무릇 전자를 특히 후자와 비교해서 순전한 성벽이라고, 그리고 선천적[68]인 것 이라고 일컫는다. 왜냐하면 이 성벽은 근절될 수가 없는 것이기 때문이

∷

65) 원어: peccatum originarium.

66) 원어: peccatum derivativum.

67) 원어: factum phaenomenon. 이 대목에서는 독일어 'Tat'를 '행실'로 옮기고 있으니, 그 에 대응하는 라틴어 'factum' 또한 '行實'로 옮겨야 할 것이나, 다른 곳에서는 '이성의 사 실(Factum der Vernunft)'(*KpV*, A56=V31)처럼 옮기는 것이 합당하기에 그 상관성을 고 려하여 '事實'을 병기한다.

68) 앞서 말한 바처럼, 생물학적 의미의 '선천적'이라기보다는, '근원적 획득'이라는 의미에서 '선험적'과 같은 것을 지칭한다.

다. (즉 그렇게 하기 위해서는 최상의 준칙이 선의 준칙이어야만 할 것인데, 그 준칙이 저 성벽 자신에서 악한 것으로 상정되고 있으니 말이다.) 이것이 특히 그 VI32 러한 것은, 우리가 왜 우리 안에서 악이 바로 그 최상의 준칙을 부패시켰는가에 대해, 이것이 우리 자신의 행실임에도 불구하고, 우리의 자연본성에 속하는 근본속성에 대해서나 마찬가지로 그 이유를 제시할 수 없기 때문이다. 지금 말한 바로부터 사람들은, 왜 우리가 이 절의 맨 처음에서 도덕적인 악의 세 원천을, (수용성인) 감성을 촉발하는 것 안에서 아니라, 자유법칙들에 따라서 우리의 준칙들을 취하거나 준수하는 최상의 근거를 촉발하는 것 안에서 구했는가를 알게 될 것이다.

III.
인간은 자연본성적으로 악하다

"缺陷 없이 태어나는 자는 없다."(호라티우스)[69]

'인간이 **악**하다.'는 명제는 이상 논의한 바에 따르면 다름 아니라 '인간은 도덕법칙을 의식하고 있으되, 법칙으로부터의 (때때로의) 이탈을 자기의 준칙 안에 채용했다.'는 것을 말하고자 하는 것이라 할 수 있다. '인 B27 간이 **자연본성적으로** 악하다.' 함은 이 사실이 인류의 관점에서 본 인간에게 타당하다는 것을 말하는 것이다. 그러나 마치 그러한 질〔質〕이 인간의 유개념(즉 인간 일반의 개념)으로부터 추론될 수 있는 것처럼이 아니라— 왜냐하면 이럴 경우에는 그 질은 필연적[70]인 것일 터이기 때문이다—,

69) Q. F. Horatius, *Satirae I(Sermonum liber primus)*, 3, 68.

인간은 경험을 통해 그를 아는 바에 따르면 그렇게 판정할 수밖에 없다는 것, 또는 사람들은 인간이 그러함을 모든 인간 안에서, 가장 선한 인간 안에서조차도, 주관적으로 필연적[71]인 것으로 전제할 수 있다는 것을 말하는 것이다.[72] 이제 이 성벽은 그 자신 도덕적으로 악한 것으로, 그러니까 자연소질로서가 아니라, 인간에게 귀책적인 어떤 것으로 보여야 하고, 따라서 의사의 반법칙적인 준칙들 안에서 존립하는 것이 틀림없다. 그러나 이 준칙들은 자유로 인하여 그 자체를 우연적인 것으로 보지 않을 수 없고, 이것은, 만약 모든 준칙의 주관적인 최상의 근거가, 무엇에 의해서든지 간에, 인간성 자체와 함께 짜여 있고, 그리하여 말하자면 그 안에 뿌리박고 있는 것이 아니라면, 이러한 악의 보편성과는 다시금 서로 운[韻]이 맞지 않을 것이다. 그렇기 때문에 우리는 이 근거를 악으로의 자연본성적인 성벽이라고 부를 수 있고, 또 그러면서도 그것은 언제나 자기 죄책적인 것일 수밖에 없으므로, 그것 자신을 인간의 자연본성 안에 있는 **근본적인**, 선천적인 (그럼에도 불구하고 우리 자신에 의해서 초래된) 악이라고 부를 수 있다.

무릇 그러한 **부패한**[73] 성벽이 인간 안에 뿌리박고 있음이 틀림없다는 사실에 관해서는 **인간들의 행실에서의** 경험이 우리 눈앞에 제시하는 다량의 뚜렷한 실례들이 있으므로 그에 관한 형식을 갖춘 증명을 우리는 생

VI33 B28

∴
70) 곧 논리적으로 또는 객관적으로.
71) 곧 초월론적으로 또는 반성적으로.
72) 그러니까 "인간이 자연본성적으로 악하다." 함은 그 악성이 인간의 개념으로부터 논리적으로 추론된 것(이성론)도 아니고, 그렇다고 인간이 감각경험을 하는 중에 획득한 것도 아니고(경험론), 그것을 선천적(angeboren)으로 가지고 있음을 전제하지 않고서는 인간의 악으로의 성벽을 설명할 수가 없다('초월론')는 것을 말한다.
73) A판: "상[傷]한."

략할 수 있을 것이다. 만약 사람들이 그러한 실례들을 많은 철학자들이 인간 〔자연〕본성의 자연〔본성〕적인 선량함을 특히 만나리라 희망했던 그 상태에서, 곧 이른바 **자연상태**에서 얻고자 한다면, 사람들은 단지 **토포아,**[74)] **뉴질랜드, 사모아 제도**〔諸島〕에서의 살인 장면에서 보는 끔찍한 잔혹성의 광경들[75)]과 (헌[76)] 선장이 전해주는바) 북서 아메리카의 광활한 황야에서, 그로부터 어떤 인간도 조금만큼의 이익도 얻지 못하는 경우에서조차,[※+] 끊임없이 반복되는 저러한 광경들을 저 가설과 비교해보는 것이 좋

※ + 가령 아라다페스카우[77)] 인디언과 훈드스리펜[78)] 인디언 사이의 끊임없는 전쟁은 순전히 살육 이외의 다른 어떤 의도도 가지고 있지 않은 것과 같다. 전쟁에서의 용기는 야만인들의 생각에는 최고의 덕이다. 개명된 상태에서도 용기는 경탄의 대상이며, 이것을 유일한 공적으로 삼는 신분계층이 요구하는, 특별한 존경의 근거이다. 그리고 이것은 이성 안에 아무 근거도 없는 것이 아니다. 무릇 인간이 자기 생명보다도 더 높이 평가하고 그에서는 모든 사리사욕을 단념하는 어떤 것(즉 명예)을 갖고 그것을 목적으로 삼을 수 있다는 것은 인간의 소질 안에 있는 모종의 숭고성을 증명하는 것이기 때문이다. 그럼에도 우리는 승리자들이 자기들의 위업(박살, 가차없는 살육 등)을 찬양하면서 편안해함에서 한낱 그들의 우월성과 그들이 결과할 수 있었던 파괴만을 볼 뿐, 그들이 본래 무엇인가 좋은 일을 지향한 어떤 다른 목적은 보지 못한다.[79)]

∴

74) Topoa. Tofua로 표기되기도 하며, 오스트레일리아 동쪽 사모아 제도 아래쪽에 있는 Tonga에 속하는 작은 섬.

75) 프랑스의 탐험가 Pierre Sonnerat(1748~1814)의 *Voyage aux Indes orientales et à la Chine, fait depuis 1774 jusquá 1781*(1782)에서 이에 대한 서술을 읽을 수 있다.

76) Samuel Hearne(1745~1792). 영국의 여행가인 Hearne의 짤막한 이야기가 *Cook's Third Voyage*(London 1784)의 서론에 실려 있는데, 칸트는 이 책의 독일어 번역본 Georg Förster, *Geschichte der Reisen die seit Cook an der Nordwest- und Nordsötküste von Amerika und in dem nördlichsten Amerika unternommen worden*(3. Bde., Berlin 1792)을 읽은 것으로 보인다.

77) Arathavescau(= Arathapescaw).

을 것이다. 사람들은 이러한 의견[80]과 달리 하기 위해 필요한 것 이상으로 야만성의 패악을 가지고 있다. 그러나 만약 사람들이, 인간의 자연본성은 (거기에서 자연본성의 소질이 더 완벽하게 발달할 수 있는) 개명된 상태에서 더 잘 인식될 수 있다는 의견에 동의한다면, 그 사람들은 인간성을 고발하는 우울한 장탄식에 귀를 기울이지 않으면 안 될 것이다. 즉 가장 친밀한 우정에서조차 은밀한 허위가 있으므로 가장 가까운 친구들 사이에서 마음을 서로 여는 데 있어서도 신뢰를 제한하는 것이 교제에서의 영리함의 보편적 준칙으로 여겨진다는 것, 사람은 그에게 책무가 있는 이를 미워하는 성벽이 있으므로 자선하는 사람은 항상 이 점을 각오하지 않으면 안 된다는 것, 진심어린 호의를 가짐에도 "우리의 가장 친한 친구들의 불행이 우리에게 전적으로 부적의[不適意]하지는 않다."[81]는 주의점을 인정하게 된다는 것, 그리고 다른 많은 겉모습의 미덕 속에도—항차 마각을 드러낸 것을 말할 것도 없이—숨겨져 있는 패악들이 있다는 것 등에 대한 탄식에 귀를 기울이지 않으면 안 될 것이다. 왜냐하면 우리에게 이미 선하다고 일컬어지는 자가 **일반적 부류의 악인의 한 사람**이기 때문이다. [이로써] 그는 **문화**와 문명의 (모든 패악들 중에서 가장 병적인) 패악들에 넌더리

가 나서, 그 자신이 다른 또 하나의 패악, 곧 인간증오의 패악을 일으키지 않기 위해서, 차라리 인간의 거동들에서 눈을 돌려버릴 것이다. 그러나 그가 이것으로도 아직 만족하지 못한다면, 단지 두 상태[82]가 놀라운 방식

••

78) Hundsrippen(= Dog Rib).

79) 이 원주 전체 B판 추가.

80) 곧 자연상태에서의 인간은 선량하다는.

81) François de La Rochefoucauld(1613~1680), *Réflexions ou sentences et maximes morales*(Paris 1678), No. 583: "Dans l'adversité de nos meilleurs amis, nous trouvons toujours quelque chose qui ne nous déplaît pas" 참조.

으로 합성되어 있는 상태, 곧 여러 민족들의 외적〔국제적〕관계상태만을 고려해보는 것으로도 좋다. 문명화된 민족들은 야만적인 자연상태(즉 지속 B30 적인 전쟁체제의 상태)에서 서로 맞서 있고, 그러한 상태에서 결코 벗어날 수 없다고 굳게 믿고 있는 것이다. 그리고 그는 국가들※⁺이라고 불리는

※⁺ 사람들이 이 국가들의 역사를 한낱 우리에게 많은 부분이 숨겨져 있는 인간성의 내적 소질의 현상으로 본다면, 국가들의(즉 민족들의) 목적이 아니라 오히려 자연의 목적인 목적들에 따르는 자연의 모종의 기계적인 보행을 알 수 있을 것이다. 각각의 국가는 정복하기를 희망하는 이웃 나라가 있는 한, 그 나라를 정복함으로써 자기를 확대하고, 하나의 보편왕국을, 즉 그 안에서 일체의 자유와 그리고 그것과 함께하는 (자유의 결과인) 덕, 취미, 학문이 소멸할 수밖에는 없는 하나의 체제를 향해 애쓴다. 그러나 (그 안에서 법칙〔법률〕들이 점차 그 힘을 상실하는) 이 괴물은, 모든 이웃 나라들을 삼켜버린 다음에, 결국은 저절로 해체되어 봉기와 분열에 의해 많은 작은 국가들로 쪼개진다. 이 작은 국가들은 하나의 국가연합(자유롭게 연맹한 민족들의 공화국)을 향해 노력하는 대신에, 다시금 그들 각각이 전쟁(이 인류의 재앙)을 정말로 끊이지 않게 하기 위해서 똑같은 놀이를 시작한다. 전쟁은 보편적 독재정치라는 무덤(또는 전제정치가 어느 단일 국가 내에서도 약화되지 않게 하기 위한 하나의 국제연맹)보다는 덜 구제 불능한 악이기는 하지만, 그럼에도 옛사람이 말했듯이, 전쟁은 악한 인간들을 제거하기보다는 더 많이 만든다.[83][84]

∴

---

82) 곧 자연상태와 개명된 상태.
83) 칸트는 『영원한 평화』[ZeF]에서도 유사한 인용을 하고 있다: "'전쟁은 악인을 제거하는 것보다 악인을 더 많이 만든다'는 점에서 나쁘다'는 저 그리스인의 격언".(ZeF: VIII, 365; XXIII, 178 참조) '저 고대 그리스인'이 누군인지를 정확히 알 수는 없으나, 아마도 소크라테스 학도이자 퀴니코스학파의 창시자로 일컬어지는 Antisthenes(ca. BC 445~365)이라는 추정이 있다.(Shmuel Samburskly, "Zum Ursprung eines nicht nachgewiesenen Zitates bei Kant", in: Archiv für Geschichte der Philosophie, 59, 1977, S. 280 참조)
84) 이상의 원주 전체 B판 추가.

거대한 사회들의 원칙들이 공개적인 표명[85]과는 정면으로 모순되면서도 결코 폐기될 수 없다는 것, 아직 어떤 철학자도 이 원칙들을 도덕과 일치시킬 수 없었고, 또한 어떤 철학자도 (유감스러운 일이지만) 인간의 자연본성과 합일할 수 있는 더 좋은 원칙들을 제안할 수 없었다는 것을 알게 될

B31 것이다. 그리하여 세계공화국으로서의 국제연맹에 기초한 영원한 평화[86]의 상태를 희망하는 **철학적 천년왕국설**은 전 인류의 완성된 도덕적 개선을 대망[待望]하는 **신학적 천년왕국설**[87]과 마찬가지로 하나의 공상[광신]으로 일반의 비웃음을 받게 된다.

그런데 이러한 악의 근거는 1) 보통 사람들이 그렇게 제시하듯이, 인간의 **감성** 및 이로부터 생긴 자연적 경향성들 **안에** 있는 것이 아니다. 왜냐

VI35 하면 이것들[88]은 악과는 아무런 막바로의 관계도 갖지 않으며, (오히려 도덕적 마음씨를 그 힘에서 증명할 수 있는 것, 즉 덕에게 기회를 주는 것이고,) 그래서 우리는 이것들의 현존에 책임을 질 필요가 없기 때문이다. (우리는 그에 대해 책임을 질 수도 없다. 그것들은 천부적인 것들로 우리가 그 창시자가 아

∴

85) 원어: Vorgeben. 곧 겉으로만 그런 체하는 거짓 주장.
86) 이 종교론에 이어 발간한 『영원한 평화』(1795)에서 칸트는 인류세계의 영원한 평화를 위하여 "각 국가에서 시민적 [헌정]체제는 공화적"(제1 확정조항. ZeF. VIII, 349)이어야 하고, "국제법은 자유로운 국가들의 연방제에 기초해 있어야만 한다."(제2 확정조항. ZeF. VIII, 354)는 구상을 내놓았다. 여기서 칸트는 세계평화를 위해서 하나의 '국제국가(Völkerstaat: civitas gentium)'로서 '세계공화국(Weltrepublik)'을 건설하는 것이 이상적이겠으나, 개별 국가들이 각자의 존립을 원하는 한에서는 하나의 '평화연맹(Friedensbund: foedus pacificum)'으로서 '국제연맹(Völkerbund)'을 구성하는 것이 유일한 현실적 방안이라고 주장했다.
87) 원어: Chiliasm[us]. 또는 Millenarismus. 예수 그리스도의 재림과 이상적 천년왕국의 건설에 대한 신앙. 「요한묵시록」 20, 4~6 참조.
88) 곧 감성 및 이로부터 생긴 자연적 경향성들.

니기 때문이다.) 그러나 우리는 실로 악으로의 성벽에 대해서는 책임을 져야 한다. 악으로의 성벽은 주관의 도덕성과 관련되어 있고, 그러니까 자유로이 행위하는 존재자로서의 주관 안에서 마주치는 것이므로, 스스로 죄책이 있는 주관에게 귀책될 수밖에 없는 것이다. 이 악으로의 성벽은 의사에 깊이 뿌리박혀 있는 것이고, 바로 그 때문에 악으로의 성벽은 자연본성상 인간 안에서 마주친다고 말할 수밖에 없음에도 불구하고 말이다. —이 악의 근거는 또한 2) 도덕적으로-법칙수립적인 이성의 **부패**에 놓일 수도 없다. 이는 마치 이성이 자기 안에 있는 법칙 자신의 권위를 말살하고, 이 법칙에 의한 책무성을 부인할 수 있다는 것인데, 이런 일은 절대로 불가능하기 때문이다. 자신이 자유로이 행위하는 존재자라고 생각하면서 또한 그러한 존재자에게 알맞은 법칙(즉 도덕법칙)에 매여 있지 않다고 생각하는 것은, (자유이기 때문에 자연법칙들에 의한 규정은 해당이 없으므로,) 일체의 법칙 없이 작용하는 원인을 생각하는 것이나 마찬가지이겠는데, 이런 일은 모순이다. —그러므로 인간 안에서 도덕적-악의 근거를 제시하기에는 감성은 너무 적은 것을 함유하고 있다. 왜냐하면 감성은 자유로부터 생겨날 수 있는 동기들을 제거함으로써 인간을 한낱 **동물적인 것**으로 만들기 때문이다. 그 반면에 도덕법칙에서 풀려난, 말하자면 **사악한 이성**(즉 단적으로 악한 의지)은 너무 많은 것을 함유하고 있다. 왜냐하면 그에 의해 법칙 자신과의 상충이 동기로까지 상승됨으로써—무릇 일체의 동기 없이는 의사는 규정될 수 없으므로—주관[주체]을 하나의 **악마적** 존재자로 만들 것이기 때문이다. —그러니 이 둘 중 어느 것도 인간에게는 적용될 수 없다.

B32

그러나 이제 인간의 자연본성에서 이러한 악으로의 성벽의 현존을 시간상에서 실제적인 인간 의사의 법칙과의 상충에 대한 경험적 증명들을 통해 밝혀낼 수 있다 하더라도, 이 경험적 증명들은 우리에게 이 성벽의 본래적 성질과 이 상충의 근거를 가르쳐주지 못한다. 오히려 이 성벽의

B33 본래적 성질은 자유의사와 (그러므로 그 개념이 경험적이지 않은 그러한 것의) 동기로서의 도덕법칙—**이것의**[89) 개념 역시 순수하게 지성적인—과의 관계에 관련되어 있으므로, 악의 개념으로부터 — 이 악이 자유의(즉 책무성과 귀책능력의) 법칙들에 따라서 가능한 것인 한에서 — 선험적으로 인식되지 않으면 안 된다. 악의 개념은 다음과 같이 전개된다.

VI36 인간은 (가장 못된 인간조차도) 어떠한 준칙에서든 간에 도덕법칙을 이를테면 반역적으로(즉 불복종을 선언하면서) 포기하지는 않는다. 도덕법칙은 인간에게 오히려 그의 도덕적 소질의 힘으로 불가항력적으로 육박해온다. 그리고 어떠한 다른 동기도 그것에 반하여 작용하지 않는다면, 인간은 역시 도덕법칙을 의사의 충분한 규정근거로서 그의 최상의 준칙 안에 채용할 것이다. 다시 말해 그는 도덕적으로 선한 것이겠다. 그러나 인간은 또한 자신의 역시 아무 죄과 없는 자연소질로 말미암아 감성의 동기들에 매이며, 그것들을 (자기사랑의 주관적 원리에 따라서) 또한 자기의 준칙 안에 채용한다. 그러나 만약 인간이 (자기 자신 안에 가지고 있는 것인) 도덕법칙에 구애받음이 없이, 이 감성의 동기들을 의사의 규정을 위해 **그 자체만으로도 충분한 것으로** 그의 준칙 안에 채용한다면, 그는 도덕적으로 악한 것이겠다. 이제 인간이 자연스럽게 이 둘[90)을 준칙 안에 채용하고, 또한 이 둘 각각이 독자적으로, 설령 홀로 있다 해도, 의지규정을 위해 충

B34 분하다고 볼 것이기 때문에, 준칙들의 차이가 한낱 (준칙들의 질료인) 동기

••

89) A판에 따름. B판: "거기에서."
90) 곧 도덕법칙과 감성의 동기.

들의 차이에, 곧 법칙이 그러한 동기를 제공하는가, 아니면 감관충동이 그러한 동기를 제공하는가에 있다면, 인간은 도덕적으로 선하면서 동시에 악한 것이겠다. 그러나 이것은 (서론에서 본 바와 같이[91]) 모순이다. 그러므로 인간이 선한가 악한가의 차이는 그가 그의 준칙 안에 채용하는 동기들의 차이에 있는 것이 아니라(즉 준칙의 질료에 있는 것이 아니라), **그가 이 둘 중 어느 것을 다른 것의 조건으로 만드는가 하는 종속관계**(즉 준칙의 형식)에 있을 수밖에 없다. 따라서 인간이(최선의 인간 또한) 악한 것은 오직 그가 동기들을 자기의 준칙 안에 채용할 때 동기들의 윤리적 질서를 전도시키는 것에 의해서뿐이다. 즉 도덕법칙을 자기사랑의 법칙과 나란히 준칙 안에 채용함으로써인 것이다. 그가 하나가 다른 하나의 법칙과 병립할 수 있는 것이 아니며, 오히려 하나가 그것의 최상의 조건인 다른 하나에 종속될 수밖에 없음을 알아챌 때, 그는 자기사랑의 동기와 그 경향성들을 도덕법칙의 준수의 조건으로 삼는 것이다. 후자[92]가 오히려 전자[93]를 충족시키는 **최상의 조건**으로서 유일한 동기인 의사의 보편적 준칙 안에 채용되어야 함에도 말이다.

윤리적 질서에 반하는 그의 준칙에 의한 동기들의 이러한 전도에도 불구하고 그 행위들은, 마치 그것들이 진정한 원칙들로부터 생겨난 것처럼, 충분히 합법칙적인 것으로 보일 수도 있다. 만약 이성이 도덕법칙에 고유한 준칙들 일반의 통일성을 순전히 경향성의 동기들 안에 **행복**이라는 명목 아래서 그 밖에는 그것들에 속할 수 없는 준칙들의 통일성—예컨대 진실성은, 만약 사람들이 그것을 원칙으로 받아들인다면, 우리의 거짓말 B35

VI37

⁑
91) 앞의 B13=VI24 이하 참조.
92) 곧 도덕법칙.
93) 곧 자기사랑의 동기와 그 경향성들.

들이 서로 일치하도록 유지할 수 있을까 그리고 거짓말들의 꾸불꾸불한 길에 스스로 얽혀 들어가지 않을까 하는 불안에서 우리를 벗어나게 한다 —을 집어넣기 위해서 이용한다면, 그때 경험적 성격은 선하다[좋다]고 해도, 예지적 성격은 언제나 악한 것이다.

이제 그러한 [전도에의] 성벽이 인간의 자연본성 안에 놓여 있다면, 인간 안에는 악으로의 자연본성적인 성벽이 있는 것이다. 그리고 이러한 성벽 자체를, 결국에는 자유로운 의사 안에서 찾을 수밖에 없고, 그러니까 책임을 물을 수 있는 것이므로, 도덕적으로 악한 것이다. 이러한 악은 **근본적**인 것이다. 왜냐하면 그것은 모든 준칙들의 근거를 부패시키기 때문이다. 또한 동시에 그것은 자연본성적 성벽으로서 인간의 힘으로는 **절멸할** 수 없다. 이것을 절멸시키는 일은 선한 준칙들에 의해서만 일어날 수 있을 터인데, 모든 준칙들의 최상의 주관적 근거가 부패한 것으로 전제된다면, 이러한 일은 일어날 수가 없기 때문이다. 그럼에도 불구하고 악으로의 성벽은 **극복** 가능한 것임에 틀림없다. 왜냐하면 이 성벽은 자유롭게 행위하는 자인 인간 안에서 마주쳐지기 때문이다.

그러므로 인간 자연본성의 악의성은 엄밀한 의미에서의 **악성**[惡性]이 아니며, 곧 악을 **악으로서**[그 자체로] 자기의 준칙 안에 동기로 채용하는 마음씨(즉 준칙들의 주관적 **원리**)—무릇 이런 마음씨야말로 악마적인 것이다—가 아니고, 오히려 심정의 **전도성**[顚倒性]이라고 할 수 있다. 그런데 이러한 심정이 그 결과로 인해서 **악한 심정**이라고 일컬어진다. 이런 악한 심정은 일반적으로 선한 의지와 양립할 수 있으며, 채택된 원칙을 준수하기에 충분하게 강하지 못한 인간 자연본성의 허약성에서 생기는 것으로서, 동기들을 (선한 의도를 가진 행위들의 동기들이라도) 도덕적 먹줄[표준]에 따라서 서로 떼어내지 않고, 그래서 결국에는 기껏해야 동기들이 법칙

B36

208

에 맞는가에만 주의하고, 법칙으로부터의 도출, 다시 말해 유일한 동기로서의 법칙에는 주의하지 않는 불순성과 결합되어 생긴다. 이제 이로부터 언제나 반법칙적인 행위와 그것으로의 성벽, 다시 말해 **패악**이 생기는 것은 아니라 해도, 패악의 부재를 이미 마음씨가 의무의 법칙에 알맞은 것으로(즉 **덕**으로) 해석하는 사유방식은, (이 경우 준칙 안의 동기는 전혀 주의되지 않고, 단지 문자대로의 법칙의 준수만이 주의되므로) 그 자체로 이미 인간 심정 안에 있는 근본적 전도성이라 부를 수밖에 없다.

　선천적 죄과(罪過)는―이것은 아주 어릴 때라도 인간 안에 자유의 사용이 표출되자마자 지각될 수 있는 것으로, 그럼에도 불구하고 자유에서 생긴 것일 수밖에 없고, 그래서 책임을 물을 수 있는 것이므로, 이렇게 불린다―첫 번째의 두 단계(즉 허약성과 불순성의 단계)에서는 고의적이 아닌 것(過失)으로, 그러나 셋째 단계에서는 고의적인 죄과(犯罪)로 판정될 수 있다.[94] 그리고 이 선천적 죄과는 인간 심정의 모종의 **간악성**(惡한 犯罪)을 그 성격으로 갖는다. 즉 자기 자신의 선한 또는 악한 마음씨들로 인해 자기 자신을 기만[95]하며, 그의 행위들이 그 준칙들에 따라서 초래할 수도 있었던 악을 결과로 갖지만 않으면, 자기의 마음씨로 인해 불안해하기보다는, 오히려 법칙 앞에서 자신을 정당하다고 여기는 간악성을 그 성격으로 갖는다. 그래서 많은 (그들의 의견에 따르면 양심적인) 사람들에게는 법칙의 조언을 듣지 않은, 적어도 법칙이 최우선이 되지 않은 그들의 행위들이

⋮

94) '罪過(reatus)', '過失(culpa)', '犯罪(dolus)'의 구별과 의미 연관에 대해서는 『윤리형이상학』, 「법이론」, 서론 IV: AB23=VI224 참조.
95) 자기기만에 관해서는 「사도행전」 8, 22 : "그러니 그대는 그 악함을 버리고 회개하여 주님께 간구하시오. 혹시 그대가 마음에 품고 있는 그 생각이 용서받을 수 있을지도 모르오." 참조.

운 좋게도 악한 결과를 벗어나기만 한다면 양심의 평안이 일고, 더욱이 타인들은 붙들려 매여 있다고 보는 그런 범행들을 자기는 하지 않고 있다는 느낌에서 자기는 공적을 세우고 있다는 생각이 일어난다. 그것이 순전히 행운의 공이지나 않은지, 또한 무능력, 기질, 교육, 유혹으로 이끄는 시간과 장소의 상황이 (즉 우리에게 귀책될 수 없는 것들이) 그들을 패악으로부터 멀리 지켜주지 않았다면, 그들이 하고자만 하면 언제라도 그들 안에서 들쳐 일어날 수 있는 사유방식[성향]에 따라 똑같은 패악들이 그들에 의해서도 저질러지지 않았을까에 대해서는 규명해보지 않고서도 말이다. 자기 자신을 푸른 연기로 싸는[96] 이러한 불성실성은 진정한 도덕적 마음씨를 우리 안에 세우는 것을 가로막고, 또한 밖으로는 타인에 대한 허위와 기만으로 확장된다. 이 불성실성은 악성이라고 불리지는 않을 것이나, 적어도 비열성이라고 일컬어져 마땅한 것으로, 인간 자연본성의 근본적 악 안에 놓여 있는 것이다. 이러한 근본적 악은 (사람이 어떠한 인간이어야만 하는가에 관한 도덕적 판단력을 엇가게 하고, 내적으로나 외적으로나 귀책을 아주 불확실하게 만듦으로써) 인류의 불결한 얼룩[썩은 오점]을 형성한다. 그리고 이 얼룩은 우리가 빼내지 않는 한 선의 싹이 발육하는―그렇게 됐으면 이루어졌을지도 모르는―것을 방해한다.

영국 의회의 한 의원[97]은 격분해서 "인간은 누구나 그 자신을 팔아넘길 가격을 가지고 있다."는 주장을 쏟아낸 바 있다. 이것이 참말이라면―이

..

96) 원문: sich selbst blauen Dunst vorzumachen. 관용적으로 옮기면 '자기 자신을 기만하는' 정도가 좋을 것이나, 문자대로 옮기는 것은 '담배를(또는 아편을) 피워 자기를 마비시키는'이라는 원의미를 연상시키기 위함이다. 칸트는 아래에서(B105=VI78, 주) "이를테면 양심을 위한 아편"이라는 유사한 표현도 쓴다.
97) 어떤 "애국자들"에 대해 "All those men have their price."라고 말한 바 있다는 Robert Walpole(1676~1745)을 지적하는 것으로 보인다.

에 대해서는 각자가 스스로 결정할 수 있겠으나―, 즉 어떤 정도의 유혹도 넘어뜨릴 수 없는 덕이란 도무지 없다면, 또한 악한 영이 우리를 그의 편으로 끌어들일 것인지 아니면 선한 영이 그렇게 할 것인지가 단지 누가 최고가를 부르고 누가 가장 잽싸게 그 값을 지불할 것인지에만 달린 것이라면, 다음과 같은 사도〔바울〕의 말씀은 인간에 대해 보편적으로 맞는 것이 되겠다. 즉 "여기에는 아무런 차이도 없습니다. 그들은 모두가 죄인입니다.[98] ― 선을 (법칙의 정신에 따라서) 행하는 이는 한 사람도 없습니다. 단 한 사람도 없습니다."※

VI39

B39

※ 도덕적으로 심판하는 이성의 이러한 유죄 판결에 대해서 그 본래의 증명은 이 절보다는 오히려 앞 절에 함유되어 있다. 이 절은 단지 경험에 의한 그 판결의 확증을 함유하고 있을 뿐이다. 그러나 경험은 법칙에 관계한 자유의사의 최상의 준칙 안에 있는 악의 뿌리를 결코 들추어낼 수 없다. 악의 뿌리는 **예지적 행실/사실**로서 모든 경험에 선행하는 것이다. 이로부터, 다시 말해 준칙이 관계하는 법칙의 통일성에서의 최상의 준칙의 통일성으로부터 또한, 왜 인간의 순수한 지성적 판정의 기초에 선과 악 사이의 중간자를 배제하는 원칙이 놓여 있어야만 하는가가 이해될 수 있다. 이 반면에 **감성적 행실/사실**(즉 실제적인 행동거지)에 의한 경험적 판정의 근저에는, 이 양 극단 사이의 중간자가, 즉 한편에서는 모든 교육에 앞서는 무차별이라는 소극적 중간자가, 다른 편에서는 부분적으로는 선하고 부분적으로는 악하다는 혼합으로서의 적극적 중간자가 있다는 원칙이 놓여 있음이 이해될 수 있다. 그러나 경험적 판정은 단지 현상에서의 인간의 도덕성에 대한 판정일 뿐이며, 최종 판결에서는 지성적 판정에 종속하는 것이다.

∵

98) 「로마서」 3, 22~23: "여기에는 아무런 차이도 없습니다. 모든 사람이 죄를 지어 하느님의 영광을 잃었습니다." 참조.

IV.
인간 자연본성 안의 악의 근원에 대하여

근원(제일의 근원)이란 제일의 원인, 다시 말해 다시금 동일한 종류의 다

B40 른 원인의 결과가 아닌 그런 원인으로부터의 유래이다. 근원은 **이성근원**
또는 **시간근원**으로 고찰될 수 있다. 첫 번째의 의미에서는 순전히 결과의
현존만이 고찰되고, 두 번째 의미에서는 결과의 **일어남**〔발생〕이, 그러니
까 결과는 사건으로서 **시간상에 있는** 그 원인과 관계 맺어진다. 만약 결
과가 도덕적 악의 경우에서처럼 그와 자유의 법칙들에 따라서 결합되어
있는 어떤 원인과 관계 맺어진다면, 그 결과를 만들어냄에서 의사의 규정
은 시간상에 있는 그 규정근거가 아니라 한낱 이성표상 안에 있는 규정근
거와 결합되어 있는 것으로 생각되며, 어떤 **선행하는** 상태로부터 도출될

VI40 수 없다. 그러나 만약 악한 행위가 세계 안에 있는 **사건**으로서 그 자연원
인과 관계된다면, 이러한 일은 언제든지 일어나지 않을 수 없다.[99] 그러므
로 자유로운 행위들 그 자체에 대해서 시간근원을 (마치 자연결과들에 대해
서처럼) 찾는 것은 모순이다. 그러니까 인간의 도덕적 성질에 대해서도,
그것이 우연적인 것으로 고찰되는 한에서, 시간근원을 찾는 것은 모순이
다. 왜냐하면 인간의 도덕적 성질은 자유 **사용**의 근거를 의미하고, 이 근
거는 (자유의사 일반의 규정근거가 그러하듯이) 오로지 이성표상들 안에서만
찾아야 하기 때문이다.

　　무릇 그러나 또한 인간 안에 있는 도덕적 악의 근원이 어떤 성질이든지

B41 간에, 인류의 모든 구성원들을 통한, 그리고 인류의 모든 자손들에 있어

••

99) 자연에서의 인과 관계는 기계적으로 필연적이기 때문이다.

서 악의 유포와 승계에 대한 모든 표상방식들 가운데서 가장 부적절한 것
은 도덕적 악을 최초의 부모로부터 **유전**[상속]에 의해 우리에게 전해진
것이라고 표상하는 것이다. 왜냐하면 우리는 시인이 선에 대해서 한 말,
즉 "同族과 祖上, 그리고 우리가 스스로 하지 않은 것은 우리의 것이라 여
길 수 없다."[100]를 도덕적-악에 대해서도 똑같이 말할 수 있기 때문이다.※

※ (대학의) 이른바 세 상부 학부[101]는 각기 나름의 방식으로 이 [악의] 유전[상속]을
  설명하려 할 것이다. 곧 혹은 **유전병**[102]으로, 혹은 **상속 부채**[103]로, 혹은 **원죄**[104]
  로 말이다. 1. **의학부**는 유전적 악을 가령 촌충과 같은 것으로 표상한다. 촌충에
  대해서 실제로 몇몇 자연학자들은 그것이 우리 안의 요소 외에 우리 밖의 어떤 요
  소에서도 또한 (같은 방식의) 어떤 다른 동물 가운데서도 마주쳐지지 않으므로,
  그것은 이미 최초의 부모들 안에 있었음이 틀림없다고 생각한다. 2. **법학부**는 유
  전적인 악을 이 최초의 부모들에 의해 우리에게 남겨진, 그러나 중한 범죄에 의해
  짐 지운, **유산** 상속의 법적 결과로 볼 것이다. (왜냐하면 태어난다는 것은 우리의
  존속에 불가결한 지상의 재화 사용을 획득하는 것 외의 다른 것이 아니기 때문이
  다.) 그러므로 우리는 대가를 지불하지(보속하지) 않으면 안 되며, 종국에는 (죽음
  으로써) 이 소유를 잃는다. 법적으로 이 얼마나 정당한 일인가! 3. **신학부**는 이 악
  을 우리의 최초의 부모가 저주받은 반역자의 모반에 몸소 참여한 것으로 볼 것이
  다. 우리는 (비록 지금 그것을 의식하고 있지는 못한다 해도) 당시에 친히 동참했
  거나, 아니면 단지 현재, (이 세상의 군주[105]인) 저 반역자의 지배하에서 태어나,
  이 세상의 재화를 천상의 지시명령자의 최고명령보다 더 많이 적의해하며, 그로
  부터 벗어나려는 충실성도 충분히 갖고 있지 못하고, 그러나 그 때문에 장차 우리   B42
  는 그 반역자와 운명을 함께할 수밖에 없다는 것이다.

⁝

100) 칸트 원문: Genus, et proavos et quae non fecimus ipsi, Vix ea nostra puto.(Ovidius,
    Metamorphoses, XIII, 140~141) 여기서 칸트는 Ovidius의 원문 중 "voco[부르다]"를
    "puto[여기다]"로 바꿔 인용하고 있다.
101) 하부 학부, 곧 기초학부인 철학부에 대하여 전문학부인 신학부, 법학부, 의학부 등 세 학부.
102) 원어: Erbkrankheit.
103) 원어: Erbschuld.
104) 원어: Erbsünde.

B42 또 한 가지 주목해야 할 것은, 우리가 악의 근원을 탐구할 때, 우리는 처음에는 아직 (潛在的 罪惡으로서의) 악으로의 성벽을 고려하지 않고, 단지 주어진 행위들의 현실적인 악만을 그것의 내적 가능성〔그것을 내적으로 가능하게 하는 것〕에 따라서, 그리고 그 행위들의 실행을 위해 의사 안에서 함께 일어날 수밖에 없는 것에 따라 고찰할 뿐이라는 점이다.

VI41 각각의 악한 행위는 그 이성근원을 찾아보면 마치 인간이 무죄의 상태에서 직접 그에 빠진 것처럼 볼 수밖에 없다. 왜냐하면 그의 이전의 처신이 어떠했든지 간에, 그리고 그에게 영향을 끼친 자연원인들이 어떤 종류의 것이든 간에, 즉 그 원인들이 그의 안에서 또는 밖에서 마주쳐질 수 있는 것이든지 간에, 어쨌든 그의 행위는 자유롭고, 이 원인들 중 어느 것에 의해서도 규정받지 않으며, 그러므로 언제나 그의 의사의 **근원적** 사용으로 판정될 수 있고 또 되어야 하기 때문이다. 그가 어떠한 시간상황과 어떠한 결합〔관계〕 속에 있었다 하더라도 그는 그 행위를 중단했어야 했던 것이다. 왜냐하면 이 세상 안에 있는 어떠한 원인에 의해서도 그는 자유롭게 행위하는 존재자이기를 중지할 수 없기 때문이다. 인간에게 옛적의 자유로운, 그러나 반법칙적인 행위들에서 생긴 **결과들**에 대해서도 책임

B43 이 있다고 사람들이 말하는 것이 정당하기는 하다. 그러나 이로써 사람들이 말하고자 하는 바는 단지, 그 원인이었던 명백히 자유로운 행위 안에 이미 귀책의 충분한 근거가 현재하는 것이므로, 이런 핑계를 끌어댄다거나, 과연 그 결과들이 자유로운 것이냐 아니냐를 결정할 필요가 없다는 것이다. 그러나 누군가가 바로 직전의 자유로운 행위에 이르기까지 아직

••

105) 「요한복음」 12, 31: "이제 이 세상은 심판을 받는다. 이제 이 세상의 지배자가 내쫓기게 될 것이다."; 14, 30 참조. 또한 아래 B109 이하=VI80 참조.

214

(또 다른 자연본성으로서 습관이 될 만큼) 그토록 악했다 하더라도, 더 선해야 했음은 그의 의무였을 뿐만 아니라, 선하게 됨은 지금도 여전히 그의 의무이다. 즉 그는 그러므로 그렇게 할 수 있지 않으면 안 된다. 만약 그가 그렇게 하지 않으면, 그는 마치 그가 (자유와 불가분리적인) 선으로의 자연적 소질을 부여받고서 무죄의 상태로부터 악으로 넘어간 것처럼, 그 행위의 순간에 책임을 질 수 있고, 또 지지 않을 수 없다. —그러므로 우리는 이런 행실의 시간근원을 물을 수는 없고, 순전히 이성근원을 물어야만 한다. 우리 준칙 안에 위반을 채용하는[받아들이는] 성벽, 다시 말해 주관적인 보편적 근거를—만약 이러한 것이 있다면—규정하고, 가능한 한 설명하기 위해서는 말이다.

그런데 이상의 해명과 성서가 사용하고 있는, 악의 근원을 인류에 있어서 악의 **시작**[시초]으로 묘사하는 표상방식은 매우 잘 부합한다. 성서는 악의 근원을 하나의 역사에서 이해하기 쉽게 그리고 있는데, 여기서는 사안의 본성에서 (즉 시간조건을 고려함 없이) 최초의 것으로 생각되어야만 할 B44 것이 시간상에서 그러한 것으로 나타난다. 이 설화에 따르면 악은 기초[근저]에 놓여 있는 악으로의 성벽에서 시작하는 것이 아니라—그렇지 않다면 악의 시작이 자유에서 생기는 것이 아닐 것이니 말이다—, **죄**—죄란 VI42 **신의 계명**[지시명령]인 도덕법칙의 위반을 뜻한다—에서 시작한다. 그 반면에 악으로의 모든 성벽에 앞선 인간의 상태는 **무죄**의 상태를 일컫는다. 도덕법칙은 순수하지 못하고 경향성들에 유혹당하는 존재자인 인간에게서 그럴 수밖에 없듯이 **금지**로서 먼저 있었다.(「모세 1경」 2, 16~17[106] 참조)

∴

106) 곧 「창세기」 2, 16~17: "너는 동산에 있는 모든 나무에서 열매를 따 먹어도 된다. 그러나 선과 악을 알게 하는 나무에서는 따 먹으면 안 된다. 그 열매를 따 먹는 날, 너는 반드시 죽을 것이다." 참조.

그런데 인간은 이 법칙을 충분한 동기—이 동기만이 무조건적으로 선하
며, 이에 있어서는 더 이상의 의구심도 일어나지 않는바—로 곧장 따르는
대신에, 조건적으로만(곧 그에 의해 법칙에 대한 침해가 일어나지 않는 한에서)
선할 수 있는 또 다른 동기들을 둘러 찾아보았다.(「모세 1경」 3, 6[107] 참조)
그리고 인간은 행위가 의식적으로 자유로부터 생겨난 것이라고 생각할
때도, 의무의 법칙을 의무로부터[의무이기 때문에]가 아니라, 기껏해야
다른 의도들을 고려해서 따르는 것을 준칙으로 삼았다. 그러니까 인간은
다른 어떠한 동기의 영향도 배제하는 계명의 엄격성을 의심하기 시작하
였고, 그 다음에는 계명에 대한 순종을 수단의 한낱 (자기사랑의 원리 아래
B45   서) 조건 지어진 순종으로 끌어내리는 궤변을 늘어놓기* 시작했다.

※ 도덕법칙에 대한 숭경의 표명은, 도덕법칙에게 그 자체로 충분한 동기로서 그의
  준칙 안에서 의사의 다른 모든 규정근거들을 능가하는 우월성을 인정하지 않고서
  는, 모두 위선이며, 이러한 성벽은 내적 허위, 다시 말해 도덕법칙을 해석함에서
  법칙이 불리하도록 자기 자신을 기만하는 성벽이다.(「모세 1경」 3, 5[108] 참조) 이
  때문에 (신약 부분의) 성경도 (우리 자신 안에 놓여 있는) 악의 창시자를 태초의
  거짓말쟁이[109]라고 부르고, 인간을 악의 주요 근거가 그의 안에 있는 것처럼 보
  이는 것과 관련하여 그렇게 특징짓는다.

∴

107) 곧 「창세기」 3, 6: "여자가 쳐다보니 그 나무 열매는 먹음직하고 소담스러워 보였다. 그래
    서 여자가 열매 하나를 따서 먹고 자기와 함께 있는 남편에게도 주자, 그도 그것을 먹었
    다." 참조.
108) 곧 「창세기」 3, 4~5: "그러자 뱀이 여자에게 말하였다. '너희는 결코 죽지 않는다. 너희
    가 그것을 먹는 날, 너희는 눈이 열려 하느님처럼 되어서 선과 악을 알게 될 줄을 하느님
    께서 아시고 그렇게 말씀하신 것이다.'" 참조.
109) 「요한복음」 8, 44: "당신들은 당신들의 아비인 악마에게서 났으니, 당신들 아비의 욕망대
    로 행하려고 합니다. 그는 처음부터 살인자였으며, 진리 위에 서 있지 않았습니다. 그 안
    에 진리가 없기 때문입니다. 그가 거짓말을 할 때에는 자기 안에 있는 대로 말하는 것입니
    다. 그는 거짓말쟁이며 거짓의 아비이기 때문입니다." 참조.

216

이로부터 종국에는 법칙으로부터의 동기를 능가하는 감성적 충동의 우월성을 행위의 준칙 안에 채용하게 됐고 그리하여 죄를 범하게 되었다.(「모세 1경」 3, 6 참조) "이름을 바꾸면 이 이야기는 너에 대해 말하는 것이다."[110] 우리가 매일 그렇게 똑같이 하고 있다는 것, 그러니까 "아담 안에서 모든 이가 죄를 지었고"[111] 또한 아직도 죄를 짓고 있다는 것은 위의 이야기에서 명백하다. 다만 차이점은, 우리에게는 이미 〔법칙〕 위반의 선천적인 성벽이 전제되지만, 최초의 인간에게는 그러한 성벽이 아니라 무죄가 시간상 전제된다는 것이다. 그러니까 이 최초의 인간에 있어서는 위반이 우리에게서처럼 우리의 자연본성의 이미 선천적인 악의성에서 나오는 것으로 표상되는 대신에 **타락**[112]이라 일컬어진다. 그러나 이 성벽은 다름 아니라, 우리가 악을 그 **시간적 시초**의 면에서 설명하고자 하면 우리는 모든 고의적인 위반에서 그 원인들을 이성사용이 아직 전개되지 않았던 시간, 우리 생 이전 시간에서 추적하지 않을 수 없다는 것, 그러니까 (자연본성적 토대로서의)—그렇기 때문에 선천적이라 일컬어지는—악으로의 성벽에까지 거슬러 올라가 추적하지 않을 수 없다는 것을 의미한다. 이런 일은 이미 이성사용의 온전한 능력을 갖춘 것으로 표상되는 최초의 인간에 있어서는 필요하지도 않고 있을 법한 일도 아니다. 왜냐하면 그렇지 않다면 저 토대(즉 악한 성벽)는 천부적인 것이 아니면 안 되기 때문이다. 그래서 그의 죄는 직접적으로 무죄로부터 낳아진 것으로 제시된다.—그러

VI43 B46

••

110) Horatius, *Satirae I*, 1, 69/70.
111) 「로마서」 5, 12: "그러므로 한 사람〔즉 아담〕을 통하여 죄가 세상에 들어왔고 죄를 통하여 죽음이 들어왔듯이, 또한 이렇게 모두 죄를 지었으므로 모든 사람에게 죽음이 미치게 되었습니다."; 「코린트 제1서」 15, 22: "아담 안에서 모든 사람이 죽는 것과 같이 그리스도 안에서 모든 사람이 살아날 것입니다." 참조.
112) 원어: Sündenfall. 즉 '원죄.'

나 우리는 우리에게 책임을 물어야 마땅한 어떤 도덕적 성질에 대해서는 시간근원을 찾아서는 안 된다. 우리가 도덕적 성질의 우연적인 현존을 **설명**하고자 할 때, (그래서 성서도 우리의 이러한 약점에 맞추어 그것을 그렇게 그리기는 했지만) 이러한 것이 제아무리 불가피하다고 해도 말이다.

그러나 종속적인 동기들을 최상의 것으로 자기의 준칙들 안에 채용하는 방식과 관련한 우리 의사의 이러한 엇나감, 다시 말해 악으로의 이러한 성벽의 이성근원은 우리가 탐구할 수 없는 것으로 남는다. 왜냐하면 그 근원 자체는 우리에게 귀책되지 않으면 안 되며, 따라서 모든 준칙들의 저 최상의 근거는 다시금 하나의 악한 준칙의 채택을 요구할 것이기 때문이다. 악은 오직 도덕적-악으로부터만—우리 자연본성의 한낱 제한으로부터가 아니라—생길 수 있었다. 그럼에도 근원적 소질—이것의 부패가 마땅히 인간에게 귀책적인 것이라면, 다른 자 아닌 인간 자신이 이를 부패시킬 수 있었다—은 선의 소질이다. 그러므로 우리에게는 그로부터 도덕적 악이 우리 안에 최초로 나타날 수 있었던 어떤 이해가능한 근거도 없다. 성서는 역사 설화※ 속에서 이 이해불가능성을 인류의 악의성

※ 여기서 말한 것을 마치 성서해석인 것처럼 보아서는 안 된다. 성서해석은 순전한 이성의 권한의 한계 밖에 놓여 있다. 사람들은 자기가 하나의 역사적 진술을 도덕적으로 이용하고 있는 방식을, 그것이 원저자의 의미이기도 한지, 아니면 우리가 단지 의미를 집어넣어 읽는지를 결정하지 않고서도, 설명할 수 있다. 그 역사적 진술이 오직 그 자체만으로 일체의 역사적 증명 없이도 참이고, 그러면서도 동시에 우리가 그 저술의 한 대목에서 우리를 위해 개선을 위한 무엇인가를 끄집어낼 수 있는 유일한 것일 때는 말이다. 그렇지 않으면 그 개선이라는 것은 우리의 역사적 인식의 비생산적인 증대에 불과할 것이다. 사람들은 (그것이 어떻게 이해되든 간에) 더 선한 인간이 되는 데 아무런 기여도 하지 못하는 것에 관해서 그리고 그런 것의 역사적 권위에 관해서 필요 없이 싸워서는 안 된다. 더 선한 인간이 되는 데 기여할 수 있는 것이 역사적 증명 없이도 인식되고, 아예 역사적 증명 없이

에 대한 보다 상세한 규정과 함께 표현하고 있다. 악을 세계의 시초에 놓
되 그럼에도 인간 안이 아니라 근원적으로 **숭고한**[114] 규정〔사명〕을 가진
영〔정신〕 안에 미리 놓음으로써 말이다. 이러한 역사 설화를 통해 모든 악
일반의 최초의 시작은 우리에게는 이해불가능한 것으로 표상되고—대관
절 저 영〔정신〕에서 악은 어디서 왔는가—, 그러나 인간은 단지 **유혹에**
의해 악에 빠진 것으로, 그러므로 **근거에서**(즉 선으로의 최초의 소질까지에
서)부터 부패해 있는 것이 아니라, 유혹하는 **영**, 다시 말해 육〔肉〕의 유혹
이 그의 죄를 완화시키는 것으로 볼 수 없는 그러한 존재자와는 대조적으
로, 아직 개선 능력이 있는 것으로 표상된다. 그래서 부패한 심정에도 불
구하고 언제나 아직도 선의지를 가지고 있는 인간에게는 그가 벗어나 있
는 선으로의 복귀에 대한 희망이 남아 있다.

VI44
B48

일반적 주해[115]
선의 근원적 소질의 능력 복원에 대하여[116]

도덕적 의미에서 인간이 무엇인지, 또는 무엇이 되어야 하는지, 선한지

인식되지 않으면 안 될 때는 말이다. 아무런 내적인, 누구에게나 타당한 관계를
갖지 않는 역사적 인식은 無關無見[113]에 속하는 것으로, 누구든 그것이 그 자신을
위해 교화적이라고 보면 그에 가담해도 좋을 것이다.

VI44

∵

113) 앞의 B9=VI22 참조.
114) A판: "**보다 숭고한.**"
115) *Berl. M.*과 A판: "일반적 주해" 대신에 "V."
116) 이 일반적 주해에 대해서 칸트는 아래(B63=VI52, 주)에서 "은총의 작용들에 대하여"라는
　　 표제를 붙일 수 있다고 말한다.

또는 악한지, 이에 대해서는 인간이 자기 자신을 그렇게 만드는 것이 틀림없으며, 또는 그렇게 만든 것이 틀림없다. 양자가〔어느 쪽이든〕 인간의 자유의사의 작용결과인 것이 틀림없다. 왜냐하면 그렇지 않다면 그것이 그에게 귀책될 수 없을 터이고, 따라서 인간은 도덕적으로 선하다고도 악하다고도 할 수 없을 터이기 때문이다. 만약 인간이 "선하게 창조되었다"고 말한다면, 그것은, 인간은 **선으로** 향하도록 창작되었고, 인간 안의 근원적 소질은 선하다는 것을 의미할 수 있을 뿐이다. 인간은 이 소질만으로는 아직 선한 것이 아니고,[117] 그가 이 소질이 함유하고 있는 동기들을 그의 준칙 안에 채용하느냐 않느냐—이 일은 그의 자유로운 선택에 전적으로 맡겨져 있음이 틀림없다—에 따라서 그는 자기를 선하게도 악하게도 만드는 것이다. 선하게 또는 더 선하게 되기 위해서는 어떤 초자연적인 협력이 필수적이라고 가정한다면, 이 협력은 단지 방해를 감소시키는 데 있거나, 또는 적극적인 원조일 수도 있겠다. 그럼에도 인간은 먼저 그 협력을 수용할 품격〔자격〕을 갖추어야 하고, 이 보조를 **받아들여야** 하고—이것은 사소한 것이 아니다—, 다시 말해 적극적인 힘의 증대를 자기의 준칙 안에 채용해야 한다. 이를 통해서만 선이 인간에게 귀책되고, 그가 선한 인간으로 인식되는 일이 가능하게 될 것이다.

무릇 자연적으로 악한 인간이 자기 자신을 선한 인간으로 만드는 일이 어떻게 가능한지는 우리의 모든 이해를 넘어서는 문제이다. 대관절 어떻게 악한〔나쁜〕 나무가 선한〔좋은〕 열매를 맺을 수 있단 말인가?[118] 그러나

B49

VI45

..

117) 선은 소질에서가 아니라 행위에서 (칸트의 관점에서는 행위의 동기에서) 드러나는 가치이다. 진리가 인식능력에서가 아니라 인식에서 드러나는 가치이듯이.
118) 「마태오복음」 7, 17~18: "이와 같이 좋은 나무는 모두 좋은 열매를 맺고 나쁜 나무는 나쁜 열매를 맺습니다. 좋은 나무가 나쁜 열매를 낼 수 없고 나쁜 나무가 좋을 열매를 낼 수

앞서 인정한 바대로 근원적으로 (즉 소질의 면에서) 선한〔좋은〕 나무가 못된 열매들을 만들어냈고,※ 선으로부터 악으로의 타락이 (악이 자유에서 생긴다 함을 잘 생각해본다면) 악으로부터 선으로의 회복보다 더 잘 이해할 수 있는 일이 아니므로, 이 후자의 가능성은 이론의 여지가 없다. 왜냐하면 저러한 퇴락에도 불구하고 '우리는 보다 선한 인간이 되**어야만 한다.**'는 지시명령은 감소되지 않고 우리 영혼 안에서 울려나오고 있기 때문이다. 따라서 우리는 그렇게 하지 않을 수가 없다. 비록 우리가 할 수 있는 것이 그 자체만으로는 불충분하고, 그러기에 우리가 우리로서는 알아낼 수 없는 보다 상위의 원조에 마음이 흔들리기는 하지만 말이다. ─물론 여기서 전제되지 않으면 안 되는 것은, 선의 싹[119]이 전적으로 순수한 채로 간직되어 있고, 절멸되거나 부패될 수 없으며, 확실히 자기사랑일 수도 없다는 점이다. 자기사랑※※은 그것이 우리의 모든 준칙들의 원리로 받아들여지면 바로 모든 악의 원천인 것이다.

B50

B51

※ 소질의 면에서 선한〔좋은〕 나무도 사실〔행실〕의 면에서 아직은 그렇지 않다. 만약 그 나무가 그렇다 하면, 그 나무는 확실히 못된 열매를 맺을 수는 없을 터이니 말이다. 인간이 도덕법칙을 위하여 그의 안에 놓인 동기를 그의 준칙 안에 채용했을 때에만, 인간은 선한 인간이라고(즉 나무는 단적으로 선한〔좋은〕 나무라고) 불린다.

※※ 이중적인, 전혀 다른 의미로 받아들일 수 있는 낱말들은 종종 가장 명백한 근거들에 의한 확신마저도 오랫동안 가로막는다. 가령 **사랑** 일반과 같이 **자기사랑**도 호의(好意)의 자기사랑과 **흡족**(洽足)의 자기사랑으로 나뉠 수 있다. 그리고

∙∙

없습니다." 참조.

119) "인간 안에 놓여 있는 싹들은 오직 언제나 더 발전되지 않으면 안 되는 것이다. 사람들은 무릇 악으로의 근거들을 인간의 자연소질에서는 발견하지 못한다. 자연이 규칙들 아래로 보내지지 않는다는 것만이 악의 원인이다. 인간 안에는 오직 선으로의 싹들만이 놓여 있다."(Kant, *Päd*: IX, 448) 참조.

이 양자는 (자명한바) 이성적인 것이지 않을 수 없다. 전자를 자기의 준칙 안에 채용하는 것은 자연스러운 것이다. (대관절 누가 항상 편안한 것을 의욕하지 않을 것인가?) 그러나 이 자기사랑이 이성적인 것은, 한편으로는 목적과 관련해 가장 크고 가장 지속적인 편안함[번영]과 공존할 수 있는 것만이, 다른 한편으로는 행복의 이러한 구성요소들 각각에 가장 적합한 수단들이 선택되는 한에서 그러한 것이다. 이런 경우에 이성은 단지 자연적 경향성의 시녀 자리를 차지할 뿐이다.[120] 그러나 사람들이 그 때문에 받아들이는 준칙은 도덕성과는 전혀 아무런 관계도 없는 것이다. 그러나 이러한 준칙이 의사의 무조건적인 원리가 되고나면, 그것은 윤리성과의 예측할 수 없을 만큼 커다란 상충의 원천이 된다.

B51   무릇 **자기 자신에 대한 흡족**의 이성적 사랑은 우리가 저 이미 언급한, 자연적 경향성의 충족을 목표로 하는 준칙들 안에서 (이러한 준칙을 따름으로써 저 목표가 달성되는 한에서) 흡족해하고 있다는 것으로 이해될 수 있다. 그리고 이 점에서 이 이성적 사랑은 자기 자신에 대한 호의[121]의 사랑과 한가지이다. 사람들은, 자기의 상업적 시도들이 잘 맞아떨어져서, 그때 취한 준칙들에 관해 자기의 탁월한 통찰력을 기뻐하는 상인처럼, 자신을 마음에 들어 한다. 그러나 자기

VI46   자신에 대한 **무조건적인** (행위의 결과로서의[122]) 이득이나 손실에 의존하지 않는) **흡족**의 자기사랑의 준칙은 우리의 준칙들이 도덕법칙 아래에 종속한다는 조건 아래서만 우리에게 가능한 만족의 내적 원리이겠다. 도덕이 아무래도 좋은 것이 아닌 사람은 어느 누구라도 자기 안에 있는 도덕법칙과 합치하지 않는 그러한 준칙들을 의식하면 자신에 대해 흡족해할 수가 없고, 심지어는 자기 자신에 대해 참담한 불만 없이는 있을 수 없기조차 하다. 사람들은 이러한 자기사랑을 자기 자신에 대한 **이성사랑**이라고 부를 수 있겠다. 이런 이성사랑은 자기의 행위들의 결과로부터 (그 행위들에 의해 만들어지는 행복이라는 이름 아래서) 생기는 만족의 다른 원인들을 의사의 동기들과 뒤섞는 것을 일체 저지시킨다. 이제 이 후자[123]는 법칙에 대한 무조건적인 존경을 표시하는 것인데, 왜 사

··

120) "이성은 정념의 노예이며, 오로지 노예여야 하며, 정념에 종사하고 복종하는 것 이외에 다른 어떤 직분도 결코 가질 수 없다."(Hume, *A Treatise of Human Nature*, II, 3, 3) 참조.

121) *Berl. M.*과 A판에 따름. B판: "흡족."

122) *Berl. M.*과 A판: "로부터의."

그러므로 우리 안에 있는 선의 근원적 소질의 회복은 **잃어버린** 선으로 B52 VI46
의 동기를 획득하는 것이 아니다. 왜냐하면 도덕법칙에 대한 존경에서 존
립하는 이 선으로의 동기는 우리가 결코 잃어버릴 수 있는 것이 아니기
때문이다. 만약 이런 일이 가능한 것이라면, 우리는 그것을 결코 다시 획
득하지 못할 터이다. 그러므로 회복이란 단지 우리의 모든 준칙들의 최상
의 근거인 도덕법칙의 **순수성**을 복구하는 것이다. 이러한 복구에 의하여
도덕법칙은 한낱 다른 동기들과 결합되거나 조건으로의 이러한 동기들(즉
경향성들)에 종속되지 않고, 오히려 자기의 전적인 순수성에서 그 자신만
으로 **충분한** 의사 규정의 동기로서 준칙 안에 채용되어야 한다. 근원적

람들은 **이성적인**, 그러나 오직 후자의 조건 아래에서만 **도덕적인 자기사랑**이
라는 표현을 통하여 원리의 분명한 이해를, 순환에 빠지면서까지도—왜냐하면
사람들은 법칙에 대한 존경을 자기 의사의 최고의 동기로 삼는 자기의 준칙을
의식하는 한에서만, 도덕적인 방식으로 자기를 사랑할 수 있으니 말이다—, 쓸
데없이 어렵게 만들려고 하는가? 행복은 감성의 대상들에 의존적인 존재자로 B52
서의 우리에게는 우리의 본성상 제일의 것이고 우리가 무조건적으로 욕구하는
것이다. 〔그런데〕 바로 이 행복은 이성과 자유를 품수한 존재자로서의 우리의
본성—사람들이 일반적으로 우리에게 선천적인 것을 그렇게 부르고자 한다면
—상으로는 제일의 것과는 거리가 멀고 또한 무조건적으로 우리 준칙들의 대
상인 것도 아니다. 오히려 이것은 **행복할 만한 품격**〔자격〕, 다시 말해 우리의
모든 준칙들과 도덕법칙들의 합치이다. 무릇 이것[124]이 객관적으로, 그 아래에
서만 전자[125]의 소망이 법칙수립적 이성과 부합할 수 있는 조건이라는 사실,
여기에 모든 윤리적 지시규정이 존립하며, 또한 오직 그런 조건 아래서만 행복
하기를 소망하는 마음씨에 윤리적 사유방식〔성정〕이 존립하는 것이다.

∵

123) 곧 자기 자신에 대한 무조건적인 흡족의 자기사랑, 다시 말해 자기 자신에 대한 이성사랑.
124) 곧 행복할 만한 품격.
125) 곧 행복.

선〔근원적으로 선함〕이란 자기의 의무를 준수함에 있어서의 **준칙들의 신**

B53 **성성**이다. 이 순수성을 자기의 준칙 안에 채용하는 사람이 그로써 아직은

비록 그 자신이 신성한 것은 아니지만—왜냐하면 준칙과 행실 사이에는

VI47 아직 큰 간극이 있으니 말이다—, 그럼에도 그는 무한히 전진하면서 그것

에 다가가는 도상에 있는 것이다. 자기의 의무를 준수함에 있어 습성이

된 확고한 결의를 적법성의 면에서, 즉 그 **경험적인 성격**에서 **덕**126)(現象

體 德)이라고도 일컫는다. 그러므로 이러한 덕은 **합법칙적인** 행위들의 고

정불변적인 준칙을 갖는다. 그리고 이러한 합법칙적 행위들을 위해 의사

가 필요로 하는 동기는 사람들이 어디서 취하든 상관이 없다. 그래서 이

런 의미에서 덕은 **차츰차츰** 획득되는 것이며, 어떤 이들에게는 (법칙을 지

키는) 오랜 습관이라 일컬어진다. 이런 오랜 습관에 의해 인간은 자기의

태도를 점차로 개혁하고 자기의 준칙들을 공고히 함으로써 패악으로의

성벽으로부터 반대되는 성벽으로 넘어왔다. 이제 이를 위해서는 **개심**〔改

心: 심정의 변화〕이 아니라, 단지 **윤리**〔**도덕적 습관**〕의 변화가 필요할 뿐이

다. 인간은 자기가 자기의 의무를 지키는 준칙들 안에서 공고함을 느낄

때 자신이 덕 있다〔유덕하다〕고 생각한다. 그가 모든 준칙들의 최고의 근

거로부터, 곧 의무로부터가 아니라, 예컨대 건강을 위해 무절제에서 절제

로, 명예를 위해 거짓에서 진실로, 안정이나 이득을 위해 부정의에서 시

민적 정직성으로 되돌아간다 하더라도 말이다. 이 모든 것들은 행복을 말

B54 하는 원리인 것이다. 그러나 누군가가 한낱 **법칙**〔**률**〕**적으로**뿐만 아니라,

도덕적으로 선한〔좋은〕(즉 신에게 흡족한) 인간이, 다시 말해 예지적 성격

∴

126) 머리말에서는 이러한 덕을 "(그 적법성의 면에서) 의무에 맞는 **행위들**에서의 습성"
(BXXV)이라고 규정했고, 『윤리형이상학』에서는 "덕이란 자기 의무를 준수함에 있어서
인간의 의지의 도덕적 강함"(*MS, TL*, Einl: A46=VI405)이라고 정의하고 있다.

에서〔의〕 덕[127](叡智體 德) 있게 된다는 것은, 즉 그가 어떤 것을 의무로 인식할 때 의무 자체에 대한 이러한 표상 이외에 어떤 다른 동기도 더 이상 필요로 하지 않는 인간이 된다는 것은, 준칙들의 토대가 순정〔純正〕하지 못한 한에서 점진적인 **개혁**을 통해서는 이룰 수가 없고, 인간의 마음씨 안의 **혁명**(즉 마음씨의 신성성의 준칙으로의 이행)을 통해서 이루어지지 않으면 안 된다. 그는 새로운 창조(「요한복음」 3, 5[128]); 「모세 1경」 1, 2[129]) 비교 참조)와도 같은 일종의 재탄생을 통해서 그리고 심정의 변화〔개심〕를 통해서만 새로운 인간[130]이 될 수 있다.

그러나 만약 인간이 그의 준칙들의 기초〔근본〕에서 부패해 있다면, 그가 자신의 힘으로 이 혁명을 성취하고 스스로 선한 인간이 되는 것이 어떻게 가능하다는 말인가? 그럼에도 의무는 그렇게 되기를 지시명령한다. 그러나 의무는 우리가 할 수 있는 일 외에는 아무것도 지시명령하지 않는다. 이것은 다름 아니라, 사유방식[131]에 대해서는 혁명이, 그러나 (저러한 방해들에 대립하는) 기질[132]에 대해서는 점진적인 개혁이 필연적이며, 그래

∴

127) 머리말에서는 이러한 덕을 "(그 도덕성으로 인한) **의무로부터의** 그러한 행위들의 항속적인 **마음씨**"(BXXV)라고 규정했다.

128) "예수께서 대답하셨다. '진실히 진실히 당신에게 말합니다. 누구든지 물과 영으로부터 나지 않으면, 하느님 나라에 들어갈 수 없습니다.'"

129) "땅은 아직 꼴을 갖추지 못하고 비어 있었는데, 어둠이 심연을 덮고 하느님의 영이 그 물 위를 감돌고 있었다." 칸트는 이 상태를 혼돈(Chaos)의 상태로 이해한 것으로 보인다.

130) 「콜로새서」 3, 9~10: "여러분은 옛 인간을 그 행실과 함께 벗어 버리고, 새 인간을 입은 사람입니다. 새 인간은 자기를 창조하신 분의 모상에 따라 끊임없이 새로워지면서 참지식에 이르게 됩니다."; 또 「에페소서」 4, 22~24: "곧 지난날의 생활 방식에 젖어 사람을 속이는 욕망으로 멸망해 가는 옛 인간을 벗어 버리고, 여러분의 영과 마음이 새로워져, 진리의 의로움과 거룩함 속에서 하느님의 모습에 따라 창조된 새 인간을 입어야 한다는 것입니다." 참조.

131) 원어: Denkungsart. 가령 이(理)의 성향.

서 또한 인간에게 가능한 일이어야 함을 조화시키는 일이다. 다시 말하면, 인간이 그로 인해 그가 악한 인간이었던 그의 준칙들의 최상의 근거를 단 한 번의 전변치 않을 결심에 의해 뒤집을 때 (그리하여 새로운 인간을 입을[133]) 때), 그럴 때에 한해서 그는 원리와 사고방식의 면에서 선을 수용할 수 있는 주체인 것이다. 그러나 오직 연속적인 활동작용과 생성[되어감] 속에서만 선한 인간인 것이다. 다시 말해, 그에게 그의 의사의 최상의 준칙으로 취했던 원리의 그러한 순수성과 견고성이 있을 때 그는 자신이 나쁜 것으로부터 더 좋은 것으로 끊임없이 **전진하는** (비록 좁지만) 좋은 길을 가고 있음을 기대할 수 있다. 이런 자는 심정의 (즉 의사의 모든 준칙들의) 예지적 근거를 꿰뚫어보는 이에게는, 그러므로 이러한 무한한 전진이 통일성을 갖는 이에게는, 다시 말해 신에게는, 실제로 선한 (즉 신에게 적의한) 인간과 매 한가지이다. 그리고 그러한 한에서 이러한 변화는 혁명으로 보일 수 있는 것이다. 그러나 자신과 자기의 준칙들의 굳셈을 자신이 시간상에서 감성에 대해 얻는 우위에 따라서만 평가할 수 있는 인간의 판정에 있어서는 이 변화를 오직 개선을 향한 지속적인 노력으로, 그러니까 전도된 사고방식인 악으로의 성벽의 점진적인 개혁으로 간주할 수 있는 것이다.

이로부터 나오는 결론은, 인간의 도덕적 도야[형성]는 윤리[도덕적 습관]의 개선으로부터가 아니라, 사유방식[성향]을 전환하여 하나의 성격[성품]을 창립함에서 시작하지 않으면 안 된다는 것이다. 그런데 사람들은 보통 이와는 달리 행동하여 개개의 패악들과 싸우면서 그 패악들의 보편적인 뿌리는 건드리지 않고 남겨두고 있다. 무릇 아주 편협한 사람조차

⁘

132) 원어: Sinnesart. 가령 기(氣)의 성향.
133) 「콜로새서」 3, 9~10; 「에페소서」 4, 24 등 참조.

도 자기사랑으로 인해 행위의 준칙에 영향을 미칠 수 있는 다른 동기들을 사유 속에서 제거해감에 따라서 의무에 맞는 행위에 대한 점점 더 큰 존경의 감명을 받을 수 있다. 어린아이들조차도 순정하지 못한 동기들이 뒤섞여 있는 아주 작은 흔적을 알아내는 능력이 있다. 그러할 때에 행위들은 그들에게서 순식간에 모든 도덕적 가치를 잃어버린다. 사람들이 선한 인간들의 (합법칙성에 관한) **실례** 자체를 보여주고, 도덕 학습자들로 하여금 그들 행위들의 실제적인 동기들로부터 나오는 수많은 준칙들의 순정하지 못함을 판정하게 한다면, 그를 통해 선으로의 이러한 소질은 비교할 수 없이 교화되어, 서서히 사유방식〔성향〕으로 이행할 것이고, 그렇게 해서 **의무**는 그 자체만으로도 그들의 심정〔가슴〕 속에서 현저한 무게를 가지기 시작할 것이다. 그러나 덕 있는〔유덕한〕 행위들—그것들이 제아무리 큰 희생을 치른 것일지라도—에 대해서만 **경탄하는 것**을 가르치는 것은 학습자의 마음을 도덕적 선을 위해 보존하게 할 올바른 분위기가 아직 아니다. 왜냐하면 누군가가 제아무리 덕이 있다 해도, 그가 언제나 선을 행할 수 있는 모든 것은 한낱 의무일 따름이며, 자기의 의무를 행한다[134] 는 것은 통상적인 윤리적 질서에 있는 것을 행한다는 것 이상이 아니고, 그러니까 경탄할 만한 것이 못 된다. 오히려 이러한 경탄은 의무에 복종하는 것이 마치 별난 것이고 공적 있는 일이나 되는 것처럼 해서 의무에 대한 우리의 감정을 무디게 만드는 것이다.

VI49

B57

그러나 우리의 영혼 속에는, 우리가 그것을 합당하게 주시한다면, 최고의 감탄을 가지고서 바라보지 않을 수 없는, 그리고 그에 대한 경탄이 정

---

134) 「루카복음」 17, 10: "그처럼 여러분도 명령받은 대로 다 하고 나서, '저희는 쓸모없는 종입니다. 저희는 해야 할 일을 하였을 따름입니다.' 하고 말하십시오." 참조.

당하고, 동시에 또한 영혼을 고양시키는, 어떤 것이 있다. 다시 말하면, 그것은 우리 안에 있는 근원적 도덕적 소질 일반이다. ─우리 안의 (사람들이 자기 자신에게 물을 수 있는바) 그 무엇이 그토록 많은 필요욕구로 인해 끊임없이 자연에 의존하는 존재자인 우리를 또한 동시에 (우리 안의) 근원적 소질의 이념 안에서 이러한 자연을 넘어서서 그토록 높이 고양되도록 하여, 우리로 하여금 필요욕구들 모두를 아무것도 아닌 것으로 여기게 하고, 우리가, 우리의 이성이, 어떤 약속을 하거나 위협을 하지 않으면서도, 상력하게 지시명령하는 법칙을 어겨가면서 생명에만 바람직한 필요욕구의 향유에 탐닉할 때, 우리 자신을 현존할 품격[자격]이 없는 것으로 여기게 하는 것일까? 의무의 이념 안에 놓여 있는 신성성에 대해서 앞서 배운

B58　바 있으되 비로소 이 법칙으로부터 기인하는 자유의 개념※의 탐구에까지는 이르지 못한, 아주 평범한 능력을 가진 사람은 누구나 이 물음의 무게

VI50　를 마음속 깊이 느끼지 않을 수 없을 것이다. 그리고 신적인 유래를 알려

※ 의사의 자유의 개념은 우리 안에 있는 도덕법칙의 의식에 선행하는 것이 아니라, 오히려 단지 무조건적인 지시명령인 이 도덕법칙에 의해[의한] 우리 의사가 규정될 수 있음[우리 의사의 피규정성]으로부터만 추론되는 것이다. 이러한 사실에 대해 사람들은, 과연 우리가 [법칙을] 위반하려는 매번 그렇게나 큰 동기를 (즉 "팔라리스[135])가 너한테 거짓말하라 命令하고, 그의 황소를 내세워 僞證을 시키려 해도",[136)]) 확고한 결의를 가지고 극복할 수 있는 능력[이 있음]을 확실하고도 직접적으로[137)] 의식하는지 어떤지를 스스로 물어보면, 이내 확신할 수 있다. 모든

∙∙
135) Phalaris. 시칠리아의 Akragas(=Agrigentum)의 폭군(재위: ca. BC 570~555). 그는 놋쇠로 만든 황소 안에서 사람들을 태워 죽이는 처형 방법을 고안해냈다고 한다.
136) 유베날(Decimus Iunius Iuvenalis, ca. 58~127)의 *Saturae*, VIII, 81~82. 똑같은 구절이 『실천이성비판』, A283=V159에도 인용되어 있다.
137) *Berl. M.*과 A판에 따라 읽음. B판: "확실하게 직접적으로."

주는 이러한 소질의 이해불가능성마저도 마음에 작용하여 감격하게 하고,　　B59

사람은 그러한 경우가 닥칠 때 과연 그의 결의가 흔들릴지 어떨지 **모르겠다**고 고백하지 않을 수 없을 것이다.[138] 그럼에도 불구하고 의무는 "너는 성실**해야만 한다**."고 무조건적으로 지시명령하며, 이로부터 그는 당연히 "그는 또한 그렇게 **할 수 있어야만** 하고, 그러므로 그의 의사는 자유롭다."고 **추론할** 것이다.[139] 이 탐구 불가능한 속성을 아주 이해하기 쉬운 것처럼 현혹하는 이들은 **결정론**이라는 말을 가지고서(내적인 충분한 근거들에 의해 의사를 규정한다는 명제에), 마치 난점은 이 결정론과 자유를 조화시키는 데에 있는 것 같은 환영을 만들어낸다. 그러나 누구도 이런 난점에 대해 고민하지는 않는다. 오히려 문제는, 사건들로서의 의사〔의지〕적 행위들이 **선행하는 시간**—그 안에 포함하는 것과 함께 더 이상 우리의 통제력 안에 있지 않은—**상에서** 그것들의 규정근거들을 갖는다는 **예정설**이 어떤 행위 및 그것의 반대가 일어나는 그 순간에 주체의 통제력 안에 있지 않으면　VI50 안 된다는 자유와 어떻게 양립할 수 있는가이다. 바로 이것이 사람들이 통찰하고 자 하나 결코 통찰하지 못하는 사안이다.

　　자유의 개념을[140] **필연적** 존재자인 신의 이념과 조화시키는 일은 전혀 난제가 아니다. 왜냐하면 자유는 (행위는 근거들에 의해 결정되어 있는 것이 전혀 아니라고 하는) 행위의 우연성 안에, 다시 말해 (만약 신의 행위를 자유롭다고 해야 한다면,　B59 선을 행하는 것이나 악을 행하는 것이나 신에게는 똑같이 가능함이 틀림없다고 하는) 비결정론 안에 있는 것이 아니라, 절대적 자발성 안에 있는 것이기 때문이다. 이 절대적 자발성은, 행위의 규정근거가 **앞선 시간상**에 있고, 그러니까 지금의 행위는 통제력 안에 있는 것이 아니라, 자연의 수중에 있으면서 나를 불가항력적으로 규정한다고 하는 예정설에서만 위험에 빠지는 것이다. 그러나 그때 신 안에서는 어떠한 시간계기〔繼起〕도 생각될 수 없으므로 이러한 난점은 사라진다.[141]

∵

138) 『실천이성비판』의 구절: "그가 그런 일을 할지 못할지를 어쩌면 그는 감히 확정하지는 않을 것이다. 그러나 그런 일이 그에게 가능하다는 것을 그는 주저 없이 인정할 것임에 틀림없다."(*KpV*, A54=V30) 참조.
139) 앞의 각주에서 참조한 『실천이성비판』 구절에 이어지는 대목: "그래서 그는, 무엇을 해야 한다고 의식하기 때문에 자기는 무엇을 할 수 있다고 판단하며, 도덕법칙이 아니었더라면 그에게 알려지지 않은 채로 있었을 자유를 자신 안에서 인식한다."(*KpV*, A54=V30) 참조.
140) 칸트 원문은 "**개념이**"이나 AA에 따라 고쳐 읽음.
141) 이상의 마지막 문단 B판 추가.

그리하여 그의 의무에 대한 존경이 그에게 부과할지도 모르는 희생을 위해 마음을 굳세게 만들 것임에 틀림없다. 그의 도덕적 사명의 숭고성에 대한 이러한 감정을 자주 약동시키는 일은 윤리적 마음씨를 일깨우는 수단으로서 특별히 장려되어야 한다. 왜냐하면 이러한 감정은, 취해야 할 모든 준칙들의 최고의 조건인 법칙에 대한 무조건적인 존경에서, 동기들 중 근원적인 윤리적 질서 및 그와 함께 인간의 심정 속에 있는 선으로의 소질을 그 순수성에서 복원하기 위해, 우리의 의사의 준칙들 안에서 동기들을 전도시키는 선천적인 성벽을 저지시키기 때문이다.

그러나 자력의 사용을 통한 이러한 복원은 인간의 일체의 선에 대한 선천적인 부패성이라는〔인간은 모든 선에 대해서 선천적으로 부패하다는〕 명제와 정면으로 대립하는 것이 아닌가? 물론 이해가능성에 관련해서는, 다시 말해 저 복원의 가능성에 대한 우리의 통찰과 관련해서는 그러하다. 즉 어떻게 시간상의 사건(변화)으로 그리고 그런 한에서 자연법칙들에 따라서 필연적인 것으로 표상되어야 하는 것 모두와 그 반대가 그럼에도 동시에 도덕법칙들 아래에서 자유에 의해 가능한 것으로 표상되어야 하는가 하는 통찰과 관련해서는 그러하다. 그러나 이 명제가 이 복원의 가능성 자체에 대립하는 것은 아니다. 왜냐하면 만약 도덕법칙이 우리가 지금 더 선한 인간이**어야만 한다**고 지시명령한다면, 우리는 또한 그것을 **할 수 있**어야 한다는 것이 불가피한 귀결이기 때문이다. 선천적 악에 대한 명제는 도덕적 **교의학**에서는 전혀 아무런 소용도 없다. 왜냐하면 도덕적 교의학의 지시규정들은 〔그것들을〕 위반하려는 선천적인 성벽이 우리 안에 있든 없든 간에 똑같은 의무들을 함유하며, 동일한 효력을 유지하고 있기 때문이다. 그러나 도덕적 **수양론**에서 이 명제는 그 이상을 말하고자 하는 바, 그럼에도 그것이 말하는 바는 다름 아니라, 우리는 천부적인 선으로의 도덕적 소질을 윤리적으로 수련함에 있어서 우리에게 자연적인 순결 무구함에서 시작할 수는 없고, 오히려 그 준칙들을 근원적인 윤리적 소질에 거슬러서 채택하는 의사의 악의성을 전제하고 출발하지 않을 수 없으며, 악으로의 이 성벽은 절멸시킬 수 없는 것이므로, 그에 대한 부단한 저항을 하지 않으면 안 된다는 것이다. 그런데 이것은 한갓 나쁜 것으로부터 보다 좋은 것으로 무한히 나아가는 전진을 이끄는 것이므로, 이로부터 나오는 결론은, 악한 인간의 마음씨로부터 선한 인간의 마음씨로의 전환은 윤리적 법칙에 맞게 그의 모든 준칙들을 채택하는 최상의 내적 근거의 변화 안에서, 이 새로운 근거(즉 새로운 심정[142])가 이제 그 자체로 불변적인 한에서, 자리 잡을 수 있다는 것이다. 그러나 인간은 자연스러운 방식으로는, 직접적인 의식을 통해서든 그가 지금까지 해왔던 품행의 증거를 통해서든 이러한 변화에 대한 확신에 이를 수가 없다. 왜냐하면 심정의 깊이(즉 그 준칙들의 주관적인 제일 근거)는 그 자신에게도 탐구 불가능한 것이기 때문이다. 그러나 인간은 그러한 변화로 인도하는, 근본적으로 개선된 마음씨에 의해 그에게 제시되는 길에 **자기의** 힘을 사용해서 이를 것을 **희망할** 수 있어야 한다. 왜냐하면 인간은 마땅히 선한 인간이 되어야 하고, 그러나 그 자신이 행한 것으로 그에게 귀책될 수 있는 것에 따라서만 **도덕적으로**-선한 것으로 판정될 수 있기 때문이다.

그런데 도덕적 개작을 본성적으로 마지못해 하는 이성은 자기개선의 기대요구에 대항하여 자연적인 무능력을 핑계 대면서 순정하지 못한 온갖 종교사상들을 내어놓는다. (이런 것 중에는 신 자신에게 그의 계명들의 최

••
142) 「에제키엘서」, 18, 31: "너희가 범한 모든 잘못들을 떨쳐버리고, 새로운 심정과 새로운 정신〔영〕을 갖추어라." 참조.

상의 조건으로 행복의 원리가 속하는 것으로 꾸며대는 것도 있다.) 그러나 우리는 모든 종교들을 **은혜 간구**의 (순전한 제의의) 종교와 **도덕적** 종교, 다시 말해 **선한 품행**의 종교로 구분할 수 있다. 전자에 따르는 인간은, 신은 그가 **보다 더 선한 인간이 될 것**을 강요하지 않고서도 (그의 죄책들의 용서를 통해) 그를 능히 영원히 행복하게 만들 수 있다고 자위하거나, 또는 그에게 이런 일이 가능하지 않아 보일 때에도, **신은 그를 능히 보다 더 선한 인간으로 만들** 수 있으며, 그때 그 자신은 그것을 **간청하는 것** 이상의 어떠한 것도 행할 필요가 없다고 자위한다. 〔그런데〕 간청한다는 것은 모든 것을 보는 존재자 앞에서는 **소망하는 것** 이상 아무것도 아니므로, 참으로는 아무것도 안 한 것이 되겠다. 왜냐하면 만약 그런 일이 한낱 소망만으로 이루어진다면, 인간은 누구나 선하게 될 것이니 말이다. 그러나 도덕

종교—지금까지 있었던 모든 공적 종교들 가운데서 기독교만 그러한 종교이다—에 따르면 다음과 같은 것이 원칙이다. 즉 보다 더 선한 인간이 되기 위해서는 각자는 자기의 힘이 미치는 한 최선을 다해 행하지 않으면 안 된다. 그리고 오직 인간은 그의 타고난〔선천적〕 재능[143]을 묻어두지 않을 때(「루카복음」 19, 12~26[144] 참조)에만, 그가 보다 더 선한 인간이 되기

∴∴

143) 원어: Pfund. 본래 화폐 단위이나 관용적 사용법에 따라 의역함.
144) 칸트 원문에는 "12~16"으로 되어 있으나, 실제 성서의 대목과 칸트의 手本에 따라 고쳐 읽음. 「루카복음」 19장 중에서 특히, "주인님의 한 미나가 여기에 있습니다. 저는 이것을 수건에 싸서 보관해두었습니다.(20) 〔……〕 너희에게 이르거니와, 누구든지 가진 자에게는 더 많이 주어질 것이고, 그러나 가진 것이 아무것도 없는 자는 가진 것마저 빼앗을 것이다.(26)" 참조. 그리고 또한 「마태오복음」 25장 중에서 특히 "그러나 한 탈렌트를 받은 이는 물러가서 땅을 파고 주인의 돈을 숨겼습니다.(18) 〔……〕 너희는 저 자에게서 그 한 탈렌트마저 빼앗아 열 탈렌트를 가진 이에게 주어라. 누구든지 가진 자에게는 더 많이 주어 넘치게 할 것이요, 가진 것이 아무것도 없는 자에게서는 가진 것마저 빼앗을 것이다. 너희는 저 쓸모없는 종을 바깥 어두운 곳으로 내어쫓아라. 거기에서 울고 이를 가는 일이

위해서 선으로의 근원적 소질을 이용했을 때에만, 그의 능력 안에는 없는 것이 보다 더 고위의 협력에 의하여 보충될 희망을 가질 수 있다. 이러한 협력이 어디서 오는가를 인간이 아는 것이 단적으로 필요한 것은 아니다. 그것이 일어나는 방식이 어떤 특정한 시기에 계시된다고 해도, 서로 다른 사람들이 다른 시기에, 그것도 매우 정직하게, 그것을 서로 다르게 이해 B63 하는 것은 아마도 불가피할 것이다. 그러나 그때에 유효한 원칙은, "신이 인간의 정복〔淨福〕[145]을 위하여 무엇을 행하는지, 또는 행하였는지를 아는 것이 본질적인 것은 아니며, 누구에게나 필요한 것도 아니다."라는 것이다. 그러나 이러한 원조를 받을 만한 품격〔자격〕을 갖기 위해 **그 자신이 무엇을 행하지 않으면 안 되는가**[146]를 아는 것은 실로 본질적인 것이고 필요한 것이기도 하다.[147]※+

※ + 이 일반적인 주해는 이 저술의 각 편에 붙인 네 개의 주해들 중 첫 번째 것이다. 이 주해들은 다음과 같은 표제를 가질 수 있겠다. 즉 1) 은총의 작용들에 대하여, 2) 기적들에 대하여, 3) 신비들에 대하여, 4) 은총의 수단에 대하여. — 이 주해들은 순수한 이성의 한계 안에서의 종교의 이를테면 附帶裝飾[148]이다. 〔그러니까〕 이 주

∵

일어날 것이다.(28~30)" 참조.

145) 원어: Seligkeit. "자기만족이 우리의 전 실존에 이르면, 그것을 정복이라 일컫는다."(V-Phil-Th/Pölitz: XXVIII, 1089) "우리의 전 실존에 대한 만족이 행복이다. 그래서 행복은 인간에서는 물리적 요인들, 다시 말해 복지를 필요로 한다. 물리적 요인들에 독립적인 행복이 정복〔淨福〕이다. 그러므로 그것은 오로지 자기만족에 의한 것이다. 신은 그러므로 유일하게-정복적이다."(Refl 6117: XVIII, 460)

146) 아래(B211=VI139)의 같은 표현 참조.

147) *Berl. M.*의 논고는 여기서 끝나며 마지막에 "쾨니히스베르크. 임마누엘 칸트"라고 필자 이름이 적혀 있음.

148) 원어: Parerga. 곧 "대상의 전체 표상에 그 구성요소로서 내적으로 속해 있는 것이 아니라, 단지 외적으로 부가물로서 속하"(*KU*, B43=V226)는 것.

해들은 그것의 안에 속하는 것이 아니지만, 그것에 접해 있는 것이다. 자기의 도덕적 필요요구를 만족시킬 능력이 없음을 의식하는 이성은 그 결함을 보완해줄 것 같은 초절적인 이념들에까지 자기를 넓혀가지만, 그럼에도 그 이념들을 확장된 소유로 자기에게 소속시키지는 않는다. 이성은 이 이념들의 대상들의 가능성 또는 현실성에 이의를 제기하지는 않으나, 그것들을 다만 자기의 사고와 행위의 준칙들 안에 채용할 수 없는 것뿐이다. 이성이 더 나아가 고려하는 바는, 초자연적인 것의 탐구 불가능한 분야 안에, 이성으로서 이해할 수 있는 것 이상의 것이기는 하나, 도덕적 무능력을 보완하는 데 필수적일 터인 어떤 것이 있다면, 이것은 사람들이 (그 가능성에 관한) **반성적** 신앙이라고 부를 수 있는 신앙—지식을 표방하는 **교조적** 신앙은 부정직하거나 주제넘게 나타나므로—과 함께 그의 선의지에도 알게 모르게 도움이 될 것이라는 것이다. 왜냐하면 그 자체로 (실천적으로) 확립되어 있는 것에 대한 난점들을 제거하는 일은, 그 난점들이 초험적인 물음들과 관련한 것일 때는, 단지 하나의 부수적인 일(附帶裝飾)에 불과하기 때문이다. 이러한, 또한 **도덕적으로**-초험적인, 이념들에서 나오는 단점에 관해 말하자면, 만약 우리가 그것들을 종교에 도입하고자 한다면, 그 결과는 위에서 언급한 네 부류의 순서에 따라, 1) 착각한[소위] 내적 경험(은총작용들)의 결과인 **광신**, 2) 명목상[세칭] 외적 경험(기적)의 결과인 **미신**, 3) 초자연적인 것(신비)에 관한 망상적인 지성적 깨달음[지적 조명]의 결과인 **광명〔주의〕**,[149] 즉 달인〔達人〕의 망상, 4) 초자연적인 것에 영향을 미치려는 대담한 시도들(은총의 수단들)의 결과인 **마술** 등이다. 이것들은 이성의 경계를 뛰어넘는 이성의 순전한 탈선들인바, 설령 소위 도덕적인(신에 적의한) 의도에서라 하더라도 그러하다.—그러나 특별히 이 논고의 제1편에 대한 이 일반적 주해에 관해서 말하자면, **은총의 작용들**을 불러들이는 것은 이런 유의 탈선으로서, 이성이 그의 한계 안에 머무르려 한다면, 이러한 것이 이성의 준칙들 안에 채용될 수는 없다. 도대체가 초자연적인 것은 어떠한 것도 채용될 수 없듯이 말이다. 왜냐하면 바로 이러한 초자연적인 것에서는 모든 이성사용이 정지하기 때문이다. — 무릇 은총의 작용들을 **이론적**

B64 VI53

149) 칸트 당대 '광명단(Illuminatenorden: illuminati)'은 Adam Weishaupt(1748~1830) 주도로 계몽과 윤리적 개선을 통해 인간의 인간에 대한 지배를 종식시킨다는 기치 아래 1776년 5월 1일 독일 Ingolstadt에서 창립되어, 짧은 기간 동안에 다수의 추종자를 가졌으나 수많은 신비적 요소와 이론들이 혼효된 데다가 반정부적 내지 반기독교적(특히 반가톨릭적) 활동을 비밀리에 확대해갔기 때문에 1785년 Bayern에서 금지되었고, 그 후 세력이 약화 소멸되었다. 또 아래 제3논고, B143=VI102 참조.

으로 무엇인가에서 (그것들이 은총의 작용결과들이지, 내적인 자연의 작용결과들이 아니라는 것을) 식별한다는 것은 불가능한 일이다. 왜냐하면 우리의 인과 개념 사용은 경험의 대상들을 넘어서, 그러니까 자연을 넘어서 확장될 수 없기 때문이다. 그런가 하면 이 이념을 **실천적으로** 이용한다는 전제는 전적으로 자기 자신과 모순적이다. 왜냐하면 이념의 실천적 이용은 우리가 (모종의 의도에서) 무엇인가를 달성하기 위해서 선을 스스로 **행하지** 않으면 안 되는 것에 대한 규칙을 전제하는 것일 터인데, 은총작용을 기대한다는 것은 그와 정반대의 것을 의미하기 때문이다. 곧 선 (즉 도덕적 선)은 우리의 행실이 아니고, 다른 어떤 존재자의 행실일 것이며, 그러므로 우리는 그것을 단지 **무행**[無行]으로써 **획득할** 수 있다는 것인데, 이것은 자기모순인 것이다. 그러므로 우리는 은총작용의 이념을 어떤 불가해한 것으로서 용인은 할 수 있으되, 이론적 사용을 위해서도 실천적 사용을 위해서도 우리의 준칙 안에 채용할 수는 없다.

철학적 종교론
제2논고

제2논고
인간에 대한 지배를 둘러싼
선한 원리의 악한 원리와의 투쟁에 대하여

도덕적으로 선한 인간이 되기 위해서는 우리 인류 안에 놓여 있는 선의 싹[1]을 한낱 방해 없이 발전시키는 것만으로는 충분하지 않다. 오히려 우리 안에 있으면서 대립적으로 작용하는 악의 원인을 무찌르지 않으면 안 된다. 옛적의 모든 도덕가들 중에서도 특히 **스토아주의자**들은, (그리스어[2]에서도 라틴어[3]에서도) 용기와 용맹을 지칭하며 그러므로 하나의 적을 전제하는 **덕**이라는 그들의 표지어〔標識語〕를 통해 이러한 사실을 우리에게 알려주었다.[4] 이 점에서 고찰할 때 **덕**이라는 명칭은 훌륭한 명칭으로서, 이 명칭이 자주 허풍스럽게 오용되고, (근자에 와서 계몽이라는 말이 그러하듯

∴

1) 인식 능력과 관련한 『순수이성비판』의 표현 "인간 지성 안에 있는 그것들〔순수 개념들〕의 최초의 싹과 소질"(*KrV*, A66=B91) 비교 참조.
2) 독일어 'Tugend'가 그러하듯이 이에 대응하는 그리스어는 곧 'ἀρετή'. 이 말은 '덕'과 함께 '숙련성', '유능함', '탁월함', '번영' 등의 뜻을 가짐.
3) 독일어 'Tugend'에 대응하는 라틴어는 곧 'virtus.' 이 말은 '남자다움'의 원의로부터 '덕', '덕성', '힘(셈)', '강함', '용기', '용맹' 등의 뜻을 가짐.
4) Cicero, *Tusculanae Disputationes*, II, 43: "덕(virtus)은 곧 남자(vir)로부터 일컬어진 것이다. 그런데 남자에게 가장 본래적인 것은 용기/힘셈(fortitudo)이며, 이것의 두 가지 최고의 성과는 죽음과 고통에 대한 경멸이다. 그러므로 우리가 덕을 가지려면, 아니 더 잘 말해서, 우리가 남자이려면, 우리는 이 두 가지를 갖지 않으면 안 된다. 덕은 남자들로부터 그 명칭을 빌려온 것이기 때문이다." 참조.

239

이) 조소받았다[5]는 사실이 이 명칭을 훼손할 수는 없다. ─무릇 용기를 촉구하는 것은 이미 절반은 용기를 불어넣는 것이다. 이에 반해 자신을 전적으로 불신하고 외부의 도움을 기다리는 게으르고 무기력한 사유방식〔성향〕은 (도덕과 종교에서) 인간의 모든 힘을 이완시키고, 인간으로 하여금 이러한 도움을 받을 품격〔자격〕마저 잃도록 만든다.

그러나 저 용감한 인사들은 그들의 적을 오인하였던 것이다. 그들의 적은 자연적이고 한낱 훈련되지 않은, 그러면서도 숨김없이 각자의 의식에 공공연하게 현시하는 경향성들에서 찾을 것이 아니고, 오히려 이를테면 보이지 않는, 이성의 배후에 숨어 있는 적이며, 그 때문에 더욱더 위험한 것이다. 저 인사들은 영혼을 부패시키는 원칙들을 가지고서 마음씨를 은밀하게 밑에서 파괴하는 (인간 심정의) **악성**에 대항하는 **지혜**를 불러일으키는 대신에, 경향성들에 의해 한낱 부주의하여 속임을 당하는 **어리석음**에 대항하는 **지혜**를 소환하였다.[※]

※ 이 철학자들은 그들의 보편적 도덕 원리를 인간 자연본성의 존엄성, 즉 자유(곧 경향성들의 세력으로부터의 독립성)에서 취했다. 그들은 이보다 더 좋고 고상한 것을 기초에 놓을 수 없었던 것이다. 무릇 그들은 도덕법칙들을 직접적으로 그러한 방식으로만 법칙수립하며 그 도덕법칙들을 통해서 단적으로 지시명령하는 이성으로부터 길어냈다. 그렇기에 사람들이 인간에게 이 법칙들을 주저 없이 준칙들 안에 채용하는 부패하지 않은 의지를 부여할 때, 객관적으로, 즉 규칙과 관련

해서, 그리고 또한 주관적으로, 즉 동기와 관련해서도, 모든 것이 아주 정확하게 제시되었다. 그러나 이러한 후자의 전제[6] 안에 바로 착오가 있었다. 왜냐하면 우

∴

5) 예컨대, 앞서 말한 Friedrich Wilhelm II의 「종교칙령」의 §7: "사람들은 감히 반삼위일체론자들, 이신론자들, 자연주의자들과 여타 종파들의 이미 오래 전에 논박된 가련한 착오들을 다시금 끄집어내, 이를 극히 잘못 사용된 계몽이라는 이름으로 몰염치하고도 부끄럼 없이 민중들 사이에 확산시키는 것을 서슴지 않고 있다." 참조.

자연적 경향성들은 그 **자체로만 보면** 좋은 것으로, 다시 말해 배척할 B69 VI58
것이 없다. 이것들을 근절시키고자 하는 것은 헛된 일일 뿐만 아니라, 유
해하고 비난받을 일이기조차 할 것이다. 오히려 사람들은 단지 그것들을 B70
잘 다스려서, 그것들이 서로 부딪쳐 생채기가 나지 않고, 행복이라고 불
리는 전체 안에서 화합을 이룰 수 있도록 할 일이다. 그런데 이런 일을 하

리가 제아무리 일찍이 우리의 윤리적 상태에 대해 주의를 기울인다 해도, 우리는
그 상태가 더 이상 무결(無缺)한 것이 아니며, 오히려 우리는 이미 자리를 잡고 있
는 악―그러나 이 악은 우리가 그것을 우리 준칙 안에 채용하지 않았더라면 활동
할 수 없었을 터이다―을 그의 소유지에서 추방하는 일부터 시작하지 않으면 안
된다는 것, 다시 말해 인간이 행할 수 있는 최초의 참된 선은 경향성들에서가 아
니라 전도된 준칙에서, 그러므로 자유 자신에서 찾을 수 있는 악에서부터 벗어나
는 일이라는 것을 이내 발견하기 때문이다. 전자[7]는 단지 그에 대립하는 선한 준
칙의 **실연**을 어렵게 할 뿐이다. 그러나 본래적인 악은, 경향성들이 위반할 것을
유혹할 때, 사람들이 그에 저항하는 것을 **의욕하지**〔저항**하고자 하지**〕 않는 데에
있다. 이러한 마음씨가 진짜 적인 것이다. 경향성들은 단지 원칙들 일반―이것들
은 선할 수도 악할 수도 있다―의 적대자일 뿐이며, 그런 한에서 도덕성의 저 고
결한 원리는 원칙들을 통해 주관을 길들이기〔유순하게 하기〕 위한 예습(즉 경향
성들의 훈육)으로서 유익하다. 그러나 **윤리적-선**의 특종의 원칙들이 있다 하되
그럼에도 불구하고 준칙으로 있는 것이 아닌 한에서는, 덕이 맞서 투쟁해야 할,
저 원칙들의 또 다른 적대자를 주관 안에 전제하지 않으면 안 된다. 저 원칙들이
없으면 모든 덕들은, 저 교부[8]가 말하고자 한 바와 같이, 빛나는 **패악들**은 아니라
하더라도, **빛나는 가련함들**일 것이다. 왜냐하면 그를 통해 비록 자주 반란이 진압
되기는 하지만, 반란자 자신은 결코 정복되지도 근절되지도 않기 때문이다.

⋮

6) 곧 인간에게 도덕법칙들을 준칙 안에 채용하는 부패하지 않은 의지가 있다는.
7) 곧 경향성.
8) 아마도 Augustinus를 지칭하는 것 같다. 보통 "이교도의 덕들은 빛나는 패악들이다
   (virtutes gentium splendida vitia)."라는 언사가 Augustinus에서 유래한다고 말한다. 그러
   나 그 출처는 확인되지 않고 있다.

는 이성은 **영리**라고 일컫는다. 오로지 도덕적으로-반법칙적인 것만이 그 자체로 악하고, 단적으로 배척할 만한 것으로서, 근절되지 않으면 안 되는 것이다. 그러나 이러한 것을 가르쳐주는 이성은, 더욱이 이를 실행에 옮길 때에는, **지혜**라는 명칭을 쓰는 것이 합당하다. 이와 대조적으로 패악은 **어리석음**이라고 부를 수 있는데, 그러나 그것은 어디까지나 이성이 패악을 (그리고 패악으로의 모든 유혹들을) **경멸**하고, 한낱 두려워해야 할 것으로 증오하는 것이 아니라, 그에 대항하여 스스로 무장할 만큼 충분히 강한 힘을 자기 안에서 느낄 때에 한해서 그러하다.

VI59 그러므로 **스토아**주의자가 인간의 도덕적 투쟁을 한낱 그 자신의 (그 자체로는 무죄인) 경향성들과의—이것들이 그의 의무를 준수하는 데 방해자로서 극복되어야만 할 것인 한에서—싸움으로 생각했을 때, 그는 어떤 특수한 적극적인 (그 자체로 악한) 원리도 상정하지 않았기 때문에, 위반의 원인을 단지 저 경향성들과의 투쟁을 **태만히 함**에 놓을 수 있었는데, 그러나 이 태만함은 그 자체가 의무에 어긋나는 것(위반)으로서, 한갓된 자연실책이 아니다. 무릇 이 태만함의 원인은 다시금 (순환적으로 설명하지 않으려면) 경향성들에서 찾을 수는 없고, 자유의사인 의사를 규정하는 것에서

B71 (즉 경향성들에 동조하는 준칙들의 최초의 내적 근거에서)만 찾을 수 있는 것이다. 이로써 철학자들이 맞서 투쟁해야 한다고 믿었던 선의 본래적인 적대자를 어떻게 오인할 수 있었는가가 충분히 이해된다. 이 철학자들에게 이 설명근거는 영원히 어둠 속에 가려져 있는데다가,※ 9)불가피한 것임에도 달갑지 않은 것이다.

※ 인간 안의 윤리적-악의 현존이 아주 쉽게 설명된다는 것, 그것도 한편으로는 감성의 동기들의 위력에 의해, 다른 한편으로는 이성의(즉 법칙에 대한 존경의) 동기의 무력함, 다시 말해 **약함**에 의해 아주 쉽게 설명된다는 것은 도덕철학의 아주

그러므로 한 사도[10]가 이처럼 **눈에 보이지 않고**〔불가시적이고〕, 단지 그의 작용들을 통해서만 우리에게 인지될 수 있는, 원칙들을 부패시키는 적을 우리의 밖에 있는 것으로서, 그것도 **악령**으로 표상화한다면, 그것은 기이한 일이 아니다. — "우리는 살과 피와(즉 자연적 경향성들과) 투쟁해야 하는 것이 아니라, 권세 있고 권력 있는 자들과 — 악령들과 투쟁해야만 합니다."[11] 이것[12]은 우리의 인식을 감성세계를 넘어서 확장하기 위해서가 아니라, 우리로서는 규명할 수 없는 개념을 **실천적 사용을 위해서** 구상화하고자 동원한 것으로 보이는 표현이다. 어쨌든 실천적 사용을 위해서는 우리가 유혹자를 한낱 우리 자신 안에 놓든지, 또는 우리 밖에 놓든지 간에 우리에게는 마찬가지이다. 왜냐하면 후자의 경우에 그 죄과가 전

B72

VI60

통상적인 전제이다. 그러나 그렇다면 인간에서의 (도덕적 소질 안에 있는) 윤리적-선은 더욱더 쉽게 설명되어야 할 터이다. 왜냐하면 전자에 대한 이해는 후자에 대한 이해 없이는 전혀 생각할 수 없는 것이기 때문이다. 그러나 무릇 법칙의 순전한 이념을 통해 대항하는 모든 동기들을 지배하게 되는 이성의 능력은 단적으로 설명 불가능한 것이다. 그러므로 또한 어떻게 감성의 동기들이 그러한 권위를 가지고 지시명령하는 이성을 지배하게 될 수 있을 것인가도 이해 불가능한 것이다. 왜냐하면 온 세계가 법칙의 지시규정에 맞게 운행한다면, 사람들은 모든 것은 자연 질서에 따라 되어가는 것이라고 말할 것이며, 누구도 그 원인 같은 것에 대해서는 물어볼 생각도 하지 않을 것이기 때문이다.

∵

9) B판에서는 이 앞에 "**그리고**"를 추가.

10) 곧 바오로.

11) 「에페소서」, 6, 12: "실로 우리는 살과 피와 투쟁해야 하는 것이 아니라, 권세 있고 권력 있는 자들과 이 어두운 세계의 지배자들과, 하늘과 땅 사이의 악령들과 투쟁해야만 합니다." 참조.

12) 곧 "악령."

자의 경우보다 전혀 적지가 않기 때문이다. 〔유혹자가 어디에 있든〕 우리가 유혹자에 은밀히 동조하지 않는다면, 우리는 그에게 유혹받지 않을 터이다.※ — 우리는 이 전체의 고찰을 두 절로 나누어서 하려 한다.

B73

제1절
인간에 대한 지배를 위한 선한 원리의 권리주장에 대하여

가) 선한 원리의 인격화한 이념

오로지 하나의 세계를 신의 결의의 대상으로 만들고, 창조의 목적으로 만들 수 있는 것은 **도덕적인 전체적 완전성**[14]〔**전적으로 완전함**〕**에서의 인간성**〔**인류**〕(이성적 세계존재자 일반)이다.[15] 최상의 조건인 이것으로부터

※ 기독교 도덕의 하나의 특유성은, 윤리적–선과 윤리적–악의 차이를 하늘과 **땅으로가** 아니라, 천당과 **지옥**처럼 표상하는 것이다. 이러한 표상은 비유적이고 그 자체로 선동적이지만, 그럼에도 불구하고 의미상으로 볼 때 철학적으로 옳다. — 이러한 표상은 선과 악, 빛의 나라와 어둠의 나라[13]가 서로 경계해 있으면서 (밝기의 다소의) 점층적인 단계들에 의해 서로 합해져버리는 것으로 생각되지 않고, 오히려 측량할 수 없는 간극에 의해 서로 떨어져 있는 것으로 표상되도록 하는 것을 지켜내는 데 도움이 된다. 사람들을 이 두 나라의 어느 쪽의 신민이 될 수 있게 하는 원칙들의 전적인 이종성 및 동시에 두 나라 중에 어느 쪽에 속할 자격을 주는 속성들의 밀접한 친족성에 대한 상상과 결합되어 있는 위험은 그것이 함유하고 있는 전율적인 것에도 불구하고 동시에 매우 고상한 이러한 표상방식을 정당화한다.

B73

∴

13) 「창세기」 1, 4: "하느님께서 보시니 그 빛이 좋았다. 하느님께서는 빛과 어둠을 가르시어 ……."; 「이사야서」 5, 20: "불행하여라, 좋은 것을 나쁘다 하고, 나쁜 것을 좋다 하는 자들! 어둠을 빛으로 만들고 빛을 어둠으로 만드는 자들!" 참조.

행복은 최고 존재자의 의지 안에서 직접적으로 결과하는 것이다.[16] — 이러한 유일하게 신에게 흡족한 인간은 "영원으로부터 신 안에 있다." 이러한 인간의 이념은 신의 본질로부터 나온다. 그런 한에서 이러한 인간은 창조된 사물이 아니라, 신의 독생자인 아들이다. 즉 그는 "(되거라!라는) **말씀**이니, 이 말씀을 통하여 다른 만물이 있고, 이 말씀 없이 만들어진 것은 아무것도 실존하지 않는다."[17] (왜냐하면 그를 위해, 다시 말해 세계 내의 이성

••

14) A. G. Baumgarten(1714~1762)은 "세계의 창조에서 신의 목적은 최선의 세계에서 가능한 피조물의 완전성"(*Metaphysica*, Halle ⁴1757, §946)이라고 보았는데, 그렇기 때문에 Baumgarten에게는 "그러므로 창조의 목적들은 신의 예배와 종교"(§947)이고, 우주 창조에서 신의 궁극목적은 그 "자신의 영광"(§943)이었다.

15) "모든 목적들의 **이중** 체계를 생각해볼 수 있다. **자유에 의한** 체계와 **사물들의 자연**〔본성〕**에 따른** 체계 말이다. 자유에 의한 모든 목적들의 체계는 도덕의 원칙들에 따라서 이루어지는 것으로서, 세계의 도덕적 완전성이다. 오직 이성적 피조물들이 이러한 보편적 체계의 성원들로 보일 수 있는 한에서만 그것들은 하나의 인격적 가치를 갖는다. 왜냐하면 선의지는 그 자체로서 선한 어떤 것이고, 그러므로 **절대적으로** 선한 어떤 것이기 때문이다. 반면에 다른 모든 것은 단지 조건적으로만 선한〔좋은〕 어떤 것이다. 〔……〕 모든 **목적들의 그러한 보편적인 체계의 가능성은 오로지 단 하나 도덕성에 달려 있다.** 왜냐하면 이성의 이 영원한 법칙들에 따라서 모든 이성적 피조물이 활동하는 한에서만, 그것들은 하나의 공동 원리 아래에 서서, 함께 하나의 목적 체계를 형성할 수 있기 때문이다."(V-Phil-Th/Pölitz: XXVIII, 1099 이하) "이제 우리는 인간이 오직 도덕적 존재자로서만 창조의 목적이라는 것을 인정하므로, 우리는 첫째로, 세계를 목적들에 따라 연관되어 있는 전체로, 그리고 목적인들의 **체계**로 볼 하나의 근거를, 적어도 중요조건을 갖는 바이다."(*KU*, B413=V444) 그래서 실천신학에서 사람들은 "이성적 피조물은 교호적인 수단으로서 서로 관계를 갖고 있는 이 세상 만물이 그와 관계를 맺는 창조의 **중심**을 이룬다."(V-Phil-Th/Pölitz: XXVIII, 1108)고 본다.

16) "신은 모든 이성적 피조물이 각자 그에 맞는 품격〔자격〕을 갖춘 정도만큼 행복을 나눠가질 최고의 완전성에서 최고의 흡족을 가졌기 때문에, 하나의 세계를 창조하였다."(V-Phil-Th/Pölitz: XXVIII, 1101) "최고선이 궁극목적이다. 그러나 이것은 신의 밖에 있는 동기가 아니다. 신에 대한 숭배는 그의 지시명령에 대한 존경에 있다. 그러니 이것이 최고선의 최상의 조건인 것이다."(Refl 6452: XVIII, 724)

17) 이상 두 인용문은 「요한복음」 2~3을 적당히 변경하여 인용한 것으로 보인다.

B74 적 존재자를 위해, 그리고 그가 그의 도덕적 규정〔사명〕에 따라서 생각될 수 있는
바대로, 만물은 만들어져 있기 때문이다.)—"그는 신의 영광의 광채이다."[18]
—"그의 안에서 신은 세상을 사랑하였다."[19] 그리고 오직 그의 안에서 그
VI61 리고 그의 마음씨들을 받아들임으로써 우리는 "신의 자녀가 될 것"[20]을
희망할 수 있다. 등등.

　도덕적 완전성의 이러한 이상으로, 다시 말해 그 전적인 순정성에서의
윤리적 마음씨의 원형으로 우리를 **고양시키는** 것은 무릇 보편적인 인간
의 의무이며, 이를 위해서는 또한 이성에 의해 우리에게 추구할 것으로
제시되는 이러한 이념 자신이 우리에게 힘을 줄 수 있다. 그러나 우리는
이 이념의 창시자가 아니며, 오히려 그 이념이 인간 안에 자리 잡고 있고,
우리는 어떻게 인간의 자연본성이 그 이념을 수용할 수 있었는지조차 파
악할 수 없다. 바로 그 때문에 사람들은, 저 원형이 하늘로부터 우리에게
강림했고, 그것이 인간성을 취했다고 말하는 것이 더 좋을 것이다. (왜냐
하면 어떻게 자연본성적으로 **악한 인간**이 스스로 악을 버리고, 자신을 신성성의
이상으로 고양시키는가를 표상하는 것은, 이런 이상이—그 자체로는 악하지 않
은—인간성을 취하고, **자신을 그리로 낮춘다고**[21] 표상하는 것만큼 그렇게 가능하

．．

18) 「히브리서」 1, 3: "이 아들은 그분 영광의 광채요, 그분 본체의 표상이시며, 그의 힘 있는
　　말씀으로 만물을 보존하십니다." 참조.
19) 「요한복음」 3, 16: "과연 하느님께서는 세상을 이토록 사랑하시어 외아들을 주시기까지 하
　　셨으니 그를 믿는 이마다 모두 멸망하지 않고, 영원한 생명을 얻도록 하시려는 것이었습니
　　다." 참조.
20) 「요한복음」 1, 12: "그분은 당신을 맞아들인 이들, 곧 당신의 이름을 믿는 이들에게는 모두
　　하느님의 자녀가 되는 권능을 주셨다.";「마태오복음」 5, 44~45: "여러분의 원수들을 사랑
　　하고, 여러분을 박해하는 사람들을 위하여 기도하시오. 그래야만 여러분은 하늘에 계신,
　　여러분 아버지의 아들들이 될 것입니다." 참조.
21) B판 추가.

지가 않기 때문이다.) 그러므로 우리와의 이러한 합일은 신의 아들의 **낮춤**
의 신분〔상태〕[22]으로 볼 수 있다. 우리가 우리에게 원형인 저 신적인 마음 B75
씨의 인간을, 그가 비록 그 자신 신성하고, 그러한 자로서 어떤 수난의 인
고에 매여 있지 않음에도 불구하고, 세계최선을 촉진하기 위하여 이를 최
고도로 짊어진 이라고 표상하고, 이에 반해 동일한 마음씨를 취했다 하더
라도 결코 죄과로부터 벗어나지 못하는 인간은 어떠한 길에서든지 그와
맞닥뜨릴 수 있는 고통을 자기 탓으로 볼 수 있고, 그러니까 그러한 이념
이 그에게 원형으로서 도움이 된다 할지라도, 그의 마음씨와 그러한 이념
의 합일을 이룰 만한 품격이 그에게는 없다고 여기지 않으면 안 된다고
표상한다면 말이다.

신에게 흡족한 인간성의 (그러니까 필요욕구와 경향성들에 매여 있는 세계
존재자에게 가능한 것과 같은 도덕적 완전성의) 이념을 우리는 이제 다름 아니
라, 모든 인간의 의무를 스스로 실행하고자 하면서, 동시에 가르침〔교리〕
과 실례를 통해 선을 주위에 가능한 한 널리 확산시키고자 할 뿐만 아니
라, 가장 큰 유혹들을 받으면서도 가장 치욕스러운 죽음에 이르기까지의
모든 고통을 세계최선을 위해, 그리고 심지어는 그의 적들을 위해, 기꺼
이 짊어지고자 하는, 그러한 인간의 이념 아래서만 생각할 수 있다. ─왜
냐하면 인간은, 그가 장애물들과 싸우고 있다고 생각하고, 있을 수 있는

⁝

22) 이른바 '비움의 신분〔상태〕(status exinanitionis).' 이로 인해 예수는 '높힘의 신분〔상
태〕(status exaltionis)'을 얻었다. 「필리피서」 2, 6~9 "그분께서는 하느님의 모습을 지니셨
지만, 하느님과 같음을 당연한 것으로 여기지 않으시고, 오히려 당신 자신을 비우시어 종
의 모습을 취하시고, 사람들과 같이 되시어 이렇게 여느 사람처럼 나타나셨습니다. 당신
자신을 낮추시어 죽음에 이르기까지, 십자가의 죽음에 이르기까지 순종하셨습니다. 그러
므로 하느님께서는 그분을 드높이 올리시고, 모든 이름 위에 있는 이름을 그분께 주셨습니
다." 참조.

가장 큰 시련들 가운데서도 이를 극복해낸다고 생각할 때 외에는 도덕적
마음씨의 힘과 같은 어떤 힘의 정도나 강도를 이해할 수 없기 때문이다.

　　(그가 인간의 본성을 취했다고 표상되는 한에서) **이러한 신의 아들에 대한
실천적 신앙** 안에서 이제 인간은 신에게 흡족하게 될 것을 (그를 통해서 또
한 정복〔淨福〕받기를) 소망할 수 있다. 다시 말해, 유사한 유혹들과 고통—
이것들이 저 이념의 시금석이 되는 한에서—아래서 인간성의 원형에 변
함없이 의지하고 그의 실례를 충실하게 뒤따르〔추종하〕면서 비슷하게 머
무를 것을 그가 **믿고** 확고하게 신뢰할 수 있는 그러한 도덕적 마음씨를
의식하는 자, 그러한 인간, 그리고 또한 오로지 그러한 자만이 자신을 신
에게 흡족할 품격이 없지 않은 대상인 자로 여길 권한이 있는 것이다.

나) 이 이념의 객관적 실재성

　　이 이념은 실천적 관계 맺음에서 그 실재성을 완벽하게 그 자신 안에
갖는다. 왜냐하면 이 이념은 도덕적으로 법칙수립하는 우리의 이성 안에
놓여 있는 것이기 때문이다. 우리는 이 이념에 맞아야**만 하며**, 그렇기에
또한 우리는 그에 맞을 **수 있어**야만 한다. 사람들이 이 원형에 맞는 인간
일 가능성을, (공허한 개념들에 의해 속아 넘어갈 위험에 빠지지 않기 위해서는)
그것이 자연개념들에 있어서 불가피하게 필연적인 것처럼, 미리 증명해
야만 하는 것이라면, 우리는 또한 도덕법칙에 대해서까지도 우리 의사의
　무조건적이면서도 충분한 규정근거가 될 권위를 인정하는 것을 주저하지
않을 수 없을 것이다. 무릇 합법칙성 일반의 순전한 이념이 이익 때문에
취해지는 가능한 모든 동기들보다도 이 의사에 대해 더 강력한 동기일 수
있다는 것이 어떻게 가능한가, 이것은 이성에 의해서도 통찰될 수 없고,

경험의 예들을 통해서도 입증될 수 없기 때문이다. 왜냐하면 전자[23]와 관련해서 법칙은 무조건적으로 지시명령하며, 후자[24]와 관련해서는 이 법칙에 대해 무조건적으로 복종하는 사람이 단 하나도 없다고 하더라도, 그렇게 되어야 한다는 객관적 필연성은 여전히 감소하지 않으며 그 자체로 명백한 것이니 말이다. 그러므로 신에게 도덕적으로 흡족한 인간의 이념을 우리의 모범으로 삼기 위해 경험의 어떠한 실례도 필요하지 않다. 그 이념은 하나의 모범으로서 이미 우리 이성 안에 놓여 있기 때문이다. ─그러나 한 인간을 저 이념에 합치하는 그러한 실례로서 뒤따를[추종할] 만하다고 인정하기 위해서, 그가 보는 것 이상의 어떤 것을, 다시 말해 전혀 나무랄 데 없는, 정말이지 사람들이 바랄 수 있는 한의, 공적으로 가득 찬 품행 이상의 어떤 것을 요구하는 자는, 가령 이 밖에 그를 통해 또는 그를 위해 일어났어야만 하는 기적들을 신임장으로 요구하는 자는 이로써 동시에 자기의 도덕적 **불신앙**을, 곧 기적들에 의한 증거에 기초하는 (단지 역사적인) 신앙으로서는 대체할 수 없는 덕에 대한 믿음의 결여를 고백하는 것이다. 왜냐하면 우리의 이성 안에 놓여 있는 저 이념─이 이념만이 어쨌거나 선한 원리로부터 나올 법한 기적들 자체를 보증할 수 있지만, 이 기적들로부터 이 이념의 보증을 얻어낼 수는 없는 것인바─의 실천적 타당성에 대한 신앙[믿음]만이 도덕적 가치를 갖는 것이기 때문이다.

　바로 그 때문에, (사람들이 외적 경험 일반으로부터 내적인 윤리적 마음씨의 증거들을 기대하고 요구할 수 있는 한에서) 그러한 인간의 실례가 주어지는 하나의 경험 또한 가능하지 않으면 안 된다. 왜냐하면 법칙에 따르면, 인

VI63

B78

••
23) 곧 이성.
24) 곧 경험.

간 각자는 마땅히 이 이념에 대한 실례를 자신에게서 내보여야 할 것이고, 그를 위한 원형은 언제나 오직 이성 안에 있는 것이니 말이다. 무릇 외적 경험에서의 어떠한 실례도 이 이념에 부응하지는 못한다. 외적 경험은 마음씨의 내면을 드러내주지는 못하고, 단지 강력한 확신을 가지고서는 아니지만, 그것을 추정하게 할 뿐이다. (정말이지 인간의 자기 자신에 대한 내적 경험조차도 그가 신봉하는 준칙들의 근거에 대한, 그리고 그것들의 순정성과 견고성에 대한 전적으로 확실한 지식을 자기관찰을 통해 성취할 수 있을 만큼 그렇게 그의 심정의 내면을 꿰뚫어볼 수 있게 해주지는 못한다.)

이제 그러한 진정으로 신적인 마음씨를 가진 인간이 어느 시점에서 말하자면 천상으로부터 지상으로 내려와서, 가르침과 품행과 수난을 통해 사람들이 외적 경험에서만 바랄 수 있는 한에서의 신에게 흡족한 인간의 **실례**를 그 자신에게서 보였다면, (그러한 인간의 **원형**은 언제나 우리 이성 안에서밖에는 구할 수 없는 것이기는 하지만,) 그가 이 모든 것을 통해서 인류 속에 혁명을 일으켜 예상할 수 없는 위대한 도덕적 선을 이 세계 안에서 만들어냈다고 하더라도, 우리가 그에게 자연적으로 탄생한 인간과는 다른 어떤 것을 상정해야 할 이유는 없다. (왜냐하면 자연적으로 탄생한 사람도 그 자신 그러한 실례를 그 자신에서 내보여야 할 책무를 느낄 것이기 때문이다.) 물론 그렇다고 해서 그가 초자연적으로 탄생한 인간일지도 모른다는 것이 단적으로 부인되지는 않을 것이다. 무릇 실천적인 관점에서는 그가 초자연적으로 탄생한 인간이라는 것이 우리에게 아무런 이득도 줄 수 없으니 말이다. 왜냐하면 우리가 이 현상의 근저에 놓는 원형은 언제나 우리 자신 안에서—설령 자연적인 인간이라고 하더라도—찾을 수밖에 없는 것이기 때문이다. 인간의 영혼 안에 있는 그의 현존이 이미 그 자체로 충분히 불가해해서, 사람들은 그의 초자연적인 근원 이외에 그를[25] 또 어떤

250

특수한 인간 안에 실체화해서 상정할 필요가 없는 것이다. 오히려 그러한 신성한 자〔聖者〕를 인간 자연본성의 모든 허약성 위에 놓는 것은 그런 인간의 이념을 우리가 통찰할 수 있는 모든 면에서 뒤따르도록〔추종하도록〕 실천적으로 응용하는 데 방해가 될 것이다. 무릇 신에게 흡족한 저러한 인간의 자연본성도 그가 우리와 같이 똑같은 필요욕구들에, 따라서 또한 똑같은 고통들에, 그리고 똑같은 자연본성적 경향성들에, 따라서 또한 위반에의 그러한 유혹들에마저 시달리고 있는 한에서, 인간적이라고 생각된다고 해도, 그러나 그 의지의 쟁취한 것이 아니라 선천적인 그리고 불변적인 순수성이 그가 절대로 어떠한 위반도 할 수 없게 하는 한에서, 초인간적인 것이라고 생각된다면, 자연적인 인간과의 이러한 간격은 그렇기 때문에 다시금 그토록 무한히 크게 되어, 저러한 신적인 인간은 이러한 자연적인 인간에게 **실례**로서 제시될 수가 없을 것이다. 자연적인 인간은 이렇게 말할 것이다 : "나에게 전적으로 신성한 의지를 주어보라. 그러면 악으로의 모든 유혹들은 저절로 나에게서 타파될 것이다." 또 "짧은 지상의 삶 다음에 나는 (저 신성성의 결과로) 곧바로 하늘나라의 전적으로 영원한 영광에 참여할 것이라는 내적으로 완전한 확신을 나에게 주어보라. 그러면 나는 모든 고난을, 제아무리 견디기 어려운 것일지라도, 치욕스러운 죽음까지도 기꺼이, 아니 오히려 기쁨으로 받아들일 것이다. 나는 가까이 온 영광스러운 종말을 목격할 것이니 말이다."라고. 저 신적인 인간이 이러한 고결성과 정복〔淨福〕을 영원으로부터 실제로 가지고 있었다는, (그러한 것들은 저러한 고통들을 통해 비로소 얻을 수 있는 것이 아니었다는,) 그리고 그는 그러한 것들을 숫제 가치〔품격〕 없는 자를 위해서, 심지어는

••
25) AA는 원문 'ihn'을 'es'로 고쳐 읽음. 그에 따르면 '그것.' 이는 곧 저 '원형'을 지시함.

그의 적대자들을 위해서까지도, 그들을 영원한 타락으로부터 구원하기 위해, 기꺼이 포기했다는 생각은 우리에게 그에 대한 경탄과 사랑과 감사

B81 의 마음을 가지게 하지 않을 수 없을 것이다. 마찬가지로 그토록 완전한 윤리성의 규칙에 따른 처신의 이념은 우리에게 물론 준수해야 할 지시규정으로서도 타당할 터이지만, 그러나 그 [신적인 인간] 자신은 모방의 **실례로서는**, 그러니까 그토록 순수하고 고결한 도덕적 선이 우리에게서 행해질 수 있고 도달될 수 있다는 증거로서는 생각될 수 **없다.**※

VI65 ※ 우리가 한 인격의 행위들에서 중요한 도덕적 가치를, 동시에 그 인격 내지는 그 인격의 표출을 인간적인 방식으로 표상하지 않고서는, 생각할 수 없다고 하는 것은 틀림없이 인간 이성의 제한성 때문이고, 그러한 제한성은 인간 이성과는 불가분리적이다. 물론 이로써 그러한 가치 자체가 眞理上[26] 그러해야 하는 것이라고 주장하려는 것은 아니지만, 아무튼 우리는 우리가 초감성적인 성질의 것을 이해할 수 있기 위해서는 언제나 자연존재자와의 모종의 유비를 필요로 한다는 것이다. 그래서 어떤 철학적 시인은, 인간이 자신 안에 있는 악으로의 성벽과 싸워야만 하는 한에서, 그리고 바로 그렇기 때문에, 그 성벽을 오로지 제압할 것을 아는 때에는, 그들의 본성의 신성성 덕분에 모든 가능한 유혹으로부터 벗어나 있는 천사들보다도 인간에게 존재자들의 도덕적 위계에서 더 높은 지위를 부여하였다. (결함을 가진 세계가 / 의지가 없는 천사들의 나라보다 더 좋다. **할러**[27]) ─ 인류에 대한 신의 사랑의 정도를 우리에게 이해시키기 위해 성서도 이와 같은 표상방식을 따르고 있다. 그리하여 성서는 오직 사랑하는 자만이 할 수 있는, 품격[가치] 없는 자들마저 행복하게 만들기 위한 최고의 희생을 신에게 부여한다. ("신은 그토록 세상을 사랑하였다.", 운운.[28]) 어떻게 자족적인 존재자가 자기의 정복[淨

⋮

26) 원어: κατ' ἀλήθειαν.
27) Albrecht von Haller(1708~1777). 인용한 구절은 할러의 시 「화의 근원에 관하여(Über den Ursprung des Übels)」(1734), 2: 33~34 대목이다. "무릇 신은 강제를 사랑하지 않느니, 결함을 가진 세계가 / 의지가 없는 천사들의 나라보다 더 좋다." 칸트는 같은 구절을 종교철학 강의에서도 활용했다.(XXVIII, 1077 참조)
28) 「요한복음」 3, 16: "하느님께서는 그토록 세상을 사랑하신 나머지 외아들을 내주시어, 그

福]에 속하는 어떤 것을 희생하고, 자기가 가진 것을 버릴 수 있는가를 우리로서 B82
는 이성을 통해 전혀 이해할 수 없음에도 불구하고 말이다. 이것은 우리로서는 불
가피한 (설명을 위한) **유비의 도식론**이다. 그러나 이러한 유비의 도식론을 (우리
의 인식을 확장하기 위해) **객관규정의 도식론**으로 변환시키는 것은 **의인관**[신인
동형론]으로서 도덕적인 관점에서는 (종교에서) 해로운 결과를 가져오는 것이다.
여기서 내가 덧붙여 주의해두고 싶은 바는, 감각적인 것으로부터 초감각적인 것
으로의 올라감에 있어 우리는 물론 **도식화**(즉 한 개념을 감각적인 것과의 유비를
통해 이해할 수 있도록 함)를 할 수는 있으나, 그러나 절대로 감각적인 것에 속하
는 것의 유비에 의거해서 그것이 초감각적인 것에도 부여되어야 한다고 **추론할**
수는 (그렇게 해서 그 개념을 **확장할** 수는) 없다는 것이다. 이것은 아주 단순한 근
거에서 그러한 것이다. 즉 하나의 개념을 이해하기 위해서는 (즉 하나의 실례를
통해 입증하기 위해서는) 우리가 그 개념을 위한 도식을 반드시 필요로 한다는 이
유로부터, 이 도식이 또한 반드시 그 대상 자체에도, 그 대상의 술어로서 귀속되
지 않으면 안 된다는 결론을 이끌어내고자 하는 추론은 모든 유비에 **반하는** 것일
터이기 때문이다. 곧 나는, 내가 하나의 식물의 (또는 여느 유기체의 그리고 일반
적으로 목적에 맞는 세계의) 원인을 한 기예가와 그의 작품(시계)과의 관계의 유
비에 의거해서밖에는, 곧 내가 그 원인에게 지성을 부여함으로써밖에는 **이해할**
수 없다고 해서, (그 식물의, 세계 일반의) 원인 자체가 지성을 **가지고 있다**고 말
할 수는 없는 것이다. 다시 말해, 그 원인에게 지성을 부여하는 것은 나의 이해를
위한 한낱 조건일 뿐, [그러한] 원인이 있을 가능성 자체의 조건은 아니다. 그러
나 도식과 그것의 개념과의 관계와 바로 이 개념의 도식과 사상[事象] 자체와의 B83
관계 사이에는 전혀 아무런 유비가 없으며, 오히려 의인화론으로 끌고 들어가는
엄청난 비약(異種移行)이 있는바, 이에 대해서는 내가 다른 곳[29]에서 증명하였다.

∴

를 믿는 사람은 누구나 멸망하지 않고 영원한 생명을 얻게 하셨다." 참조.
29) 곧 『순수이성비판』, A458=B486. 칸트는 여기에서 필연적 존재자, 곧 신의 현존을 증명하
기 위한 우주론적 논증에서의 "비약(異種移行: μετάβασις εἰς ἄλλο γενος)"에 대해서
주해하였다. 사람들은 경험세계의 우연적인 한 존재자의 원인, 그리고 그 원인의 원인을
자연인과율에 따라 추적해가다가, 마침내 '최초의 시작'에 이르러서는 '자기원인'으로서
의 한 필연적 존재자를 상정하기에 이르는데, 그것은 더 이상 경험세계에서는 발견할 수
없는, 순전히 예지적인 것이다. 그러니까 이런 추론은 이종이행, 비약을 포함하고 있는
것이다.

그럼에도 불구하고 바로 이 신적인 마음씨를 가진, 그러나 전적으로 실로 인간적인 교사가 자신에 대해서, 마치 선의 이상이 그의 안에서 육화〔肉化〕되어 (가르침과 품행에서) 현시된 것처럼 이야기한다 해도 그것은 참이라 하겠다. 왜냐하면 그때 그는 단지 그가 그의 행위들의 규칙으로 삼고 있는 마음씨에 대해 말하고 있을 뿐이기 때문이다. 그러나 그는 그 마음씨를 자기 자신을 위해서가 아니라 남들을 위한 실례로서 가시화할 수 있으므로, 그 마음씨를 단지 그의 가르침과 행위를 통해 외면적으로 눈앞에 제시하는 것이다. 〔그래서 그는,〕 "당신들 가운데 누가 나에게 죄가 있다고 입증할 수 있겠습니까?"[30]〔라고 묻는다.〕 그러나 한 교사가 가르친 바에 대한 그의 흠 없는 실례를, 그것에 대한 반증이 없으면, 더구나 그 가르친 바가 모든 사람의 의무이면, 그의 순정한 마음씨에 돌리는 것이 형평성[31]에 맞는 일이다. 그런데 세계최선을 위해 떠맡은 모든 수난과 함께 인간성의 이상 속에 있는 것으로 생각된 그러한 마음씨는, 인간이 마땅히 그리해야 하듯이, 그의 마음씨를 그러한 마음씨와 닮게 만든다면, 모든 인간에게 모든 시대 모든 세계에서, 최상의 정의 앞에서도, 온전히 타당한 것이다. 물론 그러한 정의는, 이 정의가 저러한 마음씨에 온전히 그리고 어긋남 없이 맞는 품행 안에 존립하는 것이 틀림없는 것인 한에서, 언제나 우리의 것이 아닌 정의로 남을 것이다. 그럼에도 만약 우리의 정의가 그 원형의 마음씨와 합일된다면, 우리의 정의를 위해 저러한 정의를 자기 것으로 만듦이 가능하지 않으면 안 된다. 비록 이러한 자기 것으로 만듦을 이해하는 데는 여전히 큰 난점들이 따르지만 말이다. 이제 우리는

••

30) 「요한복음」 8, 46.
31) Billigkeit(aequitas)에 대해서는 『윤리형이상학』[MS], 「법이론」[RL]: AB39=VI234 이하 참조.

이 난점들에 대해 진술하고자 한다.

다) 이 이념의 실재성에 대한 난문들과 그 해결

이 법칙 수립자의 **신성성**과 관련해서, 우리 안에 있는 신에게 흡족한 인간성의 저 이념의 성취가능성을 우리 자신의 정의의 결여 때문에 의심스럽게 만드는 **첫 번째** 난문[難問]은 다음과 같은 것이다. 법칙[율법]은, "하늘에 계신 너희 아버지가 거룩하듯이, 너희는 (너희 품행에서) 거룩하라."[32]고 말한다. 왜냐하면 그것이 우리에게 모범으로 제시된 신의 아들의 이상이기 때문이다. 그러나 우리가 우리 안에서 작용시켜야 할 선과 우리가 벗어나야 할 악 사이의 거리는 무한하고, 그러한 한에서, 행실에 관해서, 다시 말해 법칙의 신성성에 대한 품행의 적절성에 관해서 보자면, 언제까지라도 도달 불가능한 것이다. 그럼에도 불구하고 인간의 윤리적 성질은 이 신성성에 합치해야만 한다. 그러므로 그러한 윤리적 성질은 거기에서부터 모든 선이 발전되어 나와야 할 싹으로서의 마음씨 안에, 즉 처신의 법칙과 합치하는 보편적이고 순정한 준칙 안에 놓이지 않으면 안 되는 것으로, 이것은 인간이 그의 최상의 준칙 안에 채용했던 신성한 원리로부터 나오는 것이다. 그것은 의무이기 때문에, 가능하지 않으면 안 되는, 심성의 변화/회심[回心][33]이다. ─이제 여기서 난문은, 이 마음씨가 어떻게 **항상**(일반적으로가 아니라, 각각의 시점에서) 결함이 있는 행실에 타   B85

  VI67

••

32) 「베드로 제1서」1, 16: "성서에도 '내가 거룩하니 너희들도 거룩하게 되어라.'라고 기록되어 있지 않습니까?"; 「마태오복음」5, 48: "하늘에 계신 여러분의 아버지께서 완전하신 것 같이 여러분도 완전하게 되시오." 등등 참조.
33) 원어: Sinnesänderung.

당할 수 있는가 하는 데에 있다. 그러나 이 난문의 해결은, 결함이 있는 선에서 보다 더 선함으로 무한히 연속적으로 전진하는 것으로서의 행실은 인과 관계라는 개념 속에서 불가피하게 시간 조건에 제한받고 있는 우리의 평가에 따라서 보면 언제나 결함이 있다는 사실에 의거한다. 그래서 우리는 현상에서의, 다시 말해 **행실**의 면에서의 선은 우리 안에서 **항상** 신성한 법칙에 대해서는 불충분한 것으로 보지 않을 수 없다. 그러나 저 신성한 법칙과의 부합을 향한 무한한 전진은 그 근원인 초감성적인 **마음씨**로 인해, 순수한 지적 직관에서 마음을 아는 자[34]에 의해 하나의 완성된 전체로서, 또한 행실(품행)에 따라서, 판정된다고 생각할 수 있고,※ 그래서 인간은 그의 지속적인 결함에도 불구하고, 설령 어느 시점에 그의 현존재가 단절된다 할지라도, **일반적으로**〔대체로〕 신에게 흡족하게 될 것을 기대할 수 있는 것이다.

B86

둘째 난문은, 선을 향해 노력하는 인간을 이러한 도덕적 선 자체에 관

※ 간과되어서는 안 될 것인즉, 여기서 말하고자 하는 바는, 마음씨가 의무에 맞음의 결여를, 따라서 이 무한한 계열에서의 현실적인 악을 **보상하는** 데 도움이 되는 것이 아니라—오히려 신에게 흡족한 인간의 도덕적 성질이 그 마음씨 안에서 현실적으로 마주칠 수 있다는 것이 전제된다—, 그 마음씨는 이 무한하게 전진하는 접근의 계열의 총체성을 대표하는 것으로서, 단지 사람들이 되고자 마음먹고 있는 것에 결코 완벽하게 되지는 못하는, 시간상에 있는 존재자 일반의 현존재와는 뗄 수 없는 결여를 보충해주는 것이라는 점이다. 무릇 이 전진에서 나타나는 위반들의 보상에 관해서는 **셋째** 난문의 해결에서 고찰될 것이다.

B86

∴

34) 「루카복음」 16, 15: "여러분이 사람들 앞에서 정의로운 체하나 하느님께서는 여러분의 마음을 다 아십니다. 무릇 사람들에게서 고상한 것이 하느님 앞에서는 흉물입니다."; 「사도행전」 1, 24: "모든 사람의 마음을 다 아시는 주님"; 「사도행전」 15, 8: "사람의 마음을 아시는 하느님" 등등 참조.

해 신적인 **자애**[35)와의 관계에서 고찰할 때 불거지는 것으로서, **도덕적 행복**에 관한 것이다. 여기서[36) 도덕적 행복이란 **물리적 상태**에 대한 만족을 영속적으로 소유하는 보증(화[禍]로부터의 해방과 점점 커지는 쾌락의 향유), 즉 **물리적 행복**이 아니라, 선 안에서 언제나 진보하는 (결코 그로부터 이탈하지 않는) 마음씨의 현실성과 **고정불변성**의 보증을 뜻한다. 왜냐하면 **만약에 그러한 마음씨의 불변성이 확고하게 보증만 된다면**, 지속적으로 "신의 나라를 찾음"[37)은 이미 이러한 나라를 소유하고 있음을 아는 것과 맞먹는 것이 되겠기 때문이다. 무릇 그러한 마음씨를 가진 사람은 이미 스스로, 그가 "(물리적 행복에 관련해) 여타의 모든 것을 곁들여 받게 될 것"[38)이라 믿을 것이니 말이다.

VI68

B87

그런데 사람들은 소망과 함께 이에 관해 염려하는 사람에게 "그(신의) 영은 우리의 영에게 증언해준다, 운운."[39)을 참고하도록 지시할 수도 있겠다. 다시 말해 요구되는 바와 같은 그렇게 순정한 마음씨를 소유한 자는 스스로 이미, 그가 결코 다시금 악을 사랑할 만큼 그렇게 깊이 타락할 수는 없다는 것을 느낀다는 것이다. 그러나 억측적인 초감성적인 근원에 대한 그러한 느낌은 단지 위태로울 뿐이다. 사람들은 그 어디에서보다 자기 자신에 대한 좋은 의견을 조장하는 것에서 쉽게 속는 법이다. 그러한 신뢰로 고무되는 것 또한 결코 바람직스러워 보이지 않는다. 오히려 "공

∴

35) A판에 따름(원어: Gütigkeit). B판: '행복(Glückseligkeit).'
36) B판 추가.
37) 「마태오복음」 6, 33: "여러분은 먼저 하느님의 나라 〔……〕를 찾으시오." 참조.
38) 「마태오복음」 6, 33: "여러분은 먼저 하느님의 나라와 그분의 정의를 찾으시오. 그러면 이 모든 것을 곁들여 받게 될 것입니다." 참조.
39) 「로마서」 8, 16: "영 자신이 우리의 영에게 우리가 하느님의 자녀임을 증언해 줍니다." 참조.

포와 전율로써 자기의 정복[淨福]을 이루는 것"[40]—이것은 엄격한 말로서, 오해하게 되면 어두운 광신으로 몰고 갈 수 있는 말이다—이 (도덕성을 위해서는) 더 유익한 것으로 보인다. 그러나 그가 일단 채택한 마음씨에 대한 신뢰가 **일체** 없다면, 그 마음씨를 견지하는 고정불변성은 거의 불가능할 것이다. 그러나 이 신뢰는 달콤한 또는 불안에 가득 찬 광신에 자신을 넘겨주지 않고 자기의 지금까지의 품행을 그가 세운 결의와 비교하는데서 생기는 것이다. —왜냐하면 인간이 선의 원칙들을 채택한 때부터 충분히 오랜 삶에서 그 선의 원칙들이 그의 행실에, 다시 말해 점점 더 선하게 전진하는 그의 품행에 미친 작용결과를 지각하였고, 그로부터 그의 마음씨 안에서의 근본적인 개선을 단지 추측만으로 추리할 기연을 발견한 사람은 이성적으로는 다음과 같은 것도 희망할 수 있을 것이기 때문이다. 즉 만약 그 원리가 선하기만 하다면, 그와 같은 전진은 앞으로의 전진을 위한 **힘**을 점점 더 증대시킬 것이므로, 그는 이 지상에서 사는 동안 이 길을 더 이상 떠나지 않고, 오히려 점점 더 용감하게 앞으로 밀고 나갈 것이며, 정말이지, 설령 이 지상의 삶 이후에 또 다른 삶이 닥쳐온다 해도, 그는 다른 상황들 속에서도 아마, 바로 그 동일한 원리에 따라서, 그 길을 따라 더 멀리까지 앞으로 나가고, 비록 도달 불가능한 것이기는 하지만 완전성의 목표를 향해 점점 더 접근해갈 것을 희망할 수 있을 것이다. 왜냐하면 그는 지금까지 그가 자신에게서 지각했던 바에 따라서 그의 마음씨가 근본적으로 개선되었다고 여길 수 있을 것이니 말이다. 그에 반해 종종 시도한 선으로의 결의에도 불구하고 그 자신이 그 결의를 지킨 적이 결코 없음을 발견한 사람 또는 언제나 악으로 되떨어지거나 내지는 그의

B88

••

40) 「필리피서」 2, 12: "공포와 전율로써 여러분 자신의 구원을 위해서 힘쓰십시오." 참조.

삶의 진행에서 심지어는 악에서 더 악질적인 것으로, 마치 비탈에서처럼 점점 더 깊이 떨어졌음을 자신에게서 지각할 수밖에 없었던 사람은 이성적으로는, 설령 그가 이 세상에서 더 오래 살아야 한다 해도, 또는 그에게 미래의 삶이 닥쳐온다 해도, 그가 그 삶을 더 좋게〔선하게〕만들 것이라는 아무런 희망도 가질 수가 없다. 왜냐하면 그는 그와 같은 징후들에서 그의 마음씨 안에 뿌리박고 있는 타락을 보지 않을 수 없을 것이기 때문이다. 무릇 전자는 **가능할 수 없는**, 그러나 소망한 그리고 행복한 미래에 대한 전망이고, 그에 반해 후자는 마찬가지로 **가능할 수 없는 비참**에 대한 전망이다. 다시 말해 양자는 인간이 판단할 수 있는 바에 따른 인간의 복된〔淨福의〕 **영원** 또는 불행한〔不淨福의〕 **영원**에 대한 전망이다. 이 표상들은 한편으로는 선 안에서의 안심과 확고를 위하여, 다른 한편으로는 가능한 한 악을 끊어버리도록 하기 위한 똑바른 양심의 각성을 위하여, 그러니까 이 〔두 가지의〕 동기들로서 쓰기에 충분하게 강력한 것들로서, 이를 위하여 객관적으로 인간의 운명에 대한 선 또는 악의 영원성을 이성이 그 통찰의 경계를 벗어나는 그릇된 지식과 주장들을 가진 정리〔定理〕로서 **교조적으로** 전제할 필요가 없는 것이다.＊ 사람들이 의식하고 있는 (우리를 통

VI69

B89

B90 VI70

＊ 물음들 가운데는 묻는 자가 그에 대한 대답을 들을 수 있다 해도 그로부터 조금도 현명해진다고 생각되지 않는 물음이 있는데, (그 때문에 사람들은 그러한 물음을 **어린아이들의 물음**이라고 부를 수 있을 것인바) "지옥의 형벌들은 유한한 벌인가 영원한 벌인가?" 또한 그러한 물음이다.[41] 전자라고 가르친다면, (가령 연옥을 믿는 모든 사람들, 또는 무어의 여행기[42]에 나오는 선원과 같은) 많은 사람들은 "그렇다면 나는 그것을 견딜 수 있을 것이라 믿는다."고 말할 것이 우려된다. 그

••

41) 당대에 많은 사람들이 이 문제를 놓고 쟁론을 벌였다. A. G. Baumgarten의 『형이상학 (*Metaphysica*)』 (⁴1757), §791에서도 이와 관련된 사항을 읽을 수 있다.

42) Francis Moore, *A General Collection Of Voyages And Travel*, London 1745. 독일어

러나 후자가 주장되고 그것이 신앙의 상징으로 여겨진다면, 사람들이 그로써 의도하는 것과는 어긋나게 극악무도한 생애 후에도 온전한 무형벌의 희망이 결과로 생겨날 수도 있다. 왜냐하면 극악무도한 생의 종말에서 뒤늦은 회개의 순간을 맞아 충고와 위로를 상의받은 성직자는, 그에게 영원한 저주를 통보하는 것이 어쩐지 잔혹하고 비인간적인 것같이 보일 수밖에 없고, 이러한 저주와 온전한 약속 사이에 어떤 중간을 허용하지 못하므로(오히려 영원히 형벌을 받거나 전혀 형벌을 받지 않거나 해야 하므로), 그는 그에게 후자에 대한 희망을 갖도록 하지 않을 수 없기 때문이다. 다시 말해 성직자는 그를 신속하게 신에게 흡족한 인간으로 개조할 것을 약속하지 않을 수 없기 때문이다. 그런데 그때, 선한 품행으로 길들 시간이 더 이상 없으므로, 회개 가득 찬 고백, 신앙정식[信經], 현재 생의 종말이 좀 더 연기되는 경우에는 새로운 삶을 살겠다는 서약 등이 중간의 자리를 대신한다. ― 만약 이 지상에서 행한 품행에 걸맞은 미래의 운명의 **영원성**이 **교의**로 제시되고, 더욱이 인간이 그의 지금까지의 윤리적 상태로부터 그의 미래의 상태를 파악하며, 그로부터 자연스럽게 예상할 수 있는 귀결들을 **스스로** 추론해내도록 지도되지 않는다면, 이것은 불가피한 귀결이다. 왜냐하면 그런 경우에 악의 지배하에 있는 귀결의 계열들을 **가늠할 수 없음**은 그에게 운명의 영원성이 통보되었을 때 기대할 수 있는 것과 동일한 도덕적 결과를(즉 그로 하여금 생의 종말이 오기 전에 교정과 보상을 통하여, 일어난 것을, 그에게 가능한 한, 일어나지 않은 것으로 만들 것을 채근하는 결과를) 그에게 가져올 것이기 때문이다. 운명의 영원성의 교의―물론 이것은 이성의 통찰에 의해서도 성서의 해석에 의해서도 정당화되지 않지만―에 아무런 손상을 입히지 않고서도 말이다. 무릇 악한 인간은 그 **생**에서 벌써 미리 이같이 쉽게 얻을 수 있는 용서를 계산에 넣거나, 생의 종말에서 문제가 되는 것은 그가 순전히 말만으로 충족시킬 수 있는 하늘의 정의의 요구들뿐이라고 믿을 것이다. 그럼에도 불구하고 이때 인간의 권리들은 공허하게 끝나고, 누구도 자기의 권리를 다시 얻지 못할 것이다.(이것은 이러한 유의 속죄의 아주 통상적인 결말로서, 반대의 사례는 거의 듣지 못하는 바이다.) ― 그러나 누가 그의 이성이 양심을 통하여 그를 너무 관대하게 판정할 것을 우려한다면, 내가 믿는 바로는 그는 아주 착각하고 있는 것이다. 왜냐하면 바로 이성은 자유롭고, 스스로 그,

••

번역본: G. J. Schwabe, *Allgemeine Historien der Reisen*, Bd. III, 1748.(AA VI, 503 참조.)

260

즉 인간에 관해 말해야만 하므로, 이성은 매수당할 수 없기 때문이다. 그리고 만약 사람들이 그러한 상태에 있는 그에게, 그가 이내 심판관 앞에 서지 않으면 안되는 일이 적어도 가능하다고 말하기만 하면, 그로써 그를 그 자신의 숙고에 맡겨두어도 좋을 것이며, 그 숙고는 그를 틀림없이 가장 엄격하게 심판할 것이다. — 나는 이에 몇 가지 주의를 더 덧붙이고자 한다. **"끝이 좋으면, 모두 다 좋다."**는 일상의 금언은 도덕적인 경우들에도 적용될 수는 있지만, 그러나 그것은 '좋은 끝'이라는 말이 인간이 진실로─선한〔좋은〕 인간이 되는 그러한 끝을 뜻할 경우에 한한다. 그러나 인간은 그가 그러한 인간이라는 것을 그에 뒤따라오는 고정불변적으로 선한 품행으로부터만 추론할 수 있는데, 생의 종말에서 이러한 품행을 위한 시간이 더 이상 없는 마당에, 무엇에 근거해서 자신이 그러한 〔진실로─선한〕 인간임을 인지하려 하는가? 이 격언은 **행복**의 관점에서 오히려 더 받아들여질 수 있는 것이되, 그러나 그것도 또한 인간이 그의 생을 바라보는 위치와 관련해서만 그러한 것으로, 생의 시작에서가 아니라, 그가 생을 뒤돌아볼 수 있는 생의 끝에서 그럴 수 있는 것이다. 견뎌낸 고통은 그것이 이미 피해졌다고 보일 때에는 고통스러운 회상을 남기는 것이 아니라 오히려 기쁨을 남기며, 이제 도래하는 행복의 향유를 그만큼 더 감미롭게 만드는 것이다. 왜냐하면 시간계열 안에 들어 있는 즐거움이나 괴로움은 (감성에 속하는 것으로서) 그 시간계열과 함께 사라지므로, 지금 실존하는 생의 향유와 함께 전체를 형성하는 것이 아니라, 오히려 뒤따라오는 이 생의 향유에 의해 밀려나는 것이기 때문이다. 그러나 만약 사람들이 같은 명제를 그때까지 이끌어온 생의 도덕적 가치를 판정하는 데 적용한다면, 인간이 그 생을 그렇게 판정하는 것은 아주 옳지 않은 일일 수 있다. 비록 그가 전적으로 선한 품행으로 생을 마쳤다고 하더라도 말이다. 왜냐하면 인간의 생이 그에 따라 판정받아야 하는 **마음씨**의 도덕적으로 주관적인 원리는 (초감성적인 어떤 것으로서), 그의 생이 시기별로 분할될 수 있는 그런 유의 것이 아니라, 오로지 절대적인 통일체로 생각될 수 있는 그런 유의 것이기 때문이다. 그리고 우리는 (마음씨의 현상들인) 행위들로부터만 마음씨를 추론할 수 있으므로, 생은 이 평가를 위해서 오로지 **시간통일체**로서, 다시 말해 **전체**로서 고찰될 것이다. 그렇다면 (개선 전의) 생의 앞부분으로 인한 비난들은 **뒷부분**에서의 칭찬만큼이나 큰 소리로 함께 외쳐져서, "끝이 좋으면, 모두 다 좋다."는 득의만만한 음성을 상당히 김빠지게 할 것이다. — 끝으로, 다른 세상에서의 형벌의 지속에 대한 저 이론과 비록 동일하지는 않지만 아주 근사한 다른 또 하나의 이론이 있은즉, "모든 죄는 이승에서 용서받아야만 한다."는 것이다. 즉 생의 종말과 함께 계산은 온전히 종결되어야

B92

치하는 선한 영〔정신〕이라고 부를 수 있는) 선하고 순정한 마음씨는 그러므로 단지 간접적이기는 하지만 또한 그 자신의 고정불변성과 확고성에 대한 신뢰를 동반하며, 우리의 과실이 우리로 하여금 그 고정불변성에 관해 우려하게 만들 때면, 위로자(변호자〔성령〕)가 된다. 고정불변성에 대한 확신 〔확실성〕은 인간에게는 가능하지도 않고, 우리가 아는 한, 도덕적으로 유익한 것도 아니다. 왜냐하면 (충분히 유의해야 할 것인바) 우리는 이러한 신뢰를 우리 마음씨들의 불변성에 대한 직접적인 의식에 기초 지을 수가 없기 때문이다. 우리는 이 마음씨들을 꿰뚫어볼 수가 없고, 기껏해야 품행에서 나타나는 그 결과들로부터 추론할 수밖에는 없는데, 이러한 추론이라는 것은, 단지 선하고 악한 마음씨의 현상들인 지각들로부터 도출된 것이기 때문에, 특히 그 마음씨의 **강도**〔强度〕는 결코 확실하게 인식하게 해주지 못하니 말이다. 적어도 사람들이 생의 임박한 종말을 앞에 놓고서

하는 것으로, 어느 누구도 이승에서 소홀히 한 것을 저승에서 메울 것이라고 희망할 수 없다는 것이다. 그러나 이 이론도 앞의 이론이나 마찬가지로 교의로서 통보될 수 있는 것은 아니다. 그것은 단지 그에 따라 실천이성이 그 초감성적인 것의 개념들을 사용할 때 자기에게 규칙을 지시규정하는 원칙일 따름이다. 그래서 이성은 자기가 초감성적인 것의 객관적 성질에 대해서는 아무것도 아는 바가 없다고 분수를 지킨다. 곧 이성이 단지 말하는 바는, 우리는 오로지 우리가 해온 품행으로부터만 우리가 신에게 흡족한 인간인지 아닌지를 추론할 수 있을 뿐이며, 우리의 품행이 이생과 함께 끝나면, 우리에 대한 계산도 끝나는 것이고, 이 계산의 합계만이 우리가 자신을 의롭다고 여길 수 있는지 없는지를 결정해준다는 것이다. ─ 일반적으로 말해, 만약 우리가 우리의 판단을 그에 대한 통찰이 우리에게

는 도저히 불가능한 초감성적인 객관들의 인식의 **구성적** 원리들 대신에 가능한 도덕적 사용에서 만족하는 **규제적** 원리들에 국한한다면, 매우 많은 점에서 인간의 지혜는 개선될 것이며, 근본적으로는 사람들이 아무것도 아는 바 없는 것에 대한 허위 지식, 즉 끝내는 그로부터 도덕을 손상시키기에 이르는, 비록 일시적으로는 빛나지만, 아무런 근거가 없는 궤변이 부화〔孵化〕하지 못할 것이다.

개선〔개과천선〕하였다고 생각할 때에는 그러하다. 이런 경우에는 우리의 도덕적 가치를 판결하는 데 기초가 될 품행이 더 이상 주어져 있지 않아서, 그 마음씨의 진정성에 대한 저 경험적 증거들이 결여되어 있으며, 아무런 위로 없음─그러나 이에 대해서, 이생의 한계를 넘어보는 모든 조망들의 모호성으로 인해, 인간의 자연본성은 이미 스스로, 이러한 위로 없음이 황량한 절망이 되지 않게끔 배려하고 있거니와─은 그의 윤리적 B94 상태에 대한 이성적 판정의 불가피한 귀결인 것이다.

셋째의, 그리고 일견 가장 큰 난문은, 어느 누구나 그가 선의 길에 들어선 후에도 신의 **정의**[43] 앞에서 그의 전체 품행이 심판을 받을 때에는 비난 VI72 받을 것으로 생각하는 것으로서, 다음과 같은 것이다. ─ 선한 마음씨의 채택으로 그에게 어떤 일이 일어났든지 간에, 그리고 심지어는 그가 제아무리 고정불변적으로 그 선한 마음씨 안에서 그에 알맞은 품행을 지속하였다 할지라도, **그는 악에서 출발한 것이고**, 이 죄책은 그에게서 결코 말소될 수가 없다. 그가 개심〔改心〕한 후에는 아무런 죄과도 더 이상 짓고 있지 않다는 사실을 그는 그로써 마치 지난 죄과를 모두 청산한 것인 양 여길 수는 없다. 그리고 앞으로 계속되는 선한 품행에서도 그가 그때그때 갚아야 할 것 이상의 잉여를 산출해낼 수도 없다. 왜냐하면 그의 능력이 미치는 한 모든 선을 행하는 것은 항상 그의 의무이니 말이다. ─ 이 근원적인, 또는 도대체가 그가 언제나 행할 수 있는 모든 선에 선행하는 죄과

---

43) "정의는 순전히 處罰的(punitiva)인 것으로 報償〔報酬〕적(remunerativa)인 것이 아니다. 신은 정의에 의해 처벌하며, 보상은 오로지 자비로써 하는 것이다."(XXVIII, 1292) 그런 의미에서 "정의는 자비의 제한이다."(XXVIII, 1294) "정의는 신성성에 의한 자비의 제한이다. **정의는 그러므로 본래 보상적이 아니다.** (보상이 순전히 정의에 따르는 것이라면, 우리가 기대할 수 있는 것은 거의 없을 터이니 말이다.) 오직 자비만이 보상한다."(Refl. 6100: XVIII, 453)

〔채무〕, 다름 아니라 우리가 **근본악**이라고 이해했던(제1논고 참조) 바로 그것은, 우리가 우리의 이성법에 따라 통찰하는 한, 어떤 타인에 의해서 지워질 수 있는 것이 아니다. 왜냐하면 이 죄과〔채무〕는 가령 금전상의 채무 ─ 금전상의 채무에서는 채무자 자신이 갚거나 타인이 그를 대신해 갚거나 채권자에게는 마찬가지이다 ─ 와 같이 타인에게 이양될 수 있는 **양도가능한** 책무가 아니라, **가장 사적인** 책무, 곧 죄 없는 자가 제아무리 벌받을 자를 위해 그 죄책을 떠맡고자 할 만큼 아량이 넓다 해도 짊어질 수가 없는, 오로지 벌받을 자만이 짊어질 수 있는 죄책이기 때문이다. ─ 그런데 (**신의 지시명령인** 도덕법칙의 위반으로서 죄라고 부르는) 윤리적-악은 그로 인해 그 권위가 손상받은 최고 법칙수립자의 **무한성** 때문이 아니라 ─ 우리는 인간이 이 최고 존재자와 어떤 **초절적**[44] 관계를 가지고 있는지에 대해서는 아무것도 이해하는 바가 없다 ─, 오히려 **마음씨**와 준칙들 일반 안에 있는 악으로서, (개별적 위반들과 대조하여 **보편적 원칙들**과 같은) 법칙 손상들의 **무한성**, 그러니까 죄과의 무한성을 수반하므로 ─ 보편적인 마음씨가 아니라, 오직 개개의 범죄, 그러니까 오직 행위와 그에 뒤따른 것만이 고찰되는 인간의 법정에서는 사정이 다르다 ─, 모든 사람은 **무한한 형벌**과 신의 나라로부터의 추방을 각오하지 않으면 안 될 것이다.

이 난문의 해결은 다음과 같은 것에 의거한다. 즉 마음을 아는 자[45]의 판결은 피고의 마음씨의 현상들, 즉 법에서 벗어나거나 그에 부합하는 행위들에서가 아니라, 피고의 보편적 마음씨에서 도출된 것이라 생각하지

..

44) A판: "도덕적."
45) 곧 신. 앞의 B85=VI67 참조.

않을 수 없다는 점이다. 무릇 그러나 여기서는 인간 안에 그 전에 그 안에 있던 강력한 악한 원리보다 우월한 선한 마음씨가 전제되는 것으로, 그래서 생기는 물음은, 과연 전자의 도덕적 귀결, 즉 형벌(바꿔 말하면, 신의 부적의[不適意]함의 [행실]주체에 대한 작용결과)이 이미 신의 흡족함의 대상이 된 개선된 마음씨 안에 있는 그의 상태에도 끌어대질 수 있는가 어떠한가이다. 여기서 물음은, 과연 회심[回心] 이전의 그에게 내려진 형벌이 신의 정의와 부합하는가 어떠한가가 아니므로—이에 대해서는 누구도 의심하지 않을 것이다—, 그 형벌은 (이 심리[審理]에서) 개선 이전의 인간에게 가해진 것이 아닌 것으로 생각되**어야만 한다.** 그러나 이 형벌은, 그 사람은 이미 새로운 삶으로 옮겨 도덕적으로 다른 사람이므로, 그의 이 새로운 (신에게 흡족한 사람의) 질에 맞게, **개선 후의 것으로** 받아들일 수도 없다. 그럼에도 그 앞에서 벌받을 자가 결코 벌받지 않을 수는 없는, 최고 정의의 요구는 받아들여지지 않으면 안 된다.[46] 그러므로 형벌은 회심 전에도 후에도 신의 지혜에는 적합하지 않으나 그럼에도 필요한 것이므로, 그것은 회심의 상태 자체 안에서 신의 지혜에 알맞게 시행된 것으로 생각하지 않을 수 없을 터이다. 그러므로 우리는, 과연 이 회심의 상태 안에 이미 도덕적 회심의 개념을 통하여, 새로이 선한 마음씨를 가진 사람이 그 자신에 의해 (다른 관련에서) 빚어진 죄과라고 생각하고, 또 그 자체가 그것을 통해 신의 정의가 충족되는 **형벌**이라고 생각하는 것과 같은 바로 그러한 화[禍]가 함유되어 있다고 볼 수 있는지 어떤지를※ 살펴보지 않을 수 없다. — 회심이란 곧 죄의 주체가 (그러니까 또한 죄로 유혹하는 한에서 모든 경

B97

B98 VI74

---

46) "신의 정의는 분배적 정의(iustitia distributiva)"이지 "교환적 정의(iustitia commutativa)"가 아니다.(XXVIII, 1294 참조.)

향성이) 정의에 맞게 살기 위해서 죽는 것[49]이므로, 악에서 벗어남〔출구〕
이자 선으로 들어섬〔입장〕이고, 옛 인간을 벗어버림이자 새 인간[50]을 입

※ 세계 안의 모든 화는 일반적으로 저지른 범법〔위반〕에 대한 형벌로 본다는 가설
은 신정론〔神正論〕을 위해 고안된 것으로 볼 수 없고, 또한 사제종교(제의)를 위한
창안으로 고안된 것으로도 볼 수 없으며 —왜냐하면 이 가설은 그렇게 인위적으
로 지어낸 것이라고 하기에는 너무나 일상적인 것이기 때문이다—, 오히려 짐작
컨대 자연의 행정〔行程〕을 도덕의 법칙들과 연결시키려는 경향이 있는 인간의 이
성과 아주 밀착해 있는 것이다. 이성은 이에서 매우 자연스럽게, 우리는 우리가
생의 화로부터 벗어나기를 바란다거나 그 화를 그것을 능가하는 복을 통해 보상
하기를 바라기 전에 먼저 우리가 개선된 인간이 될 것을 구해야만 한다는 사상을
낳을 것이다. — 그 때문에 (성서에서) 최초의 인간은, 그가 먹기를 의욕했을 때,
노동하지 않을 수 없도록, 그의 아내는 고통과 함께 아이를 낳게끔, 그리고 양자
는 **그들의 범**〔위반〕**으로 인하여** 죽지 않을 수 없게끔 저주받은 것으로 묘사된
다.[47] 비록 이러한 범법이 저질러지지 않았다 해도, 그러한 사지를 가진 동물적
피조물이 다른 어떤 사명〔규정〕을 가질 수 있었겠는가를 알아낼 수는 없지만 말
이다. 인도인들에게는 인간들은 다름 아니라 예전의 범죄에 대한 형벌로 동물의
신체에 갇힌 ('데바'라는 이름의) 영〔靈〕들이며, 심지어 한 철학자(말브랑슈)는 말
이 "금단의 풀을 뜯어먹지 않았는데도" 그와 같이 많은 고생을 하는 것을 인정하
는 것보다는, 차라리 이성 없는 동물에게는 아무런 영혼도 그리고 그와 함께 어떠
한 감정도 부여하지 않으려 했다.[48]

VI74
B98

∴

47) 「창세기」 3, 17: "땅은 너 때문에 저주를 받으리라. 너는 사는 동안 줄곧 고통 속에서 땅을
부쳐 먹으리라."; 「창세기」 3, 16: "나는 네가 임신하여 커다란 고통을 겪게 하리라. 너는
괴로움 속에서 자식들을 낳으리라."; 「창세기」 3, 19: "너는 흙에서 나왔으니 흙으로 돌아
갈 때까지 얼굴에 땀을 흘려야 양식을 먹을 수 있으리라. 너는 먼지이니 먼지로 돌아가리
라." 등 참조.

48) Nicolas Malebranche(1638~1715), 『진리의 탐구(De la recherche de la vérité. Où l'on
traite de la Nature de l'Esprit de l'homme, et de l'usage qu'il en doit faire pour éviter
l'erreur dans les Sciences)』(1674~1675), Livre IV, chap. XI 참조.

49) 「베드로 제1서」 2, 24: "그분께서는 우리의 죄를 당신의 몸에 몸소 지시고 나무에 달리시었
습니다. 그것은 우리가 죄에서 죽었다면, 정의에서 살게 하려는 것이었습니다." 참조.

266

음이다. 그러나 지성적 규정인 이 회심 안에 하나의 시간 간격에 의해 분리되어 있는 두 가지 도덕적 작용이 포함되어 있는 것이 아니라, 오히려 회심은 단지 하나의 작용일 따름이다. 왜냐하면 악을 버림은 단지 선으로 들어가기를 야기하는 선한 마음씨에 의해서만 가능하고, 그 반대도 마찬가지이기 때문이다. 그러므로 선한 원리는 악한 마음씨를 버림에나 선한 마음씨를 받아들임에나 똑같이 포함되어 있으며, 악한 마음씨를 버림에 합당하게 수반하는 고통은 전적으로 선한 마음씨의 받아들임으로부터 생기는 것이다. ("옛 인간의 사멸, 육이 십자가에 못 박힘"[51]으로서) 부패한 마음씨를 벗어나 선한 마음씨로 들어감은 그 자체로 이미 희생이고, 새로운 인간이 신의 아들의 마음씨 안에서 곧 순전히 선을 위하여 떠맡는 일련의 화[禍]의 삶에 들어섬이다. 그러나 이것들은 본디 다른 인간, 곧 옛 인간에게는—왜냐하면 이 자는 도덕적으로는 다른 인간이므로—**형벌**로서 마땅히 주어지는 것이다. —그러므로 새로운 인간은 (감성존재자로서의 그의 경험적 성격의 면에서 볼 때) **물리적으로는** 똑같은 벌을 받아야 할 인간이고, 그러한 인간으로서 도덕적 법정 앞에서, 그러니까 또한 그 자신 앞에서 심판받지 않으면 안 되지만, 그는 그럼에도 그의 새로운 마음씨에서 (예지적 존재자로서), 이 마음씨가 행실을 대신하는 신적인 심판관 앞에서는 **도덕적으로는** 다른 인간이며, 이 마음씨는 그가 자기 안에 받아들인 신의 아들의 마음씨와 같이 그 순수성에서, 또는 (우리가 이 이념을 인격화

B99

••

50) 「콜로새서」 3, 9~10; 「에페소서」 4, 22~24 참조. 앞의 B54=VI47의 역주 참조.
51) 「갈라티아서」 5, 24: "예수 그리스도께 속한 이들은 자기 육을 그 욕정과 욕망과 함께 십자가에 못 박았습니다."; 「로마서」 6, 6: "우리의 옛 인간이 그분과 함께 십자가에 못 박힘으로써 죄의 지배를 받는 몸이 소멸하여, 우리가 더 이상 죄의 종노릇을 하지 않게 되었습니다."

한다면) **이 분** 자신이 인간을 위하여, 그리고 또한 그를 (실천적으로) 믿는 모든 사람들을 위해 **대리자**로서는 죄책을 짊어지고, **구속자**로서는 고통과 죽음을 통해 최고의 정의를 충분히 실행하며, 또한 **변호자**로서는 사람들로 하여금 그들의 심판관 앞에 의롭게 된[52] 자로서 나타날 것을 바랄 수 있도록 해준다. 차이점이 있다면 단지, (이러한 표상방식에서는) 새로운 인간이 **옛** 인간을 사멸하게 하면서 그의 삶 속에서 계속적으로 감당하여야 하는 고통이※ 인간의 이 대표자에게는 단 한 번 당한 죽음으로 표상되어

B100 VI75

VI75　※ 세계존재자로서 인간에게는 가장 순수한 도덕적 마음씨라 할지라도 (감성세계 안에서 만나게 되는) 행실의 면에서 신에게 흡족한 주관의 연속적인 생성 이상의 것을 만들어내는 것이 아니다. 질의 면에서 (그 질은 초감성적인 것에 기초하는 것으로 생각되어야 하기 때문에) 그 마음씨는 신성해야 하고 그 원형에 적합해야 하며 또한 그러할 수 있는 것이기는 하다. 그러나 그 정도의 면에서는—행위들에서 드러나는 바와 같이—언제나 결함이 있고, 원형의 마음씨로부터 무한히 멀리 떨어져 있다. 그럼에도 불구하고 이 마음씨는, 이 결함을 보충하는 연속적인 진보의 근거를 함유하고 있기 때문에, 전체의 지성적 통일로서 완성에 이른 **행실을 대신**

B100　한다. 그러나 이제 제기되는 문제가 있으니, "단죄받을 것이 없는"[53] 또는 그럴 필요가 없는 그런 사람이 자신은 의롭게 되었다고 믿고, 그러면서도 점점 더 커지는 선으로의 도상에서 그가 부딪히는 고통을 언제나 **벌받은 것으로** 자기에게 귀책시키며, 그러므로 이를 통해 자기가 벌받을 만함을, 그러니까 또한 신에게 부적의한 마음씨를 가지고 있음을 고백할 수 있는가? 그렇다. 그러나 오직 그가 연속적으로 벗어버리는 그 인간의 질에서만 그러하다. 그에게 저 질에서(즉 옛 인간의 질에서) 합당하게 주어진 것일 터인 것, (그리고 그것은 삶 일반의 고통과 화인바) 그것을 그는 새로운 인간의 질에서 기쁘게, 순전히 선을 위하여, 감당한다. 따라서 그것들은 그러한 한에서 그리고 새로운 인간으로서의 그에게 형벌로서 귀책되는 것이 아니라, 오히려 그 〔'형벌'이라는〕 표현이 말하고자 하는 바는 단지, 그가

••

52) 원어: gerechtfertigt.
53) 「로마서」 8, 1: "이제 예수 그리스도 안에 있는 이들에게는 아무런 단죄가 없습니다." 참조.

있다는 것뿐이다. —그런데 여기에는 위에서는 없었던, 소행들의 공덕보
다 넘치는 것이 있으니, **은총에 의해** 우리에게 돌려지는 공덕이다. 왜냐
하면 우리에게서 지상의 생에서는 (아마도 모든 미래의 시간과 모든 세계에서
도 또한) 언제나 단지 한낱 **생성[되어감]** 중에 있는 것(곧 신에게 흡족한 인
간이 되는 것)을 마치 우리가 이미 이 지상에서 완전히 소유하고 있는 것처
럼 우리에게 귀속시키는 데에, 이에 대해 우리는 (경험적 자기인식에 따를
때) 아무런 권리주장도 가지고 있지 못하기 때문이다.^{※+} 우리가 우리 자
신을 아는(즉 우리의 마음씨를 직접적으로가 아니라, 단지 우리의 행실들에 따라
서 추정하는) 한에서 그러하다. 그래서 우리 안에 있는 원고는 오히려 단죄
를 제의할 것이다. 그러므로 그것은, 비록 (우리에게는 단지 개선된 마음씨의
이념 안에 놓여 있을 따름이되, 그러나 신만은 알고 있는 속죄에 기초해 있는 것
으로서) 우리가 신앙 중에 있는 저 선으로 인하여 모든 책임으로부터 벗어

부딪쳐야 하는 모든 화와 고통은 그 옛 인간이 형벌로서 자신에게 귀책시켜야만
했던 것으로서, 그는 그것들을 또한, 그가 옛 인간에서 사멸하는 한에서, 실제로
형벌로서 자신에게 귀책시킨다는 것이다. 그리고 그는 이 화와 고통을 새로운 인
간의 질에 있어서는 선을 향한 그의 마음씨의 시험과 훈련을 위한 계기로 기꺼이
받아들인다는 것이다. 저 처벌은 이러한 일의 결과이자 동시에 원인인 것이며, 그
러니까 또한 그의 선에서의 진보—그것은 악에서 떠나는 것과 **하나의** 행위이다
—에 대한 의식에서의 만족과 **도덕적 행복**의 결과이자 원인인 것이다. 그에 반해
옛 마음씨에서는 똑같은 화가 형벌로서 간주될 뿐만 아니라, 형벌로서 **느껴지지**
않으면 안 되는 것이었다. 왜냐하면 그것들이 순전한 화로 보일 때조차도 옛 마음
씨의 인간이 그의 유일한 목표로 삼는 **물리적 행복**과 정면으로 대립해 있는 것이
기 때문이다.

※ + 오히려 우리는 오직 우리가 우리 편에서 우리에게 부여할 수 있는 모든 것인 **감수
성**만을 가지고 있을 따름이다. 그러나 종속자가 그것에 대한 (도덕적) 감수성 외에
는 가진 것이 없는 선을 베풀고자 하는 상위자의 결의는 **은총**이라고 일컫는다.

나게 될 때, 영원한 정의에 온전히 적합하다 할지라도, 언제나 오로지 은총으로부터의 평결이다.

이제 또 하나 제기될 수 있는 물음은, 과연 죄책이 있기는 하지만 신에게 흡족한 마음씨로 이행해간 한 인간의 **의롭게 됨**〔**의로워짐**〕[54]의 이념의 이러한 연역이 어떤 실천적 사용을 갖는가, 그리고 어떤 사용이 있을 수 있는가 하는 것이다. 알아내야 할 것은, 종교나 품행을 위해 이러한 연역이 어떻게 **적극적**으로 사용될 수 있는지가 아니다. 저 탐구의 기초에는, 탐구되고 있는 자가 이미 요구되는 선한 마음씨를 실제로 가지고 있고, 또한 도덕적 개념들의 모든 실천적 사용은 본래 이 마음씨를 (그 발전과 촉진을) 목적으로 한다고 하는 조건이 놓여 있으니 말이다. 무릇 위안에 대해서 말한다면, 그러한 마음씨가 그러한 마음씨를 의식하는 이에게는 위안을 (확신으로서가 아니라, 위안과 희망으로서) 이미 수반한다. 그러므로 이 탐구는 그러한 한에서 단지 사변적인 물음에 대한 답변일 뿐이다. 그러나 그렇다고 이 물음을 묵과할 수는 없다. 그렇지 않으면 이성은 인간의 죄과를 사면받을 희망과 신의 정의를 합일시키는 능력이 단적으로 없다고 비난받을 수도 있겠기 때문이다. 그리고 이러한 비난은 여러 가지 관점에서, 특히 도덕적인 관점에서 이성에게 불리할 수 있을 것이다. 그러나 종교와 윤리가 각각의 인간을 위하여 그로부터 끌어낼 수 있는 **소극적인** 이익은 매우 멀리까지 미친다. 왜냐하면 사람들은 앞서의 연역에서 다음과 같은 사실을 알게 되기 때문이다. 즉 죄과를 짊어지고 있는 인간은 전적인 개심〔改心〕을 전제하고서만 하늘의 정의 앞에서 사면을 생각할 수 있

••

---

54) 원어: Rechtfertigung. 그리스어 δικαίωσις(dikaíōsis), 라틴어 iustificatio에 상응하는 독일어인데, 기독교계에서는 '의화(義化)', '성의(成義)', '의인(義認)', '칭의(稱義)'라고 번역하기도 한다. '의롭게 됨'의 이념은 루터 교리의 핵심을 이룬다.

다는 것, 그러니까 모든 속죄는, 참회의 방식이든 예식의 방식이든 간에, 그리고 모든 탄원과 찬미는 (신의 아들의 대리자적 이상에 대한 찬미조차도) 개심의 결여를 메워줄 수 없으며, 또는 그러한 개심이 거기에 있다면, 그의 타당성을 하늘의 법정 앞에서 조금도 증가시켜줄 수 없다는 것이다. 왜냐하면 이 이상이 행실을 대신해서 타당하기 위해서는 우리 마음씨 안에 채용되어 있지 않으면 안 되기 때문이다. 이 물음이 함유하고 있는 또 다른 한 가지는, 인간은 **그 생의 끝에서** 그가 해온 품행에 대하여 무엇을 기대해야 할 것인가, 또는 무엇을 두려워해야 할 것인가 하는 것이다. 이 경우 그는 우선 그의 성격을 최소한 어느 정도까지는 알고 있지 않으면 안 된다. 그러므로 설령 그가 그의 마음씨가 개선되었다고 믿는다고 할지라도, 그가 거기에서 출발했던 옛 (부패한) 마음씨도 동시에 고려하지 않으면 안 되며, 그리고 그가 무엇을 얼마만큼 옛 마음씨로부터 벗어났는가, 그리고 옛 마음씨를 극복하고, 이 옛 마음씨로 되돌아가는 것을 방지하기 위하여, 이른바 새로운 마음씨가 (순정하든 불순하든) 어떠한 **질**을 어느 **정도**로 가지고 있는가를 추정할 수 있어야 한다. 그러므로 그는 전 생에 걸쳐 마음씨를 살펴보지 않으면 안 된다. 그러므로 그는 그의 실제적인 마음씨에 대해 직접적인 의식을 통해서는 전혀 아무런 확실하고도 명확한 개념을 얻을 수 없고, 단지 그가 실제로 해온 품행으로부터만 추정할 수 있을 뿐이기 때문에, 그는 (그 자신 안에서 각성되는 양심과 이와 함께 소환되는 경험적 자기인식을 가진) 미래의 심판관의 판결을 위해 입증자료로서 한낱 그의 생애의 일부, 어쩌면 마지막의, 그에게 가장 유리한 일부가 아니라, 그때까지의 그의 **전체 생애**가 심판관의 눈앞에 펼쳐진다는 상황 이외의 것을 생각할 수 없을 것이다. 그러나 여기에다 그는 스스로, 만약 그의 생이 좀 더 오래 지속된다면, (여기에 아무런 한계를 두지 않고서) 좀 더 계속

B103

VI77

B104

되는 생에 대한 전망을 연결시킬 터이다. 그런데 그는 이 경우 앞서 인식된 마음씨로 행실을 대신하게 할 수 있는 것이 아니라, 오히려 거꾸로, 그 앞에 제시된 행실로부터 그의 마음씨를 추정해야만 한다. 독자는 어떻게 생각할 것인가? 인간은 언젠가는 심판관 앞에 선다고 믿을 이유를 가지고 있다는 것 외에 그에게 아무것도 말해주지 않았다면, 그가 쉽게 주의에서 놓쳤을 많은 것을 그에게—그가 가장 악질적인 인간이 아닐지라도—환기시켜주는 순전한 이 사상이 **그로 하여금** 그의 지금까지의 품행에 따라서 그의 미래의 운명을 어떻게 판단**하게 할** 것인가? 만약 사람들이 인간 안에서 자신 안에 있는 심판관에게 문의한다면, 그는 엄격하게 판정할 것이다. 왜냐하면 그는 그의 이성을 매수할 수는 없기 때문이다. 그러나 사람들이 다른 곳의 정보로부터 소식을 들은 또 다른 심판관을 그에게 소개한다면, 인간은 그의 엄격성에 대항하여 인간의 허약성에서 끌어낸 여러 가지 구실을 이의로 제기할 수밖에 없을 것이다. 그리고 일반적으로 그는 심판관에게 다가갈 것을 생각하면서, 후회하는, 개선의 참된 마음씨로부터 생긴 것이 아닌 자학적인 형벌을 통해서 선수를 침으로써든, 또는 간구와 탄원, 또한 의례들, 그리고 신심 깊은 체하는 고백을 통해서든 그를 너그러워지게 할 것을 생각할 것이다. 그리고 만약 그에게 이에 대한 희망이 주어진다면 ("끝이 좋으면, 모두 다 좋다."는 금언대로), 즐거운 생을 필요 없이 너무 많이 손해 보지 않고도 생의 종말이 가까이 왔을 때 재빨리 그에게 유리하도록 결산할 계획을 이미 일찍부터 세울 것이다.※

B105

VI78

※ 생의 끝에서 성직자를 부르도록 하는 자들의 의도는 보통 그에게서 **위안**을 받으려는 것이다. 그리고 그것은 최후의 질병이나 또는 죽음 앞에서의 자연스러운 두려움을 수반하는 **신체적**[물리적] 고통 때문이 아니라,—왜냐하면 이러한 고통에 관해서는 그 고통을 끝낼 죽음 자신이 위안일 수 있으니 말이다—오히려 **도덕적**

인간에 대한 지배를 위한 악한 원리의 권리주장과
선악 두 원리의 상호 투쟁에 대하여

성서(기독교 부분)는 이 예지적인 도덕적 관계를 역사의 형식으로 진술하고 있는데, 인간 안의 천국과 지옥과 같은 두 대립하는 원리가 인간 밖의 인격들로 표상되고 있다. 이들은 그들의 힘을 서로를 향하여 써보려 하고 있을 뿐만 아니라, 또한 (한편은 고발자로, 다른 한편은 인간의 변호자로) 그들의 요구주장을 흡사 최고의 심판관 앞에서인 양 **법적으로** 정당화하려 한다.

인간은 원래 지상의 모든 재화의 소유자로 앉혀졌다.(「모세 1경」 1, 28 [56])

인 고통, 곧 양심의 가책 때문이다. 그런데 여기서 이것은 차라리 마땅히 더욱 **고조되고 예리해**져야 할 것이다. 아직도 선을 행할 수 있고, 그의 남아 있는 결과들에서의 악을 절멸시킬(수정할) 수 있는 것을 다음과 같은 경고에 따라서 정말이지 게을리하지 않기 위해서 말이다. 그 경고인즉 "네가 너의 적대자(너에 반하여 권리주장을 갖는 자)와 함께 도중에 있는 동안(다시 말해, 네가 살아 있는 동안) 그의 뜻에 따르라. 그가 너를 심판관에게 (죽은 후에) 넘겨주지 않도록. 운운."[55] 그러나 이렇게 하는 대신에 이를테면 양심을 위한 아편을 준다면, 그것은 그 자신에게나 그가 죽은 뒤에 살아남는 이들에게나 죄를 짓는 것이다. 그리고 그것은 생의 종말에 그러한 양심의 도움이 필요하다고 여길 수 있는 궁극의도에 전적으로 반하는 것이다.

55) 「마태오복음」 5, 25: "당신이 당신의 적수와 함께 길을 가는 도중에 얼른 화해하시오. 그렇지 않으면 적수가 당신을 심판관에게 넘기고 심판관은 하인에게 넘겨, 당신은 감옥에 갇힐 것입니다." 참조.
56) 곧 「창세기」 1, 28: "하느님께서 그들에게 복을 내리며 말씀하셨다. '자식을 많이 낳고 번성하여 땅을 가득 채우고 지배하여라. 그리고 바다의 물고기와 하늘의 새와 땅을 기어다니는 온갖 생물을 다스려라.'" 참조.

그렇기는 해도 인간은 이 재화를 상위소유주(直接 所有主)인 그의 창조자이자 주인인 자의 아래에서 단지 하위소유(有用 所有)로서 가져야 했다.[57] 동시에 한 악한 존재자가—태초에 선하였는데 그가 어떻게 해서 그의 주인에게 불성실할 만큼 악하게 되었는지는 알려져 있지 않지만—세워지고, 이 악한 존재자는 그의 타락으로 인해 그가 천상에서 가질 수 있었던 모든 소유를 상실하게 되었으며, 이제 지상에서 다른 재화를 획득하고자 한다. 그런데 고차적인 종류의 존재자인 (즉 영[靈]인) 그에게 지상의 그리고 신체적인 대상들은 아무런 향유도 제공할 수 없으므로, 그는 모든 인간의 선조로 하여금 그들의 원주인을 배신하고 자기에게 의존하도록 함으로써 인간의 **마음들에 대한** 지배를 추구한다. 그렇게 해서 그는 지상의 모든 재화의 상위소유자, 다시 말해 이 세계의 군주로서 으스댈 수 있기에 이른다. 그런데 여기에서 사람들이 의아하게 생각하지 않을 수 없는 것은, 어째서 신이 이 배신자에 대하여 그의 통제력을 이용하지 않고,※

B107
VI79

※ 샤를부아[58]가 보고하고 있는바, 그가 그에게 교리를 배우는 이로쿼이[59]족 학생에게 태초에 선하게 창조된 세상에 악령이 가져온 모든 악에 대해서 이야기를 하고, 그리고 그 악령이 여전히 얼마나 집요하게 신의 최선의 행사들을 좌절시키려고 꾀하고 있는가를 이야기했을 때, 이 학생은 불만스럽게, 그런데 왜 신은 그 악마를 죽이지 않는가 하고 물었는데, 그 물음에 대해 그는 당장에는 아무런 대답도 할 수 없다고 솔직하게 고백했다는 것이다.

•••

57) 소유(dominum)와 '직접 소유자(dominus directus)', '유용 소유자(dominus utilis)'의 법적 개념에 대해서는 *MS, RL,* §17: AB96=VI270 참조.

58) Pierr-François Xavier de Charlevoix(1682~1761), 캐나다에서 활동한 예수회 선교사. 캐나다에서의 체험을 담은 *Histoire et déscription générale de la Nouvelle-France* (Paris 1744)을 출간했다. 칸트는 『판단력비판』 §2: B6=V204에서도 '이로쿼이'인의 사례를 들고 있는데, 이 역시 샤를부아의 이 책에서 얻은 정보로 보인다.

차라리 그가 세우고자 의도했던 나라를 그 시초에 파멸시켰는가 하는 점이다. 그러나 이성적 존재자들에 대한 최고 지혜의 지배와 통치는 이성적 존재자들의 자유의 원리에 따라서 이성적 존재자를 취급하는 것이며, 이들에게 일어나는 선과 악은 마땅히 그들 자신의 책임으로 돌려지지 않을 수 없다. 그러므로 여기에서 선의 원리에 거역해서 악의 나라가 세워졌고, 아담의 혈통을 (자연적으로) 잇는 모든 인간들은 이 나라에 굴복하였는데, 그것도 자기 자신의 동의에 의한 것이었다. 왜냐하면 이 세계의 재화의 현혹이 재화가 쌓인 부패의 나락을 똑바로 바라볼 수 없도록 했기 때문이다. 선한 원리는 인간의 지배에 대한 자기의 권리주장을 위하여, 그의 이름에 대한 공적이고 유일한 숭배를 바탕으로 해서 질서 지어진 통치의 형식을 (**유대교적** 신권정체에서) 구축함으로써 자신을 방어하기는 했다. 그러나 그러한 통치에서 신하들의 마음들은 이 세계의 재화 이외에는 다른 어떠한 동기에 대해서도 호의를 갖지 않았기 때문에, 그들은 또한 이 생에서의 상과 벌에 의해서밖에는 달리 통치받으려 하지 않았다. 그러나 또 이런 통치를 위해서는 부분적으로는 번거로운 의식〔儀式〕과 관례를 부과하고, 부분적으로는 비록 윤리적이기는 하나 단지 외적인 강제에 의한 것일 뿐, 도덕적 마음씨의 내면은 전혀 고려하지 않는 시민적 법률 외에 다른 것은 없었다. 그렇게 해서 이러한 법령제도는 어둠의 나라에 아무런 본질적 파괴도 가하지 못하고, 단지 최초 소유자의 불멸의 권리를 언제나 기억 속에 보존하는 데 공헌하였을 뿐이다. —그런데 이 민족이 위계체제의 모든 해악을 충분히 느끼게 되고, 또한 그로 인해 그리고 아마도 그 민족에게 차츰 영향을 미쳤던, 노예근성을 뒤흔들어 놓은 그리스 철인들의

B108

VI80

..
59) 주로 북아메리카 온타리오 호 부근에 살던 인디언 부족.

B109　도덕적 자유론들을 통해 이 민족의 대부분이 의식화되고, 그러니까 혁명의 기운이 성숙했을 즈음에, 그때까지의 철학자들보다도 더욱 순수한 지혜를 가진 한 인격이 홀연히 마치 하늘에서 내려온 것처럼 이 민족에게 나타났다. 그 인격은 그의 가르침과 본보기에 관한 한 참인간으로서, 그러나 또한 근원으로부터의 파견자로서 자신을 선포하였다. 즉 그는 근원적으로 무구[無垢]한 인류의 대표자, 즉 최초의 조상을 통하여 나머지 모든 인류가 가담하게 된 악한 원리와의 계약에 함께 들지 않은,※+ 그리고

※+ 악으로의 선천적인 성벽에서 자유로운 인격이 가능한 것은 그가 동정녀인 모친에서 태어났기 때문이라고 생각하는 것은 설명하기는 어렵지만 그렇다고 부인할 수도 없는 말하자면 도덕적인 본능을 마지못해 승인하는 이성의 이념[생각]이다. 곧 자연적인 생식은 [부부] 양편의 감관적 쾌 없이는 일어날 수 없고, 또한 우리를 (인간성의 존엄에 대해서) 일반적인 동물류와 너무 가까운 친족으로 만드는 것처럼 보이기 때문에, 우리는 그것을 우리를 **수치스럽게** 하지 않을 수 없는 어떤 것으로 여긴다. ─이러한 표상[관념]은 확실히 승려 신분층을 소위 신성하게 생각하는 본래의 원인이 되었다.─그러한 것은 그러므로 우리에게는 부도덕한 것이고, 인간의 완전성과 합일할 수 없는 것임에도 인간의 자연본성 속에 접목되어 있는 것이며, 그러므로 인간의 후손들에게 악한 소질로 유전된 것으로 여겨진다.─무릇 이러한 모호한 (한편으로는 한낱 감성적이고, 그러나 다른 한편으로는 도덕적인, 그러니까 지성적인) 표상에는 어떠한 성적 교섭에도 의존함이 없는(동정녀에 의한), 어떠한 도덕적 결점에
B110　도 붙들려 있지 않은 아이의 탄생이라는 이념이 알맞다. 그러나 (실천적 견지에서는 그와 관련하여 무엇인가를 규정할 필요가 전혀 없지만) 이론상으로는 난점이 없는 것이 아니다. 왜냐하면 후성[後成][60]의 가설에 따르면 **자연적** 생식을 통해 그 부모로부터 출생한 모친은 저러한 도덕적 결점에 붙들려 있을 것이고, 초자연적인 출생이라 하더라도 이 결점을 적어도 그 절반은 그 아이에게 유전시킬 것이겠기 때문이

•
•
60) 원어: Epigenesis. 후성(Postformation) 발생 이론은, 가령 부모의 생식 세포들이 태아를 형성하는데, 이 태아는 전성(前成. Präformation)된 어떤 것의 진화라기보다는 전혀 새로운 산물이라고 주장한다. 『순수이성비판』, B167; 『판단력비판』, B176=V423 이하 참조.

"그러므로 이 세상의 군주와는 아무런 상관도 없는"[63] 그러한 근원으로부 터의 파견자인 것이다. 이로 인해 후자[64]의 지배는 위험에 처하게 되었다. 왜냐하면 이 신에게 흡족한 인간은 저 계약에 가입하게 하려는 그의 유혹들에 저항하였고, 다른 사람들도 믿음으로써 그와 동일한 마음씨를 취하였을 때, 이 세상의 군주는 그만큼 많은 신하를 잃게 되었고, 그의 나라는 완전히 파괴될 위험에 빠져들게 되었기 때문이다. 그러므로 이 세상의 군주는 그 신에게 흡족한 인간에게 만약 그가 자신을 그 나라의 소유자로서 경배하고자만 한다면, 그를 그의 전체 나라의 영주로 삼을 것이라는 제안을 했다.[65] 이러한 시도는 성공하지 못하였으므로, 이 세상의 군주는 그의

B110

VI81

다. 그러니까 이러한 귀결을 피하기 위하여, 부모 안에 배아가 있다는 선재[先在] 체제를 받아들이지 않을 수 없겠는데, 그것도 **여자** 편에 있는 것의 전개 체제가 아니라—그것으로써는 저 귀결이 피해지지 않는다—, 순전히 **남자** 편에 있는 것의 전개 체제를 (즉 卵子의[61] 체제가 아니라 精子의[62] 체제를) 받아들이지 않을 수 없겠다. 그런데 이 남자 편이 초자연적인 임신에서는 제거되어, 저러한 표상방식이 저 이념에 이론적으로 알맞게 변호될 수 있겠다. —그러나 악으로의 유혹을 넘어서 자기 자신을 고양시키는 (악에 대해 맞서 승리하는) 인간성의 상징으로서의 저 이념을 우리에게 표본으로 표상하는 것이 실천을 위해 충분하다면, 이 모든 이론에 대한 찬반이 무슨 소용이 있겠는가?

∴

61) 원어: ovulorum.
62) 원어: animalculorum spermaticorum.
63) 「요한복음」 14, 30: "나는 여러분과 더불어 더 이상 많은 말을 하지 않겠습니다. 이 세상의 지배자가 오고 있기 때문입니다. 그는 나에 대해서는 아무런 권한이 없습니다."; 「요한복음」 12, 31 참조. 또 위의 B41=VI40 참조.
64) 곧 이 세상[세속]의 군주.
65) 「마태오복음」 4, 8~9: "악마는 다시 그분을 매우 높은 산으로 데리고 가서, 세상의 모든 나라와 그 영광을 보여주며, '당신이 땅에 엎드려 나에게 경배하면 저 모든 것을 당신에게 주겠소.'하고 말하였다." 참조.

영토를 찾아온 이 이방인에게서 그의 지상의 삶을 쾌적하게 할 수 있었던
모든 것을 (극단적인 가난에 이르기까지) 박탈[66]하였을 뿐만 아니라, 그에 대
하여 악한들이 그를 비참하게 할 수 있는 온갖 박해를, 즉 선량한 마음씨
를 가진 이만이 정말로 깊이 느낄 수 있는 고통을 가하였고, (그로부터 모든
추종자를 떼어놓기 위해) 그의 가르침의 순정한 의도에 대한 비방을 하면서,
그를 가장 치욕스러운 죽음에 이르기까지 박해하였다. 그럼에도 불구하
고 최선을 위한 가르침과 본보기 가운데서 보인 그의 의연함과 솔직담백
함에 대한 전혀 품격 없는[무가치한] 자들의 이 같은 공격을 통해서도 그
를 조금도 중상할 수는 없었다. 그러면 이 전투의 결말은 어떠했던가! 이
전투의 결말은 **법적인** 결말과 **물리적인** 결말로 나누어 고찰할 수 있다.
사람들이 (감관에 포착되는) 후자[67]를 주시한다면, 선의 원리가 굴복한 쪽
이다. 그는 이 싸움에서 수많은 고통을 당한 후에 그의 생명을 버리지 않
으면 안 되었다.^{※+} 그는 (권력을 가진) 이방 지배 아래서 반란을 일으켰기

B111

B112 VI82

※+ 그는 (바르트[68] 박사가 소설적으로 시를 썼듯이) 세인들의 이목을 끄는 빛나는
본보기를 통해 선한 의도를 촉진하기 위해 죽음을 **추구했던** 것은 아니다. 그런 거라
면 그것은 자살이었을 터이다. 무릇 사람들은 소홀히 할 수 없는 의무에 불성실하지

∴

66) 「마태오복음」 8, 20 = 「루카복음」 9, 58: "예수께서는 그에게 말씀하셨다. '여우들도 굴이
있고 하늘의 새들도 보금자리가 있지만, 사람의 아들은 머리를 기댈 곳조차 없다.'" 참조.
67) 곧 물리적 결말.
68) Karl Friedrich Bahrdt(1741~1792). 칸트 당대의 인기 있던 통속적 이성주의 저술가로
*System der moralischen Religion zur endlichen Beruhigung für Zweifler und
Denker, Allen Christen und Nichtchristen lesbar*(Berin 1787; ³1791)을 출간하였고 칸
트에게도 한 권을 직접 증정하였다.(칸트가 Bahrdt에게 보낸 1787. 1. 29 자 편지: X, 476
참조.) 이 책 Kap. IX, X, 64: "진실로, 일찍이 어느 누구도 그토록 자유롭게 자기 운명을
택하지는 않았으며, 어떤 진리의 순교자도 그토록 의도적으로 자기의 처형을 시행하지는
않았다." 참조.

때문이다. 그러나 **원리들**이—그것들이 선한 것이든 악한 것이든—권력을 갖는 나라는 자연의 나라가 아니라 자유의 나라이다. 다시 말해 그 안

않고서는 죽음을 피할 수가 없을 때, 자기 생명의 상실의 위험을 무릅쓰고라도 무엇인가를 감행하거나, 또는 타인의 손에 의한 죽음조차도 견뎌내지 않으면 안 되는 것이지만, 그러나 어떠한 목적을 위해서든 자기 자신과 자기의 생명을 수단으로 처분해서는 안 되고, 그렇게 해서 자기 죽음의 **장본인**이 되어서는 안 된다.—그러나 또한 (볼펜뷔텔 조각글 저자[69]가 의심하고 있듯이) 그가 생명을 걸고 **감행했던** 것은 도덕적인 의도에서가 아니라, 순전히 정치적인 의도에서, 대략 사제통치를 전복시키고 세속적인 최고 권력을 얻어 자기 자신이 그 자리를 대신하려는 허용될 수 없는 의도에서였던 것이 아니다. 왜냐하면 그가 생명을 보존하려는 희망을 이미 포기한 후   B112
에 최후의 만찬에서 그의 제자들에게 그를 기억하여 그 만찬[의식]을 행하라고 한 그의 훈계가 그를 반증하고 있으니 말이다. 만약 그가 행하라고 한 것이 실패로 돌아간 세속적인 의도[70]의 상기를 위한 것이었다면, 그것은 모욕적인, 창시자에 대해서 기분을 상하게 하는, 그러니까 자기 모순적인 훈계가 될 터이다. 그럼에도 불구하고 이 상기는 또한 스승의 매우 선하고 순수-도덕적인 의도, 곧 아직 그가 생존해 있을 때, 모든 도덕적 마음씨를 억압하는 의식[儀式]신앙과 그런 신앙의 사제들의 권위를 전복함으로써 **공적인** 혁명을 (종교 안에) 일으키고자 한—그를 위하여 전국에 흩어져 있던 그의 제자들을 과월절에 모으는 행사를 기획했을 것이다—그 의   VI82
도의 실패에 대한 것일 수 있었다. 물론 지금도 이 혁명이 성공하지 못했음은 유감일 수 있다. 그러나 그것은 정말로 좌절된 것이 아니다. 오히려 그가 죽은 후에 소리 없이, 그러나 수많은 수난을 겪으면서, 확산해가는 종교변혁으로 옮아갔으니 말이다.

∵

69) 원어: der Wolfenbüttelsche Fragmentist. 익명으로 저술 활동을 했던 이신론자 Herman Samuel Reimarus(1694~1768)를 지칭하는 것으로 봄. 그의 사후 유고를 정리하여 G. E. Lessing이 *Von dem Zwecke Jesu und seiner Jünger. Noch ein Fragment des Wolfenbüttelschen Ungenannten*(1778)을 펴냈는데, 제7조각글 중에 다음과 같은 구절이 있다: "그가 고통을 받고 죽으려 했던 것이 그의 목적은 아니었다. 오히려 하나의 세속의 나라를 건설하고, 유대인들을 그들의 옥살이로부터 구해내는 것이 그의 목적이었다. 그 점에서 그의 희망은 실패로 돌아갔던 것이다."
70) 저 볼펜뷔텔 조각글 저자는 "저의 하느님, 저의 하느님, 어찌하여 저를 버리셨습니까?"(「마

에서 사람들은 오직 마음들을 지배하는 한에서만 일들을 처리할 수 있고, 그러므로 그 안에서는 의욕[하고자]하는 사람 그리고 의욕[하고자]하는 동안 외에는 어느 누구도 노예(노복)가 되지 않는 그런 나라이다. 그러므로 바로 이 죽음(곧 한 인간의 고통의 최고 단계)은 선한 원리의 현시, 곧 모든 사람이 뒤따를 본보기로서 도덕적으로 완전한 인간성의 현시였다. 이러한 죽음의 표상은 그의 시대에도 인간의 마음들에 마땅히 매우 큰 영향을 미쳤고 미칠 수 있었으며, 정말이지 모든 시대에서도 그러할 수 있다. 그 죽음의 표상은 천상의 자녀들의 자유[71]와 한낱 지상의 아들의 노예 상태를 극명하게 대조시켜 보여주니 말이다. 그러나 선의 원리는 한낱 특정한 시점에서뿐만 아니라, 인류의 근원에서부터 눈에 보이지 않게 하늘로부터 인간성 안으로 내려왔고, (선의 원리의 신성성에 관하여 그리고 동시에 선의 원리의 신성성이 도덕적 소질 안에서 인간의 감성적 자연본성과 결합하는 불가해함에 관하여 주목하는 이는 누구나 고백하지 않을 수 없는 것처럼,) 인간성 안에 당당하게 거처를 가지고 있는 것이다. 그러므로 선한 원리가 한 현실적인 인간 안에서 다른 모든 사람들을 위한 본보기로 나타났으므로, "그는 그의 소유지에 왔으되, 그의 백성들은 그를 맞아들이지 않았다. 그러나 그는 그를 맞아들인 이들, 즉 그의 이름을 믿는 이들에게 신의 자녀라고 일컬을 권능을 주었다."[72] 다시 말해 그는 (도덕적 이념 안에 있는) 선

••

태오 복음」 27, 46)라는 예수 최후의 말에 대해 그것은 "신이 그의 목적과 계획에 맞게 그를 돕지 않았다고 밖에는 해석할 수 없는 자백"이라고 주해하였다.(Reimarus의 앞의 책, 같은 곳 참조.)

71) 「로마서」 8, 21: "피조물도 멸망의 노예 상태에서 벗어나, 하느님의 자녀들의 영광스러운 자유를 얻을 것입니다." 참조.

72) 「요한복음」 1, 11~12: "그분께서 당신의 땅에 오셨지만 그분의 백성은 그분을 맞아들이지 않았다. 그분께서는 당신을 받아들이는 이들, 당신의 이름을 믿는 모든 이에게 하느님의

한 원리의 본보기를 통해, 윤리성을 해치는 지상적 삶에 속박하게 하는 모든 것에 대해 그와 똑같이 그렇게 죽고자 하는 모든 이들을 위해서 자유의 좁은 문을 연다. 그리고 이로써 이 아래에 "선업에 열심인 민족이 그 소유로"[73], 그리고 그의 지배 아래 모인다. 그러나 그는 도덕적 노예 상태를 우선시하는 이들은 그대로 내버려둔다.

그러므로 이 역사의 주인공의 편에서 보면 (그의 죽음에까지 이른) 이 싸움의 도덕적 결말은 원래 악한 원리의 **정복**이 아니다. 왜냐하면 악한 원리의 나라는 여전히 계속되고 있고, 그것이 파괴되려면 어쨌든 새로운 시대가 오지 않으면 안 되니 말이다. —〔이 싸움의 도덕적 결말은〕 오히려 단지 악한 원리의 나라에 그토록 오랫동안 예속되어 있었던 이들을 그들의 의지에 반하여 억류하는 악한 원리의 나라의 폭력을 분쇄하는 일일 뿐이다. 그들[74]이 옛 지배를 벗어나고자 할 때, 그들이 그들의 도덕성의 방호를 구할 수 있는 피난처로 또 다른 도덕적 지배—무릇 인간은 어떠한 도덕적 지배 아래에든지 있지 않으면 안 되는 것이므로—를 그들에게 열어줌으로써 말이다. 그렇다고 해도 악한 원리는 여전히 언제나 이 세상의 군주로 불리며, 이 세상 안에서 선한 원리에 따르는 이들은 언제나 신체적 고통과 희생 그리고 자기사랑의 모욕—이것들은 여기서 악한 원리의 박해들로서 표상되는바—을 각오해야 한다. 왜냐하면 이 세상의 군주는 지상의 복을 자기의 궁극의 의도로 삼았던 이들을 위해서만 그의 나라 안

B114

VI83

⁂

자녀가 되는 권능을 주셨다." 참조.
73) 「티토서」 2, 14: "그분께서는 우리를 위하여 당신 자신을 내어주셨습니다. 그것은, 우리를 모든 불의에서 구제하여, 선업에 열중하는 당신 소유의 깨끗한 백성을 마련하려는 것이었습니다." 참조.
74) 곧 악한 원리의 나라에 오랫동안 예속되어 있던 이들.

에서 보상을 해주기 때문이다.

쉽게 알 수 있는바, 만약 이같이 생생하고 아마도 그 시대에 있어서는 유일하게 대중적이었을 표상방식에서 그 신비로운 막을 벗겨낸다면, 그 표상방식(즉 그 정신과 이성적 의미)은 실천적으로는 모든 세상 모든 시대에 타당하며 구속력을 가지고 있다는 것이다. 왜냐하면 그 표상방식은 모든 인간에게 충분히 가까이 있어서 이에 대한 의무를 인식할 수 있는 것이기 때문이다. 이것의 의미는, 단적으로 인간에게 있어서 구원이란 순정한 윤리적 원칙들을 그의 마음씨 안에 가장 진실하게 채용하는 데 외에는 없다는 것, 즉 이러한 윤리적 원칙들의 채용을 저지하는 것은 흔히 비난받아 왔던 감성이 아니라, 자기 자신에게 죄책이 있는 모종의 전도[顚倒] 또는 사람들이 이 악의성을 다르게 부르고자 하듯이, 사기(표리부동[75])(즉 그를 통해 악이 세상에 들어온 악마의 책략)라는 것이다. 그런데 모든 인간 안에 있는 이 부패성은 완전히 순수함을 가진 윤리적–선의 이념을 통해서밖에는 압도될 수가 없다. 그것도 이 이념이 우리의 근원적 소질에 속한다는 것, 그리고 사람들은 오로지 이 이념을 모든 순정하지 못한 혼합으로부터 보존해내고, 이 이념을 깊이 우리 마음씨에 채용하기 위해 전력을 다하여 노력하지 않으면 안 된다는 의식이 함께 할 때 말이다. 이때 그 이념이 점차로 마음에 미치는 작용을 통하여 우리는, 두려워했던 악의 세력들이 그 이념에 반하여 아무것도 할 수 없으며("지옥의 문도 그 이념을 압도하지 못한다."),[76] 그리고 우리가 이러한 신뢰의 결여를 **미신적으로**, 어떠한 회심도

∴

75) 원어: fausseté. A판에 따름. B판의 'Faussaté'는 오식임.
76) 「마태오복음」 16, 18: "너는 베드로이다. 내가 이 반석 위에 내 교회를 세울 터인즉, 저승의 세력도 그것을 이기지 못할 것이다." 참조.

B115

전제함이 없는 속죄에 의해서, 또는 **광신적으로** 소위 (한낱 수동적인) 내적 조명〔照明〕을 통하여 보충함으로써 자기활동에 기초하는 선으로부터 점점 더 멀어지는 일이 없도록 하기 위해서는, 우리가 이 윤리적-선의 근저에 선량한 품행의 징표 외에 어떤 다른 징표도 두어서는 안 된다는 것을 확신하게 되는 일이다. 이 밖에도 우리가 지금 하고 있는 것과 같은, 이성이 가르치는 **가장 신성한** 것과 조화되는 의미를 성서 안에서 찾으려는 노력은 단지 허용되는 것으로뿐 아니라 오히려 의무로서 여겨져야 한다.^{※+} B116
VI84 그리고 사람들은 여기서 **지혜로운** 스승이 그의 제자들에게, 그의 특수한 길을 갔지만 결국에 가서는 동일한 목표에 도달할 수밖에 없었던 어떤 사람에 대하여 한 말을 상기할 수 있을 것이다. "그를 막지 말아라. 무릇 우리를 반대하지 않는 이는 우리를 지지하는 것이다."⁷⁷⁾

일반적 주해⁷⁸⁾

도덕종교—이것은 교리나 계율에가 아니라 모든 인간의 의무를 신의 지시명령/계명으로 준수하는 심중의 마음씨에 정립되어 있어야 하는바—가 정초되어야 한다면, 역사가 종교의 도입과 연결시키는 모든 **기적**은 기

※ + 여기서 사람들은 그 의미가 유일한 것이 아님을 용인할 수 있다.

•••

77) 「마르코복음」 9, 39~40: "그러자 예수께서 말씀하셨다. '그를 가로막지 마시오. 〔……〕 우리를 반대하지 않는 이는 우리를 지지하는 것입니다.'"; 「루카복음」 9, 50: "그러자 예수께서 그에게 대답하셨다. '그를 막지 마시오. 실로 여러분을 반대하지 않는 이는 여러분을 지지하는 것입니다.'" 참조.
78) 이 일반적 주해에 대해서 칸트는 위(B63=VI52, 주)에서 "기적들에 대하여"라는 표제를 붙일 수 있다고 말한 바 있다.

적 일반에 대한 신앙을 결국은 스스로 불필요한 것으로 만들지 않으면 안 된다. 왜냐하면 사람들이 이성에 의해 근원적으로 심중에 쓰여[새겨져] 있는 것과 같은 의무의 지시규정들에게 기적을 통해 보증되는 한에서만 충분한 권위를 승인하려고 한다면, 즉 "당신들은 표징과 기적을 보지 않고서는, 믿지 않을 것입니다."[79]라는 격이라면, 그것은 엄청난 정도의 도덕적 불신앙을 드러내는 것이기 때문이다. 그런데도 보통의 인간의 사유방식에 아주 잘 들어맞는바, 순전한 제의와 계율의 종교가 종국에 이르고 그 대신에 영[정신]과 (도덕적 마음씨의) 진리에 기초한 종교를 도입해야

B117 할 때[80]에도 그러한[81] 종교의 서막은, 그 같은 것이 필요하지 않음에도 불구하고, 역사에서는 여전히 기적을 동반하고, 기적 없이는 아무런 권위도 갖지 못하였을 저러한[82] 종교의 종언을 고하기 위해서도 기적을 가지고 이를테면 장식하게 된다는 것이다. 정말이지 또한 그래서, 저러한 종교의 추종자들을 새로운 혁명을 위해서 획득하기 위해, 이것이 저러한 종교에서 섭리의 궁극목적이었던 것의 지금 실현된 옛날의 원형으로 해석된다. 그리고 그러한 상황에서는, 참된 종교가 일단 현존하고, 현재에 그리고 앞으로도 계속하여 이성적 근거들을 통해 그 자신을 보존할 수 있다면, 저러한 설화들과 해석들에 맞서 지금 싸우는 것은 아무런 결실도 없다. 참된 종교는 그 당시에는 그러한 보조수단을 통해 막을 올릴 필요가 있었는데, 그때 사람들은 불가해한 것들에 대한 한갓된 신앙이나 복창[復唱]

●●

79) 「요한복음」 4, 48.
80) 「요한복음」 4, 23: "진실한 예배자들이 영과 진리 안에서 아버지께 예배를 드릴 때가 오고 있으니, 지금이 바로 그때입니다." 참조.
81) 곧 영[정신]과 (도덕적 마음씨의) 진리에 기초한.
82) 곧 순전한 제의와 계율의.

284

—이것은 누구나 할 수 있는 일이지만, 그렇다고 해서 그가 보다 더 선한 사람인 것도 아니고, 그를 통해 보다 더 선한 사람이 되는 것도 결코 아니다—을 신을 흡족하게 하기 위한 하나의 방식, 아니 유일한 방식이라고 믿었던 것이 분명하다. 그러나 이러한 거짓 주장이야말로 전력을 다해 물리치지 않으면 안 되는 것이다. 그래, 모든 세계에 타당한 유일한 종교 스 VI85 승의 인격은 하나의 신비일 수도 있고, 지상에서의 그의 출현과 지상에서의 퇴장, 그리고 그의 활동적이던 생과 수난도 순정한 기적일지도 모르고, 아니, 저러한 모든 기적들의 이야기를 증명하는 역사 자체가 하나의 기적(즉 초자연적 계시)일 수도 있다. 그래서 우리는 이것들 모두의 가치를 인정할 수 있고, 또한 정말이지, 그것의 증명이 각자의[83) 영혼 속에 지워질 수 없이 보존되어 있고, 다른 어떤 기적도 필요치 않은 증서에 의거해 있는 가르침을 공공연하게 전파하기 위해 쓰였던 겉싸개에 경의를 표할 수도 있다. 이 역사적인 보고문들의 사용과 관련하여 우리가, 그것들에 대한 지식과 신앙과 고백이, 그를 통해 우리가 신에게 흡족하게 될 수 있 B118 는 어떤 것이라는 종교적 신조로 만들지만 않는다면 말이다.

그러나 기적 일반에 관해 말할 것 같으면, 이성적인 사람들은 그들이 비록 부인까지는 하려 하지 않는 기적들에 대한 신앙을 그럼에도 실천적으로는 결코 허용하려고 하지 않는다. 같은 말이지만, 이성적인 사람들은 **이론**에 관한 한은 그와 같은 것이 있다는 것을 믿지만, 그러나 **실제 업무에서는** 아무런 기적도 용인하지 않는다. 그래서 현명한 정부들은 **옛날에는** 기적이 일어났겠으나, **새로운** 기적은 허용하지 않는다는 의견을 항상 인정하였고, 공적인 종교교리 안에 법칙〔률〕적으로 받아들이기까지 하였

••
83) A판: "각자 인간의."

다.※ 왜냐하면 옛 기적들은 점점 이미, 그것들에 의해 공동체 안에서 어떠한 혼란도 야기될 수 없도록 규정되었고, 당국에 의해 한정되었으나, 새로운 기적행위자들에 대해서는 물론 그들이 공공의 안녕과 기존의 질

※ 그들의 신앙조항을 정부의 권위에 결부시키는 종교교사들(정통파)조차도 이 점에 있어서는 똑같은 준칙을 따른다. 그래서 페닝거[84] 씨는 여전히 기적신앙이 가능하다고 주장한 그의 친구 라바터[85] 씨를 옹호하는 자리에서 저 정통파의 비일관성을 비난했는데 그것은 정당한 일이었다. 그들은 —그는 이 점에서 **자연주의적으로** 생각하는 사람들을 분명히 제외시켰으므로—17세기 이전에는 기독교 교회 안에 기적을 행한 자들이 실제로 있었다고 주장하면서 지금은 더 이상 아무도 용인하지 않으려 하니 말이다. 그런데 기적이 언젠가 완전히 중단될 것이다 또는 언제 중단될 것이다 등에 관해서는 성서로부터 증명할 수 있는 것이 아니다. (왜냐하면 기적이 지금은 더 이상 필요하지 않다는 궤변은 인간이 능히 할 수 있는 것으로 믿어야 할 것보다 더 큰 통찰력을 참칭하는 것이기 때문이다.) 그러니 이러한 증명을 그들 종교이론가들은 여전히 부채로 안고 있는 것이다. 그러므로 기적을 지금 인정하지 않고 허용하지 않는 것은 단지 이성의 준칙이었지, 기적이 없다고 하는 객관적 통찰은 아니었다. 그러나 시민적 공동체 안에서의 우려스러운 문란행위를 살피기 위한 이 준칙이 철학하는 그리고 일반적으로 이성적으로 숙고하는 공동체 안에서의 유사한 문란행위에 대한 염려를 위해서도 타당한가?—(세인의 이목을 끄는) 큰 기적은 인정하지 않으면서도 **작은 기적**은 **특별한 인도**라는 이름 밑에서 (한갓된 지도로서의 작은 기적은 초자연적인 원인의 단지 적은 힘의 사용을 요구하므로) 관대하게 허용하는 이들은 여기서 문제가 되는 것은 작용과 그 크기가 아니라 세계행정〔行程〕의 형식, 다시 말해 **저 작용이 어떻게 일어나는가 하는 방식**, 즉 그것이 자연적으로 일어나는지 또는 초자연적으로 일어나는지에 있다는 것, 그리고 신에게는 가벼운 것과 무거운 것의 어떠한 구별도 생각될 수 없다는 것을 염두에 두지 않은 것이다. 그래서 이러한 유의 사건의 중요성을 그런 식으로 의도적으로 은폐하는 일은 더욱더 적절하지가 않다.

••

84) Johann Konrad Pfenninger(1747~1792): 칸트 당대의 스위스 신학자.
85) Johann Kaspar Lavater(1741~1801): 칸트 당대의 스위스 시인이자 경건주의파 신학자.

서에 미칠 수도 있는 작용결과 때문에 우려하지 않을 수 없었던 것이다. 그러나 **기적**이라는 말로써 무엇을 뜻하는가를 묻는다면, (우리에게 본래 중요한 것은 단지, 그것이 **우리에 대해서**, 다시 말해 우리의 실천적 이성사용에 대해 무엇인가를 아는 것이므로) 기적을 다음과 같이 설명할 수 있을 것이다. 즉 기적들이란 세계 안에 일어나는 사건들로서, 그것들의 원인의 **작용법칙들**이 우리에게는 절대로 알려져 있지 않고, 또 알려질 수 없는 것이다. 이제 사람들은 **유신론적** 기적과 **마신**〔魔神〕**적** 기적을 생각할 수 있겠는데, 마신적 기적은 천사적(善한 魔神的) 기적 또는 악마적(惡한 魔神的) 기적으로 나뉜다. 그런데 (왜 그러한지를 나는 모르지만) **선한 천사**에 대해서는 거의 또는 전혀 언급되는 바가 없으므로, 단지 악마적 기적만이 본래 문젯거리가 된다.

　유신론적 기적들에 관해서는, 우리는 그것들의 원인의(즉 전능하고, 운운〔云云〕하고, 도덕적인 존재자의) 작용법칙들에 대해서 물론 이해할 수 있다. B120 그러나 우리가 그 존재자를 세계창조자로 그리고 자연과 도덕적 질서에 따르는 통치자로 생각하는 한에서, 단지 **보편적으로** 이해할 수 있을 따름이다. 왜냐하면 우리는 이들 질서의 법칙들에 대해서는 직접적으로 그리고 그 자체로 인식할 수 있으며, 그리고 그러한 인식을 이성은 자신의 용도에 이용할 수 있기 때문이다. 그러나 신이 자연으로 하여금 때때로 그리고 특수한 경우에 이러한 그것의 법칙들로부터 벗어나게 한다고 우리가 가정한다면, 우리는 신이 어떤 법칙에 따라 그러한 사건을 일으키는지 조금도 이해할 수 없으며, 그 법칙에 대해 이해할 것을 결코 기대〔희망〕할 수도 없다. ('신이 행하는 것은 모두 좋을 것이다.'라고 하는 **보편적인 도덕**법칙 외에는 말이다. 그러나 이것을 통해서는 이 특수한 돌발적인 경우와 관련해서 아무것도 규정되지 않는다.) 여기서 이성은 이제 마비되는 것처럼 된다. 이성은 그로 인해 이미 알려져 있는 법칙들에 따르는 그의 실제 업무에서 저 지당하되, 그렇다고 어떤 새로운 법칙을 통해 배우는 것도 아니고, 이 세계 안에서는 그에 관해 배우게 될 것을 결코 희망할 수조차 없으니 말이다. 그러나 이러한 기적들 중에서 마신적 기적들은 우리 이성의 사용과 가장 화합할 수 없는 것이다. 무릇, **유신론적** 기적과 관련해서는 이성은 적어도 그의 사용을 위한 소극적인 징표라도 가지고 있는데, 곧 신이 직접 나타나서 지시명령한 것으로 생각되는 것이라도 그것이 도덕과 정면으로 상충하는 것이면 그것이 제아무리 신적 기적의 외양을 가지고 있다 해도 그것은 기적일 수 없다는 것이다. (예컨대, 어떤 아버지에게 그가 아는 한 아무런 죄가 없는 자기의 아들을 죽여야 한다는 명령이 내려진다면 말이다.[86])

그러나 마신적 기적으로 받아들여진 것에는 이러한 징표조차도 보이지 않는다. 그리고 이에 반하여 만약 사람들이 그러한 기적에 대해서 반대로 이성사용을 위한 적극적인 징표를 취하고자 한다면, 곧 그 기적을 통해, 우리가 그 자체로 이미 의무로서 인식하고 있는 선한 행위로의 초대가 일어날 경우, 이러한 초대가 악령에 의해 일어난 것이 아니라는 징표를 취하고자 한다면, 그때도 사람들은 역시 잘못 짚을 수가 있을 터이다. 왜냐하면 악령은 사람들이 말하듯이 흔히 빛의 천사로 자신을 드러내기 때문이다.[87]

그러므로 실제 업무들에 있어서 사람들이 기적에 의지하거나, 이성사용에 있어서 —이성사용은 삶의 모든 경우에서 필수적이거니와— 기적을

··

86) 「창세기」 22, 2: "그분께서 말씀하셨다. '너의 아들, 네가 사랑하는 외아들 이사악을 데리고 모리야 땅으로 가거라. 그곳, 내가 너에게 일러주는 산에서 그를 나에게 번제물로 바쳐라.'" 참조.
87) 「코린트 제2서」 11, 14: "사탄도 빛의 천사로 위장합니다." 참조.

어떻게든 계산에 넣는다는 것은 불가능한 일이다. 심판관은 (그가 교회 안에서는 제아무리 기적을 믿는다고 하더라도) 악마의 유혹을 받았다는 피고의 구실을 마치 아무 말도 하지 않은 것처럼 듣는다. 그럼에도 불구하고 만약 그가 이런 경우를 가능한 것으로 본다면, 그는 순박하고 평범한 사람이 교활한 악한의 덫에 걸렸다고 하는 것에 대해 언제나 어느 정도는 고려할 법도 하다. 그러나 심판관은 이 자를 소환하여 양자 대면을 시킬 수가 없다. 한마디로 말해 그 일에 대해 어떠한 이성적인 조치도 절대 할 수 없는 것이다. 그러므로 이성적인 성직자는 그 영혼의 돌봄을 맡긴 이들의 머리를 **지옥의 프로테우스**에서의 이야기들[88]로 채워서 그들의 상상력을 거칠게 만들지 않도록 조심할 것이다. 그러나 선한 유의 기적들에 관해 말하자면, 그것들은 사람들에 의해 실제 업무에서 한낱 문구로 사용될 따름이다. 그래서 의사는, 기적이 일어나지 않는다면, 그 환자가 도움받을 길이 없다고 말한다. 다시 말해 그는 죽을 게 확실하다. ─그런데 사건들의 원인들을 이러한 자연법칙들 안에서 찾는 자연연구가의 일도 실제 업무에 속한다. 나는 말하거니와, 그러므로 자연연구가는 경험을 통하여 입증할 수 있는 이러한 사건들의 자연법칙들 안에서 그 원인들을 찾는 것인데, 비록 그가 이 법칙들에 따라서 무엇이 작용하는가, 또는 이 법칙들이 다른 가능한 감관과 관련해서는 우리에게 무엇이 될 것인가에 대한 지식을 단념하지 않을 수 없다 해도 그러하다. 그와 마찬가지로 인간의 도덕 VI88 B122적 개선도 그에게 의무가 되는 업무이고, 이제 하늘의 영향들이 그와 함께 작용한다거나, 또는 그러한 개선의 가능성을 설명하기 위해 필수적인

∴

88) Erasmus Francisci, *Der höllische Proteus oder tausendkünstige Versteller* (*nebst vorberichtlichem Grundbeweis der Gewißheit, daß es wirklich Gespenster gebe*), Nürnberg 1708. AA VI, 504 참조.

것으로 여겨진다 해도 그러하다. 인간은 하늘의 영향들을 자연의 영향들과 확실하게 구별할 줄을 모르고, 하늘의 영향들을 그래서 말하자면 하늘을 그 자신에게 끌어내릴 줄도 모른다. 그러므로 그는 하늘의 영향들을 가지고서 직접적으로는 아무것도 시작할 줄을 알지 못하기 때문에, 그는 이 경우 어떠한 기적도 **용인하지** 않으며^{※+}, 그가 이성의 지시규정에 귀기울일 때는 마치 모든 회심과 개선이 오로지 그 자신의 응용된 개작에 달려 있는 것처럼 행동하는 것이다. 그러나 사람들이 기적들을 이론적으로 정말로 **굳게** 믿는 천부의 소질을 통하여 스스로 기적들을 일으키기조차 하며, 그렇게 해서 하늘을 몰아칠 수 있다는 것은, 그에 오래 머물러 있기에는 이성의 경계를 너무 멀리까지 넘어가는 무의미한 상념이다.[※]

※+ 이것이 의미하는 바는, 그는 기적신앙을 자기의 준칙 안에 (이론적 이성이든 실천적 이성이든) 채용하지 않는다는 것이며, 그럼에도 기적의 가능성 또는 현실성을 논박하지는 않는다는 것이다.

B123

※ 쉽게 믿는 이들에게 **마술**을 부리거나 또는 적어도 그런 것을 일반적으로 믿게 하고자 하는 자들의 보통의 도피구는 자연연구가들의 **무지**의 고백을 끌어대는 일이다. 우리는 중력의 **원인**, 자력의 **원인**, 등등을 모르지 않나 하고 그들은 말한다. ─그러나 우리는 그 아래에서만 일정한 작용결과들이 일어나는 조건들의 특정한 제한 아래에서는 이들의 법칙을 충분히 상세하게 인식한다. 그리고 그것은 이러한 힘들의 확실한 이성사용에 대해서도, 그 힘들의 현상들을 설명하는 데도 충분하다. 卽〔그에 따라서〕 그것은 **하향적으로** 이 법칙들을 사용하여 경험들을 그 법칙들 아래에 정리하는 데에 충분한 것이다. 비록 單純하게 **상향적으로** 이 법칙들을 따라 작용하는 힘들의 원인들마저 통찰하는 데는 충분하지 않지만 말이다. ─이를 통해서는 또한 인간 지성의 내적 현상이 이해될 수 있다. 즉 왜 이른바 자연의 기적들, 다시 말해 불합리하기는 하지만 충분히 믿을 만한 현상들이, 또는 사물들의 특이한, 예상 밖의, 그때까지 알려진 자연법칙들에서 벗어나는 성질들이, 자연적인 것으로 여겨지는 한에서는, 어떻게든 이해되고 마음을 **고무시키**는 데에

반해, 참된 기적이라고 선포됨으로써 우리를 **낙담시키**는지, 그 까닭이 이해될 수 있다. 무릇 전자들은 이성을 위한 양분을 새롭게 획득할 전망을 열어주는 데 반하여, 곧 새로운 자연법칙들을 발견할 **희망**을 주는 데 반하여, 후자는 이미 알려져 받아들여진 자연법칙들에 대한 신뢰마저 잃게 될 **우려**를 불러일으킨다. 그러나 만약 이성이 경험법칙들을 상실하게 된다면, 그러한 마술적인 세계에서는 이성은 더 이상 전혀 아무런 쓸모가 없어, 의무 준수를 위한 도덕적인 사용에서조차 쓸모가 없게 된다. 왜냐하면 사람들은 더 이상, 윤리적 동기들과 관련해서조차도, 그 VI89 것을 자신에게 돌려야 할 것인지 또는 다른 어떤 알 수 없는 원인에 돌려야 할 것인지를, 누구도 구별할 수 없는 변화들이 기적에 의해 우리도 모르는 사이에 일어나고 있는지 어떤지를 알 수 없기 때문이다. ─이 점에서 자기의 판단력은 기적 없이는 꾸려갈 수 없게 되어 있다고 생각하는 이들은 이성이 받는 충격을, 기적은 단지 **드물게**만 일어난다는 것을 상정함으로써, 완화시킬 수 있다고 믿는다. 이로써 이들이, 이것은 (만약 그러한 사건이 통상적으로 일어난다면, 그것이 기적이라고 선언될 수는 없을 것이므로) 이미 기적이라는 개념 안에 포함되어 있는 사실이라고 말하고자 한다면, 사람들은 이들에게 이러한 궤변(즉 사상[事象]이 무엇인가에 대한 객관적인 물음을 우리가 사상을 지시하는 데 쓰는 말이 무엇을 의미하는가에 대한 주관적인 물음으로 전환시키는 일)을 어쨌든 허용해주고서, 다시, 그게 **얼마나 드물게** 일어나는가, 백 년에 한 번쯤인가, 또는 옛날에는 일어났으나 지금은 더 이상 일어나지 않는가 하고 물을 수 있을 것이다. 여기에서 우리에게는 객 B124 관에 대한 앎으로부터 결정될 수 있는 것은 아무것도 없고─왜냐하면 그러한 일은 우리 자신이 고백한 바대로 우리에게는 초절적인 일이니 말이다─, 단지 우리 이성사용의 필연적인 준칙에서, 기적을 (비록 자연적인 돌발사건의 외양에 덮여 있다 해도) **일상적**인 것으로 허가하거나 **결코** 허가하지 **않**거나 할 수 있을 뿐이다. 후자의 경우에는 기적을 우리 이성적 설명들의 기초에도 우리 행위들의 방책들의 기초에도 놓을 수 없다. 그런데 전자는 이성과 전혀 화해되지 않는 것이므로, 후자를 채택하는 길밖에는 없다. 왜냐하면 이 원칙은 언제나 이론적 주장이 아니라, 단지 판정의 준칙일 따름이기 때문이다. 어느 누구도 자기의 통찰력의 상상을 그토록 높이 몰고 가서 다음과 같은 것을 결정적으로 발언하려 하지는 않을 것이다. 즉 예컨대 식물계와 동물계에서 최고로 경탄할 만한 종의 보존에서 각각의 새로운 생식은 그 기제의 모든 내적 완전성을 갖추어 그 원본을, 그리고 (식물계에서 그러하듯이) 보통 그토록 섬세한 색채의 아름다움조차도 매년 봄마다 감소함이 없이 다시금 현시하는 것이며, 가을과 겨울의 나쁜 기후에서 보통 무기적 자연을 그토록 파괴하는 힘들도 이 점에서는 그 종자들에게 어떠한 상해도 입힐 수 없는 것이라고 말이다. 그래서 말하자면, 이런 일은 자연법칙들에 따른 한갓된 결과이며, 그때마다 창조주의 직접적인 영향이 있지나 않은지 **통찰하려** 할 필요는 없는 것이라고 말이다. ─그러나 이런 것은 경험들이다. 그러므로 그것들은 **우리에게는** 자연적 작용결과 외의 다른 것이 아니며, 결코 다른 것으로 판정**되어서**도 안 되는 것이다. 왜냐하면 그 요구주장에 있어서 이성의 겸손은 그러한 것을 바라기 때문이다. 이러한 한계를 넘어가는 것은 그 요구주장에서 월권이자 불손이다. 사람들이 대부분 기적을 주장함에 있어서 겸손한, 자기 자신을 포기하는 사유방식을 보이는 척을 할지라도 말이다.

철학적 종교론
제3논고

제3논고
악한 원리에 대한 선한 원리의 승리,
그리고 지상에 신의 나라 건설

도덕적으로 좋은 마음씨를 가진 사람이 각기 선한 원리의 지휘 아래서 악한 원리의 시련들에 대항하여 이생에서 싸우지 않으면 안 되는 투쟁은, 그가 제아무리 애쓴다고 해도, 그에게 악한 원리의 **지배**로부터의 해방 이상의 더 큰 이득을 가져다주는 것은 아니다. '인간이 **자유롭다**'는 것, 인간이 "죄의 법칙 아래의 노예 상태에서 벗어나 〔정〕의로움을 위하여 산다."[1]는 것, 이것이야말로 그가 싸워서 얻을 수 있는 최고의 소득이다. 그렇기는 하지만 그는 여전히 언제나 악한 원리의 공격들에 내맡겨져 있고, 끊임없이 시련당하고 있는 그의 자유를 고수하기 위해서는 언제나 계속해서 투쟁을 위한 무장을 하고 있지 않으면 안 된다.

그럼에도 인간이 이렇게 위험천만한 상태에 있는 것은 그 자신의 탓으로, 따라서 그는 그가 할 수 있는 한 이 상황을 타개하기 위해서 적어도 전력을 기울여야 할 **책무**가 있다. 그러나 어떻게? 이것이 문제이다. ─그가 그를 이러한 위험에 빠뜨리고 그 위험에 가두어두는 원인들과 상황들을 살펴본다면, 그가 쉽게 확신할 수 있는바, 그것들은 격리되어서 현존하는 경우의 인간 자신의 자연적인 본성으로부터 오는 것이 아니라, 오히려 인

1) 「로마서」6, 18: "여러분은 죄에서 해방되어 정의로움의 종이 되었습니다." 참조.

간이 관계를 맺고 교류하는 인간들로부터 오는 것이다. 자연적인 본성의 자극으로는 그의 근원적으로 선한 소질을 그토록 크게 황폐화시키는 본래적 의미의 이른바 **격정들**이 인간 안에서 일어나지는 않는다. 그의 필요욕구는 참 작은 것이고, 그러한 필요욕구를 염려하는 인간의 마음상태는 온건하며 평온한 것이다. 인간은 타인들이 그를 가난하다고 여기고 그에 대해 경멸할 것이라고 염려하는 한에서만, 가난하다(또는 자기를 가난하다고 여긴다). 질투, 지배욕, 소유욕 그리고 이것들과 결합되어 있는 적대적인 경향성들은 **인간이 다른 인간들 가운데에 있을 때**, 그 자체로는 충족한 그의 자연본성을 이내 몰아붙인다. 그때 이들이 이미 악에 빠져 있다거나 유혹하는 사례들이라고 전제될 필요는 결코 없으며, 그들이 현존하고, 그를 둘러싸고 있고, 그들이 인간이라고 하는 사실만으로, 상호 간에 서로 도덕적 소질을 타락시키고 서로를 악하게 만들기에 충분한 것이다.

이제 진실로 인간에게 있어서 악의 방지와 선의 촉진을 목적으로 하는 통합을, 즉 통합된 힘으로써 악에 대항하는, 지속적이고 점점 확대되어 순전히 도덕성의 유지를 목표로 하는 사회를 건설하기 위한 어떤 수단을 찾아내지 못한다면, 개인이 악의 지배에서 벗어나기 위해 제아무리 애쓴다고 해도 악은 그를 부단히 악의 지배 아래로 되돌아갈 위험 중에 붙잡아 둘 것이다. ─그러므로 우리가 통찰하는 한, 선한 원리의 지배는 인간들이 그에게 영향을 미칠 수 있는 한에서, 덕의 법칙들에 따라서 또 그를 목적으로 하는 사회의 건설과 확산/전파를 통해서밖에는 이룰 수가 없다. 이러한 사회를 인간의 주위에 둘러치는 것은 이성에 의해 전 인류에게 부과된 과제이며 의무이다. ─왜냐하면 그렇게 해서만 악에 대한 선한 원리의 승리를 기대할 수 있기 때문이다. 도덕적으로 법칙수립하는 이성은 그것이 각 개인에게 지시규정하는 법칙들 외에도 또한 덕의 깃발을 선을 사

VI94

B129

랑하는 모든 이들의 통합점으로 꽂아놓았다. 이들이 그 아래 모여 비로소 그들을 쉼 없이 괴롭히는 악을 압도할 수 있도록 하기 위해서 말이다.

사람들은 이러한 이념의 지시규정에 따르는, 순전한 덕의 법칙들 아래에서의 인간들의 결합을 **윤리적** 사회라고 부를 수 있으며, 이 법칙들이 $\quad$ B130 공적인 한에서는 **윤리적-시민적**[2] (**법적-시민적**[3]과 대비되는) 사회, 또는 **윤리적 공동체**[4] 라고 부를 수 있다. 이 윤리적 공동체는 정치적 공동체의 한가운데에, 그것도 정치적 공동체의 구성원들로 성립한다. (도대체가 정치적 공동체가 기초에 놓여 있지 않고서는 윤리적 공동체는 인간에 의하여 전혀 성취될 수 없을 터이다.) 그러나 저 윤리적 공동체는 하나의 특수한, 그것에 특유한 통합원리(덕)를 가지고 있으며, 그래서 또한 정치적 공동체와는 본질적으로 구별되는 형식과 기본체제를 갖는다. 그럼에도 불구하고 양자 사이에는, 두 개의 공동체로서 일반적으로 고찰할 때는, 모종의 유비가 있으니, 이러한 관점에서 윤리적 공동체는 **윤리적 국가**,[5] 다시 말해 (선한 원 $\quad$ VI95 리의) 덕의 **나라**라고 부를 수 있다. 이 나라의 이념은 인간의 이성 안에 그충분히 잘 기초 지어진 객관적 실재성(즉 그러한 국가로 통일을 이룰 의무)을 가지고 있다. 비록 주관적으로 인간들의 선의지로부터는 그들이 이 목적을 위하여 단결하여 노력하기로 결심하리라는 희망을 결코 가질 수 없다고 할지라도 말이다.

∵

2) 원어: ethischbürgerlich.
3) 원어: rechtlichbürgerlich.
4) 칸트의 '윤리적 공동체'의 개념 형성에 미친 J. F. Stapfer(1708~1775)의 *Grundlegung zur wahren Kirche*(12 Bde., Zürich 1746~1753)의 영향에 관해서는 Bohatec, *Religionsphilosophie Kants*, S. 405 이하 참조.
5) 원어: ethischer Staat.

제1부
지상에 신의 나라를 건설함에서
선한 원리의 승리에 대한 철학적 표상

I.
윤리적 자연상태에 대하여

법적–시민적(정치적) **상태**는 인간들이 (모두 강제법들인) **공적 법법칙**[6]
〔**법률**〕들 아래 공존하는 한에서 인간 상호의 관계이다. **윤리적–시민적** 상
태는 인간들이 그와 같은 강제에서 자유로운, 다시 말해 순전한 **덕법칙들**
아래 통합되어 있는 때의 상태이다.

무릇 전자[7]에 법적(그렇다고 언제나 합법적이지는 않지만), 다시 말해 **법리
적 자연상태**가 대립해 있듯이, 후자[8]와는 **윤리적 자연상태**가 구별된다.[9]

••

6) 원어: Rechtsgesetz. 그다지 자연스럽지는 못한 표현이지만, 아래의 '덕법칙(Tugendgesetz)'
과의 대조를 고려하여 이렇게 옮긴다. 이렇게 하는 것이 '법이론(Rechtslehre)'·'덕이론
(Tugendlehre)', '법의무(Rechtspflicht)'·'덕의무(Tugendpflicht)'(*MS, RL*, B47=VI239 등
참조) 등의 켤레 개념들과도 쉽게 대비될 수 있을 것으로 본다.
7) 곧 '법적–시민적(정치적) 상태.'
8) 곧 '윤리적–시민적 상태.'
9) 이 대목에서 칸트는 때로는 '법적(rechtlich)'·'윤리적(ethisch)'을, 때로는 '법리적
(juridisch)'·'윤리적(ethisch)'을 켤레 개념으로 사용하고 있다. 이 경우 '법적'과 '법리적'
은 교환가능어라 하겠다. 'juridisch'·'ethisch'는 어원 'iuridicus'·'ethikos'의 의미에 맞
춰 '법리적'·'윤리적'으로 옮겨도 충분하겠다. 그런데 『윤리형이상학』에서는 이 켤레 개념
이 'moralisch(=sittlich)'에 포섭되는 하위개념으로 사용되고 있고, 그 의미 연관에서 '윤리
형이상학'이 두 부문, 즉 '법이론〔법학〕의 형이상학'과 '덕이론〔윤리학〕의 형이상학'으로 구
분되고 있으므로, 그 경우에는 각각 '법학적/법리론적'·'윤리학적/윤리론적'으로 새기는
편이 합당하다 하겠다.

이 두 상태에서 각자는 자기 스스로 법칙을 수립하며[자기 자신에게 법칙을 부여하며], 다른 모든 인간들과 마찬가지로 그가 복속되어 있는 것으로 인식하는 어떤 외적 법칙도 없다. 이 두 〔자연〕상태에서는 각자가 자기 자신의 심판관이며, 해당 경우들에서 무엇이 각자의 의무인가를 법칙에 따라서 법적 효력을 가지고 규정하고, 그 의무를 일반적으로 시행하도록 하는 그런 어떤 **공적** 힘을 갖는 권위란 없다.

    B132

이미 존립하는 정치적 공동체 안에서 모든 정치적 시민들은 그 자체로도 **윤리적 자연상태** 안에 있으며, 그러한 상태 안에 머무를 권리를 가지고 있다. 왜냐하면 정치적 공동체가 자기의 시민들을 윤리적 공동체 안에 들어가도록 강제한다면 그것은 (形容)모순이기 때문이다. 왜냐하면 윤리적 공동체는 이미 그 개념 안에 강제로부터의 자유를 지니고 있으니 말이다. 실로 모든 정치적 공동체는 그 안에서도 덕의 법칙들에 따른 마음들에 대한 지배가 있기를 소망한다. 왜냐하면 저 지배의 강제수단이 충분하지 않을 때는 인간적인 심판관이 다른 사람들의 내면을 꿰뚫어볼 수 없으므로, 덕의 마음씨들이 그 바라는 바를 이룰 수 있을 것이기 때문이다. 그러나 윤리적 목적들을 지향한 기본체제를 강제에 의하여 이루려고 하는 법칙수립자에게는 고통이 있을진저! 왜냐하면 그는 그렇게 함으로써 윤리적인 기본체제와 정반대의 것을 이룰 뿐만 아니라, 또한 자기의 정치적 기본체제를 전복시키고 불안정하게 만드니 말이다. ─그러므로 정치적 공동체의 시민은, 후자[10]의 법칙수립적 권한에 관한 한, 그가 다른 시민들과 함께 정치적 공동체 외에 또 다른 윤리적 통합에 들어갈 것인지, 아니면 그보다는 윤리적 자연상태에 그대로 머무를 것인지가 온전히 자유로

    VI96

∵

10) 곧 윤리적 공동체.

B133 운 것이다. 오직 윤리적 공동체가 **공적** 법칙들에 의거하고 그에 기초한 기본체제를 함유하지 않으면 안 되는 한에서만, 이러한 상태에 들어가기 위해 자유의지적으로 서로 결합한 이들은 정치권력으로부터 그들이 그러한 기본체제를 내적으로 어떻게 건설해야만 하는가 또는 하지 말아야 하는가를 명령받지는 않을 것이나, 그 기본체제 안에 **국가시민**[국민][11]으로서의 그 성원들의 의무에 상충되는 것이 없다는 조건에는 제한을 받을 수밖에는 없을 것이다. 전자의[12] 결합이 진정한 것이면, 후자[13]는 물론 염려할 것이 없지만 말이다.

더 나아가, 덕의무들은 전체 인류에 관련되어 있는 것이기 때문에, 윤리적 공동체라는 개념은 언제나 모든 인간 전체라는 이상과 관계되어 있고, 이 점에서 그것은 정치적 공동체의 개념과 구별된다. 그래서 저러한 윤리적 의도에서 통합된 다수의 인간들은 아직 윤리적 공동체 그 자체라고 일컬을 수는 없고, 단지 하나의 절대적 윤리적 전체를 건설하기 위하여, 모든 인간들과의 (그래서 모든 유한한 이성적 존재자와의) 일치를 향하여 노력하는 하나의 특수한 사회라고 일컬을 수 있을 뿐이다. 모든 부분[특수] 사회는 절대적 윤리적 전체의 단지 하나의 표상 내지는 도식일 따름이다. 왜냐하면 각각의 부분 사회 자체는 다시금 같은 종류의 다른 사회와의 관계에서는 윤리적 자연상태에 있고, 그러한 윤리적 자연상태의 모든 불완전성들과 함께하고 있는 것으로 표상될 수 있으니 말이다. (그것

B134 은[14] 하나의 공적 국제법에 의해 결합되어 있지 않은 서로 다른 정치적 국가들과

••

11) 원어: Staatsbürger.
12) 곧 윤리적.
13) 곧 정치적 제한.
14) A판: "그것은 **또한**."

300

의 사정과 똑같은 것이다.)

II.
윤리적 공동체의 성원이 되기 위해서
인간은 윤리적 자연상태로부터 벗어나야만 한다

 법리적 자연상태가 만인의 만인에 대한 전쟁의 상태인 것처럼, 윤리적 자연상태는 악에 의한 부단한 반목[15]의 상태이다. 악은 그 안에서 그리고 VI97 모든 타인 안에서 마주쳐지는바, 이들은 (위에서[16] 언급했듯이) 서로 교호적으로 그들의 도덕적 소질을 부패시키고, 또한 선의지에서조차도 저[17] 개인들은 그들을 통합시키는 원리의 결여로 인해, 마치 **악의 도구들**인 것 같이, 그들의 불일치들[18]로 인해 선의 공동체적 목표로부터 멀어지고, 서로를 다시금 악의 수중에 떨어지는 위험 속에 밀어 넣는다. 이제 **더 나아가**[19] 무법적인 외적(동물적) 자유의 그리고 강제법으로부터의 독립의 상태는 부정의의 그리고 만인의 만인에 대한 전쟁의 상태이므로, 인간은 정치적-시민적 상태에 들어서기 위해서는 그러한 상태를 벗어나지 않으면 안 된다.※ 그와 마찬가지로 윤리적 자연상태는 덕의 원리들의 공적인 교호 B135

※ 홉스의 명제, "自然狀態는 萬人의 萬人에 對한 **戰爭**이다."[20]는 〔'전쟁' 대신에〕

∵

15) A판: "악한 원리에 의한, 모든 인간 안에 있는 선한 원리의 부단한 반목."
16) 곧, B128=VI94.
17) AA: "각각의."
18) A판: "불일치."
19) B판 추가.
20) Thomas Hobbes(1588~1679), *De cive*(1642), cap. 1, §12 참조. 이 대목의 홉스의 문장

적 반목과 내면적으로 윤리 없음의 상태이므로, 자연적인 인간은 가능한 한 빨리 이러한 상태에서 벗어나기 위해 전력을 기울여야만 한다.

이제 여기에서 우리는 일종의 독특한 의무, 즉 인간의 인간에 대한 의무가 아니라, 인류의 그 자신에 대한 의무를 갖게 된다. 곧 모든 유의 이성적 존재자는 객관적으로, 이성의 이념 안에서, 어떤 공동의〔공동체적〕목적을 위하여, 곧 공동의〔공동체적〕선으로서의 최고선을 촉진하도록 규정 B136 되어〔사명 지워져〕있는 것이다. 그러나 최고의 윤리적 선은 개개 인격이

'전쟁상태'[21]라고 일컬었어야 했다는 것 이외에 더 이상 잘못된 것은 없다. 무릇 사람들이 외적이고 공적인 법칙들 아래에 있지 않은 인간들 사이는 항상 현실적인 **적대행위들**이 지배한다는 사실을 인정하지 않는다 해도, 그러한 **상태**(즉 法理的 狀態), 다시 말해 그 안에서 그리고 그를 통해서 인간들이 (획득의 그리고 그러한 것의 보존의) 권리들을 얻을 수 있는 관계는 그 안에서 각자가 스스로 타인에 대해 자기에게 권리가 있는 것을 판정하는 심판관이 되되, 그러나 이에 대해서 타인으로부터 아무런 보장도 받지 못하고, 또는 타인에게 각자 자기 자신의 통제력 이외에는 아무런 보장도 주지 못하는 그러한 상태이다. 이러한 상태는 만인이 만인에 대해서 한결같이 무장하고 있지 않으면 안 되는 전쟁상태인 것이다. 홉스의 두 번째 명제, 즉 "自然狀態로부터 벗어나야 한다."는 첫 번째 명제로부터의 귀결이다. 왜냐하면 이 〔자연〕상태는 자기 자신의 사안에 대해서는 심판관이고자 하면서 타인에게는 그들 자신의 일들에 관하여, 순전히 그 자신의 의사 외에, 어떠한 안전보장도 허용하지 않는 월권을 통하여 모든 타인의 권리들을 연속적으로 침해하는 것이니 말이다.

∵

을 그대로 옮기면, "인간의 자연상태(status homimum naturalis)는 그들이 함께 사회에 들어가기 전에는 전쟁이다, 단순한 전쟁이 아니라, 일종의 만인의 만인에 대한 전쟁(bellum omnium in omnes)이라는 것을 부인할 수 없다." 칸트는 이 종교론과 같은 해 (1793)에 출간된 그의 논고 「이론과 실천」(TP), II에서 이러한 홉스의 국가론에 대해 반론을 펴고 있다.(AA VIII, 289~306 참조)

21) 원어: status belli.

그 자신의 도덕적 완전성을 위하여 노력하는 것만으로는 이루어지지 않고, 바로 그 같은 목적을 위하여 개개 인격들이 하나의 전체 안에서, 선량한 마음씨를 가진 인간들의 하나의 체계로 통합할 것이 요구된다. 최고의 VI98 윤리적 선은 이러한 체계 안에서만 그리고 이 체계의 통일을 통해서만 성사될 수 있는 것이다. 그러나 그러한 전체의 이념, 즉 덕의 법칙들에 따르는 보편적 공화국의 이념은 (우리의 통제력 안에 있는 것으로 우리가 알고 있는 것에 관계하는) 모든 도덕법칙들과는 전혀 다른 이념으로서, 곧 우리가 그것이 과연 우리의 통제력 안에 있는지 없는지를 알지 못하는 하나의 전체를 목표로 삼아 이루려는 것이다. 그렇기 때문에 이 의무는 그 종류와 원리에 있어서 모든 다른 의무들과 구별되는 것이다. ─사람들은 이로써 이미 미리, 이 의무가 또 하나의 다른 이념, 곧 보다 더 높은 도덕적 존재자의 이념의 전제를 필요로 하며, 이 존재자의 보편적 제도를 통해 그 자체로서는 불충분한 개개인의 힘들이 공동의 작용으로 통합되는 것임을 짐작할 것이다. 그러나 우리는 무엇보다도 먼저 저러한 윤리적 필요요구의 실마리를 따라가면서 그것이 우리를 어디로 이끌고갈 것인지를 보지 않으면 안 된다.

III. B137
윤리적 공동체 개념은
윤리적 법칙 아래의 신의 국민이라는 개념이다

윤리적 공동체가 성사되려면, 모든 개인들은 하나의 공적인 법칙수립〔입법〕에 복종하지 않으면 안 된다. 그리고 저 개인들을 결합시키는 모든 법칙들은 하나의 공동체의 법칙수립자의 지시명령들로 여겨지지 않으면 안 된다. 이제 세워져야 할 공동체가 **법률적인** 것이어야 한다면, 하나의 전체로 통합되는 다수가 스스로 (헌법의) 법칙수립자이지 않으면 안 된다. 왜냐하면 법칙수립은, '**각자의 자유는 그 아래에서 보편적 법칙에 따라 다른 모든 이의 자유와 공존할 수 있다는 조건들에 국한한다.**'※는 원리에서 출발하기 때문이다. 그러므로 여기서는 보편적 의지가 법적 외적 강제를 세운다. 그러나 공동체가 하나의 **윤리적** 공동체여야 한다면, 국민이 그 자체로 스스로를 법칙수립하는 자로 볼 수는 없을 것이다. 무릇 그와 같은 공동체 안에서는 모든 법칙들이 전적으로 본래, 행위들의 **도덕성**—

_{B138} 이것은 **내면적인** 어떤 것으로서, 그러니까 공적인 인간적인 법칙들 아래에 종속할 수 없는 것이다—을 촉진하는 것을 겨냥하여 세워진 것인데,

_{VI99} 그에 반해 법률적 공동체를 형성할 터인 공적인 법칙들은 단지 눈에 띄는 행위들의 **적법성**만을 겨냥하여 세워진 것으로서, 여기서의 유일한 논의거리인, (내적) 도덕성을 겨냥하고 세워진 것이 아니니 말이다. 그러므로 윤리적 공동체를 위하여 공적인 법칙수립자로 제시될 수 있는 것은 국민 이외의 다른 존재자일 수밖에 없다. 그럼에도 불구하고 윤리적 법칙들은 또한 한낱 상위자의 의지로부터 **근원적으로** 출발하는 것으로 (그의 명령이 앞서 발해지지 않았다면 구속력을 갖지 못했을 법규로서) 생각될 수는 없다. 왜냐하면 그렇다면 그것들은 윤리적 법칙들이 아닐 터이고, 그것들

※ 이것은 모든 외적 법의 원리이다.[22]

∵

22) 이미 칸트의 『윤리형이상학』, 「법이론」에서 우리는 이 원칙을 볼 수 있다: "행위가 또는 그 행위의 준칙에 따른 각자의 의사의 자유가 보편적 법칙에 따라 어느 누구의 자유와도 공존할 수 있는 각 행위는 법적이다/권리가 있다/정당하다/옳다."(*MS*, *RL*, 서론, §C: AB33=VI230) 참조.

에 따르는 의무는 자유로운 덕이 아니라, 강제력을 갖는 법적 의무일 터이기 때문이다. 그러므로 그에 관해서 모든 **참된 의무들**, 그러니까 또한 윤리적 의무들[※]이 **동시에** 그의 지시명령으로 표상되지 않으면 안 되는 B139 그러한 존재자만이 윤리적 공동체의 최상의 법칙수립자로 생각될 수 있다. 그래서 이러한 자는 또한 각자의 마음씨들의 가장 내면까지도 꿰뚫어 보고, 모든 공동체에서 그러해야만 하는 바대로, 각자에게 그의 행실들에 합당하는 것²⁴⁾을 귀속시킬 수 있기 위해, 마음을 알아보는 자이지 않으면 안 된다. 무릇 이것은 도덕적 세계지배자로서의 신의 개념이다. 그러므로 윤리적 공동체는 오직 신적 지시명령 아래에 있는 국민, 다시 말해 **신의 국민**²⁵⁾으로서만, 그것도 **덕법칙들에 따르는** 신의 국민으로서만 생

※ 어떤 것이 의무로 인식되자마자, 그것이 설령 인간적인 법칙수립자의 한갓된 의사에 의해 부과된 의무라 할지라도, 그 의무에 순종하는 것은 동시에 신적 지시명령인 것이다. 제정법적인 시민적 법칙들을 신적 지시명령이라고 부를 수 없기는 하지만, 그러나 그것들이 정당한 것이라면, 그것들의 **준수**는 동시에 신적인 지시명령이다. "인간들에 순종하는 것보다 신에게 순종하여야만 한다."²³⁾는 명제는 단지, 인간들이 그 자체로 악한(윤리법칙에 직접적으로 반하는) 것을 지시명령할 B139 때는 그들에게 순종하지 않아도 좋고, 순종해서는 안 된다는 것을 의미할 뿐이다. 그러나 거꾸로, 정치적–시민적인, 그 자체로서는 비도덕적이 아닌 법칙에 대하여 비도덕적인 것으로 여겨지는 신적 제정법적 법칙이 대립한다면, 후자를 날조된 것으로 간주할 근거가 있다. 왜냐하면 그것은 명백한 의무에 상충하는 것이고, 그러나 그것이 실제로, 그것을 따르기 위해 일상에서 성립하는 의무를 위반해도 되는, 신적 지시명령이라는 것마저도 경험적인 징표를 통해서는 결코 충분하게 입증될 수가 없기 때문이다.

∙∙
23) 「사도행전」 5, 29.
24) 「루카복음」 23, 41: "우리야 한 짓에 마땅한 벌을 당연히 받고 있지만 ……." 참조.
25) 「베드로 제1서」 2, 10: "하느님의 백성"; 「로마서」 9, 25 참조.

각 가능한 것이다.

물론 사람들은 **제정법적 법칙들에 따르는**, 곧 그러한 법칙들을 따름에 있어서 도덕성이 아니라 한낱 행위들의 적법성만이 문제가 되는 그러한 법칙들에 따르는 신의 국민도 생각할 수 있겠다. 이것은 하나의 법률적 공동체이겠고, 신이 그것의 법칙수립자(그러니까 그것의 **기본체제**는 신정정치)일 것이다. 그러나 인간들은, 즉 신의 명령들을 직접 그로부터 받는 사제들은 귀족정치적 **통치**를 행할 터이다. 그러나 그 실존과 형식이 전적으로 역사적인 근거들에 의거하고 있는 그러한 기본체제는 우리가 여기서 해결을 이루어내지 않으면 안 되는 유일한, 순수한 도덕적으로−법칙수립하는 이성의 과제를 형성하는 그러한 체제가 아니다. 이 체제는 역사적인 부문[26]에 가서 그 법칙수립자가 비록 신이기는 하지만 외면적인, 정치적−시민적 법칙들에 따르는 제도로서 고찰될 것이다. 그러나 우리가 여기서 오직 문제 삼고 있는 것은, 그 법칙수립이 순전히 내면적인 그러한 제도, 즉 덕법칙들 아래에 있는 공화국, 다시 말해 "선업을 위해 열심인"[27] 신의 국민이다.

그러한 신의 **국민**에 악한 원리의 **도당**[徒黨][28]이라는 이념을 대립시킬 수 있는데, 이것은 악의 확산을 그 역할로 삼는 자들의 통합체로서, 그들에게 있어서 중요한 것은 저 신의 국민의 통합체가 성사되지 못하게 하는

VI100
B140

••

26) 곧 아래의 제2부(B183=VI124 이하).

27) 앞서(B113=VI82)도 인용한 바 있는 「티토서」 2, 14: "그분께서는 우리를 위하여 당신 자신을 내어주셨습니다. 그것은, 우리를 모든 불의에서 구제하여, 선업에 열중하는 당신 소유의 깨끗한 백성을 마련하려는 것이었습니다." 참조.

28) 「사도행전」 17, 5: "그러자 유다인들은 시기한 나머지 장사치들 가운데서 몇몇 나쁜 사람들을 끌어들여 작당하고 도시에서 소란을 피웠다."; 「민수기」 16, 4 참조.

것이다. 그럼에도 여기서도 덕의 마음씨를 유혹하는 원리는 마찬가지로 우리 자신 안에 놓여 있으며, 단지 비유적으로만 외적인 위력으로 표상되는 것이다.

IV.

신의 국민의 이념은
(인간적 제도 아래에서는)
교회의 형식 안에서만 실현될 수 있다

숭고한, 결코 온전히 달성될 수 없는 윤리적 공동체의 이념은 인간의 손 안에서는 매우 축소된다. 곧 기껏해야 단지 윤리적 공동체의 형식을 순수하게 표상할 수 있을 뿐, 그러한 전체를 건설할 수 있는 수단에 관해서 말하자면, 감성적인[29] 인간의 자연본성의 조건들 아래에 매우 제한되어 있는 제도로 축소된다. 그러나 어떻게 그토록 굽은 나무에서 온전히 곧은 어떤 것이 가공될 것을 기대할 수 있을까?[30]

그러므로 신의 도덕적인 국민을 창설한다는 것은 그 실행을 인간이 아니라 오직 신 자신에 의해서나 기대할 수 있는 작업이다. 그러나 그렇다고 해서 인간이 그 일에 대해서 아무것도 하지 않고, 마치 각자는 단지 자기의 도덕적인 개인적 관심사에만 전념하고, 인류의 관심사 전체는 (그의 도덕적 사명에 따라서) 어떤 보다 높은 지혜에게 맡겨도 좋은 것처럼 섭리

B141

---

29) A판에 따름. B판: "윤리적인."
30) "그래서 이 과제는 모든 것 가운데서도 가장 난제이다. 정말이지 그것의 완전한 해결은 불가능하다. 그것으로 인간이 만들어진 것인 그토록 굽은 나무로부터는 아무것도 완전히 곧은 것은 가공될 수 없다."(IaG, 6. Satz: VIII, 23) 참조.

의 처분에 내맡겨도 되는 것은 아니다. 오히려 인간은 모든 것이 자기 자신에게 달려 있는 것처럼 행동하지 않으면 안 된다. 오로지 그러한 조건 아래에서만 인간은, 보다 높은 지혜가 그의 선의의 노력을 완성시켜줄 것을 희망해도 좋은 것이다.

그러므로 모든 선량한 마음씨를 가진 이들의 소망은, "신의 나라가 오고, 그의 뜻이 지상에서 이루어지는 것"[31]이다. 그러나 이러한 일이 그들에게 이루어지기 위해서 그들은 무엇을 시행해야만 하는가?

신적인 도덕적 법칙수립 아래에 있는 윤리적 공동체는 교회이다. 가능한 경험의 대상이 아닌 한에서 교회는 **불가시적〔보이지 않는〕 교회**[32]—신의 직접적인, 그러나 도덕적인 세계통치 아래에 있는 모든 올바른 이들의 통합체라는 순전한 이념으로, 이것은 인간에 의해 창설되어야 할 모든 교회의 원형이 된다—라고 일컬어진다. **가시적** 교회는 저러한 이상에 부합하는 하나의 전체이기 위한 인간들의 현실적 통합체이다. 각각의 사회가 공적 법칙들 아래에서 그 성원들의 종속관계를 (그 법칙들에 순종하는 이들과 그 법칙들의 준수를 감독하는 이들 사이의 관계에서) 가지는 한에서, 저러한 전체(교회)로 통합한 다중은, (교사 또는 영혼의 목자[33]라고 불리는) 오로지 눈에 보이지 않는 원수〔元首〕의 업무들을 주재하면서, 이러한 관계에서 통틀어 교회의 **종복〔봉사자〕**이라고 일컬어지는 상위자들 아래에 있는

⁘

31) 「마태오복음」 6, 10: "아버지의 나라가 오게 하소서. 아버지의 뜻이 하늘에서와 같이 땅에서도 이루어지게 하소서."; 「루카복음」 11, 2 참조.

32) 「코린트 제2서」 4, 18: "우리는 보이는 것을 바라보지 않고 오히려 보이지 않는 것을 바라봅니다. 보이는 것은 잠시뿐이지만 보이지 않는 것은 영원하기 때문입니다." 참조.

33) 「베드로 제1서」 2, 25: "여러분은 과연 헤매는 양과 같았지만 이제는 여러분의 영혼의 목자이며 보호자이신 분에게로 돌아왔습니다." 참조.

회중[會衆][34)]이다. 그것은 정치적 공동체 안에서 가시적인 원수가 자기 위에 단 한 사람도 (보통은 국민 전체 자신조차도) 인정하지 않으면서 자기 자신을 때때로 국가의 최상의 종복이라고 부르는 것과 같다. 참된 (가시적인) 교회는, 인간들을 통해 일어날 수 있는 한에서, 신의 (도덕의) 나라를 지상에 현시하는 그런 교회이다. 참된 교회의 필요요건, 그러니까 특징은 다음과 같은 것들이다.

1. **보편성**, 따라서 그것의 수적으로 **하나임**[단일성]. 교회는 이를 위한 소질을 자신 안에 함유하고 있어야 한다. 곧 교회는 우연적인 의견들로 나뉘고 불화한다 할지라도, 본질적인 의도에 관해서는 그들을 필연적으로 하나의 유일한 교회 안으로 보편적으로 통합해내지 않으면 안 되는 (그러므로 아무런 종파 분열도 없는) 그러한 원칙들 위에 건설되어 있는 것이다. B143

2. 교회의 **성질**(질), 다시 말해 **순정성. 도덕적** 동기 이외의 어떠한 다른 동기 아래에 있지 않은 통합체. (미신의 우매함과 광신의 망상으로부터 순화됨.)

3. 자유의 원리 아래에서의 **관계**. 그 성원들 상호 간의 내적 관계뿐만 아니라 교회의 정치권력과의 외적 관계, 양자 모두 **자유국가** 안에 있음. (**위계제도**도 아니고 **광명**[주의][35)]도, 즉 각자가 그의 머리[생각]에 따라 타자의 머리[생각]와 다를 수도 있는 특수한 영감들에 의한, 일종의 **민주주의**도 아니다.) VI102

4. 교회의 **양태**. 그 **헌법**[기본법]에 있어서 불변성. 물론 시간과 상황에 따라서 변경해야 하는 순전히 교회의 **행정**에 관계되는 우연적인 규정들은 별도이다. 그러나 교회는 이를 위해서도 확실한 원칙을 이미 그 자신 B144

∷

34) 원어: Gemeinde.
35) 위의 제1편, B64=VI53 참조.

안에 (즉 그의 목적의 이념 안에) 선험적으로 함유하고 있지 않으면 안 된다. (그러므로 그것은 근원적인, 법전에 의해 그렇게, 일단 지시규정으로 공표된 법칙들 아래에 있어야 하며, 권위를 갖추지 못한 채 우연적이고, 모순에 내맡겨져 가변적인, 자의적인 상징들 아래에 있어서는 안 된다.)

그러므로 윤리적 공동체가 교회로서, 다시 말해 신의 국가의 순전한 **대리자**로서 보일 때는 본래 그 원칙들의 면에서는 정치적으로 유사한 기본체제를 갖지 않는다. 이 공동체에서 그 기본체제는 (한 사람의 교황이나 대주교들 아래에 있는) **군주정치**도 아니고, (감독들과 고위성직자들 아래에 있는) 귀족정치도 아니며, (종파적 광명주의자들로서의) **민주정치**도 아니다. 이 기본체제는 한 사람의 공동의, 비록 불가시적이나, 도덕적인 아버지 아래에 있는, 가정조합(가족)에 비견하는 것이 가장 좋을 것이다. 신의 뜻을 알고, 동시에 그들 모든 성원들과 혈연관계에 있는 신의 신성한 아들이 신을 대신하여 신의 뜻을 이들이 가까이 알게 하는 가운데, 그 안에서 아버지를 흠숭하게 하고, 그렇게 함으로써 상호 간에 자유의지적이고, 보편적이며 영속적인 심정적 통합체로 들어서게 하는 한에서 말이다.

V.

모든 교회의 헌법은 언제나, 교회신앙이라 부를 수 있는
어떤 역사적인 (계시)신앙에서 출발하고,
이러한 신앙은 성서에 가장 잘 정초된다

순수 종교신앙은 보편적 교회를 정초할 수 있는 실로 유일의 신앙이다. 왜냐하면 그것은 누구에게나 확신을 함께 가질 수 있게 하는 순전한 이성신앙인 데에 반해, 순전히 사실들에 기초하고 있는 역사적 신앙은 그에

대한 정보들이 그것들의 신빙성을 판정할 수 있는 능력과 관련하여 시간과 공간의 형편에 따라 도달할 수 있는 범위 이상으로는 그 영향력을 확산할 수가 없으니 말이다. 그러나 저러한 순수한 신앙에 그것이 충분히 할 수 있는 그 정도로까지 결코 의지하지 못하는 것은, 곧 교회를 그러한 신앙 위에만 정초하지 못하는 것은 인간 자연본성의 특수한 약함에 그 탓이 있다.

초감성적인 사물들을 인식하는 데 자신들이 무능력함을 자각하는 사람들은, 그들이 (일반적으로 그들에게 확신이 들지 않을 수 없는) 저러한 신앙에 모든 경의를 표한다 할지라도, 도덕적으로 선한 품행에 의연하게 정진함이 신이 인간에게 신의 나라에서 신에게 흡족한 신하가 되기 위해 요구하는 것의 전부임을 쉽게 확신하지 못한다. 그들은 그들의 의무를 다함을 그들이 신에게 어떤 **봉사**를 하지 않으면 안 되는 것으로밖에는 생각할 수가 없다. 그리고 여기서 중요한 것은 그 행위들의 내적 도덕적 가치가 아니라, 오히려 그 행위들이 신에게 행해지고 있다는 사실로서, 그 행위들이 그 자체로서는 도덕적으로 제아무리 무차별적이라고 하더라도, 적어도 **수동적인 순종을 통하여**[36] 신에게 적의하게 된다는 것이다. 그들이 인간(즉 그 자신과 타인)에 대한 그들의 의무들을 이행할 때, 바로 그를 통해 신의 지시명령들을 수행한다는 것, 그러니까 그들의 모든 행동거지에 있어서 그것이 윤리성과 관계를 갖는 한에서 **끊임없이 신에게 봉사**[37]**하고 있다**는 것, 그리고 다른 방식으로는 신에게 더 가까이 봉사하는 것이 절대로 불가능하다는 것—왜냐하면 그들은 한낱 세계존재자 외에는 어떤

B146

∴

36) A판: "그로써."
37) 원어: Dienst Gottes.

다른 것에도, 그러니 신에 대해서 작용할 수도 영향을 미칠 수도 없기 때문에—이 그들 머릿속에는 들어오지 않는다. 이 세상의 모든 위대한 주인은 자기 신하들로부터 **숭배**받고, 공순성의 표현들을 통하여 **찬양**받고자 하는 특수한 필요욕구를 가지고 있다. 이런 것 없이는 그가 그의 신하들을 지배할 수 있기 위해 그가 필요로 하는 만큼의 **그의 명령에 대한**[38] 공손함을 그들로부터 기대할 수가 없다. 게다가 인간도, 그가 제아무리 이성적이라 할지라도, 경의를 표명함에서 언제나 직접적인 흡족을 발견한다. 그렇기 때문에 사람들은 의무를, 그것이 동시에 신의 지시명령인 한에서, 인간의 관심사가 아니라, 신의 **관심사**에 종사하는 것으로 취급하고, 그래서 순수 도덕종교의 개념 대신에 **제례**[祭禮]**적**[39] 종교의 개념이 생긴다.

모든 종교는 우리가 신을 우리의 모든 의무들에 대하여 보편적으로 숭배해야 하는 법칙수립자로 간주하는 데서 존립하는 것이므로, 종교를 그에 합당한 우리의 태도의 관점에서 규정할 때에는, **신이 어떻게 숭배받기를 (그리고 순종하기를) 의욕하는가**를 아는 일이 중요한 것이다. —그런데 신의 법칙수립적 의지는 그 자체로 **순전히 법규적** 법칙들을 통해서나 **순수한 도덕**법칙들을 통해서 지시명령한다. 후자와 관련해서는 각자는 누구나 자기 자신으로부터 그 자신의 이성을 통하여 그의 종교의 기초에 놓여 있는 신의 의지를 인식할 수 있다. 왜냐하면 본래 신성[神性]의 개념은 이 법칙들의 의식으로부터만, 그리고 이 법칙들에게 이 세계에서 가능한, 윤리적 궁극목적에 부합하는 전체적인 효과를 부여할 수 있는 권능을 상정하려는 이성의 필요욕구로부터만 생기는 것이기 때문이다. 순전한 순

B147

VI104

••

38) A판: "그의 **명령** 아래서의."
39) 원어: gottesdienstlich. 앞의 표현대로 쓰면 '신에게 봉사하는.'

수 도덕법칙들에 따라 규정된 신의 의지 개념은 우리로 하여금 오직 단 **하나의** 신을 생각하게 하듯이,[40] 그러므로 또한, 순수하게 도덕적인, 오직 단 **하나의** 종교만을 생각하게 한다. 그러나 우리가 신의 제정법적 법칙들을 받아들이고 그것들을 준수하는 데에 종교를 놓는다면, 그러한 법칙들의 인지는 우리 자신의 순전한 이성에 의해서 가능한 것이 아니라, 오직 계시를 통해서만 가능한데, 이 계시는, 그것이 각 개인에게 은밀하게 주어지든 또는 전통이나 성서를 통하여 사람들 사이에 전파될 수 있도록 공공연하게 주어지든 간에, **역사적** 신앙이며, **순수 이성신앙**은 아닐 터이다. ─이제 그렇지만 제정법적인 신의 법칙들─이것들은 그 자체로서 구속력을 갖는 것이 아니라, 단지 계시된 신의 의지로서만 그러한 것으로 인식되거니와─을 받아들인다 할지라도, 신의 의지를 근원적으로 우리의 심정 속에 써놓은 순수한 **도덕적** 법칙수립은 모든 참된 종교의 불가피한 조건일 뿐만 아니라, 그것은 또한 이 종교 **자체**[41]를 본래적으로 형성하는 바로 그것이며, 이를 위해 제정법적인 종교는 단지 이 참된 종교의 촉진과 확산의 수단을 함유하고 있을 뿐이다.

B148

그러므로 '신이 어떻게 숭배받기를 의욕하는가?'라는 물음이 **순전히 인간으로 보이는** 모든 인간에 대하여 보편타당하게 답변되어야 한다면, 신의 의지의 법칙수립이 순전히 **도덕적**이 아닐지도 모르겠다는 의심을 할 여지는 없는 것이다. 왜냐하면 (계시를 전제하는) 제정법적 종교는 단지 우연적인 것으로서, 모든 사람에게 이른, 또는 이를 수 있는 것은 아닌 그러한 종교로서, 그러니까 인간 일반에게 구속력을 가진 것으로 볼 수 없

⋮

40) A판: "하듯이 **그렇게**."
41) B판 추가.

기 때문이다. 그러므로 "거기서 '주님! 주님!' 말하는 이들이 아니라, 신의 의지를[뜻을] 행하는 이들이",[42] 그러니까 모든 인간이 다 가질 수는 없는 계시된 개념들에 따라 신을 (또는 신의 혈통을 가진 한 존재자인 신이 보낸 자를) 높이 찬양함으로써가 아니라, 그와 관련하여 누구라도 그의 의지를 아는 선한 품행을 통해서 신에게 흡족하게 되기를 구하는 이들만이 신에게 신이 바라는 참된 흠숭을 바치는 이들이 되는 것이다.

B149
VI105

  그러나 만약 우리가 순전히 인간으로서뿐만 아니라, 지상의 신의 국가에서 **시민**으로서도 행동하며, 교회라는 이름의 그러한 결합의 실존을 위해 힘써야 할 의무가 있다고 본다면, '(신의 회중인) **교회 안에서** 신이 어떻게 숭배받기를 의욕하는가?' 하는 물음은 순전한 이성에 의해서 대답될 수 있는 것이 아니라, 오직 계시를 통해서만 우리에게 알려지는 제정법적인 법칙수립을, 그러니까 사람들이 순수 종교신앙에 대립시켜 교회신앙이라고 부르는 어떤 역사적 신앙을 필요로 하는 것처럼 보인다. 왜냐하면 전자에서는 신의 숭배의 질료[실질]를 이루는 것만이, 곧 도덕적 마음씨 안에서 일어나는, 신의 지시명령들로서의 모든 의무들의 준수만이 문제가 되니 말이다. 그러나 교회는, 다수의 인간들이 그러한 마음씨들 아래에서 하나의 도덕적 공동체로 통합한 것으로서, **공적인** 의무를 짐을, 즉 경험적 조건들에 의거한 일정한 교회적 형식을 필요로 한다. 그리고 이러한 형식은 그 자체로는 우연적이고 잡다해서, 그러니까 신적인 제정법적 법칙들이 없으면 의무로서 인식될 수 없는 것이다. 그러나 그렇다고 해서 이러한 형식을 규정하는 것이 곧바로 신적인 법칙수립자의 과업이라고

B150

∴

42) 「마태오복음」 7, 21: "나더러 '주님, 주님' 하는 사람마다 모두 하늘나라에 들어가는 것이 아니고 하늘에 계신 내 아버지의 뜻을 행하는 사람이라야 들어갈 것입니다." 참조.

간주되어서는 안 된다. 오히려 사람들은 신적인 의지는, 우리가 그러한 공동체의 이성이념을 스스로 수행해나가는 것이라고 상정할 근거를 가질 수 있다. 또한 설령 인간들이 교회의 많은 형식을 시도했으나 불행하게도 실패했다고 하더라도, 필요하다면 이전 시도들의 잘못을 가능한 한 피하는 새로운 시도들을 통해 이 목적을 추구하는 일을 중단해서는 안 된다는 것이라고 상정할 근거를 가질 수 있다. 이 과업이야말로 동시에 인간들에게 의무이며, 전적으로 그들 자신에게 맡겨져 있는 것이다. 그러므로 사람들이 어떤 교회의 건설과 형식을 위한 법칙들을 곧장 신적인 **제정법적** 법칙들로 여길 이유는 없다. 오히려 교회의 형식을 더욱더 개선해가는 노고를 면하기 위하여 그 법칙들을 그러한 것으로 사칭하는 것은 외람된 짓이다. 더욱이 교회의 법규들을 가지고 신적 권위를 앞세워 다중에게 멍에를 씌우는 것은 **높은 위신을 찬탈하는 짓**[43]이기도 하다. 그러나 어떤 교회가 우리가 통찰하는 한 도덕종교와 매우 크게 일치하고, 더구나 공중〔公衆〕이 종교개념들에 있어서 **마땅히 준비되어 있어야 할**[44] 진보가 없었는데 어떻게 그러한 교회가 단번에 나타날 수 있었는지를 충분히 통찰할 수 없는 경우에는, 교회가 정돈되어 있는 이러한 방식이 어쩌면 어떤 특수한 신적인 조치일 수도 있지 않을까를 단정적으로 부인하는 것도 마찬가지로 자만일 수 있다. 그런데 교회를 건설하는 것이 신인가 아니면 인간 자신인가 하는 이 과제의 의아함 속에서 인간의 **제례종교**(祭儀)로의 성벽이 드러난다. 그리고 이 제례종교는 자의적인 지시규정들에 의거하기 때문에, (인간이 순수 도덕종교의 지시규정에 따라 언제나 하고 싶어 하는) 최상의

VI106

B151

••

43) A판: "**찬탈된 위신.**"
44) A판: "**통상 준비하는.**"

품행 위에 또한 이성을 통해 인식될 수 없는, 계시를 필요로 하는 신적 법칙수립이 부가되지 않으면 안 된다는 전제 아래서, 제정법적인 신적 법칙들에 대한 신앙으로의 성벽이 드러난다. 이와 같은 종교에서는 최고 존재자에 대한 숭배가 직접적으로—이성을 **통해**[45] **우리에게**[46] 이미 지시규정된, 그의 지시명령들에 대한 준수를 매개로 해서가 아니라—노려지고 있다. 그런데 이를 통해 일어나는 일은, 인간들은 하나의 교회로의 통합 그리고 교회에 주어야 할 형식에 관한 합의, 동시에 종교 안에서 도덕적인 것을 촉진하기 위한 **공적인** 제도들을 그 자체로 필요한 것으로 여기는 것이 결코 아니라, 오히려 단지 예식〔禮式〕들과 계시된 율법들에 대한 신앙고백 그리고 (그 자체로는 한낱 수단일 따름인) 교회의 형식에 속하는 지시규정들의 준수를 통해, 그들 말대로, 그들의 신에게 봉사하기 위해서만 필요한 것으로 여기는 것이다. 이 모든 계율들은 근본적으로는 도덕적인 것과는 무관한 것임에도 불구하고, 그러나 그것들은 순전히 신을 위해 생겨야만 하는 것이라는 바로 그 이유 때문에 신에게 그만큼 더 적의한 것으로 여겨진다. 그러므로 인간을 윤리적 공동체로 개편함에 있어서 교회신앙이, 자연스럽게,※+ 순수 종교신앙에 선행하고, (공적인 제례에 봉헌〔축성〕된 건물인) 성전이 (도덕적 마음씨들의 교육과 활성화를 위한 집합소들인) **교회들**보다 선행하며, (경건한 의식〔儀式〕들의 봉헌〔축성〕된 집행자들인) **사제들**이 (순수 도덕종교의 교사들인) **성직자들**보다 우선하게 되고, 다중들이 그들

B152

※ + 도덕적으로는 이것이 거꾸로 되어야 하는 것이겠다.

∴

45) A판: "매개로."
46) A판: "그리고."

에게 인정하는 지위와 가치에 있어서도 대부분 우선하게 된다.

그러므로 이제, 제정법적 **교회신앙**이 순수 종교신앙에 그것을 촉진하기 위하여 인간들을 공적으로 통합하는 운반체 수단으로서 덧붙여지는 것이 아니라는 것이 일단 불변적인 사실이 되고 나면, 또한 시인하지 않을 수 없는 것은, 교회신앙의 변함없는 보존, 보편적이고 획일적인 확산/전파, 그리고 그 안에서 채택된 계시에 대한 존경까지도 **전통**을 통해서는 충분히 배려되는 것이 어려우며, 오히려 그 자신 다시금 동시대인과 후손들을 위한 계시로서 경의의 대상이 되지 않을 수 없는 **성서**를 통해서만 충분히 배려될 수 있다는 사실이다. 왜냐하면 그들의 제례적 의무를 확신하고자 하는 인간들의 필요욕구가 그것을 필요로 하기 때문이다. 성경책은 그것을 읽지 않고, (그리고 대부분 바로 이런 이들에게서) 적어도 그로부터 어떠한 맥락 있는 종교이해도 할 수 없는 이들에게조차도 가장 위대한 존경을 얻으며, 어떠한 논변도 '**거기에 그렇게 쓰여 있다.**'라는, 모든 **반박**[47]을 굴복시키는 대명〔大命〕[48]에 대해서는 속수무책이다. 그래서 교의를 명시한다고 하는 성경책의 구절들을 단적으로 **잠언들**이라고 일컫는다. 그러한 성서의 **특정한**[49] 해석가들은 바로 이러한 그들의 과업 자체에 의해 봉헌〔축성〕된 인격들이다. 역사가 증명하는바, 성서에 기초를 둔 신앙 자체는 가장 파괴적인 국가혁명들을 통해서도 말살될 수 없었으며, 그 반면에 전통과 오래된 공적인 계율들에 기초를 둔 신앙은 국가의 멸망과 동시에 몰락하였다. 인간의 손에 들어온 그와 같은 책[50]이 신앙의 법칙으로서

VI107

B153

∙∙

47) A판: "**의심**."

48) 원어: Machtspruch. '거기에 그렇게 쓰여 있다(da steht's geschrieben: scriptum est).'는 누구도 거역할 수 없는 최종적 권력을 갖는 잠언이다.

49) A판: "**선임된**."

의 그의 법규들과 나란히, 동시에 (그것을 도입하는 운반체로서의) 그 법규들과 최선의 조화를 이룰 수 있는, 가장 순수한 도덕적 종교교리를 가장 완벽하게 함유하고 있다면, 그 얼마나 행운※인가! 이러한 경우에 그러한 책

B154 은 그를 통해서 도달해야 할 목적 때문만이 아니라, 또한 그를 통해 생겨난 인류의 개명의 근원을 자연법칙들에 따라서 이해하는 일의 어려움 때문에, 계시와 똑같은 위신을 내세울 수가 있다.

☆　☆　☆

이러한 계시신앙의 개념에 부수하는 것이 몇 가지 더 있다.

오로지 **하나의** (참)**종교**가 있을 뿐이다. 그러나 신앙에는 여러 가지 종류가 있을 수 있다. —덧붙여 말할 수 있는 것은, 그 신앙의 종류의 상이

VI108 함으로 인해 서로 떨어져 있는 수많은 교회들 중에서도 동일한 참교회를 만날 수 있다는 점이다.

그래서 이 사람이 이런 또는 저런 종교를 가지고 있다고 말하기보다는, 이 사람은 이런 또는 저런 (즉 유대교적, 마호메트[이슬람]교적, 기독교적, 가톨릭교적, 루터교적) **신앙**을 가지고 있다고 말하는 것이 (실제로도 그러한 사

※ 이 말은 우리가 예견할 수도 없고, 경험의 법칙에 따르는 우리의 노력에 의해 초래할 수도 없는, 소망하는 모든 것 또는 소망스러운 모든 것에 대한 표현이다. 그러므로 이에 대해서, 만약 **우리가**[51] 하나의 근거를 대려고 한다면, 자애로운 섭리 외에 다른 근거를 제시할 수는 없을 것이다.

∵

50) 곧 성서.
51) A판: "사람들이."

318

용이 더 많듯이) 더 적절하다. 전자[52]의 표현은 대중들을 향한 연설(교리문답, 설교)에서는 단 한 번도 합당하게 사용될 수가 없다. 왜냐하면 이 표현은 근대어들이 그와 똑같은 의미의 낱말을 제공하고 있지 못하는 바와 같이, 공중에게는 너무 학술적이고 난해하기 때문이다. 평범한 사람은 이 말을 항상 그의 눈에 띄는 교회신앙으로 이해한다. 그러나 종교는 내면적으로 숨어 있는 것이고 도덕적 마음씨들에 달려 있는 것이다. 그럼에도 사람들이 대부분의 사람에게 이런저런 종교를 신봉하고 있다고 말하는 것은 그들에게 지나친 경의를 표하는 것이다. 왜냐하면 그들은 종교를 알지도 못하고 구하지도 않으니 말이다. 제정법적인 교회신앙이 그들이 '종교'라는 말에서 이해하는 모든 것이다. 또한 그토록 자주 세상을 뒤흔들고 피로 물들인 이른바 종교분쟁들이라는 것도 교회신앙을 둘러싼 다툼들 이외의 것이 결코 아니었다. 억압받는 자가 불평하는 것도 본래 사람들이 그가 그의 종교를 지키는 것을 방해하고 있다는 것에 대한 것이 아니라— 왜냐하면 이런 일은 어떠한 외적 강제력도 할 수 없는 것이니까—, 사람들이 그가 그의 교회신앙을 공공연하게 따르는 것을 허락하지 않는다는 것에 대한 것이었다.

그런데 하나의 교회가 보통 그러하듯이 자기 자신을 유일의 보편적 교회라고 참칭한다면, (설령 그 교회가 역사적인 것으로서 모든 사람에게 결코 강요될 수 없는 특수한 계시신앙에 기초하고 있다 할지라도,) 그 (특수한) 교회신앙을 전혀 인정하지 않는 이는 그 교회에 의해 **비신자**[非信者]로 불리고, 온 마음으로 미움받을 것이다. 그리고 부분적으로(비본질적인 점에서)만 교

⋮

52) 칸트 원문은 '후자'이나 번역문에서는 어순이 바뀌었으므로 '전자'로 고쳐 읽음. 곧 "종교."

회신앙에서 벗어나는 자는 **오신자**[誤信者]라 불리고, 적어도 전염성이 있는 자로 기피될 것이다. 마지막으로 만약 그가 같은 교회에 속한다고 고백하면서, 그 신앙의 본질적인 점(곧 사람들이 그 신앙을 위해서 하는 것)에서 교회로부터 벗어난다면, **특히 그가 그의 오신앙**[誤信仰]**을 확산시킬 때는,**[53] 그는 이단자[54]※라고 불리고, 외부의 적과 같이 형벌을 받아야 할 자로 여겨져, 교회로부터 (로마인들이 원로원의 승낙 없이 루비콘 강을 건넌 자에게 선고했던 것과 같은) 파문을 당해 추방당하고 모든 지옥의 신들에게 내맡

B156
VI109

VI109

※ 몽고인들은 티베트를 (게오르기우스의 『티베트 입문』[55] 11면에 따르면) '탕굿-카쟈르',[56] 다시 말해 가옥 거주인들의 땅이라 부르는데, 이것은 이 티베트인들을 황야에 천막을 치고 사는 유목민인 자신들과 구별하기 위함이다. 이로부터 '카쟈르'라는 명칭이 생겼고, 또 이로부터 '케저르'[57]라는 명칭이 나왔다.[58] 왜냐하면 저 몽고인들은 마니교와 합치하며, 아마도 그로부터 그 근원을 갖고 있는 티베트 신앙(즉 라마)을 지켰고, 그들이 유럽에 침입했을 때 이를 전파하였기 때문이다. 그래서 이로 인해 오랫동안 '해레티치'[59]와 '마니캐이'[60]는 같은 뜻으로 사용되었다.

⁝

53) B판 추가.
54) 원어: Ketzer.
55) *Alphabetum Tibetanum missionum apostolicarum commodo editum.* Studio et labore Fr. Augustini Georgii eremitae Augustinui. Roma 1762. 칸트는 이 책의 발췌 독일어 번역본 *Das Alphabetum Tibetanum in Auszügen*, aus dem lateinischen übers u. bearb. von J. N. Eyring(1768)을 읽고 인용한 것으로 보인다.
56) 원어: Tangut-Chadzar.
57) 원어: Ketzer. 곧 이단자.
58) 이단자를 뜻하는 낱말 'Ketzer'가 몽고인들의 말에서 유래했다는 칸트의 설명은 정확하지 않다는 의견들이 많다. 오히려 'Ketzer'는 그리스어 'Kathari(= καϑαροι)', 곧 '순수파'에서 유래했을 것이라는 견해도 있다. '순수파'는 12~13세기 중세 가톨릭교회에서 중요한 이단 종파였다. AA VI, 504 참조.
59) 원어: Haeretici. Häretiker. 곧 이단자 또는 이교도.
60) 원어: Manichaei. Manichäer. 곧 마니교도.

320

겨질 것이다. 교회신앙의 점에서 교회의 교사들 내지 수뇌들이 참칭하는 유일 정교〔正敎〕신앙을 **정통주의**라 일컬으며, 이를 사람들은 **전제적(야만적)** 정통주의와 **자유로운** 정통주의로 구분한다. —그 교회신앙이 보편적으로 구속력을 갖는다고 감히 주장하는 교회를 **가톨릭**교회라고 부르고, (비록 그들 자신이 그렇게 할 수 있을 때는, 흔히 기꺼이 스스로도 그리하지만) 타자의 이러한 주장에 항의하는 교회를 **프로테스탄트**교회라 부른다면, 주의 깊은 관찰자는 프로테스탄트적 가톨릭주의자에 대한 많은 칭찬할 만한 실례들을 만나게 될 것이며, 그에 반해 가톨릭이 몸에 밴 프로테스탄트주의자에 대한 더욱 많은 불유쾌한 실례를 만나게 될 것이다. 전자는 자신을 **확장하는** 사유방식의—그것이 그들 교회의 사유방식이 아님에도 불구하고—인사들에 의한 것이며, 후자는 그들의 **제한된** 사유방식으로, 결코 그들에게 득이 되지 않지만, 전자와 매우 현저한 대조를 이룬다.

B157

VI.
교회신앙은 순수 종교신앙을 최고의 해석자로 갖는다

이미 주목했던바, 교회가 (비록 성서를 통해 널리 전파되고, 최근의 후손에까지 보증된 것일지라도) 역사적인 신앙으로서 어떠한 보편적인 확신을 주는 전달 역량도 없는 계시신앙에 기초할 때는, 그의 진리의 가장 중요한 징표, 곧 보편성에 대한 정당한 주장의 징표를 갖지 못하기는 하지만, 그럼에도 최고의 이성개념들과 근거들에 대하여 언제나 **감각적으로 의지할 만한** 어떤 것, 어떤 경험적 보증 같은 것을 요구하는, (하나의 신앙을 보편적으로 **도입**하려는 의도에서는 현실적으로 고려에 넣지 않을 수 없는,) 모든 사람들의 자연적인 필요욕구 때문에, 사람들이 일반적으로 이미 눈앞에 가지고 있는 어떤 한 역사적 교회신앙이 이용되지 않을 수 없다.

VI110
B158
그러나 이제 외양으로 볼 때 대략 우리 손에 주어진 그러한 경험적 신앙과 도덕신앙의 토대를 통합하기 위해서는, (무릇 그것이 목적이든 한낱 보조수단이든 간에,) 그를 위해서는 우리 손에 들어온 계시에 대한 해석, 다시 말해 계시를 순수 이성종교의 보편적인 실천 규칙들과 일치하는 의미로 일관성 있게 설명하는 일이 요구된다. 왜냐하면 교회신앙의 이론[교리]적 면이 만약 신적 지시명령으로서의 모든 인간의 의무들의 이행—모든 종교의 본질적인 면을 형성하는 것인바—에 아무런 작용도 하지 않는다면, 그것은 우리에게 도덕적으로 아무런 관심을 끌 수 없을 것이니 말이다. 이 해석은 본문(즉 계시)에 대해 우리 자신을 흔히 억지로 맞추는 것처럼 보일지도 모르며, 또한 흔히 실제로 그럴 수도 있다. 그럼에도 이 본문이 그러한 해석을 받아들이는 것이 가능하기만 하다면, 자신 안에 도덕성을 위해 단적으로 아무것도 함유하고 있지 않거나, 심지어는 도덕성에 반하는 동기를 일으키는 그러한 문자적 해석보다는 그러한 해석이 우선시되지 않으면 안 된다.^{※+} 주지하듯이, 성경책들에 기록되어 있는 옛날의 그

B159

※ + 이를 실례를 통해 보이기 위해서는 「시편」 59, 11~16의 구절을 취할 수 있을 터인데, 여기에서는 몹시 경악스러운 복수의 기도와 마주친다.[61] 미하엘리스[62] (『도덕

∴

61) 「시편」 59, 11~16: "나의 자애로운 하느님이 나에게 보여주리라. 하느님이 내가 나의 적들을 내려다보게 하시리라. 나의 국민이 잊지 않도록 그들을 죽이지 마소서. 우리의 방패이신 주님, 당신의 힘으로 그들을 흩어버리고, 쓰러뜨리소서. 그들 입술에서 나온 말은 그들 입이 저지른 죄니 자기들의 교만에 걸려들게 하소서. 저주와 거짓말을 늘어놓았으니. 그들을 무자비하게 말살하소서. 하나도 남김없이 말살하소서. 하느님께서 야곱을 다스리심이 이 세상 끝까지 알려지리라. 셀라. 그들은 저녁이면 되돌아와 개처럼 짖어대며 도시 안을 돌아다닙니다. 먹을 것을 찾아 이리저리 쏘다니다 배를 채우지 못하면 거기서 밤을 샙니다." 참조.
62) 위의 BXXIV 각주 참조.

리고 부분적으로는 근래의 모든 종류의 신앙들은 항상 그렇게 여겨졌고, 이성적인 그리고 사려 깊은 국민교사들은 이 신앙들이 그 본질적인 내용

학』, 제2편, 202면)는 이 기도를 긍정하면서 다음과 같이 덧붙여 말한다. "시편들은 **영감에 차 있다.** 이 시편에서 형벌이 기원된다면, 그렇기에 그것이 부당할 것일 수 없다. **우리는 성경보다도 더 신성한 도덕을 가져서는 안 된다.**" 나는 여기 마지막 표현에 멈춰 서서 묻는다. 도덕이 성경에 따라 해석되어야만 하는가, 아니면 오히려 성경이 도덕에 따라 해석되어야만 하는가? — 이제 일단 신약 성서의 구절: "옛사람들에게 한 말을 여러분은 들었습니다. 운운. 그러나 나는 여러분에게 말합니다. '여러분의 적들을 사랑하고, **여러분을 박해한 이들을 축복하십시오.**' 운운."[63]과 관련하여 마찬가지로 영감에 차 있는 이 구절이 어떻게 저 구절과 양립할 수 있는가는 접어두고, 나는 이 구절을 그 자체로 성립하는 나의 윤리적 원칙들에 맞추는 것을 시도해볼 것이다. (이를테면 여기서 우리가 온전히 발 아래 굴복시킬 것을 바라지 않으면 안 되는 것은 육체적인 적들이 아니라, 적이라는 상징 아래서 이해되는, 우리를 훨씬 더 타락시키는 눈에 보이지 않는 적들, 곧 악한 경향성들이다.) 또는 만약 이것이 안 된다면, 나는 차라리 다음과 같이 생각해보겠다. 즉 이 구절은 전혀 도덕적인 의미에서 이해되어서는 안 되고, 유대인들이 자신을 그들의 정치적 통치자인 신에 대해서 보았던 관계에 따라서 이해되어야 한다는 것이다. 이와 마찬가지로 성경의 다른 또 하나의 구절은 "'복수는 내 것이다. 내가 갚겠다.'고 주께서 말씀하십니다."[64]라고 이른다. 사람들은 보통 이 구절을 사적 복수에 대한 도덕적 경고로 해석한다. 그 구절은 아마도 단지 모욕에 대한 보상은 최고통치자의 법정에서 구해야 한다는 모든 국가에서 통용되는 법칙을 시사하는 것임에도 불구하고 말이다. 이 경우, 재판관이 원고에게 그가 원하는 만큼의 가혹한 형벌을 신청하는 것을 허가한다 할지라도, 원고의 복수심은 전혀 합당한 것으로 보아서는 안 되는 것이다.

63) 「마태오복음」, 5, 43~44: "'네 이웃을 사랑하고 네 원수를 미워하라.'고 하신 말씀을 여러분은 들었습니다. 그러나 나는 여러분에게 말합니다. 여러분의 원수들을 사랑하고, 여러분을 박해하는 사람들을 위하여 기도하시오." 참조.

64) 「로마서」 12, 19: "사랑하는 여러분, 복수하지 말고 오히려 (하느님의) 진노에 맡기시오. (이렇게) 기록되어 있기 때문입니다. '복수는 내 것이다. 내가 갚겠다.' 하고 주께서 말씀하십니다." 참조. 또한 이와 관련하여 「신명기」 32, 35: "그들의 발이 비틀거릴 때 복수와 보복은 내가 할 일. 멸망의 날이 가까웠고 그들의 재난이 재빨리 다가온다." 참조.

의 면에서 차츰차츰 보편적인 도덕적 신앙명제들과 합치될 때까지 계속해서 해석해나갔다. **그리스인들**과 그리고 나중에는 **로마인들**의 도덕철학자들은 그들의 우화적인 신화들을 가지고서도 **차츰차츰**[65] 그와 **똑같은**[66]

B160 작업을 하였다. 마침내 그들은 아주 조잡한 다신론을 유일신적 존재자의 속성들의 순전한 상징적 표상으로 해석할 줄 알았다. 그리고 그 시인들의 갖가지 패악적인 행위들 내지는 야만적이면서도 아름다운 몽상들의 근저에다 신비한 의미를 둘 줄 알았다. 이러한 신비한 의미는 하나의 국민[민족]신앙—이것을 말살하는 것은 결코 권장할 일이 못 된다. 왜냐하면 그리되면 아마도 국가에 더욱더 위험한 무신론이 생겨날 수 있을 것이기 때문이다.—을 모든 인간에게 이해할 만하고, 유일하게 찬양받을 만한 도덕이론[가르침]으로 접근시켰다. 후기 **유대교** 그리고 기독교조차도 그와 같은 부분적으로는 견강부회적인 해석들로 이루어진 것이며, 그러나 이 양자는 의심할 여지없이 선하고 모든 인간에게 필요한 목적들을 위한 것이었다. **마호메트교도들**은 (**리일란드**[67]가 지적하듯이) 그들의 온갖 감성이 깃든 낙원의 묘사의 근저에다 정신적 의미를 매우 잘 둘 줄 안다. 그리고 마찬가지로 **인도인들**도 그들의 베다[68] 해석에서, 적어도 그들 민족의 계몽된 층에 대해서는 똑같은 일을 하고 있다. —그런데 언제나 국민신앙의 문자적 의미와 심히 충돌함이 없이 이러한 해석이 이루어질 수 있는 것

..

65) B판 추가.
66) B판 추가.
67) Adrian Reland(1676~1718). 네덜란드의 동양학자. 그의 책 *De religione mohammedanica libri duo*, Rhenum 1717, II, §17 참조.
68) 칸트 원문: Bedas. 보통 Vedas(Sanskrit : वेद, véda)로 표기하는 것을 이렇게 쓴 것으로 보인다.

은, 이러한 국민신앙에 앞서 오래전부터 도덕종교로의 소질이 인간 이성 안에 숨겨 놓여 있었기 때문이다. 이러한 소질의 최초의 미숙한 표출들은 한갓 제례적 사용을 노렸던 것이며, 이를 위하여 소위 저 계시들이라는 것조차도 야기했던 것이고, 그러나 이를 통하여 초감성적인 근원을 갖는 성격의 어떤 것을 이들 시가〔詩歌〕들 안에도, 비록 고의적이지 않은 것이기는 하지만, 들여놓았던 것이다.[69] —— 또한 그와 같은 해석들을 불성실한 것이라고 책망할 수도 없다. 만약 사람들이 우리가 국민신앙의 상징들이나 성경책들에게 부여하는 의미가 그것들에 의해 철저하게 그렇게 의도되었던 것이라고 주장하려는 것이 아니라, 이 문제는 제쳐두고, 단지 그 시가들의 작가들을 그렇게 이해할 수 있는 **가능성**을 상정하는 것뿐이라면 말이다. 왜냐하면 이 성서들을 읽고 그 내용을 캐묻는 일은 보다 더 선한 인간을 만들려는 것을 궁극의도로 갖는 것이기 때문이다. 그런데 이에 아무런 기여도 하지 않는 역사적인 것은 그 자체로는 아무래도 좋은 것으로서, 사람들은 그것을 가지고 무엇이든 하고 싶은 대로 할 수 있는 일이다. ——(역사신앙은 "그 자체만으로는 죽은 것이다."[70] 다시 말해, 그것을 그 자체로 신앙고백으로 본다면, 그것은 아무런 내용도 함유하고 있지 않은 것이며, 우리에 대해서 도덕적 가치를 가질 아무런 것에도 이르지 못할 것이다.)

B161

그러므로 하나의 저술이 신적 계시로 상정되었다고 하더라도, 그 저술이 그러한 것이라는 최상의 기준은 "신에 의해 불어넣어진 모든 저술은 가르치고, 벌하고, 개선하는 등등에 유용하다."[71]는 것이며, 그리고 마지

VI112

••

69) 앞(B3=VI19)의 제1논고에서의 "사제종교의 시가"에 대한 언급 참조.
70) 「야고보서」 2, 17: "신앙에 실천이 없으면 신앙 그 자체만으로는 죽은 것입니다." 참조.
71) 「티모테오 제2서」 3, 17: "그러나 신에 의해 불어넣어진 모든 성서 말씀은 또한 가르침에, 죄 있는 자를 꾸짖는 데에, 개선하는 데에, 정의롭도록 교육하는 데에 쓰입니다." 참조.

막 것, 곧 인간의 도덕적 개선은 모든 이성종교의 본래적 목적을 이루는 것이므로, 이것[72]은 또한 모든 저술 해석의 최상의 원리를 함유할 것이다. 이 종교는 "우리를 모든 진리로 인도하는 신의 영[정신]이다."[73] 그런데

B162 이 영은, 우리를 **가르치면서**, 또한 동시에 원칙들을 가지고 우리를 행위하도록 **생기를 주고**,[74] 성서가 역사신앙에 대하여 함유함직한 모든 것을 전적으로 순수한 도덕신앙의 규칙들과 동기들에 관계시켜주는데, 이 도덕신앙만이 모든 교회신앙 안에서, 바로 거기에서 본래적으로 종교인 것을 형성하는 것이다. 성서의 모든 연구와 해석은 그 안에서 이 영을 찾는다는 원리로부터 출발하지 않으면 안 된다. 그리고 "성서가 이 원리에 대하여 증거하는 한에서만, 사람들은 영원한 생명을 그 안에서 발견할 수 있다."[75]

이 성서해석가 옆에 또 다른 이가 동반하는데, 그러나 [그는] 그에게 종속되어 있는 자이니, 곧 **성서학자**이다. 모든 인간을 하나의 교회로 통합시키는, 가장 위엄 있고, 현대 세계의 가장 계몽된 지역에서는 유일한 도구인 성서의 권위가 교회신앙을 형성하는데, 이 교회신앙은 국민신앙으로서 소홀히 할 수 없는 것이다. 왜냐하면 [일반] 국민에게는 순전한 이성에 기초하고 있는 불변적인 규범에 대한 어떠한 이론[교리]도 쓸모가 없는 것으로 보이며, [일반] 국민은 신적인 계시를, 그러니까 또한 그 근

..

72) 곧 이성종교.
73) 「요한복음」 16, 13: "그러나 그분, 진리의 영이 오시면 여러분을 모든 진리 안에 인도하실 것입니다." 참조.
74) 「잠언」 13, 14: "현인의 가르침은 생명의 샘이니 죽음의 올가미에서 벗어나게 한다." 참조.
75) 「요한복음」 5, 39: "당신들은 성서를 연구하고 있습니다. 그 안에 영원한 생명이 있다고 당신들은 생각하기 때문입니다. 그 성서도 내게 대하여 증언하고 있는 것입니다." 참조.

원의 연역을 통한 그 권위의 역사적인 보증을 필요로 하기 때문이다. 그런데 무릇 인간적 기예와 지혜는 최초의 교사에게 보내준 신임장을 스스로 찾아내기 위하여 하늘에까지 올라가 볼 수는 없으며, 오히려 신앙의 내용 외에도 그러한 신앙이 도입된 방식으로부터 얻어낼 수 있는 징표들, 다시 말해 인간적 보고들로 만족할 수밖에 없는 것이다. 이 보고들이란 그 역사적 신빙성을 누리기 위해서는, 차츰차츰 아주 옛 시대에서, 그리고 지금은[76] 죽은 언어들에서 탐색하지 않으면 안 되는 것이다. 그렇기 때문에 하나의 종교가 아니라—무릇 종교는 보편적이기 위해 항상 순전한 이성에 기초하지 않을 수 없다—, 성서에 기초한 교회를 권위 있게 유지하기 위해서 **성서학식**을 필요로 하게 되는 것이다. 이 성서학식은, 저 성서의 기원이 성서를 직접적인 신적 계시로 받아들이는 것을 불가능하게 만드는 어떠한 것도 자기 안에 함유하고 있지 않다는 것 외에는 더 이상 결정해주는 것이 없지만 말이다. 그러나 이것은 이러한 이념 안에서 그들의 도덕신앙의 특수한 강화를 발견한다고 생각하고, 그래서 이 이념을 기꺼이 받아들이는 이들로 하여금 그렇게 하는 것을 저해하**지 않기**[77] 위해서는 충분한 것이다. —그러나 한낱 성서의 **공중**뿐만 아니라, **해석**도 같은 이유에서 학식을 필요로 한다. 도대체 번역으로만 읽을 수 있는 학식 없는 이가 어떻게 성서의 의미를 확신하겠는가? **그래서**[78] 원어에도 밝은 해석가는 그 밖에도 광범위한 역사적 지식과 비판력을 소유하지 **않으면 안 된다.**[79] 당대의 상황, 습속 그리고 의견들〔여론〕(국민신앙)로부터 수단을 취

B163

VI113

• •

76) A판: "옛날의, 지금은."
77) B판 추가.
78) A판: "그러나."
79) A판: "필요로 한다."

하여 교회 공동체에게 이해의 길을 열어줄 수 있기 위해서는 말이다.

B164 그러므로 이성종교와 성서학식은 성서 원전의 참으로 적격의 해석가이자 보관자이다. 분명한 것은, 이들이 이 분야에서 그들의 통찰과 발견을 공적으로 사용함에 있어서 결코 세속적인 손에 의해서 절대로 방해받을 수 없으며, 특정한 신앙명제에 구속될 수 없다는 점이다. 그렇지 않으면 **평신도**들이 단지 **성직자**들의 가르침에서 얻어가진 그들의 의견에 성직자들이 들어서도록 강요하게 될 터이니 말이다. 국가는 그 학식과 도덕성에서 명성이 높은 이 인사들이 그들의 양심을 믿고 일임한 교회조직체 전체를 관리하는 데 부족함이 없도록 배려하는 것만으로, 국가가 할 의무와 행사할 권한을 모두 행한 것이다. 그러나 이 의무와 권한 자체를 학교로까지 끌고가, 그들의 쟁론들—이 쟁론들은 설교단에서 행해지지만 않는다면, 교회의 공중〔公衆〕을 온전한 평화 안에 두는 것이다—에 관여하는 것은, 공중이 불손하지 않고서는 법칙수립자에게 할 수 없는 부당한 요구이다. **왜냐하면 그들은 법칙수립자의 위엄 아래에 있으니 말이다.**[80]

그러나 또한 성서의 참된 의미와 동시에 신적 근원을 인식하기 위해 이성도 학식도 필요로 하지 않고, 오히려 단지 내면적 **감정〔느낌〕**만을 필요로 하는 제3의 지위청구자[81]가 해석가의 직위에 등장한다. "성서의 가르침을 따르고, 성서가 지시규정하는 것을 **행하는** 이는 물론 그것이 신으로부터 온 것임을 알게 될 것이라는 것"[82]과, 성서를 읽고 그 강연을 듣는 인

••

80) B판 추가.
81) 원어: Prätendent. J. S. Semler(1725~1791)의 견해를 빗대어 말하는 것으로 보인다. Semler는 당대의 지도적 개신교 신학자로서, *Zur Revision der kirchlichen Hermeneutik und Dogmatik*(Halle 1788)의 서문에서 이성과 계시를 "두 지위요구자"라고 말한 바 있다.
82) 「요한복음」 7, 17: "누가 (하느님의) 뜻을 행하고자 한다면, 이 가르침이 하느님으로부터

328

간이 느끼지 않을 수 없는, 선한 행위와 품행에 있어서 올바름으로의 충동마저도 성서의 신성(神性)을 그에게 확인시킬 것이 틀림없다는 것은 부인할 수 없다. 왜냐하면 이러한 올바름으로의 충동은 다름 아니라 인간을 내면으로부터의 존경으로 충만하게 하며, 바로 그 때문에 또한 신의 지시명령으로 볼 만한 도덕법칙의 작용이기 때문이다. 그러나 법칙들의 인식이, VI114 그리고 이 법칙들이 도덕적이라는 것이 어떤 감정으로부터 추론되고 찾아내질 수 없듯이, 그와 마찬가지로, 아니 그보다도 더욱더, 하나의 감정으로부터 직접적인 신적 영향의 확실한 징표가 추론되고 찾아내질 수는 없다. 무릇 같은 결과에 대해서도 하나 이상의 원인이 있을 수 있기 때문이다. 그런데 이 경우에는 이성에 의해 인식된 법칙(과 가르침)의 순전한 도덕성이 그 같은 결과의 원인이며, 이러한 근원이 순전한 가능성의 경우에조차도, 온갖 광신에 대문을 열어놓지 않고, 명료한 도덕 감정마저 여타 다른 공상적인 감정과의 근친성 때문에 그 존엄함을 상실하지 않으려면, 이 근원을 도덕적으로 해석하는 것이 의무이다. ─감정은, 그것이 무엇으로부터, 또는 무엇에 따라서 나오는가 하는 법칙이 미리 알려져 있을 때도, 각자가 오직 독자적으로 갖는 것이며, 타인에게 강요할 수 있는 것이 아니다. 그러므로 감정은 계시의 순정성의 시금석으로 찬양할 수 있는 것이 못 된 B166 다. 왜냐하면 감정은 단적으로 아무런 것도 가르쳐주는 바가 없고, 단지 주관이 그의 쾌 또는 불쾌와 관련하여 어떻게 촉발되는가 하는 방식만을 함유하는 것으로서, 그 위에는 전혀 아무런 인식도 기초할 수 없는 것이기 때문이다. ─

∵

오는 것인지 혹은 내가 내 스스로 말하는 것인지가 그에게 명백해질 것입니다." 참조.

그러므로 성서 외에 교회신앙의 다른 규범은 없고, 순수한 **이성종교**와 (성서의 역사적인 것에 관한) **성서학식** 외에 교회신앙의 또 다른 해석가는 없는데, 이 중에서 전자[83]만이 **진정성/정격적**〔正格的〕[84]인 것으로서, 모든 세계에 타당하고, 반면에 후자는 단지 **교설적인** 것으로서, 교회신앙을 어떤 시기에 어떤 국민〔족속〕을 위해 안정적으로 유지되는 특정한 체제로 변환시키기 위한 것이다. 이 교회신앙에 관해서 말할 것 같으면, 역사적 신앙은 결국은 성서학자들과 그들의 통찰에 대한 순전한 신앙이 되지 않을 수 없다는 것이 변함없는 사실이다. 이것은 물론 인간의 자연본성에 대해 특별히 영예로운 일은 아니지만, 그럼에도 그것은 공적인 사고의 자유에 의해 다시금 개선되는 것이다. 그 때문에 이를 위해 사고의 자유는 그만큼 더 정당화되는 것이다. 왜냐하면 학자들은 그들의 해석을 만인의 검사에 내맡기고, 그러나 그와 동시에 스스로도 더 좋은 통찰을 위해 언제나 문을 열어놓고 수용할 자세를 갖춤으로써만, 그들의 결정에 대한 공동체의 신뢰를 기대할 수 있기 때문이다.

VII.
교회신앙이 순수 종교신앙의 단독지배로 점차 이행함은 신의 나라가 가까이 오는 것이다

참된 교회의 표지〔標識〕는 그것의 보편성이다. 그러나 이것의 징표는 다시금 그것의 필연성과 오직 한 가지 방식으로만 가능한 〔피〕규정성이

··

83) 곧 순수 이성종교.
84) 원어: authentisch.

330

다. 무릇 (경험으로서의 계시에 기초하고 있는) 역사적 신앙은 단지 국부적 타당성만을, 곧 이 신앙이 의거하고 있는 역사가 도달한 이들에게만 타당성을 갖는다. 그러한 것은 모든 경험인식과 마찬가지로 신앙의 대상이 그러하며 다른 **것일 수 없다**는 의식이 아니라, 단지 신앙의 대상이 그러하다는 의식을 함유할 따름이다. 그러니까 그것은 동시에 우연성의 의식을 함유하고 있다. 그러므로 그것은 교회신앙—이것은 여러 개가 있을 수 있다—이 될 수 있기는 하다. —그러나 오직, 전적으로 이성에 기초하고 있는 순수 종교신앙만이 필연적인 것으로, 그러니까 **참교회**를 표시하는 유일한 신앙으로 인정될 수 있다. 그러므로 (인간적 이성의 불가피한 제한성에 따라서) 역사적 신앙이 선도수단이 되어 순수한 종교를 촉발한다 할지라도, 역사적 신앙은 한낱 그러한 수단일 뿐이라는 것, 그리고 교회신앙으로서 이 역사신앙은 순수한 종교신앙에 끊임없이 접근해가서, 마침내는 저 선도수단 없이도 할 수 있다는 원리를 가진다는 것을 의식함과 함께, 그러한 교회는 언제나 **참교회**라고 일컬을 수 있다. 그러나 역사적인 신앙이론들에 관한 싸움은 결코 피할 수 없으므로, 단지 **싸움하는** 교회라고 불릴 것이다. 그럼에도 결국에는 불변적인, 모든 것을 통합하는, **승리하는** 교회[85]가 된다는 전망을 가지고서 말이다. 영원히 행복할 도덕적 감수성(존엄성)을 지니고 있는 각 개인의 신앙을 사람들은 **정복**〔淨福〕을 **주는/구원(하는)**[86] 신앙이라고 부른다. 그러므로 이 신앙은 또한 유일한 신앙이라 할 수 있으며, 교회신앙의 온갖 상이함에도 불구하고, 그 목표, 즉 순수한 종교신앙과 관련해서는, 실천적인 모든 교회신앙에서 마주칠 수 있

B168

∴

85) '싸움하는 교회(streitende Kirche)', '승리하는 교회(triumphierende Kirche)'라는 용어는 교의신학의 전래 용어 'ecclesia militans et triumphans'를 차용한 것으로 보인다.
86) 원어: seligmachend.

는 것이다. 그에 반해 제례적 종교신앙은 **노역**신앙이자 보수의 신앙(報酬, 奴役 信仰)으로서, 이것은 도덕적인 것이 아니기 때문에, 정복을 주는 신앙이라고 볼 수는 없다. 왜냐하면 이 정복을 주는 신앙은 자유로운, 순정한 심정의 마음씨에 기초한 신앙(自由人의 信仰)[87]이 아니면 안 되니 말이다. 전자는 (수고스럽기는 하지만) 그 자체로는 아무런 도덕적 가치도 갖지

VI116 않는, 그러니까 공포나 희망에 의해 강제된, 그리고 악한 인간도 거행할 수 있는, (祭儀의) 행위들을 통하여 신을 흡족하게 하려고 망상하는 것이다. 그 대신에 후자는 신을 흡족하게 하기 위해서는 도덕적으로 선한 마음씨가 필수적임을 전제한다.

정복을 주는 신앙은 정복(淨福)에 대한 희망의 두 가지 조건을 함유하

B169 고 있다. 하나의 조건은 그 자신이 행할 수 없는 것에 관한 것으로, 곧 일어난 그의 행위들을 법적으로는 (신적 심판관의 앞에서) 일어나지 않은 것으로 만드는 일이고, 다른 하나의 조건은 그 자신이 할 수 있고 해야만 하는 것에 관한 것으로, 곧 그의 의무에 맞는 새로운 삶을 영위하는 일이다. 첫째의 신앙은 속죄(자기의 죄과에 대한 보속, 구원, 신과의 화해)의 신앙이고, 둘째의 신앙은 앞으로 계속 해나가야 할 **선한**[88] 품행 중에서 신을 흡족하게 할 수 있다는 신앙이다. ―이 두 조건은 오직 하나의 신앙을 형성하는 것으로서, 필연적으로 서로 짝을 이루는 것이다. 그러나 이 결합의 필연성을 통찰할 수 있는 것은 다름 아니라, 하나의 조건이 다른 하나의 조건

••

87) 이 대목에서 등장하는 '報酬 信仰(fides mercenaria)', '奴役 信仰(fides servilis)', '自由人 信仰(fides ingenua)' 등의 용어는 종전 어떠한 교의학 문헌에서도 등장한 바 없으니, 칸트 자신이 만들어 사용한 용어로 보인다. J. Bohatec, *Die Relgionsphilosophie Kants in der "Religion innerhalb der Grenzen der bloßen Vernunft"*, Hamburg 1938, S. 440, 각주 116 참조.

88) B판 추가.

으로부터 도출된다고 상정할 때뿐이다. 그러므로 우리가 저지른 죄과의 사면이 선한 품행을 산출한다고 상정하거나, 또는 항상 해나가는 선한 품행의 진실하고 열성적인 마음씨가 도덕적으로 작용하는 원인들의 법칙에 따라서 사면받는다는 신앙을 산출한다고 상정할 때에만 저 결합의 필연성을 통찰할 수 있다.

여기서 이제 주목할 만한 인간 이성의 자기 자신과의 이율배반이 나타난다. 이 이율배반의 해결만이, 또는 만약 이 해결이 가능하지 않다면, 적어도 그 조정만이, 과연 역사적 (교회)신앙이 항상 정복을 주는 신앙의 본질적 부분으로서 순수한 종교신앙에 부가되어야 하는 것인가, 또는 과연 교회신앙은 순전한 선도수단으로서 결국은, 그 장래가 아무리 요원하다   B170
고 해도, 순수한 종교신앙으로 이행해갈 수 있는 것인가에 대하여 결정할 수 있다.

1. 인간의 죄에 대해서 속죄가 일어난다고 전제한다면, 죄지은 자는 누구나 그 속죄를 얼마나 기꺼이 자기와 관계시키고 싶어할 것이며, 그리고 만약 한낱 **신앙**이 관건이라면—신앙이란 그 속죄가 자기에게도 일어날 것을 의욕한다는 공언에 지나지 않는다—, 그것 때문에 그는 한순간도 걱정하지 않을 것임은 충분히 이해할 수 있는 바이다. 그러나 자기가 형벌받을 죄과가 있음을 알고 있는 어떤 이성적인 인간이 그가 다만 그를 위해 이루어질 속죄의 소식[89][복음]을 믿고, 이 속죄를 (법률가들이 말하듯이) 有效하다고 받아들이는 것만이 필요하다고 어떻게 진지하게 믿을 수 있으며, 그의 죄과가 말살된 것으로 보기 위하여, 그것도 (뿌리까지) 완전히 말

---

89) 원어: Botschaft. 여기서는 'die Frohe Botschaft', 곧 '복음(Evangelium)'을 지칭하는 것 이겠다.

살되어, 장래에 그가 지금까지 조금도 노고를 치른 바 없는 선한 품행이

VI117

이 신앙과 그에게 제공된 은혜의 수락으로부터 오는 불가피한 결과가 될 것이라는 것을 어떻게 진지하게 믿을 수 있는가는 전혀 알 수가 없는 일이다. 제아무리 자주 자기사랑이 그를 위해 사람들이 아무것도 하지 않고, 할 수도 없는 선에 대한 순전한 소망을, 마치 그 대상이, 순전한 동경을 통하여 유인함으로써, 저절로 생기는 것 같은, 희망으로 변환시키는 일이 있다 해도, 사려 깊은 인간은 누구도 이러한 신앙을 자신에서 실현하지는 못할 것이다. 사람들이 이렇게 생각할 수 있는 것은 오로지, 인간

B171

은 이러한 신앙 자체를 하늘에서 그에게 불어넣어진 것으로 보고, 그래서 그가 그에 관해서 그의 이성에게 더 이상 변명할 필요가 없는 어떤 것으로 볼 때뿐이다. 만약 그가 이런 것을 할 수 없거나, 아주 정직하여 그러한 신뢰를 한낱 아부의 수단으로 자기 안에서 조작할 수 없으면, 그는 그러한 초절적인 속죄에 대한 온갖 존경을 가짐에도, 그러한 속죄가 그에게도 열려 있기를 온통 소망함에도 불구하고, 그러한 속죄가 단지 조건적인 것이라고 볼 수밖에 다른 도리는 없을 것이다. 곧 그러한 보다 더 높은 공적이 그에게 주어질 수 있으리라는 희망을 갖기 위한 최소한의 근거라도 있기 위해서는, 그의 능력이 미치는 한의, 개선된 품행이 선행하지 않으면 안 된다고 볼 수밖에 다른 도리가 없을 것이다. ―그러므로 보다 높은 공적[90]에 대한 역사적 인식이 교회신앙에 속하고, 그러나 개선된 품행은 그 조건으로서 순수한 도덕신앙에 속한다면, **후자**[91]**는 전자**[92]**에 선행하지 않을 수 없는 것이다.**

∵

90) 곧 속죄.
91) 곧 개선된 품행 또는 도덕신앙.
92) 곧 높은 공적 또는 교회신앙.

334

2. 그러나 만약 인간이 자연본성상 타락해 있다 하면, 그가 제아무리 노력한다고 한들, 그 자신으로부터 하나의 새로운, 신에게 흡족한, 인간을 만들어낼 것을 믿을 수 있겠는가? 그가 지금까지 그 자신에게 잘못이 있는 범행들을 자각하고 있으되, 여전히 악한 원리의 힘 아래에 놓여 있고, 장래에 그것을 개선할 아무런 충분한 능력을 자기 안에서 만나지 못한다면 말이다. 만약 그가 그 자신이 자기에 대하여 제기했던 정의가 타자의 속죄에 의하여 화해될 수 없다고 본다면, 또 그 자신이 이러한 신앙을 통 B172 해 말하자면 새롭게 태어나는 것으로 볼 수 없다면, 그래서 그와 통합된 선한 원리의 결과일 터인 새로운 품행에 들어설 수 없다면, **그는 신에게 흡족한 인간이 된다는 그의 희망을 무엇에 기초 지으려 할 것인가?**[93] ——그러므로 그 자신의 것이 아니라 그것을 통해 그가 신과 화해하게 되는 공적에 대한 신앙이 선한 일들에 대한 모든 노력에 선행하지 않으면 안 된다. 그런데 이것은 앞의 명제[94]와 상충한다. 그러므로 이 싸움은 인간 존재자의 자유의 인과규정에 대한, 다시 말해 인간을 선하게 또는 악하게 만드는 원인들의 인과규정에 대한 통찰을 통해 이론적으로 조정될 수가 없다. 왜냐하면 이 물음은 우리 이성의 전체 사변능력을 넘어서는 것이기 때문이다. VI118 그러나 실천적인 일에 있어서는, 곧 우리의 자유의사의 사용에 있어서 물리적으로가 아니라, 도덕적으로 제일의 것이 무엇인가가, 곧 우리가 무엇에서부터 시작해야만 하는가가, 신이 우리를 위해 행한 것에 대한 신앙으로부터 시작해야만 하는가, 아니면 (그것이 무엇이든지 간에) 그럴 만한 품격

••

93) B판 추가. 그러므로 A판에 따라 읽으면 이 추가 문장 앞에서 "…… 새로운 품행에 들어설 수 없다면 **말이다.**"로 읽어야 한다.

94) 곧 앞의 1항의 맨 끝 줄에서 말한 명제: "개선된 품행〔도덕신앙〕은 높은 공적〔교회신앙〕에 선행하지 않을 수 없는 것이다."

〔자격〕을 **갖추기 위해**[95] 우리가 행해야만 할 것으로부터 시작해야만 하는가를 물을 때에는, 후자를 선택하는 데 주저할 바가 없다.

무릇 정복〔淨福〕을 얻는 데 첫 번째의 필수 사항, 곧 대리적인 속죄에 대한 신앙을 상정하는 것은 기껏해야 한낱 이론적 개념을 위해서만 필요할 뿐이다. 우리는 정죄〔淨罪〕를 다른 방식으로는 **이해할 수**가 없으니 말이다. 그에 반해 두 번째 원리의 필연성은 실천적이고, 그것도 순수하게 도덕적이다. 우리가 타자의 속죄적인 공적을 자기 것으로 만들어 정복〔淨福〕에 참여하게 되기를 희망할 수 있는 것은 확실히, 우리가 모든 인간적 의무를 준수하려는 우리의 노력을 통해 그를 위한 자격을 갖출 때뿐이며, 이러한 의무의 준수는 우리 자신의 노고의 결과이어야만 하고, 다시금 우리가 거기서 수동적이기만 한 타자의 영향이어서는 안 된다. 왜냐하면 인간적 의무를 준수하라는 지시명령은 무조건적인 것이므로, 인간이 그것을 준칙으로서 그의 신앙의 근저에 놓는다는 것, 곧 인간이 그 아래에서만 정복을 주는 신앙이 생길 수 있는 최상의 조건인 생활의 개선에서 출발해야 한다는 것 또한 필연적인 것이기 때문이다.

교회신앙은 역사적인 신앙으로서 당연히 첫 번째의 원리로부터 시작한다. 그러나 교회신앙은 단지 순수한 종교신앙을 위한 운반체를 함유하는 것—여기에 그것의 본래적인 목적이 있는바—이므로, 실천적 신앙으로서의 이 종교신앙에서 조건이 되는 것, 곧 **행함**의 준칙이 시작〔점〕을 이루지 않으면 안 되고, **앎**〔지식〕 또는 이론적 신앙의 준칙은 단지 행함의 준칙을 확고히 하고 완성을 이룩해야 하는 것이다.

여기서 또한 주목할 수 있는 바는, 첫 번째 원리에 따르면 신앙은 (곧 대

B173

••
95) A판에 따름. B판에 따라 읽으면 "갖추고서."

336

리적인 속죄에 대한 신앙은) 인간에게 의무로 간주될 것이며, 그에 반해 선 B174
한 품행의 신앙은, 보다 높은 영향에 의한 작용결과로서, 인간에게 은총
으로서 간주되겠다는 점이다. 그러나 두 번째 원리에 따르면 그것이 거꾸
로이다. 왜냐하면 이 원리에 따르면 **선한 품행**은 은총의 최상의 조건으로
서 무조건적인 **의무**이고, 그에 반해 보다 높은 속죄는 순전한 **은총의 사
안**이기 때문이다. ─ 첫 번째 원리에 대해서 사람들은 (흔히 부당한 것만은
아닌바) 그것은 벌받아야 할 품행을 종교와 통합시킬 줄 아는 제례적인 **미
신**이라고 비난하고, 두 번째 원리에 대해서는 보통의 아마도 충분히 본보 VI119
기적인 품행에다가 모든 계시에 대한 무관심 내지 심지어는 반항을 결합
시키는 **자연주의적 불신앙**이라고 비난한다. ─그러나 이것은 곤란한 매
듭을 (이론적으로) 풀어내는 대신에 (실천적 준칙에 의해) 잘라버리는 것이겠
는데, 이런 일은 물론 종교문제들에서는 허용되어 있는 것이다. ─그러나
전자[96]의 무리한 요구를 충족시키는 데는 다음과 같은 사실이 도움이 될
수 있다. 신에게 흡족한 인간성의 원형(즉 신의 아들) **그 자체**에 대한 살아
있는 신앙은 하나의 도덕적 이성이념과 관계되어 있는바, 이 이념이 우리
에게 단지 먹줄[표준]로뿐 아니라, 동기로도 쓰이는 한에서 그러한 것이
다. 그러므로 내가 **합리적**인 신앙으로서 이 살아 있는 신앙으로부터 시작
하거나 선한 품행의 원리로부터 시작하거나 그것은 한가지이다. 그에 반
해서 **현상에서의** 똑같은 원형(즉 신인[神人][97])에 대한 신앙은 **경험적** (역
사적) 신앙으로서 선한 품행의 원리─이것은 전적으로 합리적이지 않으 B175

..

96) 원문은 "후자"이나, 우리말 번역에서 어순이 바뀌었다. 곧 난제를 이론적으로 해결하는
일.
97) 원어: Gottmensch. 성서적 전거에 의한 낱말은 아니지만, 이에 상응하는 말 'theánthropos'는
이미 오래 전부터 쓰였다.

면 안 된다―와 한가지가 아니다. 그러한 신앙※+으로부터 시작하여, 그
로부터 선한 품행을 도출하려고 하는 것은 전혀 다른 것이겠다. 그러므로
그러한 한에서 위의 두 명제들 사이에는 상충이 있겠다. 그러나 신인의
현상에서는 그에 대해 감각되는 것, 또는 경험을 통해 인식될 수 있는 것
이 없고, 오히려 우리가 그 신인의 근거에 놓는, 우리의 이성에 놓여 있는
원형이―왜냐하면 신인의 실례에서 지각될 수 있는 한에서, 신인은 그 원
형에 맞게 보이므로―본래 정복을 주는 신앙의 대상이며, 그러한 신앙은
신에게 흡족한 품행의 원리와 한가지인 것이다.―그러므로 여기에 그 자
체로 서로 다른 두 원리가 있어, 그중 하나로부터 시작하는 것과 또 다른
하나로부터 시작하는 것이 대립되는 길을 걷는 것이 아니라, 오히려 동일
한 하나의 실천적 이념이 있을 뿐이다. 우리는 이 이념에서 출발하는데,
어떤 경우에는 이 이념이 원형을 신 안에 있는, 그래서 그로부터 출발하
는 것으로 표상하는 한에서 그러하고, 또 다른 경우에는 이 이념이 원형
을 우리 안에 있는 것으로 표상하는 한에서 그러하다. 그러나 두 경우 다
이 이념이 원형을 우리 품행의 표준으로 표상하는 한에서 그러한 것이다.
그러므로 이율배반이란 그런 듯이 보일 따름이다. 왜냐하면 이 이율배반
이라는 것은 단지 서로 다른 관계에서 취한, 바로 동일한 실천적 이념을
B176 오해로 인해 서로 다른 두 원리로 보는 것이기 때문이다. 그러나 만약 사
람들이 일찍이 세계에 나타났던 그러한 현상의 현실성에 대한 역사적 신
앙을 유일하게 정복을 주는 신앙의 조건으로 삼고자 한다면, 물론 전혀
VI120 서로 다른 두 원리가―하나는 경험적이고, 다른 하나는 이성적인―있게

※ + 이러한 신앙은 그러한 인격의 실존을 역사적 증거들에 기초하지 않으면 안 된
   다.

되겠고, 사람들이 그중 어느 것에서 출발하고 시작하지 않으면 안 되는가에 관해서는 준칙들의 진짜 상충이 등장할 터인데, 이것은 어떠한 이성에 의해서도 조정될 수 있는 것이 아니다. ─우리 자신이 선한 품행에서도 저러한 신앙의 힘으로써만 정복을 얻을 수 있다는 것을 희망하기 위해서는, 사람들이 그의 신성함과 공적에 의해 그 자신을 위해서─그의 의무에 관하여─뿐만 아니라, 다른 모든 인간(과 그들의 의무에 관한 결여)을 위하여 속죄를 했던 인간이 일찍이 있었다는 것을 믿지 않으면 안 된다는 명제, 이 명제는 다음과 같은 명제와는 전혀 다른 어떤 것을 말하는 것이다. 즉 [앞의 명제는] (이미 이성을 통하여 우리에게 보증된) 인류[인간성]에 대한 신의 사랑은 인류가 모든 능력을 기울여 신의 의지에 따르려고 노력한다면, 그 성실한 마음씨를 고려하여 행실의 결여를 어떤 방식으로든지 보완하여줄 것이라는 것을 믿을 수 있기 위해서는, 모든 힘을 다하여 신에게 흡족한 품행의 신성한 마음씨를 갖도록 노력하지 않으면 안 된다는 명제와는 전혀 다른 어떤 것을 말하는 것이다. ─그러나 첫 번째 것은 모든 (**또한 배움이 없는**)[98] 사람의 능력 안에 있지 않은 것이다. 역사는 모든 종교형식 안에 이 두 신앙원리들의 싸움이 있어왔음을 증명하고 있다. 왜 B177 냐하면 모든 종교는 그것을 무엇에 두든지 간에 죄 갚음[속죄]을 가지고 있었기 때문이다. 그런데 모든 인간 각자 안의 도덕적 소질 또한 그 요구들을 듣게 하는 데 부족함이 없었다. 그럼에도 모든 시대에서 사제들은 도덕가들보다도 더 많이 탄식하였으니, 그들은 곧 국민을 하늘과 화해시키고 국가의 재액을 방지하기 위해 마련된 제례를 소홀히 하는 것에 관해서 큰 소리로 (그리고 그 난행[99]을 제어해줄 것을 당국들에[100] 촉구하면서) 탄

∴∴

98) B판 추가.

식하였다. 그에 **반해**[101] 도덕가들은 윤리의 퇴락[102]에 대해 탄식하였고, 그들은 이 퇴락을 저 정죄[淨罪] 수단, 즉 사제들이 모든 이에게 가장 무서운 패악에 대해서도 신성[神性]과의 화해를 쉽게 하도록 사용한 정죄 수단 탓으로 여겼다. 사실, 이미 지고 있는 또는 앞으로 지게 될 부채를 변제[辨濟]할 수 있는 고갈될 것 없는 기금이 이미 눈앞에 있어서, 그 빚에서 벗어나기 위해서 사람들은 단지 손만 내밀면 족하고, (양심이 행하는 모든 요구주장에 대해서도 의심할 여지없이 최우선적으로 충당된다면,) 그 반면에 선한 품행의 기도[企圖]가, 사람들이 저 변제로 인해 비로소 순수해질 때까지, 미뤄질 수 있다면, 사람들은 그러한 신앙의 다른 결과들을 쉽게 생각할 수가 없을 것이다. ─그러나 만약 이 신앙이 특수한 힘과 그러한 신비스러운 (또는 마술적인) 영향력을 가지고 있어서, 비록 그 신앙이 우리가 아는 한에서는, 한낱 역사적인 것으로 간주되어야만 하는 것일지라도, 사람들이 그 신앙에 그리고 그와 결합된 감정에 몰두할 때, 그의 전체 인간을 근본에서부터 개선할 (즉 그로부터 새로운 인간을 만들어낼) 수 있는 것으로 생각할 수 있다면, 이 신앙 자체가 하늘로부터 직접적으로 (역사적 신앙과 함께 그리고 그 아래서) 분여된 것이고 불어넣어진 것이라고 여겨져야 할 것이다. 그렇게 되면 모든 것이 인간의 도덕적 성질조차도 포함해서 결국은 신의 무

VI121

B178

∵

99) 「종교칙령」 §7: "짐은 이러한 난행이 이제 아국에서 단적으로 더욱더 제어되기를 바라마지 않는다." 참조. 칸트는 이 '난행(Unwesen)'이라는 말이 매우 거슬렸던 같다. Friedrich Wilhelm II. 사후 종교탄압의 주도자 Woeller가 해임되었을 때 칸트는 같은 말을 써서 이를 풍자하고 있다. "이러한 난행이 이제는 제어되었다."(*SF*, AXXV=VII10)

100) A판: "당국들의."

101) B판 추가.

102) 이것은 아마도 「종교칙령」의 표지글 "기독교 신앙의 기본진리들의 날조와 이로부터 발생한 윤리의 고삐 풀림"을 염두에 두고 말하는 것으로 보인다.

조건적인 결의[決意]에 귀착될 것이다. 즉 "신은 그가 그렇게 하고 싶은 자는 불쌍히 대하고, 그가 그렇게 하고 싶은 자는 **완고하게 대한다**."[103]※ 이것을 문자 그대로 받아들이면 인간 이성의 죽음의 飛躍[105]이다.

그러므로 종교가 결국 모든 경험적 규정근거들로부터, 즉 역사에 의거   B179

※ 이것은 능히 다음과 같이 해석될 수 있겠다. 즉 어떤 인간도, 무엇으로 인해 이 자는 선한 인간이, 저 자는 악한 인간이 (양자가 비교적으로) 되는지를 확실하게 말할 수는 없다는 것이다. 왜냐하면 흔히 이러한 차이에 대한 소질은 이미 탄생에서 만나는 것 같이도 보이고, 때로는 그 누구도 어쩔 수 없는 생의 우연성들이 이를 결정하는 것으로도 보이니 말이다. 한 인간에서 무엇이 될 수 있는가도 마찬가지로 그러하다. 그러므로 우리는 이 문제에 관해서는 모든 것을 보는 이에게 그 판단을 맡기지 않을 수 없다. 그것이 여기서는 마치, 그들이 태어나기 전에, 그들에 대한 그의 결의가 표명되어, 그들 각자가 연출해야 할 역할이 미리 지시된 것처럼 표현되고 있다. 현상들의 질서에 있어서 **예견**은 세계창시자에게는, 만약 그가 여기서 **의인적으로**[104] 생각된다면, 동시에 **예정**이다. 그러나 자유법칙들에 따르는 사물들의 초자연적 질서에서는, 시간이 탈락하는 것이니만큼, 단지 **모든 것을 보는 앎**[知]이 있을 따름으로, 이것은 왜 한 인간은 그렇게, 또 다른 인간은 그에 반대되는 원칙들에 따라서 실행하는지를 설명할 수 없으며, 또한 동시에 의지   B179
의 자유와 통합할 수도 없다.

⁝

103) 「로마서」 9, 18: "그러므로 그분은 (당신이) 원하시는 이는 누구나 불쌍히 여기시고 당신이 원하시는 이는 누구나 완고하게 하십니다." 참조.

104) 원어: anthropopathisch. A판: "**의인관**[신인동형론]**적으로**(anthropomorphistisch)." 『학부들의 싸움』에서도 "menschlicherweise(anthropopathos)"라는 표현이 사용되고 있다.(*SF*, A54=VII41)

105) 원어: salto mortale. Jacobi는 이성에 머무는 한 결정론은 피할 수 없는 귀결이라면서, 신앙의 자유를 얻기 위해서는 목숨을 건 비약이 필요하다고 역설했는데(F. H. Jacobi, *Über die Lehre des Spinoza in Briefen an Herrn Moses Mendelssohn*, Bleslau 1785, S. 32 이하 참조), 이에 대해 칸트는 오히려 이성을 떠난 신앙이 인간 운명의 결정론에 귀착한다고 반론을 펴고 있다.

하여, 교회신앙을 매개로 잠정적으로 인간들을 선의 촉진을 위하여 통합하는 모든 법규들로부터 점차로 해방되고, 그렇게 해서 마침내는 순수한 이성종교가 "신이 모든 것 안에서 모든 것이 되도록 하기 위해서"[106] 모든 것을 지배한다는 것은 우리 안에 있는 물리적 소질이자 동시에 도덕적 소질의 필연적 결과이고, 이 도덕적 소질은 모든 종교의 토대이자 동시에 해석자이다. ─태아가 당초에 그 안에서 인간으로 형성되었던 아기보〔皮膜〕는 그가 이제 햇빛에 나서야 할 때는 벗겨지지 않으면 안 된다. 법규와 계율들을 부속물로 가지는 거룩한 전승의 걸음마 줄은 한때는 좋은 기여를 했으나, 점점 더 소용이 없어지고, 그가 소년기에 들어서면 결국은 속박이 된다. 그(인류)는 "어린아이였을 때는 어린아이처럼 영리했고", 그가

VI122 관여한 일 없이 그에게 부과된 종규〔宗規〕들에다가 학식을, 더욱이 교회에 봉사하는 철학을 결합시킬 줄을 알았다. "그러나 이제 어른이 되어, 그는 어린아이 짓을 그만둔다."[107] **평신도**와 **성직자** 사이의 굴종적인 차별

B180 은 사라지고, 참된 자유로부터, 그럼에도 무정부상태가 아닌, 평등이 생겨난다. 왜냐하면 각자는 그 자신이 스스로 지시규정한 (비제정법적인) 법칙에 순종하기는 하지만, 그러나 각자는 이 법칙을 이성을 통해 그에게 계시된 세계지배자의 의지로, 즉 보이지 않는 방식으로 만인을 하나의 국가 안에서 하나의 공동의 정부 아래에서 결합하는 세계지배자의 의지로 보지 않을 수 없기 때문이다. 그런데 이 국가가 가시적인 교회를 통해서 먼저는 빈약하게 표상되고 준비되었던 것이다. ─이 모든 것은 난폭하고

••

106) 「코린트 제1서」 15, 28: "그리하여 하느님께서는 모든 것 안에서 모든 것이 될 것입니다." 참조.

107) 「코린트 제1서」 13, 11: "내가 어렸을 때에는 어린아이처럼 말하고 어린아이처럼 생각하고 어린아이처럼 따졌습니다. 어른이 되자 나는 어린아이 짓을 그만두었습니다." 참조.

폭력적이면서 운 좋은 상황에 매우 의존적인 결과를 일으키는 **외적**[108] 혁명에 대해서는 기대할 수 없는 것이다. 혁명 중에 새로운 기본체제를 건설할 적에 일단 정해진 것은 유감스럽게도 수세기를 거쳐 남아 있게 된다. 왜냐하면 그것은 더 이상, 적어도 다름 아니라, 또 하나의 새로운 (항상 위험한) 혁명에 의하지 않고서는 변경되지 않기 때문이다. ─모든 사람들에게서 끊이지 않고 **일어난**[109] 신의 (경험적이지는 않은) 계시로서의 순수한 이성종교의 원리 안에 사물들의 저 새로운 질서로 넘어가는 기초가 놓여 있지 않으면 안 된다. 저 넘어감은 일단 순수한 성찰에서 파악이 되면, 인간의 사업이라 할 수 있는 점차적으로 전진하는 개혁을 통하여 실행되는 것이다. 왜냐하면 이러한 전진을 단축시킬 수 있는 혁명들에 관해서 말하자면, 그것들은 섭리에 맡겨져 있는 것이며, 계획적으로, 자유를 훼손하지 않고서, 도입될 수는 없는 것이기 때문이다.

그러나 만약 오로지 교회신앙으로부터 보편적 이성종교로, 그리하여 지상의 (신의) 윤리적 국가로의 점차적 이행의 원리가 보편적으로 그리고 어디서나 **공적으로** 뿌리를 내렸다면, 비록 그러한 국가의 현실적인 건립이 아직 우리와는 무한히 멀리 떨어져 있다 하더라도, 사람들이 "신의 나라가 우리에게 왔다."[110]고 말할 수 있는 근거가 있는 것이다. 왜냐하면 이 원리는 이러한 완전함으로의 연속적인 접근의 근거를 함유하고 있어서, 이 원리 안에는 스스로 발전하여 결과에서 다시금 씨를 맺는 싹처럼 (눈에 보이지 않게) 세상을 밝히고 지배할 전체가 놓여 있기 때문이다. 그러

B181

· ·
·

108) B판 추가.
109) A판: "**일어나는.**"
110) 「마태오복음」 12, 28: "내가 하느님의 영으로 악령들을 쫓아내고 있으니 실로 하느님의 나라는 여러분에게 왔습니다." 참조.

나 진리와 선은 그에 대한 통찰과 동감의 근거가 인간 각자의 자연소질

안에 있어서, 만약 일단 공적으로 되면, 이성적 존재자들 일반의 도덕적

VI123 소질과의 자연적 근친성의 힘으로, 자신을 철저히 전달하는 데에 부족함

이 없는 것이다. 그 확산 전파가 때때로 부딪치게 되는 정치적 시민적 원

인들로 인한 장애들[111]은 오히려 선—그것이 일단 그들의 눈에 띈 다음에

는 결코 그들의 생각에서 떠나지 않는 것인—으로의 마음들의 통합을 그

만큼 더 긴밀하게 만드는 데에 도움을 준다.※

B182 ※ 사람들이 교회신앙을 그만두겠다고 통보하거나 공격하지 않고서도 교회신앙에는
   운반체로서의 그 유익한 영향력이 보존될 수 있고, 그럼에도 제례적 의무라는 망
   상으로서의 교회신앙에서 본래적 (곧 도덕적) 종교에 미치는 모든 영향이 제거될
   수 있다. 그렇게 해서 제정법적 신앙들의 종류가 서로 다름에도 불구하고 유일한
   이성종교의 원칙들을 통하여 신앙인들 상호 간의 화합이 이룩될 수 있고, 이 방향
   으로 교사들은 저 모든 종규[宗規]와 계율들을 해석해야만 한다. 마침내 사람들
   은 시간이 흐름에 따라 널리 유포된 참된 계몽(즉 **도덕적**[112] 자유로부터 생겨나온
   법칙성)의 힘으로 각자의 찬동 아래 굴종적인 **강제수단**[113]의 형식을 도덕적 종교
   의 품위에 알맞은 교회의 형식, 곧 자유로운 신앙의 형식으로 바꾸어나갈 수가 있
   다. —신앙의 사안에 있어서 자유와 교회의 신앙통일은 그 해결을 위해 이성종교
   의 객관적 통일의 이념이 우리가 그에서 취하는 도덕적 관심을 통해 연속적으로
   추구해야 하는 문제이다. 그러나 가시적인 교회 안에서 이를 성취하는 것은, 우리
   가 이와 관련해서 인간의 자연본성을 조회해보면, 거의 희망이 없다. 그것은 이성
   의 하나의 이념이어서, 그것을 그에 알맞은 직관에서 현시하는 것이 우리에게는
   불가능하다. 그러나 그럼에도 불구하고 이 이념은 실천적 규제적 원리로서는 객
   관적 실재성을 가지며, 순수한 이성종교의 통일이라는 이 목적에는 영향력을 미
   친다. 그것은, 국법이 동시에 보편적이면서도 **권력이 있는** 국제법과 관계를 맺어

: :

111) AA에 따름. A · B판: "장애."
112) B판 추가.
113) A판: "강제신앙."

☆　☆　☆

　　그러므로 덕의 법칙들에 따르는 공동체로서의 인류 안에 하나의 권력 B182 VI124
을 세우고, 악에 대한 승리를 주장하며 그의 세계 지배 아래 영원한 평화 B183
를 보장하는 나라를 세우는 것은 인간의 눈에 띄지는 않으나 부단히 전진
하는 선한 원리의 작업이다.

　　야 하는 한에서의, 국법의 정치적 이념이 그러한 것과 마찬가지이다. 경험은 우리
에게 이에 대해서는 모든 희망을 버리라고 말한다. 인류에게는, 모든 개별 국가 B183
가, 그 소망대로 일이 이루어진다면, 다른 모든 국가들을 복속시켜 하나의 보편
왕국을 세우려고 애쓰는 성벽이 (아마도 의도적으로) 놓여 있는 것처럼 보인다.
그러나 이 보편 왕국이 일정한 크기에 이르렀을 때는 저절로 작은 국가들로 분열
한다. 그와 같이 각각의 교회는 하나의 보편적 교회가 되려는 의기양양한 요구 주
장을 갖는다. 그러나 그 교회가 어느 정도 확장되고 지배적이 되면, 이내 여러 종
파로의 해체 분리의 원리가 나타난다.

　　**너무 이른 그리고 그 때문에 (인간이 도덕적으로 개선되기도 전에 다가와서) 해
로운 국가들의 융합은—이 점에서 섭리의 의도를 상정하는 것이 우리에게 허용된
다면—특히 강력하게 작용하는 두 원인, 곧 언어의 상이성과 종교의 상이성**[114]**에
의해 저지될 것이다.**[115]

- -

114) 칸트는 『영원한 평화』(1795)에서도 같은 취지의 주장을 하고 있다. "모든 국가(또는 그
　　수령)가 갈망하는 바는 이런 식으로, 자신이 가능한 한 전 세계를 지배하는, 지속적인 평
　　화상태로 이행해가는 것이다. 그러나 자연은 이와는 다르게 의욕한다. 자연은 언어와 종
　　교의 상이성이라는 두 수단을 이용하여 민족들이 서로 섞이는 것을 막고, 그들을 분리시
　　킨다. 언어와 종교의 상이성은 서로 상대방을 증오하는 성벽과 전쟁의 구실을 동반하기도
　　하지만, 그럼에도 문화가 성장해가고 인간이 원리에 있어서의 보다 큰 일치로 점진적으로
　　접근해감으로써 평화에 대한 동의를 이끌어간다. 이 평화는 (자유의 묘지에서의) 저 전제
　　에서처럼, 모든 힘들의 약화에 의한 것이 아니라, 모든 힘들의 활기찬 경쟁 속에서의 균형
　　에 의해 만들어내지고 보장되는 것이다."(*ZeF*: VIII, 367) 참조.
115) "**너무 이른 …… 저지될 것이다.**"라는 대목은 B판 추가.

제2부

지상에 선한 원리의 지배를 점차 건설함에 대한 **역사적 표상**

B184 지상에서의 종교—이 말의 가장 좁은 의미에서—에 대해서는 인류의 어떠한 **보편역사**도 요구할 수가 없다. 왜냐하면 종교는 순수한 도덕신앙에 기초하고 있는 것으로서 공공적 상태가 아니며, 각자는 자기가 그 안에서 이룩한 진보를 자기 자신에서만 의식할 수 있기 때문이다. 그래서 사람들이 보편적인 역사적 서술을 기대할 수 있는 것은 교회신앙에 대해서뿐이다. 무릇 교회신앙은 그 상이하고 변화하는 형식에 따라서 유일하고 불변적인 순수 종교신앙과 비견되는 것이다. 교회신앙이 종교신앙의 제약 조건들에 대한 그리고 종교신앙과의 필연적 합치에 대한 그 의존성을 인정하는 그 지점에서 **보편적 교회**는 그 자신을 신의 윤리적 국가로 구축하고, 모든 인간과 시대에 있어서 동일한, 확고한 원리에 따라서 이 국가의 완성을 향하여 전진하기 시작한다. —사람들은 이 역사가 다름 아니라 제례적〔신에게 봉사하는〕 종교신앙과 도덕적 종교신앙 사이의 끊임없는 투쟁의 이야기일 것임을 예견할 수 있다. 인간은 역사신앙으로서의 제례적 종교신앙을 끊임없이 위에 놓으려는 경향이 있으나, 그럼에도 도덕적 종교신앙은 그 자신만이 영혼을 개선하는 신앙이라는 우월성에 대한 주장을 결코 포기하지 않고, 결국에는 그 우월성을 확실하게 주장할 것임을 예견할 수 있는 것이다.

그러나 이 역사가 통일성을 가질 수 있는 것은, 그 역사가 순전히, 보편
B185 적 교회의 통일을 위한 소질이 이제 그 발전에 이미 접근해 있는, 인류의 그 부분에 제한될 때뿐이다. 이 소질을 통하여 적어도 이성신앙과 역사신앙의 구별에 관한 물음이 이미 공적으로 제기되고, 그에 대한 결정이 위

346

대한 도덕적 관심사로 되어 있는 때 말이다. 무릇 그렇지 않으면 그들의 VI125
신앙이 서로 어떠한 관련도 없는 여러 민족들의 역사는[116] 어떠한 교회의
통일성도 제공하지 못하기 때문이다. 그러나 동일한 민족 안에서 이전에
지배적이었던 신앙과 현저하게 구별되는 어떤 새로운 신앙이 한때 생겨
났다는 사실은 이러한 통일성으로 간주될 수 없다. 설령 이전의 지배적인
신앙이 새로운 신앙 발생을 **야기하는** 원인들을 지니고 있었다 할지라도
말이다. 왜냐하면 서로 다른 신앙이 잇따라 나옴을 동일한 교회의 변양들
로 간주하려면, 원리의 통일성이 있지 않으면 안 되기 때문이다. 그런데
이제 우리가 다루려는 것은 실로 동일한 교회의 역사이다.

그러므로 우리는 이러한 의도에서 그 최초의 싹에서부터 참된 **보편적**
종교신앙의 객관적 통일성의 원리들을 지니고 있으면서 그에 점차로 접
근해가는 그런 교회의 역사만을 논할 수 있다. 그런데 여기서 우선 드러
나는 바는, 유대적 신앙은 그 역사를 우리가 고찰하고자 하는 이러한 교
회신앙과는 전혀 아무런 본질적 관련이 없다는 것, 다시 말해 개념상의 B186
어떠한 통일성도 없다는 것이다. 비록 저 유대적 신앙이 직접적으로 선행
한 것이고, 이 (기독교적) 교회 건설을 위한 물리적 계기를 제공하기는 했
지만 말이다.

유대적 신앙은 그 근원적 조직제도의 면에서 볼 때 국가의 기본체제가
그 위에 기초해 있었던, 순전히 제정법적 법칙들의 총체이다. 무릇 어떤
도덕적 부가물들이 그 당시에 이미 또는 뒤따라서 이 신앙에 **덧붙여**졌든
지 간에 그것들은 단적으로 유대교 자체에 속하는 것은 아니니 말이다.
유대교는 본래 전혀 종교가 아니고, 한낱 다수의 사람들의 통합체로서,

116) AA: "여러 민족들의 종규〔宗規〕들의 역사는."

그들은 특수한 종족에 속하기 때문에 순전히 정치적 법칙[법률]들 아래서 하나의 공동체를 형성한 것이고, 그러니까 하나의 교회를 형성한 것이 아니었다. 유대교는 오히려 하나의 한낱 세속적인 국가**였던 것**이고, 그래서 그것이 불운한 우연적 사건들에 의해 파열되었을 때, 그 국가에는 여전히 (본질적으로는 그 국가에 속하는), 그 국가가 (메시아의 도래 시에) 다시 한 번 부흥할 것이라는 정치적 신앙이 남게 된다. 이 국가의 기본체제가 신정정치를 (가시적으로는 사제들의, 또는 직접 신으로부터 지시를[117] 하달받았다고 자처하는 지도자들의 귀족정치를) 토대로 갖는다는 것은, 그러니까 양심에 관해서는 그리고 양심에서는 전혀 아무런 **요구주장**[118]도 하지 않는, 여기서 한낱 세속적 통치자로서 숭배되는 신의 이름은 그 신정정치를 종교의 기본체제로 만들지는 못한다. 유대교가 종교의 기본체제를 가지고 있지 않았다는 증거는 명백하다. **첫째로** 모든 계명은 한낱 외적 행위들에 관계되기 때문에, 정치적 기본체제도 그것을 중시하고, 그것을 강제법으로 부과할 수 있는 그런 종류의 것이다. 십계명이 공적으로 제시되지 않고서도 이미 이성에 앞서 윤리적 지시명령으로 타당한 것이라 해도, 그것들은 저 법칙수립에 있어서 그것들을 따름에서 **도덕적 마음씨**에 대한 요구—나중에 기독교는 이 점에 중점을 둔다—와 함께 주어진 것이 전혀 아니라, 단적으로 단지 외적 준수에만 관심을 기울였다. **둘째로**, 이 계명들의 이행과 위반에 따르는 모든 결과들, 즉 모든 상급과 징벌은 이 세상 안에서 누구에게나 나누어줄 수 있는 것에 국한되어 있고, 이것조차도 결코 윤리적 개념들에 따르는 것이 아니다. 양자[119]는 저 행위나 비위에 아무런 실천상

··

117) A판: "지시들을."
118) A판: "발언."
119) 곧 상급과 징벌.

의 몫도 갖지 않는 후손들에게까지도 미친다고 한다. 이런 일은 물론 정치적 기본체제에 있어서 사람들을 공순하게 하는 데는 영리한 수단일 수는 있으나, 윤리적 기본체제에 있어서는 공정성에 반하는 것이겠다. 무릇 내세에 대한 신앙이 없이는 종교란 전혀 생각될 수 없으므로, 유대교 그 자체는 그 순수한 형태에서 볼 때 전혀 종교신앙을 함유하고 있지 않다. 이 점은 다음과 같은 주의점에 의해 더욱 뚜렷해진다. 곧 거의 의심할 것이 없는바, 유대인들은 다른 민족들, 더욱이 가장 미개한 민족들과 마찬가지로 내세에 대한 신앙을, 그러니까 그들의 천국과 지옥을 갖지 [120]않았다. 왜냐하면 이러한 신앙은 인간 자연본성 안에 있는 보편적인 도덕적 소질의 힘으로 저절로 각자에게 솟아나기 때문이다. 그러므로 이 민족의 법칙수립자가, 비록 신 자신으로 표상되기는 하지만, 그럼에도 내세에 대한 최소한의 고려도 **하려 하지** 않았다는 것—이것은, 그가 단지 정치적 공동체를 건설하고자 한 것이지, 윤리적 공동체를 건설하고자 한 것이 아님을 가리키는 것이다—은 확실히 **의도적으로** 일어난 일이었다. 정치적 공동체 안에서 이생에서 보일 수도 없는 상급과 형벌에 대해 이야기한다는 것은 저러한 전제 아래서는 전혀 일관성도 없고 부적절한 방법절차였을 것이다. 그런데 유대인들이 뒤이어, 각자 자신을 위해, 그들의 제정법적 신앙의 조항들과 뒤섞인 모종의 종교신앙을 이룩했을 것이라는 것 또한 의심할 것이 없다. 그럼에도 불구하고 저러한 종교신앙이 유대교의 법칙수립에 속하는 요소를 형성하지는 않았다. **셋째로,** 유대교는 **보편적 교회**의 상태에 합당한 시대를, 또는 그 시대에 이러한 보편적 교회를 스스로 형성하는 데 형편없이 실패하였고, 오히려 특별히 야훼에 의해 독자적

B188

VI127

••
120) A판: "않지 않았다."

으로 선택된 민족 외에는 전체 인류를 그 공동체에서 배척하였다. 이 선택된 민족은 다른 모든 민족들을 적대시하고, 그 대가로 다른 모든 민족들로부터 적대시되었다. 여기서 또한 이 민족이 가시적인 형상을 통해서는 표상할 수 없는 유일한 신을 보편적인 세계지배자로 놓았던 것도 그렇게 높게 평가할 수 없다. 왜냐하면 대부분의 다른 민족들에서도 그들의 신앙교리[이론]는 마찬가지의 귀결에 이르렀으되, 다만 그것은 저 유일한 신에 종속하는 모종의 강력한 하위의 신들을 **숭배함**으로써 다신교의 혐의를 받게 된 것이기 때문이다. 무릇 한낱 그러한 지시명령을 따름만을 의욕하고, 그를 위해 전혀 아무런 개선된 도덕적 마음씨를 요구하지 않는 신은 본디 우리가 하나의 종교를 위해 그 개념을 필요로 하는 그러한 도덕적 존재자가 아니다. 만약 하나의 민족이, 다수의 강력한 불가시적인 존재자들이 그들의 소관업무의 상이함에도 불구하고 그것들이 모두, 전심을 다하여 덕에 의존하는 이를 흡족하게 평가한다는 점에서 일치한다고 생각한다면, 신앙이 유일한 존재자에게 바쳐지되, 기계적인 제의만이 중요한 일을 **이루는**[121] 경우보다는 오히려 다수의 강력한 불가시적인 존재자에 대한 신앙에서 종교는 더 쉽게 발생할 수 있을 터이다.

그러므로 우리는 보편적인 교회역사를, 그것이 하나의 체계를 이루어야 하는 한에서, 기독교의 근원으로부터 외에는 달리 시작할 수 없다. 기독교는 거기에서 발원한 유대교를 온전히 떠나서 전혀 새로운 원리 위에 세워진 것으로서, 신앙교리에서 완전한 혁명을 일으켰다. 기독교의 교사들은 새로운 신앙이 그 모든 사건들을 원형적으로 함유하는 옛 신앙의 한낱 연속이라고 여겨지게 하기 위해서, 두 신앙에서 하나의 연관적인 실마

∷

121) A판: "이루었던."

350

리를 묶으려고 노고를 기울이고, 바로 초창기에도 그렇게 했던 것 같다. 그런데 이러한 노고가 분명히 보여준 바는, 그 민족의 선입견과 정면으로 충돌함이 없이 그 민족이 매우 깊게 익숙해 있던 오랜 제례 대신에 순수한 도덕종교를 **도입하는** 데 가장 적합한 방법만이 그들에게는 중요하거나 중요했다는 점이다. 저 민족을 다른 민족들과 전적으로 분리시키는 데에 쓰였던 신체적 표시가 이미 뒤이어 폐지된 것은 옛 신앙의 법규들에, 아니 어떠한 법규에도 매이지 않은 새로운 신앙이 단 하나의 민족에게가 아니라 세계에 대해 타당한 종교를 함유하고 있었음을 판단하게 한다.

그러므로 유대교로부터—그러나 선조 전래의 뒤섞인 것이 없는, 순전히 고유한 (그러나 이미 상당히 파괴된) 정치적 체제 위에 세워진 유대교로부터가 아니라, 이미 점차적으로 그 안에서 공적인 것이 된 도덕적 가르침을 통해 이미 [122)종교신앙과 혼효된 유대교로부터, 그 밖에는 무지한 이 민족에게 이미 많은 외래의(그리스의) 지혜가 들어왔고, 아마도 이것이, 모든 이민족의 신앙을 무관심하게 바라보았던 한 민족[123)의 통치권 아래 이 민족이 복속됨으로써 사제들의 권력이 감소한 때에, 덕의 개념들을 통해 이 민족을 계몽하고, 그 종규[宗規]신앙의 압제적 패악에서 혁명을 준비하는 데 기여하였던 상태에서—그러한 유대교로부터 갑자기, 비록 아무런 준비가 없었던 것은 아니지만, 기독교가 일어났다. 복음의 교사는 자신이 하늘에서 보내진 자임을 선포하였고, 그와 동시에 그러한 파견에 걸맞게, (제례일, 고백, 의식[儀式]에 대한) 노역신앙을 그 자체로는 무실한 것이라고, 그에 반해 도덕신앙은 "하늘에 계신 여러분의 아버지가 거룩한

VI128

B191

••
122) B판: "그의 종교신앙과." 문맥으로 볼 때 이 대목의 B판은 착오라 하겠다.
123) 곧 로마.

것과 같이"[124] 인간을 거룩하게 하고, 선한 품행을 통하여 그의 순정성을 증명하는 유일의 신앙으로서, 유일하게 정복[淨福]을 주는 신앙임을 선언하였다. 그러나 그는 그의 가르침과 죄 없는 그러면서도 동시에 공적 있는 죽음※에 이른 **수난**[126]을 통해 그 자신의 인격에서 유일하게 신에게 흡

B192

※ 이 죽음과 함께 그의 공적인 역사 — 이로써 이것은 또한 보편적으로 추종의 실례로서 이용될 수 있었다 — 는 끝났다. 부가물로서 여기에 덧붙여진 더 신비스러운, 한갓 그의 측근들이 눈앞에서만 벌어진 그의 **부활**과 **승천**—이것들은, 만약 사람들이 그것들을 한낱 이성이념들로 취한다면, 또 하나의 다른 삶의 시작이자 정복[淨福]의 자리로, 다시 말해 모든 선한 자와의 공동체[교제]로 들어감을 의미하겠다—의 역사는 그것의 역사적 가치 인정과는 상관없이 순전한 이성의 한계 안에서의 종교로는 이용될 수 없는 것이다. 그것은 이 역사가 역사설화이기 때문이 아니라, (선행하는 역사도 역사설화이니 말이다.) 이 역사를 문자대로 받아들이면, 인간의 감각적 표상방식에는 아주 알맞지만, 이성의 미래에 대한 신앙에 대해서는 매우 부담이 되는 하나의 개념, 곧 모든 세계존재자의 물질성이라는 개념을 받아들이는 것이기 때문이다. 즉 동일한 신체[물체]의 조건 아래에서만 일어날 수 있는[125] 인간의 **인격성**의 **물질주의**(심리학[영혼론]적 물질주의)와 함께, 이 원리에 따르면 **공간적**인 것 이외의 것일 수 없는 세계 일반 안에서의 **현[존]재**의 물질주의(우주론적 물질주의)를 받아들이는 것이기 때문이다. 이에 반해 이성적 세계존재자들의 정신주의 가설에서는, 신체는 죽어 땅속에 머물러 있어도, 그 동일한 인격은 살아서 현존하며, 그때 인간은 정신의 면에서는 (그의 비감각적인 질에서는) 땅을 둘러싸고 있는 (우리가 하늘[천국]이라고도 부르는) 무한한 공간 안의 어떤 장소로 옮겨짐이 없이, 정복[淨福]한 이들의 자리에 이를 수 있다고 하는데, 이 가설이 이성에게는 더 유리하다. 그것은 한낱 사고하는 물질이라는 것을

∙∙
∙∙

124) 「로마 제1서」, 1, 15~16: "여러분을 부르신 분께서 거룩하듯이, 여러분의 전 생애도 거룩해야 합니다. 성서에 '내가 거룩하니 너희도 거룩하여라.'[「레위기」 11, 44 참조]라고 이르고 있기 때문입니다." 참조.
125) AA: "일어나는."
126) 원어: Leiden. A판에 따름. B판은 'Leiten(인도)'이나 오식으로 보임.

352

족한 인간성의 원형에 알맞은 실례를 제공한 다음에, 그가 왔던 하늘로 되돌아가는 것으로 표상된다. 그런데 그는 그의 최후의 의지〔뜻〕를 (마치
유언장에 하듯이) 구두로 남겼고, 그의 업적과 가르침과 본보기에 대한 상기의 힘에 관해 말할 것 같으면, "그는 (신에게 흡족한 인간성의 이상으로서) 이 세상이 끝날 때까지 그의 제자들과 함께 머무를 것이다."[127]고 말할 수 있었다. —이러한 가르침은 가령 그의 인격의 출신과 아마도 초지상적인 위계에 관한 **역사신앙**이 문제가 된다면, 기적에 의한 확증을 필요로 했을 것이다. 그러나 한낱 도덕적으로 영혼을 개선하는 신앙에 속하는 것으로서는 그 진리성에 대한 그러한 모든 증거들은 없어도 되는 것인데, 성경책에는 이 가르침에 기적과 신비들이 동반하며, 이것을 알게 하는 것 자체가 다시금 기적으로서, 하나의 역사신앙을 요구하는 것이다. 그런데 이 역사신앙은 학식 이외의 다른 것에 의해서는 고증될 수도 없고, 그 의미

이해하는 것이 불가능하기 때문이 아니라, 오히려 그보다는 더, 단순한 실체의 고
정불변성을 그것의 자연본성에 기초하는 것이라고 생각할 수 있는 대신에, 우리의 현존이 사후에 한낱 어떤 물질 덩어리가 어떤 형식으로 응집하는가에 의거하는 것이라는 우연성에 내맡겨지게 되기 때문이다. —그러나 이 후자의 전제(즉 정신주의의 전제) 아래에서는 이성은, 신체가 제아무리 정화되어 있다 할지라도 (만약 인격성이 그 신체의 동일성에 의거한다면) 언제나 그의 유기조직의 기반을 형성하는, 동일한 소재로부터 성립할 수밖에 없는, 그리고 그 자신이 살아 있는 동안 한번도 제대로 사랑한 적이 없었던 그 신체를 영원히 함께 끌고 다닐 어떤 이해관심
을 발견할 수도 없고, 또한 이성은, 신체를 형성하고 있는 이 석회토가 하늘에서는, 다시 말해 짐작컨대 다른 물질들이 살아 있는 존재들의 현존과 보존의 조건을 형성하는 또 다른 세계지역에서는, 무엇이어야만 하는가를 이해할 수도 없다.

⠆

127) 「마태오복음」 28, 20: "보시오. 나는 세상 종말까지 어느 날이나 여러분과 함께 있습니다." 참조.

와 의의를 확증할 수도 없는 것이다.

그러나 역사신앙으로서 서책에 기초하고 있는 모든 신앙은 자기를 보
증하기 위해서 **학식 있는 공중**〔公衆〕을 필요로 한다. 이 공중 안에서 신앙
은 동시대인 저술가들을 통해 이를테면 검사〔통제〕될 수 있는 것이다. 이
들 저술가들이 그 신앙의 최초의 유포자들과 어떤 특수한 협정을 맺었다
는 아무런 혐의가 없고, 이들의 지금 우리의 저술물과의 연관성은 부단히
보존되어왔다. 그에 반해 순수 이성신앙은 그와 같은 고증을 필요로 하지
않으며, 스스로 자신을 증명하는 것이다. 그런데 저 혁명의 시대에 유대
인을 지배하였고, 유대인 안에서 그들의 자리를 넓혀갔던 민족 안에(즉 로
마 민족 안에) 이미 학식 있는 공중이 있었으니, 그들로부터 그 당시의 역
사도, 정치 체제 내의 사건들에 관해 말할 것 같으면, 부단히 이어진 일련
의 저술가들을 통해 우리에게 전해졌다.[128] 또한 이 민족은 로마 이외의
신민들의 종교신앙에는 거의 신경을 쓰지 않았음에도 불구하고, 그들 가
운데서 공공연하게 일어났다고들 하는 기적들에 관해서는 결코 황당무계
해 하지 않았다. 그러나 그들은 동시대인으로서는 이 기적들에 대해서도,
이 기적들이 (종교와 관련하여) 그들의 피정복 민족 안에서 일으킨 공공연
하게 진행된 혁명에 대해서도 아무런 언급을 하지 않았다. 단지 한 세대
이상이 지난 뒤에 그들은 그들에게 여태까지 알려지지 않은 채로 있었던,
(공적인 운동 없이는 일어나지 못했을) 신앙의 변화에 관하여 탐구했을 뿐인
데, 그러나 그 최초 시작의 역사에 관하여 그것을 그들 자신의 연대기 안
에서 추적하기 위한 그러한 탐구는 하지 않았다. 그래서 이때로부터 기독

B194

VI130

B195

••

128) 칸트는 Johann Matthias Schröckh(1733~1808), *Christliche Kirchengeschichte*(35
    Bde., Leipzig 1772~1803)에서 정보를 얻었을 것으로 보인다.

교가 독자적으로 학식 있는 공중〔公衆〕을 형성한 시기까지의 기독교의 역사는 어둠에 묻혀 있고, 기독교의 가르침이 그 종도들의 도덕성에 어떤 영향을 미쳤는지, 과연 초기 기독교인들이 실제로 도덕적으로 개선된 인간들이었는지, 아니면 통속적인 유형의 사람들이었는지가 우리에게는 알려져 있지 않다. 그러나 기독교 자신이 학식 있는 공중이 된 이래 또는 보편적인 공중 안에 들어간 이래, 기독교의 역사는 도덕적 종교에 대해 정당하게 기대할 수 있는 유익한 영향에 관한 한 기독교에게 결코 추천장을 써줄 만한 것이 못 되었다. 은둔생활과 수도생활에서의 신비한 광신과 독신상태의 신성함에 대한 찬양이 많은 수의 인간을 이 세상에서 쓸모없게 만들었다. 이와 관련하여 이른바 기적이라는 것이 맹목적인 미신 아래서 무거운 쇠사슬이 되어 민중을 짓눌렀고, 자유로운 인간에게 억압적인 위계제도와 함께 **정교〔정통〕신앙**[129]이라는 섬뜩한 음성이 유일하게 부름을 받았다고 참칭하는 성서해석가들의 입에서 나왔으며, 기독교계가 (만약 사람들이 순수 이성을 해석가로 불러내지 않는다면, 절대로 어떤 보편적 일치도 이끌어낼 수 없는) 신앙상의 의견들로 말미암아 격렬한 당파들로 분열하였다. 동방에서는 국가가 가소로운 방식으로 사제들의 신앙법규와 성직제도에까지 관여하였고, 그들을 순전한 교사계층—그들은 항상 이로부터 벗어나 통치계층으로 이월하려는 경향이 있다—의 좁은 경계 안에 묶어두지 않았다. 그런데 이 국가는 결국 그의 지배적인 신앙을 종식시켰던 외부의 적들에게 불가피하게도 노획물이 되고 말았다. 신앙이 세속적인 권력으로부터 독립하여 그 자신의 왕좌를 세웠던 서방에서는 자칭 신의 대리자에 의해 시민적 질서와 더불어 (이를 유지하는) 학문들이 파괴되고

B196

VI131

⁘

129) 원어: Rechtgläubigkeit. 곧 Orthodoxie.

무력화되었다. 이 두 기독교세계가 병에 의해 그 해체가 가까운 식물과 동물이 그 해체를 완성하기 위해 파괴적인 곤충을 불러들이는 것처럼 야만인들에게 엄습당했다. 서방 세계에서는 저 정신적 최고지도자가 그의 위협적인 파문의 마술 지팡이를 가지고 왕들을 어린아이들처럼 지배하고 훈육했으며, 그들을 자극하여 타방 세계의 주민을 절멸시키는 대외 전쟁들(십자군들), 상호 간의 공격, 그들 정부 당국에 대해 신민들이 모반을 일으키도록 하였고, 동일한, 이른바 보편적이라고 일컬어진 기독교 안에서 다르게 생각하는 동료들에 대한 살기등등한 증오를 갖도록 하였다. 지금도 정치적 이해관계에 의해 폭력적인 폭발이 저지되고 있을 뿐인 이러한 불화의 뿌리는 전제적으로 지시명령하는 교회신앙의 원칙 속에 숨겨져 있고, 저와 비슷한 사건들의 발발은 언제나 근심거리이다. ─(역사신앙 위에 세워진 한에서, 다르게 될 수가 없었던) 기독교의 이러한 역사는, 사람들이 그것을 한 폭의 그림으로 한눈에 파악한다면, "종교(宗敎)가 그토록 많은 해악(害惡)을 야기(惹起)할 수 있다니!"[130]라는 외침을 인정하지 않을 수 없다. ─기독교의 참된 최초의 의도가 그에 관해서는 어떠한 쟁론적 의견들이 있을 수 없는 순수한 종교신앙을 도입하려는 것 이외의 것이 아니었다는 사실이 기독교의 창설에서부터 충분히 뚜렷하게 조명되지 않았으니 말이다. 그러나 인류를 뒤흔들어놓았고 아직도 인류를 분열시키고 있는 저 모든 혼란은 순전히, 인간 자연본성의 고약한 성벽으로 말미암아, 처음에는 순수한 종교신앙을 도입하는 데 도움이 되었던 것이, 곧 고유한 선입견으로 인해 옛 역사신앙에 익숙해 있던 민족을 새로운 종교로 이끌

∴

130) 원문: "tantum religio potuit suadere malorum!" (Lucretius, *De rerum natura*, I, 101 참조.)

356

어들이는 데 도움이 되었던 것이 후에 가서는 하나의 보편적인 세계종교
의 토대가 되었다는 사실에서 기인하는 것이다.

　이제 사람들이, 여태까지 알려진 전체 교회역사에서 어느 시대가 최선
의 시대인가 하고 묻는다면, 나는 주저 없이 **"지금의 시대이다"**라고 말할
것이다. 그것도 지금 기독교계에서 비록 소수에 의해서이기는 하지만, 그
럼에도 공적으로 심어진 참된 종교신앙의 싹이 방해받지 않고서 더욱더
발전하게 한다면,[131] 그로부터 모든 인간을 영원히 통합하는 그러한 교회　　B198
로의 계속적인 접근을 기대하면서 말이다. 이 교회는 눈에 보이지 않는
신의 나라의 가시적인 표상(도식)을 지상 위에 이룩하는 것이다. ─그 본　　VI132
성상 도덕적이며 영혼을 개선한다고 하는 것들에 있어서 해석가의 자의
에 언제나 내맡겨져 있는 신앙의 짐에서 벗어난 이성은 우리〔서방〕세계
의 모든 나라들에서 참된 종교숭배자들 가운데에 **첫째로** 계시라고 일컫
는 모든 것에 관한 표명들에서의 합당한 **겸손**의 원칙을 보편적으로 (어디
서나 공적으로는 아니지만) 채택하였다. 즉 누구도 그 실천적 내용의 면에서
순정하게 신적인 것을 함유하고 있는 성서에서, 그것이 (곧 그 안에 들어 있
는 역사적인 것에 관해서는) 실제로도 신의 계시로 볼 수 있는 **가능성**을 깎
아낼 수 없으며, 또한 성경책과 그에 기초한 교회신앙이 없다면 사람들을
하나의 종교로 결합하고, 그것을 고정불변적으로 만드는 일도 결국 성취
할 수 없을 것이라는 것이다. 또 인간의 통찰의 현 상태가 그러하듯이, 어
느 누구도 새로운 계시가 새로운 기적에 의해 초래될 것이라고 기대하는

---

131) 「종교칙령」, 특히 §7: "사람들은 감히 반삼위일체론자들, 이신론자들, 자연주의자들과 여
　　타 종파들의 이미 오래 전에 논박된 가련한 착오들을 다시금 끄집어내, 이를 극히 잘못 사
　　용된 계몽이라는 이름으로 몰염치하고도 부끄럼 없이 민중들 사이에 확산시키는 것을 서
　　슴지 않고 있다."에 대한 반론이라 하겠다. 앞의 B67=VI57 참조.

것도 어려운 일이다. — 일단 현존하는 이 성경책을 앞으로도 교회교육의 토대로 사용하고, 그 가치를 무익한 또는 불손한 공격에 의해 약화시키지 B199 않으며, 그러나 그때 어떤 사람에게도 이 성경책에 대한 신앙을 정복〔淨 福〕을 위해 필요한 것이라고 강박하지 않는 것이 가장 이성적이고 합당한 일이다. **두 번째** 원칙은 다음과 같다. 즉 순전히 교회신앙을 위하여 설정 된 신성한 역사는 그 자체만으로는 도덕적 준칙들의 채택에 절대로 영향 력을 가질 수도 없고 가져서도 안 되며, 단지 도덕적 준칙의 참된 개관(즉 신성성을 향하여 노력하는 덕)의 생생한 현시를 위하여 이 교회신앙에 주어 진 것일 뿐이므로, 이 신성한 역사는 항상 도덕적인 것을 목적으로 삼는 것으로 가르쳐지고 설명되어야 한다는 것이다. 그러나 여기에서 또한 조심 스럽게 그리고 (특히 보통의 인간은 수동적인 신앙으로 넘어가는 부단한 성벽※ VI133 을 자기 안에 갖기 때문에) 반복적으로 엄하게 가르쳐야 하는바, 참된 종교 는 신이 우리가 정복〔淨福〕을 얻도록 무엇을 하며 또는 했는가에 대한 지 식이나 고백에 있는 것이 아니라, 우리가 그럴 만한 품격을 갖추기 위하 B200 여 행하지 않으면 안 되는 것 — 이러한 것은 다름 아니라 그 자체로서 의

※ 이러한 성벽의 원인 중 하나는 안전성의 원리 안에 있다. 즉 내가 그 안에서 태어 나고 교육받은 종교의 잘못은, 그 교육이 나의 선택에 달린 것이 아니었고, 그 안 에서 나는 나 자신의 이성활동에 의해 어떤 것도 변화시키지 못했던 만큼, 나에게 가 아니라, 나를 교육한 자 또는 공적으로 나의 교육을 위해 임용된 교사들에게 책임이 있다는 원리 말이다. 이것은 또한 사람들이 어떤 사람의 공적인 종교변화 에 쉽게 찬동하지 않는 근거이기도 하다. 이에 대해서는 틀림없이 또 다른 (보다 더 깊은 곳에 놓여 있는) 근거가 있는데, 그것은 각자가 어떤 신앙이 (역사적 신앙 들 중에서) 올바른 것인가에 대해 불확실함을 느끼는 경우, 도덕적 신앙은 어디서 나 동일한 것이니까, 사람들은 이에 관해서 문제를 일으킬 필요가 전혀 없다고 생 각한다는 사실이다.

심할 여지없는 **무조건적인** 가치를 가지는 것이며, 그러니까 우리로 하여금 오로지 신을 흡족하게 할 수 있는 것이고, 이것의 필연성에 대해서는 동시에 누구나 성서에 대한 일체의 학식 없이도 확신할 수 있는 것이다—에 있다는 점이다. —그런데 이러한 원칙들이 공적으로 되도록, 방해하지 않는 것이 통치자의 의무이다. 이에 반하여 이 사안에 있어서 신적 섭리의 행보에 간섭하여, 그 자체로는 기껏해야 단지 학자들에 의해 결정되는 개연성만을 가질 뿐인 특정한 역사적 교회 교리에 호의를 갖고, 보통 누구에게나 인정되어 있는 어떤 시민적 이익들을 제공하거나 거부함으로써 신민들의 양심성을 시험하는 일이 다반사로 감행되고 자행되고 있다.※

※ 어떤 정부가 각자의 종교에 대한 의견을 **공공연하게 말하는 것**은 금지하되, 각자가 좋다고 보는 바를 마음속으로 은밀하게 **생각하는 것**은 방해하지 않는 것을 양심의 강제로 여기지 않도록 알게 하고자 할 때,[132] 사람들은 이에 보통 농담 삼아 말하기를, 정부는 어쨌든 이러한 일을 방해할 수 없는 것이기 때문에, 그것은 정부에 의해 허락되는 자유가 전혀 아니라고 한다. 그러나 세속의 최상 권력이 할 수 없는 일을 정신적〔종교적〕 권력은 할 수가 있다. 곧 정신적 권력은 생각하는 것조차도 금지할 수 있고, 실제로도 방해할 수 있으며, 심지어는 그러한 강제를, 곧 지시규정하는 것과는 다른 것을 생각만이라도 하는 것을 금지하는 일을 유력한 고위층에게조차도 부과할 수 있는 것이다. —무릇 사람들은 제례적 노역신앙의 성벽이 있어서 이 노역신앙에 (자기의 의무 일반의 준수를 통해 신에게 봉사하는) 도덕신앙보다 우선하는 최대의 중요성을 부여하고, 또한 여타의 모든 결함을 보상하는 유일의 중요성을 스스로 부여하는 경향이 있기 때문에, 정통신앙의 수호자들은 영혼의 목자들로서 항상 쉽게 자기들의 양떼들에게 경건한 공포심을 불

B201

••

132) 「종교칙령」 §2: “그 밖에 〔……〕 각인이 국가의 선량한 시민으로서 묵묵히 자기의 의무를 이행하되, 자기의 그때그때의 특수한 의견을 홀로 간직하고, 그러한 의견을 유포하는 것을 주의 깊게 방지하는 한에서, 어느 누구도 어느 때나 최소한의 양심의 강제도 당해서는 안 된다.” 참조.

이러한 일은 이렇게 함으로써 이 경우 신성한 자유에 일어나는 훼손은 말

할 것도 없고, 국가를 위해 선한 시민들을 육성하는 것도 어렵게 만들 수

있다.[133] 세계최선을 위한 신적 소질의 그러한 자유로운 발전을 저해하는

일에 나서고, 심지어 제안하기까지 한 이들 중에 대체 누가, 만약 그가 양

심에 비추어 그에 관해 숙고한다면, 그와 같은 폭력적 간섭으로부터 생겨

날 수 있는 악을 모든 이들에 대해 보증하려 하겠는가? 이로 인해 세계통

치가 의도한 선에서의 전진은, 비록 어떠한 인간적 권력이나 기관에 의해

러일으켜, 역사에 의거하는 특정한 신앙명제들에서 조금도 벗어나지 못하도록 하
며, 심지어는 어떠한 탐구도 하지 못하도록 길들여서, 그 양떼들이 감히 생각 중
에서라도 그들에게 강박된 신앙명제들에 대한 의심을 품을 수 없도록 한다. 이런
일은 악령에게 귀 기울이는 것이나 마찬가지이기 때문이다. 이러한 강제로부터
풀려나기 위해서 사람들은 단지 **의욕하기**만 해도 좋다—이것은 공적인 고백에
관한 저 군주의 강제의 경우와는 다른 것이다—함은 참이다. 그러나 이러한 의욕
은 바로 내면에서 빗장이 질러진〔방해된〕 그러한 의욕이다. 이러한 본래적인 양
심의 강제도 충분히 고약한 것이지만—그것은 내면적 위선으로 오도하는 것이니
말이다—, 그럼에도 외적 신앙의 자유를 저지하는 것만큼 그렇게 고약하지는 않
다. 왜냐하면 저 양심의 강제는 도덕적 통찰의 진보와 그로부터만 의무에 대한 참
된 존경이 생겨날 수 있는 자유에 대한 의식을 통해 점차적으로 저절로 소멸될 수
밖에 없지만, 이에 반하여 이 외적 강제는 참된 교회의 본질을 이루는 신자들의
윤리적 공동체에 있어서 자유의지적인 진보를 저해하며, 이 공동체의 형식을 전
적으로 정치적인 법령에 종속시키기 때문이다.

∴

133) 「종교칙령」§11: "그래서 짐은 짐의 모든 충직한 신민들에게 방정하고 경건한 생활에 힘
쓸 것을 환기시키는 바이다. 그리고 짐은 어느 기회에나 종교적이고 덕 있는 인사를 존중
할 것이다. 비양심적이고 악한 인간은 누구든 결코 선한 신민이 될 수가 없고, 더구나 큰
일에서나 작은 일에서나 국가의 충실한 종이 될 수는 없는 일이기 때문이다." 참조. 이와
함께 종교적 신앙심과 시민의 덕성과의 관계에 대해서는 Rousseau, *Du contrat social*,
IV, 8 참조.

전적으로 폐기될 수는 없다 하더라도, 아마도 오랜 시간 저지될 것이고, 어쩌면 후퇴할지도 모른다.

　최후에 천국〔하늘나라〕은, 섭리의 인도에 관해서 말할 것 같으면, 이 역사 안에서 어떤 때는 일시 정체하더라도 그러나 결코 아주 중단되지 않는 접근에서뿐만 아니라, 그 출현에서 표상된다. 무릇 이것은 순전히 희망과 용기를 더 크게 돋우어 천국을 추구하게 하기 위한 상징적 표상이라고 해석할 수 있다. 이 역사 이야기에 지상에서의 가시적인 신의 나라—재림한 신의 대리자 총독의 통치 아래에 있는—와 다시 한 번 저항을 꾀하는 반란자들을 격리 추방한 후에 그의 밑에서 이 지상에서 누리게 될 행복 그리고 그와 함께 (묵시록에 있는바[134]) 반란자들과 그들의 지도자들의 전적인 절멸을 그림에 있어서 이 위대한 세계변화의 완성에 관한 하나의 (시빌레의 예언서[135]에서와 같은) 예언이 첨부되어 있고, 그렇게 해서 **세계의 종말**이 역사의 종결을 짓는다면 말이다. 복음서의 교사는 그의 제자들에게 지상에서의 신의 나라를 단지 영광스러운, 영혼을 고양시키는 도덕적인 측면에서, 곧 신국의 시민이 될 수 있는 품격〔자격〕의 측면에서 보여주었고, 그들에게 그들 자신이 신국에 도달하기 위해서뿐만이 아니라 뜻을 같이하는 다른 이들과, 또 가능하다면, 전 인류와 함께 그리로 통합하기 위해서 그들이 해야 할 바를 지시하였다.[136] 그러나 인간의 불가피한

⁚

134) 「요한묵시록」 12, 9: "그 커다란 용은 아주 오래된 뱀으로서 악마 또는 사탄이라고도 불리며 온 세상을 유혹하는 자인데, 그 자는 땅으로 내던져졌고 그 자의 천사들도 함께 내던져졌다." 참조.
135) 원어: sibyllinische Bücher. 그리스어 6운각 시구(Hexameter)로 구성된 신탁 모음집으로, 로마제국의 전 역사에서 위기 때마다 활용되었다 한다.
136) 「마태오복음」 5~7, "산상설교" 참조.

소망들의 다른 부분을 이루는 행복에 관해서는 그는 그의 제자들에게, 그들의 지상의 생[활]에서는 그것을 기대하지 않는 것이 좋을 것이라고 예고하였다. 그는 오히려 그의 제자들로 하여금 최대의 고난과 희생을 각오하도록 준비시켰다. 그럼에도 그는 (인간이 실존하는 한, 인간의 행복의 물리적인 면에 대한 전적인 포기는 요구할 수 없으므로) "기뻐하고 안심하십시오. 여러분은 하늘에서 크게 상받을 것입니다."[137]라고 덧붙여 말하였다. 교회의 역사에 덧붙여진 이 말은 교회 미래의 최후의 운명에 관한 것으로서, 교회를 결국에 가서는 **승리하는** 교회로, 다시 말해 모든 장애를 극복한 후 이 지상에서도 행복의 관을 쓴 교회로 표상한다. ― 선한 자들과 악한 자들을 갈라놓는 일[138]은 교회가 그 완성을 향하여 진보하고 있는 동안에는 그 목적에 유익한 것이 못 되는 것이었을 것이나―이 양자를 서로 섞어놓음은 바로, 한편으로는 선한 자들에게 덕을 연마하는 숫돌로 쓰기 위해서, 다른 한편으로는 이들의 실례를 통해 다른 이들을 악으로부터 떼어내기 위해 필요했다―, 신국의 수립이 완성된 후에는 그 수립의 최종의 결과로 표상된다. 이 최종의 결과에서 또한 권력으로 보인 이 국가의 견고성의 최종적 증거, 즉 역시 하나의 국가(지옥국) 안에서 보인 모든 외적들에 대한 승리가 덧붙여진다. 이와 함께 "(선한 인간들의) 마지막 적인 죽음이 제거됨"[139]으로써, 모든 지상의 생은 끝나며, 양편에서, 즉 한편에서

VI135

B204

••

137) 「마태오복음」 5, 12.

138) 「마태오복음」 7, 16~19: "여러분은 그들의 열매로 그들을 알아보십시오. 가시나무에서 포도를 따며 엉겅퀴에서 무화과를 땁니까? 이와 같이 좋은 나무는 모두 좋은 열매를 맺고 나쁜 나무는 나쁜 열매를 맺습니다. 좋은 나무가 나쁜 열매를 낼 수 없고 나쁜 나무가 좋은 열매를 낼 수 없습니다. 좋은 열매를 맺지 못하는 나무는 모두 찍혀 불에 던져집니다." 참조.

139) 「코린트 제1서」 15, 26: "마지막 적인 죽음이 없어질 것입니다." 참조.

는 구원을 향한, 다른 편에서는 파멸을 향한, 불사성이 개시하고, 교회의 형식 자체가 해체되며, 지상의 총독은 하늘의 시민으로서 그의 지위로까지 높아진 인간들과 한 부류가 되며, 그렇게 해서 신은 모든 것 안에서 모든 것이 된다.[140]※

후세[142]에 대한 역사설화의 이러한 표상은 그 자체로서는 역사가 아닌 것으로, 참된 보편적 종교의 도입을 통해서 이루어진 도덕적인, 신앙 안에서 그 완성까지가 **예견된** 세계시대의 아름다운 이상인 것이다. 그런데 이 세계시대의 완성을 우리는 경험적인 완성으로서 **예측하지**는 못하고, 그것을 단지 지상에서 가능한 최고선—이 안에는 신비한 것은 아무것도 없고, 모든 것이 도덕적인 방식으로 자연적으로 되어간다—으로의 연속

B205

VI136

※ (만약 신비스럽고, 가능한 경험의 모든 한계를 넘어서는, 순전히 인류의 신성한 역사에 속하는, 그러므로 우리에게 **실천적으로는** 아무런 관계가 없는 것을 제쳐 놓는다면) 이 표현은, 교회신앙으로서, 성경책을 인간의 걸음마 줄로 필요로 하는, 그러나 바로 그것을 통해 교회의 통일성과 보편성을 저해하는 역사신앙이 스스로를 끝내고, 하나의 순수한, 모든 세계를 똑같이 비추는 종교신앙으로 이행해 갈 것으로 이해될 수 있다. 우리는 이미 지금 마땅히, 현재의 아직은 없어서는 안 되는 저 외피로부터 순수한 이성종교를 멈춤 없이 발전시켜 여기에 이르도록 열심히 일해야만 한다.

+역사적 신앙이 [스스로를] 끝낸다는 것이 아니라—왜냐하면 어쩌면 역사신앙은 운반체로서 언제나 유용하고 필요할 지도 모르니까—, 끝낼 수 있다는 것이다. 그리고 이 말은 단지 순수한 도덕적 신앙의 내적 견고성을 의미할 따름이다.[141]

B205

.
:

140) 「코린트 제1서」 15, 28: "그리하여 하느님께서는 모든 것 안에서 모든 것이 될 것입니다." 참조.

141) 이 마지막 문단 B판 추가.

142) 원어: Nachwelt.

적인 진보와 접근에서 **내다볼** 수 있을 따름이다, 다시 말해 그를 위한 채비를 할 수 있을 따름이다. 반기독교도의 출현, 천년왕국설, 세계종말의 임박에 대한 예고 등은 이성 앞에서 그것들의 선한 상징적 의미를 상정할 수 있고, 특히 마지막 것은 (생의 종말이 가까이 있는지 멀리 있는지와 같이) 미리 볼 수 없는 사건으로서 표상되는 것으로, 항상 그에 대해 준비를 하고 있어야 하지만, 사실은 (이 상징의 기저에 지적 의미를 둘 때) 우리를 항상 실제로 신의 (윤리적) 국가의 부름을 받은 시민으로 간주하여야 하는 필연성을 매우 잘 표현하고 있다. "그러면 신의 나라는 언제 오는가?"—"신의 나라는 가시적인 형태로 오지 않는다. 또한 '보라, 여기 있다, 저기 있다'라고 말할 수도 없을 것이다. **왜냐하면, '보시오! 신의 나라는 여러분 가운데에 있기' 때문이다.**"(「루카복음」 17, 21~22)[143]※+

B206

※ + 여기에서 이제 신의 나라는 특수한 계약에 의한 것이 아니라(메시아의 나라가 아니라), (순전한 이성에 의해 인식될 수 있는) **도덕적인** 나라로 표상된다. 전자(즉 契約에 依한 神國)는 그 증명을 역사로부터 끌어내지 않을 수 없었다. 그래서 그것은 구약에 의한 **메시아의** 나라와 신약에 의한 **메시아의** 나라로 구분된다. 그런데 주목할 만한 것은, 전자의 숭배자들(즉 유대인들)은, 다른 종교의 신자들이 그들의 신앙을 그들이 흩어져 살고 있는 곳의 민족의 신앙과 보통 융합시켰던 것에 반해, 온 세계에 흩어져 살고 있으면서도 자기 것을 그 자체로 보존했다는 사실이다. 많은 사람들은 이 현상을 놀라운 일로 여겨, 자연의 행정[行程]상에 능히 있을 수 있는 일이 아니라, 특별한 신의 의도를 위한 이상[異常]한 행태라고 판정한다.—그러나 하나의 기록된 종교(성경책)를 가진 민족[144]이 (로마제국, 즉 당시의 문명화된 세계 전

:.

143) 이 성서 인용 대목은 칸트의 지시와는 달리 「루카복음」 17, 20~21에 있다. "'하느님의 나라가 언제 오느냐'는 질문을 바라사이들에게서 받았을 때 그분께서는 그들에게 대답하여 말씀하셨다. '하느님 나라는 알아채게 오는 것이 아닙니다. 또한 보라, 여기 있다, 또는 저기 있다고 말할 수도 없을 것입니다. 보시오. 하느님의 나라는 여러분 가운데에 있습니다.'"

체와 같이) 그와 같은 것이 아니라 한낱 의식[儀式]만을 가지고 있는 민족과 결코 하나의 신앙으로 융합되지는 않는다. 오히려 그러한 민족은 조만간에 개종자가 된다. 주지하듯이 그래서 유대인들도 그 이후 그들의 성경책들이 비로소 공공연한 읽을거리가 되었던 바빌론 유수[145] 후에는 이방인의 신들을 추종하는 그들의 성벽에 관하여 비난받는 일은 더 이상 없었다. 특히 그들에게도 영향을 미쳤을 것이 틀림없는 알렉산드리아의 문화가 그들에게도 저 성경책들이 체계적 형식을 갖추도록 하는 데에 유익할 수 있었다. 또한 조로아스터교의 추종자들인 **배화교도들**도 흩어져 있었음에도 불구하고 그들의 신앙을 지금까지 보존하고 있는데, 그것은 그들의 **고위사제들**이 [조로아스터교의] 경전 및 그 주해서들[146]을 가지고 있었기 때문이다. 이에 반해 집시[147]라는 이름으로 멀리 그리고 널리 흩어져 있는 **힌두교도들**은 천민(**파리아**[148]) 출신이었기 때문에, (이들에게는 그들의 성경책을 읽는 것조차 금지되어 있어서,) 이방의 신앙과 섞이는 것을 면했다. 그런데 유대인들이 독자적으로는 일으키지 못한 것을 기독교가 했고, 후에는 마호메트교가 했는데, 특히 기독교가 그것을 했다. 이 종교들은—비록 마호메트교는 이것들이 위작[僞作]이라고 주장하기는 하지만— 유대의 신앙과 그에 속하는 성경책들을 전제로 하고 있으니 말이다. 무릇 유대인들은 그들에게서 출발했던 기독교도들에게서 그들의 옛 문서들을 다시금 발견할 수 있었다. 그들은 유랑하고 있을 때에 그것들을 읽을 숙련성도 그것들을 소유할 흥미도 다양하게 상실했을 것이고, 단지 그런 것들을 예전에 언젠가 가지고 있었다

B207 VI137

∷

144) 어떤 민족이 기록된 경전을 가지고 있다는 것은 그 민족이 일찍이 "학식에 의해 지도" (*SF*, A13＝VII22)되었다는 것을 말한다.

145) BC 597~538년 이스라엘의 유대왕국 사람들이 신(新)바빌로니아의 바빌론으로 포로가 되어간 사건. 「예레미야서」 52, 30에는 포로의 수가 "사천육백 명"이라고 기록되어 있으나, 25만 명으로 추산되는 당시 유대 총인구 중 전후 3차례에 걸쳐 유대의 귀족, 군인, 공인(工人)을 포함해 근 5분의 1 정도가 신바빌로니아에 의한 예루살렘의 함락과 함께 납치 포로로 잡혀갔을 것으로 보는 역사학자들도 있다.

146) 원어: Zendavesta.

147) 칸트는 C. Ch. Rüdiger, *Von der Sprache und Herkunft der Zigeuner aus Indien*, Leipzig 1782; H. M. G. Grellmann, *Die Zigeuner*, Dessau · Leipzig 1783을 참고한 것으로 보인다.

148) 원어: Parias. paraiyar 또는 harijan이라고도 표기되는 힌두의 카스트제도에서 4계급 밖의 등외계급[제5계급]민으로 이른바 불가촉천민(不可觸賤民).

일반적 주해[150]

종교와 관련된 모든 신앙양식들에서 그 내적 성질의 배후의 탐구는 불가피하게 하나의 **신비**에, 다시 말해 각 개인에게는 **인지**되나, 공적으로는 **알려지지** 않은, 다시 말해 보편적으로는 전달[공유]될 수 없는 신성한 어떤 것에 부딪힌다. **신성한** 어떤 것으로서 그것은 하나의 도덕적인 대상,

---

는 기억만이 남아 있었다. 그래서 앞서 말한 지역들 밖에서는 유대인을 만나지 못한다. 말라바 해안[149]의 소수와 중국에 있는 하나의 집단 정도를 예외로 하고는 말이다. (이 중 전자들은 아라비아에 있는 그들의 교우들과 지속적으로 교역할 수 있었다.) 그들이 저 부유한 지방들에도 퍼지지 않았을 리 없으나, 그곳의 신앙의 종류와 그들의 신앙과의 친족성이 아무것도 없었기 때문에 그들의 신앙이 온전히 잊혀져버렸을 것이라는 것은 의심할 여지가 없다. 그러나 그들에게 그다지도 불리한 상황에서 유대 민족과 그들의 종교가 이렇게 보존된 것에 대한 교화적인 고찰을 하는 것은 아주 미묘한 일이다. 왜냐하면 쌍방이 각기 자기의 유익한 점을 보고 믿기 때문이다. 한쪽은 자기가 그에 속하는 민족이 보존되고, 그토록 수많은 민족들 속에 흩
어져 있음에도 불구하고 뒤섞이지 않은 채 옛날 그대로의 신앙이 보존되고 있는 사실에서 미래의 지상의 나라를 위해 남겨놓은 특별히 자비로운 섭리의 증거를 본다. 또 다른 쪽은 이 사실에서 도래하는 하늘의 나라에 반항하는 파괴적인 국가의 경고적인 잔해를 볼 따름이다. 이 잔해는 하나의 특별한 섭리를 보존하고 있는 것으로서, 한편으로는 이 민족으로부터 나온 메시아의 옛 예언을 기억에 남겨놓기 위해서이고, 다른 한편으로는 이 민족이 메시아에 대하여 도덕적이 아닌, 정치적 개념을 만들려 했기 때문에, 이 민족을 당연히 받아야 하는 형벌의 본보기로 보이기 위해서이다.

∵

149) Malabar 해안: 인도 반도의 서남해안.
150) 이 일반적 주해에 대해서 칸트는 위(B63=VI52, 주)에서 "신비들에 대하여"라는 표제를 붙일 수 있다고 말한 바 있다.

그러니까 이성의 대상이지 않으면 안 된다. 그리고 그것은 **내적으로**[151] 실천적 사용을 위하여 충분히 인식될 수 있는 것이지 않으면 안 된다. 그러나 **신비스러운** 어떤 것으로서 그것은 이론적 사용을 위해서는 충분하게 인식될 수가 없는 것임이 틀림없다. 왜냐하면 그런 경우에 그것은 누구에게나 전달가능한 것이어야 할 터이고, 그러므로 또한 **외적으로 그리고**[152] 공적으로도 알려질 수 있는 것이어야 할 터이니 말이다.

무릇 그럼에도 우리가 동시에 신성한 신비로서 보아야 할 어떤 것에 대한 신앙은 **신적 영감으로 받아들여진 신앙**이거나 **순수한 이성신앙**으로 볼 수 있다. 절박한 필요에 의해 전자로 받아들이도록 강박되지 않는 한 우리는 그것을 후자로 보는 것을 준칙으로 삼을 것이다. —감정들은 인식들이 아니다. 그러므로 또한 어떤 신비도 표시하지 않는다. 후자는 이성과 관계를 가지면서도, 보편적으로 전달은 되지 않으므로, (만약 혹시 그런 것이 있다면) 각자가 그것을 자기 자신의 이성 안에서 찾아내야만 할 것이다. VI138

그와 같은 신비가 있는가 없는가를 先驗的으로 그리고 객관적으로 결정하는 것은 불가능한 일이다. 그러므로 과연 그와 같은 것이 우리 안에 있는가를 알아보기 위해서는, 우리는 우리의 내면을, 즉 우리의 도덕적 소질의 주관적인 요소를 직접 탐색해보지 않으면 안 된다. 그럼에도 우리는 공적으로 전달이 되기는 하나 우리에게 그 원인이 주어지지는 않은 도덕적인 것에 대한 탐구 불가능한 **근거들**이 아니라, 우리 인식에 주어져 있으되, 공적으로 전달이 될 수 없는 것만을 신성한 신비적인 것으로 간주할 수 있다. 그렇기에 무조건적인 도덕법칙에 의해 그 의사가 규정됨으 B209

••
151) B판 추가.
152) B판 추가.

로써 인간에게 알려지는 속성인 자유는 신비가 아니다. 그에 대한 인식은 누구에게나 **전달**될 수 있으니 말이다. 그러나 이 속성의 우리가 탐구할 수 없는 근거는 하나의 신비이다. 그 근거는 우리의 인식에 **주어져 있지 않기** 때문이다. 그러나 바로 이 자유는 또한, 그것이 실천이성의 최종적 객관, 즉 도덕적 궁극목적의 이념의 실현에 적용될 때는, 우리를 불가피하게 신성한 비밀로 이끌어가는 유일한 것이다.※ —

※ 그렇듯이 세계의 모든 물질의 보편적 중력의 **원인**도 우리에게 알려져 있지 않다. 그 원인이 우리에 의해 결코 인식될 수 없다는 것을 사람들은 통찰할 수 있는 바이다. 왜냐하면 이미 그 원인이라는 개념은 하나의 최초의, 무조건적으로 그 자신 안에 내재하는 운동력을 전제하고 있는 것이기 때문이다. 그러나 그럼에도 중력의 원인은 신비가 아니라, 누구에게나 개시될 수 있는 것이다. 그것의 **법칙**은 충분히 인식되어 있으니 말이다. 뉴턴이 중력을 마치 신의 현상에서의 편재(現象體遍在[153])인 것처럼 표상할 때, 그것은 중력을 설명하려는 시도가 아니고—왜냐하면 공간 안에서의 신의 현존은 모순을 함유하는 것이니까—, 오히려 그것은 하나의 숭고한 유비이다. 이 유비에서는 물체적 존재자들을 하나의 세계 전체로 통일하는 것만이 주안점이 되고 있는데, 사람들은 그 통일의 기저에 비물체적인 원인을 놓고 있다. 이성적 세계존재자들을 하나의 윤리적 국가 안에서 통일하는 자립적 원리를 통찰하고, 이 원리로부터 통일을 설명하려는 시도에서도 그와 같은 일이 일어난다. 우리는 우리를 통일로 끌고가는 의무만을 인식하는 것이다. 그런데 의도된 작용결과의 가능성은 우리가 저 의무에 순종한다고 하더라도 우리의 모든 통찰의 한계를 넘어 있는 것이다. 자연의 신비들, 은폐된 것들(秘密들[154])이 있다. 공적으로 알려져서는 안 되는 정치의 신비들(기밀[機密], 秘密들[155])이 있을 수 있다. 그러나 이 두 가지는 그럼에도 그것들이 경험적 원인들에 의거하는 한에서 우리에게 알려질 **수 있는** 것이다. 그것을 인식하는 것이 보편적인 인간의 의무인 것(즉 도덕적인 것)과 관련해서는 어떤 신비[비밀]도 있을 수 없다. 그러나 신만

B210

VI139

∴

153) 원어: omnipraesentia phaenomenon.
154) 원어: arcana.
155) 원어: secreta.

인간은 순수한 도덕적 마음씨와 불가분리적으로 결합되어 있는 최고선 B210 VI139
의 이념을 (그에 속해 있는 행복의 측면에서뿐만이 아니라 인간들을 전체 목적에
필연적으로 합일시키는 측면에서도) 스스로 실현시킬 수는 없으면서도 그를
이룩하려고 함을 자신 안에서 의무로 마주치기 때문에, 인간은 이 목적이
그를 통해서만 가능한 어떤 도덕적 세계지배자의 공동작용 내지 행사에
대한 신앙으로 끌려들어간다. 그리고 이때 그의 앞에는, 신이 무엇을 행
하는가, 도대체 신에게 **무엇인가가** 귀속될 수 있는가, 그리고 **무엇이** 그(신)
에게 특별히 귀속될 수 있는가 하는, 신비〔비밀〕의 심연이 열린다. 그에 반
해 인간은 그의 각 의무 수행에서, 그에게 알려져 있지 않은 적어도 파악 B211
〔개념화〕불가능한 저 보충을 받을 만한 품격〔자격〕을 갖기 위해, 다름 아
니라 그 자신이 무엇을 행하지 않으면 안 되는가[158]를 인식하는 바이다.

이 도덕적 세계지배자의 이념은 우리의 실천이성을 위한 과제이다. 우
리에게 중요한 것은, 신이 그 자체로 (그의 본성이) 무엇인가를 아는 것이
아니라, 신이 도덕적 존재자들로서의 우리에게 있어서 무엇인가를 아는
것이다. 우리는 이러한 〔도덕적〕 관계를 위하여 신의 본성적 성질을 (예컨
대, 불변적인, 전지하고, 전능한 등등의 존재로서의) 그의 의지를 실행하는 데

이 행할 수 있는 것, 그것을 위하여 무엇인가를 행하는 것 자체가 우리 능력을, 그
러니까 또한 우리 의무를 넘어서는 것과 관련해서는, 거기에서만이 본래의, 곧 종
교의 신성한 신비(神秘[156])가 있을 수 있고, 이에 대해서 우리에게는, 단지 그러한
것이 있다는 것을 알고 이해하는 것만이—그것을 통찰하는 것이 아니라—유용
할 수 있을[157] 뿐이다.

156) 원어: mysterium.
157) A판: "유용할."
158) 위(B63=VI52)의 같은 표현 참조.

요구되는 전적인 완전성에 필요한 것이라고 생각하고 받아들이지 않을 수 없으며, 그리고 이러한 관계가 없다면 신에게서 아무것도 인식할 수가 없는 것이다.

무릇 실천이성의 이러한 필요요구에 따라서 보편적인 참된 종교신앙은 1) 전능한 천지 창조자로서의, 다시 말해 도덕적으로 **신성한** 법칙수립자〔입법자〕로서의 신에 대한 신앙이고, 2) 인류의 유지자, 인류의 **자비로운** 통치자이며 도덕적 부양자〔扶養者〕로서의 신에 대한 신앙이며, 3) 그 자신의 신성한 법칙의 관리자, 다시 말해 **공정한** 심판자로서의 신에 대한 신앙이다.

이러한 신앙은 본래 어떠한 신비도 함유하고 있지 않다. 왜냐하면 이 신앙은 오로지 신의 인류에 대한 도덕적 태도〔관계〕만을 표현하고 있기 때문이다. 또한 이러한 신앙은 모든 인간 이성에서 저절로 그 모습을 드러내며, 그래서 대부분의 문명화된 민족들의 종교에서 마주쳐진다.※ 이

※ 종말에 대한 거룩한 예언의 역사에서 **세계심판자**—이는 본래, 선한 원리의 나라에 속하는 것들을 자기의 지배 아래에 자기의 것으로 취하고 그것들을 선별할 자이다—는 신이 아니라 사람의 아들로 표상되고 그렇게 불린다.[159] 이것은 자신의 제한성과 연약성을 자각하고 있는 **인간성 자신**이 이 선발에서 판결을 행할 것이라는 것을 알리는 것으로 보인다. 이것은 자비이되, 정의를 훼손하지 않는 자비이다.—그에 반해 인간의 심판자는 그의 신성〔神性〕에서, 다시 말해 그가 우리의 양심에 대해 우리에 의해 인정된 신성한 법칙과 우리 자신의 책임에 따라서 말하는 바대로, (즉 성령으로) 표상된다. 그는 오직 법칙의 엄격성에 따라서 심판하는 자로 생각될 수 있을 뿐이다. 왜냐하면 우리 자신은 우리의 연약함이 고려되어 얼마나 정상참작이 될지는 절대로 알지 못하며, 한낱 우리의 자유와 전적으로 우리

159) 「마태오복음」 26, 64: "그러나 내가 여러분에게 말하거니와, 이제부터 여러분은 사람의 아들이 전능하신 분의 오른편에 앉아 있으며, 또한 하늘의 구름을 타고 오는 것을 보게 될 것입니다." 참조.

러한 신앙은 그러한 삼중의 상위 권력(權力[160])이 그 안에서 항상 생각되 B212
지 않으면 안 되는 공동체로서의 국민의 개념 안에 놓여 있다. 다만 이 공
동체가 여기서는 윤리적으로 표상되는 것이며, 그래서 인류의 도덕적 원
수〔元首〕의 삼중의 이러한 질이 하나의 **동일한**[161] 존재자 안에서 통일될
수 있다. 이 삼중의 질은 법적-시민적 국가 안에서는 필연적으로 서로 다
른 세 주체들 안에서 분할되어야 하는 것이다.※+

의 탓으로 생기는 의무의 침해에 대한 의식과 함께 우리의 위반만을 우리 눈앞에
가질 따름이고, 그래서 우리는 우리에 대한 심판자의 판결에서 자비를 상정할 아
무런 근거를 가지고 있지 못하기 때문이다.

※+ 왜 그토록 많은 국민들이 이 이념에서 합치하였는가에 관해서는, 사람들이
하나의 국민통치 그리고 (이것과의 유비에 따라서) 세계통치를 생각하고자
할 때, 이 이념이 보편적 인간이성 안에 놓여 있는 그런 것이 아니라면, 아마
도 그 근거를 제시할 수 없을 것이다. **조로아스터교**는 이 세 가지 신의 위격
을 오르무즈드,[162] 미트라,[163] 아리만[164]으로 가졌고, **힌두교**는 브라마,[165] 비시
누,[166] 시봐[167]로 가졌다. (다만 그 차이는, **전자**는 제3의 위격을 형벌이라는 의미 B213
에서의 화의 창시자로서뿐만 아니라, 그 대가로 인간이 형벌을 받게 되는 **도덕적
인 악의 창시자**로서 표상[168]하는 데 반해, **후자**는 이 위격을 한낱 심판하고 형벌을

•:
160) 원어: pouvoir.
161) A판: "유일한."
162) 원어: Ormuzd.
163) 원어: Mithra.
164) 원어: Arihman.
165) 원어: Brahma.
166) 원어: Wischnu. 앞의 B4=VI 20 각주 참조.
167) 원어: Siewen. 앞의 "Siwen"(B4=VI20) 각주 참조.
168) 칸트는 「만물의 종말」에서는 Ormuzd는 "선한 원리"로, Ahriman은 "악한 원리"로 묘사
하고 있다.(EaD: VIII, 328/329 참조)

그럼에도 종교 일반을 위하여 인간의 최고 존재자에 대한 도덕적 관계를 유해한 의인관[신인동형론]에서 순화하고 신의 국민의 진정한 윤리성에 알맞게 만든 이러한 신앙은 (기독교의) 신앙교리 안에서 처음으로 그리

주는 자로 표상한다는 것이다.) 이집트인의 종교는 프타,[169] 크네프,[170] 나이트[171]를 가졌는데,[172] 이 민족의 최상고시대에 대한 불명료한 정보로 추측하자면, 이 가운데 제1원리는 **세계창조자**로서 물질과 구별되는 정신을, 제2원리는 보존하고 **통치하는 자비**를, 제3원리는 저 자비를 제한하는 지혜, 다시 말해 **정의**를 표상하는 것이다. 고트인의 종교는 **오딘**[173] (만물의 아버지), **프레야**[174] (**프레여**[175]라고도 하는 자비) 그리고 심판하는 (즉 형벌을 내리는) 신인 **토르**[176]를 숭배하였다. 유대인들조차도 그들의 위계체제의 마지막 시기에서 이러한 이념에 따르고 있었던 것으로 보인다. 왜냐하면 그리스도가 자신을 신의 아들이라고 불렀다는 바리사이의 고발[177]에서, 그들은 신이 아들을 갖는다는 교리에 특별히 죄책의 무게를 둔 것이 아니라, 단지 그분이 이러한 신의 아들이고자 했다는 점에 무게를 둔 것으로 보이니 말이다.

∴

169) 원어: Phta.

170) 원어: Kneph.

171) 원어: Neith.

172) 이에 대한 칸트의 정보는 J. Bohatec, *Die Religionsphilosophie Kants*, Hamburg 1938, S.166~167 참조.

173) 원어: Odin.

174) 원어: Freya.

175) 원어: Freyer.

176) 원어: Thor.

177) 「루카복음」 22, 67~71: "그들은 '당신이 그리스도이면, 그렇다고 우리에게 말하시오!'라고 말했다. 그러나 그분은 그들에게, '내가 여러분에게 말해도, 여러분은 그렇다고 믿지 않을 것이고, 내가 물어도 여러분은 대답하지 않을 것입니다. 그러나 이제부터 사람의 아들은 전능한 신의 오른편에 앉을 것입니다.'라고 대답하셨다. 그러자 그들 모두가 '그렇다면 당신이 신의 아들이오?'라고 물었다. 그분이 그들에게 '여러분 자신이 내가 그러하다고 말하고 있습니다.'라고 대답하셨다. 그러나 그들은 '이제 우리에게 무슨 증언이 더 필요합니까? 제 입으로 말하는 것을 우리 자신이 들었는데 말입니다.'라고 말했다." 참조.

고 이 교리 안에서만 세상에 공적으로 세워졌던 것이므로, 사람들은 그 교리의 공지를 인간 자신의 죄로 인하여 인간에 대해서 그때까지 신비〔비밀〕였던 것의 계시라고 부를 수 있다.

이 교리에서 이르고 있는 바는 곧 다음과 같다. **첫째로**, 사람들은 최고의 법칙수립자 그 자체를 인간의 약함에 대하여 **자비로운**, 그러니까 **관대한**(관용적인) 자로 표상해서도 안 되고, 또한 **전제적**이고 순전히 그의 무제한적인 권리에 따라서 지시명령하는 자로 표상하여, 그의 법칙들이 자의적이고, 우리의 윤리 개념과 전혀 친족성이 없는 것이라고 표상해서도 안 되며, 오히려 그의 법칙들은 인간의 신성성과 관계되어 있는 것으로 표상해야 한다. **둘째로**, 사람들은 신의 자비를 그의 피조물들에 대한 무조건적인 **호의**에 두어서는 안 되고, 오히려 신은 그의 피조물들이 그것을 통해 그에게 **흡족**할 수 있는 도덕적 성질에 제일 먼저 주목하며, 그런 연후에야 이러한 조건을 스스로 충족시킬 수 없는 피조물들의 무능력을 보충해준다는 점에 두지 않으면 안 된다. **셋째로**, 신의 정의는 **자비롭고, 용서하는** 것으로 표상될 수가 없다. (이런 것은 모순을 함유하는 것이다.) 더욱이 신의 정의가 법칙수립자의 **신성성**—이 앞에서는 어떤 인간도 정의롭지 못하다—의 질 안에서 시행되는 것으로 표상될 수는 없고, 인간들이 **인간의 자녀들**로서 신성한 법칙의 요구에 적합한 한에서, 단지 이 신성한 법칙과 인간이 합치하는 조건에 자비를 제한시키는 것으로 표상될 수 있을 따름이다.[178] —한마디로 말해, 신은 삼중의 종적으로 서로 다른 도덕적 질에서 섬김받기를 의욕하는바, 이 질에 대응해서 동일한 존재자의 서로 다른 (물리적이 아니라, 도덕적인) 위격의 명칭은 부적절한 표현이 아니다.

B214

∴

178) "정의는 신성성에 의한 자비의 제한이다."(Refl 6100: XVIII, 453) 참조.

이 신앙상징은 동시에 전체의 순수한 도덕적 종교를 표현하는 것으로서, 순수한 도덕적 종교는 이 구별이 없으면 신을 인간적인 원수[元首]와 같은 것으로 생각하는 인간의[179] 성벽에 따라서, (인간적 원수는 그의 통치 안에서 이 삼중의 질을 보통은 서로 분리시키지 않고 그것들을 자주 혼합하거나 혼동하기 때문에,) 의인관[신인동형론]적 노역신앙으로 변질될 위험에 빠진다.

VI142

그러나 바로 이 (신의 삼위일체에 대한) 신앙을 한낱 실천적 이념의 표상으로서가 아니라, 신이 그 자체로 무엇인가 하는 것을 표상한다고 하는 그러한 신앙으로 볼 것이라면, 이 신앙은 모든 인간적 개념을 넘어가는, 그러니까 인간의 파악력에는 계시될 수 없는 하나의 신비일 것이며, 이러한 고찰에서는 하나의 신비로 선포될 수 있을 것이다. 신비에 대한 신앙은 신의 본성에 대한 이론적 인식의 확장으로서는 단지 인간에게는 전혀 이해될 수 없는, 그리고 만약 사람들이 그것을 이해할 수 있다고 생각한다면, 의인관[신인동형론]적인, 교회신앙의 상징에 대한 고백일 따름일 것이다. 그런데 이를 통해서는 윤리적 개선은 조금만큼도 이루어지지 않을 것이다. 실천적인 관계에서는 사람들이 아주 잘 이해하고 통찰할 수 있으되, (객관 자체의 본성을 규정하려는) 이론적 의도에서는 우리의 모든 개념을 넘어서는 것이 (어떤 관계에서의) 신비이다. 그러나 그것은 (또 다른 관계에서는) 계시될 수도 있는 것이다. 위에서 언급한 신비는 이러한 종류의 것으로서, 이는 우리 자신의 이성을 통해 우리에게 계시되는 세 가지의 신비로 구분될 수 있다. 즉

B215

1. (인간을 하나의 윤리 국가의 시민으로 부르는) **소명**의 신비. ─우리는 인간이 신의 법칙수립 아래에 보편적으로 **무조건적으로** 종속되어 있다고

••
179) A판: "인간들의."

생각할 수 있는데, 그것은 오로지 우리가 우리를 동시에 신의 **피조물**로 보는 한에서만 그러할 수 있다. 그것은 신이 자연사물들의 창조자이기 때문에, 오직 그 때문에 신을 모든 자연법칙들의 창시자라고 볼 수 있는 것과 꼭 마찬가지이다. 그러나 우리의 이성으로는 존재자들이 어떻게 그들의 힘을 자유롭게 사용하도록 **조물되었다**는 것인지를 절대로 이해할 수 없다. 왜냐하면 인과성의 원리에 따라서 우리는 산출된 것으로 상정된 존재자에게는, 산출하는 원인이 그 존재자 안에 놓았던 근거 이외에는, 그 존재자의 행위들의 다른 내적 근거를 더 덧붙일 수가 없기 때문이다. 그럴 때에 이 근거에 의해 (그러니까 하나의 외적 원인에 **의해**[180]) 그 존재자의 B216 모든 행위는 규정될 것이므로, 그러니까 이 존재자 자신은 자유롭지 못할 것이다. 그러므로 신적인, 신성한, 그러니까 순전히 자유로운 존재자들과 관계가 있는 법칙수립은 이들 존재자의 창조의 개념과 우리의 이성통찰을 통해서는 화합할 수가 없다. 오히려 사람들은 이들 존재자를 이미 실존하는 자유로운 존재자로 볼 수밖에 없다. 즉 이들 존재자는 그것들의 창조에 의한 자연의존성을 통해서가 아니라, 순전히 도덕적인, 자유의 법 VI143 칙들에 따라서 가능한 강요를 통해서, 그러니까 신의 나라의 시민으로의 소명을 통해서 규정되는 것이다. 그래서 이 목적으로의 소명은 도덕적으로 전적으로 명백하다. 그러나 사변에게는 이렇게 소명받은 자의 가능성은 파고 들어갈 수 없는 하나의 신비이다.

2. **속죄**의 신비. 우리가 아는 바처럼, 인간은 부패해 있고, 결코 저 신성한 법칙에 스스로 부합하지는 못한다. 그럼에도 불구하고, 만약 그를 신의 자비가 이를테면 현존재로 불렀다면, 다시 말해 특별한 실존의 방식

⋮

180) B판 추가.

으로(즉 하늘의 나라의 성원으로) 초대하였다면, 신은 또한 이에 요구되는 인간의 적합성의 결여를 그 자신의 신성성의 충만에 의해서 보충할 수단을 가지고 있음에 틀림이 없다. 그러나 이것은 (인간 자신이 가질 수 있는 모든 도덕적 선 또는 악에 전제되어 있는 것인) 자발성에 어긋나는 일이다. 이 자발성에 따르면 그러한 선은, 만약 그것이 그에게 귀책될 수 있는 것이라 한다면, 다른 자가 아니라, 그 자신에 의해서 초래된 것이지 않으면 안 된다. ─그러므로 이성이 통찰할 수 있는 한, 어떠한 타자도 그의 넘치는 선행을 통하여 그리고 그의 공적을 통하여 한 인간을 대신할 수 없다. 또

B217 는 만약 이것이 상정된다면, 그것은 오로지 도덕적 의도에서만 그것을 **상정하는 일**이 필연적일 수 있는 것이다. 왜냐하면 이성추리에게 그것은 하나의 이를 수 없는 신비이니 말이다.

3. **선택**의 신비. 저 대리적 속죄가 가능한 것으로 용인된다 해도, 그것의 도덕신앙적인 상정은, 이미 인간 안에 신에게 흡족한 마음씨가 있다는 것을 전제하는, 선으로 향하는 의지를 규정하는 것이다. 그러나 인간은 그 안의 자연본성적인 부패로 인하여 스스로는 이러한 마음씨를 산출할 수가 없다. 그러나 하늘의 은총이 인간 안에서 작용한다 하며, 이 은총은 그 도움을 그 소행의 공적에 따라서가 아니라, 무조건적인 **결의**에 의해 어떤 인간에게는 인가하고, 다른 인간에게는 거절한다는 것, 그리고 인류의 일부는 정복(淨福)으로, 다른 일부는 영원한 저주로 선정된다는 것, 이 것은 다시금 신의 정의에 대한 아무런 개념도 주지 못하며, 오히려 이것은 기껏해야 그 규칙이 우리에게는 단적으로 하나의 신비인 어떤 지혜와 관계될 수밖에 없는 것이겠다.

그런데 이러한 신비들이 개개 인간의 도덕적 생활사(生活史)에 관계하는 한에서, 곧 도대체가 이 세계 안에 윤리적으로 선한 것 또는 악한 것이

있는 일이 어떻게 일어나는가, 그리고 (악한 것이 모든 이들 속에 항상 있다면), 어떻게 해서 악한 것으로부터 선한 것이 생겨나, 어느 인간 안에서는 복구되는가, 또는 왜, 만약 **이런 일**이 몇몇에서 일어난다면, 다른 이들은 이로부터 배제되어 있는가, 이러한 신비들에 관해서 신은 우리에게 아무것도 계시하지 않았으며, 또한 우리에게 아무것도 계시할 수가 없다. 왜냐하면 우리는 그것을 도무지 **이해하지**※+ 못할 터이기 때문이다. 그것은 마치 우리가 인간에게서 일어나는 일을 인간의 자유로부터 **설명**하고 **개념적으로 파악**하고자 하는 것과 같다. 이에 관해서 신은 우리 안의 도덕 법칙을 통해 그의 의지를 계시하기는 했으나, 그로 인해 자유로운 행위가 지상에서 일어나기도 하고 일어나지 않기도 하는 그 **원인들**을 어둠 속에

VI144

B218

※ + 사람들은 보통 종교의 초심자들에게 신비에 대한 신앙을 강요하는 것을 주저하지 않는다. 왜냐하면 우리가 그 신비들을 〔개념적으로〕 **파악**할 수 없다는 것, 다시 말해 그 신비들의 대상의 가능성을 통찰할 수 없다는 것이 우리가 그것들의 상정을 거부하는 것을 정당화할 수는 없겠기 때문이다. 그것은 어떤 인간도 파악할 수 없는 것인 가령 유기물의 번식능력이, 비록 그것이 우리에게 하나의 신비이고 신비로 남는다 할지라도, 그렇다고 해서 그것을 상정하기를 거부할 수 없는 것이나 마찬가지이다. 그러나 우리는 역시 이 표현이 말하고자 하는 바를 매우 잘 **이해**하고 있고, 그 대상에 대한 경험적 개념을 그 안에 어떠한 모순도 없다는 의식과 함께 가지고 있다. — 그런데 사람들은 신앙에 부쳐진 각각의 신비에 대해서, 그것이 무엇을 의미하고 있는가를 **이해**하는 것을 당연히 요구할 수 있다. 이러한 이해는 사람들이 신비를 암시하는 말들 **낱낱**을 이해함을 통해서, 다시 말해 이 말들에 하나의 의미를 결합함을 통하여 일어나는 것이 아니라, 그 말들이 하나의 개념 안에 총괄되어, 또 하나의 의미를 허가해야 하고, 그때 가령 모든 사고가 끝나지 않음을 통하여 일어나는 것이다. — 사람들이 자기편에서 진지하게 소망하기만 한다면, 신이 이러한 인식을 우리에게 **영감**을 통하여 허락할 수 있을 것이라는 것은 생각할 수 없다. 왜냐하면 우리 지성의 본성은 그러한 것에는 능력이 없으므로, 그러한 것은 전혀 우리에게 내속할 수 없기 때문이다.

B218

방치해 두었는바, 인간의 탐구에 대해서, 역사이면서도 또한 자유로부터 원인과 결과의 법칙에 따라서 파악되어야 하는 모든 것은 이 어둠 속에 남아 있을 수밖에 없다.※+ 그러나 우리의 태도의 객관적 법칙에 관해서는 우리가 필요로 하는 모든 것이 (이성과 성서를 통해) 우리에게 충분히 계시되어 있으며, 이 계시는 동시에 어떤 사람이나 이해할 수 있는 것이다.

B219

인간은 도덕법칙을 통하여 선한 품행으로 부름을 받았다는 것, 또한 도덕법칙에 대한, 그의 안에 있는 지울 수 없는 존경심을 통하여 이 선한 영에 대한 신뢰의 약속과 어떤 일이 있어도 이 선한 영을 만족시킬 수 있다는 희망의 약속을 자기 안에서 발견한다는 것, 끝으로, 인간은 후자의 기대를 전자의 엄격한 지시규정과 대조하면서, 심판자 앞에서 해명을 요구

VI145 받은 자로서, 자기 자신을 끊임없이 검사하지 않으면 안 된다는 것, 이러한 사실들에 관하여 이성과 심정과 양심이 가르쳐주며, 또한 동시에 그리로 〔우리를〕 몰고 간다. 우리에게 더 이상의 것이 개시되기를 요구하는 것은 불손한 짓이다. 그리고 이런 일이 일어난다고 해도, 인간은 그것을 보편적으로 인간에게 필요한 것으로 여겨서는 안 될 것이다.[181]

그러나 비록 저, 언급한 모든 것을 하나의 정식〔定式〕 안에 포괄하는, 커다란 신비가 인간 각자에게 그의 이성을 통하여 실천적으로 필연적인

※+ 그래서 우리는 실천적 관계에서는(즉 의무가 문제인 때에는) 자유가 무엇인가를 아주 잘 이해할 수 있다. 그러나 이론적 의도에서는, 자유의 원인성에 (이를테면 자유의 본성에) 관련해서는, 그것을 이해하고자 하는 것은 모순 없이는 결코 생각할 수가 없다.

∴
181) "계시는 우리가 이미 이성에 의해 가지고 있는 신에 대한 개념 외에 어떤 새로운 개념도 줄 수 없다."(XXVIII, 1317)

종교이념으로서 개념적으로 파악될 수 있다고 하더라도, 저 신비는 그것이 종교의, 특히 공적인 종교의 도덕적 토대가 되기 위해서, 그것이 **공적으로** 가르쳐지고 하나의 전혀 새로운 종교시대의 상징이 되었을 그때에 비로소 계시되었다고 말할 수 있다. **의례적 정식들**[182]은 보통 그것들 고유의, 순전히 특수한 단체(동업조합이나 공동체)에 속하는 이들을 위하여 정해진, 때로는 신비로운, 누구에게나 이해되는 것이 아닌 언어를 함유하고 있고, 이것을 사람들은 또한 당연히 (존경심에서) 오로지 예식적인 행위를 위해서만 사용해야 하는 것이다. (가령 누군가가 다른 사회로부터 선별된 사회의 일원으로 받아들여진다고 하는 경우와 같은 때 말이다.) 그러나[183] 인간이 결코 온전히 도달할 수 없는 유한한 피조물의 도덕적 완전성의 [184]최고 목표는 법칙에 대한 사랑이다.[185]

B220

이 이념에 의거해 종교에서는 "신은 사랑이다."[186]라는 것이 하나의 신앙원리[187]이다. 신 안에서 사람들은 사랑하는 이를 (인간들이 그의 신성한 법칙에 합치하는 한에서, 인간들에 대한 도덕적으로 **흡족함**의 사랑과 함께), 즉 **아버지**[성부]를 숭배할 수 있고, 더 나아가서, 신이 모든 것을 보존하는 그의 이념 안에서, 즉 그 자신이 낳은 사랑받는 인간성의 원형 안에서 자

..

182) 원어: Solenne Formeln. 'Solenne'는 라틴어 'sollemnis(장엄한, 성대한, 예식적인, 축제의)'에서 유래한 프랑스어 'solennel'을 차용한 것이라 하겠다. 독일어로는 'feierlich.'

183) B판 추가.

184) A판: "이 최고."

185) 「코린트 제1서」 13, 13: "무릇 그러나 믿음과 희망과 사랑, 이 세 가지는 남습니다. 그러나 사랑이 그 가운데서도 가장 위대한 것입니다." 참조.

186) 「요한 제1서」 4, 16: "하느님은 사랑이십니다. 사랑 안에 머무르는 사람은 하느님 안에 머물러 있고, 하느님도 그 사람 안에 머물러 계십니다." 참조.

187) A판: "신앙**법칙**."

신을 현시하는 한에서, 그의 **아들**[성자]을 숭배할 수 있으며, 끝으로 또한 신이 이 흡족함을 인간들이 흡족함의 저 사랑의 조건과 합치한다는 조건에 국한하는 한에서, 그리고 이를 통해 지혜에 기초하고 있는 사랑으로 증명하는 한에서, **성령**※을 숭배할 수 있다. 그러나 본래는 이렇게 다중의

VI146 B221

※ 이 성령은, 이를 통해 정복[淨福]을 주는 자로서 신의 사랑(즉 본래는 이 사랑에 맞는 우리의 대응사랑)이 법칙수립자로서의 신에 대한 공포와, 다시 말해 조건 지어진 것이 조건과 합일되는 것으로, 그러므로 "양방에서 출발하는"[188] 것으로 표상될 수 있다. "그는 모든 진리(의무의 준수)로 이끌면서"[189] 동시에 인간들의 (양심 앞에서의) 본래적 심판자인 것이다. 왜냐하면 심판은 이중의 의미로, 즉 공적의 있고 없음에 **관한**[190] 심판이거나 죄과의 유무에 관한 심판으로 받아들여질 수 있기 때문이다. (그의 아들 안에서) **사랑**으로 보인 신은 인간들을 그의 죄과를 넘어서 공적을 세울 수 있는 한에서 심판하는데, 거기에서의 그의 판결은 **품격**[자격]이 있는가 없는가 하는 것이다. 그는 그러한 공적이 귀속할 수 있는 자들을 그의 사람들로 선별한다. 나머지 사람들은 아무 일 없이 끝난다. 그에 반해 아무런 공적도 세울 수 없는 자들에 관한 정의에 따르는 심판관(즉 성령의 이름 아래서 본래 그렇게 칭해질 수 있는 심판관)의 선고는 죄과가 있는가 없는가, 다시 말해 징벌인가 방면인가이다. ─**심판**이란 전자의 경우에는 공적 있는 자와 없는 자의 **선별**을 의미하며, 이들 양편은 상(즉 정복[淨福])을 얻으려고 애쓰는 것이다. 그러나 여기서 공적이란 법칙과의 관계에서 도덕성의 우위가 아니라 ─법칙과 관련해서는 우리의 죄책성을 초과하는 의무의 준수가 우리에게 있을 수가 없다─, 도덕적 마음씨에 관해서 다른 사람들과의 비교 가운데 있는 것으로 이해된다. **품격**[자격] **있음**은 또한 언제나 단지 소극적인 의미를, (품격[자격] 없지 않음이라는) 곧 그러한 자비에 대한 도덕적 감수성이라는 의미를 갖는다. ─그러므로 첫 번째 질의 심판

VI146

B221

..

188)「요한복음」15, 26: "내가 아버지로부터 여러분에게 보낼 협조자, 곧 아버지로부터 나오는 진리의 영이 오시면, 그분은 나에 관해 증언할 것입니다." 참조.

189)「요한복음」16, 13: "그러나 그분, 곧 진리의 영이 오시면 여러분을 모든 진리 안으로 인도하실 것입니다." 참조.

190) A판에 따름.

위격으로 **호칭**하는 것이 아니라, —왜냐하면 그것은 존재자들의 상이성을 암시할 터이지만, 그러나 신은 언제나 오로지 유일한 대상이니 말이다 B222 VI147 —, 그러나 그 자신에 의해 모든 것을 넘어 숭배받고 사랑받으며, 그와 함께 도덕적인 합일에 서는 것이 소망이자 동시에 의무인 대상의 이름 안에

자(審判)는 상(즉 정복〔淨福〕)을 얻으려고 애쓰는 **양편의 개인들**(또는 당파들) 사이에서 선발하는 판결을 내리는 것이다. 그러나 두 번째 질의 심판자(즉 본래적인 심판관)는 원고와 피고 사이에서 판결을 하는 법정(즉 양심)에서 **동일한 인격〔개인〕**에 관해 선고를 내리는 것이다.[191] —이제 모든 인간이 죄책 아래에 있고, 그중의 몇몇은 공적을 세울 수 있다고 상정한다면, **사랑에 의한 심판자**의 판결이 일어난다. 거기서 공적이 없음은 단지 **기각판결**을 초래할 뿐이나, (그렇게 되면 인간은 정의에 의한 심판자의 처분에 맡겨짐으로써) 그것의 불가피한 귀결은 **징벌의 판결**이 될 것이다. 그러한 방식으로, 내 생각에는, 서로 상충되어 보이는 명제들인, "산 자와 죽은 자를 심판하기 위해서 아들이 올 것이다."[192]와 다른 한편으로, "신은 세상을 심판하려고 그를 보낸 것이 아니라, 세상을 구원하려고 보낸 것이다."[193](「요한복음」 III, 17)가 서로 합일하며, 또 "아들을 믿지 않는 자는 **이미** 심판을 받았다."(同 18),[194] 곧 "그는 죄 때문에 그리고 정의 때문에 세상을 심판할 것이다."[195]라고 일컬은 바의 저 영에 의해 이미 심판받았다고 말하는 것과도 합치한다. 순전한 이성의 분야에서 이러한 구별들에 꼼꼼하게 마음 쓰는 것을, (이 구별들은 본래 이러한 이성을 위해 설정된 것이거니와,) 사람들은 쓸모없고 번잡한 미세함이라고 쉽게 치부할 수도 있겠다. 이러한 꼼꼼함은 신의 본성을 탐구하 B222

●●
●

191) "심판이란 …… 내리는 것이다."는 대목은 B판 추가.
192) 「디모데오 제2서」 4, 1: '하느님 앞에서, 또 산 이와 죽은 이들을 심판하실 예수 그리스도 앞에서, 그리고 그분의 재림과 통치를 두고 나는 그대에게 명령합니다." 참조.
193) 또 다른 번역 "하느님께서 아들을 세상에 파견하신 것은 그가 세상을 심판하도록 하시려는 것이 아니라, 그로 말미암아 세상이 구원받도록 하시려는 것이었습니다." 참조.
194) 「요한복음」 3, 18: "그를 믿는 이는 심판을 받지 않습니다. 그러나 믿지 않은 이는 이미 심판을 받았습니다." 참조.
195) 「요한복음」 16, 8: "그리고 그분이 오시면 세상을 책망하시며 죄와 정의와 심판에 대해서 밝혀주실 것입니다." 참조.

서 그러한 것이다.[196] 덧붙여 말하면 이 삼중적 질의 신의 본성에 대한 신앙의 이론적 고백은 교회신앙의 한낱 고전적인 정식(定式)에 속하며, 그 교회신앙을 역사적인 원천에서 파생한 다른 신앙 종류들과 구별하기 위한 것이다. 이 신앙고백에 하나의 분명하고 명확한 (오해에서 벗어난) 개념을 결합시킬 수 있는 사람은 거의 없으며, 이를 해명하는 일은 그것의 의미를 통일하기 위해서 서로 관계를 맺고 있는 (성경책의 철학적이고 학식 있는 해석가들인) 교사들에게 더 적합한 일이다. 그러나 이 의미에서의 모든 것이 보통의 이해력을 위한 것도 아니고, 이 시대의 필요요구를 위한 것도 아니다. 한갓된 문자적 신앙은 참된 종교적 마음씨를 개선한다기보다는 오히려 부패시키는 것이다.

는 데에 기울일 때도 마찬가지일 것이다. 그러나 인간들은 그들의 종교적 관심사에 있어서는 끊임없이, 신의 정의를 회피할 수는 없다 하더라도, 자신들의 죄책감 때문에 신의 자비에 의지하려는 경향이 있다. 그러나 동일한 인격에서의 **자비로운 심판자**란 하나의 모순이다. 그렇기 때문에 사람들은, 실천적인 고려에서조차도 이에 관한 개념들이 매우 불안정하며 자기 자신과 부합하지 않을 수밖에 없음을 잘 아는 바이며, 그러므로 이 개념들을 바로잡고 정확하게 규정하는 일이 매우 큰 실천적 중요성을 가짐을 잘 알고 있는 바이다.

∴

196) "종교는 우리가 신을 삼중의 인격에서 숭배하는 한에서만 도덕적일 수 있다."(Refl 6092: XVIII, 448); "인간에게는 세 인격성이 세 개인에게 할당되어 있으나, 신 안에는 삼중의 인격성이 있다."(Refl 6092: XVIII, 449); "이러한 삼중의 인격성에서의 신에 대한 고찰은 이론적인 것이 아니라, 도덕적인 것이다."(Refl 6093: XVIII, 449)

철학적 종교론
제4논고

제4논고

선한 원리의 지배 아래서의 봉사와 거짓봉사에 대하여
또는
종교와 승직제도에 대하여

신의 나라의 기본체제[헌법]의 원칙들이 **공적으로** 되기 시작하기만 해
도, 그것은 이미 선한 원리의 지배의 시작이자, "신의 나라가 우리에게 오
고 있다."[1]는 표시이다. 왜냐하면 신의 나라는 오성세계[2] 안에 이미 현존
하며, 비록 감성세계 안에서는 신의 나라의 현상의 완벽한 전개가 아직도
요원하지만, 신의 나라를 실현할 수 있는 기초들이 이 오성세계에 보편적
으로 뿌리를 내리고 있기 때문이다. 주지하듯이 윤리적 공동체의 일원으
로 통합된다는 것은 특수한 종류의 의무(自己類의 義務[3])이다. 그리고 각
자가 자기의 사적 의무에 복종한다 해도, 그를 위한 어떤 특별한 조처를
요함이 없이도 공동의 선을 위한 만인의 **우연한 합치**가 그로부터 결과할 B226
수 있는 것이다. 그러나 저러한 만인의 합치는, 만인이 바로 똑같은 목표
를 위하여 상호 통합하여 악한 원리의 유혹에 대적하기 위해 통합된 그로

---

1) 「마태오복음」 3, 2: "회개하시오. 하늘나라가 가까이 왔기 때문입니다." 참조.
2) 원어: Verstandeswelt. 칸트 비판철학에서 'Verstand'는 일반적으로 '지성'으로 옮기는 것
   이 적절하다. 그러나 'Verstandeswelt'의 경우는 이 말이 칸트의 다른 표현 '예지[적] 세계
   (intelligibele Welt)' 또는 '이성세계(Vernunftwelt)'와 내용상 똑같은 것을 지시하는 한에
   서, '지성세계'보다는 '오성(悟性)세계'로 옮기는 편이 더 좋겠다. 예컨대 GMS, B106=IV451
   이하; KpV, A155=V87 등에서도 그러하다.
3) 원어: officium sui generis.

인해 보다 강력한 힘으로서의 하나의 **공동체**를 도덕법칙들 아래서 설립하는 특별한 사업을 행하지 않는다면—그렇지 않다면 인간들은 자신들 서로에 의해 악한 원리에 도구로 사용되는 유혹을 받는다—기대할 수 없는 것이다. —또한 주지하듯이, 그러한 공동체는 **신의 나라**로서 오직 **종교**를 통해서만 인간들에 의해 기획될 수 있는 것이며, 끝으로, 이 종교가 (공동체에게 요구되는바) 공적인 것이기 위해서는, 저 신의 나라가 **교회**라고 하는 감성적 형식에서 표상될 수 있으며, 그러므로 교회를 정돈하는 일은 인간에게 위임되어 있고 인간에 의해 요구될 수 있는 하나의 작업으로서 그 설립은 인간의 임무이다.

VI152

   그러나 하나의 교회를 종교법칙들에 따르는 하나의 공동체로 건립하는 것은 사람들이 인간에게 신뢰할 수 있는 이상의 지혜—통찰의 면에서뿐만 아니라 선한 마음씨의 면에서—를 필요로 하는 것처럼 보인다. 특히 그러한 집행기구를 통해 의도되고 있는 도덕적 선은 이를 위해 이미 인간들에게 **전제되어** 있지 않으면 안 되는 것처럼 보인다. 사실, (사람들이 인간에 대해서, 인간은 인간적인 군주의 나라를 건립할 수 있다고 말할 수 있다고 해서) **인간**이 신의 나라를 **설립**해야 한다고 하는 것은 또한 모순적인 표현이다. 신 자신이 그의 나라의 창시자이지 않으면 안 되는 것이다. 그러나 우리는, 우리가 그곳의 시민이자 신민이기 위해 우리 안에서 도덕적 사명을 발견하는 신의 나라의 이념을 현실에서 현시하기 위해서, 신이 무엇을 직접적으로 행하는가를 알지 못한다. 그러나 우리는 우리를 그 나라의 성원으로 적합하게 만들기 위해서 우리가 무엇을 해야만 하는가는 능히 아는 바이다. 그래서 이 이념은, 무릇 그것이 이성을 통해서 인류 안에서 각성되고 **공적으로** 되든지 아니면 성서를 통해서 그렇게 되든지 간에, 우리로 하여금 하나의 교회를 정돈하도록 책무 지운다. 그런데 교회에 대해서

B227

결국 신 자신은 그 **기본체제**[**헌법**]의 설립자, 창시자로서, 그러나 인간은 이 나라의 구성원이자 자유로운 시민으로서 어느 경우에나 그 **조직**의 창시자들이다. 그때 그들 가운데 그 조직에 준거해서 교회의 공적인 업무를 관장하는 자들은[4] 교회의 봉사자[5]로서 그 조직의 **행정부**를 구성하고, 여타의 모든 사람들은 그들의 법칙에 복종하는 동지조합, **회중/교단**을 구성한다.

공적인 종교신앙으로서의 순수 이성종교는 교회(곧 하나의 불가시적인 교회)의 순전한 이념을 허용할 뿐이고, 종규에 기초한 가시적인 교회만이 인간에 의한 조직을 필요로 하고 또 할 수 있으므로, 불가시적인 교회 안에서의 선한 원리의 지배 아래에 있는 봉사는 교회봉사로 볼 수가 없을 것이다. 저 [이성]종교는 윤리적 공동체의 **공직자**로서의 법률적 봉사자를 갖지 않으며, 그 공동체의 구성원 각자는 최고 법칙수립자로부터 그의 명령을 직접 받는다. 그러나 우리는 그럼에도 불구하고 우리의 모든 의무— 우리는 이 의무를 모두 동시에 신의 지시명령으로 보지 않을 수 없다—와 관련하여 항상 신에게 봉사하고 있는 것이므로, 순수 이성종교는 모든 선량한 인간들을 그 **봉사자**—그러나 **공직자**가 아닌—로 갖는다. 다만 그들은 그런 한에서 교회(곧 여기서 오로지 문제로 삼고 있는 가시적 교회)의 봉사자라고 일컬을 수는 없을 것이다. —그럼에도 제정법적인 법칙들 위에 건립된 모든 교회는, 자기 안의 (만약 신앙이 실천적이라면, 모든 신앙에서 본래 종교를 형성하는 것인) 순수 이성신앙에 끊임없이 접근하여, 시간이 가면서 교회신앙을 (그 안에 있는 역사적인 것의 면에서) 벗어날 수 있는 원리를 함

B228

VI153

∴

4) A판: "자들은 그러나."
5) A판: "봉사자(官吏)."

유하는 한에서만, 참된 교회일 수 있으므로, 우리가 이 법칙들 안에서 그리고 그 위에 기초하고 있는 교회의 공직자들에게 교회의 **봉사**(祭儀)를 지정할 수 있을 것인데, 그것은 이들이 교회의 교리와 조치를 항상 저 최종의 목적(즉 공적인 종교신앙)에 맞추는 한에서 그러하다. 반대로 이러한 점을 전혀 고려하지 않고, 오히려 이러한 목적으로의 계속적인 접근의 준칙을 저주받을 짓으로 설명하면서, 그러나 교회신앙의 역사적이고 제정법적인 부분에 대한 의존을 유일하게 정복[淨福]을 주는 것이라고 설명하는 그러한 교회의 봉사자들은 당연히 교회 내지는 (이 교회를 통해 표상되는 것인) 선한 원리의 지배 아래에 있는 윤리적 공동체에 대한 **거짓봉사**의 죄를 지을 수 있는 것이다. — 거짓봉사(僞祭儀)란 **실제로는**[6] 그의 의도를 역행하게 하는 그러한 행위들을 통하여 누군가에게 봉사한다는 신조로 이해된다. 그러나 이러한 일이 공동체 안에서 일어나는 것은, 단지 상위자[7]의 뜻을 만족시키기 위한 수단의 가치만을 가지는 것을 우리를 그에게 **직접적으로** 흡족하게끔 만드는 것이라고 거짓으로 소개하고, 그런 자리에 놓음으로써이다. 그리고 이렇게 되고나면 상위자의 의도는 수포로 돌아가게 될 것이다.

B229

---

6) B판 추가.
7) 곧 신.

제1편

종교 일반에서의 신에 대한 봉사에 대하여

종교란 (주관적으로 고찰하면) 우리의 모든 의무들을 신의 지시명령〔계명〕들로 인식함[8]이다.[※] 어떤 것을 나의 의무로 인정하기 위해서 그 어떤 B230 VI154

[※] 이 정의에 의해 종교 일반의 개념에 대한 많은 잘못된 해석들이 예방된다. **첫째** B230
로, 종교에서는 이론적 인식 및 고백과 관련해 어떠한 확정적 지식도—신의 현존
에 대해서조차도—요구하지 않는데, 그것은 우리가 초감성적인 대상들에 대한
통찰이 없어서 이러한 고백이 이미 속임수일 수도 있는 것이고, 오히려 단지 사변
에 따라서 사물들의 최상의 원인에 관한 **문제적인**〔**문제성 있는**〕[9] 상정(가정)을
필요로 하기 때문이라는 것이다. 그러나 도덕적으로 지시명령하는 우리의 이성이
우리로 하여금 그것을 향하여 작동하도록 하는 대상과 관련해서는 이 이성의 궁
극의도의 효과를 약속하는 실천적인, 그러니까 자유로운 확정적 신앙을 전제하
며, 이 신앙은 선을 향한 모든 도덕적으로 진지한 (그리고 그렇기 때문에 신실한)
노고가 불가피하게 관계하지 않을 수 없는 **신의 이념**만을 필요로 한다. 이론적 인
식을 통하여 그 이념에게 객관적 실재성을 보증할 수 있다고 참칭하지 않으면서

⁙

8) 종교에 대한 동일한 정의를 『실천이성비판』(A233＝V129), 『판단력비판』(B477＝V481) 등
   에서도 볼 수 있다. "종교는 신에 대한 인식에 적용된 도덕이다. 사람들이 종교를 도덕과 결
   합하지 않는다면, 종교는 한낱 은혜구걸이 될 것이다."(Päd: IX, 494) "그래서 **도덕〔성〕과
   종교는 또한 가장 정확하게 결합되어 있으며**, 단지 서로 구별되는 것은, **도덕〔성〕**에서는 도
   덕적 의무들이 모든 이성적 존재자 각각의 원칙들로서 실행되어야 하고, 이성적 존재자 각
   자는 목적들의 하나의 보편적 체계의 성원으로서 행위해야 한다면, 반면에 종교에서는 도덕
   적 의무들이 최상의 신성한 의지의 지시명령〔계명〕으로 여겨진다는 점이다. 근본적으로 도
   덕〔성〕의 원칙들은 최고 완전성의 이념에 부합하는 유일한 것이니 말이다."(V-Phil-
   Th/Pölitz: XXVIII, 1102) 그러나 "도덕이 어떻게 우리가 선한 인간이 되는가를 가르친다면,
   종교는 어떻게 우리가 신에게 흡족한 인간이 되는가를 가르친다." 또한 "도덕이 어떻게 우
   리가 최고선에 합당하게 될 수 있는가를 가르친다면, 종교는 우리가 어떻게 최고선을 나눠
   가질 수 있는가를 가르친다."(Refl 6224: XVIII, 515)
9) 원어: problematisch.

제4논고 | 389

것이 신의 지시명령이라는 것을 내가 먼저 알지 않으면 안 되는 그런 종

교는 **계시〔된〕** (또는 계시를 필요로 하는) 종교이다. 그에 반해 내가 어떤 것을 신의 지시명령으로 인정할 수 있기 전에 그것이 의무라는 것을 내가 앞서 알지 않으면 안 되는 그런 종교는 **자연〔적〕 종교**이다.[12] — 순전히 자

도 말이다. 모든 인간에게 의무가 될 수 있는 것을 위해서는 (신이 있다는 것이 가능하다고 하는) **최소한**의 인식만으로도 주관적으로는 이미 충분한 것이 틀림없다. **둘째로** 종교 일반에 대한 이 정의에 의해 종교가 마치 신과 직접적으로 관계 맺고 있는 특수한 의무들의 총체인 것처럼 생각하는 잘못된 표상이 예방되며, 그를 통해 우리가 (하여튼 인간에게 그러한 경향이 매우 큰바) 윤리적–시민적 인간의 의무들—인간의 인간에 대한—외에 **궁정봉사〔부역〕**를 받아들이고, 저 의무들에 관한 부족을 이로써 잘 메워보려고 하는 시도를 하지 않도록 방지된다. 보편적 종교에서는 신에 대한 특별한 의무란 있지 않다.[10] 왜냐하면 신은 우리에게서 아무것도 받을 수 없기 때문이다. 우리는 신에게 그리고 신을 위하여 아무런 작용영향도
미칠 수가 없기 때문이다. 만약 사람들이 신에 대한 마땅한 외경을 그러한 의무로 만들고자 한다면, 사람들이 이 외경은 종교의 특수한 행위가 아니라, 의무에 맞는 우리의 모든 행위들 일반에 수반하는 종교적 마음씨라는 것을 유념하지 않은 것이다. "인간들에게 순종하는 것보다 신에게 순종하여야 한다."[11]고 말한다 할지라도 이것이 의미하는 바는 다름 아니라, 만약 인간이 그것들의 법칙수립자이자 심판자일 수 있는 제정법적 지시명령들이, 이성이 무조건적으로 지시규정하고 그것들의 준수와 위반에 관해 신만이 심판자가 될 수 있는 의무들과 상충한다면, 전자는 후자에게 그 위엄을 굽혀야만 한다는 것이다. 그러나 만약 사람들이 인간보

∴

10) "종교는 신의 지시명령으로서의 모든 인간의무들의 총체이다. 그러니까 종교는 신에 대한 인간의 의무들의 총체일 수가 없다."(「윤리형이상학 강의Vigilantius」: XXVII, 713)

11) 「사도행전」 5, 29: "Man muß Gott mehr gehorchen als den Menschen."(*Die Bibel* Martin Luthers); "oboedire oportet Deo magis quam hominibus."(*Biblica sacra vulgata*) 참조. 칸트는 같은 대목을 위에서(B138=VI99)도 인용하고 있는데, 다만 앞에서 는 조동사를 'muß'로 여기서는 'soll'로 바꿔 쓰고 있다.

12 Wolff의 신학 분류(*Theologia naturalis*, Bd. 1, §1과 §9) 이래 종교가 이렇게 통상적으로 분류된 내력에 대해서는 Bohatec, *Religionsphilosophie Kants*, S. 42 이하 참조.

연적 종교만이 도덕적으로 필수적이라고, 다시 말해 의무라고 설명하는
이는 (신앙의 사안에 있어서) **이성주의자**라고 부를 수 있다. 만약 이 이성주
의자가 모든 초자연적인 신적 계시의 현실성을 부정한다면, 그를 자연주
의자라 일컫는다. 그런데 이성주의자가 이러한 계시는 허용하면서도, 그
것을 인지하고 그것을 현실적인 것으로 인정하는 것이 종교를 위해 반드 VI155
시 요구되는 것은 아니라고 주장한다면, 그는 **순수한 이성주의자**라고 부
를 수 있겠다. 그러나 그가 이 계시에 대한 신앙을 일반적 종교에 필수적 B232
인 것으로 본다면, 그는 신앙의 사안에 있어서 **초자연주의자**라고 일컬어
질 수 있을 터이다.[13]

　이성주의자는 그 명칭 덕분에 그 자체로써 이미 인간적 통찰의 경계 안
에 머무르지 않을 수 없다. 그래서 그는 자연주의자로서는 결코 부인하지
않을 것이며, 계시 일반의 내적 가능성에 대해서도 참종교를 도입하기 위
한 신적 수단으로서의 계시의 필연성에 대해서도 이론을 제기하지 않을

다는 신에게 순종해야만 하는 그러한 것을 제정법적인, 교회에 의해 그러한 것으
로 칭해지는 신의 지시명령으로 이해하려고 한다면, 자칫 저 원칙은 자주 듣고 있
는바 위선적이고 지배욕이 강한 승직자들의 시민적 정부 당국에 대한 봉기가 될
수 있을 것이다. 무릇 허가된 것, 즉 시민적 정부당국이 지시명령한 것은 **확실히**
의무이다. 그러나 그 자체로는 허가된 것이라도 오직 신적 계시를 통해서만 우리
에게 인식가능한 것은 실제로 신에 의해 지시명령된 것인지 어떤지가 (적어도 대
부분은) 매우 불확실하니 말이다.

∵

13) 칸트가 신학을 구분할 때는, 일단 신학을 계시신학(Theologia revelata)와 이성신학
　　(Theologia rationalis)으로 나눈 후, 이성신학을 다시 초월신학(Transzendentale Theologie)
　　과 자연신학(Natürliche Theologie)으로 구분하고, 초월신학을 우주신학(Kosmotheologie)과
　　존재신학(Ontotheologie)으로, 자연신학을 물리신학(Physikotheologie)과 도덕신학
　　(Moraltheologie)으로 다시금 구분한 바 있다.(*KrV*, A631=B659 이하; A814=B842～
　　A816=B844 참조)

것이다. 왜냐하면 이에 관해서는 어떤 인간도 이성을 통해 무엇인가를 결정할 수 없으니 말이다. 그러므로 쟁점이 될 수 있는 것은 신앙의 사안에 있어서 순수 이성주의자와 초자연주의자의 교호적 요구주장, 바꿔 말해 이편 또는 저편이 무엇을 유일한 참종교를 위해 필연적이고 충분한 것으로 또는 단지 우연적으로 상정하는가 하는 것뿐이다.

종교를 그것의 최초의 근원과 내적 가능성에 따라 구분하지 않고—이런 경우에 종교는 자연종교와 계시종교로 구분된다—, 그것의 **외적 전달 가능 능력**의 성질에 따라 구분한다면, 종교는 두 종류일 수 있는데, 즉 (만약 그것이 일단 현존한다면) 누구나 그의 이성을 통해 확신할 수 있게 되는 **자연종교**이거나, 사람들이 타인들을 (그 안에서 그리고 그를 통하여 그들을 인도하지 않으면 안 되는) 학식을 매개로 해서만 확신시킬 수 있는 **교학[教學]종교**이거나이다. 이러한 구별은 매우 중요한데, 사람들이 종교의 근원으로부터만은 그 종교의 보편적인 인간종교로서의 적합성 여부를 아무것도 추론할 수 없으나, 그것이 보편적으로 전달 가능한가 아니한가의 성질로부터는 능히 할 수 있기 때문이다. 그런데 전달 가능성의 속성은 모든 인간을 묶는다고 하는 그러한 종교의 본질적 성격을 이루는 것이다.

그렇기에 하나의 종교는, 만약 그것이 인간들이 그들 이성의 순전한 사용을 통하여 그에 저절로 **이를 수 있겠고**, 또 **그래야만 하는** 성질의 것이면, **자연종교**이면서도 **계시된** 것일 수 있다. 그것이 설령 기대된 만큼 그렇게 일찍이 또는 광범위하게 이에 이르지 **못했다고 해도** 말이다. 그러니까 그 종교의 계시는 어떤 특정한 시간과 특정한 장소에서는 현명하고, 인류에게 효능이 있는 것일 수 있었으나, 그럼에도 그 계시를 통하여 도입된 종교가 일단 현존하고, 공적으로 알려지고 나면, 그 다음에는 누구나 그 스스로 그리고 자기의 이성을 통해 이것의 진리에 대해 확신할 수 있게 되는 것이다. 이런 경우에 그 종교는 **객관적으로는** 자연종교이다. 비록 **주관적으로는** 계시된 종교이지만 말이다. 그 때문에 이 종교에도 전자의 이름이 본래 제격이다. 왜냐하면 나중에 가서는 그러한 초자연적인 계시가 일찍이 있었다는 것이 아무리 전적으로 망각된다 하더라도, 그때에도 그 종교는 이해가능성에서나 확실성에 있어서나 마음에 미치는 힘에 있어서나 조금도 상실하는 바가 없기 때문이다. 그러나 그것의 내적 성질로 인하여 단지 계시된 것으로밖에는 볼 수 없는 종교에서는 그 사정이 다르다. 만약 그 종교가 전적으로 확실한 전통이나 원전으로서의 성경 책들에 보존되지 못한다면, 그것은 세계에서 사라질 것이고, 시시때때로 공적으로 반복되는 초자연적 계시나 각자 사람 안에서 내적으로 하나의 연속적으로 지속적인 초자연적 계시가 일어나지 않는다면, 그러한 신앙의 확산과 전파는 불가능할 터이다.

B234

그러나 적어도 부분적으로 모든 종교는, 계시된 종교조차도, 자연종교의 어떤 원리들을 함유하지 않을 수 없다. 왜냐하면 계시는 이성에 의해서만 종교의 개념에 덧붙여 생각할 수 있는 것이기 때문인데, 그것은 이 종교 개념 자체가, 도덕적 법칙수립자의 의지 아래에 있는 책무로부터 도출되는 것으로서, 하나의 순수한 이성개념이니 말이다. 그러므로 우리는 계시된 종교조차도 한편으로는 자연종교로, 또 다른 편으로는 그러나 교학종교로 보고 검토할 수 있으며, 그리고 무엇이 또는 얼마만큼이나 한편의 또는 다른 편의 원천으로부터 그것에 귀속하는가를 구별할 수 있다.

그러나 우리가 계시된 (적어도 그러한 것으로 받아들인) 종교에 대해서 언급하고자 하는 의도를 가지고 있다면, 그러한 것의 실례를 역사에서 가져오지 않을 수 없을 것이다. 우리는 **그렇지 않으면**[14] 그러한 경우들의 가능성이 부정될지도 모르는 경우들을 실례로 들어 생각해보지 않을 수 없기

B235

때문이다. **그러나**[15] 이때 우리가, 그와 같은 것을 함유하고 있는 어떤 책을, 특히 윤리적인, 따라서 이성에 친근한 가르침들로 조밀하게 짜여 있는 그러한 책을 계시된 종교 일반이라는 우리의 이념을 설명하기 위한 중간 수단으로 취하는 것보다 더 잘 할 수 있는 것은 없다. 그래서 우리는 이

VI157 책을 계시를 신용하면서 종교와 덕을 다루는 여러 가지 책들 중의 하나로서, 우리에게 그 안에서 순수한, 그러니까 보편적인 이성종교일 수 있는 것을 찾아내는, 그 자체로 유익한 방법절차의 실례로 우리 눈앞에 놓는다. 이때 우리는 실증적인 계시의 교리들의 총괄인 이 책의 해석을 위임받은 이들의 업무를 간섭하지도 않으며, 그렇게 함으로써 학식에 기초하고 있는 그들의 해석을 공격하고자 하지도 않는다. 오히려 그러한 방법절차는 이러한 해석에 유리하다. 왜냐하면 이러한 해석은 철학자들과 동일한 목적, 곧 도덕적으로–선한 것을 겨냥하는 것으로, 철학자들이 그들 고유의 이성근거들을 통해 이르려 생각하는 그곳에 그것은 다른 길을 거쳐

B236 그 자신이 도달하려고 생각하고 있는 것이니 말이다. 무릇 이 경우에 이 책은 기독교의 신앙교리의 원천인 신약성서일 것이다. 우리의 의도에 따라서 이제 우리는 두 절로 나누어, 첫째로 자연종교로서 기독종교를, 그 다음에 둘째로 교학종교로서 기독종교를 그 내용과 그 안에서 나타나는 원리들의 면에서 그려보고자 한다.

• •

14) A판: "그 자체로."
15) A판: "그러므로."

제1편

제1절

자연종교로서의 기독종교

그것의 최종 목적에 성공을 부여할 수 있는 자의 개념(즉 도덕적 세계창시자로서의 **신**의 개념)과 결합되어 있고, 이 전체 목적에 알맞은 인간들의 지속(즉 불사)과 관련되어 있는 (주체의 자유와 관계하는) 도덕으로서의 자연종교는 하나의 순수한 실천적 이성개념이다. 그런데 이 개념은 그것의 무한한 생산성에도 불구하고 그렇지만 단지 아주 조금의 이론적인 이성능력을 전제할 뿐이다. 그래서 사람들은 모든 인간에게 이에 대해 실천적으로 충분히 확신시킬 수 있고, 적어도 이 종교의 작용을 누구에게나 의무로서 요구할 수 있는 것이다. 이 종교는 참종교의 중대한 요건, 곧 누구에게나 타당함(즉 普遍性 或 分配的 全體[16]), 다시 말해 보편적 일치라는 뜻에서의 보편성의 자격을 자신 안에 가지고 있다. 이런 의미에서 자연종교를 세계 종교로 확산시키고 유지보존하기 위해서는 물론 한갓 비가시적인 교회의 봉사직(奉仕職)이 필요하기는 하지만, 그러나 어떠한 공직자(官吏)를 필요로 하지는 않는다. 다시 말해 교사가 필요하기는 하지만, 관리자를 필요로 하지는 않는다. 왜냐하면 각 개인의 이성종교에 의해서는 어떠한 교회도 보편적 **통합**(集合的 全體[17])으로 실존하지 않으며, 또한 저러한 이념에 의해 본래 의도된 것도 아니기 때문이다. —그러나 그러한 일치는 저절로 유지되지를 못하고, 그러니까 가시적인 교회가 되지 않고서

B237

VI158

∵

16) 원어: universitas* vel omnitudo distributiva. ※A판: universalitas.
17) 원어: omnitudo collectiva. 이와 관련하여 '분배적 통일'과 '집합적 통일'의 개념에 대해서는 *KrV*, A582=B610 · A644=B672 참조.

는 그것은 보편적으로 전파될 수가 없고, 오직 하나의 집합적인 보편성, 다시 말해 순수한 이성종교의 원리들에 따라서 하나의 (가시적인) 교회로의 신자들의 통합이 덧붙여질 때만 유지될 수 있는 것이다. 그러나 이러한 통합이 저 일치로부터 저절로 생겨나는 것은 아니며, 또는 설령 이 교회가 건립되어 있다 해도, (위에서 지적한 바처럼) 그 자유로운 신봉자들에 의해서는 신자들의 **공동체**로서의 고정불변적인 상태를 이루지는 못할 것이다. (이를 깨달은 자들 중 어느 누구도 자기의 종교적 마음씨를 위하여 그러한 종교에서 타인들과 동지단체를 이룰 필요가 있다고 믿지 않으니 말이다.) 그렇기 때문에 자연적 법칙들 외에 순전한 이성으로 인식가능한 법칙들에 의해 어느 정도 제정법적인, 그러나 동시에 법칙수립적인 위엄(권위)이 수반하

B238 는 법령들이 덧붙여지지 않는다면, 인간의 특수한 의무, 즉 인간의 최고 목적을 위한 수단을 이루는 것, 곧 보편적이고 가시적인 교회를 위한 인간의 고정불변적인 통합은 언제나 결여하게 된다. 그러한 교회의 창설자가 되는 위엄은 한낱 하나의 순수한 이성개념이 아니라 하나의 사실을 전제하는 것이다.

무릇 우리가 한 역사가 (또는 적어도 보편적인, 근본적으로 다툼을 벌일 수 없는 의견이) 한 교사[선생님]에 대해서 말하는 바를 받아들인다면, 그는 그 교리[가르침]들이 우리에게 보존되어 있는 것으로서 우리 자신이 검사할 수 있는, 순수하고 온 세계가 이해할 수 있는 (자연적인) 침투성이 강한 하나의 종교를 처음으로 공적으로, 그것도 번쇄하고 도덕적 의도에 역행하는 지배적인 교회신앙—이 신앙의 노역봉사는 그 당시의 세계에서 일반적이었던, 주요사안에서는 한낱 제정법적인 모든 여타 신앙의 실례로 쓰일 수 있는바—에 대항하여 강론하였다. 또한 우리는 이 교사[선생님]가 저러한 보편적 이성종교를 모든 종교신앙의 최상의 필요불가결한 조건

으로 삼았으며, 그리고 저 원리들 위에 건설된 하나의 교회를 실현하기 위한 수단으로 쓰일 형식들과 계율들을 함유하는 모종의 법규들을 덧붙여 놓았음을 아는 바이다. 그래서 사람들은 이를 목적으로 한 이 교사[선생님]의 질서규정들이 우연적이고 자의적인 것이라 해도 그가 설립한 교회에 B239 참된 보편적 교회라는 이름을 붙이고, 또한 이 교회에 합일하도록 인간들을 불렀던 그의 권위에 이의를 제기할 수 없는 것이다. 그렇다 해도 그가 하고자 한 것은 신앙에 새롭고 번쇄한 질서규정들을 늘리려는 것도 아니고, 그에 의해 처음으로 내려진 질서규정들로부터 신성하고, 그 자체로서 종교요소로서 의무 지어지는 특수한 행위들을 만들어내고자 한 것도 아니다.

사람들은 이 역사기술에 의한, 비록 모든 종규로부터 순수한, 모든 사 VI159 람의 마음에 쓰여 있는[18] **종교**의 **설립자**로서는 아니지만—왜냐하면 종교는 자의적인 근원에서 생기는 것은 아니므로—, 최초의 참된 **교회**의 **설립자**로서 숭배될 수 있는 인격을 놓칠 수는 없다. — 신이 보낸 자로서의 그의 존엄성의 인증을 위하여 우리는 그의 가르침의 몇 가지를 종교 일반의 의심할 수 없는 전거로서 인용하고자 한다. 여기서 역사[적 사실이]야 어찌 되었든 상관이 없다. (왜냐하면 그 이념 자체에 이미 그것을 받아들일 충분한 근거가 놓여 있으니 말이다.) 그리고 그의 가르침은 물론 순수한 이성의 가르침 외의 다른 것일 수 없다. 왜냐하면 이성의 가르침만이 자기 자신을 증명하는 것이고, 그러므로 이 위에 다른 가르침의 인증은 주로 이에 의거할 수밖에 없기 때문이다.

맨 먼저 그가 가르치고자 한 바는, 외적 시민적 또는 제정법적 교회의

••

18) 「코린트 제2서」 3, 2: "우리의 추천편지는 여러분 자신입니다. 그것은 우리 마음 안에 쓰여 있으며, 모든 사람들에게 알려지고 읽혀집니다." 참조.

무들의 준수가 아니라, 오히려 오직 순수한 도덕적인 진정한 마음씨만이
B240 인간을 신에게 흡족하도록 만들 수 있다는 것(「마태오복음」 5, 20~48), 생
각 속의 죄는 신 앞에서는 행실과 똑같이 여겨진다는 것(「마태오복음」 5,
28), 그리고 도대체가 신성함이 그가 지향하여 애써야 할 목표라는 것(「마
태오복음」 5, 48), 예컨대 마음속으로 미워함은 죽임과 같다는 것(「마태오복
음」 5, 22), 이웃에게 저지른 부당한 짓은 제례적 행위에 의해서가 아니라,
그 자신에게 속죄함으로써만 보상될 수 있다는 것(「마태오복음」 5, 24), 그
B241 리고 진실성의 점에서는 시민적 공감수단※인 서약은 진리 그 자체에 대

※ 왜 양심 위가 아니라 순전한 미신 위에 기초한, 시민적 법정에서의 고백을 위한,
강제수단에 대한 이러한 명백한 금지가 종교의 교사들에게 그렇게 중요치 않은
것으로 여겨졌는지 잘 이해할 수가 없다. 무릇 사람들이 대개 이런 것에서 그 작
용결과[효과]를 기대한다는 것은 미신이다. 그것은, (세계 안에서의 신성한 것[19]
인) 인간의 권리에 대한 결정이 그 발언의 참됨에 의존하는 그 엄숙한 발언에서
그가 참을 말할 것이라고 신뢰할 수 없는 한 인간에게, 저 발언으로 인해 신의 형
벌―그는 물론 그러한 거짓말로 이를 피할 수 없지만―을 초래할 따름인 의식
[儀式] 때문에, 마치 이 최고의 법정에서 증언이 그에게 중요한 문제인 것처럼 그
가 참을 말할 것이라고 믿음을 보내는 것이니 말이다. ―인용한 성서의 구절들에
는 이런 종류의 맹세가 우리의 지배력 안에 있지 않은 사물들을 이를테면 주문[呪
文]에 의해 실현시키려는 **불합리한** 오만불손으로 표상되고 있다. ―그러나 참의
맹세로서 '예' 라고 할 것에 '예!' 이상으로, '아니오' 라고 할 것에 '아니오!' 이상
B241 으로 나가는 것은 악에서 온다[20]고 말하는 현명한 교사[선생님]는 서약이 초래하
는 악한 결과를 눈앞에 가지고 있었음을 잘 볼 수 있다. 그는 곧 선서에 부여된 더
큰 중요성은 보통의 거짓말을 거의 허용한다는 것을 알고 있었다.

∴

19) A판: **가장** 신성한 것." "신이 지상에서 가지고 있는 가장 성스러운[신성한] 것, 즉 인간의
   권리/법"(*ZeF*, AB27=VIII353) 참조.
20) 「마태오복음」 5, 37: "여러분은 말할 때, '예' 할 것은 '예!' 하고, '아니오' 할 것은 '아니
   오!' 하시오. 그 이상으로 나아가는 것은 악에서 나오는 것입니다." 참조.

한 존경을 손상한다는 것(「마태오복음」, 5, 34~37), ─ 인간 마음의 자연적 VI160
인 그러나 악한 성벽은 전적으로 전환되어야 하는 것이니, 복수의 달콤한
감정은 관용으로(「마태오복음」, 5, 39~40), 자기의 적에 대한 증오는 자비로
바꾸지 않으면 안 된다는 것(「마태오복음」, 5, 44)이다. 그래서 그는 어쨌거
나 유대의 율법을 온전히 충족시킬 것이라 말한다.(「마태오복음」, 5, 17) 그
러나 여기서 분명한 것은 그 율법의 해석자는 성서학식이 아니라 순수한
이성종교여야 한다는 점이다. 왜냐하면 문자대로 취한다면, 유대의 율법
은 이상에서 말한 것의 정반대를 허용하였으니 말이다. ─그 위에 그는
좁은 문과 비좁은 길을 언급함으로써 인간이 그들의 참된 도덕적 의무를
지나쳐버리고, 교회의 의무 이행을 통해 그것을 배상하도록 허용한 율법
의 잘못된 해석을 간과하지 않고 있다(「마태오복음」, 7, 13²¹⁾).[※] 그럼에도 불
구하고 그는 이러한 순수한 마음씨에 대해서 그것이 행실에서도 증명되 B242
어야 한다고 요구하고(「마태오복음」, 7, 16), 그에 반해서 그의 사자〔使者〕의
인격 안에서 최고 법칙수립자를 외쳐 부르거나 찬양함으로써 그 행실의
결함을 보충하거나 감언이설로 호의를 얻으려 생각하는 자들로부터 그들
의 교활한 희망을 박탈한다.(「마태오복음」, 7, 21²²⁾) 이러한 소행들에 대해

※ **좁은 문**과 생명으로 인도하는 비좁은 길은 선한 품행의 길이다. **넓은 문**과 많은
사람들이 걸어가는 널찍한 길은 교회이다. 인간이 타락하는 것이 마치 교회에 그
리고 교회의 종규들에 있지 않은 것처럼, 오히려 교회에 **다니고**, 교회의 법규들을
신봉하고 의식들을 거행하는 것이 신에게 참으로 봉사하는 방식이라고 받아들여
져 있다.

∴

21) 「마태오복음」, 7, 13~14: "여러분은 좁은 문으로 들어가십시오. 멸망으로 인도하는 문은
넓어서 그리로 들어서는 사람이 많습니다. 생명으로 인도하는 문은 좁고 길은 비좁아서 그
것을 찾는 사람은 적습니다." 참조.
22) 「마태오복음」, 7, 21: "나더러 '주님, 주님' 하는 사람마다 모두 하늘나라에 들어가는 것이

그는, 이러한 소행들이 추종을 위한 본보기를 위해 또한 공공연하게 일어나야 한다는 것을, 그것도 노예적으로 압박된 행위들에서가 아니라, 기쁜 심정에서 생겨나서(「마태오복음」 6, 16[23]), 좋은 밭에 떨어진 한 알의 씨앗이나 선의 누룩과 같은, 그러한 마음씨의 전달과 확산의 작은 단초로부터 종교가 그 내적 힘에 의해 점차로 신의 나라로 증대되어갈 것을 의욕하고 있다(「마태오복음」 13, 31~33[24]). —끝으로 그는 모든 의무를 1)(인간의 내적 그리고 외적 도덕적 관계를 포괄하고 있는) 하나의 **보편적** 규칙, 곧 '너의 의무를 그 의무의 직접적 존중이라는 동기에서만 행하라.', 다시 말해 '무엇보다도 (모든 의무의 법칙수립자인) 신을 사랑하라.' 와 2) 하나의 **특수한** 규칙, 곧 보편적 의무로서 타인에 대한 외적 관계에 관한 규칙인 '누구든지 너 자신처럼 사랑하라.', 다시 말해 '타인의 복을 이기적인 동기에서 파생되지 않은, 직접적인 호의로부터 촉진하라.' 로 총괄하고 있다.[25] 이들 지

VI161

••

아니고, 하늘에 계신 내 아버지의 뜻을 행하는 사람이라야 들어갈 것입니다."

23) 「마태오복음」 6, 16~18: "여러분은 단식할 때에 위선자처럼 침통한 표정을 짓지 마십시오. 사실 그들은 단식하고 있다는 것을 사람들에게 드러내려고 자기들의 얼굴을 찌푸립니다. 진실히 여러분에게 말하거니와, 그들은 자기들의 보수를 받았습니다. 당신이 단식할 때에는 당신 머리에 기름을 바르고 당신의 얼굴을 씻으십시오. 그리하여 당신이 단식하고 있다는 것을 사람들에게 드러내지 말고 숨어 계신 아버지께 드러내십시오. 그러면 숨겨진 일을 보시는 당신의 아버지께서 당신에게 갚아 주실 것입니다." 참조.

24) 「마태오복음」 13, 31~33: "다른 비유를 들어 그들에게 말씀하셨다. '하늘나라는 겨자 씨앗과 비슷합니다. 어떤 사람이 그것을 가져다가 자기 밭에 뿌렸습니다. 그것은 모든 씨 가운데 가장 작습니다. 그러나 자라면 어떤 푸성귀보다도 더 커져서 나무가 됩니다. 그리하여 하늘의 새들이 와서 그 가지에 깃들이게 됩니다.'
다른 비유를 그들에게 말씀하셨다. '하늘나라는 누룩과 비슷합니다. 어떤 부인이 그것을 가져다가 밀가루 서 말 속에 집어넣었더니 온통 부풀어 올랐습니다.'" 참조.

25) 「마태오복음」 22, 37~39: "'네 마음을 다하고 네 영혼을 다하고 네 정신을 다하여 네 하느님이신 주님을 사랑하라.' 이것은 가장 크고 첫째인 계명입니다. 둘째 계명은 이와 같습니다. '네 이웃을 너 자신처럼 사랑하라.'" 참조.

시명령들은 한낱 덕의 법칙들이 아니라, 우리가 마땅히 추구해야 하는 **신성성**의 지시규정들이다. 그러나 이 지시규정들과 관련한 한갓된 추구를 **덕**이라 일컫는다. 그러므로 수수방관한 채 이 도덕적 선이 마치 위로부터 내려지는 하늘의 선물인 양 전적으로 수동적으로 기다리는 이들에게서 그는 그에 대한 모든 희망을 박탈한다. (인간에게 위탁된 재능인) 인간의 자연 본성에 있는 선으로의 자연적인 소질을 이용하지 않고 내버려 둔 채, 보다 고차적인 도덕적인 영향이 그에게 결여되어 있는 윤리적 성질과 완전성을 더욱 보완해줄 것이라는 게으른 믿음을 가지고 사는 자에게 그는, 이러한 자에게는 그가 자연적인 소질에서 행할 수 있는 선조차도 이러한 나태함으로 말미암아 이룰 수 없게 될 것이라고 위협한다.(「마태오복음」 25, 29[26])

그런데 행복과 관련하여 인간의 윤리적 처신에 알맞은 몫에 대한 인간의 매우 자연스러운 기대에 관해서, 특히 윤리적 처신으로 인해 무릅쓰지 않으면 안 되는 행복의 그토록 많은 희생에 대해서, 그는 그것에 대한 내세의 보수를 약속한다.(「마태오복음」 5, 11~12[27]) 그러나 이러한 윤리적 처신에서 마음씨의 차이에 따라 그들의 의무를 **보수 때문에** (또는 받아야 할 형벌의 방면을 위해) 행한 자들에게는, 의무를 순전히 의무 그 자체 때문에 실행한 보다 더 선한 인간들에게와는 다른 방식으로 약속한다. 이 세계의 신인 이기〔利己〕가 지배하는 자는, 만약 그가 그것과 절연하지 않고서, 그것을 단지 이성에 의하여 세련시켜서 현세의 좁은 한계를 넘어 연장한다

B243

B244

•••

26) 「마태오복음」 25, 29: "누구든지 가진 사람에게는 더 주어 넘치게 할 것이요, 갖지 못한 사람에게는 가진 것마저 **빼앗을** 것이다." 참조.
27) 「마태오복음」 5, 11~12: "그대들은 복되도다. 누가 나 때문에 그대들을 모욕하고 박해하며 그대들을 반대하여 거짓으로 온갖 사악한 말을 하면, 그대들은 기뻐하고 흥겨워하시오. 그대들이 받을 상이 하늘에 많이 마련되어 있기 때문입니다." 참조.

면, 그 자는 자기의 주인을 스스로 기만하여, 의무를 위해 주인을 희생시킨 그러한 자(「루카복음」 16, 3~9[28])로 표상된다. 무릇, 만약 그가 언젠가는, 아마도 곧 이 세상을 떠나지 않으면 안 된다는 것을, 그가 여기서 소유했던 것 중에서 아무것도 저 세상으로 가지고 갈 수 없다는 것을 생각하고 있다면, 그는 능히, 그가 또는 그의 주인인 이기[利己]가 여기서 궁핍한 인간들에게 합법적으로 하도록 요구되어 있었던 것을 그의 장부에서 말소하는 대신에, 저 세상에서도 지급 능력이 있는, 이를테면 수표를 마련하기로 결심할 것이니 말이다. 이로써 그는 그러한 선행의 동기에 관해 말할 것 같으면, **윤리적**이라기보다는 **영리한** 것이다. 그럼에도 그는 윤리 법칙에, 적어도 문자대로는, 맞게 행동하고 있고, 이러한 행동이 미래에 보상이 없지는 않을 것이라고 희망해도 좋은 것이다.※ 만약 사람들이 이

VI162

※ 우리는 미래에 대해서는 아무것도 아는 바가 없고, 또한 윤리성의 동기 및 그것의 목적과 합이성적으로 결합되어 있는 것 이상을 탐구해서도 안 된다. 이런 것에는 다음의 믿음도 속한다. 즉 그것을 실행한 자가 내세에서도 좋은[선한] 결과를 갖지 못하게 되는 선한 행위란 없다는 것이다. 그러니까 인간이, 설령 생의 종말에서 자신을 아주 비난받아 마땅하다고 생각한다 할지라도, 그렇다고 해서 적어도 그의 능력이 미치는 **하나의** 선한 행위를 하는 것을 멈추어서는 안 되며, 이때 그는, 이 선한 행위가, 그가 그 안에 순수하고 선한 의도를 품고 있는 그 정도만큼,

:•

28) 「루카복음」 16, 3~8: "그러자 청지기는 속으로 말했습니다. '주인이 내게서 청지기 일을 떼려 하니 어떻게 할까? 땅을 파자니 힘이 없고, 빌어먹자니 창피하구나. 옳지 알았다. 내가 청지기 일에서 밀려나면 사람들이 나를 자기네 집에 맞아들이게 해야지.' 그래서 그는 자기 주인에게 빚진 이들을 하나씩 불렀습니다. 그가 첫째 사람에게 '당신이 내 주인에게 진 빚이 얼마요?' 하자, 그는 '기름 백 말이오.' 했습니다. 그러자 그에게 '당신의 빚문서를 받으시오. 그리고 앉아서 어서 쉰 말로 적으시오.' 했습니다. 그 다음 다른 사람에게 '당신이 진 빚은 얼마요?' 하자, 그는 '밀 백 섬이오.' 했습니다. 그러자 그에게 '당신의 빚문서를 받으시오. 그리고 여든 섬으로 적으시오.' 했습니다. 주님은 불의한 청지기를 칭찬했습니다. 그가 슬기롭게 처신했기 때문입니다." 참조.

와 함께 순전한 의무의 동인에서 궁핍한 이들에게 베푼 자선에 대해 말한 B245
것(「마태오복음」 25, 35~40[29])을 비교해본다면, 세계 심판자는, 곤궁한 이 VI162
들을 도와주면서 그런 일이 어떤 보수를 받을 만한 가치가 있는 것이고,
그로 인해 가령 이를테면 천국을 보수로 받을 것이라는 생각조차 해보지
않은 이들이야말로, 그들이 아무런 보수도 고려하지 않고서 그러한 일을
했다는 바로 그 이유 때문에, 그의 나라에 참으로 선택된 이들이라고 선
언할 것이다. 여기서 사람들은, 복음의 교사가 내세의 보수에 대해서 말
할 때, 그로써 보수를 행위들의 동기로 삼게 하려 한 것이 아니라, 오히려
그것을 단지 (인류를 인도하여 신의 자비와 지혜를 완성하는 영혼 고양적인 표
상으로서) 인간의 사명을 전체적으로 판정하는 이성에 대해서 가장 순수한
흠숭의, 그리고 가장 큰 도덕적 흡족의 객관으로 삼게 하려 했던 것임을
능히 알 수 있다.

무릇 여기에 모든 사람들에게 그들 자신의 이성을 통해 파악가능하고
확신할 수 있는 것으로 제시될 수 있는 하나의 완벽한 종교가 있다. 이 종
교는 더욱이 우리에게 (인간이 할 수 있는 한의) 추종의 원형이 될 가능성과 B246

죄과의 경감을 위해 아무런 노력도 하지 않고서 선한 행위의 결여를 메우고자 하 B245
는 저 무위의 속죄보다 더 많은 가치를 가질 것이라는 희망을 가질 이유를 갖는다
는 것이다.

∴

29) 「마태오복음」 25, 35~40: "사실 너희는 내가 굶주렸을 때에 내게 먹을 것을 주었고 목말
랐을 때에 내게 마실 것을 주었다. 〔……〕 그때에 의인들은 그분에게 대답하여 말할 것입니
다. '주님, 저희가 언제 당신이 굶주리신 것을 보고 대접했으며, 목마르신 것을 보고 마시
게 했습니까?' 〔……〕 그러면 임금은 대답하여 그들에게 말할 것입니다. '진실히 너희에게
말하거니와, 너희가 나의 형제들인 이 가장 작은 이들 가운데 하나에게 해주었을 때마다
나에게 해준 것이다.'" 참조.

심지어는 그 필연성이 하나의 본보기에서 생생하게 구상화되었고, 그 가르침들의 진리성도 그 교사의 위엄과 존엄도 다른 어떤 공증—이를 위해서는 누구에게나 있는 일이 아닌 학식이나 기적이 요구되거니와—도 필요로 하지 않는다. 만약 그 안에서 오래된 (모세의) 법칙수립과 모범을 끌어대는 일이, 마치 이것들이 그 교사를 확증하는 데 기여라도 하는 양, 나타난다면, 이런 것들은 이야기되는 가르침들 자체의 진리성을 위해서가 아니라, 오히려 단지 전적으로 그리고 맹목적으로 옛것에 매어 있는 사람들 가운데에 안내하기 위해서 제공된 것이다. 제정법적인 신앙 조항들로 머리가 가득 채워져 있어서, 이성종교를 거의 수용할 수 없게 된 사람들 가운데서의 이러한 안내는 배우지 못했지만 그러나 부패하지 않은 사람들의 이성에게 안내하는 것보다 언제나 훨씬 더 어려울 수밖에 없는 일이다. 그 때문에 만약 누가 당시의 선입견들에 순응한 강론이 지금 시대에는 수수께끼 같고, 그래서 세심한 해석이 필요하다고 본다면, 누구도 그것을 이상하게 여겨서는 안 된다. 비록 그 강론이 모든 사람들이 이해할 수 있고 아무런 학식을 동원하지 않고서도 확신할 수밖에 없는 한 종교의 가르침을 만방에 두루 비치게 하고, 동시에 빈번하게 그 점을 명시적으로 지적하고 있다고 하더라도 말이다.

제2절
교학종교로서의 기독종교

어떤 종교가 이성에 의해 그 자체로서 인식될 수는 없으되, 그럼에도 불구하고 모든 인간에게 미래에도 영원히 (그 본질적인 내용의 면에서) 왜곡되지 않게 전해져야만 하는 신앙 조항들을 필연적인 것이라고 강론하는 한에서, 그 종교는 (만약 사람들이 계시의 연속적인 기적을 상정하려고 하지 않는다면) **학자들의** 보호에 맡겨진 신성한 재산으로 볼 수 있다. 무릇 종교는 처음에는 기적과 행실들에 수반하면서, 이성에 의해서 확증되지 않는 것 안에도 들어갈 수 있었다 할지라도, 이 기적들에 대한 보고조차도, 이 기적들에 의한 확증을 필요로 하는 가르침들과 함께, **시간이 지남에 따라** 후손들을 위한 경서와 문서증거에 의한 불변하는 교시〔敎示〕를 필요로 할 것이니 말이다.

한 종교의 원칙들을 받아들임을 일컬어 특히 **신앙**〔믿음〕(神聖한 信仰[30])이라 한다. 그러므로 우리는 기독 신앙을 한편으로는 순수 **이성신앙**으로, 다른 한편으로는 **계시신앙**(法規的 信仰[31])으로 보지 않으면 안 될 것이다. 무릇 전자는 각자에 의해서 자유롭게 받아들여진 신앙(引出 信仰[32])으로, 후자는 지시명령된 신앙(命令된 信仰)으로 볼 수 있다. 인간의 심정 안에 놓여 있고, 그로부터 어느 누구도 자유롭지 못한 악에 대하여, 자기의 품행으로 인하여 언제라도 신 앞에서 의롭다고 여겨지는 일이 불가능함에 대하여, 그럼에도 불구하고 그러한 신 앞에서 타당한 정의가 필요함에 대하여, 교회의 계율과 경건한 노역봉사를 올곧음의 결여의 대체수단으로 하는 것이 무용〔無用〕한 반면에, 새로운 인간이 된다는 것은 필요불가결한 책무임[33]에 대하여 각자는 그 자신의 이성을 통하여 확신할 수 있는 바이다. 그리고 이러한 사실에 대해 확신하는 것이야말로 종교의 일이다.

B248

⁖

30) 원어: fides sacra.
31) 원어: fides statutaria.
32) 원어: fides elicita. '自由 信仰'이라고 의역할 수도 있겠다.
33) 「에페소서」, 2, 15: "자기 몸의 희생을 통하여 그분은 모든 계명과 종규와 함께 율법을 폐지하셨습니다. 그리하여 당신 안에서 둘을 하나의 새로운 인간으로 만드시어 평화를 이룩하셨습니다." 참조.

그러나 기독 교리는 순전한 이성개념들 위에가 아니라, 사실들 위에 세워져 있기 때문에, 그것을 더 이상 한낱 기독종교라고 일컫지는 않고, 기독 **신앙**이라 일컬으며, 이 신앙이 교회의 기초에 놓여 있다. 그러므로 그러한 신앙에 맡겨져 있는 교회의 봉사는 양면적이다. 한편으로 그것은 역사적 신앙에 따라 교회에 바쳐져야만 하는 봉사이고, 다른 한편으로는 실천적 도덕적 이성신앙에 따라 교회에 마땅히 돌아가야 하는 봉사이다. 양자 중 어느 것도 기독교회 안에서 독자적으로 혼자서 있는 것으로 타자로부터 분리될 수 없는바, 후자가 전자로부터 분리될 수 없는 것은, 기독 신앙은 하나의 종교 신앙이기 때문이며, 전자가 후자로부터 분리될 수 없는 것은, 기독 신앙이 하나의 교학 신앙이기 때문이다.

기독 신앙은 **교학** 신앙으로서 역사에 의지하고 있고, 그 기초에 학식이 (객관적으로) 놓여 있는 한에서는, 그 자체로서 자유로운 그리고 충분한 이론적 증명근거들에 대한 통찰로부터 도출된 **신앙**(듸出 信仰)이 아니다. 만약 그것이 순수한 이성신앙이라면, 기독 신앙은, 신적 법칙수립자에 대한 신앙으로서 그에 기초하고 있는바, 도덕법칙들이 무조건적으로 지시명령하고 있는 것이지만, 그럼에도 앞 절에서도 그려진 것처럼, 자유로운 신앙으로 여겨지지 않으면 안 될 것이다. 정말이지 이 신앙은 사람들이 단지 의무로 삼지 않을 때에도, 누구나 학식을 갖기만 한다면, 역사신앙으로서 이론적으로 자유로운 신앙이 될 수 있을 것이다. 그러나 신앙이 누구에게나, 즉 학식이 없는 이들에게도 타당해야 한다면, 그것은 단지 지시명령된 신앙이 아니라, 지시명령〔계명〕에 맹목적인, 다시 말해 그것이 실제로도 신의 지시명령인지 어떤지를 조사함이 없이 순종하는 신앙(奴隷的 信仰)이다.

그러나 기독교의 계시론에서 사람들은 결코 계시된 (이성 자신에게는 숨겨진) 명제들에 대한 **무조건적인 신앙**에서 시작할 수 없고, 또 교학적 인식을 가령 단지 후방을 습격하는 적에 대한 방어로서 뒤따라오게 할 수는 없다. 왜냐하면 그렇지 않으면, 기독 신앙은 한낱 명령(命令)된 신앙(信仰)일 뿐만 아니라, 노예적(奴隷的) 신앙(信仰)이기도 할 것이기 때문이다. 그러므로 기독 신앙은 항상 적어도 역사적(歷史的)으로 인출(引出)된 신앙(信仰)으로 가르쳐지지 않으면 안 된다. 다시 말해 **학식**은 계시된 신앙교리로 B250 서의 계시론 안에서 후위를 이루어서는 안 되고, 전위를 이루어야만 할 것이다. 그리고 세속적인 학식 또한 단연코 갖추어야만 하는 소수의 성서학자들(성직자들)이 그들 자신만으로는 성서를 알지 못하는 (그리고 그들 중에는 세계시민적 통치자들도 있는바), 학식 없는 자들(평신도들)의 긴 대열을 이끌고가게 될 것이다. ─무릇 이러한 일이 일어나지 않으려면 자연종교 VI165 에서의 보편적 인간 이성이 기독교의 신앙교리에서 지시명령하는 최상의 원리로서 인정되고 존중되지 않으면 안 된다. 그러나 그 위에 교회가 기초하고, 해석자로서 그리고 보존자로서 학자들을 필요로 하는 계시론은 보편적 인간이성을 이해시키며, 무지한 자들에게조차, 전파하고 항상적이게 만드는 한갓된 그러나 최고로 값진 수단으로서 애호되고 배양되지 않으면 안 된다.

이것이 선한 원리의 지배 아래에 있는 교회의 참된 **봉사**이다. 그러나 계시신앙이 종교에 선행해야 한다고 하는 경우에 봉사는 **거짓봉사**이다. 이러한 거짓봉사에 의해 도덕적 질서는 전적으로 전도되고, 단지 수단인 것이 (목적인 것처럼) 무조건적으로 지시명령된다. 그리하여 무학자가 이성을 통해서도 경서─이것이 먼저 증명되어야만 하는 한에서─를 통해서도 확신할 수 없는 명제들에 대한 신앙이 절대적 의무(命令된 信仰)가 되고, 그와 결합되어 있는 다른 계율들이 행위의 도덕적 규정근거들 없이도 B251

노역신앙으로서 정복[淨福]을 주는 신앙의 지위로 높아진다. 이런 후자의 원리에 기초하는 교회는 본래적으로 전자의 체제의 교회와 같은 **봉사자** (公僕)를 갖는 것이 아니라, 지시명령하는 고위 **공직자**(官吏)를 갖는데, 이 공직자들은 (프로테스탄트 교회에서처럼) 위계제도의 광채 속에서 외적 권력으로 치장한 승직자로 나타나지 않고, 심지어는 그에 반하는 말들로 항의하기도 하지만, 그럼에도 그들은 사실은 그들만이 부름을 받은 성서 해석가로 여겨지고자 하면서, 순수 이성종교로부터 성서의 최고 해석가일 수 있는 합당한 그 권위를 박탈하고, 성서의 학식만이 교회신앙을 위해 사용되도록 지시명령했다. 그들은 이런 식으로 교회의 **봉사**(奉仕制度[34]) 를 교회 성원들에 대한 **지배**(統帥制度[35])로 변환시킨다. 비록 그들이 이러한 월권행위를 숨기기 위해서 봉사자[교역자(敎役者)]라는 겸손한 호칭을 쓰기는 하지만 말이다. 그러나 이성에게 용이했을 터인 이러한 지배는 매우 비싼, 곧 다대한 학식의 비용 지출을 요하는 것이다. 무릇 "이성은 자연본성에는 눈먼 채 고대[古代] 전체를 머리 위에 모아놓고, 그 밑에 파묻혀버린다."[36] — 이 길을 걷게 된 사태들의 행보는 다음과 같다 :

B252
VI166
      제일 먼저 그리스도의 가르침을 전한 최초의 전도자들에 의해 그들 민족 사이에 이를 전파하는 데 현명하다고 여겨진 방법절차는 모든 시대 모든 민족들에게 타당한 종교 자체의 한 부분으로 받아들여진다. 그래서 사람들은, 모든 기독**교인은 유대인이고, 그의 메시아가 임했다**고 믿어야 한다고 한다. 그러나 이것과, 기독교도가 본래 (제정법적인 것인) 유대교의 율

··

34) 원어: ministerium.
35) 원어: imperium.
36) 이 인용문의 출처는 아직까지 밝혀져 있지 않다. 다만 문장 구성으로 보아 원문이 라틴어였을 것으로 추정된다.

법에 속박되어 있지 않되, 그럼에도 이 민족의 성경책 전체는 만인을 위해 주어진 신의 계시로서 경건하게 받아들여져야 한다는 사실은 연관성이 없다.※+ ─ 이렇게 해서 이내 이 책의 진정성─진정성은 이 책의 여러 대목들, 아니 이 책에 나오는 신성한 역사 전체가 기독교들의 책들 안에서 그들의 이러한 목적을 위하여 이용된다는 사실을 통해 아직 충분히 증

B253

※ + 멘델스존은 이스라엘의 아들에 대한 모든 부당한 요구를 종교이행을 위하여 온전히 기각하기 위해서, 기독교의 통상적인 표상방식의 이 같은 약한 면을 매우 노련하게 이용하고 있다. 무릇 그가 말한 바에 따르면, 유대의 신앙은, 기독교도들 자신이 고백하는 바와 같이, 위층인 기독교가 그 위에 있는 가장 아래층이다. 〔그러므로 이를 부정하는 것은〕 이층에 거주하기 위하여 아래층을 부수라고 누군가에게 요구하려는 것과 똑같이 부당한 짓이라는 것이다.[37] 이로써 그의 진의는 상당히 명료하게 드러난다. 그가 말하려고 하는 바는, 당신들 자신이 우선 당신들의 **종교**로부터 유대교를 제거한다면─역사적 신앙교리에서 유대교는 하나의 고물로서 언제나 남을 것이지만─, 우리는 당신들의 제안을 고려해볼 수 있으리라는 것이다. (사실 그렇게 되면 어떠한 법규도 뒤섞여 있지 않은, 순수하게-도덕적인 종교 이외에는 남는 것이 없을 것이다.) 우리의 짐은 외적 계율의 멍에를 벗어던짐으로써, 그 대신에 또 다른 멍에, 곧 양심 있는 이들을 더욱더 심하게 압박하는 신성한 역사의 신앙고백이라고 하는 멍에를 지운다면, 조금도 가벼워지지 않을 것이다.─그것은 그렇다 치고, 이 민족의 성경책들은, 설령 종교를 위해서는 아니라 하더라도, 학식을 위해서는 언제나 보관되고 존중될 것이다. 왜냐하면 어떤 다른 민족의 역사도 이 민족의 역사만큼 그토록 멀리 (심지어 이 세계의 시작에까지), 우리에게 알려져 있는 모든 세속의 역사가 놓일 수 있는 태고의 시대에까지 소급하여 올라가 어떤 신빙성의 외관을 가지고 있는 것은 없고, 그래서 다른 민족의 역사가 남겨 놓지 않을 수 없는 거대한 공백이 이 민족의 역사에 의해 채워지기 때문이다.

B253

⁝

37) Moses Mendelssohn(1729~1786), *Jerusalem oder über religiöse Macht und Judentum*(Berlin 1783), in: *Moses Mendelssohn – Schriften über Religion und Aufklärung*, Darmstadt 1989, S. 405 참조. 칸트는 여기서와 똑같은 취지로 Mendelssohn을 다른 곳에서도 여러 차례 언급하고 있다.(*SF*, A79 이하=VII52 주 참조)

명된 것은 아니다—과 관련하여 많은 난점이 일어난다. 유대교는 기독교의 개시 전에는 그리고 기독교가 이미 현저하게 진보할 때까지도 **학식 있는 공중**[公衆]에게 아직 들어가지 못하였다. 다시 말해 유대교는 다른 민족들의 학식 있는 동시대인들에게 아직 알려지지 않았고, 그의 역사도 말하자면 아직 검증되지 않았으며, 그 성경책은 그 태고성 때문에 역사적 신빙성에 부쳐졌다. 그러나 이것이 인정된다 해도, 그것을 번역으로 알아서 후손에게 전하는 것으로는 충분하지가 않고, 이 책에 기초하는 교회신

VI167

앙의 보증을 위해서는 장래의 모든 시대에 그리고 모든 민족들에게 히브리어를 (사람들이 그 언어에 대해 오직 단 한 권의 책을 가지고 있는 그러한 언어에 있어서 가능한 만큼) 아는 학자들이 있을 것이 또한 요구된다. 참된 종교를 세계에 보증하기 위해 그러한 언어를 충분히 잘 하는 인사들이 있다는

B254

것은 한낱 역사적 학문 일반의 관심사일 뿐 아니라, 인간의 정복[淨福]이 그에 달려 있는 관심사이기도 한 것이다.

기독종교도 그러한 한에서 비슷한 운명을 가지고 있기는 하다. 기독종교의 신성한 사건들 자체가 학식 있는 민족의 눈앞에서 공공연하게 벌어졌음에도 불구하고, 그것의 역사가 이 민족의 학식 있는 공중 안에 들어가는 데는 한 세대 이상의 시간이 지나야 했다. 그러니까 이 종교의 진정성은 동시대인들을 통해서는 확증을 얻지 못할 수밖에 없는 것이다. 그러나 기독종교가 유대교보다 훨씬 우월한 점은, 그것이 **최초의 교사의 입으로부터** 제정법적이 아닌, 도덕적 종교로서 나온 것으로 표상되며, 그렇게 해서 이성과 아주 밀접하게 결합되어 있는 것이어서, 역사적 학식 없이도 이성에 의하여 저절로 모든 시대 모든 민족에게 최대의 확실성을 가지고 확산될 수 있었다는 점이다. 그러나 **교단**의 최초의 설립자들은 유대교의 역사를 그와 짜 맞추는 일이 필요함을 발견하였다. 이러한 일은 그들 당

410

대의 사정에서, 그러나 아마도 그 당대의 사정에서만, 현명한 행위였던 것으로, 그렇게 해서 유대교의 역사는 기독종교의 신성한 유산 안에서 함께 우리에게 전해진 것이다. 그러나 **교회**의 설립자들은 이러한 삽화적인 선전수단들을 신앙의 본질적인 조항 속에 받아들여 그것들을 전통에 의해서 또는 공회의에 의해 법적인 힘을 부여받거나[38] 학식을 통하여 확증 B255 된 해석으로 증가시켜갔다. 이들 학식 있는 자들에 의해서 또는 그들의 대척자들에 의해서, 모든 평신도들도 참칭할 수 있는 내적인 빛에 의해서 신앙에 어느 정도의 변화가 올 것인지는 아직 알 수가 없다. 이것은 우리가 종교를 우리 안에서 찾지 않고, 우리 밖에서 찾는 동안에는 피할 수 없는 일이다.

제2편
제정법적 종교에서의 신에 대한 거짓봉사에 대하여

참된 유일의 종교는 법칙들, 다시 말해 그것의 무조건적인 필연성을 우리가 의식할 수 있고, 그러므로 우리가 (경험적으로가 아니라) 순수 이성을 통해 계시된 것으로 인정하는 그러한 실천적 원리들 외에는 아무것도 함 VI168 유하지 않는다. 여러 가지의 동일하게 선한 형식이 있을 수 있는 교회를

••
38) 칸트 원문대로 읽으면 "함유하거나"이겠으나, AA에 따라 고쳐 읽음(enthielten → erhielten).

위해서만 법규들이, 다시 말해 신적인 것으로 간주되는 법령들이 있을 수 있는데, 이것들은 우리의 순수한 도덕적 판정의 관점에서는 자의적이고 우연적인 것이다. 무릇 이러한 제정법적 신앙—이것은 기껏해야 하나의 민족에게 국한된 것이고, 보편적 세계종교를 함유할 수는 없는 것이다—

B256 을 신에 대한 봉사 일반을 위해 본질적인 것으로 간주하고, 그것을 인간에게서 신이 흡족해하는 최상의 조건으로 삼는 것은 하나의 **종교망상**※이며, 이를 따르는 것은 하나의 **거짓봉사**, 다시 말해 신 자신이 요구하는 참된 봉사와는 정반대의 것을 행하는, 신에 대한 그러한 참칭된 숭배이다.

※ 망상이란 사상〔事象〕의 순전한 표상을 그 사상 자체와 동치〔同値〕적인 것으로 여기는 착각을 말한다. 그래서 인색한 부자의 경우에는, 그가 하고자만 한다면 그의 부를 쓸 수 있다는 표상을 그가 결코 그것을 쓰지 않는다는 것에 대한 충분한 대체물로 여기는 **구두쇠의 망상**이 있다. **명예망상**은 근본적으로는 단지 타인의 (내면적으로는 아마도 전혀 품고 있지 않은) 존경의 외면적 표상일 따름인 칭찬에다 존경에나 부여해야 할 가치를 두는 것으로서, 그러므로 칭호나 훈장의 욕망도 이런 것에 속한다. 왜냐하면 이런 것들은 타인에 대한 우월성의 외적 표상들일 뿐이기 때문이다. 그래서 **망상기**〔妄想氣〕[39]조차 이런 이름을 갖는 것은, 그것이 (상상력의) 순전한 표상을 사상〔事象〕 자체가 현재하는 것으로 여기고, 똑같이 평가하곤 하기 때문이다. —무릇 어떤 목적을 위한 수단을 소유하고 있다는 의식은 (그것을 쓰기 전에는) 한낱 표상 중에서 소유하고 있는 것이다. 그러니까 수단의 소유만으로 마치 그것이 목적의 소유를 대신할 수 있는 것처럼 만족해함은 하나의 **실천적 망상**이다. 여기서 문제 삼고 있는 것은 이러한 망상만이다.

••

39) 원어: Wahnsinn. 보통은 '미친 짓' 또는 '정신착란'이라 번역하지만, 앞의 '망상(Wahn)' 과 같은 이름을 갖는다는 것을 표시하기 위해 이 대목에서는 이렇게 옮긴다.

§1

종교망상의 보편적 주관적 근거에 대하여

의인관〔신인동형론〕은 신과 그의 본질을 이론적으로 표상함에 있어서 인간이 거의 피할 수 없는 것으로서, (만약 이것이 의무의 개념에 영향만 미치지 않는다면) 보통은 충분히 무해한 것이지만, 신의 의지와의 우리의 실천적 관계와 관련해서는 그리고 우리의 도덕성 자체에 대해서는 최고로 위험한 것이다. 왜냐하면 그때 **우리는 스스로 하나의 신을 만들기**[40] 때문이다.※+ 우리가 우리의 이익을 위하여 아주 쉽게 신을 얻을 수 있다고 믿으며, 우리의 도덕적 마음씨의 가장 내면을 작동시키기 위한 수고스러운 끊임없는 노력을 피할 수 있다고 믿듯이 말이다. 이러한 관계를 위하여 인간이 보통 스스로 세우는 원칙은, 우리가 오로지 신성〔神性〕에 흡족하기

※+ 사람마다 각자 스스로 하나의 신을 만든다, 정말이지 (세계에서 각자에게 알맞은 대상을 현시하는 능력에 속하는, 무한하게 위대한 속성들을 동반하는) 도덕 개념들에 따라서 인간이 신앙에서 **그를 만들었다는** 자를 숭배하기 위해서 스스로 그러한 신을 만들 수밖에 없다고 말하는 것은 실로 우려스럽게 들린다. 그러나 그것이 결코 비난받을 일은 아니다. 왜냐하면 타인에 의해 신이라고 하는 하나의 존재자가 어떤 방식으로 알려지고 기술되든지 간에, 정말이지 그에게 그러한 존재자가 (만약 그것이 가능하다면) 스스로 나타나든지 간에, 그는 이 표상을 우선 자기의 이상과 대조하여, 그것이 과연 신성〔神性〕으로 여기고 숭배할 만한 권능을 가진 것인지 어떤지를 판단하지 않으면 안 될 것이니 말이다. 그러므로 저 신이라는 개념을 **먼저** 그 순수성에서 시금석으로서 기초에 놓지 않고서는, 순전한 계시로부터는 어떠한 종교도 있을 수 없으며, 모든 신 숭배는 **우상숭배**가 되겠다.

VI169

40) 「이사야서」 44, 10: "쓸모없는 신을 만드는 자들은 누구냐?" 참조.

위해서 행하는 모든 것을 통해, (만약 그것이 도덕성과 정면으로 상충하지만 않는다면, 비록 도덕성에 조금도 기여하는 바가 없다 하더라도,) 우리는 신에게 순종적인 그리고 바로 그 때문에 흡족한 신하로서의 우리의 봉사의지를 증명한다는 것, 그러므로 또한 신에게 (可能的으로) 봉사한다는 것이다. — 그것을 통해 인간이 이러한 신에 대한 봉사를 수행한다고 믿는 것이 언제나 희생일 필요는 없다. 그리스인과 로마인에게서와 같이 축제들을, 심지어는 공공의 경기들을 자주 신에게 봉사하는 데 써야 했고, 그들의 망상에 의하면 그러한 것들을 신성(神性)이 한 민족에게, 또는 개개인에게 호의를 갖도록 만드는 데에 쓰기도 한다. 그럼에도 희생들(즉 참회, 고행, 순례 등등)을 항상 더 힘이 있고, 하늘의 호감을 얻는 데 더 효력이 있으며, 속죄에 더 적합하다고 여겼다. 왜냐하면 이런 것들이 신의 뜻에 (비록 도덕적이지는 않지만) 무제한의 복종을 더욱 강하게 표시하는 것으로 쓰이기 때문이다. 그러한 자기 괴롭힘들이 무익하면 무익할수록, 인간의 보편적인 도덕적 개선을 꾀하지 않으면 않을수록, 그것들은 그만큼 더 신성하게 보이는 것이다. 왜냐하면 그런 것들이 이 세계 안에서 전혀 쓸모가 없고, 그럼에도 불구하고 노고를 요한다는 바로 그 이유로 오로지 신에 대한 헌신

B259　의 증명만을 목적하는 것으로 보이기 때문이다. —사람들이 말하는바, 이 경우에 비록 신이 아무런 의도도 없는 행동에 의해 봉사받았다 해도, 그는 거기서 그의 도덕적 지시명령을 준수하는 데는 너무 미약하지만, 그러나 이를 위해 증명된 그의 각오에 의해 이 결함을 다시 잘 메우는 선의지, 심정을 주시한다는 것이다. 무릇 여기에서, 그 자체로는 아무런 도덕적 가치를 가지지 않는, 가령 단지 감성적 표상능력을 목적이라는 지적 이념들을 동반하는 데까지 고양시키는 수단으로서, 바꿔 말해 전자의 감성능

VI170　력이 후자의 목적의 지성 이념들에 반하여 작용할 수 있을 때, 그것을 억

압하는 수단으로서의 가치만을 갖는 수행절차를 행하는 성벽이 뚜렷이
드러난다.※ 그럼에도 우리는 이러한 수행절차에다 우리의 생각에서 목적
자체의 가치를 부여하거나, 또는 똑같은 것이지만, (신심〔信心〕이라고 불리
는) 신에게 귀의하는 마음씨들을 받아들이는 마음의 정조〔情調〕에다 그 마
음씨들 자체의 가치를 부여한다. 그러니까 이러한 수행절차는 순전한 종
교망상으로서, 온갖 형식을 취할 수도 있는데, 그런 것들 중 어떤 것은 다
른 것들에서보다 도덕적인 것과 비슷해 보이기도 하지만, 그러나 어느 형
식에 있어서나 이러한 망상은 한낱 고의성 없는 착각이 아니라, 목적 대

B260

※ 감성적인 것과 지성적인 것의 구별들이 그다지 잘 이루어지지 않는 곳에서는 어
디서나 『순수이성비판』의 자기모순들과 마주친다고 믿는 이들에게 여기서 나는
다음과 같이 주의하는 바이다. 즉 (순수한 도덕적 마음씨라는) 지성적인 것을 촉
진하는 감성적 수단들에 대해, 또는 감성적인 것을 지성적인 것에 마주 세우는 방
해물에 대해 언급할 때, 그토록 이종적인 두 원리들 사이의 이러한 영향은 결코
직접적인 것으로 생각해서는 안 된다는 점이다. 곧 감성존재자로서 우리는[41) **지**
성적 원리의 현상들에 있어서, 다시 말해 행위들에서 나타나는 **자유의사**에 의한
우리의 물리적 힘들을 규정함에 있어서 법칙에 반하여 작용할 수도 있고, 또는 법
칙에 유리하게 작용할 수도 있다. 그래서 원인과 결과는 실제로는 동종적인 것으
로 표상된다. 그러나 초감성적인 것(자유라고 하는 개념적으로 파악 불가능한 속
성 안에 은폐되어 있는 것인, 우리 안의 도덕성의 주관적 원리), 예컨대 순수한 종
교의 마음씨에 관해 말할 것 같으면, 이에 대해서는 우리는 이 마음씨의 법칙 이
외에는—이것 자체로 이미 충분한 것이지만—인간 안에서의 원인과 결과의 관
계에 관계되는 것을 아무것도 통찰하지 못한다. 다시 말해, 우리는 감성세계 안에
있는 사건들로서의 행위들의 가능성을 인간의 도덕적 성질로부터, 그것들에 귀책
하는 것으로서, **설명**할 수가 없다. 왜냐하면 바로, 그것은 자유로운 행위들인데,
모든 사건들의 설명근거들은 감성세계로부터 취하지 않으면 안 되니 말이다.

B260

∴
41) A판: "우리는 오직."

신에 수단에다 가치 **자체**[42]를 부여하는 준칙이기조차 한 것이다. 그리고 그때 이런 준칙에 의해 이러한 망상은 이 모든 형식들 가운데서 똑같이 불합리한 것이고, 숨겨져 있는 기만적 경향성으로서 비난받아 마땅한 것이다.

§2
종교망상에 반대되는 종교의 도덕적 원리

나는 첫째로 다음의 명제를 아무런 증명도 필요 없는 하나의 원칙으로 받아들인다. 즉 '**선한 품행 이외에, 인간이 신에게 흡족하게 되기 위해서, 또 무엇인가를 행할 수 있다고 생각하는 모든 것은 순전한 종교망상이고 신에 대한 거짓봉사이다.**' —내가 말하려는 바는, **인간**이 행할 수 있다고 믿는 무엇이다. 무릇, 과연 **우리가** 할 수 있는 모든 것을 넘어서 최고 지혜의 신비 속에 우리를 신에게 흡족한 인간으로 만들기 위해 신만이 할 수 있는 무엇인가가 있는지 어떤지는 여기서 부정되지 않는다. 그러나 만약에 교회가 그러한 신비를 마치 계시된 것으로 공포할 것 같으면, 이 계시를 신성한 역사가 이야기해주는 대로 **믿고**, 그것을 (내적으로든 외적으로든) **고백하는 것**, 그 자체가 그것을 통해 우리가 신에게 흡족하게 되는 어떤 것이라는 생각은 하나의 위험한 종교망상일 것이다. 왜냐하면 이러한 믿음 〔신앙〕은 그의 확고한 견해의 내적 고백으로서, 진실하게는 두려움에 의해 강제된 **행위**이며, 그래서 한 정직한 인간은 이런 조건보다는 차라리 다른 여느 조건에 맞장구치려 할 것이다. 왜냐하면 그는 다른 모든 노역봉사에

B261

VI171

∶

42) B판 추가.

416

서는 기껏해야 단지 쓸데없는 짓을 하는 것뿐이지만, 이 경우에는 그 진리성을 그 자신이 확신하지 못함을 선언함에서 양심과 상충되는 무엇인가를 행하는 것이 되겠기 때문이다. 그러므로 그가 그것 자체로서 (그에게 제공된 선을 받아들인 것으로서) 자기를 신에게 흡족하게 만들 수 있다고 납득한 고백은, 그가 이 세계에서 실행되어야 할 도덕법칙들을 준수함에 있는 선한 품행 이상으로 할 수 있다고 생각하는 무엇인가이다. 그리고 그때 그는 이 B262
같은 그의 봉사로써 신에게 곧장 도움을 청하고 있는 것이다.

　이성은 **첫째로** 우리를 자신의 (신 앞에서 타당한) 정의로움[43]의 결여와 관련하여 전적으로 위안[44] 없이 버려두지는 않는다. 이성이 말하는바, 의무에 헌신하는 진실한 마음씨를 갖고서 그의 능력이 미치는 한, (적어도 법칙과의 완벽한 부합으로의 끊임없는 접근 속에서) 자기의 책무를 완수하기 위하여 행하는 자는, 그의 능력 안에 있지 않은 무엇인가가 최고의 지혜에 의해 (이렇게 끊임없이 접근하는 마음씨를 변치 않게 해주는) **어떤 방식으로** 보완될 것이라고 희망해도 좋다는 것이다. 그러나 이성은 그 방식을 규정한다고, 그리고 그 방식이 어디에 있는가를 안다고 참칭하지 않는다. 아마도 그 방식은 너무나 신비로워서 신은 그것을 기껏해야 실천적인 것만이 이해되는 어떤 상징적인 표상 속에서 우리에게 계시할지도 모른다. 그러나 우리로서는 설령 신이 우리에게 그러한 신비를 밝히려 한다 해도, 인간에 대한 신의 이 관계 자체가 무엇인가를 이론적으로 파악하거나 개념화하는 일이 전혀 가능하지가 않다. ━그런데 어떤 교회가 신이 어떻게

⋮⋮

---

43) 「로마서」 3, 21: "그러나 이제 율법과 상관없이 신 앞에 타당한 정의로움이 계시되었다." (칸트가 사용한 Luther 성경대로 번역함.); 「로마서」 10, 3: "그들은 하느님의 정의로움을 모르고서 〔……〕" 참조.
44) 위의 B105=VI78, 주 참조.

인류의 저러한 도덕적 결함을 보완해주는가 하는 방식을 명확하게 알고 있다고 주장하고, 또한 동시에 이성에게는 자연스럽게 알려져 있지 않은 저러한 정당성 확립 수단을 알지 못하고, 그러므로 그 때문에 그것을 종교원칙으로 채택하여 고백하지 않는 모든 인간에게 영원한 벌을 선고한다면, 이 경우에 도대체 누가 불신앙자인가? 자기가 희망하는 것이 어떻게 되어가는지를 알지도 못하면서 믿는 자인가, 아니면 악으로부터 인간을 구원하는 방식을 철저히 알고자 하고, 반대의 경우에는 구원에 대한 모든 희망을 포기하는 자인가?—근본적으로 후자에게는 이 신비를 아는 일이 그렇게 중요한 일이 아니다. (왜냐하면 그가 그것을 위해 아무것도 행할 수 없는 무엇인가를 안다는 것이 그에게 전적으로 무익하다는 것을 그의 이성은 이미 그에게 가르쳐주고 있기 때문이다.) 오히려 그가 그것을 알고자 하는 것은 다만, (그것이 설령 오로지 내면적으로 일어나는 일이라 하더라도) 이 모든 계시된 것의 신앙, 납득, 고백, 찬미에서 제례[신에 대한 봉사]를 할 수 있도록 하기 위한 것이다. 이 제례는 그에게 하늘의 호의를 그 자신의 힘을 선한 품행을 위하여 전혀 소비함이 없이, 그러므로 완전히 거저 얻을 수 있도록 해주고, 선한 품행을 아마도 초자연적으로 낳을 수 있게 해주며, 또는 그에 어긋나는 행위가 일어났을 때에는 적어도 그 위반을 보상해줄 수 있게 해준다는 것이다.

둘째로, 만약 인간이 위의 준칙에서 조금만이라도 벗어난다면, 신에 대한 거짓봉사(미신)는 더 이상 **한계를 갖지 않는다**. 왜냐하면 저 준칙을 넘어서면 모든 것은 (윤리성과 직접적으로 모순되지는 않는다 해도) 자의적이다.

인간에게 조금도 비용이 들지 않는 입술[말]의 제물[45]로부터 보통은 인간

----

45) 「히브리서」 13, 15: "그러므로 우리는 그분을 통하여 항상 하느님께 찬미의 제물, 곧 그 이

의 이익을 위하여 충분히 잘 이용될 수도 있는 자연재화의 제물에까지, 아니 세상을 위하여 자기를 버리고 (은자, 탁발승, 또는 수도사의 신분이 되어) 자기 자신을 희생하는 데에까지 인간은 모든 것을, 그의 도덕적 마음씨만 빼놓고, 신에게 바친다. 그리고 인간은 그가 신에게 그의 마음도 바친다고 말할 때, 그 마음이 뜻하는 것은 신에게 흡족한 품행의 마음씨가 아니라, 저 희생을 이 마음씨 대신에 지불할 수 있게 되기를 바라는 마음으로부터의 소망이다.("입으로는 숨차게 말하면서, 많은 것을 하나 아무것도 하지 않는 족속." 파에드루스[46])

끝으로, 만약 사람들이 일단 잘못 생각하여 그 자체로 신에게 흡족하고, 필요한 경우에는 신과 화해도 하는, 그러나 순수하게 도덕적이지 않은 봉사의 준칙으로 건너가게 되면, 신에게 이를테면 기계적으로 봉사하는 그 방식에서는 어떤 것이 다른 것보다 우수한지의 본질적 구별이 없다. 그것들은 모두 그 가치(또는 오히려 무가치)의 면에서 한가지이며, 감성으로 **더 거칠게** 타락하여 죄과에 이르는 자들보다 진정한 신 숭배의 유일의 지성적 원리로부터 **더 세련되게** 벗어난 자신을 더 훌륭하다고 여기는 것은 한낱 허세이다. 신심〔信心〕 있는 체하는 자가 법규에 맞게 **교회**를 다니든지, 또는 **로레토**나 팔레스타인으로 성지순례를 하든지, 또는 기도문을 **입술**로 외우든지, 또는 (소망들이 문자로 쓰여, 그것들이 무엇인가에 의해, 예컨대 깃발에 적혀, 바람에 의해서, 또는 튀어나오는 기구인 작은 상자에 들어 있어, 손으로 **움직여**지면, 그 목적이 그대로 달성된다고 믿는) 티베트인처럼 **기**

VI173

B265

••
름을 고백하는 입술의 열매를 바칩니다." 참조.
46) Phaedrus(BC 20~AD 51): 로마시대의 우화작가, 시인. 노예 신분이었으나 Augustus에 의해 해방됨. 칸트는 여기서 그의 *Liber fabularum*, Ⅱ, 5, 1~3을 약간 변형하여 인용하고 있다.

도-염주[47])를 돌려 그 뜻을 하늘의 당국자에게 전하든지, 또는 그것이 신에 대한 도덕적 봉사의 어떤 종류의 대용물이든지 간에, 그것은 모두 한 가지이고, 동일한 가치를 갖는다. ─여기서 문제가 되는 것은 외적 형식의 차이가 아니라, 모든 것이 유일한 원리를 채택하느냐 포기하느냐, 즉 신에게 오직 그것의 현상인 행위들 안에서 생생하게 현시되는 도덕적 마음씨를 통해서만 흡족하게 되려 하느냐, 아니면 경건한 유희와 헛짓에 의해 흡족하게 되려 하느냐에 달려 있는 것이다.※ 그러나 굽실거리는 종교 망상과 함께, 자기기만의 일반적 부류에 속한다 할 수 있겠는 것으로 인간적 능력의 한계를 넘어서 어지럽게 높이 올라가는 덕의 망상 같은 것도 있지 않은가? 아니다. 덕의 마음씨는 그 자체로 신에게 흡족한, 그리고 세계최선과 화합하는 어떤 현실적인 것에 종사한다. 덕의 마음씨에는 자신이 신성한 의무의 이념과 합치해 있다고 여기는 자만의 망상이 함께할 수 있기는 하지만, 그러나 그것은 단지 우연한 일이다. 그러나 의무의 이념

B266

※ 제정법적인 것을 다소 적게 믿는 종파의 신봉자들이, 그들 역시, (그들이 실제로 행하듯이) 그들의 이른바 순수성의 높이로부터 교회망상 안에 있는 그들의 형제들을 경멸하면서 내려다보는 것이 허용되지 않을 만큼 여전히 충분한 제정법적인 것을 간직하고 있음에도 불구하고, 그래도 자신들은 말하자면 고상하며, 더 계몽되어 있다고 느끼는 것은 일종의 심리적 현상이다. 이러한 현상의 원인은 그들 자신이 이를 통해 설령 미미하다고 하더라도 순수한 도덕적 종교에 어느 정도 접근해 있다고 보는 데에 있다. 그럼에도 불구하고 그들은 여전히, 이성이 단지 조금 덜 수동적일 뿐인, 경건한 계율을 통해 순수 도덕종교를 보완하려고 하는 망상에 사로잡혀 있는 것이다.

∴

47) 원어: Gebet-Rad. 티베트의 라마교도가 기도할 때 손에 들고 하는 기도용 염주, 일명 Gebetsmühle를 지칭하는 것으로 보인다. 칸트의 묘사와 관련해서는 P. S. Pallas, *Reise durch verschiedene Provinzen des Russischen Reiches*, Leipzig 1771, I, 385 이하 참조.

에 최고의 가치를 두는 것은 교회의 예배에서 보는 바와 같은 망상은 아니며, 오히려 세계최선을 이루어내는 현저한 기여이다.

그 밖에 하나의 (적어도 교회의) 관습이 있는데, 덕의 원리의 힘으로 인 VI174간에 의해 행해질 수 있는 것을 **자연**이라고 부르고, 그러나 단지 그의 모든 도덕적 능력의 결함을 보완하는 데 쓰이는 것을, 그리고 이러한 능력의 족함은 우리에게 의무이기도 하기 때문에, 소망되거나 또는 희망되기도 하며, 간구될 수 있는 것을 **은총**이라고 부른다. 그리고 이 양자를 함께 신에게 흡족한 품행을 위해 충분한 마음씨의 작용 원인으로 보면서, 그러나 이 양자를 또한 서로 구별할 뿐만 아니라 서로 대립시키기조차 한다.

자연(즉 덕)의 작용들을 은총의 작용들과 구별할 수 있고, 더구나 후자를 자기 안에 산출할 수 있다고 하는 신조는 **광신**이다. 왜냐하면 우리는 B267경험 중 어디에서도 초감성적인 대상을 인지할 수도 없고, 그것을 우리 안에 끌어오기 위해 그것에 영향을 미칠 수는 더욱 없기 때문이다. 비록 마음 안에 때때로 도덕적인 것에 작용하는 움직임들이 일어난다 해도, 사람들은 그것을 설명할 수가 없으며, 이런 것들에 대해서는 우리의 무지를 고백하지 않을 수가 없다. "바람은 불고자 하는 곳으로 불고 있으나, 너는 그것이 어디서 오는지 알지 못한다. 운운."[48] 자기 안의 하늘로부터의 영향을 **지각**하고자 하는 것은 일종의 망상기〔미친 짓〕이다. 그런 것에도 방법 같은 것이 있을 수는 있으나—저러한 이른바 내적 계시들도 언제나 도덕적인, 그러니까 이성이념들과 연결되지 않으면 안 되니 말이다—, 그러나 그것은 언제나 종교에 해로운 자기기만으로 남을 뿐이다. 은총의 작

---

48) 「요한복음」 3, 8: "바람은 불고자 하는 곳으로 붑니다. 그리고 당신은 그 소리는 듣지만, 어디서 와서 어디로 가는지를 모릅니다." 참조.

용들이 있을 수 있다고 믿거나, 은총의 작용들이 어쩌면 우리의 덕의 노력의 불완전성을 보완하기 위해서도 있을 수밖에 없다고 믿는 것이 우리가 그에 대해 말할 수 있는 모든 것이다. 그 밖에 은총의 작용들의 표지[標識]에 관하여 무엇인가를 규정하고, 더구나 그것들을 만들어내기 위해서 무엇인가를 한다는 것은 우리로서는 할 수 없는 일이다.

　제의의 종교적 행위들로 신 앞에서의 의로움에 관해 무엇인가를 마련한다고 하는 망상은 종교적 **미신**이다. 또한 소위 신과 교제하려는 노력을 통해 이와 같은 것을 해보려고 하는 망상은 종교적 **광신**이다. ─인간 각자가 바로 선한 인간이 되지 않고서도 할 수 있는 행위들을 통해 (예컨대 제정법적 신앙명제들의 고백을 통해, 교회의 계율이나 교훈 같은 것의 준수를 통해) 신에게 흡족하게 되고자 하는 것은 미신적 망상이다. 이런 망상이 미신적이라고 불리는 것은, 그것이 자연이 아닌 것(다시 말해 윤리적 선)을 위해서 독자적으로는 절대로 아무런 작용도 할 수 없는 순전한 자연수단(도덕적인 것이 아닌 것)을 선택하기 때문이다. ─그러나 어떤 망상을 광신적이라고 일컫는 것은, 상상된 수단이 초감성적이어서 인간의 능력 안에 있지 않은데, 그러한 수단을 통해서는 의도된 초감성적 목적에 도달이 불가능함을 주의하지 못하는 경우이다. 무릇 최고 존재자의 직접적인 현재[現在]에 대한 이러한 감정과 이 감정을 다른 모든 감정과, 심지어는 도덕감정과 구별하는 것은 인간의 자연본성 안에 그에 대한 감관이 없는 직관능력을 받아들이는 것이다. ─미신적 망상은 그 자체로 많은 주체에게 유용한 그리고 동시에 이 주체에게, 적어도 신에게 흡족한 마음씨의 장애에 대항하는, 가능한 수단을 함유하고 있기 때문에, 그러한 한에서 이성과 친화적이지만, 다만 우연적으로, 이 망상은 한낱 수단일 수 있는 것을 직접 신에게 흡족한 대상으로 삼는다는 점 때문에 비난받아 마땅한 것이다.

그에 반해 광신적 종교망상은 이성의 도덕적인 죽음이다. 모든 도덕성이 도대체가 그러하듯이, 원칙들에 기초하지 않으면 안 되는 것으로서 종교 B269 는 이성 없이는 전혀 생겨날 수가 없는 것이다.

그러므로 모든 종교망상을 제거하거나 방지하는 교회신앙의 원칙인즉, 교회신앙은 지금으로서는 전적으로 없을 수는 없는 제정법적 조항들 외에도, 동시에 언젠가는 저러한 조항들이 없이도 지낼 수 있기 위한 본래의 목표인 선한 품행의 종교를 인도하기 위한 원리를 자신 안에 함유하고 있지 않으면 안 된다는 것이다.

§3
선한 원리의 거짓봉사에서 통치체인 승직제도※+에 대하여

기댈 데 없는 인간이 자기의 무능력의 의식에 기초한 자연적인 공포에

※ + 이 한낱 성직자 아버지 '파파'의 위엄을 표시하는 명칭은 성직의 전제주의라는 부수 개념에 의해서만 비난의 의미를 갖는다. 전제주의는 교회의 모든 형식 안에서 제아무리 겸손하게 대중적으로 자신을 알려도 마주칠 수 있는 것이다. 그래서 나는 결코, 마치 내가 종파들과 대립해서 그것들의 의례와 법령들을 경시하고자 하는 것처럼 이해되고 싶지 않다. 모든 종파는 그것들의 형식들이[49] 신의 나라를 지상에 감성화하려는 가련한 가사적인 존재자들의 시도들인 한에서 똑같은 존경을 받을 가치가 있다. 그러나 또한 이 종파들이 (가시적인 교회에서의) 이 이념의 현시의 형식을 사상[事象] 그 자체로 보는 때에는, 똑같은 비난을 받을 만한 것이다.

∵

49) 원어: Formen. AA에 따름. B판에는 'fernern'으로 되어 있는데, 이에 따라 읽으면 요령부득의 문장이 된다.

의해 강요된, 보이지 않는 강력한 존재자에 대한 숭배는 종교와 함께 동시에 시작되었던 것이 아니라, 오히려 신(또는 우상)에 대한 노예적 봉사로부터 시작되었다. 이 봉사는 모종의 공법적인 형식을 얻었을 때 **신전봉사**가 되었고, 인간의 도덕적 교양이 이러한 법칙들과 점차로 결합된 후에야 **교회봉사**가 되었다. 이 양자의 기초에는 하나의 역사신앙이 놓여 있고, 그것은 사람들이 마침내 이 역사신앙을 잠정적인 것으로, 그리고 이 역사신앙 안에서 하나의 순수한 종교신앙의 상징적 현시와 그것을 촉진하는 수단으로 보기 **시작했을** 때까지 그러한 것이다.

통구스족의 **샤먼**에서부터 교회와 국가를 동시에 통치하는 유럽의 **고위성직자**에 이르기까지, 또는 (우두머리나 지도자들 대신에 단지 신도들을 그들의 고유한 표상방식에 따라 살펴본다면) 아침마다 곰가죽의 앞발을 자기 머리 위에 놓고서 "나를 죽이지 말라."고 짧게 기도하는 아주 감성적인 **보굴리츠**[50]족에서 **코네티컷**의 세련된 **청교도**와 독립교회파[51]에 이르기까지 신앙의 **유태**[類態][52]에는 굉장한 차이가 있다. 그러나 신앙의 **원리**에 그러한 차이가 있는 것은 아니다. 왜냐하면 원리에 관해서 말할 것 같으면, 그들은 모두 동일한 부류에 속하기 때문이다. 곧 그들은 모두 (어떤 제정법적 명제들의 신앙 또는 어떤 자의적인 계율의 지킴에서) 그 자체로서는 보다 선한 인간을 형성하는 것이 아닌 것을 제례[신에 대한 봉사]로 바치는 부

:•

50) 원어: Wogulitzen. 독일어로는 Wogulitschi, Wogulen이라고도 표기함. 서부 시베리아 북부 우랄 산맥 지역에 산 종족. 아마도 칸트가 참고한 책은 J. G. Georgi, *Beschreibung aller Nationen des Rußischen Reiches, ihrer Lebensart, Religion, Gebräuche, Wohnungen, Kleidungen und übrigen Merkwürdigkeiten*, Leipzig 1776일 것임. 이 책에는 샤머니즘에 대한 서술도 있음.

51) 1610년 John Robinson에 의해 창설된 기독교 종파.

52) 원어: Manier.

류에 속하는 것이다. 제례를 오로지 선한 품행의 마음씨 안에서 발견하려고 하는 이들만이 전혀 다른, 전자의 원리를 넘어 훨씬 숭고한 원리로 이월함을 통해 저들과 구별된다. 이들은 곧 이 전혀 다른 원리에 의해 모든 선량한 생각을 가진 이들을 포괄하고, 그들의 본질적 성질에 의하여 오로지 참된 보편적 교회일 수 있는 (불가시적인) 교회에 소속함을 고백하는 것이다.

인간의 운명을 지배하는 보이지 않는 힘을 인간에게 유리한 방향으로 조종함은 인간 모두가 가지고 있는 의도이다. 다만 그것을 어떻게 개시하는가에 관한 생각이 서로 다를 뿐이다. 만약 인간이 저 힘을 하나의 지성적 존재자로 여기고, 그러므로 그에게 인간이 자기의 운을 기대하는 그러한 하나의 의지를 부여한다면, 인간의 노력은 오직 그의 의지에 복종하는 존재자로서 그에게 흡족하게 될 수 있는 방식을 선택하는 데에만 있을 것이다. 만약 인간이 그를 도덕적인 존재자로 생각한다면, 인간은 자기 자신의 이성에 의해, 이 존재자의 흡족함을 얻는 조건은 자신의 도덕적으로 선한 품행, 특히 이 품행의 주관적 원리로서의 순수한 마음씨여야 함을 VI177 쉽게 확신할 것이다. 그렇지만 최고 존재자는 어쩌면 이 이상으로 순전한 이성에 의해서는 우리에게 알려질 수 없는 방식으로 섬김받고자 할 수도 있다. 곧 그 자체로서는 우리가 도덕적인 것으로 보지 못하지만, 그러나 B272 이 존재자에 의해서 지시명령되었거나, 또는 이 존재자에 대한 우리의 복종심을 증거하기 위하여 우리가 자의적으로 설정한 그러한 행위들을 통해서 섬김받고자 할 수도 있다. 그러므로 인간은 조직적으로 질서 지어진 일들의 하나의 전체를 형성할 때에 저러한 두 가지 수행방식으로 신에 대한 **봉사**를 거행한다. ―그런데 이 두 방식이 결합되어야 할 때는, 각 방식이 직접적으로 또는 둘 중 하나가 신에 대한 본래적인 봉사가 되는 다른 하나의 수단으로서만 신에게 흡족한 방식으로 받아들여지지 않을 수 없다. 신에 대한 도덕적인 봉사(自由 奉仕〔義務〕)가 신에게 직접적으로 적의하다는 것은 그 자체에서 밝혀지는 바다. 그러나 만약에 보수 받는 봉사(勞賃 奉仕〔義務〕)가 **그 자체만으로** 신에게 흡족한 것으로 간주될 수 있다면, 도덕적인 봉사는 (도덕성의 개념 안에 이미 놓여 있는) 인간에 대한 모든 흡족함의 최상 조건으로 인정될 수 없을 것이다. 왜냐하면 그러할 경우에는 어떠한 봉사가 눈앞의 상황에서 자기의 의무라고 판단하는 데 우선되어야 하는지, 또는 어떻게 두 방식이 서로 보완하는지를 누구도 알지 못할[53] 터이기 때문이다. 그러므로 그 자체로서 아무런 도덕적 가치도 가지지 못하는 행위들은 행위들에서 직접적으로 선한 것의 촉진을 위한 (도덕성을 위한) 수단으로 쓰이는 한에서만, 다시 말해 **신에 대한 도덕적 봉사를 위해서만**, 신에게 흡족한 것으로 받아들여지지 않으면 안 된다.

B273   그런데 그 자체로 신에게 흡족한 것(즉 도덕적인 것)을 아무것도 함유하고 있지 않은 행위들을 자기에 대한 신의 직접적인 흡족함을 얻는, 그리고 이에 의해 자기 소망의 성취를 얻는 수단으로 사용하는 인간은 전적으로 자연적인 수단을 통해 초자연적인 작용결과를 내는 기술을 **소유하고 있다는**[54] 망상 속에 있는 것이다. 이와 같은 시도를 사람들은 **마술**이라고 부르고는 하는데, 그러나 우리는 이 말을 (이 말은 악한 원리와 공동의 부수 개념을 동반하지만, 저와 같은 시도는 보통 선한 의도를 가지고 있으면서도 오해로 인해 행해진 것으로 생각할 수도 있으므로) 그 밖에 잘 알려져 있는 말 **주물숭배**〔呪物崇拜〕로 대체하고자 한다. 그러나 인간의 어떤 초자연적인 작

••
53) A판: "알 수 없을."
54) B판 추가.

426

용이란 인간이 터무니없게도 신에게 작용을 가하여, 신을 이 세계 안에서 어떤 작용을 산출하기 위한 수단으로 이용하려고 생각하는 자에게서만 가능한 그런 것이겠다. 그러나 인간의 힘은, 아니 그의 통찰력조차도, 설 령 그것이 신에게 흡족하다고 할지라도, 그 자체만으로는 이에 족하지 않 으므로, 이런 것은 이미 그 개념 안에 불합리성을 함유하고 있는 것이다.

그러나 인간은 그를 직접적으로 신의 흡족함의 대상으로 만드는 것(즉 선한 품행의 능동적 마음씨)에 의하는 것 외에도 모종의 격식〔의례〕들을 매 개로 자기의 무능력을 어떤 초자연적인 원조에 의하여 보완받을 수 있는 **품격**〔자격〕을 갖추고자 추구한다. 그리고 인간은 이러한 의도에서 아무런 직접적인 가치도 갖지 못하지만 그럼에도 저러한 도덕적 마음씨의 촉진 을 위하여 쓰이는 계율들을 통해 자기의 선한 도덕적 소망들의 객관에 도 달하는 것이 **감수**〔感受〕/**용납될** 것으로 생각한다. 만약 사실이 이러하다 면, 인간은 자기의 자연적 무능력을 보완해줄 수 있는 어떤 **초자연적인** 것을 기대하고 있는 것이다. 그러나 이것은 **인간**에 의해서 (신의 의지에 영 향을 미침으로써) **일으켜지는** 어떤 것을 기대하는 것이 아니라, 그가 희망 할 수는 있지만, 산출할 수는 없는 어떤 것이 용납되기를 기대하는 것이 다.—우리가 통찰하는 한, 그 자체로서 도덕적인 어떤 것, 신에게 흡족한 어떤 것을 아무것도 함유하고 있지 않은 행위들이 그럼에도 그의 생각에 그의 소망들의 응답을 직접 신으로부터 기대하는 수단으로, 아니 조건으 로 쓰여야 한다면, 그는 다음과 같은 망상에 빠져 있는 것이 틀림없다. 즉 비록 그는 이러한 초자연적인 것에 대해 물리적 능력도 도덕적 감수성〔수 용성〕도 가지고 있지 않지만, 그럼에도 그는 **자연적인**, 그러나 그 자체로 는 도덕성과는 아무런 친족성이 없는 행위들—이런 것들을 시행하는 데 있어서는 신에게 흡족한 마음씨는 필요하지 않으며, 그러므로 가장 악질적인 인간도 가장 선한 인간과 똑같이 시행할 수 있다―에 의하여, 즉 신을 부르는 양식들을 통하여, 보수를 받는 신앙의 고백을 통하여, 교회의 계율들, 그리고 이와 같은 것들 등등을 통하여 신성〔神性〕의 원조를 **마술**

B275 **적으로 호출해낼** 수 있다는 망상 말이다. 무릇 한낱 물리적인 수단과 도덕적으로 작용하는 원인 사이에는 이성이 생각할 수 있는 어떤 하나의 법칙, 즉 후자가 전자에 의해 어떤 결과로 나가도록 규정될 수 있다고 표상될 수 있는 그런 하나의 법칙에 따른 연결성이 전혀 없다.

그러므로 계시를 필요로 하는 제정법적 법칙〔율법〕들의 준수를 종교에 필수적인 것으로, 그것도 한낱 도덕적 마음씨를 위한 수단으로서가 아니라, 그를 통해 신에게 직접적으로 흡족하게 되는 객관적인 조건으로서 앞세우고, 선한 품행을 위한 노력을 이러한 역사신앙 뒤에 두는 자는―단

VI179 지 **조건적으로만** 신에게 흡족할 수 있는 어떤 것인 전자가 그것만이 신에게 **단적으로** 흡족한 것인 후자를 뒤따라야만 하는 대신에―, 이러한 자는 신에 대한 봉사를 한갓된 **주물숭배**로 변환시키고, 참된 종교를 위한 모든 수고를 무효로 만드는 거짓봉사를 행하는 것이다. 선한 것 두 가지를 결합하고자 할 때, 사람들이 그것들을 결합하는 순서가 그토록 중요한 것이다!―그러나 이 구별에 참된 **계몽**이 있다. 신에 대한 봉사는 이 구별에 의해 비로소 자유로운, 그러니까 도덕적인 봉사가 된다. 그러나 사람들이 이 구별을 벗어나면, 인간에게는 신의 자녀의 자유[55) 대신에 오히려 (제정

B276 법적인) 법칙〔율법〕의 멍에가 씌워진다. 그런데 이 멍에에는 단지 역사적으로만 인식될 수 있고, 그렇기 때문에 누구에게나 확신될 수 없는 어떤 것

••

55)「로마서」 8, 21: "무릇 피조물 자신도 무상〔無常〕의 속박으로부터 영광스러운 하느님의 자녀의 자유로 풀릴 것입니다." 참조.

을 믿으라는 무조건적인 강요로서, 그것은 양심적인 인간에게는 갖가지 경건하게 부과된 계율들이 무엇이 되었든지 간에 견디기 매우 어려운 멍에인 것이다.[※] 경건하게 부과된 계율들에서는 성립해 있는 교회 공동체와 화합하기 위하여 사람들이 그것을 거행하는 것으로 충분하며, 누구도 그가 그것을 **신에 의해 창설된** 질서규정으로 여긴다는 그의 믿음을 내적으로든 외적으로든 고백할 필요는 없는 것이다. 이 고백에 의해 실로 양심은 부담스러워지기 때문이다.

그러므로 **승직제도**는 교회 안에서 **주물봉사**〔呪物奉仕〕가 지배적인 한에서의 교회의 기본체제이다. 그런데 주물봉사라는 것은 윤리성의 원리　　　B277

※ 각자가 구속되어 있는 의무가 그 자신에 의해 그리고 그 자신의 이성에 의해 부과된 것으로 보일 수 있는 곳에서 "그 멍에는 부드럽고, 그 짐은 가볍다."⁵⁶⁾ 그래서 그는 그런 한에서 그것을 자발적으로 받아들인다. 그러나 오직 신의 지시명령〔계명〕으로서의 도덕법칙들만이 이런 종류의 것이다. 이러한 지시명령들에 대해서만 교회의 창설자는 "나의 계명들은 힘들지 않다."⁵⁷⁾고 말할 수 있었다. 이 표현이 말하고자 하는 바는, 각자는 이 지시명령들을 따라야 하는 필연성을 스스로 통찰하고, 그러니까 그것에 의해 그에게 아무것도 강요되지 않기 때문에, 그것들은 **힘들지 않다**는 것이다. 그에 반해 설령 우리의 최선을 위하여 (그러나 우리의 이성에 의해서가 아니라) 우리에게 부과된 것이라 할지라도, 그리고 그에서 우리가 아무런 이점도 볼 수 없는, 전제적으로 지시명령하는 질서규정은 사람들이 단지 강제에 의해 복종할 뿐인, 말하자면 괴롭힘(학대)이다. 그러나 저 도덕법칙들에 의해 지시명령되는 행위들은 그 자체로, 그 원천의 순수성에서 고찰할 때, 바로 인간에게 가장 어려운 행위들이다. 그래서 인간은 이것 대신에 가장 힘든 경건한 학대를 치르는 것이 가능하다면, 기꺼이 그것을 감수하고 싶어 한다.

∵

56) 「마태오복음」 11, 30: "실로 내 멍에는 부드럽고, 내 짐은 가볍습니다." 참조.
57) 「요한 제1서」 5, 3: "하느님에 대한 사랑은 바로 하느님의 계명들을 지키는 것입니다. 그분의 계명들은 힘들지 않습니다." 참조.

들이 아니라 제정법적인 지시명령들, 신앙규칙들과 계율들이 교회의[58] 토
대와 본질을 이루는 곳에서는 언제나 만날 수 있는 것이다. 그런데 많은

VI180 교회형식에서는 주물숭배가 그토록 잡다하고 기계적이어서 거의 모든 도
덕성을, 그러니까 종교를 밀어내고, 그 자리를 대신 차지해야만 할 것처
럼 보이고, 그래서 이교[異敎]에 매우 가까이 접해 있다. 그러나 가치 또
는 무가치가 최상의 구속력을 갖는 원리의 성질에 의거하는 곳에서는 정
도의 많고 적음은 전혀 중요하지가 않다. 만약 이 원리가 종규에 순종적
으로 복종하는 것을 노역봉사로 부과하고, 그러나 도덕법칙을 **최상부로**
해서 수행되어야 할 자유로운 충성맹세를 부과하는 것이 아니라면, 부과
된 계율이 제아무리 적다 해도, 만약 그것이 무조건적으로 필수적이라고
선언된다면, 그것은 언제나 주물신앙으로 충분한 것이며, 이 주물신앙에
의해 대중은 통치되고, (종교가 아니라) 교회에 순종함으로써 대중은 그의
도덕적 자유를 빼앗기게 되는 것이다. 교회의 기본체제(위계제도)가 군주
제이든 귀족제이든 민주제이든 간에, 그것은 단지 조직에 관한 것이다.
교회의 기본구성은 이들 모든 형식 중에서 언제나 전제적이고, 전제적으
로 남아 있다. 신앙의 법규가 기본법칙[헌법]으로 여겨지는 곳에서는 이
성이, 그리고 종국에는 성서의 학식마저도 없어도 된다고 믿는 **성직자계**

B278 **급**이 지배하게 된다. 왜냐하면 이 계급은 눈에 보이지 않는 법칙수립자의
의지에 대한 유일하게 권위 있는 보존자이자 해석자로서 신앙규정을 독
점적으로 관리할 권위를 가지고 있으며, 그러므로 이러한 권력을 갖추고
있기에 설득하여 확신시킬 필요가 없고, 단지 **명령만 하면** 되기 때문이

..

58) AA에 따라 원문의 'desselben'을 'derselben'으로 고쳐 읽음. 칸트 원문대로 읽으면 "주물
봉사의"가 되겠다.

다. —그런데 이 성직자계급 외의 모든 이들은 **평신도**이기 때문에—정치적 공동체의 원수도 예외가 아니다—, 교회는 결국 국가를 지배하게 되는데, 그것도 권력에 의해서가 아니라, 마음에 영향을 미침으로써 하며, 그위에 또한 정신적 훈육이 국민의 **사고**조차도 길들여 만든 무조건적인 순종으로부터 국가가 이익을 이끌어낼 수 있는 것 같이 보이게 하는 것을 통해서도 그리한다. 그러나 그때 은연중에 위선의 습관이 신민들의 성실성과 신의를 파괴하고, 그들로 하여금 시민적 의무들에 있어서도 가식적 봉사를 하게끔 만들며, 잘못 취해진 모든 원리들이 그러하듯이, 의도했던 것과 정반대의 것을 낳게 되는 것이다.

☆ ☆ ☆

그러나 이상에서 말한 모든 것은 유일하게 정복〔淨福〕을 주는 종교신앙의 원리들을 잘못 놓음—일견 걱정할 것 없어 보이는—에서 비롯한 피할 수 없는 결과이다. 둘 중 어느 것에 최상의 조건으로서 (다른 것이 그에 종속하는) 제일의 지위를 인정하는가가 관건이었던 것이다. 오직 "육〔肉〕에 의한 현자",[59] 즉 학자나 궤변가들만이 그들의 참된 구원에 관한 이 계몽을 위하여 부름을 받은 것이 아니라—전 인류가 이런 신앙은 할 수 있을 것이니 말이다—, "세상에서 어리석은 것",[60] 즉 무식한 자 또는 이해력에 매우 제한이 있는 자조차도 그러한 가르침과 내적 확신을 요구주장할 수 있지 않으면 안 된다는 것을 받아들이는 것은 마땅하며, 이성적인 것

VI181

B279

··

59) 「코린트 제1서」 1, 26: "육〔肉〕으로 볼 때 지혜로운 이도 많지 않으며 〔……〕" 참조.
60) 「코린트 제1서」 1, 27: "하느님께서는 지혜로운 자들을 부끄럽게 하려고 오히려 세상의 어리석은 것들을 택하셨습니다." 참조.

이다. 그런데 역사신앙은, 특히 이 신앙이 보고들을 파악하기 위해 필요로 하는 개념들이 전적으로 인간학적이고 감성에 아주 적합할 때 바로 이러한 유인 것으로 보이기는 한다. 왜냐하면 그렇게 감성화된 그리고 단순화된 이야기를 파악해서 서로 전달하는 것보다, 또는 하나의 의미로 결합시킬 필요가 전혀 없는 신비에 대한 말들을 따라 말하는 것보다 더 쉬운 일은 없기 때문이다. 그러한 신앙이, 특히 커다란 이익을 약속하는 경우 얼마나 쉽게 보편적으로 받아들여지겠는가. 그 위에 아주 오래 전부터 진정한 것으로 인정된 원전에 기초하고 있는 그러한 이야기의 진리성에 대한 신앙은 그 뿌리가 얼마나 깊은 것인가. 그리하여 그러한 신앙은 물론 또한 아주 평범한 인간적 역량에도 알맞은 것이다. 그러나 그러한 사건의 공포뿐만 아니라 그 위에 기초하고 있는 행동규칙들에 대한 신앙이 학자나 현자들을 위해서 특별히 주어져 있는 것은 아니라 할지라도, 이들이 그로부터 제외되어 있는 것도 아니다. 거기에서 한편으로는 이 이야기의

B280 진리성에 관하여, 또 다른 한편으로는 이 강론이 얻어야 하는 의미에 관하여 매우 큰 의혹들이 생기고, 그래서 (성실하게 생각된 것이라 해도) 그토록 많은 쟁론에 휘말려 있는 그러한 신앙을 보편적이면서 오로지 정복(淨福)을 주는 신앙의 최상의 조건으로 받아들이는 것은 사람들이 생각할 수 있는 가장 크게 모순적인 것이다. ―그런데 오로지 이성에 의거하며, 어떠한 역사적 교리도 필요로 하지 않으면서도, 모든 인간에게, 가장 단순한 인간에게조차도, 마치 문자 그대로 마음속에 씌어 있는[61] 것처럼 그렇게 당연한 하나의 실천적 인식이 있다. 그것은 그 이름만 불러도 그것의

••

61) 앞의 B239=VI159 참조. 역시 「코린트 제2서」 3, 2: "우리의 추천편지는 여러분 자신입니다. 그것은 우리 마음 안에 쓰여 있으며, 모든 사람들에게 알려지고 읽혀집니다." 참조.

권위에 관하여 누구라도 곧바로 동의할 수 있는 한 법칙이다. 그것은 모든 사람의 의식 안에서 무조건적인 구속력을 지니는 것인, 곧 도덕성의 법칙이다. 더구나 이 인식은 이미 그 자체만으로 신에 대한 신앙에 이르거나, 또는 적어도 그것만으로 신의 개념을 도덕적 법칙수립자의 개념으로 규정하며, 그러니까 그것은 모든 사람에게 이해 가능할 뿐만 아니라 최고도로 존경스러운 하나의 순수한 종교신앙으로 인도하는 것이다. 정말이지 그것은 너무나 자연스럽게 종교신앙에 이르기 때문에, 사람들이 시도하고자 하면, 누구에게나, 이 신앙에 대해서 그에게 아무것도 가르치지 않았어도, 물어서 알아낼 수 있는 것임을 아는 바이다. 그러므로 이 종교신앙에서 시작하고, 이와 조화하는 역사신앙으로 하여금 그 뒤를 따르게 하는 것이 현명한 처사일 뿐만 아니라, 이 종교신앙을 최상의 조건으로 삼는 것이 의무이기도 하다. 우리는 이 최상의 조건 아래에서만 역사신앙이 우리에게 언제나 약속하는 것인바 구원받을 것을 희망할 수 있다. 물론 이때 우리는 이 역사신앙을 순수한 종교신앙이 그것에 부여하는 해석에 따라서만 보편적 구속력을 인정할 수 있거나 인정해도 좋다. (순수한 종교신앙은 보편타당한 가르침을 함유하고 있으니 말이다.) 그런가 하면, 도덕적 신앙인은 역사신앙이 그의 순수한 종교의 마음씨를 고무하는 데 유익하다—역사신앙은 이런 방식으로서만 순수한 도덕적 가치를 갖는다—고 보는 한에서 역사신앙에 대해서도 열려 있다. 왜냐하면 그는 자유롭고 어떤 위협에 의해서도—이러한 경우에 그는 결코 정직할 수가 없다—강박되어 있지 않기 때문이다.

무릇 그러나 교회 안에서의 신에 대한 봉사[제례, 예배]가 인류[인간성] 일반에게 지시명령된 법칙들에 따르는 신에 대한 순수한 도덕적 경배를 주로 지향하는 한에서라도, 사람들은 교회 안에서는 언제나 **경건 이론**

VI182

B281

〔가르침〕[62]이 또는 순수한 **덕 이론** 또한, 아니면 각각이 별도로, 종교 강론의 내용을 이루어야 하는가를 물을 수 있다. 첫 번째 명칭, 곧 **경건 이론**이 어쩌면 (오늘날 이해되고 있는 바대로의) 宗教[63]라는 말의 의미를 객관적인 의미에서 가장 잘 표현하고 있는지도 모르겠다.

B282   **경건**은 신과의 관계에서 도덕적 마음씨의 두 규정을 함유한다. 즉 신에 대한 **공포**는 빚진 (신민의) 의무에서, 다시 말해 법칙에 대한 존경에서 신의 지시명령〔계명〕을 따르는 이러한 마음씨이며, 그러나 **신에 대한**[64] **사랑**은 자신의 자유로운 선택에서, 법칙에 대한 흡족에서(자녀의 의무에서) 신의 지시명령을 따르는 이러한 마음씨이다. 그러므로 이 두 가지는 도덕성을 넘어서도 이 도덕성을 통해 의도된, 그러나 우리 능력을 넘어가는 최고선의 완성에 필요한 속성들을 갖춘 초감성적 존재자라는 개념을 함유하고 있다. 그런데 이 초감성적 존재자의 본성에 대한 개념은, 이 존재자의 이념과 우리의 도덕적 관계를 넘어가는 경우에는, 언제나, 우리에 의해 의인적으로 그리고 그로 인해 자주 우리의 윤리적 원칙들에 바로 해 VI183 가 된다고 생각될 위험에 놓인다. 그러므로 이 존재자의 이념은 사변적 이성 안에 그 자체만으로 존립할 수 있는 것이 아니고, 심지어는 그 근원을, 더욱이 그 힘을 전적으로 우리의 자기 자신에 의거하는 의무규정과의 관계에 기초시키는 것이다. 그러면 최초의 청소년 지도에서 그리고 강론〔설교〕에서 덕 이론을 경건 이론보다 앞에 하는 것이 더 자연스러운가, 아니면 경건 이론을 덕 이론 앞에 (아니면 덕 이론에 대해서는 아무런 언급도 없이) 설파하는 것이 더 자연스러운가? 이 양자[65]는 분명히 상호 필연적인

••

62) 원어: Gottseligkeitslehre.
63) 원어: religio.
64) B판 추가.

434

연관 속에 있다. 그러나 이 양자는 **한 가지**가 아니기 때문에, 하나는 목적으로, 다른 하나는 한낱 수단으로 생각되고 강론되는 것 말고 다른 가능성은 없다. 그러나 덕 이론은 자기 자신에 의해 (신 개념 없이도) 존립하지만, 경건 이론은 우리가 우리의 도덕성과의 관계에서, 도덕적 궁극목적에 관해서 우리의 무능력을 보완하는 원인으로 표상하는 한 대상의 개념을 함유한다. 그러므로 경건 이론은 그 자체만으로는 윤리적 노력의 궁극목적을 이룰 수 없고, 단지 그 자체보다 선한 인간을 형성하는 것, 즉 덕의 마음씨를 강화하는 수단으로서만 쓰일 수 있을 뿐이다. 즉 그것은 (선을 향한 노력, 그리하여 신성함을 향한 노력인) 윤리적 노력에게, 덕 이론으로는 할 수 없는 궁극목적에 대한 기대를 약속하고 보증함으로써 그렇게 쓰일 수 있을 뿐이다. 그에 반해 덕의 개념은 인간의 영혼으로부터 얻어진 것이다. 인간은 덕 개념을 이미 전적으로, 비록 아직 발전되지 않은 채이기는 하지만, 자신 안에 가지고 있어서, 종교 개념처럼 추론을 통해 끄집어내어질 필요가 없다.[66] 이러한 덕 개념의 순수성 안에, 즉 우리 안에 있는 제아무리 큰 장애라도 극복할 수 있는, 전에는 가늠조차 하지 못했던 능력에 대한 의식의 각성 안에, 인간이 자기 자신의 인격과 그 인격의 규정에서 숭배하지 않을 수 없고, 그리고 인간이 그에 도달하고자 애를 쓰는, 인간성의 존엄 안에 영혼을 고양시키는 어떤 것, 단지 그의 신성성 때문에 그리고 덕을 위한 법칙수립자로서 경배받을 만한 신성 자체로 인도하는

B283

⁝

65) 이 표현은 칸트 당대 많은 번역서가 유통되던 회의주의자 Pierre Charron(1541~1603)의 *De la essagesse*(Bordeaux 1601)에서 유래한 것으로, 칸트의 인용문은 C. F. Stäudlin, *Ideen zur Kritik des Systems der christlichen Religion*, Göttingen 1791, S. 474에서 볼 수 있다.
66) 문장의 주어가 엉켜 있다. 술어 "필요가 없다"의 주어는 내용상 '덕 개념'이어야 하는데, 이 문장의 문법상 주어는 '인간'이니 말이다.

어떤 것이 놓여 있다. 그리하여 인간은 이 개념에 그의 준칙에 대한 영향

B284 력을 부여하기에는 아직 아주 멀리 떨어져 있을 때조차도, 그것과 교섭하는 것을 싫어하지 않을 것이다. 왜냐하면 이 의무를 우리에 대한 지시명령으로 만드는 세계지배자라는 개념은 아직 그와 멀리 떨어져 있고, 그래서 만약 그가 이 개념에서 시작한다면, (덕의 본질을 함께 형성하는) 그의 용기를 꺾고, 그 반면에 경건을 전제적으로 지시명령하는 어떤 힘 밑에서의 비굴한 노예적 복종으로 변환시킬 위험에 빠뜨릴 것임에도, 그는 이 이념에 의해 이미 어느 정도 자신이 고상하게 된 것을 느끼기 때문이다. 그런

VI184 데 자신의 발로 서는 이 용기[67]는 그에 뒤따르는 화해 이론[교리]에 의해서도 강화된다. 화해 이론은 이미 해버린 일은 변경될 수 없는 것으로 표상하면서, 그러면서도 우리에게 새로운 품행의 오솔길을 열어주니 말이다. 그 대신에 만약에 이 이론이 시작을 이룬다면, 일어난 일을 일어나지 않은 것으로 만드는 공허한 노력(속죄)은 그러한 것을 바치는 일로 인한 공포, 선에 대한 우리의 전적인 무능력에 대한 표상, 그리고 악으로의 퇴

B285 락에 대한 불안이 인간의 용기를 앗아가고,[※] 인간을 위대하고 선한 어떠

※ 민족들의 서로 다른 신앙양식들은 그 민족들에게 차츰차츰 시민적 관계에서 외적으로 눈에 띄는 하나의 성격을 부여하게 되는데, 이 성격은 나중에는 마치 그 민족들에게 전체적으로 기질적 속성인 것처럼 붙여진다. 그리하여 **유대주의**는 맨

B285 처음 세워진 후에, 온갖, 부분적으로는 고통스러운 계율들을 통해 다른 민족들과 자신을 격리시키고, 다른 민족들과의 일체의 혼합을 방지하려고 함으로써, **인간 증오**의 비난을 초래하였다. **마호메트주의**는 자부심을 통해 자기를 구별하는데, 이것은 기적 대신에 다른 민족들에 대한 승리와 정복에서 자기 신앙의 확증을 보

∵

67) "너 자신의 지성을 사용하는 용기를 가지라."(WA: VIII, 35) 참조.

436

한 것도 기도하지 않고, 오히려 모든 것을 소망에서 기대하는, 신음하는   VI185
도덕적으로 수동적인 상태로 전락시킬 수밖에 없다. 도덕적인 마음씨에   B286
관계되는 일에 있어서는 모든 것이 사람들이 자기의 의무들을 그에 종속

고, 그 기도의 의식〔儀式〕들은 모두 용감무쌍한 것들이니 말이다.※+ **힌두교**[69] 신
앙은 그의 신자들에게 마호메트교와는 정반대되는 이유로 **소심성**의 성격을 부여
한다. ─그런데 만약 기독교 신앙에서 진심으로 기독교 신앙을 갖지만, 인간의
부패함에서 출발하여, 일체의 덕에 절망하고, 그의 종교원리를 오로지 **독실함**[70]
─이것은 위로부터의 힘에 의해 기대될 수 있는 경건[71]이라는 점에서 수동적 처

※+ (지적이기는 하나 무지한 민족의 자기 신앙에 대한 자부심의) 이 같은 주목할 만
한 현상은 또한, 신의 하나임과 그의 초자연적 본성 개념만을 이 세계에 다시금 재
흥시킨 것 같은 창설자의 상상에서 유래한 것일 수도 있다. 그리고 만약 저 개념이
이러한 공적으로 돌려지는 것이 정당하다면, 그것은 물론 그 민족을 우상숭배와 다
신교의 무정부상태로 해방시킴으로써 고귀화한 것이겠다.─그릇되게 이해된 겸손   B286
에 기초하고 있는 종교 신도들의 세 번째 부류의 특징에 관해 말할 것 같으면, 그것
은 법칙〔율법〕의 신성성을 앞에 둠으로써 자기의 도덕적 가치의 평가에서 자만을 낮
추는 것인데, 여기서 마땅히 해야 할 것은 자기의 경멸이 아니라, 오히려 우리 안에   VI185
있는 이러한 고귀한 소질에 따라서 저 법칙의 신성성으로의 부합에 점점 더 접근하
고자 하는 결의를 일으키는 일이다. 그런데도 본래 그러한 결의로의 용기에서 존립
하는 덕은 자만이라고 이미 의심받는 명칭으로 이교도로 추방되고, 그에 반해 굽실
대는 은총의 청원은 찬양받는다.─신심 깊은 체하기(偏狹信仰, 外樣獻身)는 (모든
인간적 의무를 이행하는 데 있는) 신에게 흡족한 행위들을 외경의 표시에 의해 신에
직접 종사하는 것에서 경건함을 실행하는 것으로 대체하는 습관이다. 이러한 경건
함의 실행은 그때 노역봉사(事效事業[68])에 속할 것이다. 그것은 미신에다가 또한
소위 초감성적인 (하늘의) 감정이라는 광신적 망상을 덧붙이는 일에 불과하다.

•·
68) 원어: opus operatum.
69) A판: "이교."
70) 원어: Fömmigkeit.
71) 원어: Gottseligkeit.

시키는 최상 개념에 달려 있다. 그러므로 만약 신에 대한 숭배가 제일의 것으로, 사람들이 덕을 그에 종속시킨다면, 이러한 대상은 **우상**이다. 다시 말해 그 대상은 우리가 이 세상에서 윤리적 선행에 의해서가 아니라, 경배와 아첨에 의해서 적의하게 되기를 희망해도 좋은 하나의 존재자로 생각되는 것이다. 그 경우에 종교는 우상숭배이다. 그러므로 경건은 덕

B287 없이 지내기 위한 덕의 대용품이 아니라, 오히려 우리의 모든 선한 목적들을 마침내 달성할 수 있다는 희망으로 대미를 장식할 수 있기 위한 덕의 완성인 것이다.[73]

§4

신앙의 사안들에서 양심의 실마리에 대하여

여기서 문제가 되는 것은, '어떻게 양심이 지도되어야 하는가?'가 아니

신의 원칙으로 이해된다—에 두는 이들에게 저 힌두교 신앙과 비슷한 비난이 가해질 수 있다면, 그것은 확실히 기독교 신앙의 내적 성질에 있는 것이 아니고, 이신앙이 마음에 받아들여지는 방식에 있는 것이다. 왜냐하면 이들은 결코 자기 자신을 신뢰하지 않고, 끊임없는 불안함 속에서 초자연적인 조력을 찾아 두리번거리며, 이러한 자기경멸—이것은 겸손이 아니다—속에서조차 은혜를 얻는 수단을 소유하고 있다고 잘못 생각하기 때문인데, 이것의 외적 표현(**경건주의에서 또는 독실한 체하기에서**)[72]은 노예적 성정을 알려주는 것이다.

••

72) A판: "(즉 **경건주의**)."
73) 그래서 칸트는 아이들의 종교교육에 있어서도 본말이 전도되는 일이 없어야 함을 강조하고 있다: "아이들에게 기도문을 암송하게 하는 것은 아무런 쓸모도 없다. 단지 경건성의 전도된 개념을 낳을 뿐이다. 참된 신에 대한 경배는 신의 의지에 따라서 행위하는 데에 있는 것이다. 사람들은 아이들에게 이 점을 깨우쳐주어야만 한다."(*Päd*: IX, 495)

라, (무릇 양심은 지도자를 원하지 않으며, 그래서 양심은 가지는 것으로 충분한 것이다) 오히려 '어떻게 양심 자신이 가장 심중한 도덕적 결정들에서 실마리로 쓰일 수 있는가'이다. —

양심은 그 자체로 의무인 의식이다.[74] 그러나 그러한 것을 생각하는 것이 어떻게 가능한가? 우리의 모든 표상에 대한 의식은 오직 논리적 의도에서만, 그러니까 우리가 우리의 표상을 명백히 하려고 할 때, 한낱 조건적으로만 필연적으로 보이고, 그러니까 무조건적으로 의무일 수는 없으니 말이다.

'**옳지 않다는 위험을 무릅쓰고서는 어떤 것도** 감행해서는 안 된다.' (疑心스러운 것은 하지 마라!—플리니우스[75])는 것은 증명이 필요 없는 하나의 도덕 원칙이다. 그러므로 **내가 하려고 하는** 행위가 옳다는 **의식**은 무조건적인 의무이다. 한 행위가 도대체 옳은지 옳지 않은지, 이에 관해서는 지성이 판단하는 것이지, 양심이 하는 것이 아니다. 또한 모든 가능한 행위들에 대해서, 그것들이 옳은지 옳지 않은지를 아는 것이 절대로 필요한 것도 아니다. 그러나 **내가** 하려고 하는 행위에 대해서 나는 판단해야 하고 의견을 가져야 할 뿐만 아니라, 또한 그것이 옳지 않은 것이 아님을 **확신**해야 한다. 이 요구는 양심의 요청이다. 이에 대립하는 것이 **개연주의**[76]

VI186

B288

••

74) "우리 안의 법칙을 양심이라 일컫는다. 양심은 본래 우리의 행위들을 이 법칙에 적용함이다."(*Päd*: IX, 495) 참조.

75) Gaius Plinius Caecilius Secundus(Plinius minor: 61/62~113/115. 로마의 정치가, 법률가, 저술가), *Epistolae*, I, 18, 5.

76) 원어: Probabilismus. 도미니크 수도회의 Bartolomé de Medina(1527~1581)가 처음 (1577) 주창한 원칙, "설령 반대되는 더 개연적인 의견이 있다고 할지라도, 하나의 개연적인 의견을 좇는 것은 정당하다.(si est opinio probabilis, licitum est eam sequi, licet opposita est probabilior)"에서 비롯한 것으로 알려져 있으며, 예수회에서도 받아들임으

인데, 그것은 다시 말해, '어떤 행위를 하고자 하는 데에는 그 행위가 아마 옳을 수 있을 것이라는 한갓된 의견만으로 이미 충분하다.'는 원칙이다.—또한 사람들은 '양심이란 **자기 자신을 심판하는 도덕적 판단력**이다.'[77]라고 정의할 수도 있겠다. 다만 이 정의는 그 안에 함유되어 있는 개념들에 대한 선행적인 설명을 사뭇 필요로 할 것이다. 양심은 법칙 아래에 있는 사례로서의 행위들을 심판하는 것이 아니다. 왜냐하면 그러한 일은 이성이 주관적-실천적인 한에서, 이성이 하는 것이기 때문이다. (그래서 良心 事例〔問題〕와 일종의 양심의 변증학인 事例論〔境遇論〕[78]이 있다.) 오히려 여기서 이성은 자기가 실제로 그 행위들의 판정을 (그것들이 옳은지 옳지 않은지를) 아주 주의 깊게 했는지 안 했는지, 자기 자신을 심판하고, 인간을, **반대편**이든 **자기편**이든, 이러한 일이 일어났는지 일어나지 않았는지의 증언자로 세운다.

B289   예컨대 자기의 제정법적 신앙의 유일성을 경우에 따라서는 순교에 이르기까지 고집하는 종교심판관이 불신앙 때문에 피소된 이른바 이단자(그 외의 점에서는 선량한 시민)를 심판하지 않으면 안 되는 경우를 가정해보자. 이제 내가 묻는 바는, 만약 이 심판관이 그 이단자에게 사형 선고를 내렸다면, 그 심판관은 그의 (비록 미혹된 것이지만) 양심에 따라서 심판했다고 사람들이 말할 수 있는가, 아니면 사람들은 오히려, 그 심판관이 미혹되

∵

로써 하나의 유력한 주의주장으로 등장하였다.(VI, 506 참조) 1793/1794년의 「윤리형이상학 강의」에서도 칸트는 Baumgarten의 '도덕적 개연주의'(*Ethica Philosophica*, 1751, §193)에 대해서 비판한다.(XXVII, 622 참조)

77) A. G. Baumgarten, *Ethica Philosophica*, Halle 1751, §173 참조.

78) 원어: Kasuistik. 『윤리형이상학』에서 '사례론'은 하나의 학문이나 이론이 아니라, '하나의 준칙이 특수한 경우〔사례〕들에서 어떻게 적용되어야 하는가'(*MS, TL*: A56=VI411 참조), 즉 '진리가 어떻게 찾아져야만 하는가 하는 훈련'(A56=VI411 참조)이라고 규정되고 있다.

었든지 의식적으로 옳지 않게 행하였든지 간에, 그 심판관이 단적으로 **비양심적**이라고 책망할 수 있는가 하는 것이다. 왜냐하면 사람들은 그 심판관에게, 그가 그러한 경우에, 그는 여기서 **온전히**[79] 옳지 못한 일을 하는 것이 아님을 결코 전적으로 확신할 수 없었다고 맞대놓고 말할 수 있으니 말이다. 짐작하건대 그 심판관은, 어떤 초자연적으로–계시된 신적 의지가(아마도 '억지로라도 들어오게 하라.'[80]는 격언대로), 잘못 생각하고 있는 불신앙과 함께 불신앙자를 근절하는 일을, 의무까지는 아니라 하더라도, 그에게 허용된 것이라고 확고하게 믿었을 수 있기는 하다. 그러나 그는 정말로 그러한 계시된 가르침과 그것의 이러한 의미에 대해서, 그것이 한 인간을 죽이는 일을 감행할 필요가 있다고 할 정도로 확신하고 있었을까? 그의 종교신앙 때문에 한 인간에게서 그 생명을 빼앗는 일이 옳지 않다는 것은 확실하다. 가령 (극단적인 경우를 용인하기 위해서) 비상한 방식으로 그에게 알려진 어떤 신적 의지가 그것을 다르게 지시명령하지 않았다면 말이다. 그러나 신이 일찍이 이러한 가공할 만한 의지를 표명했다는 것은 역사문서에 의거한 것으로, 결코 명증적으로 확실한 것은 아니다. 계시는 그에게 오직 인간을 통해서만 온 것이며, 이 인간에 의해서 해석된 것이다. 그래서 그 계시가 그에게 설령 (자기의 아들을 한 마리 양처럼 도살하라는 **아브라함**에게 내려진 명령[81]처럼) 신 자신을 통해 온 것처럼 보인다 해도, 여

VI187

B290

••

79) A판: "아마도."
80) 칸트 원문: compellite intrare. 「루카복음」 14, 23: "큰길과 울타리로 나가서 그들을 억지로라도 들어오게 하여 내 집을 채우도록 하여라." 참조.
81) 「창세기」 22, 2: "그분께서 말씀하셨다. '너의 아들, 네가 사랑하는 외아들 이사악을 데리고 모리야 땅으로 가거라. 그곳, 내가 너에게 일러주는 산에서 그를 나에게 번제물로 바쳐라.'" 참조.

기에 어떤 착오가 있을 수 있음은 적어도 가능한 일이다. 그러나 그럴 경우 그는 최고로 옳지 않은 어떤 일을 행하는 위험을 무릅쓰고 감행하는 것이겠고, 이 점에서 바로 그는 비양심적으로 행위하는 것이다. —무릇 그리하여 모든 역사신앙과 현상신앙에서 사정은 마찬가지이다. 곧 그 안에서 어떤 착오를 마주칠 **가능성**은 언제나 남아 있으며, 따라서 어쩌면 그 신앙이 요구하거나 허용하는 것이 옳지 않은[82] 것일 수도 있다는 가능성에도 불구하고, 다시 말해 그 자체로 어떤 인간의 의무를 위반할 위험을 무릅쓰고, 그것을 따르는 것은 비양심적인 것이다.

더 나아가, 그러한 실정〔實定〕적인 (그렇게 간주된) 계시의 율법이 지시명령하는 행위가 그 자체로 허용되어 있다고 해도, 제기되는 물음은, 과연 성직의 고위층이나 교사들이 그들의 소위 확신에 따라서 그것을 민중에게 **신앙조항**으로서 (그들의 신분 상실에도) 고백할 것을 과하여도 좋은가 하는 것이다. 그 확신은 역사적인 증명근거 외에는 다른 근거를 그 자체로 가지고 있지 않고, 그러나 이 민중의 판단 안에는 (자기 자신을 단지 조금만이라도 검사해본다면) 언제나 어쩌면 그 증명근거로 인해 또는 그에 대한 고전적 해석에서 생긴 착오의 절대적 가능성이 남아 있으므로, 교회지도자들은 민중으로 하여금, 그러한 것인지 어떤지 확실히 알지도 못하는 어떤 것을 신을 믿는 것과 똑같이 참인 것이라고, 적어도 내면적으로, 다시 말해 이를테면 신의 면전에서 고백하도록 강요할 터이다. 예컨대 경건을 주기적으로 공공연하게 촉구하기 위하여 어떤 특정한 날을 정하는 것을 신에 의해 직접적으로 지시명령된 종교요소로 인정하는 것이나 또는 민중이 이해한 적도 없는 어떤 신비를 굳게 믿고 있다고 고백하는 것 등 말

B291

..

82) A판: "요구하고 허용하는 것이 **또는** 옳지 않은."

이다. 민중의 고위성직자는 이때 그 자신도 결코 온전히 확신할 수 없는 어떤 것을 다른 이들에게 믿으라고 강박하는 스스로 양심에 어긋나는 처신을 하고 있는 것이겠다. 그래서 그는 자기가 행하고 있는 바를 곰곰이 생각해보는 것이 마땅한 일이다. 왜냐하면 그는 그러한 노역신앙에 의한 모든 남용에 대해 책임을 지지 않으면 안 되기 때문이다. ―그러므로 신앙된 것 안에는 어쩌면 진리가 있을 수 있겠으나, 동시에 신앙에는 (또는 신앙 자신의 한낱 내적 고백에는) 불성실이 있을 수 있고, 이 불성실은 그 자체로 벌받을 일이다.

위에서[83] 주해했듯이, 단지 아주 적게라도 자유 안에서 사고를 시작한 사람들은※ 이전에는 신앙의 노예적 멍에 밑에 있었으므로(예컨대, 프로테

VI188

B292

※ '(법적 자유의 개편작업 중에 있는 바이지만) 어떤 국민은 자유롭게 될 만큼 성숙되어 있지 않다.', '어떤 토지소유주의 농노들은 아직 자유롭게 될 만큼 성숙되어 있지 않다.', 그리고 또한 '인간 일반은 신앙의 자유에 이를 만큼 아직 성숙되어 있지 않다.' 는 등 현명한 인사들조차 쓰고 있는 이러한 표현에 나는 동조할 수 없음을 고백한다. 이러한 전제대로 하면 자유는 결코 궤도에 진입하지 못할 것이다. 왜냐하면 사람들은 먼저 자유 안에 놓여 있지 않으면, 자유로 **성숙할** 수 없기 때문이다. (사람들은 자기의 힘들을 자유 안에서 합목적적으로 사용하기 위해서는 자유롭지 않으면 안 된다.) 최초의 시도들은 물론 조야하고, 보통은 타인의 명령이나 또한 배려 아래에 있을 때보다 더 힘겹고 위험한 상태와 결부되게 된다. 그러나 사람들은 자기 **자신의** 시도들―이를 할 수 있으려면 사람들은 자유롭지 않으면 안 된다―에 의해서밖에는 이성에 대해서 결코 성숙할 수가 없다. 나는 권력을 수중에 가진 이들이 그때그때의 상황에 의해 이 세 개의 족쇄의 절단을 아직도 멀리, 아주 멀리 미룬다는 사실에 아무런 이의가 없다. 그러나 그들에게 한 번 복속된 이들에게는 도대체가 자유란 적합하지가 않고, 그들이 항상 자유로부터 멀리 떨어져 있게 하는 것은 정당하다는 것을 원칙으로 삼는 것은 인간을 자유롭

B292

---

83) 곧 B265=VI173의 칸트 원주.

스탄트 교도들), 그들이 (실정[實定]적인 것과 사제규율에 속하는 것 등) 믿을 필요가 있는 것을 적게 가지면 가질수록, 곧바로 자신을 이를테면 고귀하게 된 것으로 여기기는 하지만, 그러나 이러한 종류의 시도를 할 수 없었거나 하려고 하지 않았던 이들에게는 사정이 정반대이다. 이들의 원칙인 즉 '너무 적게 믿는 것보다는 차라리 너무 많이 믿는 것이 권장할 만한 일이다.' 이니 말이다. 무릇 사람들이 빚진 것보다 더 많이 하는 것은 적어도 무엇에도 해가 되지 않으며, 아마도 도움이 될 수도 있다는 것이겠다. ― 종교적 고백에서의 불성실성을 원칙으로 삼는― 종교는 모든 잘못을, 따

B293 라서 불성실의 잘못도 보상해주기 때문에, 사람들은 그만큼 더 쉽게 이를 결심하거니와―이러한 망상 위에 신앙의 사안에 있어서 이른바 안전준칙(安全論證[84]))이 기초하고 있다. 이 준칙에 따른즉 내가 신에 대해 고백하는 것이 참이라면, 그로써 나는 적중한 것이다. 또 그것이 참이 아니라면, 그러면서도 그 자체로 불허된 것이 아니라면, 필요하지는[85]) 않았으나 나에게 부담을 지운, 그럼에도 범죄는 아닌 것을 나는 과잉으로 믿었던 것뿐이다. 그의 둘러대기의 불성실에서 오는 위험, 무조건적인 신뢰를 가지고 확언할 수 있는 성질의 것이 아님을 그 자신도 의식하고 있는 어떤

VI189 것을 신 앞에서조차 확실한 것이라고 사칭하는 **양심의 훼손**, 이런 모든 것을 **위선자는 아무것도 아닌 것으로 여긴다.** ― 진정한, 종교와 유일하게

도록 창조한 신성[神性] 자체의 지상권[至上權]에 대한 침해이다. 물론 그러한 원칙을 관철할 수 있다면 국가와 가정, 교회에서 지배하는 일이 더 편할 것이다. 그러나 더 정의롭기도 한가?

∴

84) 원어: argumentum a tuto.
85) B판 추가.

화합할 수 있는 안전준칙은 정반대의 것이다. 즉 '정복[淨福]의 수단으로서 또는 조건으로서 나 자신의 이성에 의해서가 아니라, 단지 계시를 통해서 나에게 알려지고, 역사신앙을 매개로 해서만 나의 고백 안에 채용된 것, 그러면서도 순수한 도덕 원칙들과 모순되지 않는 것을 나는 확실한 것으로 믿고 확언할 수는 없지만, 그러나 또한 확실하게 거짓이라고 물리칠 수도 없다. 이 점에 관해 무엇을 규정함 없이, 그럼에도 불구하고 나는, 그 안에 구원을 가져오는 것을 함유하고 있을지도 모르는 무엇인가가 나에게, 내가 가령 선한 품행의 도덕적 마음씨의 결여로 인해 나를 그러할 품격[자격]이 없게 만들지 않는 한, 좋게 다가올 것이라고 기대한다.' 이 준칙 안에 진실한 도덕적 안전, 곧 양심 앞의 안전이 있다. (그리고 인간은 그 이상의 것을 요구할 수 없다.) 그에 반해 고백하지 않음으로써 나에게 생길지도 모르는 불리한 결과를 간교하게 회피하고, 쌍방과 관계를 맺음으로써 함께 타락하는 이른바 영리한 수단에는 최고의 위험과 불안전이 수반한다. ― B294

만약 신경[信經]의 저자가, 만약 교회의 교사가, 아니 교리를 신의 계시로서 확신함을 내적으로 자기 자신에게 고백하는 한에서의 인간 개개인이 자문하여, "너의 마음을 아는 자[86]의 면전에서 너에게 가치 있고 신성한 모든 것을 포기하고, 이 교리들이 진리라고 확언할 수 있는가?" 하고 묻는다면, 아무리 대담한 신앙교사라도 이 경우에 전율하지 않을 수 없을 것이라고 예견하지 않기 위해서는, 나는 인간의 (선에 대해서 적어도 전적으로 무능하지는 않은) 자연본성에 대해서 매우 불리한 개념을 가지고 있지 않으면 안 될 것이다.※+ 그러나 만약에 그것이 그러하다면, 어떠한 제한 VI190 B295

⁚

86) 앞의 B85=VI67의 각주 참조.

도 허락하지 않는 그러한 신앙선언을 강박하고, 그러한 확언을 하는 주제 넘음을 심지어 의무이자 신에 대한 봉사라고까지 참칭하고, 그러나 그를 통해 도덕적인 모든 것(종교를 받아들임 같은 것)을 위해 반드시 요구되는 인간의 자유를 완전히 내동댕이치고, 선한 의지에게 "저는 믿습니다. 주여, 저의 믿음 없음을 도와주소서!"[88]라고 말할 자리를 결코 허용하지 않는 것이 어떻게 양심과 부합할 수 있겠는가.※+

※ + 이 또는 저 역사적 교리를 소중한 진리로 믿지 않는 자, 그 자는 **저주받는다**고 말할 만큼 그렇게 담대한 인사는 또한 "만약 내가 여기서 너희에게 이야기하는 것이 참이 아니라면, **나는 저주받고자 한다!**"라고 말할 수 있지 않으면 안 될 것이다. 만약 그렇게 무서운 발언을 할 수 있는 누군가가 있다면, 나는 이 사람에게 **메카순례자**[87]에 대한 페르시아의 잠언에 따라서 자신을 심판할 것을 권하겠다. 잠언인즉, "누가 한 번 (순례자로서) 메카에 있었다면, 너는 그가 너와 함께 살던 집을 나서거라. 그가 두 번 거기에 있었다면, 그가 있는 거리를 나서거라. 그러나 그가 세 번 거기에 있었다면, 그가 머물고 있는 도시, 아니 아예 그 지방을 떠나거라."

B295

※ + 오, **정직함**[89]**이여!** 너 땅에서 하늘로 날아가버린 아스트래아[90]여.[91] 어떻게 너 (양심의, 그러니까 모든 내적 종교의 토대)를 거기에서 우리에게 다시 끌어내릴

••

87) 원어: Hadgi. 독일어 표기는 Hadschi. 칸트가 여기서 프랑스어 표기를 사용하는 것으로 미루어, 인용되고 있는 사례는 정확한 출처는 모르겠으나 어떤 프랑스 문헌에 의거한 것으로 보인다. J. Bohatec, *Die Religionsphilosophie Kants*, Hamburg 1938, S. 519, Anm. 35a 참조.

88) 「마르코복음」 9, 24: "아이 아버지가 곧바로, '저는 믿습니다. 믿음 없는 저를 도와주십시오.' 하고 외쳤다." 참조.

89) "정직함의 반대는 불순함이고, 이보다 더 높은 정도는 거짓됨이고, 최고로 높은 정도는 비양심〔양심 없음〕이다." "(타인에게 표출되는) 외면적 정직함은 진실성이고, 내면적 정직함은 진정성이다. 양자가 합해진 것이 〔……〕 성실성이다."(Refl 6309: XVIII, 603)

90) Astraea 또는 Astraia. 그리스어로는 Ἀστραία. Zeus와 정의의 여신 Themis 사이의 딸로, 어머니와 함께 정의의 여신으로 표상됨.

91) Ovid(BC 43~AD 17), *Metamorphoseon libri*, I, 150. Ovid의 서사에 따르면, 아스트래

인간이 자유의 법칙들에 따라서 자기 자신만으로 행할 수 있는 선한

까? 참으로 유감스럽지만, (아는바 **전체** 진리를 말하는) 솔직함을 인간의 자연본성에서 마주치지 않는다는 것을 인정할 수 있다. 그러나 (**말하는바 모든 것은** 진실되게 말하고 있다는) **정직함**은 모든 인간에게 요구될 수 있어야만 하거니와, 만약 그 개발이 오직 소홀히 되어 그러한 소질조차 우리의 자연본성에 없다고 한다면, 인류는 자기 자신의 눈에도 가장 깊은 경멸의 대상이 될 수밖에 없을 것이다.—그러나 저러한 요구되는 마음의 속성은 많은 유혹에 내맡겨져 있고, 많은 희생을 치러야 하는 그러한 것이고, 그래서 또한 도덕적인 강함, 다시 말해 (획득되지 않으면 안 되는) 덕을 필요로 하는 것으로서, 그러나 다른 어떤 속성보다도 더 일찍이 감시되고   B296
개발되지 않으면 안 되는 것이다. 왜냐하면 그에 대립되는 성벽은 일단 뿌리를 내리게 두었다면 근절하기가 아주 어렵기 때문이다.—이제 이와 우리의 교육방식을, 특히 종교의 점에서, 또는 더 좋게는, 신앙교리의 점에서 비교해볼 일이다. 여기서는 고백의 충실성—이에 관해서는 검사가 이루어지는 일이 없다—은 주목되지 않은 채, 교리에 관해 질문한 대답에 있어서 기억의 충실성이 이미 그것으로 신자를 만드는 데 충분한 것으로 받아들여지는데, 이 신자는 그가 신성하다고 확언하는 것을 결코 이해하고 있지 못하며, 사람들은 사람을 순정하게 내적인 위선자로 만드는 정직성의 결여에 대해 더 이상 놀라지도 않게 된다.

∴

아는 황금시대에 인간과 함께 살면서 정의와 평화를 가르쳤다. 윤리가 차츰 퇴락해 신들이 지상을 떠났을 때, 아스트래아는 마지막까지 남아 있다가 비로소 철기시대〔말세〕에 하늘로 올라가 처녀 별자리가 되었다. 아마도 『실천이성비판』 맺음말의 첫 구절, "그에 대해서 자주 그리고 계속해서 숙고하면 할수록, 점점 더 새롭고 점점 더 큰 경탄과 외경으로 마음을 채우는 두 가지 것이 있다. 그것은 **내 위의 별이 빛나는 하늘과 내 안의 도덕 법칙**이다."(*KpV*, A288=V161)에서 칸트는 자기 위에서 아스트래아의 '별이 빛나는 하늘'을 보았던 것 같다.

92) 이 일반적 주해에 대해서 칸트는 위(B63=VI52, 주)에서 "은총의 수단들에 대하여"라는 표제를 붙일 수 있다고 말한 바 있다.

일을, 초자연적인 도움을 통해서만 인간에게 가능한 능력과 비교하여 **자연**이라고 불러, **은총**과 구별할 수 있다. 그것은 마치 우리가 '자연'이라는 표현을 통해 자유와 구별되는 어떤 물리적 성질을 이해하는 것처럼 그러는 것이 아니다. 그렇게 하는 것은 한낱, 우리는 이 능력에 대해 적어도 (덕의) **법칙**들을 인식하고 있고, 그러므로 이성은 **자연의 유비**로서의 그에 관해 그를 위한 가시적이고 파악 가능한 실마리를 가지고 있기 때문이다. 이에 반해, 과연, 언제 그리고 무엇을, 또는 얼마만큼 **은총**이 우리 안에서 작용하는지는 우리에게 전적으로 숨겨져 있고, 이성은 이것에 관해 초자연적인 것 일반—**신성성**으로서의 도덕성은 이에 속한다—의 경우에서와 같이, 그에 따라 그것이 일어남직한 법칙들에 대한 모든 지식에서 떠나 있다.

VI191

결함이 있기는 하지만 도덕적인 우리의 능력에 대한, 그리고 심지어는, 온전히 순화되지는 못한, 우리의 모든 의무를 충족시키기에는 적어도 나약한 우리의 마음씨에 대한 초자연적 개입이라는 개념은 초험적인 것이고, 어떠한 경험도 그것의 실재성을 우리에게 보증할 수 없는 한갓된 이념이다. —그러나 이러한 이념을 실천적 의도에서의 이념으로 상정하는 것조차도, 이 이념은 도발적인 것이고, 이성과 화합하기도 어려운 것이다.[93] 왜냐하면 윤리적으로 선한 처신으로서 우리에게 귀책되어야 마땅한 것은 외부의 영향에서가 아니라 우리 자신의 힘들을 가능한 한 가장 잘 사용함에 의해서만 일어날 것이 틀림없기 때문이다. 그러나 그것의 (즉 이 두 가지가 병행해서 일어난다는) 불가능성 또한 증명될 수가 없다. 왜냐하면 자유 자체가, 비록 그의 개념 안에 초자연적인 어떠한 것도 함유하고 있

B297

∴

93) 이 문장은 요령부득이다. 차라리 "이 이념은"을 삭제하고 읽는 편이 좋을 것 같기도 하다.

448

지 않지만, 그럼에도 불구하고 그것의 가능성의 면에서는, 우리에게 개념적으로 파악되지[개념화되지] 않는 것으로 남아 있기 때문이다. 자발적이면서도 결함이 있는 그의 규정을 보충하기 위하여 인간이 상정하고 싶어 하는 초자연적인 것과 똑같이 말이다.

그러나 우리는 자유에 대해서는 적어도 그에 따라 그것이 규정되어야 하는 **법칙들**(즉 도덕법칙들)을 알지만, 초자연적인 원조에 대해서는, 과연 우리 안에서 지각되는 어떤 도덕적인 강함이 실제로 그로부터 유래되는 것인지, 또한 어떤 경우들에서 그리고 어떤 조건들 아래에서 그것을 기대할 수 있는지를 조금도 인식할 수가 없다. 그렇기에 우리는, 만약 우리가 저것(다시 말해 우리 자신의 힘들)을 단지 가능한 대로만 이용했다면, 자연이 우리 안에서 할 수 없는 것을 은총이 일으킬 것이라는 일반적 전제 외에, 이 이념을 더 이상 달리는 전혀 사용할 수가 없을 것이다. 즉 어떻게 우리가 (선한 품행으로의 끊임없는 노력 외에) 은총의 협력을 우리에게 끌어들일 수 있는가와 관련해서도, 어떻게 우리가 어떠한 경우들에서 은총을 기대해야만 하는가를 규정할 수 있겠는가와 관련해서도 이 이념을 사용할 수가 없을 것이다. ─이 이념은 전적으로 초절적인 것이며, 더구나 신성한 것으로서의 이 이념에 대해 숭경한 거리를 취하는 것이 효험이 있는 것이다. 그렇게 함으로써 우리는 스스로 기적을 행한다거나, 우리 안에서 기적을 지각한다거나 하는 망상 속에서, 모든 이성사용에 대해 우리를 쓸모없게 **만든다거나,**[94] 또한 우리가 우리 자신 안에서 찾아야 할 것을 수동적인 안일함 속에서 위로부터 내려오는 것으로 기대하는 나태에 우리를 실어버리는 일을 하지 않게 될 것이다.

B298

∴

94) A판: "만들고, 그러나."

무릇 수단이란 인간이 그를 통해 어떤 의도를 이루기 위해 **자기의 통제력 안에 가지고 있는** 모든 중간원인이다. 그런데 하늘의 원조를 받을 만하게 되기 위해서는 자기의 윤리적 성질을 가능한 한 개선하고, 그를 통해 자기의 통제력 안에 있지 않은 신의 흡족에 부합하는 완성을 얻으려고 하는 진실한 노력 외에 다른 길은 없다. (또 다른 길은 있을 수 없다.) 왜냐하면 인간이 기대하는 저러한 신의 원조는 그 자체가 본래 인간의 윤리성만을 의도하는 것이기 때문이다. 그러나 불순한 인간은 신의 원조를 기기서 구하지 않고, 오히려 (물론 그가 그의 통제력 안에 가지고 있으나, 그것 자체만으로는 보다 선한 인간을 만들 수 **없고**,[95] 초자연적인 방식으로 이를 이루어내야 하는 것인) 어떤 감각적인 행사들 가운데서 구할 것이라는 것은 이미 충분히 **선험적으로** 예상되었던 바이며, 또 실제로도 그러하다. 이른바 **은총의 수단**이라는 개념은 비록 (방금 말한 바대로) 그 자신 안에서 모순적이지만, 여기서는 자기기만의 수단으로 쓰이는 것이다. 그런데 이 자기기만은 일상적인 것이면서도 참다운 종교에 불리한 것이다.

신의 나라에 속하는 신하들이며, 그러나 또한 그에 못지않게 (자유법칙들 아래에 있는) 그 나라의 시민들로서 신자들이 하지 않으면 안 되는 신에 대한 참된 (도덕적) 봉사는 신의 나라 자체와 똑같이 불가시적인 것이다. 그것은 다시 말해 (영과 진리 안에서[96]의) **심정의 봉사**이며, 오로지 신을 위해서 정해진 행위들 안에가 아니라, 오직 모든 참된 의무들을 신의 지시명령으로서 준수하는 마음씨 안에 존립할 수 있는 것이다. 그러나 이 불

---

95) A판: "만들지 **못하고**."
96) 「요한복음」 4, 23: "그런데 진실한 예배자들이 영과 진리 안에서 아버지께 예배를 드리게 될 때가 오고 있으니, 바로 지금입니다." 참조.

가시적인 것이 인간에게는 가시적인(감성적인) 어떤 것을 통해 나타나는 것이 필요하다. 아니 그 이상으로, 그것은 이 가시적인 것을 통해 실천적인 것을 위해서 동반되고, 지성적인 것이기는 하지만, 말하자면 (모종의 유비에 의해) 구상화될 필요가 있다. 그러나 이 가시적인 것은 신에 대한 봉사에 있어서 우리의 의무를 표상해주는 수단으로서 불가결의 것이기는 하지만, 그럼에도 동시에 매우 크게 오해의 위험에 놓여 있는 것으로서, 우리를 슬며시 습격하는 **망상**에 의해 쉽사리 **신에 대한 봉사** 자체로 여겨지고, 또한 보통은 그렇게 칭해지는 것이다.

　이렇게 자칭된 신에 대한 봉사가 그것의 정신과 참된 의미로, 곧 우리의 안과 우리의 밖에서 신의 나라에 헌신하는 마음씨로 되돌려진다면, 이성에 의해서도 네 가지 의무의 준수로 구분될 수 있다. 그러나 이러한 의무준수들에는 그것들과 필연적으로 결합해 있지는 않은 특정한 격식들이 대응하여 부속해 있다. 왜냐하면 이러한 격식들을 저것들에 대한 도식으 VI193 로 쓰고, 그리하여 신에 대한 참된 봉사에 대한 주의를 환기시키고, 유지시키는 것이 예부터 좋은 감성적 수단으로 있어왔기 때문이다. 이 수단들은 모두 윤리적-선한 것을 촉진하려는 의도에 기초하고 있는 〔다음의〕 것들이다. 1) **윤리적-선을 우리 자신 안에 확립**하고, 그에 대한 마음 씨를 반복적으로 마음 안에 환기하는 일(개인의 기도). 2) 법〔율법〕적으로 B300 성별〔聖別〕된 날들에 공적으로 함께 모여 거기서 종교적 가르침과 소망들을 (그리고 이와 함께 그와 같은 마음씨를) 발표하고, 그렇게 하여 그것들을 널리 전달〔공유〕하는, 윤리적-선을 **외적으로 확산하는 일**(교회 다니기). 3) 신입 구성원을 신앙 공동체 안에 받아들임으로써 의무로서 그들을 그 안에서 교육시켜 후세에게 그 윤리적 선을 **전파하는 일**(기독종교에서의 **세례**). 4) 이 구성원들을 하나의 윤리체로 통합하고, 그들 상호 간의 권리와 도덕적 선의 모든 과실들의 몫이 평등하다는 원리에 따라서 이 단체를 영속시키는, 반복되는 공적인 격식에 의한 **공동체의 보존유지**(성찬식).

종교적 사안에 있어서 모든 착수는, 만약 사람들이 그것을 순전히 도덕적인 것으로 하지 않고, 또 **그 자체로** 신에게 흡족하게 되는, 그러니까 신을 통해 우리의 모든 소망이 충족되는 수단으로 취한다면, **주물신앙**이다. 주물신앙이란, **자연**법칙들에 의해서나 도덕적 이성법칙들에 의해서는 어떠한 것을 일으킬 수 없는 것이, 만약 사람들이 그것이 그러한 것을 일으킬 것이라고 굳게 믿고, 이러한 신앙에 특정한 격식들을 결합하기만 하면, 그것만으로써 소망하는 것을 일으킬 것이라는 신조이다. 여기서 모든 것이 행실로부터만 생겨날 수 있는 윤리적─선에 달려 있다는 확신이 이미 투철한 경우에서조차도 감성적인 인간은 여전히 저 어려운 조건을 피해갈 수 있는 은밀한 길을 찾는다. 곧 그가 **식**(격식)만 거행하면, 신이 그것을 충분히 행실 자체로 받아들일 것이라는 은밀한 길을 찾는다. 이러한 것은 물론 그때, 만약 그것이 오히려 게으른 신뢰 속에서 꿈꾼 은총이거나 또는 그 자체가 위선적인 신뢰가 아니라면, 신의 과도한 은총이라고 하지 않으면 안 될 터이다. 그렇게 해서 인간은 모든 공적인 신앙양식에서 모종의 의식〔儀式〕들을 **은총수단**으로 생각해냈다. 그러나 의식들이 모든 신앙양식에서, 기독교 신앙양식에서처럼, 실천적 이성개념들 및 그것들에 적합한 마음씨와 관계하는 것이 아니다. (예컨대 마호메트교의 신앙양식에서의 다섯 가지 큰 계명, 즉 세정〔洗淨〕, 기도, 단식, **희사**〔喜捨〕,[97] 메카 순례 등의 경우처럼 말이다. 이 가운데 희사 한 가지만은, 만약 그것이 인간의 의무에 대한 참으로 덕 있고 동시에 종교적인 마음씨에서 일어난 것이라면, 그래서 참

B301

VI194

∴
97) B판 추가.

으로 은총수단으로 간주할 만하다면, 예외로 볼 수 있을 만할 것이다. 이에 반해 실은 희사도 타인에 의한, 이 신앙에 따라서 사람들이 가난한 이들의 인격 안에서 신에 대한 희생을 바칠 것의 강압과 함께 성립할 수 있기 때문에, 예외로 할 만한 것이 못 된다.)

곧 (이성법칙들의 면에서 이론적 사용의 대상도 아니고 실천적 사용의 대상도 아닌) 초자연적인 것과 관련하여 우리가 우리의 이성의 한계를 넘을 세 종류의 망상신앙이 있을 수 있다. 즉 **첫째로, 객관적인**[98] 경험법칙에 따라서 일어나는 것으로 우리 자신도 상정하는 것이 불가능한 어떤 것을 경험에 의해 인식한다고 하는 신앙(**기적**에 대한 신앙). **둘째로**, 우리 자신도 이성을 통해서는 이해할 수 없는 것을 우리의 도덕적 최선을 위해 필요한 것으로 우리 이성개념들 속에 받아들이지 않을 수 없다고 하는 망상(**신비**에 대한 신앙). **셋째로**, 순전한 자연수단을 사용하여 우리에게 신비인 어떤 작용을, 곧 우리의 윤리성에 대한 신의 영향을 산출할 수 있다고 하는 망상(**은총수단**에 대한 신앙). —처음 두 가지 거짓 신앙양식에 대해서 우리는 바로 앞선 **이 저술의 두 편의 논고에**[99] 대한 일반적 주해에서 다룬 바 있다. 그러므로 지금 우리에게 남은 것은 은총의 수단들을 다루는 일이다. (은총의 수단들은 **은총의 작용들**[※+], 다시 말해 초자연적인 도덕적 영향들과는 구별된다. 이것들에서는 우리는 한낱 수동적 태도를 취할 뿐이며, 이에 대한 이른바 경험이란 한낱 감정에 속하는 광신적인 망상이다.)

B302

1. **내적 격식적인** 제례로서, 그렇기에 은총의 수단으로서 생각된 **기도**

※ + 제1논고에 대한 일반적 주해 참조.

●●

98) B판 추가.
99) A판: "두 절에." B판대로 읽어야 하며, 곧 앞의 제2논고와 제3논고.

는 미신적 망상(주물숭배)이다. 왜냐하면 그것은 소망하는 자의 내적 마음씨의 아무런 언명도 필요로 하지 않는 존재자를 향한 한낱 **언명된 소망들**로서, 그러므로 이를 통해서는 아무것도 행해지지 않고, 그러므로 우리에게 신의 지시명령으로서 부과된 의무 중 어느 하나도 시행되지 않으며, 그러니까 신은 실제로는 모셔진 것이 아니기 때문이다. 우리의 모든 행동

VI195 거지에서 신에게 흡족하고자 하는 진심어린 소망, 다시 말해 우리의 모든 행위들에 수반하는, 이 행위들이 마치 신에 대한 봉사 중에 일어난 것 같이, 이 행위들을 하려고 하는 마음씨가 **기도의 정신**이다. 이 정신은 "끊임없이"[100] 우리 안에서 일어날 수 있고 일어나야만 하는 것이다. 그러나 이 소망을—설령 그것이 단지 내면적일 뿐이라 하더라도—말과 정식〔定式〕으로 옷 입히는〔표현하는〕 것※은 기껏해야 우리 자신 안에 있는 저러한

※ 기도의 정신으로서의 저러한 소망에 있어서 인간은 (**신의 이념**을 매개로 자기의 마음씨들을 활성화하기 위해) 오직 자기 자신에게만 작용하고자〔영향을 미치고

B303 자〕한다. 그러나 인간이 말을 통해, 그러니까 외적으로 언명하는, 이러한 소망에 있어서는 **신에게** 작용하고자 한다. 첫 번째 의미에서의 기도는, 인간이 신의 현존조차도 온전히 확실하다고 확언할 수 있는 월권을 하지 않는다 해도, 충분히 정직하게 행해질 수 있다. **부름〔말을 걺〕**으로서의 두 번째 형식에서 소망은 이 최고의 대상을 인격적으로 현전〔現前〕한다고 상정하거나, 적어도 (내면적으로라도) 마치 그것의 현전을 확인한 것처럼 태도를 취하며, 설령 그것이 그렇지 않더라도, 적어도 그것은 해롭지 않고, 오히려 그에게 은혜를 베풀어줄 수 있을 것이라고 생각한다. 그러니까 이 후자의 (문자적) 기도에 있어서는 정직성이 전자의 기도(기도의 순전한 정신)에서처럼 그렇게 완전하게 마주쳐지지 않는다. —이 후자의 주해가 참임은, 독실하고 선의를 가진, 그러나 순수화된 그러한 종교개념들에 관해서는 엄정한 사람이 타인이 큰 소리로 기도하는 것은 말할 것도 없고, 단지 이러한 몸

••
100) 「테살로니카 제1서」 5, 17: "끊임없이 기도하십시오." 참조.

짓을 하는 것만 보아도 놀라는 경우를 생각해보면, 누구라도 확증할 수 있을 것이다. 내가 말할 것도 없이, 사람들은 그가 부끄러워하지 않을 수 없는 상태에 대해서와 마찬가지로 저 사람이 저러한 상황에 대해 혼란과 당혹에 빠질 것임을 스스로 예상할 수 있을 것이다. 그러나 왜 그러한가? 어떤 사람이 자기 자신과 큰 소리로 이야기하는 것이 목격된다는 것은 우선 그 사람이 약간 망상기의 발작을 일으키고 있다는 의혹을 받게 한다. 그리고 사람들은 그 사람이 혼자 있는 곳에서 그 외에 누군가 다른 사람을 눈앞에 보고 있는 사람만이 할 수 있는 일이나 몸짓을 하는 것을 마주치면, 앞에서 예로든 〔자기 자신과 큰 소리로 이야기하는〕 경우가 아니라 하더라도, 그를 똑같이 판정할 것이다. (그리고 이것은 전적으로 부당한 것이 아니다.) ─ 그러나 복음의 교사는 기도〔祈禱〕의 정신을 아주 탁월하게 하나의 정식〔定式〕[101]으로 표현하고 있는데, 이 정식은 기도와 그리고 그와 함께 (문자로서의) 자기 자신을 동시에 없어도 되는 것으로 만들고 있다.[102] 이 정식 안에서 사람들은 선한 품행을 하려는 기도〔企圖〕외에는 아무것도 발견하지 못한다. 우리의 나약함의 의식과 결합되어 있는 이러한 기도〔企圖〕는 신의 나라의 품격〔자격〕있는 성원이 되고자 하는 부단한 소망을 함유하고 있다. 그러므로 그것은 신이 그의 지혜에 의해서 우리에게 거절할지도 모르는 것에 대한 본래적인 소원〔청원〕은 하나도 함유하고 있지 않으며, 단지 그것이 진실한 (행실의) 것이라면, 그의 대상(즉 신에게 흡족한 인간이 됨)을 산출할 하나의 소망만을 함유하고

B304

∴

101) 곧 「마태오복음」 6, 9~13의 '주의 기도문':
"하늘에 계신 우리 아버지.
아버지의 이름이 거룩하게 되소서.
아버지의 나라가 오게 하소서.
아버지의 뜻이 하늘에서와 같이
땅에서도 이루어지게 하소서.
우리가 일용할 빵을 오늘 우리에게 주소서.
우리가 우리에게 빚진 이들을 용서했듯이
우리에게도 우리 빚들을 용서하소서.
우리를 유혹에 빠지지 않게 하소서.
또한 우리를 악에서 구하소서."
102) 「마태오복음」 6, 8: "사실 여러분이 여러분의 아버지께 청하기도 전에 그분은 여러분에게 필요한 것을 알고 계십니다." 참조.

있다. 〔오늘〕 하루 우리 생존의 유지수단(빵)에 대한 소망조차도, 그것은 명백히 우리 생존의 영속을 지향하는 것이 아니라, 한낱 동물적으로 느끼는 필요요구의 결과이므로, 인간이 **의욕하는** 것에 대한 특별히 숙고된 소원이라기보다는 오히려 우리 안에 있는 **자연**이 의욕하는 것에 대한 고백이다. 다른〔다음〕 날을 위한 빵에 대한 소원 같은 것도 있을 터이나, 그것은 여기서 분명히 배제된다. 도덕적인 (오직 신의 이념에 의해서만 활성화되는) 마음씨에서 일어나는 이러한 종류의 기도는 기도의 도덕적인 정신으로서 그의 대상(즉 신에게 흡족함) 자체를 산출하므로, VI196 오로지 **신앙** 안에서만 일어날 수 있는 것이다. 이 신앙이란 기도를 **들어줌**을 확신한다는 것 이상을 말하는 것이 아니다. 그러나 이러한 종류의 신앙이란 우리 안에 있는 도덕성 외에 다른 것일 수 없다. 왜냐하면 비록 그 소원이 오늘 하루만을 위한 빵에 대한 것일지라도, 누구도 그 소원의 들어줌을 확신할 수는 없을 것이기 때문이다. 다시 말해, 〔누구도 그 소원을 들어주어〕 그 빵을 그에게 베풀어주는 것이 신의 지혜와 필연적으로 결합되어 있다는 것을 확신할 수는 없을 것이기 때문이다. 어쩌면 이 빵이 없어 그를 오늘 굶어 죽게 하는 것이 신의 지혜에 더 잘 부합할 수도 있다. 소원〔청원〕을 집요하게 들이밂으로써 신이 그의 지혜의 계획으로부터 (우리의 현재의 이익을 위하여) 떠나게 될 수 있지 않은가를 시험해보는 B305 것 또한 불합리하고 동시에 불손한 망상이다. 그러므로 우리는 도덕적이지 않은 대상을 갖는 어떠한 기도도 확실히 들어줄 것으로 여길 수는 없다. 다시 말해 그런 것을 **신앙 안에서** 기도할 수는 없다. 정말이지 심지어는, 설령 그 대상이 도덕적이라 할지라도, 그것이 단지 초자연적인 영향을 통해서만 가능한 것이라면, (또는 우리가 적어도 그것을 그런 것으로부터만 기대한다면, 예컨대 회심, 즉 거듭남이라고 불리는 새로운 인간을〔이〕 입음[103]〔됨〕과 같은, 그 대상을 우리 자신이 얻으려고 애쓰지는 않을 것이므로,) 신이 우리의 (자기에게 책임이 있는) 결함을 초자연적인 방식으로 보완해주는 것을 그의 지혜에 맞는 일로 볼 것인지 어떨지는 매우 불확실하기 때문에 그 반대를 기대할 수 있는 것이다. 그러므로 인간은 이런 것에 대해서조차 신앙 중에서 기도할 수 없다. 이상에서 이야기한 바로부터, 기적을 행한 신앙—이것은 언제나 동시에 내면적 기도와 결합되어 있을 것인데—이 어떤 것일 수 있는가가 밝혀진다. 신은 인간에게 초자연적으로 작용하는 어떠한

⋮

103) 「콜로새서」 3, 9: "여러분은 옛 인간을 그 행실과 함께 벗어버리고, 새 인간을 입은 사람입니다." 참조.

힘도 수여할 수 없으므로,—왜냐하면 이것은 모순이니까—그리고 인간은 자기 나름대로, 그 자신이 만든 선하고 이 세계에서 가능한 목적들에 대한 개념들에 따라서, 이에 관해 신의 지혜가 무슨 판단을 내릴지를 규정할 수가 없고, 그러므로 인간은 그 자신 안에서 그리고 그 자신에 의해서 산출된 소망을 매개로 신의 권능을 자기의 의도를 위하여 사용할 수가 없기 때문에, 하나의 기적의 선물, 곧 인간이 그것을 갖는지 갖지 못하는지가 인간 자신에게 달려 있는 그러한 선물은— "만약 여러분이 겨자씨 한 알만한 믿음이라도 갖고 있다면, 운운."[104]—, 문자대로 취한다면, 전혀 생각할 수 없는 것이다. 그러므로 그러한 신앙이 도대체가 어떤 의미를 가진 것이라면, 그것은 인간의 도덕적 성질이, (만약 인간이 그것을 전적으로 신에게 흡족할 만큼 완전하게—인간은 역시 결코 이에는 이르지 못한다—소유한다면,) 신이 그의 최고의 지혜 안에 가짐직한 다른 모든 동인들보다 압도적으로 중요한 것이라는 순전한 이념이다. 그러니까 그것은, 만약 우리가 **전적으로**, 우리가 마땅히 그렇게 되어야 하는, 그리고 (끊임없이 접근하여) 그렇게 될 수도 있는, 그런 것이라면, 또는 언젠가 그런 것이 된다면, 자연은 우리의 소망들에—그러나 이때 이 소망들 자체가 결코 지혜롭지 못한 것이 아니려니와—순종하지 않을 수 없을 근거인 것이다.

그러나 교회 다니기에 의해 의도되고 있는 **교화**에 관해 말할 것 같으면, 교회 안에서의 공적 기도는 은총의 수단은 아니지만, 그럼에도 하나의 윤리적 예식인 것이다. 그것이 찬송가의 합창에 의한 것이든, 격식상 전체 회중의 이름으로 성직자의 입을 통한 신을 향한, 인간의 모든 도덕적 관심사를 그 안에 포섭한 **부름**이든지 간에 말이다. 이 예식은, 그것이 도덕적인 관심사를 공적인 관심사로 표상해내서, 각자의 소망이 모든 이들의 소망과 함께 한 가지의 목적(즉 신의 나라의 도래)을 향해서 합일된 것으로 표상되지 않으면 안 되는 경우, 단지 감동을 윤리적인 감격으로 고양시킬 수 있을 뿐만 아니라—이와는 달리 개인의 기도들은 이러한 숭고한 이념 없이 행해지므로, 습관에 의해 마음에 미치는 영향을 차츰차츰 잃어간다—, 또한 그것은 기도의 정신을 형성하는 도덕적 소망에 격식적인 부름의

B306

B307

··

104) 「마태오복음」 17, 20: "여러분이 겨자씨 한 알만한 믿음이라도 갖고 있다면, 이 산더러 '여기서 저기로 옮겨가라' 하더라도 옮겨갈 것입니다."; 「루카복음」 17, 6: "여러분이 겨자씨 한 알만한 믿음이라도 갖고 있다면, 이 뽕나무더러 '뿌리째 뽑혀 바다에 심어져라.' 하더라도 그것이 여러분에게 복종할 것입니다." 참조.

마음씨를 반복적으로 활성화하기 위한 수단의 가치를 지닐 뿐으로, 그러
나 직접적으로는 신의 흡족함과는 아무런 관계가 없고, 바로 그렇기 때문

에 누구에게도 의무일 수가 없다. 왜냐하면 수단은 어떤 목적을 위해 그
것을 필요로 하는 자에게만 지정될 수 있는 것인데, 누구나가 이 (자기 자

신 안에서 그리고 워낙은 **자기 자신**과, 명의상으로는 그러나 더 이해하기 쉽게 표
현해, **신과** 말을 나누는) 수단을 필요로 하는 것이 전혀 아니고, 오히려 도덕

적 마음씨의 계속적인 순화와 고양을 통해, 이 기도의 정신만이 우리 안
에서 충분히 활성화되고, (적어도 우리 자신을 위한) 기도의 문자는 마침내
떨어져나갈 수 있도록 해야 하는 것이기 때문이다. 왜냐하면 기도의 문자
는 오히려, 간접적으로 어떤 목적을 지향하고 있는 모든 것이 그러하듯

이, 도덕적 이념의 효과—주관적인 면에서 볼 때는 **신심**〔信心〕이라고 일
컫거니와—를 약화시키는 것이기 때문이다. 그리하여 이미 옛적부터 인
간에게 인식될 수 있었으되, 근래에 최고도의 경탄에 이르게 된 바와 같
이, 아주 작은 것들에서의 신의 창조의 깊은 지혜와 거대한 사물들에서의
신의 위용에 대한 관찰은 인간의 마음을 가라앉혀 인간을 그 자신의 눈앞
에서 무화시키는, **경배**라고 부르는 정조에 들게 하는 그러한 힘을 가지고

옷을 입히는 이성적 근거를 개인의 기도들보다 그 자체로 더 많이 가지고 있다.
그러나 이 경우에도 최고 존재자의 현전화나 이러한 웅변적인 인물의 특수한 고유
의 힘을 하나의 은총의 수단으로 생각하는 것은 아니다. 왜냐하면 여기에는 하나
의 특수한 의도, 곧 하나의 외적인, **모든 인간의 통합**을 신의 나라의 공동의 소망
안에서[105] 표상하는 예식을 통해 각 개인의 도덕적 동기를 더욱더 작동시키려는
의도가 있기 때문이다. 이런 일이 신의 나라의 원수〔元首〕를 그가 마치 이 장소에
특별히 현전하는 것처럼 부르는 것에 의해서보다 더 알맞게 일어날 수는 없다.

∵

105) A판: "소망을 위해서."

있을 뿐만 아니라, 또한 그의 고유한 도덕적 규정〔사명〕을 고려할 때, 그 안에는 영혼을 고양시키는 힘도 있지만, 그에 반해 설령 그것이 (저러한 모든 기적들에 대해서는 거의 알지 못했던) 다윗 왕의 기도라 할지라도, 말들은 공허한 소리처럼 사라져버릴 수밖에 없는 것이다. 왜냐하면 **신의 손의**[106] 그러한 직관으로부터 오는 감정은 언표될 수 없는 것이기 때문이다. ─이 밖에도 인간은 본래 그 자신의 도덕적 개선하고만 관계있는 모든 것을 종 VI198 교로 향하는 그의 마음의 정조로 인해 기꺼이 궁정〔부역〕봉사로 변환시키 는데, 여기서 겸양과 찬미는 말이 많으면 많을수록 도덕적으로 그만큼 더 B308 적게 받아들여지는 것이 보통이다. 그렇기 때문에 오히려 아직 문자를 필 요로 하는 어린이들에게 부과되는 아주 초기의 기도연습에서조차도 조심 스럽게 다음과 같은 것을 명심시키는 것이 필수적이다. 즉 말하기는 (속으 로 말할 때조차도, 정말이지 심지어는 그에 대한 직관에 접근해야 하는 신의 이념 을 파악하기 위해 마음을 조율〔평정하게〕하려는 모든 시도들조차도) 여기서는 그 자체로는 별 가치가 없으며, 오직 신에게 흡족한 품행을 위한 마음씨 의 활성화만이 중요한 것으로, 저 말들은 이를 위한 상상력의 수단일 뿐 이라는 것을 명심시켜야 한다. 왜냐하면 그렇지 않으면, 저러한 모든 심 히 겸손한 외경의 증언들은 한갓된 감정에서 성립하는 것이 아닌 신에 대 한 실천적 봉사 대신에 위선적인 신 숭배 외에는 아무것도 일으키지 못하 는 위험을 초래하기 때문이다.

　2. 교회에서 예식의 **외적인 제례〔신에 대한 봉사〕** 일반으로 생각되는 **교회 다니기**는 그것이 신자들의 공동체의 감성적 현시라는 점에서 단지 **각 개인**을 위한 **교화**※를 위하여 찬양되어야 하는 수단일 뿐만 아니라, 이

∴

106) B판 추가.

B309
VI199

지상에서 표상되어야 할 신국의 시민으로서의 신자들에게 **전체**를 위해 직접적으로 부과되는 의무이기도 하다. 그러나 그것은, 이 교회가 우상숭배로 이끌어가서, 양심을 괴롭힐 수도 있는 예식, 예컨대 신의 무한한 자

※ 이 표현에 알맞은 의미를 찾는다면, 그것은 아마도 **신심**〔信心〕**이 주관에 미치는 도덕적 결과**를 뜻한다고 밖에는 달리 말할 수 없을 것이다. 그런데 교화란 (신심의 개념 속에 이미 있는 것인) 감동에서 성립하는 것이 아니다. 비록 대부분의 자칭 신자들—그 때문에 이들을 **위신자**〔僞信者〕라고도 일컫거니와—은 교화를 전적으로 감동에 놓지만 말이다. 그러니까 **교화**라는 말은 신심이 인간의 실제적인 개선에 미치는 **결과**를 의미하지 않으면 안 된다. 그러나 이러한 개선은 다름 아니라 사람들이 체계적으로 일에 착수하여, 충분히 이해된 개념들에 의한 확고한 원칙들을 마음에 깊이 새기고, 그 위에 마음씨들을 그와 관계하는 의무들의 상이한 중요성에 알맞게, 경향성의 공격들로부터 방어하고 안전하게 하여, 새로운 인간을 **신의 성전**[107]**으로 건립**[108]**함**으로써만 성취되는 것이다. 이 건축은 오직 서서히 진척될 수 있을 것임은 쉽게 알 수 있는 바이다. 그러나 적어도 무엇인가가 **이룩되었다**는 것을 볼 수 있기는 해야 한다. 그런데 인간들은 (듣거나 읽거나 노래함을 통해) 아주 많이 **교화되었다**[109]고 믿지만, 그러나 단적으로 아무것도 **건축되지**[110] 않았으며, 아니, 전혀 일에 착수조차 하지 않았던 것이다. 왜냐하면 추측하건대 그들은, 저 도덕적 건물이 테베의 성처럼 탄식과 동경하는 소망의 음악에 의하여 저절로 솟아오를 것으로 희망하고 있기 때문이다.

B309

⁝

107) 「에페소서」 2, 20~21: "여러분은 사도들과 예언자들의 기초 위에 세워진 건물이고, 예수 그리스도께서는 바로 마룻돌〔宗石〕이십니다. 그리스도 안에서 전체가 잘 결합된 이 건물이 주님 안에서 거룩한 성전으로 자라납니다." 참조. ※마룻돌: Schlußstein. 루터의 원번역어는 "모퉁이돌(Eckstein: angularis lapis)"이나 개정판(1975)에 따라서 바꿔 읽는다. 『실천이성비판』에서는 '자유'를 순수 이성 체계의 마룻돌에 비유한 바 있다. "무릇 자유 개념은 〔……〕 순수 이성의 〔……〕 체계 전체 건물의 마룻돌〔宗石〕을 이룬다."(KpV, A4=V3) 참조.
108) 원어: erbaut.
109) 원어: erbaut.
110) 원어: gebauet.

비를 어떤 인간의 이름 밑에 인격화하여 거행하는 신에 대한 어떤 경배들을 함유하지 않는다는 전제 아래에서 그러한 것이다. 신을 감성[각]적으로 현시하는 것은 **"너는 어떤 신상[우상]도 만들어서는 안 된다."**[111]는 이성의 금지를 위배하는 것이니 말이다. 그러나 교회 다니기 그 자체를 은총의 수단으로 사용하려고 하면서, 마치 그것을 통해 신에게 직접 봉사한 것처럼, 그리고 신이 (종교의 보편성의 한낱 감성적인 표상인) 이 예식의 거행에 특별한 은총을 결합시킨 것처럼 하는 것은 하나의 망상이다. 이 망상은 정치적 공동체 안에서의 선한 시민의 사유방식 및 외적 단정함과 아주 잘 부합하는 것이기는 하지만, 신의 나라의 시민으로서의 그의 자질에는 아무런 보탬도 되지 않을 뿐만 아니라, 오히려 이를 위조하도록 하고, 그의 마음씨의 나쁜 도덕적 내용을 하나의 기만적인 외관에 의하여 타인의 눈을 가리고 자기 자신의 눈마저 가리는 데 쓰인다. B310

3. 한 번 있는 교회공동체의 예식인 **입교식**[入敎式], 다시 말해 **교회의 성원으로** 처음 받아들여지는 일 ─ 기독교에서는 **세례**를 통해 ─ 은 많은 의미가 있는 예식이다. 그것은 입교자가 그의 신앙을 스스로 고백할 수 있는 경우에는 입교자에게, 그렇지 않으면 신앙에서 그의 교육을 돌보는 책임을 떠맡은 증인에게 큰 책무를 부과하며, 신성한 어떤 것(즉 인간을 신국의 시민으로 교육함)을 목적으로 한다. 그러나 이것은 그 자체로는 신성한 것 또는 신성성이 아니고, 이 주체 안에서 작용하는 타자의 행위에서 신의 은총을 받아들임, 그러니까 **은총의 수단**이 아니다. 이것은 최초의

∵

111) 「탈출기」 20, 4~5: "너는 위로 하늘에 있는 것이든, 아래로 땅 위에 있는 것이든, 땅 아래로 물속에 있는 것이든 그 모습을 본뜬 어떤 신상도 만들어서는 안 된다. 너는 그것들에게 경배하거나, 그것들을 섬기지 못한다."; 「신명기」 5, 7~8 참조.

그리스 교회에서는 모든 죄를 한 번에 씻을 수 있는 그토록 지대한 위엄을 가진 것이었는데, 이로 인해 이 망상은 또한 이교도의 미신보다도 거의 더 큰 미신과의 친근성을 공공연히 백일하에 드러냈다.

4. 평등의 법칙들에 따라서 여러 번 반복되는, 이 교회공동체의 **쇄신**, **영속**, **전파**의 예식(성찬식)은 기껏해야 또한 그러한 교회의 창설자의 예에 따라서(동시에 또 그를 기념하기 위해서), 동일한 식탁에서 음식을 함께 누린다는 격식에 의해 일어날 수 있는 것인데, 이것은 위대한 어떤 것, 즉 인간의 편협하고 이기적이며 비협조적인 성정을, 특히 종교적인 사안들에서, 세계시민적인 **도덕적 공동체**의 이념으로 확장하는 어떤 것을 자신 안에 함유하고 있다. 그리고 이것은 회중을 공동체 아래에서 표상된 형제애라는 윤리적 마음씨로 활성화시키는 좋은 수단이다. 그러나 신이 이러한 예식의 거행에 특별한 은총을 결합시켰다고 칭송하고, 순전히 교회적 행위일 뿐인 이 예식이 또한 **은총의 수단**이기도 하다는 **명제**[112]를 신앙조항 안에 채용하는 것은 종교의 정신에 정면으로 어긋나게 작용할 수밖에 없는 하나의 종교 망상이다. 그러므로 승직제도는 일반적으로 성직자가 은총의 수단을 독점적으로 소유하고 있는 것 같은 위신을 나타내어 사람의 마음들을 찬탈적으로 지배하는 것이라 하겠다.

☆　☆　☆

종교적 사안들에 있어서 모든 이와 같은 교묘한 자기기만들은 하나의 공통의 근거를 가지고 있다. 인간은 보통 신성성, 은총, 정의의 모든 신적

●●
112) B판 추가.

인 도덕적 속성들[113] 중에서 직접 두 번째 것으로 향하는데, 그것은 첫 번째 것의 요구들에 따라야 한다는 두려운 조건을 회피하기 위함인 것이다. 선한 **봉사자**이기란 힘든 것이다.[114] (사람들은 그 경우 늘 의무에 대해 말하는 것만 듣는다.) 그래서 그는 기꺼이 **총애받는 자**가 되고 싶어 한다. 그럴 경우에는 그에게 많은 것이 관대하게 보아 넘겨지고, 또는 아무리 크게 의무를 위반했을 때도, 모든 것이 최고도로 애호받고 있는 어떤 이의 중재로 다시금 보상된다. 그러나 그는 언제나 전과 같은 하찮은 노예로 머물러 있는 것이다. 그러나 그는 또한 이러한 그의 의도의 실행가능성에 관해서도 몇 가지 그럴듯한 것으로 만족하기 위해서, 인간(과 함께 인간의 과실)에 대한 그의 개념을, 보통 그러하듯이, 신성으로 옮겨놓는다. **우리 인류의** 최선의 **상위자**들에게 있어서도 법칙수립의 엄격성, 자비로운 은총과 정확한 정의는 각기 분리되어, 그리고 그 자체로서는 신하들의 행위들의 도덕적 효과를 (마땅히 그렇게 해야 하는 것처럼) 내지 못하고, 인간의 원수[元首]의 사유방식 안에서 그가 결심을 할 때에 서로 **혼합**될 따름이다. 그러므로 사람들은 단지 이러한 속성들 중의 하나인 인간 의지의 나약한 지혜에 근접함으로써 다른 두 속성들은 관대하게 규정되도록 추구할 수도 있는 것이다. 이러한 일을 그는 순전히 신의 **은총**으로 향함으로써 신에게서도 달성하기를 희망하는 것이다. (그래서 앞에서 말한 속성들, 또는 오히려 신의 인간과의 관계를 유비적으로 생각해야만 하는 삼위일체의 이념에 의해 각기 특수하게 식별하는 것은 종교에서는 중요한 분류였던 것이다.) 이 목적을

B312

VI201

∵

113) 좀 더 풀어서 말하자면, "창조자로서의 자비, 법칙수립자[입법자]로서의 신성성, 심판자로서의 정의"(Refl 3819: XVII, 303) 참조.

114) "미성숙인 것은 그렇게나 편안하다."(WA: VIII, 35) 참조.

위해 그는 생각할 수 있는 모든 격식들에 열심인 것인데, 그것은 이를 통해서 신의 지시명령을 **준수할** 필요가 없도록 하기 위하여, 그가 얼마나 신의 지시명령들을 **숭배하고** 있는지를 나타내 보여야 하는 것이다. 그리고 그의 태만한 소망들이 신의 지시명령들에 대한 위반을 보상하는 데 쓰일 수 있도록 하기 위하여, "그는 주여! 주여! 하고 부른다."[115] 그런데 그것은 다만 "하늘에 계신 아버지의 뜻을 행"할 필요가 없도록 하기 위함인 것이다. 그렇게 해서 그는 진실로 실천적인 마음씨를 활성화하기 위해 어떤 수단들을 사용하면서 예식들을 은총의 수단 그 자체로 이해한다. 심지어는 그 예식들이 은총의 수단이라는 믿음을 종교의 본질적 요소라고 주장하며―평범한 인사는 이것이 종교의 전체라고도 주장한다―, 그로부터 하나의 보다 선한 인간을 만드는 자비로운 신의 배려에 자신을 맡긴다. 그는 **덕**(자기가 숭배하는 의무의 준수를 위해 자신의 힘들을 씀) 대신에 **독실함**(신의 율법들에 대한 수동적 숭배)에 열성을 기울인다. 그러나 **독실함과 결합되어 있는** 덕만이 사람들이 **경건**(참된 종교적 마음씨)이라는 말로 뜻하는 이념을 형성하는 것이다. ―이러한 이른바 하늘의 총아라는 망상이 자기 안에서 특별한 은총의 작용들을 느끼는 광신적 상상으로까지 (심지어는 신과의 이른바 숨겨진 **교제**를 하는 친밀함을 참칭하는 데까지) 올라가면, 결국 그에게 덕은 구토를 일으킬 뿐이고, 경멸의 대상이 된다. 그래서 필경에는, 종교는 언제나 인간을 개선하는 데 기여하는 바가 거의 없으며, 이 은총받은 자들의 ("함지박 속에 있는"[116]) 내적인 빛이 선한 소행들을 통해 외

B313

115) 「마태오복음」 7, 21: "나더러 '주님, 주님' 하는 사람마다 다 하늘나라에 들어가는 것은 아니고, 하늘에 계신 내 아버지의 뜻을 행하는 사람이라야 들어갈 것입니다." 참조.
116) 「마태오복음」 5, 15: "등불은 켜서 함지 속이 아니라 등경 위에 놓는다. 그렇게 하여 집 안에 있는 모든 사람을 비춘다." 참조.

부로 빛나는 것도 아니고, 그것도 (그들이 참칭한 것에 따라 요구할 수 있는바와 같이) 종교를 선한 품행 속에서 작용하며 나타나는 덕의 마음씨로 대치하기 위해서가 아니라, 그것을 촉진하기 위하여 간단하게 자기 안에 받아들이는, 다른 자연스럽고–성실한 사람들에게서보다 **특히** 더 빛나는 것이 아니라는 공공연한 비난이 있다 해도 놀라운 일이 아니다. 그럼에도 불구하고 복음의 교사는 외적 경험의 외적 증거들 자체를 시금석으로 제공하였다. 그들의 열매들[117]인 이 시금석에 비추어, 사람들은 그들을 그리고 각자는 자기 자신을 인식할 수 있는 것이다. 그러나 사람들은, 저 자기들 생각에 특별히 은총을 받는(선택받은) 자들이, 일상에서, 업무에서 그리고 곤란한 상황에서 신뢰할 수 있는 자연스럽고 성실한 인사에 비해 조금도 더 나은 것이 없다는 것, 그들이 오히려 전체적으로 볼 때 후자와 거의 비교가 안 된다는 것, 그리고 이것은, 은총받음에서 덕으로 나아가는 것은 올바른 길이 아니며, 오히려 덕으로부터 은총받음으로 나아가는 것이 올바른 길임을 증명해준다는 것을 아직도 보지 못했다.

VI202
B314

:
117) 「마태오복음」 7, 16: "여러분은 그들의 열매로 그들을 알아보시오." 참조.

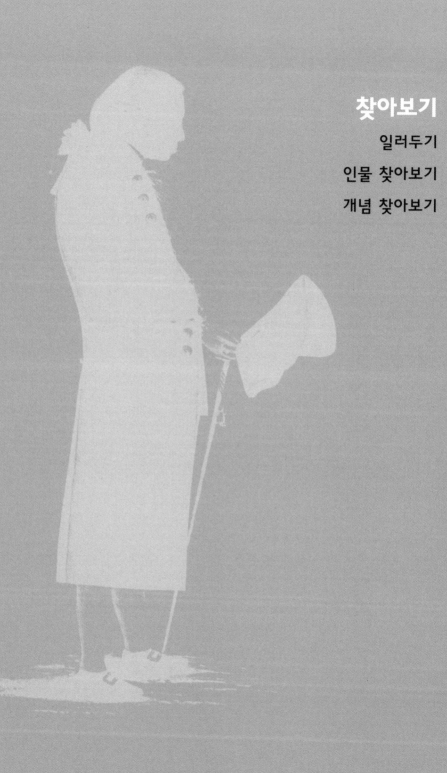

찾아보기

일러두기

인물 찾아보기

개념 찾아보기

일러두기

1. 편찬 체제

☞ 이 찾아보기의 편제는 다음과 같다.

표제어〔한자〕원어
■ = 뜻풀이 면수 ¶ 용례 면수
▶   구분 지시

☞ 『순전한 이성의 한계들 안에서의 종교』의 면수는 제2판〔B〕의 본문 면수이다.
☞ 칸트의 원주는 면수 뒤에 '주' 라는 말을 별도로 붙인다.

2. 약호 목록

■ =   동의어와 정의를 표시한다.
▶   구분을 지시한다.
①②   뜻의 갈래를 표시한다.
¶   용례를 나타낸다.
→   바로 뒤에 이어지는 표제어나 면수를 참조하라.
←   바로 앞에 놓인 말을 참조하라.
↔   반대말이나 대조되는 말을 나타낸다.

인물 찾아보기

갈릴레이 Gallilei XV

게오르기우스 Georgius 156주

뉴턴 Newton 209주

다윗 David 307

(고대의) 도덕철학자 (die alten) Moralphilosophen 13주 159 이하

라바터 Lavater 118주

루소 Rousseau 5

리일란드 Reland 160

말브랑슈 Malebranche 97 이하 주

멘델스존 Mendelssohn 252주

무어 Moore 90주

미하엘리스 Michaelis XXIV 158주

바르트 Bahrdt 111주

볼펜뷔텔 조각글 저자 der Wolfenbüttelsche Fragmentist 111 이하 주

샤를부아 Charlevoix 107주

세네카 Seneca 5

스토르 Storr XXIV

스토아주의자 Stoiker 67 이하 68 이하 주 70 이하 108 이하

실러 Schiller 10 이하 주

[아우구스티누스 Augustin] 69주

조로아스터 Zoroaster 206주 212주

파에드루스 Phaedrus 264

페닝거 Pfenninger 118주

플리니우스 Plinius 287

할러 Haller 81주

헌 Hearne 28

호라티우스 Horaz 4주 26

홉스 Hobbes 134 이하 주

개념 찾아보기

ㄱ

가톨릭주의자Katholiken
　¶ 프로테스탄트적 가톨릭주의자 156 이하 ¶ → 교회

감독들Beschöfe
　¶ 감독들 144

감성Sinnlichkeit
　¶ 수용성으로서 감성 26 ¶ 감성은 그 자체로만 보면 악과는 아무런 곧장의 관계도 갖지 않는다 31 32 33 (참조 24 이하 113 115) ¶ 감성의 동기 71주

감성적/감각적sinnlich
　¶ 감성적인 것과 지성적인 것의 구별 259주 264 ¶ 감성적인 것은 시간계열 안에 들어 있다 91주 ¶ 인간은 감각적으로 의지할 만한 어떤 것을 요구한다 157 (참조 299) ¶ 종교의 감성적 표상 160 264 이하 279 308 이하 ¶ 감성적 표상능력 259 ¶ 감각적인 행사 298

감정Gefühl
　¶ 성서의 해석가로서 내면적 감정 164 ¶ 각자가 오직 독자적으로 갖는 것으로서 감정 165 ¶ 감정 위에는 아무런 인식도 기초할 수 없다 166 (참조 208) ¶ 도덕 감정 18 164 268 ¶ 초감성적 감정 268 286주 (참조 302)

강론〔설교〕Kanzelvortrag
　¶ 강론 282

개연주의Probabilismus
　¶ 양심의 요청에 대립되는 개연주의 288

개혁Reform

¶ 기질의 점진적인 개혁 54 (참조 53) ¶ 악으로의 성벽의 점진적인 개혁은 개선을 향한 지속적인 노력 속에서 성사된다 55

거짓봉사 Afterdienst

■ = 실제로는 그의 의도를 역행하게 하는 그러한 행위들을 통하여 누군가에게 봉사한다는 신조 229 ¶ 종교적 거짓봉사 256 (참조 250 256 이하)

검열 Censur

■ = 강제력을 가진 비판 XIII (참조 XIV 이하)

결정론 Determinismus

■ = 내적인 충분한 근거들에 의한 의사의 규정 58주

겸손 Demut

¶ 그릇되게 이해된 겸손 286주

경건 Gottseligkeit

¶ 경건 282 284 291 ¶ 경건은 덕의 대용품이 아니라 덕의 완성이다 286 이하 (참조 285주) ¶ 독실함과 결합되어 있는 덕이 바로 경건(참된 종교적 마음씨)이다 313 ¶ 경건 이론 281 282 이하

경배 Anbetung

¶ 신의 위용에 대한 경배 XI 307

[조로아스터교의] 경전 및 그 주해서들 Zendavesta

¶ [조로아스터교의] 경전 및 그 주해서들 206주

경탄 Bewunderung

¶ 덕 있는 행위들에 대해서만 경탄하는 것을 가르치는 것은 학습자의 마음을 도덕적 선을 위해 보존하게 할 올바른 분위기가 아직 아니다 56 이하

경향성 Neigung

■ = 습성적 욕구 20 (참조 20주) ¶ 자연적 경향성들은 악의 근거가 아니다 31 ¶ 자연적 경향성들은 그 자체로는 무죄이다 70 ¶ 자연적 경향성들은 그 자체로만 보면 좋은 것이다 68 69 ¶ 자연적 경향성들은 행복이라고 불리는 전체 안에서 화합을 이루도록 해야 한다 70 ¶ 자연적 경향성들은 인간의 감성으로부터 생

긴다 31 ¶ 살과 피로서 자연적 경향성들 72 ¶ 법칙과 대립하는 것으로서 경향
성 22 34 ※ 그 밖에 참조할 곳 17 51주 98 159주(악한 경향성들)

경험 Erfahrung

¶ 도덕적 경험 77 ¶ 외적 경험 313 ¶ 외적 경험과 내적 경험 78 이하 ¶ 착각
한〔소위〕 내적 경험과 명목상〔세칭〕 외적 경험 64주 ¶ 객관적인 경험법칙 301
¶ 경험인식 167

계명 Gebot

¶ 십계명 187 → 지시명령

계몽 Aufklärung

¶ 계몽 67 ¶ 참된 계몽 182주 275 (참조 279)

계시 Offenbarung

¶ 계시와 순수한 이성종교(←)의 관계 XXI 이하 147 ¶ 이성과 성서를 통한 계
시 219 ¶ 경험으로서 계시 167 ¶ 계시에 대한 해석〔= 계시를 순수 이성종교의
보편적인 실천 규칙들과 일치하는 의미로 일관성 있게 설명하는 일〕 158 이하 ¶
계시에 대한 해석은 문자적 해석보다 우선시되지 않으면 안 된다 158 ¶ 계시에
대한 해석과 문자적 해석의 실례 158주 ¶ 기적에 의한 초자연적 계시 117 (참조
147 이하 152 154 198 294) ¶ 계시신앙〔= 교회신앙(←)〕 145 148 154 157

계율 Observanz

¶ 교회의 계율 151 268 274 ¶ 외적 계율 252주 ¶ 자의적 계율 271 ¶ 도덕적
인 것과 무관한 계율 151 (참조 153 179 238 248 251) ¶ 유대주의의 고통스러운
계율 284

고위성직자 Prälat

¶ 고위성직자 144 270

고통/수난 Leiden

¶ (선한 인간의) 고통 99 114 ¶ 수난 75 78 83 112주 117 191

고행 Kasteiung

¶ 고행 258

공동체¹Gemeinschaft

¶ 도덕적 공동체 311 (참조 201주)

공동체²Gemeinwesen

¶ 윤리적 공동체와 정치적 공동체 130 131 이하 ¶ 윤리적 공동체라는 개념은 언제나 모든 인간 전체라는 이상과 관계되어 있다 133 ¶ 윤리적 자연상태와 구별되는 것으로서 윤리적 공동체 131 이하 ¶ 법률적 공동체 137 이하 ¶ 정치적 공동체 142 309 ¶ 교회라는 공동체 202주 (참조 225 이하) ¶ 교회와 정치적 공동체 278 (참조 132 이하 140) ¶ → 교회, 국가, 국민, 나라, 사회

공화국Republik

¶ 공화국 → 국가, 덕의 법칙

공회의Konzilien

¶ 공회의 255

관용주의자Latitudinarier

¶ 관용주의자 9 ¶ 중립의 관용주의자와 연립의 관용주의자 9 (참조 9 이하 주) ¶ ↔ 엄격주의자(←)

광명〔주의〕Illuminatismus

¶ 광명〔주의〕 64주 143 ¶ = 내적 조명 115 ¶ 종파적 광명주의자 144

광신Schwärmerei

¶ (종교적-도덕적) 광신 87 115 143 165 195 266 이하 268 302 313 ¶ → 망상

교리문답서Katechismus

¶ 교리문답서 XXVI 154

교사Lehrer

¶ 복음의 교사 75 78 82 109 117 191 203 238 240주 245 254 303주 313

교육방식Erziehungsart

¶ 우리의 교육방식 296주 (참조 282)

교육학자Pädagog

¶ 교육학자 4

교의학Dogmatik

¶ 도덕적 교의학 60

교조적dogmatisch

¶ 교조적 신앙 → 신앙

교화Erbauung

¶ 교화 306 308 308 이하 주

교황Papst

¶ 교황 144 ¶ 자칭 신의 대리자로서 교황 196 (참조 269주)

교회Kirche

■ = 신적인 도덕적 법칙수립 아래에 있는 윤리적 공동체 142 (참조 201주 226) / = 신의 회중 149 / = 신의 국가의 순전한 대리자 144 ▶ ① 이념상의 불가시적 〔보이지 않는〕 교회 142 180 227 231 이하 271 ② 현실 속의 가시적 교회 142 ¶ 눈에 보이지 않는 신의 나라의 가시적인 표상(도식)으로서 가시적 교회 198 ¶ 신의 나라를 지상에 감성화하려는 가련한 가사적인 존재자들의 시도로서 가시적 교회 269주 ¶ 넓은 문이자 널찍한 길로서의 가시적 교회 241주 ¶ 가시적인 교회만이 인간에 의한 조직을 필요로 한다 227 이하 ¶ 참된 (가시적인) 교회의 필요요건 또는 특징(142~144) : 1) 보편성 또는 수적으로 하나임 143 157 167 184 184 이하 204주 236 이하 238 271 2) 순정성 143 3) 자유 143 201주 4) 헌법〔기본법〕에 있어서 불변성 143 이하 ¶ 모든 교회의 헌법은 교회신앙이라 부를 수 있는 어떤 역사적인 (계시)신앙(←)에서 출발한다 145 이하 ¶ 교회는 성서에 기초해 있다 163 ¶ 교회는 종교가 아니다 277 ¶ 교회의 형식은 한낱 수단일 따름이다 151 ¶ 신앙의 종류의 상이함으로 인해 서로 떨어져 있는 수많은 교회들 154 이하 ¶ 교회의 역사 → 기독교 ¶ 지금의 시대는 전체 교회 역사에서 최선의 시대이다 197 ▶ 그 밖에 '교회'의 용례 ¶ 가톨릭교회 156 ¶ 그리스 동방 교회 195 이하 310 ¶ 싸움하는 교회 168 ¶ 승리하는 교회 168 203 ¶ 프로테스탄트교회 156 ¶ 교회와 국가 118 132 이하 143 164 195 이하 200 이하 200주 278 ¶ 참된 교회의 본질은 신자들의 윤리적 공동체이다 201주 ¶ 교회의 목적

은 순수한 종교신앙이다 228 ¶ 교회의 설립자로서 신 227 ¶ 집합소로서 교회 152 ¶ 교회의 종복〔봉사자〕142 227 이하 251 ¶ 교회의 공중〔公衆〕164 (참조 154) ¶ 교회의 법규 150 (→ 계율) ¶ 교회의 기본체제 144 ¶ 교회망상 265주 ¶ 교회봉사 270 299 이하 306 이하 주 308~310 ¶ 교회역사 → 기독교

교회신앙 Kirchenglaube

¶ 교회신앙 145 ¶ 교회신앙은 성서에 기초해 있다 145 149 166 253 이하 ¶ 역사적 신앙으로서 교회신앙 167 169 173 (→ 역사신앙) ¶ 제정법적 교회신앙 154 이하 228 이하 ¶ 교회신앙은 인간을 윤리적 공동체로 개편함에 있어서 자연적으로는 순수 종교신앙(←)에 선행하고, 도덕적으로는 이것에 후행한다 151 이하 152주 ¶ 순수한 종교신앙의 운반체로서 교회신앙 152 153 173 181 이하 주 205주 ¶ 순수한 종교수단의 선도 수단으로서 교회신앙 167 169 이하 ¶ 교회신앙은 순수 종교신앙을 최고의 해석자로 갖는다 157~166 (참조 241) ¶ 교회신앙의 또 다른 해석가로서 성서학식 166 ¶ 교회신앙으로부터 순수 종교신앙으로의 이행 181~183 ¶ 교회는 시간이 가면서 교회신앙을 벗어날 수 있는 원리를 함유하는 한에서만 참된 교회이다 228 (참조 162 204주) ¶ 교회신앙과 종교신앙의 필연적 합치 184 ¶ 교회신앙에 대해서만 보편적인 역사적 서술을 기대할 수 있다 184 ¶ 교회신앙은 여러 개가 있을 수 있다 167 ¶ 전제적으로 지시명령하는 교회신앙 196

구약과 신약 Bund

¶ 구약과 신약 206주 ¶ → 신약성서

구원 Erlösung

¶ 구원 263 ¶ → 보충

국가 Staat

¶ 국가 30 30주 133 이하 ¶ 윤리적 국가〔= 윤리적 공동체(←)〕130 이하 181 205 210주 215 ¶ 지상의 신의 국가〔= 교회(←)〕149 180 이하 184 203 이하 309 310 (→ 신의 나라) ¶ 법적-시민적 국가 139 212 ¶ 국가와 교회의 관계 118 이하 118주 120 이하 (→ 교회) ¶ 국가연합〔= 자유롭게 연맹한 민족들의 공

화국] 30주 183주

국가법 Staatsrecht

¶ 국가법의 정치적 이념 182주

국민 Volk

¶ 법칙수립자로서 국민 137

국민신앙 Volksglaube

¶ 국민신앙 160

국제법 Völkerrecht

¶ 국제법 134

궁극목적 Endzweck

¶ 모든 목적들을 통합하는 하나의 특수한 관계점을 마련해주는 것으로서 궁극목적 VIII (참조 X 이하 주) ¶ 의무들의 성과로서 궁극목적 IX ¶ 도덕적 궁극목적의 이념의 실현은 실천이성의 최종적 객관이다 209 ¶ 주관적인 궁극목적과 객관적인 궁극목적 XI주 ¶ 윤리적 궁극목적 147 ¶ 도덕적 궁극목적 283 ¶ 궁극목적의 이념 209 ¶ 섭리의 궁극목적 117

궤변 ¹Sophisterei

■ = 사상[事象]이 무엇인가에 대한 객관적인 물음을 우리가 사상을 지시하는 데 쓰는 말이 무엇을 의미하는가에 대한 주관적인 물음으로 전환시키는 일 123주

궤변 ²Vernünftelei

¶ 궤변 93주 118주

귀족정치/귀족제 Aristokratie

¶ 유대교 사제들의 귀족정치 186 ¶ 교회의 귀족제 277

귀책/책임을 물음/책임이 있음 Zurechnung

¶ 귀책 16주 25 31 33 48 61 ¶ 책임을 물음 35 37 ¶ 책임이 있음 42 이하

규정근거 Bestimmungsgrund

¶ 형식적 규정근거와 질료적 규정근거 IV (참조 IV주 25) ¶ 경험적 규정근거

179 ¶ 도덕적 규정근거 251 ¶ 준칙들의 규정근거 35

그라치애Grazien

¶ 그라치애 11주

근본적radikal

¶ 근본적 → 악

근원Ursprung

■ = 제일의 원인으로부터의 유래 39 ¶ 이성근원과 시간근원 40 42 43 45∼47 ¶ 악의 근원은 유전[상속]에 의해 설명될 수 없다 40 이하 ¶ 이해가 쉽도록 성서는 악의 근원을 시간근원으로 서술하고 있다 43 이하 (참조 46) ¶ 악으로의 이러한 성벽의 이성근원은 우리가 탐구할 수 없는 것으로 남는다 46

기도¹Beten

¶ 언명된 소망으로서 기도와 진심어린 소망으로서 기도 302 ¶ 큰 소리로 기도하는 것 303주 ¶ 신앙 안에서만 일어날 수 있는 기도 304주 ¶ → 기도²

기도²Gebet

¶ 개인의 기도 299 306주 ¶ 소망으로서의 기도 302 이하 ¶ 기도의 정신 302 302 이하 주 ¶ 공적 기도 306 이하 주 ¶ 티베트인의 기도 염주 265 ¶ 신심 있는 체하는 사람의 기도문 외우기 265 ¶ → 기도¹

기독교Christentum

¶ 모든 세계에 타당한 유일한 종교로서 기독교 117 ¶ 기독교는 거기에서 발원한 유대교를 온전히 떠나서 전혀 새로운 원리 위에 세워진 것이다 189 이하 (참조 252 이하) ¶ 기독교의 참된 최초의 의도는 순수한 종교신앙의 도입이다 197 ¶ 기독교의 역사 189∼197 (초기 기독교인들 195 197 / 중세의 기독교 195 197 / 동방의 기독교 195 이하 / 서방의 기독교 196) ¶ 자연종교로서 기독종교 236 이하 ¶ 교학종교로서 기독종교 247 이하 ¶ 기독교에 관한 저술 194 이하

기적Wunder

■ = 세계 안에 일어나는 사건들로서, 그것들의 원인의 작용법칙들이 우리에게는 절대로 알려져 있지 않고, 또 알려질 수 없는 것 119 (참조 116∼124) ¶ 유신

론적 기적과 마신[魔神]적 기적 119 (참조 120 이하) ¶ 기적은 누구에게나 있는
일이 아니다 246 ¶ 사람들은 이론에 관한 한은 그와 같은 것이 있다는 것을 믿
지만, 그러나 실제 업무에서는 아무런 기적도 용인하지 않는다 118 ¶ 옛날에 일
어난 기적과 새로운 기적 118 이하 118주 ¶ 기적은 단지 드물게만 일어난다 123
주 ¶ 큰 기적과 작은 기적 119주 ※ 그 밖에 참조할 곳 63 이하 주 77 이하 193
이하 247 298 301

기질Temperament

¶ 덕의 기질 11 이하 주 37 242 ¶ 서로 다른 신앙양식들에 따른 민족들의 기질
284주

ㄴ

나라Reich

¶ 자유의 나라 112 (↔ 자연의 나라) ¶ 악의 나라 107 이하 ¶ 빛의 나라와 어둠
의 나라 72주 ¶ 덕의(선한 원리의) 나라[= '신의 나라'(←)] 130 (참조 183 211
주)

낙원Paradies

¶ 낙원 3

내세zukünftige Welt

¶ 내세 243 이하 244주 ¶ → 불사

노역봉사Frondienst

¶ 노역봉사 238 248 261 277 286주

노역신앙Fronglauben

¶ 노역신앙 168 이하 191 201주 214 251 291

농노Leibeigene

¶ 농노 291주

ㄷ

다신론/다신교 Polytheismus

¶ 다신론 159 189 285주

대주교 Patriarch

¶ 대주교 144

대학 Universität

¶ 대학 XIV

덕 Tugend

■ = 자기의 의무를 정확히 이행하는 확고하게 기초 다져진 마음씨 11주 (참조 36 53 243) / = 자기가 숭배하는 의무의 준수를 위해 자신의 힘들을 씀 313 / = 도덕적인 강함 295주 (참조 286) ¶ 덕에 대한 스토아주의자들의 정의[= 용기와 용맹] 67 (참조 284) ¶ 덕의 학술적 정의와 구분 XXV 이하 (참조 53) ¶ 하나 이상의 덕이 있는가 13주 ¶ 덕은 학습되어야 하는 것인가 13주 ¶ 덕은 차츰차츰 획득되는 것이다 53 (참조 295 이하) ¶ 덕의 개념은 인간의 영혼으로부터 얻어진 것이다 283 ¶ 덕 개념의 순수성 안에는 신성 자체로 인도하는 어떤 것이 놓여 있다 283 ¶ 은총과 대비되는 것으로서 덕 296 (참조 314) ¶ 자연의 유비로서 덕 293 (참조 266) ¶ 덕의 경험적 성격 53 ¶ 덕의 예지적 성격 54 ¶ 덕의 결과 11 이하 주 ¶ 덕의 기질 → 기질

덕의 마음씨 Tugendgesinnung

¶ 덕의 마음씨 266 283

덕의 망상 Tugendwahn

¶ 덕의 망상 265 이하

덕[의]법칙 Tugendgesetz

¶ 덕의 법칙 131 이하 296 (참조 129 이하) ¶ 덕의 법칙들에 따르는 보편적 공화국 136 140 (참조 183)

덕[의]원리 Tugendprinzip

¶ 덕의 원리 266

덕이론Tugendlehre

¶ 덕이론과 경건 이론 281 ¶ 덕이론은 자기 자신에 의해 (신 개념 없이도) 존립
한다 283 (참조 282)

도덕Moral

¶ 도덕이 기초하고 있는 인간의 개념 III ¶ 도덕은 신의 이념을 필요로 하지 않
는다 III ¶ 도덕의 유일한 동기는 법칙이다 III (참조 22 이하 33) ¶ 도덕은 의무
가 문제가 될 때에는 규정근거로서의 일체의 목적들을 도외시해야 한다 V ¶ 도
덕은 필연적인 결과로서의 목적과 어떤 필연적인 관계를 갖는다 VI (참조 IX주)
¶ 도덕에게 만물의 궁극목적은 무관심할 수 없다 VIII ¶ 도덕은 불가피하게 종
교(←)에 이른다 IX XIII주 280 ¶ 평범한 도덕 XXV (참조 313 이하) ¶ 종교적
단계의 도덕 XI ¶ 기독교 도덕 72주 ¶ 도덕으로서의 자연종교 236

도덕법칙das moralische Gesetz

¶ 무조건적으로 지시명령하며 순전히 형식적인 것으로서 도덕법칙 III 이하 IV
주 VI X X주 XI ¶ 자유의 법칙으로서 도덕법칙 10주 297 ¶ 동기로서 도덕법칙
11주 12 ¶ 유일한 법칙으로서 도덕법칙 13 ※ 그 밖에 참조할 곳 16주 18 22 이
하 31 이하 44 76 이하 136 138 이하 165 209 216 218 이하 249 261 276주 280

도덕성Moralität

¶ 도덕성 31 51주 55 이하 137 221주 269 272 304주 ¶ 도덕성은 내면적인 어
떤 것이다 137 이하 ¶ ↔ 적법성(←) ¶ 의인론〔신인동형론〕은 도덕성 자체에 대
해서 최고로 위험한 것이다 257 (참조 120) ¶ 도덕성의 방호 114 ¶ 초기 기독교
인들의 도덕성 195 ¶ 법칙의 도덕성 165 ¶ 도덕성을 넘어서 282 ¶ 종교로서
도덕성 277

도덕적moralisch

¶ 도덕적 가치 24 56 81주 93 146 161 168 259 272 281 286주 ¶ 도덕적 감수
성 101주 168 221주 274 ¶ 도덕적 감정 18 165 ¶ 도덕적 강요 216 ¶ 도덕적
인 강함 295주 297 ¶ 도덕적 개념 XXIII XXVI 102 257주 ¶ 도덕적 개선 31

122 161 258 307 ¶ 도덕적 건물 308주 ¶ 도덕적 결과(Wirkung) 90주 ¶ 도덕적 결단 VIII ¶ 도덕적 결점 109주 ¶ 도덕적 결정 287 ¶ 도덕적 경고 159주 ¶ (신에 대한) 도덕적 경배 281 ¶ 도덕적인 경우 91주 ¶ 도덕적 공동체 311 ¶ (인간과 신의) 도덕적 관계 213 ¶ 도덕적 관심 182주 ¶ 도덕적 관심사 306주 ¶ (개인적인) 도덕적 관심사 141 ¶ 도덕적 교의학 60 ¶ 도덕적 궁극목적(←) 209 283 ¶ 도덕적 규정근거 251 ¶ 도덕적 귀결 96 ¶ (신의) 도덕적인 나라 206 주 ¶ 도덕적 내용 309 ¶ 도덕적 노예 상태 113 ¶ 도덕적 능력 25 266 296 ¶ 도덕적 대상 208 305주 ¶ 도덕적 도야 55 270 ¶ 도덕적 동기 307주 ¶ 도덕적 마음씨 31 38 75 99주 108 112주 155 168 187 189 210 221주 239 258 259주 264 265 274 275 282 286 293 304주 305 ¶ 도덕적으로 무차별적 146 ¶ 도덕적 법정 99 ¶ 도덕법칙(←) ¶ 도덕적 법칙수립자 → 신 ¶ 도덕적 본능 109주 ¶ (신에 대한) 도덕적 봉사 265 272 ¶ 도덕적 불신앙 77 116 ¶ 도덕적 사명 59 74 141 227 307 ¶ (개개 인간의) 도덕적 생활사[生活史] 217 ¶ '도덕적 선' → 도덕적 선 ¶ 도덕적 성벽 24 ¶ (인간의) 도덕적 성질 85주 178 214 306주 ¶ 도덕적 세계시대 205 ¶ 도덕적 세계지배자 210 211 (→ 신) ¶ 도덕적 소망 274 307주 ¶ 도덕적 소질 33 71주 113 177 181 188 209 ¶ 도덕적 수양론 60 ¶ 도덕적인 신의 국민 → 신의 국민 ¶ 도덕적 신앙(←) 117 163 191 201주 205주 281 ¶ 도덕적 신앙명제 159 ¶ 도덕적인 아버지 144 ¶ 도덕적 악 → 악 ¶ 도덕적 영향 243 302 ¶ 도덕적 안전 294 ¶ 도덕적 완전성 73 74 75 112주 220 ¶ (주관적인) 도덕적 원리 91 이하 ¶ 도덕적 원수 212 ¶ 도덕적 원칙 287 293 ¶ 도덕적 위격 214 ¶ 도덕적 위계 81주 ¶ 도덕적 의도 XXII 64주 82주 111주 216 273 ¶ 도덕적 의무 241 ¶ 도덕적 의미 159주 ¶ 도덕적 이념 113 267 ¶ 도덕 이론 160 ¶ 도덕적 이성신앙 248 ¶ 도덕적 자기사랑 51주 ¶ 도덕적 자유 (←) 277 ¶ 도덕적 자유론 108 ¶ 도덕적 작용 98 ¶ (기도의) 도덕적인 정신 304 주 ¶ 도덕적 존엄성 168 ¶ 도덕적 존재자 13주 24 189 ¶ 도덕적 종교(←) 62 182주 193 214 254 265주 ¶ 도덕적 종교신앙(←) 184 ¶ (이성의) 도덕적 죽음 268 ¶ 도덕적 준칙 199 ¶ 도덕적 지배 114 ¶ 도덕적 지시명령 259 ¶ 도덕적

진리 94 ¶ 도덕적 질 214 ¶ 도덕적 질서 250 ¶ 도덕적 최선 301 ¶ (공적인 종
교의) 도덕적 토대 219 ¶ 도덕적 통찰 201주 ¶ 도덕적 투쟁 70 ¶ 도덕적 판단
력 288 ¶ 도덕적 판정 255 ¶ 도덕적 표상 109주 ¶ 도덕적 필요요구 63주 ¶
도덕 학습자 56 ¶ 도덕적 행복 → 행복 ¶ 도덕적 회심 97 ¶ 도덕적 효과 312
¶ 도덕적 흡족 220 245

도덕적 선 das moralische Gut

  ■ = 의사의 〔도덕〕법칙과의 부합 10주 ¶ 선의 소질들 19 ¶ 선의 싹은 언제나
순수한 채로 간직되어 있다 50 ¶ 완전히 순수함을 가진 윤리적–선의 이념 115
※ 그 밖에 참조할 곳 IV주 86 226 243

도덕주의자 Moralist

  ¶ 도덕주의자 5

도덕철학 Moralphilosophie

  ¶ 도덕철학 71주

도덕철학자 Moralphilosoph

  ¶ 도덕철학자 13주 159 이하

도식 Schema

  ¶ 눈에 보이지 않는 신의 나라의 가시적인 표상(도식) 198

도식론 Schematismus

  ¶ 유비의 도식론과 객관규정의 도식론 82 이하 주

도식화하다 schematieren

  ■ = 한 개념을 감각적인 것과의 유비를 통해 이해할 수 있도록 하다 82주 (참조
133)

독실한 체하기 Frömmelei

  ¶ 독실한 체하기 285주

독실함 Frömmigkeit

  ¶ 독실함 12주 285주 ¶ 신의 율법들에 대한 수동적 숭배로서 독실함(→ 덕) 313

동기 Triebfeder

¶ 준칙들의 질료로서 동기 34 ¶ 선으로의 동기는 우리가 결코 잃어버릴 수 있는 것이 아니다 52 ¶ 윤리성의 동기 244주 ¶ 의무의 동기 242 ¶ 교회의 도덕적 동기 143 ¶ 순수한 도덕신앙의 동기 162 ¶ 감성의 동기와 이성의 동기 71주 (참조 32) ¶ 동기의 순서가 전도됨[= 인간 심정의 전도성] 23 34 이하 46 49주 59 ¶ 동기의 복원 59

동물성Tierheit

¶ 인간의 동물성 15 이하 19 (참조 32)

동정녀Jungfrau

¶ 동정녀에 의한, 어떠한 도덕적 결점에도 붙들려 있지 않은 아이의 탄생은 상징적으로 이해될 수 있다 109 이하 주

ㄹ

로레토Loretto

¶ 성지순례 장소로서의 로레토 264

ㅁ

마니교Manichäism

¶ 마니교 156주

마니캐이Manichäer

¶ 마니캐이 156주

마술¹Thaumaturgie

■ = 초자연적인 것에 영향을 미치려는 대담한 시도들(은총의 수단들) 64주

마술²Zaubern

■ = 자연적인 수단을 통해 초자연적인 작용-결과를 내는 기술 273 ¶ → 주물숭배

마음씨Gesinnung

¶ 준칙들의 내적 원리로서 마음씨 9주 ¶ 준칙들을 채택하는 제일의 주관적 근거로서 마음씨 14 (참조 91 이하 주) ¶ 적법한 행위와 대비되는 것으로서 마음씨 23 95 ¶ 결함이 있는 행실에 타당한 마음씨 85 (참조 85 이하 85 이하 주 104 149) ¶ 선한 마음씨 90이하 ¶ 신성한 마음씨 176 ¶ 도덕적 마음씨 → 도덕적 ¶ 성실한 마음씨 176 ¶ 종교적 마음씨 230 이하 301 ※ 그 밖에 참조할 곳 XXV 77 83 92주

마호메트교도 Mohammedaner

¶ 마호메트교도 160

마호메트주의 Mohammedanism

¶ 마호메트주의 285주 ¶ 마호메트교 207주 285주 301

萬人의 萬人에 對한 戰爭 bellum omnium contra omnes

¶ 홉스의 '萬人의 萬人에 對한 戰爭' 134 이하 주

말씀 Wort

¶ 말씀 73

망상 Wahn

■ = 사상〔事象〕의 순전한 표상을 그 사상 자체와 동치〔同値〕적인 것으로 여기는 착각 256주 ¶ 미신적 망상 268 286주 ¶ 교회망상 265주 ¶ 종교망상 257 이하 266 이하 ¶ 덕의 망상 265 이하 ¶ 실천적 망상 256주 (참조 299) ¶ 구두쇠의 망상 256주 ¶ 명예망상 256주

망상기〔妄想氣〕 Wahnsinn

¶ 망상기 256주 ¶ 자기 안의 하늘로부터의 영향을 지각하고자 하는 망상기에는 방법 같은 것이 있을 수 있다 267

망상신앙 Wahnglaube

¶ 세 종류의 망상신앙〔= 기적, 신비, 은총수단에 대한 신앙〕 301 이하

메시아 Messias

¶ 메시아의 도래 186 (참조 208주 252) ¶ 메시아의 나라 206주

메카순례자 Hadgi

¶ 메카순례자 294 이하 주

명예 Ehre

■ = 인간이 자기 생명보다도 더 높이 평가하고 그에서는 모든 사리사욕을 단념하는 어떤 것 28주

목적 Zweck

■ = 자유로운 의사의 어떠한 질료〔실질〕적 규정근거 IV ¶ 목적관계가 없다면 인간 안에서 의지규정은 생길 수 없다 VI ¶ 규정근거로서의 목적과 작용결과로서의 목적 VI ¶ 목적은 언제나 애착의 대상이다 X주 ¶ 이성에 의해 우리에게 부과되는 객관적인 목적 X 이하 주 ¶ 창조의 목적 73 ¶ 목적과 수단 250 (참조 259 이하)

無關無見〔중간물〕Adiaphora

¶ 道德的 無關無見〔= 도덕적으로－무관심한 행위〕10주 ¶ 도덕적 중간물 9 47 주

무신론 Atheismus

¶ 국가에 더욱더 위험한 무신론 160

무죄 Unschuld

■ = 악으로의 모든 성벽에 앞선 인간의 상태 44 (참조 46)

무차별주의자 Indifferentist

¶ 무차별주의자 9

묵시록 Apokalypse

¶ 묵시록 202

문명화 Civilisation

¶ 문명화 4 이하 29

문자적 신앙 Buchstabenglaube

¶ 문자적 신앙 222

물질 Materie

¶ 사고하는 물질은 이해하는 것이 불가능하다 192주 ¶ 물질의 보편적 중력 209

주 ¶ 유기물의 번식 217 이하 주

물질주의Materialismus

　　■ = 모든 세계존재자의 물질성이라는 개념 192주 ¶ 인격성의 심리학적 물질주
　　의와 공간적인 것의 현〔존〕재의 우주론적 물질주의 192주

미래Zukunft

　　¶ 우리의 미래 244주

미신¹Aberglaube

　　¶ 미신 174 240주 267 ¶ 중세의 미신 195 ¶ 미신의 우매함 143 ¶ 미신적 망
　　상 268 ¶ 세례와 관련된 미신 310 ¶ → 미신² ※ 그 밖에 참조할 곳 286주

미신²Superstition

　　■ = 신에 대한 거짓봉사(←) 263 ¶ → 미신¹

미트라Mithra

　　¶ 미트라 212주

민주주의Demokratie

　　¶ 교회의 민주주의 143 277

　　ㅂ

바리사이Pharisäer

　　¶ 바리사이의 고발 213주

반기독교도Antichrist

　　¶ 반기독교도 205

배화교도Parsen

　　¶ 조로아스터교의 추종자들인 배화교도 206주

번식Fortpflanzung

　　¶ 번식의 충동 16 ¶ 유기물의 번식능력 217 이하 주

법/권리Recht

¶ 로마의 법과 자연법 XVIII ¶ 강제법 187 ¶ (세계 안에서의 신성한 것인) 인
간의 권리 240주

법규/법령 Statuten

¶ 신적인 것으로 간주되는 법령 255

법법칙〔법률〕Rechtsgesetz

¶ 공적 법법칙〔법률〕은 강제법이다 131 ¶ 공적 법법칙〔법률〕과 덕법칙의 대조
131

법칙/율법 Gesetz

¶ 교회의 법칙 144 ¶ 신의 율법 313 ¶ 공적인 법칙 138 ¶ → 도덕법칙

법칙수립 Gesetzgebung

¶ 보편적 법칙수립의 원리 137 ¶ 순수한 도덕적 법칙수립 148 ¶ 신의 법칙수
립 215 이하 ¶ 모세의 법칙수립 246

법칙수립자 Gesetzgeber

¶ → 신

법학자 Jurist

¶ 법정 법학자 XVIII

베다 Vedas

¶ 인도인들의 베다 해석 160

변호자 Paraklet

¶ 변호자〔성령〕 92 이하 ¶ = 위로자

변화 Veränderung

■ = 시간상의 사건 60

보상¹ Belohnung

¶ 미래의 보상 243~245

보상² Vergütung

¶ 위반들의 보상 85 이하 주

보수 Lohn

¶ 보수 받는 봉사 272 ¶ 보수 받는 신앙 274 ¶ → 거짓봉사

보충/보완Ergänzung

¶ 고위의 (신적인) 협력에 의한 인간 노력의 보충 62 이하 63주 262 이하 267 273 이하 283 296 이하 ¶ 초자연적 방식의 보완은 불확실하다 305주 ¶ → 속 죄²

보편 역사Universalhistorie

¶ 인류의 보편 역사 183 이하

보편왕국Universalmonarchie

¶ 보편왕국 30주 (참조 183주)

복수Rache

¶ 복수 158 이하 주 241

본능Instinkt

■ = 사람들이 (동물들에서의 기술〔技術〕충동이나 성적 충동처럼) 그에 대해 아 직 아무런 개념을 가지고 있지 못한 어떤 것을 행하거나 향유하려는 감정적인 필 요욕구 20주 ¶ 도덕적 본능 109주

봉사Dienst

¶ 신에 대한 봉사(↔거짓봉사) 228 229 이하 250 이하 256 ¶ 신(또는 우상)에 대한 노예적 봉사 270 이하 ¶ 신에 대한 도덕적인 봉사 272 이하 298 ¶ 심정의 봉사 299 ¶ 한갓된 감정에서 성립하는 것이 아닌 신에 대한 실천적 봉사 308 ¶ 마음씨에서 비롯되는 신에 대한 봉사 299 ※ 그 밖에 참조할 곳 146 이하 177

附帶裝飾Parerga

¶ 종교의 附帶裝飾 63주

부패성〔腐敗性〕Verderbtheit

■ = 도덕법칙으로부터의 동기를 다른 (도덕적이지 않은) 동기들 뒤에 놓는 준칙 들을 세우려는 의사의 성벽 23 ¶ → 전도성

부활Auferstehung

¶ 부활 191 이하 ¶ 부활과 승천의 역사는 순전한 이성의 한계 안에서의 종교로

는 이용될 수 없는 것이다 191 이하 주 ¶ 부활은 심리학적 물질주의와 우주론적 물질주의를 전제한다 192 이하 주

불사 Unsterblichkeit

¶ 최종 목적에 알맞은 인간들의 지속으로서 불사 236

불성실성 Unredlichkeit

¶ 인류의 불결한 얼룩으로서 불성실성 38

불순성 Unlauterkeit

¶ 인간 심정의 불순성 22 36 이하 56

불신앙 Unglaube

¶ 도덕적 불신앙 77 116 ¶ 자연주의적 불신앙 174

브라마 Brahma

¶ 브라마 4 212주

비결정론 Indeterminismus

¶ 비결정론 59주

비너스 Venus

¶ 비너스 우라니아와 비너스 디오네 11주

비시누 Wischnu

¶ 힌두교에서 세계 유지자인 비시누 4 212주

비신자〔非信者〕 Ungläubiger

¶ 비신자, 오신자〔誤信者〕, 이단자의 비교 155

비판 Kritik

¶ 순수 (이론) 이성 비판 XXV 259주 ¶ 실천 이성 비판 XXV

빛 Licht

¶ 내적인 빛 255 313

ㅅ

사고의 자유 Denkfreiheit

¶ 공적인 사고의 자유 166

사랑/좋아함/애〔愛〕Liebe

¶ 존경(←)과 구별되는 것으로서 사랑 XII주 (참조 44 이하 50주) ¶ 자기 자신에 대한 흡족의 이성적 사랑 51주 ¶ 선을 또한 좋아하게 되었음 12주 ¶ 법칙에 대한 사랑 220 ¶ 신에 대한 사랑과 공포 282 ¶ 인류〔인간성〕에 대한 신의 사랑 176 220 220 이하 주 221주 ¶ 형제애 311 ¶ → 자기사랑

事例論 Casuistik

■ = 양심의 변증학 288

사유방식/성정 Denkungsart

¶ 윤리적 사유방식 52주 ¶ 무기력한 사유방식 68 ¶ 편협한 성정 310 ¶ 확장하는 사유방식과 제한된 사유방식 157 ¶ 사유방식의 혁명 → 혁명

사제 Priester

■ = 경건한 의식〔儀式〕들의 봉헌〔축성〕된 집행자 152 ¶ 사제와 성직자의 대조 152 ¶ 사제들은 교사계층으로부터 벗어나 통치계층으로 이월하려는 경향이 있다 196 ¶ 유대교의 사제 186

사제종교 Priesterreligion

¶ 사제종교 97주 ¶ 사제종교의 시가〔詩歌〕는 모든 시가들 중에서도 가장 오래된 것이다 3

사회 Gesellschaft

¶ 덕의 법칙들을 목적으로 하는 사회의 건설은 과제이며 의무이다 129 ¶ (법적-시민적 사회와 대비되는) 윤리적-시민적 사회 130 (참조 131) ¶ 사회로의 충동 16

삼위일체 Dreieinigkeit

¶ 삼위일체 211~215 220~222 (참조 312)

상속 부채Erbschuld

  ¶ 상속 부채 41주

상징Symbol

  ¶ 교회의 자의적 상징 144 (참조 161) ¶ → 신앙상징

상징적symbolisch

  ¶ 상징적 표상 160 (참조 159주 219 262 270 294)

샤먼Schaman

  ¶ 퉁구스족의 샤먼 270

서약Eid

  ¶ 신약에서 금지하고 있는 서약 240 이하 주

선재〔先在〕Präexistenz

  ¶ 부모 안에 배아가 있다는 선재〔先在〕체제 110주

선천적〔생득적〕angeboren

  ¶ 인간 성격의 선천성 8 15 26 27 ¶ 선천적 성벽 46 109주 ¶ 선천적 죄과(罪過) 36 이하

선택Erwählung

  ¶ 선택의 신비 217

선험적a priori

  ¶ 실천적인 관계에서 받아들여진 선험적 종합 명제 IX~XII주 (참조 XXII 6 33 209)

설교Predigt

  ¶ XXVI 154

섭리Vorsehung

  ¶ 자애로운 섭리 153주 ¶ 섭리의 인도 202 208주 (참조 178주 183주)

성격Charakter

  ¶ 선한 성격과 악한 성격 8 15 18 ¶ 경험적 성격과 예지적 성격 35 53 이하 ¶ 성격〔성품〕을 창립함 55

성경Bibel, 성서heilige Schrift, 성경책heiliges Buch

¶ 성서Schrift 81주 ¶ 교회교육의 토대로 사용되는 성경책 198 이하 (참조 204
주) ¶ 도덕이 성경에 따라 해석되어야만 하는가, 아니면 오히려 성경이 도덕에
따라 해석되어야만 하는가? 158 이하 주 (참조 199) ¶ 성서 안에 들어 있는 역사
적인 것 199 ¶ 성서신학 → 신학

성벽[性癖] Hang

■ = 인간성 일반에 대해 우연적인 것인 경향성을 가능하게 하는 주관적 근거 (참
조 25 43) ¶ 경향성과 구별되는 것으로서 성벽 20주 ¶ 소질과 구별되는 것으로
서 성벽 21 ¶ 인간 자연본성 안에 있는 악으로의 성벽 20~26 (참조 26 이하 42
이하 296주) ¶ 성벽의 상이한 세 단계 21~23 ¶ 도덕적 성벽과 물리적 성벽 24
이하 ¶ 근본적이고 생득적인 성벽 27 ¶ 경험에 의한 부패한 성벽의 증명 28 이
하 ¶ 미개 민족들의 성벽 28 28주 ¶ 문명화된 민족들의 성벽 29 ¶ 악으로의
성벽은 주관에게 귀책된다 31 35 48 ¶ 성벽의 이성근원은 탐구할 수 없는 것이
다 46

성서학자Schriftgelehrter

¶ 성서학자 162

성서해석Schriftauslegung

¶ 칸트의 도덕적 성서해석 47주 160 162 163 195 241 (참조 97주 115 이하 239
이하) ¶ 성서해석의 최상의 원리 161 이하 ¶ 성서해석의 실례 158 이하 주 ¶
성서해석의 자의성 198 ¶ 성서의 해석은 성서학식을 필요로 한다 163 235 ¶
→ 교회신앙

성전Tempel

¶ 교회와 구별되는 성전 152 (참조 270) ¶ 신의 성전으로서 인간 309주

성직자¹der Geistliche

■ = 순수 도덕종교의 교사 152 ¶ → 사제

성직자²Klerus, Kleriker

¶ 성직자 164 179 250 255 277 이하 ¶ ↔ 평신도

성찬식Kommunion

   ¶ 성찬식 300 (참조 310 이하)

성충동Geschlechtstrieb

   ¶ 성충동 16 21

세계심판자Weltrichter

   ¶ 세계심판자 211주

세계종교Weltreligion

   ¶ 세계종교 237 255

세례Taufe

   ¶ 세례 300 310

소명Berufung

   ¶ 소명 215 이하

소질Anlage

   ¶ 존재자의 소질들[= 그 존재자에게 필요한 구성요소들뿐만 아니라, 또한 그러한 존재자이기 위한 그 구성요소들의 결합의 형식들] 19 ¶ 소질과 성벽 20 이하 ¶ 선의 소질 46 이하 243 ¶ 인간 자연본성 안에 있는 선의 근원적 소질 15 이하 ¶ 선의 근원적 소질의 능력 복원 48 이하 ¶ 근원적 도덕적 소질 57 이하 128 179 181 ¶ 물리적 소질과 도덕적 소질 179 ¶ 소질의 이해불가능성 58 이하 ¶ 우연적 소질 19 ¶ 인간 안의 동물성의 소질[= 자기보존, 번식, 유대생활의 소질] 16

속죄¹Expiation

   ¶ 속죄 90주 115 117 245주 258 284 ¶ 속죄는 개심[改心]의 결여를 메워줄 수 없다 102 이하

속죄²Genugtuung

   ¶ 속죄 101 169 170 이하 ¶ 속죄의 신비 216 이하 ¶ → 보충

수단Mittel

   ■ = 인간이 그를 통해 어떤 의도를 이루기 위해 자기의 통제력 안에 가지고 있는

모든 중간원인 298

수도사 Mönch

　　¶ 수도사 신분 264 ¶ 수도생활 195 ¶ 승려신분층 109주

수도생활 Mönchsleben

　　¶ 수도생활 → 수도사

수양론 Asketik

　　¶ 도덕적 수양론 60

순례 / 성지순례 Wallfahrt

　　¶ 순례 258 264 ¶ 성지순례 264

숭고 Erhabenheit

　　¶ 우리 도덕적 규정〔사명〕의 숭고함 11주 59

승려신분층 Mönchtum

　　¶ 승려신분층 → 수도사

승직자 Pfaffe

　　¶ 위선적이고 지배욕이 강한 승직자 231주

승직제도 Pfaffentum

　　■ = 교회 안에서 주물봉사〔呪物奉仕〕가 지배하는 한에서의 교회의 기본체제
276 이하 (참조 196 269주 269 이하)

시봐 Siwen(= Siewen)

　　¶ 인도의 신 시봐〔= 시바Siba〕 4 212주

신 Gott

　　¶ 도덕은 인간의 의무를 인식하기 위해서 신의 이념을 필요로 하지 않는다 III
¶ 그러나 최고선의 가능성을 위해서는 신을 상정하지 않을 수 없다 VII 136 ¶
도덕적으로 진지한 노고는 신의 이념(←)과 불가피하게 관계한다 230주 ¶ 자유
의 개념과 신의 이념 사이의 조화 58 이하 주 ¶ '신이 있다'는 명제는 선험적 종
합 명제이다 X 이하 주 ¶ 사람마다 각자 스스로 하나의 신을 만든다 257 257주
¶ 신의 이념의 근원과 힘은 사변적인 것이 아니라 실천적인 것이다 282 ¶ 신의

현존에 대한 믿음은 확정적 지식이 아니다 230주 (참조 95 282 303주) ¶ 공간 안에서의 신의 현존은 모순을 함유한다 209주 ¶ 마음을 아는 자로서 신 85 95 이하 139 (참조 55) ¶ 최상의 도덕적인 법칙수립자로서 신 IX 이하 X주 138 213 220주 234 242 249 278 280 282 (참조 147 188) ¶ 창조자로서 신 120 211 213 주 215 이하 307 ¶ 세계창시자로서 신 178주 236 ¶ 세계지배자로서 신 XIII주 139 210 이하 284 ¶ 자연법칙들의 창시자로서 신 215 ¶ 자비로운 통치자로서 신 211 215주 ¶ 공정한 심판자로서의 신 211 211주 213주 220~222주 ¶ 성부, 성자, 성령(←)으로서 신 220 이하 ¶ 정복을 주는 신 220주 ¶ 교회의 설립자로서 신 227 ¶ 악한 존재자와 대비되는 존재자로서 신 106 이하 ¶ 신의 하나임 285주 ¶ (신의) 자비, 정의, 신성성, 사랑, 나라 → 해당 항목 참조 ¶ 신의 본성 211 282 ¶ 신의 지혜 216 245 304 이하 306주 307 ¶ 신의 의지 147 이하 150 ¶ = 최고 존재자, 도덕적 존재자, 전능한 존재자

신권정체 | Theokratie

¶ 유대교적 신권정체 108 139 이하 186

신비 | Geheimnis

¶ 신앙의 신비 XXVI 63 이하 주 207 이하 ¶ 신비에 대한 신앙은 신의 본성에 대한 이론적 인식의 확장으로서는 인간에게 전혀 이해될 수 없다 215 218주 ¶ 자연의 신비 209 이하 주 ¶ 정치의 신비 209주 ¶ 소명의 신비 → 소명 ¶ 선택의 신비 → 선택 ¶ 속죄^{2}의 신비 → 속죄^2 ¶ = 神秘 mysterium 210 ※ 그 밖에 참조할 곳 261 이하 279 301

神秘 | Mysterium

■ = 신성한 신비(←) 210주

신성성/신성함 | Heiligkeit

¶ 준칙들의 신성성 52 ¶ 의무 개념의 신성성 57 ¶ 마음씨의 신성성 54 84 이하 113 214 ¶ 인간이 지향하여 애써야 할 목표로서 신성함 240 242 이하 (참조 214 283 311) ¶ 도덕법칙의 신성성 X 286주 296 ¶ 신의 신성성 283 311 ¶ 독신상태의 신성함 195 ¶ 승려신분층의 신성함 109주

신심〔信心〕Andacht

■ = 신에게 귀의하는 마음씨들을 받아들이는 마음의 정조〔情調〕260 (참조 307 308주)

신심 깊은 체하기|Andächtelei

¶ 신심 깊은 체하기 286주 308주

신앙Glaube

■ = 한 종교의 원칙들을 받아들임 247 ¶ 종교 자체와 구별되는 것으로서 신앙 248 ▶ 신앙의 구분: ① 역사적 신앙 77 162 248 / → 역사신앙 / 계시신앙 145 157 이하 247 / → 교회신앙 ¶ 역사적 신앙은 사실들 위에 기초해 있다 248 ¶ 역사적 신앙은 경험으로서의 계시에 기초하고 있다 167 ¶ 역사적 신앙은 불가해한 것들에 대한 복창〔復唱〕에 기초해 있다 117 ¶ 역사적 신앙은 노역신앙이자 보수의 신앙이다 168 (참조 250 이하) ¶ 역사적 신앙은 수동적 신앙이다 199 ¶ 역사적 신앙은 도덕적 가치가 없다 78 ¶ 역사적 신앙은 제정법적 신앙이다 ¶ 역사적 신앙은 지시명령된 신앙이다 248 ¶ 역사신앙으로서의 제례적 종교신앙 184 (참조 168) ② 순수한 종교신앙 145 149 211 278 280 / 순수한 이성신앙 148 208 247 이하 / 도덕적 신앙 117 158 162 163 191 201주 205주 248 281 ¶ 순수한 종교신앙은 자유롭다 168 248 ¶ 순수한 종교신앙은 실천적이다 76 173 248 ¶ 순수한 종교신앙은 불변적이다 184 ¶ 순수한 종교신앙은 순정한 심정의 마음씨에 기초한 신앙이다 168 ¶ 순수한 종교신앙은 전적으로 이성에 기초하고 있다 167 ¶ 순수한 종교신앙은 합리적이다 174 ¶ 순수 종교신앙만이 필연적인 것이다 167 ③ 그 밖에 구별되는 신앙 ¶ 교조적 신앙과 반성적 신앙 63주 ¶ 자유로운 신앙과 교학 신앙 249 ¶ 신적 영감으로 받아들여진 신앙 208 ¶ 정복을 주는 신앙 168 173 이하 191 251 ▶ 그 밖에 '신앙'의 용례 ¶ 신앙의 종류 154 187주 284 이하 주 301 이하 ¶ 신앙의 조항 254 290 ¶ 신앙고백 105 252주 ¶ 신앙통일 182주 ¶ 신앙의 자유 182주 291주 ¶ 신앙상징 214 215 294

신약성서|Neues Testament

¶ 신약성서 158주 235 이하 ¶ 구약과 신약의 관계 252 이하

신의 국민Volk Gottes

¶ 윤리적 공동체로서 신의 국민 137~140 ¶ 교회의 형식 안에 있는 신의 국민 140~145 (참조 212 213) ¶ ↔ 악한 원리의 도당[徒黨] 140

신의 나라Reich Gottes

¶ 지상에 신의 나라 건설 127 이하 ¶ 지상에 신의 나라를 건설함에서 선한 원리의 승리에 대한 철학적 표상 131 이하 ¶ 지상에 신의 나라를 건설함에 대한 역사적 표상 183 이하 ¶ "신의 나라가 오고, 그의 뜻이 지상에서 이루어지는 것" 141 (참조 181 225) ¶ 참된 (가시적인) 교회는 신의 (도덕의) 나라를 지상에서 현시한다 142 ¶ 교회신앙이 순수 종교신앙의 단독지배로 차츰 이행함은 신의 나라가 가까이 오는 것이다 167 이하 ¶ '지금의 시대'와 신의 나라 197 이하 ¶ 신의 나라의 완성에 대한 예언 202~204 ¶ "신의 나라는 여러분 가운데에 있습니다" 205 이하 ¶ 신의 나라는 메시아의 나라가 아니라 도덕적인 나라이다 206주 ¶ (마음씨 속에서) "신의 나라를 찾음" 86 이하 ¶ 신의 나라의 기본체제[헌법] 225 이하 ¶ 신의 나라의 기본체제[헌법]의 설립자는 신 자신이다 227 ¶ 신의 나라의 공동의 소망 306 이하 주

신의 아들Sohn Gottes

¶ 신의 독생자 73 74 이하 ¶ 인간성의 대리자로서 신의 아들 99 이하 103 ¶ 인간성의 원형으로서 신의 아들 174 이하 ¶ 인간의 대리자, 구속자, 변호자로서 신의 아들 99 ¶ 인간을 위한 실례로서 신의 아들 75 이하 ¶ 도덕적인 아버지로서 신과 그의 아들의 관계 144 ¶ 재림한 신의 대리자로서 신의 아들 202 204 ¶ 신의 사자[使者]로서 신의 아들 242 ¶ 신의 아들의 강림 74 이하 ¶ 신의 아들에 대한 실천적 신앙 76 ※ 그 밖에 참조할 곳 84 98 이하 144 213주 220 220~222주

신정론[神正論]Theodicee

¶ 신정론 97주

신학Theologie

¶ 철학적 신학과 성서신학 XV 이하 XIX ¶ 신학과 다른 학문들의 관계 XV

신학자Theologe

¶ 검열자로서 신학자 XIV (참조 XVI 이하) ¶ 성직자나 학자로서 신학자 XIV 이하 XXIII 이하

실례|Beispiel

¶ 선한 행위의 본보기로서 실례 56 75 이하

실재성Realität

¶ 궁극목적의 객관적으로 실천적인 실재성 VIII ¶ 윤리성의 객관적 실재성 XIII 주 ¶ 선한 원리의 인격화한 이념의 객관적 실재성 76 이하 ¶ 실천적 규제적 원리의 객관적 실재성 182주

실천적praktisch

¶ '기술적‒실천적'과 '도덕적‒실천적' XXII ¶ 실천적 사용 72 ¶ 실천적 이념 → 이념 ¶ 실천적 준칙 174 ¶ 실천적 필연성 172 이하

심정/마음Herz

■ = 자연본성적인 성벽에서 생기는, 도덕법칙을 자기의 준칙 안에 채용하거나 하지 않는 의사의 유능과 무능 21 ¶ 선한 심정과 악한 심정 21 이하 23 36 ¶ 새로운 심정 61 ¶ 자기의 의무를 준수할 때의 유쾌한 마음 12 ¶ 선의지로서 심정 259 ¶ 개심〔改心: 심정의 변화〕 53 이하 ¶ 마음을 아는 자 → 신 ¶ → 마음씨 ※ 그 밖에 참조할 곳 264

심판Richten

¶ 이중의 의미의 심판〔= 공적이 있고 없음에 관한 심판 또는 죄과의 유무에 관한 심판〕 220~222주

십자군Kreuzzüge

¶ 십자군 196

ㅇ

아담Adam

¶ 아담 107 109 (참조 97주)

아리만Ahriman

¶ 아리만 212주

악das Böse

¶ 물리적인 악과 도덕적인 악 3 ¶ 본래적인 악 21 ¶ 도덕적인 악 4 이하 ¶ 근본적인 악 27 35 (참조 94) ¶ 악은 자유로운 의사의 준칙에서 비롯한다 5~8 21 이하 47 49 213주 ¶ 의식적인 악한 행위 5 이하 ¶ 윤리법칙에 직접적으로 반하는 것으로서 악 138주 ¶ 악의 개념의 전개 33 이하 ¶ 인간 자연본성 안의 악의 근원 39~48 ¶ 악의 현존에 대한 설명 71주 ¶ 악의 나라 107

악마Teufel, 악마적teufelisch

¶ 악마 107주 ¶ 악마적 패악 18 ¶ 악마적 존재자 32 ¶ 악마적 마음씨 36 ¶ 악마적 기적 119 ¶ 악마의 유혹 121 ¶ → (악한) 정신〔영〕 ※ 그 밖에 참조할 곳 32

악성〔惡性〕Bosheit

¶ 엄밀한 의미로 이해된 악성 35 이하 (참조 38 68)

악의성Bösartigkeit

¶ 악의성 23 이하 35 45 47 60 115

야훼Jehovah

¶ 야훼 188

약함Schwäche

■ = 이성의 동기의 무력함/약함 71주 (참조 213)

양심Gewissen

■ = 그 자체로서 의무인 의식 287 ¶ 심판하는 양심 89 99주 101 103 104 288 ¶ 죽는 이의 양심 105주 220 이하 주 ¶ 양심을 위한 아편 105주 ¶ 신앙의 사안들에서 양심의 실마리 287~295 ¶ 양심의 강제 200 이하 주 ¶ 양심의 도움 105주 ¶ 양심의 부담 276 ¶ 양심의 평안 37

어린아이들의 물음Kinderfragen

¶ 어린아이들의 물음 89주

엄격주의자Rigorist

¶ (윤리적) 엄격주의자 9 19 13주

역사신앙Geschichtsglaube

¶ 역사신앙은 그 자체만으로는 죽은 것이다 161 ¶ 역사신앙은 우연적인 것이다 167 ¶ 서책에 기초하고 있는 신앙으로서 역사신앙 193 ¶ 역사신앙은 학식 있는 공중〔公衆〕을 필요로 한다 193 이하 ¶ 순수한 종교신앙을 촉진하는 수단으로서 역사신앙 270 281 ¶ ↔ 이성신앙, 순수한 종교신앙 ¶ → 신앙 ※ 그 밖에 참조할 곳 184 이하 197 204 이하 주 248 이하 275 279 이하 290 293 294주

역사적historisch

¶ 역사적 인식 47주 ¶ 역사적 신앙 → 신앙

連結nexus

¶ 作用 連結과 目的 連結 XXII주

열정/격정Leidenschaft

■ = 자기 자신에 대한 지배를 배제하는 경향성 20주 ¶ 격정의 근원은 인간이 관계를 맺고 교류하는 인간들이다 128

영감¹Eingebung

¶ 신적인 영감 218주 ¶ → 계시

영감²Inspiration

¶ 영감으로 차 있는 성경 158 이하 주

영원/영원성Ewigkeit

¶ 복된 영원과 불행한 영원 89 ¶ 영원성은 교의가 아니다 90주 ¶ 지옥의 형벌이 영원한 벌인가 하는 것은 어린아이들의 물음이다 89 이하 주

예수Jesus

¶ 칸트는 직접적으로 '예수' 라는 말을 쓰는 대신에, '신이 보낸 자(148 242)', '사람의 아들(212주)', '추종의 원형(246)', '교회의 설립자(239 276주 310)', '복음의 교사(←)', '신의 아들(←)' 과 같은 용어를 자주 사용하고 있음 ¶ 예수의

삶과 수난 109 이하 주 ¶ 예수의 죽음 111 이하 111주 191 191 이하 주 ¶ 예수의 재림 202 이하

예정설 Prädeterminismus

¶ 예정설 58 이하 주 (참조 178주)

예지적 intelligibel

¶ 예지적 행실과 감각적 sensibel 행실 26 ¶ 심정의 예지적 근거 55 ¶ 예지적 성격 → 성격

叡智體 Noumenon

¶ 叡智體 德과 現象體 德 XXV

오딘 Odin

¶ 만물의 아버지로서 오딘 213주

오르무즈드 Ormuzd

¶ 오르무즈드 212주

오성세계 Verstandeswelt

¶ 오성세계와 감성세계 225

완전성 Vollkommenheit

¶ 도덕적 완전성[= 법칙에 무조건적으로 복종하는 의지] IV 이하 주 ¶ 도덕적 완전성의 이상 74 이하 (참조 73 88 112 이하 136 219 이하 306주)

외경 Ehrfurcht

¶ 신에 대한 외경 230 이하 주 (참조 286주 308)

용기¹ Mut

¶ 덕의 본질을 형성하는 용기 67 284 (참조 286주)

용기² / 용맹 Tapferkeit

¶ 전쟁에서의 용기² 28주 ¶ 용기¹와 용맹으로서의 덕 67

우미〔優美〕Anmut

¶ 우미와 존엄 10 이하 주

우상숭배 Idololatrie

¶ 우상숭배 257주 286 309

원리 Prinzip

¶ (인간을 지배하기 위한) 선한 원리와 이것의 권리주장 73 이하 ¶ 선한 원리의 인격화한 이념 73 이하 ¶ 선한 원리의 승리 127 이하 ¶ 악한 원리와 선한 원리의 동거 3 이하 ¶ (인간을 지배하기 위한) 악한 원리와 이것의 권리주장 106 이하 ▶ 그 밖에 '원리'의 용례 ¶ 구성적 원리와 규제적 원리 92 이하 주 ¶ 이성적 원리와 경험적 원리 176 ¶ 실천적 원리 255 ¶ 실천적 규제적 원리 182주 ¶ 모든 외적 법의 원리 137주

원수〔元首〕Oberhaupt

¶ 국가의 최상의 종복으로서 국가 원수 142 ¶ 인류의 도덕적 원수 212

원죄 Erbsünde

¶ 원죄 25 41 이하 주 109주

원형 Urbild

¶ 윤리적 마음씨의 원형 74 ¶ 인간성의 원형 76 이하 ¶ → 이상

위계제도 Hierarchie

¶ 위계제도 143 195 (참조 108 213주 251 277)

위신자〔僞信者〕Andächtler

■ = 자칭 신자 308주 (참조 264)

위엄 Majestät

¶ 도덕법칙의 위엄 XI 11주 ¶ 창조의 위엄 307

유대교 Judentum

¶ 유대교 186~191 ¶ 유대교는 본래 전혀 종교가 아니라 한낱 세속적인 국가였다 186 이하 (참조 208주) ¶ 유대교는 윤리적 공동체가 아니라 정치적 공동체이다 188 ¶ 유대교의 배타성 188 이하 ¶ 유대교와 기독교 189 이하 (참조 252 이하 252주) ¶ 외래의 (그리스의) 지혜가 스며든 유대교 190 이하 ¶ 유대인들은 온 세계에 흩어져 살고 있으면서도 자기 것을 그 자체로 보존했다 206~208주 ※ 그 밖에 참조할 곳 159주 160 213주

유대적 신앙jüdischer Glaube

  ¶ 유대적 신앙 154 207주 ¶ 순전히 제정법적 법칙들의 총체로서 유대적 신앙 186

유비 Analogie

  ¶ 우리로서는 불가피한 (설명을 위한) 유비의 도식론 81 이하 주 ¶ → 도식론

유전병 Erbkrankheit

  ¶ 유전병 41주

윤리법칙 Sittengesetz

  ¶ 윤리법칙 → 도덕법칙

윤리성 Sittlichkeit

  ¶ 윤리성 → 도덕성

윤리적 ethisch

  ¶ 윤리적 공동체(Gemeinwesen) → 공동체² ¶ 윤리적 기본체제 187 (참조 130 이하) ¶ 강제적 수단으로는 이룰 수 없는 윤리적 기본체제 132 ¶ 윤리적-시민적 상태 131 ¶ 윤리적 자연상태 131 이하 ¶ 절대적 윤리적 전체 133

은총 Gnade

  ¶ 은총 101주 ¶ 자연과 대비되는 것으로서 은총 266 이하 296 297 (참조 101 174 217 200 이하 311 312 ¶ 은총의 수단 63 이하 주 298 301 302 311 312 ¶ 은총의 작용 64 이하 주 217 266 302 313

의롭게 됨〔의로워짐〕 Rechtfertigung

  ¶ 의롭게 됨〔의로워짐〕의 이념의 연역 101 ¶ 종교에 대해 의롭게 됨의 이념이 가지는 적극적 효용과 소극적 이익(102 이하)의 문제는 단지 사변적인 물음일 뿐이다 102 ※ 그 밖에 참조할 곳 262

의무 Pflicht

  ¶ 의무개념은 일체의 목적들을 도외시한다 IV 이하 주 V (참조 VII~IX) ¶ 우리가 〔마땅히〕 가져야만 하는 바와 같은, 모든 목적들의 형식적 조건으로서 의무 VII (참조 X주) ¶ 모든 준칙들의 최고의 근거로서 의무 53 ¶ 우미와 대립되는

것으로서 의무 11주 ¶ 의무의 방해자로서 경향성 70 이하 ¶ 의무에 맞는 행위와 의무로부터의 행위 22 (참조 XXV 44 53) ¶ 의무의 이념 안에 놓여 있는 신성성 57 ¶ 보편적인 인간의 의무 74 210주 ¶ 인류의 그 자신에 대한 의무 135 (참조 136 230주) ¶ 최고선의 실현을 위해 노력해야 할 의무 135 이하 210 이하 ¶ 신에 대한 특별한 의무란 있지 않다 230주 ¶ 참된 의무 138 ¶ 이성에 의해 근원적으로 심중에 쓰여 있는 것과 같은 의무 116 ¶ 신의 지시명령으로서 의무 138 이하 138주 146 149 158 228 (→ 종교) ¶ 도덕적 의무와 교회의 의무 241 ¶ 의무의 참된 동기 242 ¶ 모든 의무를 '너의 의무를 그 의무의 직접적 존중이라는 동기에서만 행하라' 와 '누구든지 너 자신처럼 사랑하라' 라는 두 규칙으로 총괄함 242 이하 ¶ 의무는 보수 때문에 (또는 받아야 할 형벌의 방면을 위해) 행하는 것이 아니다 243 이하 ※ 그 밖에 참조할 곳 56 이하 85 94 173 218주 220주

의사 Willkür

¶ 인간의 자유로운 의사 IV VI 6 이하 11 이하 18 이하 ¶ (자유) 의사의 절대적 자발성 12 ¶ 의사는 우리 성격의 근거이다 14 35 ¶ 도덕적-악은 단지 자유로운 의사의 규정으로서만 가능하다 21 ¶ 경험적이지 않는 자유의사 개념 33 ※ 그 밖에 참조할 곳 50주 71 172 259주

의식〔儀式〕신앙 Ceremonialglaube

¶ 의식신앙 112A ¶ 유대교의 의식신앙 108 ¶ → 신앙

의인적 anthropomorhistisch

¶ 의인적 178주 282

의인화론〔신인동형론〕 Anthropomorphismus

¶ 의인화론 82주 83주 213 214 215 257 이하

의지 Wille

¶ 신적 의지 289

이기〔利己〕 Eigennutz

¶ 이 세계의 신으로서 이기 243 이하 (참조 28주)

이념 Idee

¶ 도덕적으로-초험적인 이념 63주 297 ¶ 선한 원리의 인격화한 이념 73~76
¶ 선한 원리의 인격화한 이념의 객관적 실재성 76 이하 ¶ 실천적 이념 175 214
(참조 182주) ¶ 실천적으로 필연적인 종교이념 219 ¶ 지적 이념 259 ¶ 정치적
이념 182주 ¶ 신(←)의 이념 282 302주 304주 308 ¶ 인간성의 이념 → 인간성

이단자 Ketzer

¶ 이단자 156 156주 289 ¶ 이단자의 심판관 288 이하

이상 Ideal

¶ 도덕적 완전성의 이상 74 이하 ¶ 신의 아들의 대리자적 이상 103 (참조 174
이하) ¶ 모든 인간 전체라는 이상 133 ¶ 신의 이상 257주

이성 Vernunft

¶ 실천이성 VIII 12주 92주 209 211 ¶ 순수 실천이성[= 무조건적으로 법칙수
립적인 이성] IV (참조 XI주 19 52주 140) ¶ 실천이성과 순수 실천이성의 구별
19 ¶ 도덕적으로-법칙수립적인 이성 31 68주 76 129 140 ¶ 주관적-실천적 이
성 288 ¶ 사악한 이성 32 ¶ 수동적 이성 265주 (참조 61) ¶ 이성의 이율배반
169 175 ¶ 이성의 과제 211 ¶ 이성의 필요요구 63주 211 ¶ 이성의 겸손 124
주 ¶ 자연적 경향성의 시녀로서 이성 50주 ¶ 실천이성의 최종적 객관은 도덕적
궁극목적의 이념의 실현이다 209 (참조 135) ¶ 이성의 죽음의 飛躍 178 ¶ 경험
의 한계를 넘어설 때 발생하는 이성의 오류 63주 90 92주 124주 ¶ 이성과 성서
XXIII

이성개념 Vernunftbegriff

¶ 순수한 실천적 이성개념 236 ¶ 사실과 구별되는 이성개념 248 ¶ 이성신앙
→ 신앙 ¶ 이성사랑 → 사랑 ¶ 이성종교 → 종교 ¶ 이성체계 → 체계 ¶ 이성
근원 → 근원 ¶ → 이념

이성주의자 Rationalist

¶ 신앙의 사안에 있어서 이성주의자(231)는 자연주의자(←)이거나 순수한 이성
주의자(231 이하)이다 (참조 232)

이성추리 Vernünfteln

¶ 이성추리 217

이율배반 Antinomie

¶ 종교 문제와 관련된 이성의 이율배반 169~175

인간/사람 Mensch

¶ 현상에서 인간 13주 ¶ 인간의 동물성, 인간성, 인격성 15 이하 ¶ 선한 윤리의 사람과 윤리적으로 선한 사람 23 이하 ¶ 이성적 세계존재자 일반으로서 인간의 이념 73 ¶ 신의 아들에게서 인격화된 인간의 이념 75 이하 77 이하 ¶ 물리적 존재자로서 인간과 예지적 존재자로서 인간 98 이하 ¶ 굽은 나무에서 가공된 인간 141 ¶ 석회토로 신체를 형성하고 있는 인간 193주 ¶ 생성 중에 있는 것으로서 인간 99주 101 ¶ 옛 인간과 구별되는 새로운 인간 98 99 이하 주 178 248 309주 ¶ 새로운 인간을 입음 55 305주

인간성 Menschheit

■ = 생명체이면서 동시에 이성적 존재자로서의 인간성의 소질 15 (참조 17) ¶ 전적으로 지성적으로 고찰된 인간성 이념은 인격성(←)이다 19 ¶ 도덕적이고 전체적인 완전성에서의 인간성은 창조의 목적이다 73 이하 112 이하 (참조 212주) ¶ 인간성의 존엄 → 존엄 ¶ 인간의 인간에 대한 의무와 신에 대한 의무(궁정봉사) 230주 ¶ 사람의 아들 212주 ¶ → 신의 아들

인격성/위격 Persönlichkeit

¶ 인간 속의 인격성의 소질 15 18 이하 ¶ 인격성 자체〔= 전적으로 지성적으로 고찰된 인간성 이념〕 19 ¶ 귀책 능력이 있는 존재자로서 인간의 인격성 15 ¶ 동일한 존재자의 서로 다른 위격 214

인도 Hindostan

¶ 인도 4

인도인들 Hindus

¶ 인도인들 97주 160

인식 Erkenntnis

¶ 인식과 감정 165

잉여/넘치는 것Überschuß

¶ 갚아야 할 것 이상의 잉여 94 ¶ 소행들의 공덕보다 넘치는 것 100 (참조 177 221주)

ㅈ

자기보존Selbsterhaltung

¶ 자기보존의 소질 16

자기사랑Selbstliebe

¶ 유쾌함을 지향하는 자기사랑 IV주 ¶ 물리적이고 기계적인 자기사랑 16 ¶ 비교하는 자기사랑 17 ¶ 도덕적 자기사랑 → 도덕적 ¶ 모든 악의 원천으로서 자기사랑 50 이하 ¶ 호의(好意)의 자기사랑과 흡족(洽足)의 자기사랑 50주 ※ 그밖에 참조할 곳 24 33 이하 44 70

자녀Kinder

¶ 신의 자녀 74 ¶ 신의 자녀의 자유 275

자발성Spontaneität

¶ 의사의 절대적 자발성 12 59주 216

자비¹Gütigkeit

¶ 신의 자비 212주

자비²Güte

¶ 신의 자비 214 216 221 이하 주 245 309

자살Selbstmord

¶ 자살 111주

자애Gütigkeit

¶ 신의 자애 86

자연/자연본성/본성Natur

▶ ① (인간의) 자연본성[= 자유 일반을 사용하는 주관적 근거] 6 ¶ 이 근거는 탐구하기가 어렵다 7주 ¶ 인간의 자연본성은 선한가 악한가 3 이하 (→ 소질, 성벽), ② 자연[= 덕의 원리의 힘으로 인간에 의해 행해질 수 있는 것] 266 (↔ 은총), ③ 자연이 아닌 것(다시 말해 윤리적 선) 268, ④ 경험의 대상으로서 자연 64주 ¶ 자연의 모종의 기계적인 보행 30주 ▶ 그 밖에 '자연', '자연본성'의 용례 ¶ 인간의 자연 야성 17 ¶ 인간 자연본성의 허약성 21 ¶ 인간 자연본성의 불순성 21 이하 ¶ 인간 자연본성의 사악성 22 27~39 ¶ 자연의 목적 30주 ¶ 신앙의 사안에 있어서 자연주의자 231 (참조 232)

자연개념 Naturbegriff

¶ 자연개념 76

자연법 Naturrecht

¶ 자연법 XVIII

자연법칙 Naturgesetz

¶ 자연법칙과 자유의 법칙 40 ¶ 자연법칙과 기적 120~124

자연상태 Naturzustand

¶ 윤리적 자연상태와 법률적 자연상태 131 이하 134 ¶ 정치적-시민적 자연상태 134 (참조 28 28주)

자연수단 Naturmittel

¶ 자연수단(도덕적인 것이 아닌 것) 268

자연연구가 Naturforscher

¶ 자연연구가의 업무 121 이하 ¶ 자연연구가들의 무지의 고백 122주

자연의 기적 Naturwunder

¶ 이른바 자연의 기적 123주

자연적 추동 Naturtrieb

¶ 자연적 추동 7

자유 Freiheit

▶ ① 무법적인 외적(동물적) 자유 134 (참조 79 이하), ② 도덕적 자유 III 182주

236 ¶ 경향성들의 세력으로부터의 독립성으로서 자유 68주 ¶ 악한 원리의 지배로부터의 해방으로서 자유 127 ¶ 도덕법칙으로부터 기인하는 자유 57 이하 58주 (참조 218) ¶ 도덕적인 모든 것을 위해 반드시 요구되는 인간의 자유 295 ¶ 책임(귀책)과 결합되어 있는 자유 31 35 43, ③ 의사의 절대적 자발성으로서 자유 6 이하 12 59주 (참조 24 이하) ¶ 악의 근원으로서 자유 37 40 이하 69주 ¶ 선으로의 자연적 소질은 자유와 불가분리적이다 43 ▶ 그 밖에 '자유' 의 용례 ¶ 자유의 최종 근거는 하나의 신비이다 209 ¶ 자유의 탐구 불가능한 속성 58주 218 259주 297 ¶ 자유에 대한 이론적 이해와 실천적 이해 218주 ¶ 자유와 자연필연성 40 60 172 ¶ 자유와 예정설 58주 178 이하 주 ¶ 자유와 신의 이념 58 이하 주 ¶ 교회의 원리로서 자유 143 ¶ 자유의 나라 112 ¶ 자유의 좁은 문을 여는 예수 113 ¶ 신의 자녀의 자유 275 ¶ 자유의 의식 201주 212주 ¶ 자유롭게 될 만큼의 성숙함 291 이하 주 ¶ 국가와 가정, 교회에서 자유 292주 ¶ 자유의 법칙 10주 26 33 40 178주 216 296 이하 299

자책 Selbstpeiningung

¶ 자책 12주 104 (참조 258)

재탄생/거듭남 Wiedergeburt

¶ 재탄생 54 ¶ 거듭남 305주

적법성 Legalität

¶ 적법성 XXV 23 이하 53 138 139 ¶ ↔ 도덕성

전도성〔顚倒性〕 Verkehrtheit

■ = 자유로운 의사의 동기들에 대하여 윤리적 순서를 거꾸로 뒤집어놓는 것 23 36 (참조 115 216)

전쟁 Krieg

¶ 인디언 사이의 끊임없는 전쟁 28주 ¶ 문명화된 민족들 사이의 전쟁 30 30주 ¶ 만인의 만인에 대한 전쟁 134 134주 ¶ 인류의 재앙으로서 전쟁 30주

전제주의 Despotismus

¶ 성직의 전제주의 269주

전진Fortschritt

¶ 좋은 것으로의 (연속적인) 전진 53 55 60 85 이하 99주 205 ¶ 세계의 전진 3 이하

전통Tradition

¶ 전통 152 이하 234 254 이하

절충주의자Synkretist

¶ 절충주의자 9

정부Regierung

¶ 정부 118 118주 200주 ¶ 공동의 정부 180

정부당국Obrigkeit

¶ 정부당국 196 ¶ 시민적 정부당국 231주

정서Affekt

¶ 정서 20주

정식〔定式〕/양식Formel

¶ 신앙의 의례적 정식 219 (참조 222) ¶ 기도의 정식 265 302 303 이하 주 ¶ 신을 부르는 양식 274

정신/영〔靈〕Geist

¶ 문자적으로만 이해하는 것과 정신을 이해하는 것 301 302 303 이하 주 (참조 241 244 이하) ¶ 성령(der heilige Geist) 212주 220주 ¶ 선한 영〔= 선한 마음 씨〕91 ¶ 선한 영과 악한 영 38 ¶ 악한 영 또는 유혹하는 영〔= 악령〕47 이하 72 106 이하 109 이하 114 121 201주

정신주의Spiritualismus

¶ 정신주의 192 이하 주

정의Gerechtigkeit

¶ 하늘의 정의 90주 ¶ 신의 정의 94 이하 171 212주 213주 214 217 220~222 주 311 ¶ 영원한 정의 101 ¶ 신적인 정의와 인간적인 정의 83 ¶ 신 앞에서 정 의로움의 결여 262

정직함 Aufrichtigkeit

¶ 양심과 모든 내적 종교의 토대로서 정직함 295주 (참조 303주)

정통신앙 Rechtgläubigkeit

¶ 정통신앙의 수호자 201주 ¶ 정교〔정통〕신앙이라는 섬뜩한 음성 195 ¶ → 정통주의

정통주의 Orthodoxie

■ = 교회의 교사들 내지 수뇌들이 참칭하는 유일 정교〔正敎〕 신앙 156 ¶ 전제적(야만적) 정통주의와 자유로운 정통주의 156

정통파 Orthodoxe

■ = 그들의 신앙조항을 정부의 권위에 결부시키는 종교교사들 118주

제의/제례 Kultus

¶ 제의 189 267 ¶ 제례 190 228 이하 ¶ 거짓봉사(僞祭儀 cultus spurius) 229 ¶ → (신에 대한) 봉사

제정법적 statutarisch

¶ 제정법적 법칙 131 138 이하 주 228 237 252 ¶ 제정법적 신앙 238 255 ¶ 제정법적인 신앙 조항 246 ¶ 제정법적 종교 254 ¶ 제정법 법학자 XVIII

조건 Bedingung

¶ 모든 목적들의 최상의 (심지어는 무조건적인) 조건 IV ¶ 자유 사용 일반의 형식적 조건 VI 이하 ¶ 모든 목적들의 형식적 조건(즉 의무) VII

존경〔심〕 Achtung

¶ 도덕법칙에 대한 존경〔심〕 X주 11주 18 이하 52 ¶ 의무에 대한 존경 XI주 ¶ 존경과 사랑 XII주 282 ¶ 존경은 자유로워야 한다 XII ¶ 존경의 외면적 표상 256주 ※ 그 밖에 참조할 곳 56 59 71주 165

존엄 Würde

¶ 인간성의 존엄 109주 283 ¶ 존엄과 우미 10 이하 주

종교 Religion

■ = 우리의 모든 의무들을 신의 지시명령〔계명〕들로 인식함 229 (참조 229 이하

주 116 138 이하 138 이하 주 146 147 158 165 202주 228 299) / = 경건이론 281 ▶ 종교의 구분 : ①제정법적 종교 148 228 254 285 이하 / 은혜 간구의 (순전한 제의의) 종교 XXIII 61 116 / 계율의 종교 116 / 제례[祭禮]적(신에게 봉사하는) 종교 147 151 168 184 / 사제종교 97주, ②본래의 종교 XXII 이하 147 182 주 / 참된 종교 117 148 154 / 도덕적 종교[= 선한 품행(←)의 종교] 61 이하 116 145 147 149 150 이하 154 이하 160 184 / 영[정신]과 (도덕적 마음씨의) 진리에 기초한 종교 116 / 순수한 도덕신앙에 기초하고 있는 종교 184 (참조 148 199 이하) / 모든 사람의 마음에 쓰여 있는 종교 148 239 (참조 116) ¶ 우리 밖이 아니라 우리 안에 있는 종교 255 (참조 154 184) ¶ 본래의 종교는 순수하게 도덕적인, 오직 단 하나의 종교이다 147 154 ¶ 지금까지 있었던 모든 공적 종교들 가운데서 기독교만이 도덕종교이다 62 ¶ 도덕성과 마찬가지로 (이성) 종교는 원칙들에 기초하지 않으면 안 된다 269 ▶ 종교에 대한 그 밖의 구분 ¶ 계시종교와 (순수) 이성종교 XXI 이하 182주 228 ¶ 계시된 종교와 자연적 종교 231 (참조 232 233 이하) ¶ 자연종교와 교학[敎學] 종교 232 이하 / 자연종교 236~246 / 교학종교 247 이하 ¶ 도덕적 종교와 역사적 종교 254 ▶ 그 밖에 '종교'의 용례들 ¶ 모든 이성종교의 본래적 목적은 인간의 도덕적 개선이다 161 ¶ 종교가 요구하는 것은 확정적 지식이 아니라 자유로운 신앙이다 230주 (참조 199 이하) ¶ 종교는 내세에 대한 신앙 없이 생각될 수 없다 187 ¶ 종교의 통일 182주 ¶ 종교의 상이성 183주 (참조 154) ¶ 조로아스터교(←) ¶ 이집트인의 종교 213주 ¶ 고트인의 종교 213주 ¶ 인도인의 종교 → 힌두교 ¶ → 유대교 ¶ → 기독교 ¶ 종교의 도입 116 이하 157 ¶ 순수한 이성의 한계들 안에서의 종교 63주 191 이하 주 ¶ 종교와 승직제도 225 이하

종교망상Religionswahn

¶ 종교망상 257 이하 266 이하 ¶ → 망상

종교변화Religionsveränderung

¶ 공적인 종교변화 199주

종교분쟁Religionsstreitigkeit

¶ 종교분쟁 155

종교신앙 Religionsglaube

¶ 종교신앙 145 184 280 이하 ¶ → 신앙

종교연구가 Religionsforscher

¶ 종교연구가 XXIII

종교이념 Religionsidee

¶ 종교이념 219

종교적 고백 Religionsbekenntnis

¶ 종교적 고백 292

종교적[의] 마음씨 Religionsgesinnung

¶ 순수한 종교의 마음씨 259주 ¶ 참된 종교적 마음씨 313

종말¹ die letzten Dinge

¶ 종말 211주

종말² Ende

¶ 세계의 종말 202주 ¶ 선한 상징적 의미의 종말 205 ¶ 인간 생의 종말 91 이하 주 93 103~105 244주 ¶ → 죽음

종파¹ Konfessionen

¶ 종파 264 이하 265주 284 이하 주

종파² Sekten

¶ 종파 183주 269주

종합적 synthetisch

¶ 실천적인 선험적 종합 명제 IX주 XIII 이하 주

죄 Sünde

■ = 신앙으로부터 일어나지 않은 것 24 / = 신의 계명[지시명령]인 도덕법칙의 위반 44 95 (참조 45) ¶ 죄의 주체의 죽음[= 회심] 98 ¶ 생각 속의 죄와 행실의 죄 240

죄과 Schuld

¶ 근원적인 죄과 또는 모든 선에 선행하는 죄과 94 ¶ 죄과는 양도가 불가능하다 95 (참조 39 41주) ¶ → 의로움

주물숭배〔呪物崇拜〕Fetischmachen

¶ 주물숭배 273~277

주물신앙 Fetischglaube

¶ 주물신앙 300

죽음 Tod

¶ 선한 인간들의 마지막 적으로서 죽음 204 ¶ 죽음의 위안 105주 ¶ → 종말

준칙 Maxime

■ = 의사(←)가 자기의 자유 사용을 위해 스스로 정하는 규칙 7 (참조 12) ¶ 자유로운 의사의 준칙들 7 이하 21 이하 33 이하 48 이하 ¶ 준칙들의 최상의 주관적 근거 35 46 53 61 71 ¶ 준칙들의 통일 35

중간물 Mitteldinge

¶ 도덕적 중간물 9 ¶ → 無關無見

중력 Schwere

¶ 물질의 보편적 중력의 원인 209주

지성적인 것 das Intellektuelle

¶ 감성적인 것과 지성적인 것의 구별 259 이하 주 299

지옥 Hölle

¶ 비유적 표상으로서 지옥 72 이하 주 (참조 106 이하) ¶ 유대인의 지옥 188 ¶ 지옥국 204 ¶ 지옥의 형벌 89~92주

지혜 Weisheit

¶ 인간의 지혜 68 70 ¶ 신의 지혜 → 신 ¶ ↔ 어리석음

직관 Anschauung

¶ 신의 순수한 지적 직관 85

질서 Ordnung

¶ 동기들의 윤리적 질서 23 ¶ 도덕적 질서 250 ¶ 자유법칙들에 따르는 사물들

의 초자연적 질서 178주

ㅊ

참회|Büßung

¶ 참회 258

천년왕국설Chiliasmus

¶ 철학적 천년왕국설과 신학적 천년왕국설 31 (참조 205)

천사Engel

¶ 선한 천사 119 ¶ → 악마

철학자Philosoph

■ = 순수한 이성의 교사 XXII ¶ 철학자들이 목적으로 삼고 있는 것은 도덕적으로 선한 것이다 235 ¶ 교회에 봉사하는 철학자 179

청교도Puritaner

¶ 청교도 270

청소년지도Jugendunterweisung

¶ 최초의 청소년지도 282 (참조 296주 308)

체계System

¶ 역사적 체계와 이성체계 XXII

초감성적인 것das Übersinnliche

¶ 도덕적 관계에서 초감성적인 것〔= 자유라고 하는 개념적으로 파악 불가능한 속성 안에 은폐되어 있는 것인, 우리 안의 도덕성의 주관적 원리〕259주 ¶ 이성은 초감성적인 것의 객관적 성질에 대해서는 아무것도 아는 바가 없다 92주 (참조 268)

초자연적übernatürlich

¶ 초자연적인 조력 285주 296 이하 ¶ 초자연적 영향 119주 305주 ¶ 초자연적인 계시 234 249 이하 289 ¶ 초자연적 원인 119주 ¶ 초자연적인 작용결과 273

이하

초자연적인 것das Übernatürliche

¶ 초자연적인 것에서는 모든 이성사용이 정지한다 64주 (참조 274 296 301)

초자연주의자Supernaturalist

¶ 초자연주의자 232

초험적transscendent

¶ 초험적 → 이념

최고선höchstes Gut

¶ 의무와 행복의 통합으로서 최고선 VII ¶ 최고선의 이념은 도덕의 토대가 아
니라 도덕으로부터 생겨나는 것이다 VIII ¶ 궁극목적으로서 최고선 VII 이하 XI
주 ¶ 공동체적 선으로서의 최고선 135 ¶ 최고선은 선량한 마음씨를 가진 인간
들의 체계 안에서 성사된다 136 ¶ 최고선은 덕의 법칙들에 따르는 보편적 공화
국의 이념 안에서 성사된다 136 210 (참조 79 81) ¶ 최고선은 신에 의해서만 완
성된다 282 (참조 VII 136)

최고 존재자höchstes Wesen

¶ 최고 존재자 → 신

최후의 만찬Abendmahl

¶ 최후의 만찬 112주 ¶ → 성찬식

최후의 심판일jüngster Tag

¶ 최후의 심판일 4

추종Nachfolge

¶ 기독교도들의 추종 191주 242 (참조 246)

칭호의 욕망Titelsucht

¶ 칭호나 훈장의 욕망 250주

ㅌ

타락Sündenfall

　¶ 타락 45

탄생Zeugung

　¶ 예수의 탄생 79 109 이하 주 (참조 217 이하 주)

토르Thor

　¶ 고트인의 종교에서 심판하는 신으로서 토르 213주

통일/통일성/통일체/하나임Einheit

　¶ 준칙들의 통일 35 ¶ 법칙들의 통일 39주 ¶ 순수한 이성종교의 객관적 통일 182주 ¶ 보편적 종교신앙의 객관적 통일성 185 ¶ 신의 하나임 285주 ¶ 교회의 통일 → 교회 ¶ 시간통일체로서의 생[生] 92주

티베트인Tibetaner

　¶ 티베트인 156주 265

ㅍ

파리아Parias

　¶ 천민으로서 파리아 207주

파문Bann

　¶ 파문 156 196

판정Beurteilung

　¶ 이론적 주장과 구별되는 것으로서 판정 124

패악Laster

　■ = 반법칙적 행실 자체 25 / = 반법칙적인 행위로의 성벽 36 ¶ 자연 야성의 패악과 문화의 패악 17 이하 (참조 28 이하) ¶ 패악의 보편적 뿌리 56 ¶ 어리석음으로서 패악 70

평신도 Laie

　¶ 평신도 164 179 250 255 278

평화 Frieden

　¶ 영원한 평화 31 183

품격 Würdigkeit

　¶ 행복할 만한 품격 52주 ¶ 신국의 시민이 될 수 있는 품격〔자격〕 203 ¶ 품격

　있음 221주

품행 Lebenswandel

　¶ 선한 품행은 참된 종교의 특징이다 91주 94 145 149 169 이하 191 이하 219

　241주 260 이하 269 271 이하 293 297 304주 308 313

프레야 Freya

　¶ 프레야 213주

프레여 Freyer

　¶ 프레여 213주

프로테스탄트교도/프로테스탄트주의자 Protestanten

　¶ 신앙의 노예적 멍에 밑에 있었던 프로테스탄트교도 292 ¶ 가톨릭이 몸에 밴

　프로테스탄트주의자 156 ¶ → 교회

프로테우스 Proteus

　¶ 지옥의 프로테우스 121

프타 Phta

　¶ 이집트 종교의 프타 213주

　ㅎ

하늘/천국 Himmel

　■ = ① 하늘: 땅을 둘러싸고 있는 무한한 공간 192주 (참조 193주) ② 천국: 정복

　〔淨福〕의 자리, 다시 말해 모든 선한 자들의 공동체 191주 ¶ 승천 191주 ¶ 하

늘의 총아 313 ¶ 하늘의 시민 204 ¶ 하늘의 나라의 성원 216 ¶ 하늘의 당국자 265 ¶ 하늘의 원조 298 ¶ 하늘로부터의 영향 267 ¶ 하늘의 감정 286주 ※ 그 밖에 참조할 곳 73 이하 주 106 이하 188(유대인들의 천국) 192주 202

학문Wissenschaft

¶ 학문들은 분리분화에 의해서만 획득하는 바가 있다 XIX

합목적성Zweckmäßigkeit

¶ 자유에서의 합목적성과 자연의 합목적성의 결합 VIII

합법칙성Gesetzmäßigkeit

¶ 준칙들의 보편적 합법칙성의 순전한 형식은 모든 목적들의 최상의 조건이다 IV (참조 IV주) ¶ 합법칙성 일반의 순전한 이념은 가장 강력한 동기이다 77

해야만 한다Sollen

¶ 해야만 한다 50 76 (참조 85)

행복Glückseligkeit

¶ 타인의 행복 IV ¶ 자기 자신의 행복 XI주 ¶ 행복과 의무의 일치 VII ¶ 경향성의 동기로서 행복 35 ¶ 경향성들의 화합으로서 행복 70 ¶ 최고선(←)의 부분으로서 행복 210 ¶ 물리적 행복과 도덕적 행복 86 이하 100주 ※ 그 밖에 참조할 곳 51 이하 주 53 이하 61 73 91주 203 221주

행실Tat

¶ (일체의 시간조건을 떠나 있는) 예지적인 행실과 (시간상에 주어지는) 現象體 行實〔事實〕 25 이하 39주 ¶ 품행으로서 행실 85 88 242 ¶ 격식과 구별되는 행실 300

허약성/나약함Gebrechlichkeit

¶ 인간 자연본성의 허약성 21 이하 35 이하 79 212주 ¶ 인간의 허약성에서 끌어낸 구실 104 ¶ 우리의 나약함의 의식 304주

허위Falschheit

¶ 내적 허위 45주

헤라클레스Herkules

¶ 무사게트가 된 헤라클레스 11주

혁명Revolution

¶ 사유방식의 혁명[↔ 기질의 점진적인 개혁] 54 이하 ¶ 사유방식의 혁명은 단
한 번의 전변치 않을 결심에 존립한다 55 ¶ 종교신앙의 공적인 혁명 112주 (참
조 190 이하 194) ¶ 정치적 혁명 292주

협력Mitwirkung

¶ 고위의 협력 62 이하 ¶ → 보충, 은총

형벌Strafe

¶ 신적인 형벌[= 신의 부적의[不適意]의 주관에 대한 작용결과] 96 이하 100주
¶ 세계 안의 모든 화를 신적인 형벌로 본다는 가설 97주 240주

형식Form

¶ 준칙들의 보편적 합법칙성의 순전한 형식 IV (참조 IV주) ¶ 의사의 형식과 의
사의 질료 X주

형식적formal

¶ 형식적 → 조건, 규정근거

호의Wohlwollen

¶ 자기 자신에 대한 호의 51주 (참조 214)

화[禍] Übel

¶ 삶의 화 97 이하 주 100주

화해Versöhnung

¶ 신과의 화해 169 ¶ → 속죄²

화해 이론Versöhnungslehre

¶ 화해 이론 284

황금시대goldenes Zeitalter

¶ 황금시대 3

회심[回心] Sinnesänderung

¶ 회심 96 이하 305주 ¶ → 거듭남, 재탄생, 혁명

회중〔會衆〕/교단Gemeinde

¶ 회중 142 227 311 ¶ 교단의 최초 설립자 254

후성〔後成〕Epigenesis

¶ 후성의 가설 110주

훈장의 욕망Ordenssucht

¶ 훈장의 욕망 256주

흡족Wohlgefallen

¶ 자기 자신에 대한 조건적 흡족과 무조건적 흡족 51주 214 ¶ 도덕적 흡족 220 245 ¶ 법칙에 대한 흡족 282 ¶ 우리에 대한 신의 흡족 73 76 96 256 271 이하 298

희사〔喜捨〕Almosengeben

¶ 희사 30

히브리어hebräische Sprache

¶ 히브리어 253

힌두교Hinduismus

¶ 힌두교 206 이하 주 212주 285주

옮긴이

백종현(白琮鉉)

서울대학교 명예교수. 한국포스트휴먼연구소 소장.
서울대학교 철학과에서 학사 · 석사 과정 후 독일 프라이부르크 대학에서 철학박사 학위를 받았다. 인하대 · 서
울대 철학과 교수, 서울대 철학사상연구소 소장, 서울대 인문학연구원 원장, 한국칸트학회 회장, 한국철학회 『철
학』 편집인 · 철학용어정비위원장 · 회장 겸 이사장, 한국포스트휴먼학회 회장을 역임하였다.
주요 논문으로는 "Universality and Relativity of Culture"(*Humanitas Asiatica*, 1, Seoul, 2000), "Kant's
Theory of Transcendental Truth as Ontology"(*Kant-Studien*, 96, Berlin & New York, 2005), "Reality and
Knowledge"(*Philosophy and Culture*, 3, Seoul 2008) 등이 있으며, 주요 저서로는 *Phänomenologische
Untersuchung zum Gegenstandsbegriff in Kants "Kritik der reinen Vernunft"*(Frankfurt/M. & New York, 1985),
『독일철학과 20세기 한국의 철학』(1998/증보판2000), 『존재와 진리 ― 칸트 〈순수이성비판〉의 근본 문제』
(2000/2003/전정판2008), 『서양근대철학』(2001/증보판2003), 『현대한국사회의 철학적 문제: 윤리 개념의 형성』
(2003), 『현대한국사회의 철학적 문제: 사회 운영 원리』(2004), 『철학의 개념과 주요 문제』(2007), 『시대와의 대
화: 칸트와 헤겔의 철학』(2010/개정판 2017), 『칸트 이성철학 9서5제』(2012), 『동아시아의 칸트철학』(편저, 2014),
『한국 칸트철학 소사전』(2015), 『이성의 역사』(2017), 『인간이란 무엇인가 ― 칸트 3대 비판서 특강』(2018), 『한국
칸트사전』(2019), 『인간이란 무엇이어야 하는가 ― 포스트휴먼 시대, 인간을 다시 묻다』(2021), 『인간의 조건 ― 칸
트의 인본주의』(2024) 등이 있고, 역서로는 『칸트 비판철학의 형성과정과 체계』(F. 카울바흐, 1992)//『임마누엘
칸트 ― 생애와 철학 체계』(2019), 『실천이성비판』(칸트, 2002/개정2판 2019), 『윤리형이상학 정초』(칸트, 2005/
개정2판 2018), 『순수이성비판 1 · 2』(칸트, 2006), 『판단력비판』(칸트, 2009), 『이성의 한계 안에서의 종교』(칸트,
2011), 『윤리형이상학』(칸트, 2012), 『형이상학 서설』(칸트, 2012), 『영원한 평화』(칸트, 2013), 『실용적 관점에서의
인간학』(칸트, 2014), 『교육학』(칸트, 2018), 『유작 I.1 · I.2』(칸트, 2020), 『학부들의 다툼』(칸트, 2021), 『유작 II』(칸트,
2022) 등이 있다.

한국어 칸트전집 제10권

이성의 한계 안에서의 종교

1판 1쇄 펴냄 | 2011년 11월 11일
개정판 1쇄 펴냄 | 2015년 1월 20일
개정판 4쇄 펴냄 | 2024년 8월 2일

지은이 | 임마누엘 칸트
옮긴이 | 백종현
펴낸이 | 김정호
펴낸곳 | 아카넷

출판등록 2000년 1월 24일(제406-2000-000012호)
10881 경기도 파주시 회동길 445-3
전화 031-955-9510(편집) · 031-955-9514(주문) | 팩시밀리 031-955-9519
책임편집 | 김일수
www.acanet.co.kr

ⓒ 백종현, 2011
Printed in Paju, Korea.

ISBN 978-89-5733-399-0 93110

이 도서의 국립중앙도서관 출판예정도서목록(CIP)은 서지정보유통지원시스템
홈페이지(http://seoji.nl.go.kr)와 국가자료공동목록시스템(http://www.nl.go.kr/kolisnet)
에서 이용하실 수 있습니다. (CIP제어번호: CIP2015000932)